www.ingramcontent.com/pod-product-compliance
Lightning Source LLC
Chambersburg PA
CBHW061122170426
43209CB00013B/1645
9781739522803

عقد الجواهر
بتراجم فضلاء وأعيان صعدة
بعد القرن العاشر

بسم الله الرحمن الرحيم

عقد الجواهر
بتراجم فضلاء وأعيان صعدة بعد القرن العاشر

المسمى أيضًا
نبلاء صعدة بعد الألف

المجلد الأول

جمع وتأليف

عبد الرقيب بن مطهر بن محمد حجر

دار النضيري للدراسات والنشر

دار النضيري للدراسات والنشر

Dar Al-Nadhiri for Studies & Publications

مكتبة عبد الله بن نايف المطيري الخاصة

دار النضيري للدراسات والنشر
Dar Al-Nadhiri for Studies & Publications
المالك والمدير العام
أسامة بن أبو بكر النضيري باعلوي
الموقع الإلكتروني:
https://www.daralnadhiri.com
البريد الإلكتروني:
daralnadhiri@gmail.com
هاتف: 44 7961 911682+
لندن- المملكة المتحدة

مكتبة

عبد الله بن نايف المطيري الخاصة

عقد الجواهر مج1
عبد الرقيب حجر (مؤلف)

692 صفحة، (تأليفات 1)
24×17

ISBN: 978-1-7395228-0-3

«الآراء التي يتضمنها الكتاب لا تعبر بالضرورة عن وجهة نظر الدار».

حقوق الطبع محفوظة

لا يسمح بإعادة إصدار أو طبع أو نشر هذا الكتاب أو أي جزء منه أو تخزينه في نطاق استعادة المعلومات أو نقله بأي شكل من الأشكال دون إذن خطي سابق من **دار النضيري للدراسات والنشر**

الطبعة الأولى: 1445هـ-2023م

المحتويات

مقدمة الكتاب	19
القسم الأول	43
1ـ الإمام إبراهيم بن محمد حوريه المؤيدي	43
(هجرة فلله)	54
2ـ الفقيه إبراهيم بن محمد النهدي	57
3ـ الفقيه إبراهيم بن يحيى المتميز	58
(مقبرة القرضين وقبر ابنه الأعمش)	60
4ـ الإمام أحمد بن إبراهيم حوريه المؤيدي	62
(العشة)	71
5ـ السيد أحمد بن الحسن طالب الخير	75
6ـ السيد أحمد بن الإمام الحسن بن علي بن داود	76
7ـ السيد أحمد بن الحسن المعروف بطالب الخير	79
8ـ القاضي أحمد بن صالح الهبل	81
9ـ القاضي أحمد بن صلاح الدواري	81
(القضاة آل الدواري)	85
10ـ السيد أحمد بن صلاح سند	87
11ـ الفقيه أحمد بن صلاح مرغم	88

12 ـ السيد أحمد بن عبد الرحمن المؤيدي 88	
12 ـ الفقيه أحمد بن عبد القادر الطحم 89	
14 ـ السيد أحمد بن عز الدين المؤيدي 91	
15 ـ الفقيه أحمد بن علي دباش 92	
16 ـ السيد أحمد بن علي الداعي 93	
17 ـ الحاج أحمد بن علي بن دغيش الغشمي 94	
18 ـ الشيخ أحمد بن علي كباس السحاري 96	
(وادي علاف) 97	
19 ـ المولى أحمد بن الإمام القاسم بن محمد 98	
(جامع الروضة بصنعاء) 106	
20 ـ السيد أحمد بن محمد المؤيدي 108	
21 ـ السيد أحمد بن محمد بن صلاح القطابري 110	
(رسالة الإمام المتوكل إلى المترجم له) 111	
(قطابر) 115	
22 ـ السيد أحمد بن محمد المؤيدي نزيل الهند 116	
23 ـ السيد أحمد بن محمد الجلال 117	
24 ـ الفقيه أحمد بن محمد عقبة 118	
(بيت عقبة) 119	
25 ـ القاضي أحمد بن محمد مشحم 122	
26 ـ السيد أحمد بن المهدي المؤيدي 122	
27 ـ الفقيه أحمد بن موسى سهيل 127	
(بيت سهيل) 130	
28 ـ السيد أحمد بن الهادي الديلمي 131	
29 ـ السيد أحمد بن الهادي بن هارون 132	

(وقفية الإمام الهادي بالضيعة) 137
30- السيد أحمد بن يحيى بن أبي القاسم الرغافي 138
(آمنة بنت أحمد بن يحيى بن أبي القاسم) 140
(رغافة) 140
31- القاضي الكبير أحمد بن يحيى حابس 141
32- الفقيه أحمد بن يحيى بن سالم الذويد 147
33- الفقيه أحمد بن يحيى الحداد 150
34- الفقيه إسماعيل بن أحمد سهيل 152
35- السيد الحسن بن أحمد بن الإمام الحسن 152
36- السيد الحسن بن أحمد الجلال 153
37- السيد الشهيد الحسن بن داود القطابري 162
38- الإمام الناصر الحسن بن علي بن داود 162
39- الفقيه الحسن بن محمد الصعيدي 172
40- القاضي الحسن بن يحيى حابس 172
41- السيد الحسين بن الأمير أحمد بن الحسين المؤيدي 174
42- السيد حسين المؤيدي صاحب العدين 174
43- الفقيه حفظ الله بن أحمد سهيل 175
44- الفقيه الخضر بن محمد التليد 181
45- السيد داود بن الهادي المؤيدي 182
46- الفقيه سعيد بن داود الآنسي 194
47- النقيب سعد المجزبي 205
48- السيد شمس الدين بن الهادي الأعمش 208
49- الفقيه صديق بن رسام السوادي 209
50- السيد صلاح بن الأمير أحمد بن الحسين المؤيدي 210

51_ السيد صلاح بن أحمد بن عز الدين المؤيدي 210
52_ السيد الصلاحي صلاح بن أحمد المؤيدي 219
(علماء المخلاف الوافدون للقراءة بصعدة) 234
53_ السيد صلاح بن الإمام عبد الله بن علي المؤيدي 241
54_ السيد صلاح بن عبد الله القطابري 241
55_ السيد صلاح بن علي بن عبد الله المؤيدي 242
56_ الفقيه صلاح بن محمد السودي 243
57_ السيد صلاح بن محمد الداعي الكبير 244
(هجرة مدران) 246
58_ السيد صلاح بن محمد الداعي الصغير 246
59_ السيد الطيب بن داود بن المهدي 248
60_ القاضي عبد العزيز بن محمد بن بهران الصعدي 250
61_ القاضي عبد القادر بن سعيد الهبل 255
62_ العلامة عبد الكريم بن صلاح الحيمي 256
63_ السيد عبد الله بن أحمد المؤيدي 258
64_ الإمام عبد الله بن علي المؤيدي 273
65_ السيد عبد الله بن الهادي الحيداني 279
66_ القاضي عبد الله بن يحيى الفهد 280
67_ القاضي عبد الهادي بن أحمد حابس 282
68_ السيد عبد الوهاب بن محمد الرغافي 282
69_ السيد عز الدين بن علي بن زيد المؤيدي 283
70_ السيد عز الدين بن محمد المفتي المؤيدي 284
71_ السيد المعمر علي بن إبراهيم الحيداني 290
72_ القاضي علي بن إبراهيم المحربي 293

73- السيد علي بن أحمد بن الإمام الحسن	294	
74- الفقيه علي بن إسماعيل مشحم	295	
75- الفقيه علي بن الحسن الطبري	295	
76- السيد علي بن داود المؤيدي	296	
77- الفقيه علي بن داود الحيمي	298	
78- الفقيه علي بن صلاح الطبري	298	
79- السيد علي بن عبد الله بن الإمام القاسم	303	
80- السيد علي بن عبد الله الرغافي	304	
81- الأمير علي بن الإمام القاسم بن محمد	304	
82- القاضي علي بن قاسم طشي	312	
83- القاضي علي بن محمد بن جعفر الزبيدي	312	
84- السيد علي بن محمد الجديري	315	
(رحبان)	318	
85- السيد علي بن محمد المنتصر	321	
86- الفقيه علي بن الهادي القصار	322	
87- الفقيه علي بن هادي الشقري	323	
88- الشيخ قاسم بن محمد العدار	324	
89- السيد محمد بن إبراهيم الرغافي	327	
90- الفقيه محمد بن إبراهيم المتميز	329	
91- السيد الرئيس محمد بن أحمد بن الإمام الحسن	329	
92- السيد محمد بن الإمام أحمد بن عز الدين	338	
93- السيد محمد بن أحمد بن عز الدين المؤيدي	339	
94- السيد محمد بن أحمد المعروف بابن العنز	348	
(ربيع)	351	

95- الفقيه محمد بن أحمد السهيلي	....	352
96- الفقيه محمد بن أحمد الحطروم	....	352
97- السيد محمد بن صلاح الجوهرتين الحسني	....	353
98- السيد الرئيس محمد بن صلاح القطابري	....	359
99- السيد محمد بن صلاح الداعي	....	361
100- السيد محمد بن عبد الرحمن المؤيدي	....	362
101- الفقيه محمد بن عبد العزيز بهران	....	369
102- السيد محمد بن عبد الله الملقب بأبي علامة	....	370
103- السيد محمد بن عبد الله أبو علامة	....	375
104- الفقيه محمد بن علي اليعقوبي	....	378
105- الفقيه محمد بن علي المهاجر	....	378
106- السيد محمد بن علي المنصوري	....	379
107- السيد الإمام محمد بن علي الفوطي	....	379
108- القاضي محمد بن علي بن جعفر الزبيدي	....	383
109- الفقيه محمد بن قاسم العبدي	....	385
110- الفقيه محمد بن مهدي الرغافي	....	387
111- القاضي محمد بن الهادي بن أبي الرجال	....	395
112- الفقيه محمد بن يحيى الكليبي	....	398
113- السيد محمد بن يحيى مجلي الرغافي	....	399
114- الفقيه مهدي بن أحمد الشعيبي	....	399
115- السيد المهدي بن الهادي النوعة	....	400
116- السيد المؤيد بن صلاح المؤيدي	....	411
117- السيد الهادي بن أحمد الديلمي	....	411
118- السيد الهادي بن أحمد الجلال	....	413

119- السيد الهادي بن عبد النبي حطبة	413
120- السيد الأمير ياسين بن الحسن الحمزي	416
121- السيد يحيى بن أحمد العباسي	424
122- الفقيه يحيى بن أحمد النجري	427
123- القاضي يحيى بن أحمد حابس	427
124- القاضي يحيى بن أحمد عواض الأسدي	427
125- الفقيه يحيى بن أحمد الصعدي	435
126- السيد يحيى بن أحمد المؤيدي	439
127- القاضي يحيى بن سعيد الهبل	439
128- القاضي يحيى بن سيلان	439
129- الفقيه يحيى بن صلاح الرتوة	440
130- السيد يحيى بن صلاح القطابري	441
131- السيد يحيى بن صلاح القطابري (الحفيد)	445
132- السيد يحيى بن محمد القطابري	445
133- الفقيه المقرئ يحيى بن محمد الغلابي	446
134- الفقيه يحيى بن محمد مداعس	447
135- السيد يحيى بن الهادي المؤيدي	447
القسم الثاني	453
1- القاضي إبراهيم بن أحمد حابس	453
2- الفقيه إبراهيم بن أحمد النحوي	454
3- القاضي إبراهيم بن عبد الهادي حابس	454
4- السيد إبراهيم بن علي بن أحمد المؤيدي	454
5- الفقيه إبراهيم بن محمد الذماري	456
6- السيد إبراهيم بن الهادي حطبة	456

7ـ القاضي إبراهيم بن يحيى النجم 457
(التعريف بآل أبي النجم) 458
8ـ السيد أحمد بن إبراهيم الملقب الهاشمي 461
9ـ القاضي أحمد بن عبد الله طشي 461
10ـ القاضي أحمد بن علي شاور 463
11ـ السيد أحمد بن علي بن أحمد أبو طالب 466
12ـ الفقيه أحمد بن علي الحبشي 466
13ـ السيد أحمد بن علي الجديري 468
14ـ الفقيه أحمد بن محمد الخباط 469
15ـ السيد أحمد بن الهادي حطبة 469
16ـ السيد أحمد بن هاشم الهدوي 470
17ـ القاضي أحمد بن يحيى مشحم 472
18ـ القاضي أحمد بن يحيى حابس 473
19ـ السيد إسحاق بن علي بن أحمد أبو طالب 474
20ـ القاضي إسحاق بن محمد العبدي 474
21ـ السيد إسماعيل بن إبراهيم حطبة 495
22ـ الفقيه إسماعيل بن أحمد العركاضي 497
23ـ القاضي إسماعيل بن حسن حابس 497
24ـ القاضي إسماعيل بن عبده حابس 498
25ـ السيد إسماعيل بن علي بن أحمد أبو طالب 498
26ـ الفقيه إسماعيل بن علي الطبري 499
27ـ السيد إسماعيل بن المهدي صاحب المواهب 502
28ـ الفقيه إسماعيل بن محمد العبدي 510
29ـ القاضي إسماعيل بن يحيى الأسدي 523

30- القاضي الحسن بن إبراهيم حابس	525
31- السيد الحسن بن أحمد القراضي	526
(وادي قراض)	533
32- السيد الحسن حطبة	536
33- القاضي الحسن بن شاور	541
34- القاضي الحسن بن صديق بن رسام	542
35- القاضي الحسن بن صديق الكستبان	544
36- السيد الحسن بن صلاح الداعي	545
37- الفقيه الحسن بن عبد الله الدواري	559
38- القاضي الحسن بن عقيل حابس	559
39- السيد الحسن بن علي بن أحمد بن الإمام القاسم	560
40- السيد الحسن بن علي بن شمس الدين	561
41- السيد الحسن بن علي الرازحي	561
42- السيد الحسن بن محسن بن أحمد	562
43- السيد الحسن بن المهدي النوعة	563
44- القاضي الحسن بن مؤيد الدواري	563
45- الفقيه الحسن بن يحيى المتميز	565
46- الفقيه الحسن بن يحيى سيلان	566
47- السيد الحسين بن علي بن أحمد أبو طالب	569
48- السيد الحسين بن محمد القطابري	573
49- السيد الحسين بن الهادي حطبة	574
50- الفقيه زيد بن محمد القارح	575
51- الفقيه سعد النجراني	575
52- الفاضل صالح بن محمد المصقري	575

53- السيد صلاح بن أحمد الرازحي 576	
54- الفقيه صلاح بن حفظ الله سهيل 577	
55- السيد صلاح بن الخضر اليحيوي 577	
56- السيد عبد الله بن أحمد بن الإمام القاسم 578	
57- القاضي عبد الله بن علي طشي 579	
58- الفقيه عبده بن أحمد الصعدي 579	
59- السيد عبده بن عبد الرحيم الربيعي 580	
60- الفقيه عبده بن يحيى العفيف 581	
61- المولى علي بن أحمد بن الإمام القاسم 582	
(وقفية المولى علي بن أحمد على أهالي مدينة صعدة) 592	
62- السيد علي بن إسماعيل حطبة 593	
63- القاضي علي بن إسماعيل العبدي 594	
64- السيد علي بن صلاح الجلال 596	
65- الفقيه علي بن صلاح سهيل 597	
66- الفقيه علي بن عبد الله طشي 597	
67- السيد علي بن القاسم بن الإمام 597	
68- السيد علي بن قاسم العادل 598	
69- القاضي علي بن محمد القطيبي 603	
70- السيد علي بن المهدي النوعة 603	
71- الشيخ علي بن يحيى قلعس 607	
72- السيد القاسم بن علي بن أحمد أبو طالب 608	
73- السيد محمد بن إبراهيم حوريه المؤيدي 616	
74- السيد محمد بن إبراهيم الحسني 618	
75- السيد محمد بن أحمد حبلة الهدوي 619

المحتويات

76- القاضي الحافظ محمد بن أحمد مشحم	....	619
(المقامة الصعدية)	....	632
77- السيد محمد بن إسماعيل حطبة	....	642
78- الفقيه محمد بن إسماعيل العبدي	....	642
79- الفقيه محمد بن الحسن المتميز	....	646
80- السيد محمد بن الحسين بن علي بن أحمد أبو طالب	....	647
81- السيد محمد بن صلاح الداعي	....	648
82- السيد محمد بن عبد الله الكربي	....	650
83- السيد محمد بن علي بن أحمد أبو طالب	....	652
84- السيد الإمام محمد بن علي الغرباني	....	654
85- السيد محمد بن علي أبو علامة	....	663
86- السيد محمد بن علي فايع	....	665
87- الفقيه محمد بن علي العدار	....	673
88- الفقيه محمد بن قاسم الخباط	....	673
89- السيد محمد بن مهدي النوعة	....	677
90- السيد محمد بن يحيى القطابري	....	677
91- القاضي هادي بن جار الله بشير	....	677
92- السيد يحيى بن إبراهيم حوريه المؤيدي	....	678
93- القاضي يحيى بن جار الله مشحم	....	678
94- القاضي يحيى بن حسن النجم	....	680
(مشجرة أنساب بيوت صعدة)	....	683
95- القاضي يحيى بن حسن شويل	....	686
96- القاضي يحيى بن حسن سيلان	....	687
97- السيد يحيى بن الحسين الجوهرتين	....	687

98- القاضي يحيى بن سالم الذويد 688
99- القاضي يحيى بن عبد الهادي حابس 689
100- الفقيه يحيى بن علي الجذينة 689
101- السيد يحيى بن علي بن أحمد بن الإمام القاسم 690
102- السيد يوسف الحسني 693

بسم الله الرحمن الرحيم

مقدمة الكتاب

الحمد لله رب الخلائق أجمعين، عصمة اللائذين به، ومنجا الهاربين منه، القائل في محكم كتابه المبين: {لقد كان في قصصهم عبرة لأولي الألباب}، وأشهد أنه الله لا إله إلا هو الملك الحق المبين، وأشهد أن محمداً عبده ورسوله أرسله بالهدى رحمة للعالمين، شهادة ألقاه بها يوم الدين، وأتعبده بها حتى يأتيني اليقين، صل الله عليه وعلى آله سفن النجاة وسلم تسليما كثيرا.

أما بعد: فإن حفظ السير والآثار ووقائع الأزمنة والأعصار وتراجم الرجال ومعرفة أحوالهم ومؤلفاتهم مما قد حث عليه العلماء الأحبار ودأب في حفظه وتدوينه الفضلاء الأخيار، لما علموا في ذلك من انتفاع اللاحق بمعرفة حال السابق، ولأن الجبلة البشرية كما يقول أمير البيان من غرائزها التي لا جدال فيها، تذكر الحوادث الماضية، والتحدث بالوقائع الخالية، والوقوف على الرسوم العافية، والإعتناء بحفظ الغابر، وتخليد المآثر إلى الحد الذي جعل الناس ينقشون الأخبار على الأحجار، ويزبرون القصص على الجماد، فضلا عن أن يكتبوها في الأوراق، كل ذلك خشية عليها من الضياع بتقادم العهد، وذهابا بها عن النسيان بتقادم الدهر، وذلك لما فطر الله عليه الإنسان من حب الإشراف والإطلاع، والغرام بالرواية والسماع، ولذلك بات الإنسان يجتهد أن يحفظ الماضي كما يجتهد أن يستدرك الآتي. **فكيف بذلك الماضي من المفاخر والأمجاد، إذا كان له تعلق بالآباء والأجداد، وتاريخ الأوطان، ومرابع الإنسان، فإن النفوس تكون إليه أولع، وقلوب الخلق إليه أنزع**. ومع أن العلة قديمة في قلة الاهتمام بهذا الشأن، إلا أنه بلغ في الأونة الأخيرة وجاوز حد التفريط بمراحل، وبالأخص مع سقوط المعاذير وتوفر وسائل التواصل، التي قربت البعيد، وصار بمقدورنا

الحصول على ما نريد من المعلومات، وسائر الإفادات، فما بلغ من كساد مثل هذه الصناعة في أيامنا وبوارها وهوانها، لكأننا بذلك نحفر هوة سحيقة بأيدينا في مستقبل أجيالنا، وفجوة عميقة في ذاكرة أذهانهم، يصعب عليهم من خلالها وصول خبر ذلك الماضي من تاريخ أسلافهم، سواء كان ذلك التاريخ زاهيا، فينهلون من مفاخره ومحاسنه، أو متعثرا فيتجنبوا أخطاءه وكوارثه، وسواء عندي أيضا استل أسلافهم السيوف مجتمعين في وجه عدوهم الحقيقي وصنعوا مجدا، أم اختلفت أهوائهم وفرقتهم المطامع شذرا ومذرا.

فالتاريخ معرض من هذين النقيضين لا تنتهي فيه العظة والعبرة من أخبار وسير الفريقين، المصلح والمفسد، والمغور والمنجد، والآمن والآثم، والخاسر والغانم، فالمعتبر في الأمر كله لنا في قراءة التاريخ هو أخذ التجربة من الماضي والدروس الحية وعدم التغاضي، فالتاريخ كما من شأنه صناعة المستقبل هو أيضا مرآة الشعوب، وتراجم العلماء والأعلام عن المشاهدة مرقاة للقلوب، وقد أصدق القول وأجمله قول من قال:

اقرأوا التاريخ إذ فيه العبر ... ضل قوم ليس يدرون الخبر

فلما كان الأمر على ما ذكرنا، والحاجة ماسة إليه كما نبهنا، **وكان أعظم ما يهتم بحفظه ويعتنى بذكره ونشره هو تراجم الفضلاء وحملة العلم وأعيان الزمان، رجوتُ من الله الإعانة والتسديد في جمع تراجم فضلاء وأعيان ونبلاء هذه المدينة الصعدية ونواحيها،** من الذين اشتهروا بها أو عرفوا في القرون الماضية الأخيرة بعد مضي الألف من هجرة المصطفى عليه وعلى آله أفضل الصلاة والسلام، سائلا من المولى العلي القدير إن تراخت بي فسحة الأجل أن يوفقني لجمع بقية تراجم العلماء والأعيان الصعديين في سائر الحقب التاريخية قبل الألف، **كون هذه المدينة إحدى حواضر مدن الإسلام ومن أقدم المدن اليمنية التي اشتهرت بالعلم وتصدير المعرفة والتنوير،** منذ اختطاطها أواخر القرن الثالث الهجري من قبل الإمام الهادي إلى الحق عليه السلام وإلى أيامنا هذه، فقد أنجبت على مختلف

العصور الماضية جمهرة من أكابر العلماء ورواة الأخبار وأي جمهرة، ومن أصحاب الأدب وحملة السيف والقلم، وأنصبة الوجاهة والشيم، جماعات مستكثرة لا يحصون عددا:

مدينة أسها الهادي له وطنا … وبات مذهبه الأسنى لها أمنا
ساحاتها بقلاع العلم عامرة … وأهلها في خطى الهادي حموا اليمنا
في جاهليتها كانت ربوع وغى … وعندما حلها يحيى رمى الوثنا
وعن «تلمص» لما اختط جامعه … «بقرية الغيل» شاد الدار والسكنا[1]
فأصبحت صعدة الهادي به علما … واسمها باسمه ما انفك مقترنا

أما أنها من حواضر مدن الإسلام، فدليل ذلك ما خصها به في مقاماته الشهيرة أبو محمد القاسم بن علي الحريري المتوفى سنة 516هـ، وهي المقامة المعروفة بالصعدية، مثلها مثل سائر حواضر الإسلام في البلدان العربية وغيرها التي عني بتخصيص مقامة لكل منها، كـ«**الكوفة**» و«**البصرة**» و«**أصفهان**» و«**صنعاء**»، و«**زبيد**» وغيرها من المدن، قال الحريري في أول مقامته الصعدية ما لفظه: «**حكى الحارث بن همام: قال أصعدت إلى صعدة، وأنا ذو شطاط يحكي الصعدة[2]، واشتداد يبدر بنات صعدة[3]، فلما رأيت نضرتها ورعيت خضرتها،**

---

(1) يشير البيت إلى انتقال صعدة القديمة التي كانت تحت جبل تلمص إلى مكان مدينة صعدة الحالية، والذي كان يعرف قديما بقرية الغيل، راجع كتابنا (تاريخ مساجد صعدة).

(2) الصعدة: القناة المستوية، وقد أحسن التورية في اسم صعدة، السيد العلامة يحيى بن إبراهيم جحاف المتوفى سنة 1117هـ فقال:

لقد تجاوز فينا سيف ناظره … من غير جرم بشرقي المنحنى حله
بعامل القد والعين التي فعلت … فعل السنان حمى يوم اللقاء خله
جيد على قامة مثل القناة بدا … فقلت قد ظهر الهادي في صعله

والهادي: صفحة العنق، وورّا فيه بذكر الإمام الهادي يحيى بن الحسين، والصعدة: القناة المستوية، وورّا فيه باسم المدينة.

(3) بنات صعدة: الحمر الأهلية، وقيل حمير الوحش، حكاه في لسان العرب.

سألت نحارير الرواة عمن تحويه من السراة، ومعادن الخيرات، لأتخذه جذوة في الظلمات، ونجدة في الظلامات» إلى آخر عبارات تلك المقامة التي أنشد فيها هذين البيتين:

مــن ضــامه أو ضــاره دهــره فليقصــد القــاضي إلى صــعده
ســماحه أزرى بمــن قبلــه وعدلــه أتعــب مــن بعــده

إذ مما لا خلاف عليه أن مدينة صعدة قد احتلت في تاريخها وتاريخ اليمن مكانة دينية وعلمية ميزتها عن سائر المدن، كونها تعرف بقاعدة المذهب الزيدي الهادوي، ومنطلق أئمته وأعلامه وفقهائه، إضافة لما تحتله من ميزة جغرافية، حيث تعد همزة الوصل بين اليمن ونجد والحجاز، لوقوعها على طريق المحجة، وطرق التجارة من جهة الشرق والغرب والجنوب.

فلا غرو إن حظيت مدينة صعدة كما معروف بكثير من الإشارات الهامة عنها في مؤلفات الجغرافيين والرحالة العرب، وكتب التاريخ والتراجم والسير، حتى قال الحسن بن أحمد الهمداني المعروف بابن الحائك عن قديم تاريخها: «**ولو كانت صعدة في القديم من البلدان التي رحل إليها أصحاب الحديث لانتشرت أخبارها كما انتشرت أخبار صنعاء**» (4). وها هو المؤرخ الجغرافي الشهير بابن خرداذبه(5)، من أهل القرن الثالث الهجري يقول وقد ذكر مدينة صعدة في كتابه المسالك والممالك ما نصه: «**وصعدة هي قرية عظيمة فيها منبر ومسجد، وتجار كثير**، وبها يعمل دباغ اليمن من الأدم والنعال، وأكثر تجارهم من أهل البصرة(6)، وطريق البصريين إليها يرجع إلى الركيبة ثم إلى صعدة، ولصعدة

---

(4) انظر كتاب الإكليل 1/ 195 طبعة مكتبة الإرشاد.

(5) هو عبيد الله بن أحمد خرداذبه، مؤرخ جغرافي، من أهل بغداد، توفي نحو 280هـ وقيل سنة 300هـ وله عدة مؤلفات راجع الأعلام للزركلي 4/ 190.

(6) بل وفي بيوت مدينة صعدة من تنحدر أصولهم إلى البصرة، مثل آل شيبان وآل حجاج وآل بهران وغيرها من البيوت التي ذكرت في مشجرة أنساب صعدة، الآتية في نص الكتاب.

مخاليف، وهي كثيرة القرى». ويذكرها المؤرخ ياقوت الحموي المتوفى سنة 626 في معجم البلدان فيقول:

«**صعدة مخلاف باليمن بينه وبين صنعاء ستون فرسخاً**، قال الحسن بن محمد المهلبي: صعدة مدينة عامرة آهلة يفدها التجار من كل بلد» إلى آخر كلامه، ويوسع المؤرخ ابن المجاور المتوفى سنة ثلاثين وستمائة في تاريخه المعروف بالمستبصر الكلام في وصف صعدة والحديث عنها فيقول بعد كلام مستفيض ما لفظه: «وأما البلدة فانها عامرة كثيرة الخلق والخير ذات معاش، شربهم من الأنهار والأعين، وزرعهم الحنطة والشعير، ذات أشجار وأنهار، ولبسهم الحرير والقطن لأن البلاد ظاهرها حار بالمرة وباطنها حار لين، **وهم قوم أخيار يدعون الحكمة ومعرفة الجواهر والعلوم العلوية، وهم على مذهب الإمام زيد بن علي بن الحسين بن علي بن أبي طالب جميعا، وهم شوكة القوم في المذهب**». ويذكرها أحد الجغرافيين في القرن التاسع وهو مؤلف الروض المعطار في خبر الأقطار فيقول:

«**صعدة مدينة باليمن وبها تجتمع التجار، وأهلها أهل أموال وافرة، وبضائع وتجارات كثيرة**»، ويذكرها العلامة الإدريسي المتوفى سنة 560هـ في كتابه نزهة المشتاق في اختراق الآفاق بهذا الذكر أيضا، ونختم هذا الباب بما ذكرها في القرن الرابع عشر العلامة الرحال المسند عبد الواسع بن يحيى الواسعي الصنعاني اليمني بقوله: «**صعدة مشهورة بالعلماء، وطلبة العلم فيها كثيرون، وكان في السابق يهاجر إليها محبو العلم من كل حدب وصوب**».

***

فهذه مقتطفات سريعة أوردناها لمجرد التعريف، واستحضارا لبعض ما كتبه أهل الآفاق عنها من التوصيف، فناهيك بما استحقته هذه المدينة العتيقة من المكانة البارزة، وما انطوت عليه من الحراك الحضاري المستمر طوال تاريخها، إلا أن مما يمض ويؤسف أن المتطلع لمعرفة المزيد، والمتطلب لتاريخ جامع عن هذا البلد التليد، سوف يواجه بحقيقة صادمة، حينما يعلم من أهلها قبل غيرهم أنها

لم تطّلع بمن يتصدى لتدوين تاريخها في كتاب جامع، أو يعنى بالتعريف بعلمائها وأعيانها وفقهائها، وذكر مواليدهم ووفياتهم، وشيئا من أخبارهم وأدبهم في كتب مستقلة. وهذه لعمري مدعاة للمبغض على انكار المحاسن، ومثلبة في حق المحب لها والساكن، لولا أن هذه الآفة من عدم التدوين لم تخص صعدة لوحدها، بل عمت مدن الجبال في شمال اليمن ونجدها، بخلاف التهائم واليمن الأسفل، وهذا راجع في المقام الأول لأسباب تاريخية، ليس هذا محل التعرض لها فالحديث ذو شجون، ويضاف إلى ذلك عوامل عمرانية وجغرافية حسب فلسفة عالم الاجتماع ابن خلدون.

***

إلا أنه جدير بالمرء الذي عاين بواطن الأمور، وتفهم الأسباب والعلل، وعرف معاذير الأوائل، ولم يقس الحاضر على الغايب، أن يسهم بمجهوده في ردم تلك الهوة، وأن يلحم في تدعيم روابط المجتمع بإبراز تاريخه، وتمكين قلمه من تحرير كل ما اجتمع بين يديه، وتوثيق ما استطاع، وعدم التعذر بقصر الباع، والتحجج بانصراف أهل الزمان عن القراءة والإطلاع، **فإن علم التاريخ ضرورة من ضرورات البقاء فضلا عن الإرتقاء**، وللعلماء في الثناء عليه وبيان فائدته وأهميته، والحث على تدوينه كلام واسع، ولله در أمير الشعراء حيث يقول:

مثلُ القوم نسوا تاريخهم — كلقيط عيّ في الناس انتسابا
أو كمغلوبٍ على ذاكرةٍ — يشتكي من صلة الماضي انقضابا

وفي نظري فإن أكثر الأسباب الصارفة في أيامنا عن تدوين التاريخ من قبل القادرين على ذلك، هو حالة الكسل والخمول، مع ما يلاحظ من انكباب الغالبية على تحصيل الفقه على غيره من العلوم، فهو لديهم سيد الفنون، كما يقول الحافظ ابن مشحم في مقامته الآتية في نص الكتاب[7]. مع أن الأصل في ذلك

(7) في أثناء ترجمة الحافظ محمد بن أحمد مشحم، في القسم الثاني ترجمة رقم 76.

كله أن العلوم مواهب، منها علم التاريخ، فإن تحقيق صنعته والتوفر على أدواته يحتاج إلى همة عالية، ونشاط وعمل دؤوب.

[مرحلة جمع الكتاب وتسويده]

فقد استعنت بالله وتأملت عونه وتسديده، منذ التماع الفكرة في مخيلتي عن جمع هذا الكتاب، وبدأت بتحديد الأهداف أولا، والتعرف على العوائق والأسباب، غير آبه بالشعور الذي داخلني على الإطلاق، فقد حصل معي حينها من التهيب والإحباط، ما ظننت معهما عدم بلوغ الغاية، وحيلولة استقامتي حتى النهاية، فقد تجهمتني السبل، وكلما تلفت إلى مطلوب لم أصل إليه، ولمست جهالة الطريق التي مضيت فيه، لما لاحظته من قلة المادة وتفرقها في بطون الكتب، وحيلولة وصعوبة المطلب في الحصول على الذخائر المصونة من المراجع والمظان، والتي ليس إلى تناول أغلبها من سبيل، فهي حبيسة الخزائن التابعة لبعض الأسر هنا وهناك، ممن يضنون بها للأسف عن التصفح فضلا عن طلب الإعارة، إلا أن شغفي بالتاريخ كان غالبا، وبتحقيق ما أصبو إليه بت مصرا وراغبا، مما جعلني انصرف إلى تثبيت نفسي بنفسي، عاكفا على ما في متناول يدي، من الكتب والمراجع على قلتها، مع ما كان يتحصل لي منها في أوقات متباعدة، وبعد جهود مضنية، مقيدا في دفاتري أثناء المطالعة كل ما استرعاه ناظري عن تاريخ صعدة وتراجم العلماء الأعلام، مقنعا همتي كلما تعبت، وعزمتي كلما كلت وملت، أن الأعمال بالنيات، وأن لكل امرء ما نوى:

ومـن كـان في سـعي إلى الله راغبـا   فآمالـــه مكفولـــة ومآربــه

ولم يغب عن خاطري في تلك الفترة وما بعدها أهمية ما تكتنزه شواهد الأضرحة في مقابر مدينة صعدة، كمقبرة «القرضين» المشهورة الواقعة جهة الشمال والغرب من سور المدينة، فقد عمد إلى نقل الفوائد عنها والأنساب، وزبر تاريخ وفيات العلماء من أضرحتها وشواهدها جملة من النسابين والمؤرخين الكبار، فما كان مني إلا أن عمدت إلى اقتفاء ذلك الأثر، والخروج

بحصيلة ذات فوائد بالغة وأثر، أدرجتها وأفدتها في كتابي هذا.

***

وبعد أعوام وأعوام وبعد فراغي من مطالعة ما توفر من الكتب والمراجع، واستخراج البغية منها نقلا وفحصا وتعليقا، نظرت إلى الحصيلة، فإذا هي لا تشفي الغلة، ولا تقوم بما شكيته من العلة، ولكن عزم الإصرار ونزعة التحدي كانت في خلدي متقدة، فقررت الرحلة إلى مدينة ضحيان مدينة العلم والعلماء في القرن الرابع عشر، في الشمال من صعدة، إذ يتواجد فيها عدة مكتبات خاصة لبعض الأسر العلمية مما تزخر بالمخطوطات، إلا أن وجهتي في تلك الرحلة قد خصت مكتبة السيد الفاضل محمد بن عبد العظيم الهادي(8)، إذ هي كبرى المكتبات، وفيها يتواجد من الكتب ما تفرق في غيرها، فنزلت في ضيافة صاحبها السيد المذكور قرابة الشهر، لا أفارق جناح مكتبته المخصص في جانب مستقل من داره، عمدت في تلك الاستضافة الكريمة إلى تصفح نحو ثلاثمائة نسخة ما بين مخطوط أصلي ومصورة، هي تقريبا حصيلة هذه المكتبة، ونقلت عن حواميها في همة ونشاط كل ما وجدته من الوجادات الصحيحة، المعروفة بخطوط أصحابها، إذ جرت العادة من علماء اليمن من تقييدهم في بدايات النسخ من كتبهم التي تسمى بالحوامي ما يحصل لهم من السماعات والقراءات على المشايخ، وكذلك تحرير تواريخ الوفيات والمواليد، وسائر الفوائد والشوارد، والحوادث الغريبة والآهلة من كوارث وزلازل، وفتن وحروب وغيرها، إضافة إلى ما تيسر لي الحصول عليه من المراجع المطلوبة والكتب الهامة، والتمكن من أخذ صورة منها، مثل كتاب «**ذروة المجد الأثيل في تراجم أولاد علي بن جبريل**» للسيد العلامة أحمد بن يحيى العجري المتوفى سنة 1347هـ وكتاب «**عقد الجمان بتراجم علماء ضحيان وما تفرع منها إلى البلدان**» للسيد عبد الكريم بن عبد الله

---

(8) توفي رحمه الله بضحيان سنة 1436هـ، وله ترجمة في القسم السابع من هـذا الكتـاب. راجع فهرسة المكتبة في كتاب (مصادر التراث في المكتبات الخاصة في اليمن).

العنثري المتوفى سنة 1329هـ، وكتاب «**بغية الأماني والأمل بتراجم أهل العلم والعمل بعد الألف**» للقاضي العلامة عبد الرحمن بن حسين سهيل المتوفى سنة 1359هـ، وكتاب «**الجواهر المضيئة مختصر الطبقات**» للمولى عبد الله بن الإمام الحسن القاسمي المتوفى سنة 1375هـ، **والجزء الثالث من كتاب «اللآلي المضيئة»** للسيد الإمام أحمد بن محمد الشرفي المتوفى سنة 1055هـ، وكتاب «الإجازات» للحافظ أحمد بن سعد الدين المسوري المتوفى سنة 1078هـ، وكتاب «**الأنوار البالغة في شرح الدامغة**» للسيد العلامة الحسن بن صلاح الداعي المتوفى سنة 1120هـ، وهو الشرح الصغير عليها، وبعد حين تحصلت على «**شرحه الكبير على الدامغة**»(9)، وعلى «كتاب الإجازات» للقاضي شيخ الإسلام عبد الله بن علي الغالبي، وإجازات أولاده محمد وإبراهيم، وعلى «إجازات المولى محمد بن إبراهيم حوريه»، و«إجازات السيد عبد الله بن يحيى العجري»، وعلى إجازات أخرى كثيرة، ومثل سير الأئمة الثلاثة، وهي «**النبذة المشيرة**»، و«**الجوهرة المنيرة**» و«**تحفة الأسماع والأبصار**» التي كتبها السيد المؤرخ مطهر بن محمد الجرموزي، وكتاب «**العقيق اليماني في وفيات المخلاف السليماني**» للعلامة عبد الله بن علي الضمدي، وهذه باعتبار أهم المراجع التي استفدت منها كثيرا في كتابي.

***

إلى أثناء سنة 1420عشرين وأربعمائة وألف فتلوح لي فرصة في مجال تحقيق التراث الزيدي، فأجتهد في اغتنامها، واكتساب الخبرة والمعرفة من أعلامها، مستمرا في ذلك العمل مدة خمسة أعوام، صدر خلالها بتحقيقي عدة من الكتب، آخرها وأهمها كتاب «**مطلع البدور ومجمع البحور**» وهو تاريخ **العلامة المحقق القاضي شهاب الدين أحمد بن صالح بن أبي الرجال** المتوفى سنة 1092هـ، وهذا القاضي هو عمدة المؤرخين لعلمائنا في نقولاتهم، فقد أحسن في كتابه المذكور

(9) من مكتبة سيدي العلامة محمد بن الحسن العجري. وهو قمت في سنوات لاحقة بتحقيقه، في أربع أجزاء، ولم ينشر إلى الآن.

أحسن الله إليه، وما ترك ممكنا مطلعا عليه في التواريخ والكتب المختلفة إلا وأورده في تاريخه المذكور، بعبارات رشيقة حسنة، وبطريقة على قواعد المؤرخين عجيبة مستحسنة، ولولا انشغال مؤلفه القاضي في آخر المدة بموازرة إمام عصره المتوكل على الله إسماعيل بن أمير المؤمنين القاسم بن محمد، لجاء الكتاب في جزئيه الثالث والرابع أكبر مما هما عليه، يلحظ ذلك من خلال التراجم التي فاتته في الجزءين المذكورين مما كان وعد بالإتيان بها، أمثال تراجم: «**الحافظ أبي عبد الله العلوي**» مؤلف الجامع الكافي، و«**ابن يعيش النحوي**» شارح المفصل وغيره من المؤلفات في النحو واللغة، والسيد «**يحيى بن المهدي الزيدي**» مؤلف صلة الإخوان، والعلامة «**يحيى بن الحسن القرشي**» مؤلف منهاج المتقين، والمؤرخ «**محمد بن علي الزحيف**» صاحب مآثر الأبرار، والقاضي الفروعي «**محمد بن عبد الله بن راوع**»، والفقيه «**يوسف بن علي الحماطي**»، وغيرهم.

وهذه نكتة أحببنا ذكرها في هذا الموضع، ليعرف عذر هذا القاضي الجليل في فوات تراجم بعض العلماء الأكابر عليه في كتابه، وقد ترجم لعلماء عصره أهل القرن الحادي عشر لنحو «160 عالما» بعبارات رشيقة رصينة، ومعاني لطيفة متداولة، كان نصيب علماء البلاد الصعدية منها نحو «**أربعين ترجمة**»، أغلبها مما انفرد بذكرهم في كتابه، وبالأخص «ترجمة العلامة ابن العنز»، وترجمة السيد صلاح بن أحمد بن المهدي وغيرها من التراجم والاستطرادات التي استوعبتها بأجمعها في كتابي هذا في القسم الأول منه، وهذا هو مقتضى الشاهد في استطراد هذا الكلام، والتعريف بهذا التاريخ، لأن القاضي شهاب الدين أحمد بن صالح ابن أبي الرجال رحمه الله كان ممن دخل مدينة صعدة في أيام الطلب، ومكث بها نحو سبع سنين، قرأ فيها على عدة من مشايخها وفقهائها، وخالط سادتها من بني المؤيد وغيرهم من بيوت علماء الشيعة فيها، واطلع على ذخائر الكتب التي عندهم عن آبائهم، ونقل إلى دفاتره من ذلك الكثير الطيب.

وبالجملة فتاريخه مطلع البدور ومجمع البحور من أجل كتب تراجم علماء الزيدية، وهو في أربع مجلدات، وقد صدرت طبعته الأولى بتحقيق كاتب

الأحرف عام 1425/ 2004م.

***

وفي العام الذي يليه يضطلع كاتب الأحرف أيضا بتحقيق كتاب الطبقات للسيد العلامة المؤرخ عماد الدين يحيى بن الحسين بن الإمام القاسم المتوفى سنة 1099هـ، وهو المعروف باسم «**المستطاب في تراجم علماء الزيدية الأطياب**»، وهذان الكتابان، **أعني المطلع والمستطاب**، هما من أوائل الكتب المصنفة في تراجم رجال الزيدية على الإطلاق. وكان تحقيقي لهذين الكتابين بمثابة مسك الختام، فعلى الرغم مما منحتني هذه التجربة في تحقيق التراث من إثراء معرفي وعلمي، إلا أني فضلت الاكتفاء بما تقدم لأسباب عديدة، منصرفا إلى شغفي القديم في الجمع والتدوين، وخصوصا مع تحرك عجلة الطباعة للعديد من كتب الزيدية، وسير الأئمة وتواريخهم من عدة من المحققين والباحثين عبر مؤسسة الإمام زيد بن علي الثقافية بصنعاء، والتي اعتمدتني إدارة المؤسسة المذكورة كأحد كوادرها في العام 1426هـ، وأسندت إليّ بذلك مراجعة ما يصدر عنها من إصدارات في مجال التواريخ والسير، وبدأت بتصحيح بعض الكتب التي سبق للمؤسسة طباعتها، مثل «**كتاب المصابيح**» في سير الأئمة للسيد الإمام أبي العباس الحسني، والقسم الثالث من كتاب «**طبقات الزيدية الكبرى**» للسيد الإمام إبراهيم بن القاسم، والذي رأوني أهلا لتلك المراجعة لهذين الكتابين وغيرهما، وقد أرخت الانتهاء من مراجعة هذا القسم من الطبقات وتسويد كتابي عليه الذي سميته بـ «**إتحاف الذوات فيما وقع من الأوهام في الطبقات**» في تاريخ 26 شوال سنة 1429بهذه الأبيات فقلت:

تم تصحيح طبعة الطبقات … بنشاط وهمة وثبات
مع أني قصير باع ولكن … ربما أفلحت جهود الهواة
وحظِي بالقبول قول مفيد … وارتضته الأثبات بالإثبات

وفي خضم هذه الأعمال كنت اجتزء الأوقات لجمع مادة كتابي هذا، وتحريرها

من الكتب والمراجع التي توفرت بين يدي من مطبوعات المؤسسة، ومن مخطوطاتها المصورة على أقراص الحاسوب، التي سمح لي الوقوف على بغيتي منها، واقتناء نسخة مما أطلبه من المراجع بتوصية صارت إلى المعنيين من سيدي العلامة المؤرخ عبد السلام بن عباس الوجيه جزاه الله خير الدارين، وتحصلت بذلك التعاون المثمر على جملة من المراجع.

***

فإذا بي بعد اجتياز هذه المراحل الصعبة والشاقة والمتقطعة، وبعد مضي نحو عقد من الزمن بحثا وتنقيبا ومطالعة، أطمئن نفسي إلى أن العدة والحصيلة التي توفرت بين يدي صارت كافية، لبدء الانتقال إلى المرحلة الثانية، وهي مرحلة تأليف الكتاب وتدوينه، والذي كنت أرخت انطلاقتها بقلمي بهذا اللفظ: «**كان بدء الشروع في تأليف هذا الكتاب المسمى نبلاء صعدة بعد الألف في العشر الأولى من شوال عام خمس وعشرين وأربعمائة وألف**». وهذه هي تسمية الكتاب بادئ الأمر، وقد تداولها بعض الإخوان في كتبه[10]. وإنما رجح في سنوات لاحقة الذهاب إلى تسمية أخرى للكتاب، تكون جامعة لموضوعه، وشاملة لمادته، فجرت هذه التسمية وهي:

(عقد الجواهر بتراجم أعيان وفضلاء صعدة بعد القرن العاشر)

والتسميتان صحيحتان إن شاء الله. وقد احتوى الكتاب في مجمل ما انطوى عليه عنوانيه المذكورين على تراجم كل من العلماء والأعيان والأدباء والنبلاء الصعديين وأهل المعرفة والدين، ممن صحت لهم ولادة أو وفاة في صعدة ونواحيها، أو اشتهار نشأة أو نسبة إليها، دون من عداهم ممن وفد لطلب العلم وغيره إلا أن يكون استطراداً أو على جهة الاستحسان، فهذا هو شرطي في الكتاب لمن طلبه، والله المسؤول أن ينفع به الباحثين والعلماء والطلبة، وأن لا

---

(10) وهو السيد العلامة عبد السلام بن عباس الوجيه في كتابه أعلام المؤلفين.

ينسوا أخاهم من صالح الدعاء، إذا لم يقولوا أجاد في كتابه وأوعى.

[مرحلة تهذيب الكتاب وتنقيحه]

فإني بعد الفراغ من تسويد الكتاب في مدة وجيزة، قمت بإطلاع عدة من العلماء الأفاضل عليه، وهو في مسودته الأولى، فالكل هلل وحث وشجع، إلا

5 سيدي المولى العلامة عبد الرحمن بن حسين شايم المؤيدي قدس الله روحه فنظم أبياتا وأسجع، وما زال يحثني على نشره، وإيصال نسخة منه إليه، في زيارات عديدة قمت به إلى مقامه بهجرة الحاربة من قاع الصعيد، وزودني بكل ما في مكتبته عن موضوع الكتاب، من القصائد والمراسلات وغيرها، وفي جواب للمولى المذكور على مكاتبة لي وصلت إليه، أشار إلى ذلك بقوله:

وفي النظم من عبد الرقيب سرائر	تبينت فيه المعجزات الخوارقا
نظام عجيب من عليم مفوه	له سابقات قد بذذن السوابقا
أراه سيحي مجد آل محمد	ويبني لهم صرحا من المجد سامقا
وينشر في التاريخ فضل سراتهم	يترجم للماضي ومن كان لاحقا
تكون على الأعداء صابا وعلقما	ويبعث للحساد منها صواعقا

10 وقد ظل اعتقادي سائدا بعد ذلك، أني قد استوفيت كل ما هنالك، فإذا بالأيام تفتح لي ما استغلق علي في الماضي، وتزيح ما انبجس وأطبق من حرمانها والتغاضي، فتضع بين يدي روافدا جديدة من المعرفة، زاخرة بالفوائد والوجادات والمعلومات الأساسية، والأخبار والتراجم أيضا. ففي نحو سنة 1429 أو السنة التي قبلها يتحفني سيدي الفاضل محمد بن قاسم بن عبد الله

15 الهاشمي بإعارة أغلب ما نسخه على أقراص الحاسوب من المخطوطات الموجودة في المكتبات الخاصة في اليمن في بلدان الزيدية وهجرها، وبهذه اللفتة الكريمة والفرصة الثمينة، أتمكن من الإطلاع على ما فاتني من أمهات الكتب والمراجع التاريخية وغيرها، والتي لم يكن بالحسبان الوقوف عليها، فهي عندي في حكم المأيوس منها، إضافة إلى ما حرصت على تتبعه وتقييده في دفاتري عن

حوامي نسخ هذه المخطوطات أثناء تصفحها، وهي الجم من الفوائد والوجادات الصحيحة المعروفة بأقلام العلماء الثقات، التي لا تحصى كثرة، من قراءات لكثير من العلماء الصعديين وغيرهم، ومن تقييد لبعض تواريخ الوفيات والمواليد، وذكر لمؤلفات العلماء وشيء من أدبهم ونثرهم، ونبذٍ يسيرة وعبارات

5 مختصرة في ذكر أوصافهم ونعوت في التعريف بهم. وما هي إلا مدة عامين حتى يطلب مني في سنة 1432 استلام أرشيف الوقف بمحروس مدينة صعدة أواخر تلك السنة، بقصد إعادة تنظيم وترتيب بصائره ووثائقه ومسوداته، فيتهيأ لي من خلال هذا العمل الإطلاع على الجم من الفوائد التاريخية عن حكام مدينة صعدة وقضاتها وولاة الأوقاف فيها، وفوائد عن علمائها على مدى قرون

10 عديدة، فتوجهت أفكاري لتقييدها وتدوينها، وهي فوائد مكنونة، ما كنت لأطلع عليها في غير هذا المكان، وسوف يلحظ القارئ إحالاتي المتكررة على ذلك في مواضع كثيرة من الكتاب.

وتجاه هذه الروافد التي أثرت موضوع الكتاب بمادة غير مطلع عليها من ذي قبل، وأضافت معلومات قيمة وأساسية، جعل من الغبن تجاهلها بعدم الإلحاق

15 لها ضمن مادة الكتاب، أو التفكير على الأقل بعمل مستدرك بها، وقبل أن اتخذ قرارا في ترجيح أحد الأمرين كان قرارا رسميا قد صدر بتعييني مديرا لأوقاف محافظة صعدة، إلا أنه لم يطل عمر ذلك المنصب كثيرا، إذ ضاق أهل الأهواء بمقامي بالوقف واهتمامي، فكانت الإقالة من الجهة التي رشحتني، وهذا من عجائب الزمان، وأذكر جوابي على بعض الأخوان وقد عاتبني على قبول

20 المنصب من البداية، وهي هذه الأبيات:

قالوا وَلِيْتَ الوقف يا هذا وقد	فرَّ الأفاضلُ من غبارِ ترابه
قلتُ الأفاضل لم يفروا، بل فروا	أوداج من يسعى لهضم جنابه
قاموا بحق الله فيه وصرفوا	أمواله في المقتضى من بابه

وبعد انعتاقي من إدارة الوقف بعد اللتيا والتي، وإقالتي منه في تاريخ صفر

سنة 1434 أربع وثلاثين وأربعمائة وألف، كان من باب المصادفة أن أحد المحبين اطلع على مسودة الكتاب، فحبذ إليّ طباعته على الحاسوب، واستخراج نسخة مصفوفة منه، وأبدى استعداده للقيام بذلك، فرحبت، ولولا هذه المبادرة لكان ضاع الكتاب تحت ركام منزلي الذي دمرته غارات العدوان السعودي الغاشم على اليمن في تاريخ الثامن من شعبان سنة 1438هـ، فالله أذن أن يخرج هذا العمل إلى لنور، ويسلم من الضياع، وقد رأيت أن الأنسب بتلك الإضافات الهامة والمعلومات الجديدة هو الإلحاق لها في مادة الكتاب، مع تحرير التراجم الجديدة التي تحصلت من خلال ذلك، وإعادة النظر أيضا في صياغة كثير من التراجم في مسودة الكتاب الأولى، وهي نحو الثلث، والبدء بتحريرها مرة أخرى.

وهذا ما تم بالفعل، فلم يكن لي في ذلك من ذلك بد، وقد كلفني هذا العمل كثيرا من الوقت والجهد، ولا أبالغ إن قلت إنه بمثابة تأليف للكتاب من جديد. ونظرا لما أحدثته ثورة المعلومات في الشبكة العنكبوتية بعد ذلك من إتاحة للإطلاع على كثير مما فات، فقد استمرت هذه الإضافات والتعديلات على الكتاب مع التهذيب والتنقيح له نحو عقد من الزمن، ولا زلت أضيف إليه إلى تاريخ تهيئة الكتاب وطباعته. هذه هي حكايتي مع الكتاب وجمعه وتدوينه وتهذيبه، أحببت تسجيلها بكل تفاصيلها، كشاهد على التحديات التي واجهتني، والصعوبات التي حاولت إعاقتي عن إنجاز هذا المطلب التاريخي الهام.

فالمطلع اللبيب والناظر الحصيف.. يعلم أن الجهد المبذول في جمع مادة هذا الكتاب، وإصاغته وتحريره بهذا الأسلوب والطريقة هو مجهود شاق، صابر جامعه ومؤلفه في سبيل تحققه وإنجازه **ليالي ممتطيات بأصلابها وأياما وشهورا بل أعواما وعقودا**، فمن أنصف من نفسه في مطالعته وكان عارفا بصنعة هذا الفن من التواريخ ومقتضياته، ومواده ولوازمه علم يقينا أن المجهود الذي بذل في الجمع والتأليف والتسويد لهذا الكتاب على فترات متباعدة، إنما هو إيجاد الشيء من العدم، وعون لمؤلفه من الله ذي القدم.

[التعريف بالكتاب وأسلوب مؤلفه]

ومما يعرف على جهة الإجمال بالكتاب أن مادته التي توزعت على جميع أقسامه **قد احتوت على «نحو 630 ستمائة وثلاثين ترجمة»**، غالبية هذه التراجم **تدون لأول مرة**، رجعت في جمعها وتحريرها طيلة عقدين من الزمن إلى ما ينف على مائة وخمسين مرجعا، ما بين كتب تاريخية وسير للأئمة وإجازات وحوليات، ومراسلات ومكاتبات، ودواوين شعرية، ومجاميع وسفن أدبية وغيرها، قد ذكرت بأسمائها في مواضع النقل في أثناء هذا الكتاب. **وكان اعتمادي في النقل باللفظ دون المعنى**، على قاعدة الأوائل لم أخالفها في أغلب الأحوال، بل نهجت نهجها، وحذوت حذوها. **بل مما ينبغي معرفته أني لم أترجم لأحد من عند نفسي**، بل عامة ما جاء في تلك التراجم هي نقولات ووجادات وفوائد معروفة لم أتردد في عزوها إلى أصحابها، كلما نقلت عنها إلى كتابي هذا، وربما أحرر في تراجم قليلة عبارات من عندي للتعريف بالشخص، بناء على خطوط وقفت عليها بأقلام معاصريه وإشارات ذكرته استطرادا، هي دالة على ما ذكرته به من الصفات، وذلك بعد معرفتي بمدلولات الألفاظ، وحسن التصور قبل ذلك في معرفة حال الشخص ومكانته ومقامه.

فقد عمدت في المقام الأول أثناء جمع هذه التراجم إلى ضبط الأنساب وتحقيقها، بالرجوع إلى المشجرات المصونة والصحيحة، والتعريف من خلالها بأصل النسب والألقاب، وبذلت الجهد البالغ بعد ذلك في التتبع والبحث والاستقصاء، وتصحيح ما أنقله من الأخبار وتوثيقها، ومن ثم إيرادها في سياق منساب منسجم، وسرد مشوق مترابط. مع الإلمام قبل ذلك بمجمل التعريفات والتراجم والأوصاف والإشارات المطلع عليها في ترجمة كل شخص الواردة في كتب المراجع المختلفة، وكذلك القراءات والمسموعات والمستجازات التي عثرت عليها في الوجادات الصحيحة، وربط كل ذلك بمجمل الوقائع والحوادث المرتبطة بالأعيان الصعديين، واستدعاء بعض الحوادث التاريخية، **حرصا على الجمع بين مزيتين في كتابي، وهما: تاريخ تراجم الأعلام، وتدوين**

حوادث التاريخ العام. مستوقفا قلمي في مواضع عديدة من الكتاب للتعريف بالبيوت الهاشمية وبيوت الشيعة الكرام العامرة فيما مضى_ بالعلم، بعبارات تشحذ الهمة، وثناء يبعث على النهوض بالخلف وامتلاك الأزمة، فلربما جاء الثناء على سلف بعض هذه البيوت، والخلف منهم في المكانة أوهن من بيت العنكبوت، فيكون عذري واضح عند ذوي الحجا، فلم أجانف الصواب ولم أنطق عن الهوى، فقد أحييت بذكر أبائهم في كتابي هذا ما هو حق ولم يكن تلميعا، وحجتي في ذلك من أحيا نفسا فكأنما أحيا الناس جميعا.

وفي ذات السياق فليعلم الواقف على كتابي هذا أني لم أرفع أناسا فوق قدرهم تزلفا لأحد، ولم أضع من قدر أناس آخرين تعصبا وحسد، فتطويل التراجم وتقصيرها مدار الأمر فيه على حسب الإطلاع، فما سمح به الدهر من الكشف عن أحوال بعض العلماء دون بعضهم أخذنا به، ومن انقطعت عنا أخبارهم وآثارهم، اكتفينا بالموقوف عليه في ذلك، دون زيادة ولا نقصان، وإن حصل الإطلاع فهم ذكر نعمان.

✱✱✱

ومما أحب أيضا التنويه في هذه المقدمة عليه، والتنبيه به والإشارة إليه..

هو ما أوجبته على قلمي من الإلتزام بطريقة الأوائل في كتابة وتدوين التاريخ، إذ كان مما استلهمته في مطالعاتي المتكررة أن علم فن التاريخ وصنعته ليس كغيره من سائر الفنون، وأن عبارة الأولين في كتبهم ومؤلفاتهم والتقيد بها أضمن لصحته ونقله على حقيقته، فالأخبار كما يقال شفوف، فإن مما يعرفه أهل الأنظار أن إصاغة حوادث التاريخ بأسلوب أهل العصر ولغتهم العابرة يفقدها الحيوية والمضامين المبنية على فهم السابقين وإطلاعهم وتقديرهم لتلك الأخبار والأوصاف والنعوت. فمن هذه الناحية تعمدت في كتابي طرق هذا الأسلوب الذي حاكيت به الأوائل في أساليبهم وطرائقهم، دون التقليد الأعمى في النقل والركون على اطلاع السابقين، لذلك فسوف يلاحظ القارئ ما جرى من التنبيه

على جملة من الأوهام والأغاليط التي وقع فيها المتقدمين، وهذا بحده وجه من وجوه المعرفة انفردت به مادة الكتاب.

مع ما حاوله المؤلف جاهدا من أساليب التجديد في صناعة الإنشاء والكتابة لمضمون التراجم، بعبارات سليمة، وإلتفاتات لطيفة، من حيث طرح المعلومات وترتيبها وسردها في انسياب منسجم، وسردية مترابطة، في محاولة منه الجمع بين عنصرين هما التشويق والفائدة، والإفضال في الإفادة، وعدم الإملال والإطالة، إضافة إلى استدعاء بعض الاستطرادات التاريخية لتدعيم حوادث التاريخ المرتبطة بالأعلام والأعيان المترجم لهم، وإيراد فوائد من الأنساب والتعريف بالبلدان، والهجر العلمية، والتعريج في خلال ذلك كله على التنبيه بذكر الأسر الصعدية التي انتقلت عن صعدة إلى مدن أخرى، ورصد تاريخ ذلك الانتقال، وأسبابه إن وجدت، والعكس رصد انتقال الأسر المنتقلة من المدن الأخرى إلى مدينة صعدة، وتاريخ استيطانها، إلى غيرها من المميزات والأساليب التي انفردت به مادة هذا الكتاب.

※※※

وعلى عادة المؤرخين.. فقد جعلت ترتيب الكتاب على حروف المعجم، بيد أنني أفردت تراجم علماء كل قرن من الزمان بعد الألف في قسم خاص بهم غالبا، فصار الكتاب بهذا مشتملا على سبعة أقسام، جعلتها على هذا النحو:

القسم الأول:

ويشتمل على تراجم 135 فاضلا، وهم من جاءت وفياتهم في أثناء القرن الحادي عشر الهجري ما بين عام الألف إلى سنة 1100هـ.

القسم الثاني:

ويشتمل على تراجم 102 فاضلا ممن جاءت وفياتهم في أثناء القرن الثاني عشر الهجري ما بين سنة المائة بعد الألف إلى سنة 1200هـ.

القسم الثالث:

ويشتمل على تراجم 25 فاضلا، ممن جاءت وفياتهم من سنة المائتين بعد الألف إلى سنة 1265 خمس وستين ومائتين وألف.

القسم الرابع:

ويشتمل على تراجم 40 فاضلا، ممن جاءت وفياتهم من سنة ست وستين ومائتين وألف إلى سنة 1322هـ.

القسم الخامس:

ويشتمل على تراجم 132 فاضلا، ممن جاءت وفياتهم في أيام دولة مولانا أمير المؤمنين المتوكل على الله يحيى بن محمد حميد الدين، أي من سنة دعوته 1322هـ إلى سنة 1367 تاريخ استشهاده رضوان الله عليه.

القسم السادس:

ويشتمل على تراجم 97 فاضلا، ممن جاءت وفياتهم من سنة 1368 إلى سنة 1400 أربعمائة بعد الألف.

القسم السابع:

ويشتمل على نحو مائة ترجمة، وهي تراجم العلماء والأعيان الذين عاصرهم المؤلف، وجاءت وفياتهم بعد عام 1400هـ، وهذا القسم الأخير تم تأجيل نشره في طبعة الكتاب الأولى لاعتبارات عديدة، سائلين الله أن ييسر تهيأته ونشره في قادم الطبعات للكتاب، بحوله وطوله.

***

والملحظ التاريخي الذي تم مراعاته في هذا التبويب والتقسيم للكتاب، هو مبني على عدة وجوه، منها: إفراد كل أهل طبقة على حده، لئلا يسبق **ترجمة اللاحق على السابق، والحفيد ترجمة الأب أو الجد**، ومنها أن الحقبة التي تناولتها

الأقسام الستة للكتاب أتت على نحو أربعمائة سنة هجرية، وهي امتداد ما يعرف بـ«أيام الدولة القاسمية» في كتب التواريخ، ولأن صعدة إحدى ولايات هذه الدولة اليمنية، فمن الطبيعي انعكاس أحوالها على مدينة صعدة، وتأثرها بالمراحل الثلاث التي تمر بها أي دولة من الدول، وهي مرحلة القوة والإزدهار، ثم مرحلة التفرق والشتات، ثم مرحلة الضعف وحافة الانهيار.

فالمتأمل لما حكيناه هنا يدرك أهمية هذا التقسيم الذي توخيناه، والترتيب الذي راعيناه، وبالأخص أنه تمكن من عرض مادة الكتاب على نسق تاريخي ممتد في إطاره العام طيلة هذه الحقبة الزمنية الممتدة من بعد الألف إلى عصرنا الحاضر، والتي عرفت بـ«العصر الحديث» على اتفاق من عموم المؤرخين، إذ هي دور مستقل بذاته في تاريخ اليمن المميون.

وللحقيقة والإنصاف .. فقد استطاع رئيس الديوان الإمامي في أيام الإمام المتوكل على الله يحيى بن محمد حميد الدين وولده الناصر لدين الله وهو السيد العلامة المؤرخ محمد بن محمد زبارة رحمه الله، أن يبرز بفضلهما وعونهما له عظمة هذه الحقبة الزمنية في تاريخ اليمن من وجوه عدة حضارية وعلمية وأدبية، وذلك بما اعتنى به من جمع ونشر وطباعة تراجم نبلاء اليمن وعلمائه بعد الألف من الأعوام في كتب عدة من مؤلفاته، منها كتابه «**نشر العرف بنبلاء اليمن بعد الألف**» في ثلاثة مجلدات، وكتابه «**نيل الوطر في نبلاء اليمن في القرن الثالث عشر**» في مجلدين، وكتابه «**أئمة اليمن في القرن الرابع عشر**» في ثلاثة أقسام، وكتاب «**نزهة النظر بتراجم نبلاء القرن الرابع عشر**»، وغيرها من مجاميعه، بيد أن حظ علماء البلاد الصعدية في كتبه المذكورة ومجاميعه كان قليلا لا يذكر، ومن ترجم لهم من أعلامها لم يف بحقهم بل قصر، وعذره برأيي في ذلك معروف، وعلى غيره يحوم الملام ويطوف. فكان لزاما عليّ في سبيل المتابعة له والاستكمال، وتحقيق هذا المطلب على وجه الكمال، أن أرخص الغالي وسهر الليالي في تحصيل الفوائد، وتدوين المحاسن والمفاخر، حتى حق للكتاب أن يحمل تسمية **عقد الجواهر**، وأن يطابق الاسم المضمون، فهو تالله عون ذي الجلال لي وسره

المكنون، فله الحمد والفضل والمنة أولا وأخيرا:

نفحـــاتٌ مـــن العـــلى والمفـــاخر … تـــم تقييـــدها بـــ(عقد الجـــواهِرْ)
فهـــو زاهٍ عـــلى التـــواريخ تســـمو … في فضـــاءاته الحجـــا والبصـــائِرْ
حبـــذا عقـــدُ ســـؤددٍ وفخـــارٍ … لأولى العلـــم كـــابرا بعـــد كـــابرْ
وســـجلٌ حـــوى تـــراجمَ نـــدسٍ … وأمـــيرٍ مـــن الـــولاة وشـــاعرْ
وفقيـــهٍ مـــذاكر وضـــليع … في فنـــون عديـــدة ومثـــابرْ
ورئـــيس محنـــكٍ وجســـورٍ … ووجيـــهٍ في قومـــه ومـــؤاثرْ
في ربى (صعدة) و(رحبان) أو (ضـ … ـحيان) أو في (رغافة) أو (قطـابر)
بين (خـولان) أو (جماعـة) أو (راز … ح) أو في (الصعيد) أو في الظـواهر
كـــان غيبـــا تاريخهـــا فاســـتطالت … بعـــد هـــذا عـــلى النجـــوم الزواهـــر
كل مجـدٍ ينسـى وإن سـامَق الشمـ … ـــش إذا لم تصـنه سـود المحابرْ
وعـريض الأمجـاد إن كلّـت الأقـ … ــلام عـن زبـره، فكـالطيف عـابرْ
ربّ ذكرٍ مفخـم قـد طـوى الدهـ … ــر، ومـا غـاب نشـره في الـدفاترْ
فهـــو يـــروى عـــلى الزمـــان طريـــا … وبـــه تزدهـــي عيـــون المحـــاضرْ
دولٌ مـــن ممالـــك الأرض قامـــت … واســـتطالت عـــلى المـــلا والبنـــادرْ
وأولـــوا حظـــوةٍ وأهـــل فخـــارٍ … وعلـــوم ونجـــدة وتنـــاصِرْ
غيّـــب الـــدهر ذكـــرهم لا لشـــيء … غـــير أن الإهمـــال قـــد كـــان حـــاضرْ
إن فضـــل التـــاريخ عنـــد أنـــاس … علِمـــوا فنـــه جليـــل الـــذخائرْ
أدرك النـــابهون ذاك وأغضـــى … عنـــه ذو غفلـــة وآخـــر جـــائر

***

وخاتمة المطاف.. وبعد كل ما بذلته في سبيل جمع شتات هذا الكم الهائل من تراجم العلماء والأعيان والفضلاء أجدني في غاية الغبطة والسرور، وعارفتي إن شاء الله على عصمة اللائذين به، ومنجا الهاربين منه، أن يحشرني بذكر الصالحين

آمنا يوم تتقلب فيه الأبصار والقلوب، ويختم لي بالحسنى، فإن ذكر الأولين والآخرين من علماء مدينة صعدة ونواحيها، لهو على اعتبار حياة جديدة لهم، بعد أن طوى النسيان أخبارهم، وأخفى ديوان الضياع آثارهم ومآثرهم، إذ أن المغزى كما يقول بعض أهل البيان من التاريخ هو حفظ التسلسل، ومنع التخلف، وحث الأخلاف على متابعة الأسلاف، فإن الأمم هي في تنازع بقاء لا يفتر، وتزاحم ورد لا يسكن، وكل منها يبغي أن يحفظ كيانه، ويوطد بنيانه، ويحمي حقيقته ويخلد سجيته.

وهذا بعينه وذاته ما حرصت عليه في تأليف الكتاب، وسعيت إلى إنجازه، وتحقيق أهدافه بنشره وطباعته، والله المعين والموفق. واستوصي كل من وقف على كتابي ورأى خللا أو عيبا فيه أو خطأ أو وهما، أن يستر علي، فمن لا يعمل لا يخطئ، وجل من لا يسهو، وفي ذلك أتمثل بقول القائل:

كم من كتاب قد تصفحته　　　وقلت في نفسي قد أكملته
حتى إذا طالعته ثانيا　　　وجدت تصحيفا فاصلحته

وإلى هنا يقف شوط القلم في تحرير هذه المقدمة، التي كتبت على عجالة أثناء تهئية الكتاب للطبع، سائلا المولى رب القدرة والعز والجبروت أن يعود علينا من بركات ذكر العلماء والأولياء والصالحين، وأن لا يحرمنا أجرهم، ويلحقنا بهم صالحين إنه على ما يشاء قدير، وبالإجابة جدير، مختتما كلامي ودعائي بالصلاة على سيد الخلق محمد بن عبد الله وعلى آله وسلم تسليما كثيرا.

وهذا أوان الشروع في تراجم القسم الأول، وبالله الثقة وعليه الاعتماد.

عقد الجواهر

بتراجم فضلاء وأعيان صعدة بعد القرن العاشر

المسمّى أيضًا

نبلاء صعدة بعد الألف

القسم الأول

من سنة 1000 ـ 1100هـ

1. الإمام إبراهيم بن محمد حوريه المؤيدي

السيد المولى الإمام إبراهيم بن محمد بن أحمد بن عز الدين بن علي بن الحسين ابن الإمام الهادي إلى الحق عز الدين بن الحسن بن الإمام علي بن المؤيد بن جبريل بن المؤيد بن أحمد بن الأمير شمس الدين يحيى بن أحمد بن يحيى بن يحيى ابن الناصر بن الحسن بن عبد الله بن المنتصر بالله محمد بن القاسم المختار بن الإمام الناصر أحمد بن الإمام الهادي إلى الحق يحيى بن الحسين بن القاسم الرسي ابن إبراهيم بن إسماعيل بن إبراهيم بن الحسن بن الحسن بن علي بن أبي طالب الحسني اليحيوي المؤيدي الفللي المعروف بابن حوريه.

مولده في نحو سنة 1014 أربع عشرة وألف، وهو **المولى علم الأئمة الأعلام، الجامع لخصال الكمال، وكمال الخصال، الجهبذ في العلوم، والمحقق النحرير الفذ في منطوقها والمفهوم**، صاحب المؤلفات الفائقة التي منها: كتاب (**تنقيح الأنظار شرح هداية الأفكار**) في الفروع أربعة مجلدات، وكتاب (**الإصباح على المصباح**) في أصول الدين وهو شرح للثلاثين المسألة، وكتاب (**الروض الحافل شرح على متن الكافل**) في أصول الفقه، وكتاب (الروض الباسم في أنساب آل القاسم) الرسي، وكتاب (**اللمعة الذهبية في بعض القوانين الخطية**)، وكتاب (عقود الجوهر في علم أسانيد الأثر من طريق العترة الغرر) وقفت على الكتابين الأخيرين بقلمه، وقد ذكر في العقود جملة مشايخه ومروياته، فإنه ممن أخذ قراءة وإجازة عن السيد الإمام صلاح بن أحمد بن المهدي المؤيدي الآتي ترجمته بحرف الصاد، وتأهل بكريمته، وأخذ أيضا عن الفقيه العلامة الفروعي عبد القادر بن سعيد الهبل، ومن مقروءاته عليه كتاب شفاء الأوام وغيره، وفي سنة ست وأربعين وألف تحصّل له من الإمام المؤيد بالله محمد بن الإمام القاسم على إجازة عامة في كتب الأئمة وأشياعهم وسائر مروياتهم.

وأخبرني مشافهة سيدي العلامة وجيه الإسلام عبد الرحمن بن حسين شايم المؤيدي أبقاه الله أن من جملة مشايخه السيد العلامة الكبير داود بن الهادي، وأنه كان أحد الحاضرين عليه قراءة كتاب الكشاف بمدينة صعدة. ومن مؤلفاته أيضا كتاب (**قصص الحق المبين في البغي على أمير المؤمنين**)، وله كتاب في اختياراته في الفروع سماه (**المسائل المهمة في المختلف من أقوال الأئمة**)، وله في ذلك (الرسالة الظاهرة في أحكام المخابرة)، وله كتاب (النخب المختارة الكاشفة عن تيسير العبارة في مناسك الحج والزيارة) وهو شرح لمنسك له منظوم وهو الموسوم بـ(تيسير العبارة)، أوقفني عليه أحد أحفاده المعاصرين، ويبلغ عدد أبياته إلى نحو 150 بيتا، وأوله قوله:

هاج الفؤاد لذكره أمَّ القُرَى ... وطَمَت سواجمه إلى خير الورى
فالقلب ينزع والدموع سوابحٌ ... والشوق يمنعه البلوغ إلى الكرى
واهتضت نحو السير مخلص نيةٍ ... ونبذتُ كل مثبطٍ لي بالعرى
ووصلت أحبابي ومن عاملته ... بالبر أطلب منهم حسن البرى

وله غير ذلك من الرسائل والجوابات. قال القاضي المؤرخ شهاب الدين أحمد ابن صالح بن أبي الرجال وقد ذكر شيخه صاحب الترجمة في مواضع متفرقة من تاريخه مطلع البدور ومجمع البحور فقال:

زين الموجود، وعين الوجود، ترجمان الشريعة، حامل لواء العلوم جميعها وإمام منطوقها والمفهوم، جبل من جبال الحلم، وبحر من بحار العلم، متبحر في العلوم جميعها، يفزع إليه في العظائم. **وهو أحد شيوخي، وله شعر وبلاغة وطرائقه كلها حميدة في زهده وعلمه ومواظبته على الصالحات** انتهى كلامه وإنما لم يفرده بالترجمة لكونه أحد الأئمة الدعاة. ومما روى القاضي ابن أبي الرجال رحمه الله عن صاحب الترجمة قوله: لما حججت إلى بيت الله لم أشعر إلا برجل جليل المقدار من العجم له شارة حسنة، فسألني ما مذهبي؟ فأخبرته فقال: يا

مولاي رأيت علي بن الحسين وجماعة من آل محمد أظن أن منهم السبطين، هذا ظن مني أنا. قال: رأيت هؤلاء يصلون خلفك فعلمت أن الحق مع طائفتك. وطلب من صاحب الترجمة أن يضع له موضوعاً في الأصول والفروع ففعل، ولبث أياماً وعاوده بكتاب إلى صعدة انتهى.

قلت: وقد ترجم له أيضا السيد الإمام صارم الدين إبراهيم بن القاسم الشهاري في طبقات الزيدية الكبرى، والسيد المؤرخ الحسن بن صلاح الداعي في شرحي الدامغة الكبرى والصغرى، والسيد المؤرخ محمد بن محمد زبارة في خلاصة المتون في أنباء ونبلاء اليمن الميمون، وذكره المولى مجد الدين بن محمد المؤيدي في التحف الفاطمية شرح الزلف الإمامية، والقاضي عبد الرحمن بن حسين سهيل في بغية الأماني والأمل وغيرهم الكثير. **وعلى الجملة فهو من أعلام العترة الغرر، وعداده من الأئمة لا من المقتصدين**، وله دعوة بل دعوتين الأولى عقيب موت الإمام المؤيد بالله سنة 1054 والثانية في سنة 1061 لأسباب حصلت بينه وبين أجناد المتوكل على الله إسماعيل كان منتهاها وصوله رضوان الله عليه إلى مقام الإمام المتوكل على الله في ذات السنة، وأقام لديه أياما وأوسعه إحسانا وإكراما، ثم أذن له بالعودة إلى وطنه، وأقطعه الإمام رغافة وما إليها، **فعزم من الحضرة المتوكلية وقد ثلجت الصدور، وانتظمت بتسليمه مجريات الأمور، وله خلال ذلك رسالة في التسليم قويمة** لا ينبغي إغفالها إذ هي مغنية عن ذكر باقي رسائله وهي قوله بعد البسملة:

الحمد لله مدبر الأمور، على مقتضى إرادته فكل يوم هو في شأن، المتصرف في مصالح خلقه على مر الدهور، بلطف حكمته من غير موازر ولا ثان، المملك الملك من عبيده من ملكه في الكتاب مسطور، في سالف أزليته فأنى لغيره سلطان، والصلاة والسلام على ذي الهدى والنور، المبعوث لإعلاء كلمته إلى الإنس والجان، وعلى آله المطهرين أحسن طهور من رجس الشيطان، والمنزهين

عن معصيته فهم لأهل الأرض أمان، **وبعد**: فليعلم من على البسيطة من داني الأرض وأقاصيها، من أتهم بغورها وأنجد بصياصيها.. **أن الفقير إلى الله الداعي إليه بالمغفرة وراجيها إبراهيم بن محمد بن أحمد بن عز الدين** ثبته الله على قواعد الشريعة ومبانيها يقول: لما ظهرت الدعوة المتوكلية ظهور الشمس عقب ليل الفتن، الذي حارت فيها ذوو الألباب، ودان بها ذوو العقول، وخضعت لها خضوع الذليل غلب الرقاب، ورفعها المسلمون مكرمين لها ومعزين، وذهبت إليها العلماء ثباتاً وعِزِين، ووكل بها قوماً ليسوا بها بكافرين، فصارت ماضية لشأنها، قاطعة لعنانها، قائلة بلسانها:

دعوني أجوب الأرض في طلب العلى ... فلا الكرخ بالدنيا ولا الناس قاسم

وعقد المسلمون للمسرة بها تاجا، ووهجوا للجذل بها سراجاً وهاجا، ودخل تحت أوامرها المسلمون أفواجا، وجاؤوا نحوها أفراداً وأزواجا، وما ذاك إلا أن متحمّلها ينبوع العلم الفوار، وغيث الفضل المدرار، وزبرقان الفلك الدوار، وطراز غلالة المعالي والفخار:

عليم رست للعلم في أرض صدره ... جبال. جبال الأرض من دونها قف

ذلك فاتح الأرتاج، ودرة التاج **المولى أمير المؤمنين المتوكل على الله رب العالمين إسماعيل بن أمير المؤمنين**. فحين اختصه الله بالخصائص الجليلة، ورأيت المصلحة في معارضة مثله قليلة، وكان الله قد أمر بالوفاق ورغب فيه وحث عليه فقال تعالى: أن أقيموا الدين ولا تتفرقوا فيه كبر على المشركين ما تدعوهم إليه. سلمت ما كنت تحملته من الأعباء الثقيلة، تسليم راض لا شبهة فيه ولا حيلة، لوليه وابن وليه، الإمام المذكور المشهور المتوكل على الله إسماعيل بن القاسم المنصور:

إذ الأمر هذا لا يليق بغيره ... فألقى إليه قوسه ومشاقصه
ولا شك أن الله راض بدعوة ... إليها قلوب الخلق لا شك شاخصه

ولم نشرط عليه في التسليم إلا ما شرطه الله عليه ما بقي أيده الله على حالته المرضية سائراً على الكتاب والسنة النبوية:

وها أنا قد خففت عني ثقلها … على نية لله والله خالصه

فها أنا سائر تحت لواه، مهتد بهداه، ملتزم بأحكام الطاعة، داخل تحت جمعته والجماعة، على مقتضى ما يريد الحق من طاعة الأئمة، الذين هم أمان الخلق ما طابقوا مراد الله والتزموا طاعة الله. فليعلم من وقف على مكتوبنا هذا ما ألتزمته من أحكام الطاعة للإمام، وأن ما تقدم مني من مقتضيات النظر الذي اعتقدت فيه المطابقة لمرضاة الملك العلام، فإذا كنت في ذلك موافقاً لمراد الله فقد مضى بما فيه من أجر، وإلا فأنا استغفر الله وأساله حسن العاقبة وإليه ترجع الأمور، والإنسان محل الخطأ والنسيان، والكريم محل المسامحة والغفران. وقد ألزمت النفس طريقة الاقتصاد والتمسك بالوفاق، وأوقفتها في حلبة السباق على قصبة المصلين، وجذبتها عن إدراك شأو السباق، ومن سبقت منه إساءة إليّ وظن أني بها قمين، فقد سألت الله أن يغفرها له وهو أرحم الراحمين، وجل من لا عيب فيه وعلا عن كل قول ذميم، وقلما سلم من الخدش أديم:

ألا لا أبالي من رماني بريبة … إذا كنت عند الله غير مريب

ولا شك أن مثل هذا الأمر لمثلي في هذا الزمن لا يدخل فيه إلا من جذبته أمراس الاغترار، ولمعت له بوارق الأماني من بين عارض مطار بشبه الوجوب وما هي إلا إعصار فيه نار، فعلمت ما كنت جهلته بعد الدخول فيه، وأيقنت بعد الخروج منه أن الله قد خفف عني الإصر واختار لي ما أختار: رب أوزعني أن أشكر نعمتك علي وعلى والدي وأن أعمل صالحاً ترضاه وأدخلني برحمتك في عبادك الصالحين، وصلى الله على سيدنا محمد وآله وسلم انتهت الرسالة بألفاظها، وقد نقلها عدة من المؤرخين في كتبهم.

ووجدت بخطه رضوان الله عليه وسلامه هذه القصيدة البليغة في التوسل بخاتم المرسلين وسيد الوصيين صلوات الله عليهما قال: قائلها راقمها الفقير إلى الله إبراهيم بن محمد بن أحمد بن عز الدين وفقه الله لما يحب ويرضى:

علامَ يلومني خلٌّ نصوح	وينهرُ سائلا مني يسيحُ
ويندبني إلى إخفاء سري	وواجب مدمعي كرهاً يبيحُ
ولي قدح معلّى في التصابي	وقدح سواي وغدٌ أو سفيح
ولي في كل ناحية حبيبٌ	وقلبي دائما عني نزيح
إذا هبت شمال أو جنوب	أو النكباء فهي به تروح
فأروِدْ عاذلاً بفتى أليم	أتاك بسره آتٍ صحيح
أمن هذي سجيته تُسلِي	ومن طارت به الأهوا تريح
وهبني كنت بالسلوان سمحاً	لما ألقى فلي قلبٌ شحيح
لأني قد فتنت بحب شخص	كُسِيْ من نوره الصبح الصبيح
فيا حادي المطي هُدِيْت بلِّغْ	حديثي فهو مفهوم صريح
وأرسل عن مراسيل الأماقي	فمرسلهن مرفوع صحيح
وقبّل تُرْب طيبة والمصلى	فهِيْ للقلب مأوى أو ضريح
لأن بها خيار الخلق طرا	رسول الله هادينا النصيح
رسولٌ ما يقام له بمدح	ومَنْ قد قال أعوزه المديح
وكيف به وجبريل خديم	بما يوحي وبشراه المسيح
وآدم مذ رأى الأشباح لاحت	تلقته بغفران يزيح
وكم جاءت له من معجزات	لو اجتمعت لضاق بها الفسيح
كمثل الانشقاق ونطق ذئب	بل الجذع الجماد غدا يصيح
وحاكته الذراع بأن فيها	له سم لمهجته مبيح
وتسبيح الحصى من بين خمس	أتت بالجود فهي له تسيح

وفي التبيـــان تبيـــين الســـجايا ســـجايا مـــا يلـــم بهـــا القبـــيح
كفـــاه معجـــزا ومبـــين فضـــل ودع مـــا قـــال شِـــق أو ســـطيح
وعـــرّج بـــالغَرِي عـــلى ضريـــح بـــه الأمـــلاك حافلـــة تشـــيح
ففيـــه العلـــم والعليـــاء حـــلا وبحـــر الجـــود والـــورع الشـــحيح
لأن بـــه إمـــام النـــاس طـــرا وخـــير الخلـــق إن عـــدّ المليـــح
ومـــن ذاك الـــذي يحكيـــه مـــنهم وقـــد حاكـــاه مـــن باريـــه روح
وشـــق مـــن العـــلي لـــه عـــلي ومـــن أنـــواره نـــور وضـــيح
فشـــابَه خـــير خلـــق الله فيـــه فـــذاك النـــور مـــن هـــذا يلـــوح
وآخـــاه وأعـــلاه إليـــه فـــما يُـــدرى خليـــل أم مســـيح
ولم يعبـــد ســـواع ولا يغوثـــاً ولا نســـرا فيغويـــه القبـــيح
بـــل اتبـــع النبـــي عقيـــب أن جـــا إليـــه مـــن الهـــدى نـــور يلـــوح
ولم يـــثن عـــن البـــاني عنانـــاً وكـــل النـــاس بـــان أو جمـــوح
وقـــام بـــه الهـــدى مـــن بعـــد وهـــن وبنيـــان الضـــلال بـــه نطـــيح
لـــذا كـــان الجـــدير بكـــل فضـــل ومكرمـــة وخـــيرات تـــريح
وأمنحـــه بخيـــبر خـــير قـــول بـــرغم ســـواه وهـــو بـــه منـــيح
ويكفيـــه حـــديث الطـــير فخـــرا فهـــوْ فـــيما نحاولـــه صـــريح
وفي يـــوم الغـــدير لـــه مقـــام أغـــر محجـــل بلـــج صـــبيح
وفي الفرقـــان مـــا يكفيـــه فخـــراً فـــما قـــدر الـــذي يـــأتي الفصـــيح
فمن نفس الرسـول؟ ومـن بنـوه؟ ومن أهلـوه؟ والنسـب الصـريح
وإن جئـت البقيـع فقـل: سـلام وريحـــان وجنـــات وروح
عـــلى الزهـــراء ســـيدة بتـــول ومـــن هـــي للرســـول ابـــن وروح
عـــلى الســـبط الإمـــام بكـــل حـــال أتـــى في ذلـــك الـــنص الصـــريح
فـــما شـــخص يقـــوم لـــه بوصـــف ولا وصـــف يقـــوم ولا مـــديح

وقبّل تربة تلقاك منها ... شذا الكافور أو مسك يفوح
لأن بها خيار الخلق طرا ... سلالة خير من حاز الضريح
هو المختار أفضل من عليها ... ومن هم للورى فلك ونوح
وقل: رِقٌّ لكم يهدي إليكم ... سلام الله ما خفقته ريح
ومعتذر بتقصير إليكم ... فهذي توبة منه نصوح
وسائلكم له ترضون عنه ... فمرضيكم يريح ويستريح
فما تركي زيارتكم ملالاً ... وكيف وأنتم روح وروح
فها أنا مستغيث مستجير ... بكم في الذكر إن ضم الضريح
فيا خير الخليقة والبرايا ... ومن مِنْ وجهه الصبح الصبيح
سألتك بالذي أولاك هذا ... قبولا يا كريم ويا سموح
ويشفع للعبيد الرق حقاً ... فعذري نحوكم عذر صحيح
ولا زالت صلاة الله تترى ... عليكم ما أتى فيكم مديح

ومن شعره أيضاً القصيدة الرائية التي تجرم فيها لما أوثق مغلوباً إلى حضرة الإمام المتوكل على الله إسماعيل بن الإمام القاسم سنة 1055 وأولها:

توكل على الرحمن في السر والجهر ... فأفراجه تأتيك من حيث لا تدري

وهي طويلة وفيها من التجرم ما هو منسوخ بما تعقب من المصافاة، فلا حاجة إلى ما ذكره شارح الدامغة الكبرى فقد أبلغ بها لم يبلغ إليه صاحب الشأن من التهويل، فالله المستعان. وقد وقفت في آخر نسخة شفاء صدور الناس شرح الأساس الصغير من كتب المولى العلامة محمد بن إبراهيم بن علي حوريه المؤيدي المتوفى 1381 وهو من أحفاد صاحب الترجمة: على رسالة للإمام المتوكل على الله إسماعيل وجهها إلى السيد علي بن إبراهيم الحيداني بخصوص هذا الشان جاء من ألفاظها قوله: نعم ثم بعد هذا جاء من القاضي أحمد بن يحيى حابس حكم بأنه لم يُغدر به الخ.

ومن نظمه سلام الله عليه هذه الأبيات أرسلها إلى الإمام المتوكل على الله إسماعيل بن القاسم بن محمد في سنة 1081 إحدى وثمانين وألف يحثه فيها على تفقد طلبة العلم بالمشهد اليحيوي بمدينة صعدة، وطالعها:

أمير المؤمنين فدتك نفسي ... أتتك عروس فكر أي عرس
تذكرك المدارس كيف صارت ... لتدرك شمسها من قبل طمس
فإني قد رأيت العلم أشفى ... أما تشفيه قبل حلول رمس
وتدرك من مدينتنا حياة ... أليس الطب قبل خروج نفس
وتحيي من معالمها مواتاً ... بأمر منك في منشور طرس
فأمرك والمهند في سواء ... وعدلك في الورى يضحي ويمسي
أما كانت ليحيى من قديم ... مهاجَر كل شيعي ورسي
وللمنصور يوم (معين) فيها ... مقام عند ربك غير منسي
به قامت جهابذة كبار ... بدعوته وفيها كل نطس
وما زالت لعلم الآل فيها ... جبال شامخات ليس ترسي
ووقت ابن الحسين[11] بها مئات ... أبوك لهم وسيطة عقد درس
فلو عيناك تنظر كيف صارت ... مدارسها دوارسَ مثل أمس
ومن فيها من الطلاب يمسي ... يفكر كيف في تحصيل فلس
لأن حقوقهم صارت نهاباً ... وحظهم من الصدقات منسي
فهل يرضى إلهك مثل هذا ... وقد ولاك ربي كلَّ نفس
وحاشى أن تغاضي مثل هذا ... وأن ترضى بتطفيف وبخس

ولم يزل رضوان الله عليه وسلامه على ما ذكره مترجموه من إحياء العلم والأمر بالمعروف والنهي عن المنكر عادة أمثاله من سادات أهل البيت حتى

(11) الظاهر أنه أراد بذلك الأمير أحمد بن الحسين المؤيدي والله أعلم.

توفي بالعشة عشاء ليلة الأحد 20 ربيع الآخر سنة 1083 ثلاث وثمانين وألف، وحمل بليلته إلى هجرة فلله، وبها قبر غربي قبة جده الإمام عز الدين بن الحسن قدس الله أرواحهم أجمعين. وقد قيلت فيه المراثي العديدة منها ما رثاه به الفقيه الأديب صلاح بن حفظ الله سهيل وهي طويلة، ذكرها في شرح الدامغة الكبرى ومطلعها:

هي المصيبة منها القلب في حرق ... والجسم من فيض دمع العين في غرقِ
كل حزين على مقدار همته ... وقدر ما قد دهانا جل لم يُطقِ
بموت من كان نوراً يستضاء به الأ ... فاق وهو قد استعلى على الأفق
عجبت من جسم إبراهيم مهبطه ... في الأرض والروح في أعلى السماء رُقِي

ورثاه القاضي العلامة الصدر المقول صفي الإسلام والمسلمين أحمد بن صالح بن أبي الرجال بهذه الفريدة الغراء فقال:

أجدك أن الدهر نابت نوائبه ... وشابت صفاء الصالحين شوائبُه
وعطل عن دست العلوم مليكه ... وسارت إلى جنات عدن ركائبُه
وغاض خضم العلم وهو غمطمط ... وقد مليت بالطيبات مراكبُه
وغابت شموس الفضل في وسط الضحى ... فعمت من الجهل القبيح مراكبه
أجل هذه أشراط يوم معادنا ... فمن ذا الذي يلهو وتصفو مشاربه
فما بال رضوى لا يدك فهذه ... غريبة دهر ما تزال غرائبه
ألم يدر رضوى أنه مال شامخ ... رفيع يمس الزاهرات مناكبه
إمام علوم كان فرد زمانه ... إذا ذكرت في العالمين مناقبه
أناف على الماضين في العلم والنهى ... كما سبقت في العالمين مناسبه
سليل رسول الله وابن وصيه ... ومن كرمت في الناسبين ذوائبه
عليم إذا تملى العلوم تضايقت ... من الأفق الرحب الوسيع جوانبه
ففي النحو ماعمرو بن عثمان مثله ... وإن كرهت ذا المدح فيه نواصبه

وعلــم المعــاني والبيـــان فســعده   اســتقام عــلى ســاق وجــاءت عجائبــه
وعلــم أصــول الفقــه فهــو إمامــه   يــرى منتهــى التحقيــق إن جــاء طالبــه
وعلــم أصــول الــدين أبــدى خفيــه   بمعــراج تحقيــق ولاحــت كواكبــه
وحقــق في تفســير كــل غريبــة   شــكا مــن خفاهــا ثابــت العقــل ثاقبــه
خرائــد مــن علــم الكتــاب تحجبــت   فلــما أتــى لم يغلــق البــاب حاجبــه
ويمــلي حــديث الآل حتــى كــأنما   رأى مــا حكــى طــه ومــا قــال صــاحبه
وأمــا فــروع الفقــه فاقتــاد ركنهــا   فجــاءت بأنفــال الفــروع نجائبــه
ونظّــم مــن هــدي العلــوم جــواهراً   تــرى العقــد منهــا كــالنجوم ثواقبــه
ولله مــا أســنى الظــلام إذا أتــى   بمحرابــه والنــور فيــه يصــاحبه

إلى أن قال:

يقطــع ســاعات مــن الليــل تاليــاً   ومــدمع عينيــه تفــيض ســحائبه
وإن لنــا مــن بعــد غيبتــه مــلأً   مناصــبهم في الصــالحات مناصــبه
بنــوه أجــل النــاس قــدراً ورتبــة   إذا اجتمعــت عجــم الــورى وأعاربــه
أضــاءت لنــا أحســابهم ووجــوههم   دجى الليل حتــى نظــم الجــزع ثاقبــه
يقــول فتــاهم حــين يــذكر مجــدهم   إذا دبّ مــن خِــب إلــيهم عقاربــه
وإني مــن القــوم الــذين هــم هــم   إذا غــاب مــنهم ســيد قــام صــاحبه
نجــوم ســماء كلــما غــاب كوكــب   بــدا كوكــب تــأوي إليــه كواكبــه

انتهى المختار من هذه الفريدة، ولله منشيها فهي تدل على خيم طاهر ومعتقد صالح وولاء ظاهر، وهكذا فليرث التلميذ شيخه.

وللمترجم ستة من الأولاد: أحمد ومحمد ويحيى وعبدالله وحسن وإسماعيل، وعقبه بالبلاد الصعدية انتشر من ذرية ولديه يحيى ومحمد، ويقال أن لولده عبد الله ذرية في حفاش والله أعلم، أما ولده صفي الدين أحمد فانقطع عقبه وستأتي تراجم الأعلام من أهل هذا البيت في أقسام هذا المعجم.

(هجرة فلله)

وهي بلدة عامرة مشهورة في كتب التواريخ، وضبطها هناك بلامين الأول منهما مفتوح والثاني مشدد قبلهما فاء موحدة، وأما اليوم فتنطق لدى سكانها وعامة سكان البلاد الصعدية بإدغام اللامين في لام واحدة (فلَّة). وتقع في أعلى وادي فلله من ناحية بلاد جماعة، بينها وبين صعدة مسافة 25 كيلومتر تقريباً في الشمال الغربي منها. **وأول من اختطها كما يقال الإمام علي بن المؤيد بن جبريل بن المؤيد الداعي إلى الله سنة 796 ست وتسعين وسبعمائة**، قال في ملحق مشجر الجلال ما لفظه: وكان قيام الإمام علي بن المؤيد بهجرة قطابر، ثم قصد صعدة وحط عليها ولم تنفتح له، ثم استوطن فلله، وحل في قرى منها، فأول سكناه بقرية ماعط، ولم يطل فيها. ثم سكن بالمغلا ومضت أكثر مدة خلافته وهو ساكن فيه، ثم انتقل إلى أعلى قرية من فلله واستوطنها قبل وفاته قدر عشر سنين إلى أن مات بها سنة ست وثلاثين وثمانمائة انتهى.

ورأيت في بعض كتب التواريخ أن القاضي علامة الشيعة الزيدية فخر الدين عبد الله بن زيد العنسي المتوفى سنة 667 سبع وستين وستمائة ممن سكن فلله في بعض أيامه، فلعل اختطاط الإمام علي بن المؤيد كان للقرية العليا المقابلة جبل نابح الموجود فيها المشاهد المقدسة والله أعلم. وفي أسفل وادي فلله تقع هجرة المزار بتقديم الزاي على الراء، وهي لا تبعد عن الهجرة إلا بمسافة نحو ميل واحد جهة الجنوب وهي قديمة التأسيس ذكر السيد الحسن بن صلاح الداعي في الدامغة الكبرى أن الفقيه العلامة المذاكر في علوم الهدوية عماد الدين يحيى بن حسن البحيبح هاجر إليها من مدينة صعدة لما رأى سمّاناً يسلت بيده ما يبقى في الميزان من السمن إلى إنائه خيانة للمشتري، فانتقل إلى المزار وبه توفي رحمه الله في سنة 730 ثلاثين وسبعمائة كما هو موجود على شاهد قبره قرب مسجد المزار

والله أعلم بصحة تاريخ الوفاة. وعلى مقربة من مشهد الفقيه البحيبح: قبر العلامة محمد بن ناجي بن مسعود الحملاني ويقال له عابد زمانه وحضر دعوة الإمام علي بن المؤيد، وهو المنسوب إليه مختصر تفسير الحاكم الجشمي، ووفاته سنة 840 أربعين وثمانمائة كما على شاهد قبره، وإلى جانبه قبر والده العلامة ناجي بن مسعود، وتاريخ وفاته على شاهد القبر مطموس.

وبالجملة فإنها تعد من أشهر الهجر العلمية بالبلاد اليمنية، أنجبت عالما من العلماء الأفاضل والأدباء الفطاحل، وخف إليها طلبة العلم من النواحي والبلدان. وفيها المشاهد المقدسة للأئمة الكرام: كمشهد الإمام الهادي علي بن المؤيد، وكمشهد ولده عين أعيان العترة في وقته شرف الإسلام الحسن بن الإمام علي بن المؤيد المتوفى بها في محرم سنة 891هـ، وهو الذي أتم أساس أبيه في المشهد المقدس، وأقام مدرسة للقرآن ومدرسة لطالبي العلم الشريف والتعليم، وكمشهد حفيده الإمام الهادي لدين الحق عز الدين بن الحسن ووفاته بهجرة فلله في رجب سنة 900هـ، وقبره إلى جانب جده وهما في تابوت واحد. وكان الإمام عز الدين عليه السلام من أعلام الأئمة وحفاظ الأمة، متصرفا في العلوم، وله تصانيف ومؤلفات هي الغاية في التحقيق، منها (المعراج شرح المنهاج)، وابتلي بمعارضة الحمزات أيام دعوته، ومن رائق شعره:

أرى كلَّ صافٍ رائق قد تكدرا … وأصبح معروف الوفا قد تنكرا
وما في الورى إلا الذي في إخائه … وفي وده والعهد يمشى على الورى
تأملت أصحابي على طول عهدهم … وفكرت في أحوالهم متدبرا
فما ظفرت نفسي بخل تسرني … مبادؤه إلا ساءني متأخرا
ولا قلت أرجوه لإصلاح فاسد … من الأمر إلا كان فيه المغيرا

وقد استوفينا أخبار فلله وأعلامها وخرابها المرة الأولى في دولة آل طاهر والمرة الثانية على يد سنان باشا التركي في بعض كتبنا. وتعد هجرة فلة المذكورة

خاصة ببني المؤيد، ومثل ذلك ذكره المولى العلامة صفي الدين أحمد بن يحيى بن علي العجري المتوفى سنة 1347 في كتابه (ذروة المجد الأثيل فيما قام ودعا من أولاد المؤيد بن جبريل) فقال هناك ما لفظه:

وهي الهجرة الكبرى التي سكنها الأئمة الفضلاء والعلماء الكملاء، وهي أم هجرهم -يعني بني المؤيد- وبها كبراؤهم ورؤساؤهم ومنها نشأ العلم والعلماء وقام الأئمة والأمراء وهي بالعز والدين معمورة والساكنون بها أولاد الإمام عز الدين بن الحسن، وفيها بيت من ذرية السيد العلامة المجاهد صلاح بن الحسن ابن الإمام علي بن المؤيد ويقال لهم الآن آل السراجي. قال: وهم أعني أهل هجرة فلله الآن أهل الرئاسة والكمال والكرم والإفضال، وفيهم علماء وأدباء، ولهم عند القبائل منزلة وطاعة وهيبة زادهم الله عزة وجلالة ورفعة ومهابة، ووفقهم لسلوك آبائهم أهل العلم والكمال وجنبهم مشارب الوبال انتهى. وفي كتاب بلوغ الأرب وكنوز الذهب للسيد العلامة جمال الدين علي بن عبد الله بن القاسم بن المؤيد بالله بن الإمام القاسم بن محمد المتوفى نحو سنة 1165 عند ذكر جملة من علماء عصره ومن قبلهم من أهل القرن الحادي عشر ما لفظه:

ومن آل الأمير المؤيد بن أحمد عليه السلام: السيد إمام الأخيار شارح المعيار داود بن الهادي بن أحمد بن المهدي بن الإمام عز الدين بن الحسن وهو المدفون في بيت القابعي وعليه مشهد مشهور مزور، والسيد محمد بن الإمام الحسن، وصنوه السيد الفاضل أحمد بن الإمام الحسن بن علي بن داود وولديه الفاضلين: محمد بن أحمد بن الإمام الحسن المؤيدي المدفون بحيس وصنوه علي بن أحمد، والسيد العالم فخر الدين عبد الله بن علي بن الحسين بن الإمام عز الدين بن الحسن وولده محمد بن عبد الله وهو الملقب بأبي علامة، ويحيى بن الحسن بن الهادي(12) عز الدين بن الحسن المؤيدي، والسيد العالم أحمد بن محمد المؤيدي

_____
(12) ينظر في نسب المذكور فلعل هناك خطأ في مصدر النقل أو من النساخ.

وهو الملقب بابن حوريه، والسيد العلامة المجتهد صلاح بن أحمد بن المهدي المؤيدي النحوي الذي له شرح الفصول، والسيد العلامة محمد بن عز الدين بن صلاح بن الحسن المؤيدي وهو المعروف بالمفتي صاحب الحاشية على الحاجبية، وأحمد بن محمد بن عز الدين المؤيدي، والسيد محمد بن صلاح القطابري المؤيدي، والسيد الداعي إبراهيم بن محمد بن أحمد بن عز الدين المؤيدي المعروف بابن حورية وولده أحمد بن إبراهيم، والسيد صلاح بن أحمد بن عز الدين المؤيدي، والسيد حسين المؤيدي صاحب العدين، والسيد الحسن بن محمد بن علي بن محمد بن أحمد المؤيدي، والسيدين الفاضلين الأخوين: إبراهيم ابن أحمد وعلي بن أحمد أهل السودة وأولادهم الفضلاء، والسيد الفاضل المدرس في جامع صنعاء الحسن بن علي بن يحيى بن علي بن أحمد بن الإمام الحسن بن علي بن داود المؤيدي، ثم السيد العلامة الحاكم في مدينة صنعاء: الحسن(13) بن علي بن الحسين بن محمد بن صلاح بن الإمام الهادي إلى الحق عز الدين بن الحسن بن الإمام علي بن المؤيد عليهم السلام وإخوته السادة النجباء، والسيد: أحمد المؤيدي شيخ القرآن، ومنهم السادة المعروفون بني الدويدار السيد محمد بن أحمد وصنوه علي بن أحمد وغيرهم من آل الأمير المؤيد ففيهم كثرة وفيهم النجابة والسيادة انتهى كلامه.

قلت: وستأتي تراجم هؤلاء الأعلام والعلماء في مواضعها من هذا الكتاب.

2ـ الفقيه إبراهيم بن محمد النهدي

الفقيه العلامة إبراهيم بن محمد بن داود النهدي.

ترجم له العلامة القاضي عبد الرحمن سهيل في بغية الأماني والأمل فقال: كان عالماً عاملاً من أعلام القرن الحادي عشر، ولم يبلغني من أخباره شيء،

---

(13) ينظر في نسب المذكور فهناك اضطراب فيه.

توفي صبح الجمعة شهر شعبان سنة 1092 اثنتين وتسعين وألف، وقبره عند مشهد آل المتميز بالقرضين مقبرة صعدة رحمه الله تعالى.

3ـ الفقيه إبراهيم بن يحيى المتميز

الفقيه الفاضل العلامة الكامل صارم الدين إبراهيم بن يحيى بن محمد بن إبراهيم بن أبي القاسم المتميز بضم الميم وفتح التاء المثناة الفوقية ثم الياء المثناة التحتية المشددة ثم الزاي الصعدي اليمني.

وبيت المتميز من بيوت صعدة الذين لهم اشتغال بالفقه والتجويد وعلوم القرآن والديانة والصلاح، ومنهم عدة من العلماء. وأول من ذكر في كتب التواريخ منهم هو الشيخ الكبير الأجل المجاهد مجد الدين أحمد بن محمد المتميز خاصة الإمام السعيد الشهيد المهدي لدين الله أحمد بن الحسين صاحب ذيبين، وله ذكر في سيرته قال فيه: إنه من أكبر خواصه مبالغة في خدمته ومباشرة أموره، وله إحسان ومعرفة، وخزانة كتب، وكان موجودا على قيد الحياة سنة 655هـ حسبما وقفت عليه.

وصاحب الترجمة هنا هو أحد أحفاده، وكان في أيامه أحد الفقهاء المدرسين في علم الفروع بصعدة، وله مشايخ وتلامذة. ترجم له القاضي أحمد بن صالح ابن أبي الرجال في مطلع البدور فقال: كان من عباد الله الصالحين وأهل التقوى والخشوع، مدرساً بصعدة، وقلّ ما دخل أحد من الطلبة في أيامه إلا ودرس عليه، وكان كثير التبسم ثم يبكي بعد ذلك بكاء شديداً، وكان حليفاً للقرآن كثير البكاء عند التلاوة حتى أن روي أنه كان في آخر عمره يقرأ كل يوم ختمة، وله أولاد نجباء ستأتي تراجمهم. وترجم له السيد مطهر الجرموزي عند ذكر أعيان العلماء في أيام الإمام القاسم بن محمد فقال: كان فاضلا عاملا، ورعاً عالماً مشغوفاً بالعلم، معروفاً بملازمة المسجد والصدقة والبر سيما بالأشراف، وكان

تلو الفقيه أحمد بن موسى سهيل رحمهما الله انتهى.

وأجرى ذكره سيدي الجد في طبقاته المعروفة أيضا بالمستطاب فقال:

من العلماء الفضلاء الزهاد النجباء، أدرك مدة المنصور بالله القاسم بن محمد وولده المؤيد بالله، وكان مدرساً في علوم الهدوية بصعدة المحروسة انتهى. ووفاة المترجم في شهر رجب سنة 1037 سبع وثلاثين وألف، وقبره في مشهد أهله بالقرضين رحمه الله وإيانا والمؤمنين.

(ولده محمد بن إبراهيم)

وولده هو الفقيه الفاضل محمد بن إبراهيم المتميز الصعدي.

ترجم له في مطلع البدور القاضي أحمد بن صالح بن أبي الرجال بحرف الميم فقال: كان فقيهاً فاضلاً، درس في الفروع على شيخه العلامة علي القصار وغيره، وكان سهل الأخلاق كثير الخشوع انتهى كلامه. وفي طبقات سيدي الجد العلامة يحيى بن الحسين بن الإمام القاسم أثناء ترجمته لوالده ما لفظه:

وولده الفقيه العلامة محمد بن إبراهيم من العلماء الفضلاء كان مدرساً بصعدة، قال الراوي: وكان شديد المحبة لأهل البيت، يرحم صغيرهم ويوقر كبيرهم، وكذلك سائر المسلمين كان رحيماً بهم، ذا شفقة على المؤمنين، بسّاماً في وجوه الناس، كثير البكاء من خشية الله تعالى إذا قرأ القرآن أخذت السامع العبرة، وكان ناقلاً للقرآن غيباً، وله قيام للتلاوة والصلاة. وكان ورعاً زاهداً، يروى أنه وصل لوالده إبراهيم طعاماً من أحمد بن الإمام القاسم زمن ولايته على صعدة، فرده ولده هذا، ولم يأخذ منه شيئاً مع أنهم كانوا إذ ذاك على حاجة. وكان للفقيه محمد بعض سعي على طلب الرزق ببعض التجارات، فضاعف الله

له ولإخوته الأرزاق ببركة التعفف، وطلب الرزق من كد اليمين وعرق الجبين حتى أن أموالهم وتجاراتهم لا تكاد تحصى، وكان مع ذلك يصل أهل الفاقة من المسلمين وأيتامهم وأراملهم، ويعين الطلبة الأغراب مما حوّله الله تعالى، ومات شهيداً بوجع البطن، وقبر إلى جنب والده بمقبرة صعدة، وعليهم مشهد مشهور مزور والله أعلم انتهى.

قلت: وقفت على قبره هو ووالده بمشهد آل المتميز المعروف بالقرضين وفيها فائدة في رفع نسبهما فهو محمد بن إبراهيم بن يحيى بن محمد بن إبراهيم بن أبي القاسم بن أحمد بن محمد بن الحسين بن الحسين بن محمد بن جحاف بن محمد ابن أبي محمد بن الحسين بن يوريه المتميز الفارسي، توفي آخر الليلة المسفرة عن صبيح يوم السبت سادس شهر ربيع الآخر من شهور سنة تسع وأربعين بعد الألف. انتهى، ومن أحفاده العلامة المتأله الزاهد محمد بن الحسن المتميز المتوفى سنة 1398 الآتي ترجمته هو وغيره من نبلاء هذا البيت في أقسام هذا المعجم.

(مقبرة القرضين وقبر ابنه الأعمش)

مقبرة القرضين بالقاف المثناة ثم الراء مهملة فضاد معجمة بعدها ياء ونون، تقع على امتداد الجهة الشمالية والغربية من سور مدينة صعدة، وهي في قدم تاريخها وشهرتها عند المؤرخين واحتوائها على قبور وشواهد أضرحة العلماء والمشاهير مثل مقبرة (القرافة) في البلاد المصرية، ومقبرتي (الخيزران) و(قريش) في العراق، ومقبرتي (جربة الروض) و(خزيمة) في مدينة صنعاء. على أنها تتميز أعني مقبرة القرضين بمادة تاريخية هامة نظرا لما تحتوي عليه شواهد القبور المصنوعة من حجر البلق التي أبدع أهالي صعدة في صناعتها من كتابة تعريفية باسم المتوفى وشيء من أحواله ونعوته وتاريخ وفاته وأشعار من رثاء

العلماء له حتى إني وقفت في بعض الأيام على أربعة ألواح على قبر واحد وهو للشريفة زوجة الأمير يحيى بن حمزة المتوفاة في أوائل القرن السابع. وقد اعتنى الباحث المصري الدكتور مصطفى عبدالله شيحه بجمع كتاب حول ذلك سماه: (شواهد قبور إسلامية من جبانة صعدة) نشرته مكتبة مدبولي بالقاهرة سنة 1408/ 1988م. ومن الأدبيات التي حفظتها تلك الشواهد الموجودة في مقبرة صعدة التي شامي باب نجران إلى جهة الشرق هذه الأبيات كتبت على شاهد قبر **الشريفة الطاهرة المصونة فاطمة بنت يحيى بن يوسف بن عبد الله بن السيد العلامة علي بن أحمد الأعمش** والأبيات المشار إليها هي:

يا قبر ما زال يهمي فوقك المطر	لم لا تتيه وفيك الشمس والقمر
وفيك جوهرة مخزونة دفنت	تحت الثرى كتبتْ أوصافها السور
وفيك لؤلؤة مكنونة تركت	قلبي كسيرا عليها ليس ينجبر
عقيلة من بني المختار طاهرة	عديمة المثل عنها يحسن الخبر
حليفة الدين والتقوى منزهة	عن كل عيب نماها سادة غرر
عدمتها قبل أن أشفي الفؤاد بها	أو ينقضي لي أو مني لها وطر
بالله يا قبر هل زالت محاسنها	وهل تغير ذاك المنظر النضر
يا حسرتاه على ذلك الحبيب وهل	يجدي التحسر أو يشفى به ضرر
لقد تنغص عيشي بعد فاطمة	ومقلتي بعدها ألوى بها السهر
والموت حتم من الرحمن قدره	وما لنا مصرف عما قضى القدر
لا فارقت رحمة الرحمن ملحدها	ووابل المزن لا ينفك ينهمر

ووفاتها شهر جمادى الآخرة من شهور سنة أربع وعشرين وتسعمائة. هكذا وجدت اسم الشريفة ونسبها وتاريخ وفاتها لما وقفت على شاهد قبرها عصر يوم الاثنين رابع عشر شهر شوال سنة 1422هـ. وللأبيات المذكورة قصة

متداولة على ألسن العامة ولم أقف على من يرويها من الخواص(14). وفي إحدى المجاميع الأدبية جاء في التقديم بهذه الأبيات ما لفظه: هذه المرثاة نقلت من مقبرة صعدة المسماة العوسجة، وهي للقاضي سعد الزيدي في امرأة شابة جميلة وقد كانت عروسا برجل، ولكن الله قدر لها جواره سبحانه فماتت ليلة الزفاف قبل أن تدخل على العروس ثم ذكر الأبيات السابقة.

4. الإمام أحمد بن إبراهيم حوريه المؤيدي

السيد الإمام صفي الدين أحمد بن إبراهيم بن محمد بن أحمد بن عز الدين بن علي بن الحسين بن الإمام عزالدين بن الحسن بن الإمام علي بن المؤيد الحسني المؤيدي اليمني الصعدي. مولده سنة 1051 إحدى وخمسين وألف، وقرأ على أبيه في جميع الفنون، منها مؤلفه شرح هداية الأفكار، وله منه إجازة عامة.

ومن مشايخه القاضي أحمد بن علي شاور، والقاضي الحسن بن يحيى حابس. وارتحل إلى صنعاء مدة أخذ فيها عن بعض علمائها، ثم عاد إلى بلده. وعنه أخذ صنوه محمد بن إبراهيم المؤيدي، وكثير من أهل وقته، واستجاز منه السيد عبد الله بن عامر فأجازه إجازة عامة. وقد ترجم له السيد الإمام إبراهيم بن القاسم الشهاري المتوفى بعد سنة 1152 اثنتين وخمسين ومائة وألف في طبقات الزيدية فقال:

كان سيداً سرياً علامة متفنناً أقام بصنعاء أياماً. وترجمه معاصره السيد شرف الدين الحسن بن صلاح الداعي في شرح الدامغة الكبرى فقال:

كان هذا السيد آية زمانه خلقاً وخلقاً وعلماً وعملاً، كثير التواضع، بساماً في

---

(14) ومفاد هذه القصة أنها تزوجت ابن عمها فلما زُفت إلى زوجها أُذهل بجمالها ذهولاً منقطعاً، فطوى ليلته معها براحة واطمئنان وعندما أسفر الصبح أراد إيقاظها من نومها فإذا بها جثة هامدة، فأصابه فجأة جنون طارئ وبعد ذلك ثاب إليه عقله واسترجع، ونظم هذه الأبيات لتكتب على قبرها والله أعلم.

وجوه الناس، حسن الطلعة، تام الخلقة، من سمع بصفات النبي ص توسمها فيه، لحسن خلقه وخلقه، وكرم طبعه، واستقامة نطقه، باراً بالمسلمين رحيماً بالمؤمنين، كريماً جواداً لا يدانيه في كرمه في زمانه أحد، ولا ينازعه في جوده في حياته ولا بعد وفاته من أتهم وأنجد، كان يستدين الديون الكثيرة مع نذوره الواسعة حتى مات وعليه من الديون فوق أحد عشر ألفاً، مع كثرة مواده من الأئمة وولاة الأمة، ورقي في مراقي العلم ما لم يرق غيره، وشرح على متن الأزهار أوراقاً قليلة، عاقه عن تمامها اشتغاله بترادف المحن ومشقة الزمن انتهى كلامه.

وأبيات منظومة الدامغة التي خصه بها قوله:

وسيف صارم دين الله أحمدنا ... المرجو للخير والملحوظ بالمقل
وقد تقضت لياليه ومر بها ... مسافراً عن ديار الهم والشغل
وحل في جنة الفردوس مرتقياً ... أعلى مقام بها في جيرة الرسل
قد كنت أحسبه عوناً على زمني ... وعدة لصروف الدهر والغيل
فخانني فيه دهر لا وفاء له ... وصرت من بعده كالهائم الفشل
بل صرت من بعده كفاً بلا عضد ... وساعداً لا بكف منه متصل
فرحمة الله لا تنفك نازلة ... عليه بالعفو والرضوان كالظلل
مضى وخلفنا من بعده هملاً ... وكان أكرم مصحوب ومرتحل

وصاحب الترجمة أحد الدعاة الذين دعوا بعد وفاة الإمام المتوكل على الله إسماعيل، وتكنى بالهادي إلى الحق، وبقي على دعوته أياماً، وطاف الجهة الجماعية في طائفة من أصحابه، ورجع إلى فلله. ثم رجح عنده مبايعة الإمام القاسم بن المؤيد بالله محمد بن الإمام القاسم بن محمد.

قال السيد العلامة المؤرخ محمد زبارة وغيره: وقد كان يظهر قبل تنحيه أنه داعياً إلى الرضى.

ولما بايع الإمام القاسم بن المؤيد سار إلىٰ عنده إلىٰ شهارة وبقي هناك أياماً وولاه الجهات الشامية التي كانت تحت يد جده من قبل الأم السيد أحمد بن المهدي الآتية ترجمته، فنزل من شهارة إلىٰ الهجر، ورجح له الحاضرون من أصحابه أنه لا يصلح أن يعزم قبل أن يتفق بالإمام المهدي سيل الليل أحمد بن الحسن، وهو حيئنذ بدرب الأمير حاطاً علىٰ شهارة لمحاصرة معارضه القاسم ابن المؤيد. فاتفق به ولم تحصل الألفة، وتغير بذلك خاطر القاسم بن المؤيد، ثم توجه إلىٰ صعدة وقد كمن له علىٰ الطريق في العمشية قوم من سفيان، في موضع يسمىٰ الفقم قيل والله أعلم أنه بتدبير من متولي صعدة حينها، ولم يكن مع صاحب الترجمة إلا قدر خمسة عشر رجلاً والقوم إلىٰ الأربعين، وقد كانت الجمال متعقبة وقد تقدم المترجم له وأصحابه، فأخذ المتقطعون الجمال، وطردوا من كان حاضراً عندها، وأخذوا سلاحهم وخرجوا، فلحقهم صاحب الترجمة ومن معه، فأخذوا الجمال وكسروهم هزيمة، ورمي المترجم له بأربع رصاص، فوقعت الأخيرة في رجله اليسرىٰ بعد أن كان نزل من علىٰ الحصان، وطلع القوم الجبل فرماهم السيد ورجّع ما كان قد أخذوا من علىٰ الجمال، وسلم الله صاحب الترجمة بعد أن أصابت الرصاصة من جانب رجله اليسرىٰ وخرجت من الجانب الآخر، ولم يقع فيه خلل. ثم دخل إلىٰ صعدة وبقي أياماً وجرحه ذات ألم، فوصل إلىٰ العشة عند أهله وأولاده. وقد هنأه بسلامة حياته إثر هذه الحادثة الفقيه الأديب محمد بن مهدي الرغافي الآتية ترجمته في حرف الميم من هذا الكتاب فقال:

عند الكريهة يعرف الأبطال ... وبها تسود على الرجال رجالُ
لا يعرف الأبطال من أضدادها ... في السلم إلا أن يكون نزال
فهناك يختلف الرجال منازلاً ... ويميز الدينار والمثقال
كل البرية سادة لو لم يكن ... جود يقام بحقه وقتال

بشرى لنا بسلامة البطل الذي	للمجد فيه سلامة ونوال
رام الأعادي أن يشيموا صارماً	للمفسدين بشفرتيه نكال
لولا دفاع الله عنه ونيلهم	من في حماية ذي الجلال محال
أما الصفي فثار فيهم ثورة	لولا الخلاء أتتهم الآجال
لاقوا هزبراً هاصراً زانته من	أسلافه الأقوال والأفعال
صيد غطارفة خفاف في الندى	وعلى ظهور الصافنات جبال
يا من يجود بروحه وبماله	إن عزت الأرواح والأموال
أضحى محيا المجد يبرق فرحة	إذ لم ينلك من العصاة منال
ويهز في حلل المكارم مائساً	حسنت به الأطواق والأحجال
ورياض علم الآل طابت للورى	ثمراً وجاد ربيعها الهطال
هنيت يا نجل الكرام مكارماً	وسلامة بُلِغت بها الآمال
وورود عيد لاح في إقباله	بقدومك الإسعاد والإقبال
هنيته وهو الذي لولاكم	ما زان نوراً لاح منه كمال
لا زلت تدرك كل عيد بعده	فيمن يسرك أهله والمال
في خفض عيش مستمر زانه	عز وسعدٌ دائم وظلال
ما أطرب الحادي النجائب للسرا	ليلاً وما شدت لهن رحال
ثم الصلاة على النبي وآله	ما انهل مزن واستنار هلال

ولما توجه الإمام المهدي أحمد بن الحسن الملقب بسيل الليل في أول شهور سنة 1088 إلى صعدة الشام بعد تنحي الإمام القاسم بن المؤيد الشهاري أخذ طريقه على سفيان وعلى العمشية لتأمين الطرق، ثم وصل إلى بركة مداعس فسكن هناك بعض أيام، ثم سار متوجهاً إلى صعدة وكان قد ضرب له الوطاق برحبان، واستقبله أمير ومتولي صعدة جمال الدين علي بن أحمد بن الإمام القاسم في موضع العيون قرب صعدة، مهنئاً وموالياً بمن معه من الأعيان، ثم تقدم إلى

رحبان، ودخل بعد ذلك صعدة لصلاة الجمعة وعاد إلى رحبان. ووصلت إليه قبائل صعدة من كل أوب، وكان من أكابر الواصلين من السادة آل يحيى بن يحيى صاحب الترجمة، فكان من جملة من والاه وممن أعطاه الإمام المهدي وحباه. وكان استقرار الإمام المهدي سيل الليل برحبان في نصف ربيع الأول من السنة المذكورة. قال السيد عبد الله بن علي الوزير في الروض الباسم النضير تتمة البسامة:

ولم تطل مدة المهدي أحمد إذ ... رأته معوان خطب كهف مفتقر
كما جفت قاسماً ذا الفضل إذ قرعت ... به العصاة بكف الصارم الذكر
وحين لبى أخاه قر ناظره ... واستنفر الجيش نحو الشام في أقر
كلاهما صالح للأمر محتمل ... ثكل المكارم براً بالأنام بري
ذا رب فضل وعرفان ومرحمة ... وذاك رئبال خيس ثابت الغدر
سل حضرموت ودع عنك الحوادث سل ... سفيان أو عدناً واستقص بالخبر
وفوّض الأمر شمس الدين فاتفقا ... بعد الخلاف فكانت خيرة الخير

والمترجم له المعني بالبيت الأخير. ولما توفي الإمام المهدي في سنة 1092 اثنتين وتسعين وألف وبايع أهل الحل والعقد للإمام المؤيد بالله محمد بن المتوكل إسماعيل كان السيد صاحب الترجمة من المبايعين والمشايعين له، ووفد إليه إلى ضوران والإمام ينزله منزلته من الإجلال والتكريم. ولصاحب الترجمة مطالعات ومعاتبات للإمام المؤيد محمد بن المتوكل كما هي عادة الأقران المتعاصرين، ومن ذلك أبيات قصيدته التي أوردها المولى أحمد بن يحيى العجري في ذروة المجد الأثيل وهي طويلة طويناها مخافة التطويل. ومطلعها:

صبرت وما مثلي على الضيم يصبر ... وقصرت والتحليق بالحق أجدر

وكان صاحب الترجمة لا يزال في أيامه كلها آمراً بالمعروف ناهياً عن المنكر في صعدة ونواحيها لا تأخذه في ذلك لومة لائم، ومما يذكر عنه في ذلك أنه اتفق أن

جماعة من رعاع أهل صعدة يتجمعون في الفندق الذي نظره إلى الفقيه عمر، ويصدر منهم ما لا يليق قولاً وفعلاً، فرفع السيد صاحب الترجمة ذلك إلى مسامع الجمالي علي بن أحمد، فوضعهم في الحديد. فلما كان بأسرع من أن وصل إليه الفقيه عمر يعاتبه، ويذكر أن التأديب فيما يتعلق بالفندق إليه، فلم يسعه غير إطلاقهم، فرفع ذلك إلى صاحب الترجمة، فلم يلق بداً في البداية بتأديب عمر الذي نهى وأمر، فقصده مع جماعة من السادات وأعيان الطلبة، فلم يصادفه في غير جامع صعدة، وتضيقت الحادثة فضرب عمر هنالك ضرباً مبرحاً، ثم خرج صاحب الترجمة عن صعدة إلى محله، وطالع الإمام المتوكل إسماعيل بصورة ما صدر، فأراد الإمام إرسال أحد القضاة لاستفصال القضية، ثم رجح عنده التغافل لضرب من الصلاح. والحادثة المذكورة مؤرخة في نصف جماد الأولى سنة 1086 ست وثمانين وألف.

ومن أدبيات المترجم الفائقة وأشعاره الرائقة ما قرظ بها (نفخ الصور في ذكر آل القاسم المنصور) وهي قصيدة السيد العلامة يحيى بن أحمد العباسي العلوي التي أولها:

نسمات المنظوم في المنثور   رق منشورها بنفخ الصور

وقد قرظ القصيدة المسماة القاضي العلامة أحمد بن صالح بن أبي الرجال والأمير الكبير العلامة الحسين بن عبد القادر أمير كوكبان وغيرهما من أدباء ذلك العصر. ومن تقريظ صاحب الترجمة رحمه الله المشتمل على نصائح وفوائد قوله:

نسمات النسيم عند السحور   فوق روض معطر ممطور
أم عبير يفوح من جيد خشف   أغيد مائس كحيل نفور
يتثنى كأنه غصن بان   حركته يد الصبا في البكور

فـاق لطفـاً علـيهما مـا رأينـا ... وسـمعناه مـن (شـفاء الصـدور)

عـن عـماد الهـدى وحيـد المعـالي ... ورئـــيس المنظـــوم والمنثـــور

مــن نظــام يفــوق دراً نضــيدا ... في عقــود بمشــرقات النحــور

وبــدوراً إذا هــزن قــدوداً ... مائســات أزلــن صــبر الصــبور

مادحــاً فتيــة بهــم كشــف الله ... عــن الخلــق ظلمــة الــديجور

مــن ضــلال يصــدهم وجحــود ... ومعــاصي وســلطة مــن كفــور

فلعمــري لقــد أخــذت بمــدح ... إحتــواه مقــال (نفــخ الصــور)

ســيما مــدح خــير داع إمــام ... ماجــد حــازم وليــث هصــور

مــن دعتــه ملائــك كــل ليــل ... ذاك يكفيــه عنــد فخــر الفخــور

قلت: وهو يشير في هذا البيت إلى قصة الطائر والكرامة التي حصلت للإمام القاسم بن محمد عليه السلام قبل دعوته، وقد اشتهرت ونقلها العلماء الأثبات، وهي مذكورة في السيرة الإمامية، ورأيتها أيضا منقولة عن السيد العلامة محمد ابن عز الدين المفتي المتوفى سنة 1050 عن والده السيد عز الدين المتوفى سنة 1025 وستأتي لهما ترجمة بحرف العين.

الإمـام الكـريم مـن قـام لله بعــ ... ــزم يفــض صــم الصــخور

وأزال الفســاد عــن كــل أرض ... ومحــا بالسيوف رســم الفجــور

ذاك مــولاي قاســم وإمــامي ... وإمــام الأنــام عنــد النشــور

وابنــه ذلــك المؤيــد بــالله ... إمــام معظــم في الصــدور

جمــع الزهــد والجهــاد وعلــماً ... نافعــاً واســعاً كفــيض البحــور

وكــذاك الإمــام أفضــل مــاش ... بعــد آبائــه الكــرام البــدور

ذلــك الحــبر خــير فــذ كــريم ... من بنى في الفخار أعلى القصــور

شــاده وارتقــاه حتــى عــلاه ... وســماه لعصــبة المنصــور

شــأنه الفضــل والتوكــل حقــاً ... فلــذا ســاعدته زهــر الزهــور

ذاك مهدي عصرنا خير داع	لرشاد ومنقذ وغيور
من تحلى بفتح ثغر الأعادي	مذ نشأ مولع بفتح الثغور
فهو في صهوة الجياد مقيم	وبنقع تراه كالمغمور
باذل نفسه لطاعة مولا	ه بضرب بسيفه المشهور

ومنها:

وبطعن الكلى بسمر العوالي	فوق جُرْد كريمة كالصقور
هؤلاء الكرام من قد دعونا	وبنوهم أولو التقى والنور
فعليهم من الإله سلام	ما تغنى الحمام فوق الزهور

ومنها:

وعليهم انجاد كل فقير	فهم المنجدون كل فقير
كم رأينا في دهرنا من ضعيف	صار للاحتياج كالمخمور
ذاهل لبه تراه كئيباً	يتمنى أن يكتفي باليسير
قل لهم يطلبون منه دعاء	ويجيبون دعوة المحرور
وعليهم حساب أهل الولا	يات على جمعهم بمال كثير
من حلال ومن حرام أتوه	لم يخافوا من هول يوم النشور
ما سمعنا من الولاة برفق	بل ولا يذكرون يوماً بخير
ما خلا عصبة نشير إليهم	فهم الأطيبون عن ذا الشرور

إلى أن قال مقرراً لتقريظ القاضي المجيد أحمد بن صالح بن أبي الرجال:

وأرى ما رآه قاض مجيد	من مقال في نظمه المزبور
فهو الحق ليس حق سواه	فعليهم بقوله المذكور
فجزاه من الإله نعيم	في جنان ونعمة وحبور

وكانت وفاة صاحب الترجمة ظهر يوم الخميس سادس وعشرين شهر ربيع الأول سنة 1099 تسع وتسعين وألف وعمره ثمان أو تسع وأربعون رحمه الله

تعالى. ورثاه السيد الحسن بن صلاح الداعي المنقول عنه تاريخ الوفاة بمرثية طويلة أولها:

دعــواك أنــك محــرق لا تسـمع ... أبـداً وأنـت عـلى الأرائـك تهجـع
كيف الهجوع وقد ترى ما قد جرى ... من حـادث جلـل وخطـب يفجـع
فاسكب دموعـك إن صـدقت بهـا ... لا بالميـــاه فإنهـــا لا تنفـــع
بــل ربــما سـكنت لـواعج محـرق ... بِجـري مـاء مـن عيـون تـدمع
أيـــن القـــرار ولا قـــرار وإنـــما ... مـن تبتغيـه بـما يؤمـل يخـدع

ومنها:

عجباً لنفســي بعـد أحمـد كيـف لم ... تفنـى وقلبـي كيـف لا يتصـدع
أيطيب عيشـي والمنام وقـد مضـى ... مـن كـان لي عنـد النوائـب مرجـع
مــن ذا يعلـــل بالســلو فـــؤاده ... أو في الإقامـة بعـد أحمـد يطمـع
هيهــات ذاك وإنــما كــل الــورى ... مـا بـين آجـال تمـد وترفـع
هذا الفتـى الشمســي عـين زمانـه ... لم يبـق وهـو الزاهـد المتـورع
ملـك مـن الأمـلاك حـط بسـوحه ... أمـر يهـول وحـادث لا يـدفع
شمس الهدى بحر الندى بدر الـدجى ... مـن كـان حقـاً للمكـارم يجمـع
كهـف الأرامـل واليتـامى والـذي ... يـأوي إليـه المستضـام ويرجـع

ومنها:

قـل للعـواذل طولـوا أو قصــروا ... إني لهـــول مصـــابه لا أهجـــع
ولـئن سـلوت فـما سـلوت وإنـما ... لي زفـرة تعلـو وعـين تـدمع
فأقول من حزني وحاصـل لـوعتي ... وتفكـري فـيما يضـر وينفـع
من للعلـوم يفـك حـادث مشـكل ... فيهـا وللكتـب الشـريفة يسـمع
مــن للأعنــة والسـيوف وللقنـا ... مـن للـدروع وللأسـنة يشـرع

مـن للمكـارم والمعـالم والعـلا ... مـن للمسـامع بـالمواعظ تقـرع
مـن للمنـابر والمحـابر أخـبروا ... مـن للوفـود إذا دعـوه يسـمع
لهفـي عـلى حـاوي الكـمال بـأسره ... لهـف امـرئ لفراقـه يتوجـع
آه عـلى الـنجم الـذي مـن برجـه ... هـوّى وكـان لنـا ضـياء يصـدع
آه عـلى البـدر المغيـب في الثـرى ... فالليـل داج بعـده لا يقشـع
آه أكررهـا عـلى طـول المـدى ... حتـى أمـوت ويحتـوني المضـجع
لا جازعـاً أبـداً ولا مستسـخطاً ... حكـم الإلـه ولـيس مـثلي يجـزع
أرضـى بـما يـرضى الإلـه وإنـما ... أبكـي عليـه ومـن عيـوني أدمـع
دراً حشـاه بمسـمعي فـتراه مـن ... عينـيَّ يجـري لؤلـؤاً يتقطـع

إلى آخرها وهي طويلة. وقبره رحمه الله تعالى في العشة من أعمال صعدة وعليه قبة معمورة قبلي مسجد غافل وعلى الضريح قصيدة مطلعها:

هـذا ضريـح إمـام العـترة الفضـلا ... مـن آل يحيـى بـن يحيـى بهجـة النـبلا
شمس الهدى الحبر بدر الآل عن كمل ... في ذي ربيـع إلى دار البقـا أفـلا

(العشة)

بفتح العين المهملة وتشديد الشين المعجمة وفتحها ثم هاء، وتسمى عشة ابن الحصين وهي من مخاليف صعدة في الشمال الشرقي منها بنحو أربعة أميال تتبع عزلة الأبقور من أعمال ناحية سحار، ولها ذكر في كتب التاريخ، وقد ارتبط ذكرها بذكر بني فطيمة من قبائل خولان بن عمرو القائل فيهم الحسن بن أحمد الهمداني:

هـم قحطـان لا قحطـان إلا ... فطيمـي نمـى في عـرق سـعد

وذلك أنهم أخوال بني سعد بن سعد بن خولان، ويفهم من كلام الهمداني في أن العشة التي ذكرها في كتابه صفة الجزيرة محلة غير ما تقدم. وأورد الهمداني

أبيات في العشيين لإبراهيم بن محمد بن جدو الصنعاني قال: وكان أشعر أهل زمانه وكان يتنزر:

تعاتبني حسينة في مقامي   بأرض العشِّيين فقلت خبتِ
أفي قوم أحلوني وحلوا   على ظهر الثريا اليوم لمتِ
بعزهم علوت الناس حتى   رأيت الناس والثقلين تحتي
وإن شهدوا الحروب فأسد غاب   غضاب دون أشبلها بخبت
وإن طلبوا المكارم أدركوها   بكل مقدم العرنين صلت
فقد طابت مغارسهم وطابوا   وزادوا في المدائح فوق نعتي
سلي الدنيا ومن أضحى عليها   تنبئك اليقين إذا سألت
أحقا يا سماء رأيت قوماً   مشوا من تحت ظلك مذ رفعت
وهل يا أرض كان لهم نظير   على أكتاف ظهرك مذ سطحت
ويا شمس النهار عليك أولى   يمين الله ربك هل طلعت
على قوم كمثلهم لجارٍ   غريب، أو لأرملة ومشت
وللحرب العوان إذا ازبأرت   نواصي الخيل من شقر وكمت

وفي عصر الدولة القاسمية أثناء القرن الحادي عشر كانت العشة مخرفاً ومتنزهاً للعلماء الفطاحل والأديب الحلاحل ولسائر أهالي وتجار مدينة صعدة، وكان بها دار للقاضي أحمد بن يحيى حابس، ويسكنها اليوم السادة آل المؤيد منهم آل حوريه وآل الشيبة وآل داود وآل قهادة وآل القطلي وقبائل من الأبقور من سحار. ومما قاله الفقيه العلامة شهاب الدين أحمد بن محمد البهكلي قصيدة أنشاها في شهر صفر سنة 1016 ست عشرة وألف يمتدح محروس العشة ومطلعها:

يا حبذا العشة روضاً طيبا   فائقة على الوهاد والربا
أيامها غرة أيام الصبا   فكل صب لهواها قد صبا
شوقاً لها من ولهٍ وفقد

أرض بها سؤل النفوس والمنى كأنها جنات عدن في الدنا
نذرت أن أنشد فيه معلنا يا روضة عانقها مزن الجنا
زارك هتان صدوق الوعد

إني قرير العين مسعود الزمن سال عن الهم لعمري والحزن
إذ صيّرتها نيتي دار وطن لحب سكان الديار والوطن
فكم كتمت لوعتي ووجدي

حق لمثلي في الزمان أن يرى لفضل ذي الطول العريض شاكرا
مسبحاً بحمده مكبرا إذ لم شعثي بالكرام الكبرا
أهل المعالي وبناة المجد

أكرم قوم في البرايا وملا بدور تم وكمال مجتلى
مفخرهم على السماك قد علا أكرم بهم إذا نعد الفضلا
من مضر في الناس أو معد

بني الإمام الماجد المؤيد واسطة العقد النفيس المفرد
لم يلف منهم غير زاكي المحتد كريم أصل وكريم مولد
نفسي لهم من الشرور تفدي

ما خاب عاف لنداهم قد رجا ولا استكان من إليهم قد لجا
رواسخ الأحلام من رجح الحجا أعددتهم للنائبات فرجا
لي ولأهل صحبتي وودي

نزيلهم لا يخشى من سهم الردى وجارهم في منزل النجم غدا
تجاوزوا إلى العلى حدّ المدى فأحرزوا المجد ونالوا السؤددا
وليس يحصي فضلهم بعد

البلغاء أن تعد الخطبا والصُبر الشم إذا الدهر كبا
لا ينقضون للملمات الحبا ولا يدينون لخطب إن نبا
أسد الشرى فيا لهم من أسد

هـم الليـوث في الـوغى إذا القنـا   تخطـر والسـيف معـد للفنـا
لا يسـتكينون لجـان إن جنـى   حسبك هم عمن نـأى ومـن دنـا
فـارض بهـم لتنثنـي بالسـعد
جاءوا على أس من الفضـل بني   فشـيدوه بالفخـار الحسـني
ومهـدوه بالفعـال الحسـن   فهـل لهـم مـن مشبه في الـزمن
كلا فخذ عني وسـل مـن بعـدي
إن عد أهل الفضل كـانوا الأمـرا   أو سوبقوا كان سـواهم مـن ورا
أبحـر علـم إن زمـان غـيرا   حلوا من الخطب وثيقات العرى
أكـرم بهـم منتجعـاً لوفـد
إن رمت أحصـي ثناءهم في البشـر   أو نشـر ما كان لهـم مـن مفتخـر
قيـل لي اكتـف بالكتـاب والأثـر   إنهـم أشـرف بيـت مـن مضـر
فأين مـدحي وقصـارى جهـدي
يـا أهـل بيـت المجـد والنبـوة   ومعـدن الرسـالة المتلـوه
ومنبـع الإمامـة المحبـوة   بـخ بـخ ذا شـرف الأبـوه
وراثـة مـن والـد وجـد
وأنـتم فـرع لـذاك الأصـل   وأبحـر مـن بحـر ذاك الفضـل
زانكـم الله بحسـن الفعـل   وزادكـم منـه مزيـد البـذل
مكارمـاً مأهولـة للرفـد

إلى آخرها وسيأتي في شتيت التراجم بعض من أبياتها المادحة للأعلام العلماء من بني المؤيد في ذلك العصر. **وفي العشة مساجد عديدة قيل أنها بلغت في بعض الأزمنة إلى 28 مسجداً**، ومن تلك المساجد التي وقفت على أسمائها: مسجد البطحاء ومسجد الهبي ومسجد المبرك ومسجد الهنود ومسجد بير السفلى ومسجد بير العليا ومسجد بير قاسم ومسجد الوسط ومسجد الوطط ومسجد

الشعاب ومسجد الشعبة ومسجد المنصور ومسجد الفنود ومسجد الزعبري ومسجد غافل ويسمى الآن غافر بالراء بدلا عن اللام، وقد ابتنى بالقرب من المسجد المذكور في منتصف القرن الرابع عشر الهجري السيد المولى العلامة محمد بن إبراهيم حوريه المتوفى 1381هـ دارا عامرة، واسعة مهيئة، وفيما يحكى أن بناءه لتلك الدار كان من دواعي الوشاية التي سببت توقفه في قصر غمدان بصنعاء عن أمر الإمام يحيى بن محمد حميدالدين تخوفا من المعارضة والله أعلم.

قلت: وقد تم التلويح من قبل السيد العلامة الحسن بن صلاح الداعي بتسمية المسجد وموضع قبر صاحب الترجمة منه بقوله:

رحم الله أعظما دفنوها ... شرق محراب مسجد الله غافل
فهو ضد اسمه على العمر ظاهر ... وهو بالجمع بالبرية حافل
قبر شمس الهدى وبدر المعالي ... ورضيع العلى وغوث الأرامل

5ـ السيد أحمد بن الحسن طالب الخير

السيد النبيل الرئيس الفارس أحمد بن الحسن طالب الخير بن أحمد بن المهدي ابن الإمام الهادي إلى الحق عز الدين بن الحسن بن الإمام علي بن المؤيد. هكذا نقلت نسبه عن مشجر أبي علامة وعن كتاب ذروة المجد الأثيل.

وصاحب الترجمة هو الذي استطرد ذكره القاضي أحمد بن صالح بن أبي الرجال في مطلع البدور أثناء ترجمة السيد أحمد بن الحسن المعروف بطالب الخير الآتية ترجمته قريباً فقال: وفي آل المؤيدي من اسمه أحمد بن الحسن طالب الخير من أعيان الرؤساء شجاع باسل واكتفى في ذكره بذلك. ونقل عن قلم بعض علماء بني المؤيد في ترجمته ما صورته: هو السيد الشهيد الرئيس المجاهد، كان من أهل الجهاد والشجاعة، حسن الأخلاق، من أهل الطرائق الحسنة والأفعال المستحسنة، شارك في حصار صنعاء على الأتراك مع الحسنين أولاد الإمام

القاسم بن محمد، واستشهد في حروب حدة من أعمال صنعاء ودفن بها في سنة 1037 سبع وثلاثين وألف عن 58 سنة لأن مولده في سنة 980 ثمانين وتسعمائة انتهت ألفاظ تلك الترجمة. وحادثة استشهاده ذكرها في اللآلي المضيئة السيد المولى العلامة الكبير أحمد بن محمد الشرفي فقال ما لفظه:

وفي يوم من جمادى الآخرة من السنة المذكورة خرج الأتراك من صنعاء إلى نواحي حدة وأرادوا إخراب قصبة كان أمر بعمارتها شرف الإسلام الحسين بن أمير المؤمنين أيده الله، فوصلوا إلى حول القصبة فلم يجدوا فيها غير العمار، فهربوا عنها فأخربها الأتراك، ثم وقع الصريخ في الناس فأغاروا من كل مكان، واجتمع خلق كثير، وتناوشوا الحرب في القاع، فاستُشهِدَ من أصحاب الإمام عليه السلام واحد من جبل حضور، والسيد الهمام المجاهد المقدام أحمد بن الحسن بن أحمد بن المهدي بن أمير المؤمنين عز الدين بن الحسن بن علي بن المؤيد عليه السلام وقع فيه رصاصة فبقي ثلاثة أيام ومات رحمه الله تعالى يوم الجمعة لعشرين ليلة خلت من شهر جمادى الآخرة سنة سبع وثلاثين بعد الألف وكان هذا السيد من عيون السادة آل المؤيد، وكان له رغبة في الجهاد وهمة عالية فرزقه الله الشهادة التي هي أعظم درجة الأجر انتهى بلفظه.

قلت: ومن ذريته السادة بيت الدخنان وبيت الطالبي وهم غير بيت الطالبي الذين هم من ذرية الإمام القاسم بن محمد ـ لقبوا بذلك نسبة إلى ولده الحسن الملقب الطالبي بن محمد بن أحمد بن الحسن طالب الخير.

6. السيد أحمد بن الإمام الحسن بن علي بن داود

السيد الأمير أحمد بن الإمام الناصر لدين الله الحسن بن علي بن داود بن الحسن بن الإمام علي بن المؤيد الحسني المؤيدي اليمني الصعدي.

مولده تقريباً في سنة 975 خمس وسبعين وتسعمائة. أخذ عن القاضي العلامة

أحمد بن صلاح الدواري وعن الإمام القاسم بن محمد، ومن مسموعاته عليه مجموع الإمام زيد وغيره. وقد ذكره السيد الحسن بن صلاح الداعي في منظومته الدامغة الكبرى فقال:

كابن الأسير صفي الدين أحمدنا سبط الإمام الذي للمكرمات ولي

وقال في شرح هذا البيت في التعريف به: هو السيد المقدام الهمام الليث الضرغام أحمد بن أمير المؤمنين الناصر لدين الله الحسن بن علي بن داود، له الجهاد المحمود مع الإمام القاسم بن محمد. وترجم له أيضا العلامة عبدالله بن علي الضمدي في العقيق اليماني فقال: وفيها يعني سنة 1024 أربع وعشرين وألف توفي السيد الجليل رئيس المجاهدين وابن امير المؤمنين أحمد بن الحسن بن علي المؤيدي وكان من أعيان مقادمة الإمام المنصور بالله القاسم بن محمد عادت بركاته وله معه جهاد كبير في بلاد صعدة رحمه الله انتهى. **قلت**: وصاحب الترجمة كان من رؤساء أهل وقته وساداتهم، وكان الإمام القاسم بن محمد عليه السلام يرعى جنابه ويحفظ فيه حق شيخه عليه الإمام الحسن، وزيادة في ذلك تزوج بأخته الشريفة فاطمة بنت الإمام الحسن بن علي بن داود وذلك عند انتقال الإمام إلى السودة في سنة 1007 سبع وألف، لاستقرارها عند أخوالها أولاد الأمير عبد الله بن يحيى المعافى. وأما المترجم فأخواله من بني المؤيد، قال السيد داود بن الهادي عند ذكر أولاد الإمام الحسن: وله من الولد ثلاثة السيد المقام الصدر القمقام شمس الدين أحمد بن أمير المؤمنين وأمه الشريفة المطهرة شمس بنت الحسن بن بدر الدين، وأما السيد الأمجد عز الدين محمد بن الإمام وكريمته فاطمة وأمهما الحرة المكرمة ملوك بنت الفقيه عبد الله بن يحيى المعافى.

وبعد هذا التاريخ سنة 1007 رافق صاحب الترجمة الإمام القاسم وقرأ عليه وخرج معه إلى برط لما شدد الأتراك عليه الحصار في شهارة سنة عشر وألف، وبعد ذلك استنهضه للجهاد وبعثه لمصادمة الأتراك ومنازلتهم في عدة من

الجهات في صعدة وبلاد خولان والأشمور وحجة وغيرها، وكانت المقتلة على الأتراك التي اتفقت في جبل وضرة في بلاد حجة على يد صاحب الترجمة وعساكره وذلك في سنة 1021 إحدى وعشرين وألف، ثم كان أحد الحاضرين لوقعة الشقات الآتي ذكرها لاحقا. وبالجملة فأخباره كثيرة يجدها المتطلع في اللآلي المضيئة للعلامة الشرفي وفي النبذة المشيرة للجرموزي وفي غيرهما من كتب التواريخ، وكانت وفاته رحمه الله بألم السابع في المركز الإمامي بالحضاير غربي صعدة وهو يُحِرب محطة الأتراك في شهر رمضان سنة 1024 أربع وعشرين وألف، وحمل لدفنه إلى هجرة فلله فقبره في القبة التي شرقي مصلى العيد شامي القرية، وعلى ضريحه أبيات حسنة. قال المولى العلامة أحمد ابن يحيى العجري المؤيدي وقد ترجمه ونقل بعضا من أخباره في كتابه ذروة المجد الأثيل ما لفظه: ومن ذرية مولانا أحمد بن الحسن السادة الفضلاء النبلاء الكملاء المعروفون بآل الهاشمي سكنوا رحبان وصعدة، وفيهم العلم والزهادة، ولم ينقطع العلم منهم انتهى ما أردنا نقله. وسيأتي في هذا الكتاب ذكر الأعلام العلماء من أهل هذا البيت وتراجمهم، وذكر أول من لقب بالهاشمي منهم في موضعه إن شاء الله.

وقد ذكر في مشجر أبي علامة أن أولاد المترجم له ثلاثة هم: محمد وحسن وعلي، وستأتي تراجمهم في هذا القسم من الكتاب، وقد ذكر العلامة الضمدي رحمه الله في العقيق اليماني كما سيأتي إيراده لاحقا: أن إحدى بنات الإمام القاسم ابن محمد كانت تحت صاحب الترجمة، **قلت**: نعم وهي الشريفة الطاهرة خديجة بنت الإمام القاسم بن محمد، كانت ذات صلاح وتصدق، ولها وصية معروفة، وقفت عليها في درج الأوقاف، ووقفت أيضا على قبرها في مقبرة القرضين بصعدة، فهي جدتهم. وكان وفاتها خامس شهر القعدة سنة 1070 سبعين وألف رحمها الله وإيانا والمؤمنين.

7. السيد أحمد بن الحسن المعروف بطالب الخير

السيد العلامة المتضلع الفاضل أحمد بن الحسن بن علي بن صلاح بن الحسن ابن الإمام الهادي علي بن المؤيد بن جبريل الحسني اليحيوي المؤيدي المعروف بطالب الخير.

مولده في سنة 941 إحدى وأربعين وتسعمائة، وأخذ العلم عن علماء عصره ولعله تتلمذ على السيد العلامة الكبير محمد بن عز الدين صاحب الحاشية في النحو المعروفة بحاشية السيد المتوفى 974 أربع وسبعين وتسعمائة. قال القاضي ابن أبي الرجال في تاريخه مطلع البدور مترجما له: كان من أعيان وقته وعلماء زمانه، صحب الإمام الحسن بن علي بن داود، ثم الإمام القاسم بن محمد عليهما السلام، وهاجر إلى العصيمات، واتفق له هنالك كرامَة؛ وهو أنَّ بعض الناس سبّه رحمه الله، فجاء كلب جرّ لسانه. أخبرنا بذلك ولده السيد الفاضل محمد بن أحمد، وكان من الفضلاء وله معرفة وتعمّر كثيراً رحمهما الله جميعاً. ولصاحب الترجمة شرح على الحاجبية وهو في التحقيق حاشية السيد محمد بن عز الدين إلا أنه هذَّب وزيَّد ونقص، وهيَ أجمع للفوائد، ولعله ما فعل ذلك إلا لوصية السيد محمد بن عز الدين فإنه ذُكر ذلك انتهى.

وأفاد السيد العلامة أحمد بن يحيى العجري المتوفى سنة 1347 أن قبر صاحب الترجمة في مقبرة ضحيان من القرية وغرب، معروف مشهور، والدعوة عند قبره مستجابة، وأن وفاته في شهر القعدة سنة 1017 سبع عشرة وألف رحمه الله وإيانا والمؤمنين. قلت: ومن ذرية صاحب الترجمة السادة الأماجد بيت العنثري وبيت شرويد وبيت الطويل وستأتي تراجم أعلامهم في مواضعها من هذا المعجم.

(مصنف الحاشية على كافية ابن الحاجب)

هو السيد العالم الضليع المحقق إمام العربية في المئة العاشرة باليمن محمد بن عز الدين بن صلاح بن الحسن بن الإمام علي بن المؤيد بن جبريل الحسني المؤيدي الصعدي. صنف في النحو الحاشية المشهورة على كافية ابن الحاجب في اليمن، واسمها (**مصباح الراغب ومفتاح حقائق المآرب شرح كافية ابن الحاجب**)، وعرفت واشتهرت بحاشية السيد، نسبة إليه. قال السيد الحسن بن صلاح الداعي في شرح الدامغة الكبرى في ترجمته:

هو السيد الإمام العالم كان من العلماء المبرزين، والشيوخ المحققين، وانتفع الناس في قطر اليمن بحاشيته على الكافية أحسن من انتفاعهم بغيرها، وفيها قراءة الناس إلى اليوم على العموم، وتوفي رحمه الله ليلة الخميس السابع من شهر ربيع الآخر سنة 973 ثلاث وسبعين وتسعمائة، وقبره في مشهد الإمام الهادي بصعدة يماني قبة الإمام الناصر انتهى. **قلت**: ويقال له المفتي الكبير تمييزا له عن حفيده المفتي الصغير وهو السيد العلامة الشهير محمد بن عزالدين بن محمد بن عز الدين المتوفى بصنعاء سنة 1050هـ، وسوف تأتي لهذا الحفيد ولوالده السيد عز الدين ترجمة بحرف العين من هذا القسم، قال في مشجر أبي علامة: والمفتي لقبه ولقب ولده ولقب حفيده. وتلامذة صاحب الترجمة المفتي الكبير جمٌّ غفير، وقد ذُكِر منهم القاضي العلامة أحمد بن صلاح الدواري، والعلامة أحمد ابن يحيى بن سالم الذويد، وله مؤلفات غير الحاشية المذكورة، منها (**ورقات عيون الأفكار شرح مقدمة الأزهار**)، و(**سيرة كتبها لجده الإمام علي بن المؤيد عليه السلام**) في نحو 56 صفحة، وسوف يكثر الذكر له ولحاشيته في عموم التراجم، لذلك استطردنا ذكره في هذا الموضع.

8- القاضي أحمد بن صالح الهبل

القاضي العلامة شمس الدين أحمد بن صالح بن صلاح بن أحمد الهبل اليمني القضاعي الخولاني الأصل الصنعاني الدار الصعدي الإقامة والوفاة.

كان صاحب الترجمة من أعيان وقته المتصدرين للتدريس بصعدة، وقد ذكره السيد المطهر بن محمد الجرموزي في مواضع من السيرة المتوكلية وأثنى عليه. وترجمه صاحب بغية الأماني والأمل نقلاً عن الطبقات فقال: كان عالماً فاضلاً محققاً، قرأ على القاضي عبد القادر بن سعيد الهبل، وعنه ولده محمد بن أحمد الهبل انتهى. وترجم له السيد الحسن بن صلاح الداعي في شرح الدامغة الكبرى فقال: كان من العلماء الأخيار الأبرار، وكان قاضياً في حوزة القاضي محمد بن علي بن جعفر الزبيدي، ووفاته بصعدة في شهر رجب سنة 1087 سبع وثمانين وألف، وقبره بالقرضين رحمه الله تعالى.

9- القاضي أحمد بن صلاح الدواري

القاضي العالم المحدث الفاضل الزكي شيخ الشيعة ونبراس الشريعة شمس الدين أحمد بن صلاح بن حسن بن محمد بن علي بن مهدي بن علي بن حسن بن عطية بن محمد بن المؤيد الدواري المعروف بالقضعة بالضاد الموحدة.

مولده بالهند كما ذكر الحافظ أحمد بن سعد الدين المسوري بموضع يسمى كنبايه وأمه جارية هندية لأن والده كان كثير السفر إلى الهند. قلت: لعل ذلك في سنة 947 سبع وأربعين وتسعمائة فهو من أتراب الإمام الحسن بن علي بن داود. ونشأته بصعدة وتنقل منها إلى عدة بلدان لطلب العلم، فأخذ عن جماعة من مشاهير سادات العترة وعلماء الشيعة في العلوم الفقهية والأدبية والأصولية، ففي أوائل الطلب أخذ على القاضي العلامة الحسين بن محمد المسوري، وهو

الذي خرجه وهذبه وأدبه، ولازم من بداية الطلب السيد العلامة المحقق محمد بن عز الدين المفتي صاحب الحاشية المعروفة بحاشية السيد حتى وفاته بصعدة سنة 973 ثلاث وسبعين وتسعمائة، قرأ عليه كافية ابن الحاجب وحاشيته المذكورة عليها، وبعض المفصل وبعض مقدمات البحر، والأزهار، والتذكرة،

5 ومجموعاته مقدمة عنوان العناية في الأدب، وشرحه على مقدمة الأزهار، وشرع عليه في كتاب الأحكام من البحر الزخار، فعاق الحمام عن التمام. ثم أخذ عن السيد فخر الدين المطهر بن تاج الدين الحمزي كتاب تاج علوم الأدب، ثم قرأ التاج بعده على حي القاضي العلامة علي بن نسر الأهنومي، وهو قرأه على الإمام شرف الدين. ثم قرأ على السيد علي بن الإمام شرف

10 الدين، لعل ذلك كان في حصن ذي مرمر مشارق صنعاء، ومما سمع عليه في أصول الأحكام شطراً صالحاً، وشرع عليه في قراءة شرح المعيار ولم يتم لوفاته، فانتقل لإكماله على ولده السيد إبراهيم بن علي بن الإمام شرف الدين ولم يتم له، ثم أخذ عن السيد الحافظ أحمد بن عبد الله الوزير قرأ عليه الفصول اللؤلؤية لصارم الدين الوزير، وكذلك مصنفه في علوم الحديث، وقصيدة

15 البسامة المسماة جواهر الأخبار، وفي بعض يواقيت السير للإمام المهدي، ثم سمع عليه أصول الأحكام وأجازه له، وأجازه أيضاً في كتاب تنقيح الأنظار في علوم الآثار للسيد الحافظ محمد بن إبراهيم الوزير. ثم أخذ عن السيد العلامة المعروف بشيخ البحر الزخار أحمد بن محمد المنتصر في الكتاب المذكور وأجازه له، ثم قرأ على الفقيه العلامة إبراهيم بن أحمد الراغب في شرح المعيار، ثم قرأ

20 على الإمام الحسن بن علي داود في عدة من الكتب، منها في شرح العضد على المنتهى، وفي التلخيص. وسمع عليه في الكشاف ولم يتمه، وتكررت قراءته في الأزهار والتذكرة وشرح النجري على القلائد وفي شرح الأزهار والبيان على كثير من المشايخ المعتبرين.

ومن مشايخه أيضا: القاضي العلامة حاكم المسلمين عبد العزيز بن محمد بن يحيى بهران الصعدي، والسيد الحافظ أحمد بن عبد الله الوزير، وله منهما إجازة عامة عن مشايخهما.

وبالجملة فهو من أعيان الشيعة الأفاضل ترجمه غير واحد منهم القاضي أحمد ابن صالح بن أبي الرجال في مطلع البدور فقال:

القاضي العلامة بصري زمانه بلخي أوانه، حاتم السماح، وأحنف الرجاح، عمار التشيّع. كان من كبار العلماء الأخيار، زاهداً في الدنيا، كثير الإحسان، صادق المودة لأهل البيت، ولقي لذلك تعباً شديداً حتى أنه كسر ظهره بعض الأروام في محبتهم، وكان لا ينظر إلى الظلمة دخل كراراً إلى أمير صعدة المحروسة وجرى بعض العتابات بينهم ومع ذلك لم يعرف وجه الأمير أشاب أو لما يشب. ثم قال: وكان يسمّى المقشقش بقافين وشينين معجمات لأنه كان إذا حضر طعامه بصعدة أمر رسوله يحفل بمن في الجامع من الغرباء. وكان في العلوم بحراً لا يجارَى، سيما في علوم أهل البيت، ذكر القاضي العلامة أحمد بن يحيى حابس أنه كان عند الإملاء في علم الكلام يزبد من أشداقه، وكان مع الإمام الحسن بن علي بن داود في سماع شرح الرسالة الشمسية على الرجل الشيرازي القادم إلى صعدة وكان يقول الشيرازي: إن عاش السيد وقاضيه كان لهما شأن عجيب.

قلت: وصدقت فراسة الرجل الشيرازي فإن الإمام الحسن لما دعا سنة 986 ست وثمانين وتسعمائة كان صاحب الترجمة قطب رحى دعوته الميمونة، وصاحب رسائله، والمقدم تدبيره وإشاراته كما هو معلوم في السيرة. قال: وصنف كتاباً في أنواع الحديث مبسوطاً وله كلامات متفرِّقة في علوم متعددة انتهى.

وذكره القاضي أحمد بن سعد الدين المسوري فقال:

القاضي العلامة شمس الدين شيخ الشيعة الأمجدين أحد أعيان أصحاب الإمام الحسن بن علي بن داود ومشاهيرهم وخطبائهم. وفي الطبقات لسيدي الجد عماد الدين يحيى بن الحسين بن القاسم ما لفظه:

القاضي العلامة الفاضل الفهامة عاصر الإمام الحسن بن علي وحضر بيعته وقال بإمامته، وامتد عمره إلى زمن جدنا المنصور بالله القاسم بن محمد، ووالاه وناصره وسعى في اعانته سراً وجهراً. وكان مقيماً في صعدة المحروسة والسلطان للأتراك، ولكن على تواطؤ بينه وبين الإمام، فكان يقبض الواجبات من أهل الأموال خفية، ويوجه بها إلى الإمام، وربما اطلع أمير صعدة على كتاب من الإمام إلى القاضي فحبسه، وصادر بعض ماله، فلا يخرج إلا بضمانة عدة من رؤساء صعدة على أن لا يكاتب الإمام ولا يواصله، وبقي على تلك الحال يقبض الواجبات من أهلها ويرسل بها إلى الإمام. وكان على يديه تنحي الإمام المتوكل على الله عبد الله بن علي المؤيدي والندم على منازعته والله أعلم. ثم قال: وكان القاضي المذكور عالماً فصيحاً، وكان قد أشار إليه الإمام القاسم بشرح الأساس على ما يقتضيه الأصل ولكن عاقه الحمام انتهى كلامه. **قلت**: وقد وقفت على كتابه الذي صنفه في علوم الحديث سماه (تعريف أولي الألباب بالثقة والمجروح من الأصحاب)، وله أيضاً صيغة الإجازة التي أجازها للإمام القاسم بن محمد كان فراغه من تحريرها ثالث عشر ربيع الأول سنة 1010 عشر وألف، ومما جاء في ديباجتها قوله: فإنه طلب مني مولانا حفظه الله وأيده ومكن بسطته وأهلك معانده وأصلح بحميد سعيه وجده واجتهاده أمور الإسلام والمسلمين ما لم يكن مثلي أهل له في حقه، لقصور همتي وتقصيري، وركة عزمي عن التنقل والارتحال للقراءة والسماع على أهل العلم والكمال، ولجلالة قدره وعلو همته وتوفر رغبته وجده واجتهاده في التنقل للقراءة والسماع على مشاهير الرجال، مع

ما خصه الله من شدة الذكاء والفطنة، وإلهام العلم والحكمة، فلذلك اقتعد تخت الكمال والاجتهاد، وارتقى إلى مرتبة الخلافة والزعامة وزاد. إلى أن أنشد:

وليس يصح في الأفهام شيء إذا احتاج النهار إلى دليل

وهو إجازتي له في جميع ما قد ثبت لي فيه طريق من سماع أو إجازة من كتب أئمتنا وشيعتهم خصوصاً، ومن كتب غيرهم عموماً ـ لزمني وتحتم علي امتثال أمره، ومطابقة قصده إلى آخر كلامه في الإجازة المذكورة حيث وقد نقلنا عنها مقروءاته ومسموعاته ومستجازاته في صدر الترجمة. وكانت وفاته رحمه الله ليلة الثلاثاء ثالث وعشرين شوال سنة 1018 ثماني عشرة وألف، وقبره بصعدة في المشاهد اليحيوية بجامع الإمام الهادي.

(القضاة آل الدواري)

القضاة حكام مدينة صعدة المعروفون ببني الدواري بالدال المشددة المفتوحة ثم الواو والألف فالراء المهملة، من بيوتات العلم بصعدة، يرجع نسبهم إلى بني عبد المدان بن الديان بن قطن بن زياد بن الحارث بن معن بن مالك ملاعب الأسنة بن ربيعة بن كعب بن الحارث الأكبر بن كعب بن علة بن جلد بن مذحج. ومنهم في الأزمنة المتقدمة العلماء الأكابر والفقهاء النحارير الأفاضل، وكانوا حكام المدينة لعدة قرون، وقد انقرضت هذه التسمية في أيامنا لكن لا زال لهذا البيت بقية يلقبون بآل حابس وآل القاضي وآل بشير. وقد ذكر في شرح بسيط على قصيدة السيد العلامة الكبير الهادي بن إبراهيم الوزير المتوفى سنة 822 المسماه (رياضة الأبصار في ذكر الأئمة الأقمار والعلماء من السادة والشيعة الأخيار) أن جد آل الدواري هو أبو العمير بن طاهر المداني وذلك على قوله في القصيدة المذكورة:

وبالمشتري صوت الآذان بماله فيا نعم مشريا جزيل التمول

وقد ترجم لأبي العمير هذا في مطلع البدور وغيره نقلا عن تاريخ الشيخ

مسلم بن محمد اللحجي، ولم أنقل ذلك مراعاة للاختصار.

وأول من ذكر بصعدة من بيت الدواري في كتب التواريخ القاضي الجليل محمد بن المؤيد الدواري، وكان المذكور من أعيان القرن السابع الهجري، وممن تولى للإمام الشهيد المهدي لدين الله أحمد بن الحسين صاحب ذيبين، ولم يفصح مَنْ ذكره ما نوع الولاية المسندة إليه إلا أنه ذكر أن القاضي العلامة عبد الله بن زيد العنسي صاحب الارشاد والمحجة البيضاء لما تولى أمر صعدة عن أمر الإمام المهدي في سنة 654 أربع وخمسين وستمائة قالوا: كتب إلى قاضيه الجليل محمد بن المؤيد الدواري برسالة جيدة انتهى.

فلعله أول المستوطنين مدينة صعدة من أهل هذا البيت والله أعلم.

وقد أحيا هذا البيت في القرن الثامن الهجري ورفع من عموده بالعلم والعمل وتولي منصب قاضي قضاة الإسلام في أيامه القاضي شيخ الإسلام سلطان العلماء الأعلام عبد الله بن الحسن بن عطية بن محمد بن المؤيد الدواري اليمني الصعدي الزيدي المولود سنة 715 والمتوفى سنة 800 ثمانمائة، صاحب التصانيف الفائقة في الفقه والأصولين التي منها (**الديباج النضير شرح لمع الأمير**)، و(**شرح الزيادات**)، و(**تعليق الجوهرة**) في أصول الفقه وغير ذلك الكثير، فقد كان هذا القاضي رئيس علماء أهل وقته على الإطلاق، وعليه أخذ جملة وافرة من الأعيان، منهم السيد الإمام جمال الدين الهادي بن إبراهيم الوزير وصنوه الحافظ محمد بن إبراهيم وغيرهما. وفي وصفه يقول السيد جمال الدين في آخر نظمه الذي نظم به الخلاصة في أصول الدين فقال:

وهذه خلاصات المسائل لم تكن — عليَّ عزيز نظمها لك في شعري
هرقت لها كأس الكرى بقراءة — وبحث وتحقيق على العالم الصدر
هو القدوة العلامة الحبر إنّه — ليبهر فضلاً كلّ علامة حبر
وقاضي قضاة المسلمين وسيّد الـ — أكابر والشمس المضيئة في عصر

مؤيَّدة أقوالـــــه بأدلـــــةٍ	تقوم مقام النصر للعسكر المجر
هدانا إلى سبل الرشاد ولم يزل	يبيح لنا وفراً يزيد على الوفر
جزاه إله العرش عن فيض علمه	وتعليمه المشكور من أفضل الأجر

ومن أعلام آل الدواري في القرن التاسع الهجري: القاضي علامة وقته البارع النحرير المحقق جمال الدين علي بن موسى بن علي بن موسى الدواري الصعدي المتوفي بها شهر صفر سنة 881 هـ، وقد جرت عادة مترجميه وصفه بخاتمة المحققين وشيخ أهل زمانه في العلوم، وكان ممن تتلمذ على يديه من المشاهير الإمام عز الدين بن الحسن والسيد الإمام صارم الدين إبراهيم بن محمد الوزير، وللأخير إليه أبيات القصيدة السينية التي أولها:

أما العلوم فقد أقوت مدارسها	وقلّ في الناس واعيها ودارسها
وأعرض الصيد عنها وارتضوا بدلاً	عنها الملاهي وألهتهم مجالسها
حتى عفت بعد عمران معالمها	وهدمت بعد بنيان نفائسها
فالبوم فيها ووحش الطير ساكنها	من بعد ما سكنت فيها أوانسها

ومنها في مدحه:

إلى ابن موسى الذي طابت أرومته	بحر العلوم وداعيها ودارسها
من للضلالة نافيها ودافعها	وللجهالة ماحيها وطامسها
شيخ العلوم ومحييها بصعدته	ومن به ينجلي عنها حنادسها

وهي طويلة رحمهم الله وإيانا والمؤمنين.

10. السيد أحمد بن صلاح سند

السيد العلامة أحمد بن صلاح سند الحسني الهادوي.

وهو من علماء وقته المشايخ بصعدة، قرأ عليه الفقيه العلامة محمد بن قاسم الخباط بعض المقروءات، ولعل وفاته أواخر القرن الحادي عشر رحمه الله تعالى.

11. الفقيه أحمد بن صلاح مرغم

الفقيه العلامة الورع شمس الملة والدين أحمد بن صلاح بن محمد بن سليمان مرغم اليمني الصعدي.

من فقهاء المدينة الصعدية، ترجم له القاضي في مطلعه فقال:

كان هذا القاضي آية من آيات الله في ورعه ودينه، عالماً بالفقه محققاً، قرأ في التذكرة أربعين سنة، وكان من القائمين بالقسط الصابرين على ما أصابهم في جنب الله لا تأخذه في الله لومَة لائم، وكان من الزهد بمكان لا يلحق، وكان يأتزر رحمه الله ويلتف بكساء ويعتم في العام القابل بفضل كسائه الذي كان يلتف به في العام الأول، وكان يتورع من أخذ الزكاة لأن نسبه إلى سلمان الفارسي رضي الله عنه، وقد قال صلوات الله عليه وآله وسلم: سلمان منّا، وبنو مرغم بصنعاء نسبهم غير هذا النسب انتهى.

وفي طبقات سيدي الجد يحيى بن الحسين: أنه من العلماء الفضلاء الزاهدين الأبرار، وكان سكونه بصعدة، وكان حاكماً فيها، وكان ينفق على نفسه وأولاده من كد يده بالخياطة، ووصل إليه من بعض ولاة الإمام عشرة أقدح حنطة فردها ولم يقبض منها شيئاً مع حاجته، وهذا هو الفضل الكبير انتهى. ونقل ترجمته صاحب بغية الأماني والأمل وذكر في آخرها أن وفاته بصعدة في شهر القعدة سنة 1018 ثماني عشرة وألف، وقبره بمشهدهم وسط القرضين.

12. السيد أحمد بن عبد الرحمن المؤيدي

السيد العارف شمس الدين أحمد بن عبد الرحمن بن محمد بن عبد الرحمن المؤيدي اليحيوي الصعدي اليمني.

ترجم له معاصره صاحب مطلع البدور فقال: كان من عيون الدوحة

المصطفوية، وعيون الأسرة المرتضوية. كان مطلعاً على الأخبار والأذكار، مهيمناً على أخبار أهله حفظة لآثارهم، وله معرفة بالعربية والفقه، وعاجله الموت ولم يقض وطره من الفقه. وله شعر حسن في أنواع مختلفة، ولم يحضرني منه إلا بيتان لاطف بهما بعض أترابه من السادة لما كثّر عليه ذلك السيد كتابه اسمه في بعض كتبه العلمية فقال:

| يـا كتابـاً لسـت أدري كـم بـه | مـن رسـوم ضـاق عنهـا الـورق |
| إن تكـن تقبـل منــه فديــة | فقليـل منــه يعطـى الـورق |

ولم يؤرخ لوفاته رحمه الله وإيانا والمؤمنين.

12. الفقيه أحمد بن عبد القادر الطحم

الفقيه الأديب الصفي أحمد بن عبد القادر الطحم، ويعرف صاحب الترجمة باسم أحمد بن عبده الطحم الحافي الصعدي.

كان فقيهاً نبيلاً وأديباً فاضلاً، ذكره القاضي شهاب الدين أحمد بن صالح بن أبي الرجال استطراداً في ترجمة القاضي العلامة أحمد بن يحيى الذويد المتوفى 1020 الآتية ترجمته قريباً وقال: إنه جمع بعد وفاته في السنة المذكورة ما تبقى من خزانة كتبه التي كلف بتحصيلها وكانت من غرائب الكتب فاجتمع لصاحب الترجمة أربعمائة وخمسون مجلداً انتهى كلامه.

ورأيت لصاحب الترجمة الفقيه أحمد بن عبد القادر الطحم إجازة من الإمام المؤيد بالله محمد بن القاسم تدل على العلم والفضل.

وهذه الإجازة هي محررة له بالاشتراك مع السيد الإمام إبراهيـم بـن محمـد المؤيدي والفقيه عبد القادر بن سعيد الهبل، كتبها إليهم إلى صعدة سلخ شعبان عام ست وأربعين وألف جواباً على مكاتبة في ذلك وصلت منهم إلى مقـام

الإمام، قال في أثناء تلك الإجازة بعد الديباجة والبسملة: فإن السيد العلامة الفهامة إبراهيم بن محمد بن عز الدين والفقيه الأجل وجيه الشيعة الكرام عبد القادر بن سعيد الهبل والفقيه الفاضل المشايع الطاهر أحمد بن عبد القادر الطحم الصعدي عرف بالحافي تولى الله إسعادهم، ومنحهم في كل خير إرشادهم وأصلح أحوالهم وبلغهم في مرضاته آمالهم، وحق لمثلهم ممن رزقه الله فهماً وعلماً وقد سمعوا قوله ص: إن هذا العلم دين فانظروا عمن تأخذون دينكم. وقوله: رحم الله امرءاً سمع مقالتي فحفظها فرب حامل فقه غير فقيه ورب حامل فقه إلى من هو أفقه منه؛ ثلاث لا يغل عليهن قلب مؤمن: إخلاص العمل لله ومناصحة ولاة المسلمين ولزوم جماعة المسلمين. وقوله: يسمعون ويُسمع ممن يَسمَع. فتعلموا ولو جدّ بنا واحداً من الخير أن يسأل وأن يأتيه ما أمكنه بأعلى الطرق وأرفع الأسانيد. طلبوا مني أن أجيز لهم كتاب الشفاء للأمير الحسين فاستخرت الله سبحانه وأجزت لهم روايته بتتمتيه وأذنت لهم في تحميله أهله وتبليغه محله بمالي فيه من طرق السماع والإجازة التي إحداها إجازة والدي أمير المؤمنين المنصور بالله القاسم بن محمد بماله من سماعه على بقية العترة المطهرة أمير الدين بن عبدالله بن نهشل. وأضفت إلى ذلك إجازة ما يفتقر إلى السماع من علوم آل محمد وأوضاع أشياعهم وما في تضاعيف ذلك من السنن والأخبار، وبما انتهى إلينا من طرق سائر أئمة الهدى، وكذلك كتب العامة بطرقها الموصلة إلى مصنفيها من أئمة أهل المذاهب وغيرهم، وما يصح به الاحتجاج من السنن والآثار، وكذلك ما في الأجوبة والرسائل. ولا اشترط عليهم إلا ما شرطه أولو العلم على مثلهم، وإلا ما يتضمن خلاف ما أجمعت عليه قواعد هذه الشريعة والعترة الطاهرة أو يتضمن جبراً أو تشبيهاً فأنا أبرأ إلى الله من ذلك إلى آخر كلامه في الإجازة المذكورة.

قلت: ولم أضبط سنة وفاة صاحب الترجمة، والظاهر أنها سنة 1094 أربع وتسعين وألف، لأني اطلعت في بصائر الوقف على بصيرة قِسَام جرت بين ورثته في العام المذكور والله أعلم. و(آل **الطحم**) من بيوت صعدة ولا زال لهم بقية إلى عصرنا الحاضر في صعدة وبلاد خولان، وقد نسبهم في المشجر المنقول عن كتب القضاة آل أبي النجم هم وآل الوشلي وآل البرش وغيرهم إلى الفرس من الأبناء والله أعلم.

14. السيد أحمد بن عز الدين المؤيدي

السيد العلامة الفاضل شمس الدين أحمد بن عزالدين بن الحسين بن عز الدين بن الحسن بن الإمام الهادي عز الدين بن الحسن بن الإمام علي بن المؤيد الحسني اليحيوي المؤيدي.

وهو من غرر سادة البيت المؤيدي في وقته، وله قراءة بصعدة على علمائها وذلك أيام أميرها الأمير أحمد بن الحسين المؤيدي المستشهد سنة 991هـ، وكان المترجم مصاهرا لولده صلاح، متزوجا بابنته الشريفة فاطمة بنت صلاح المتوفاة سنة 1053هـ وقبرها بالقرضين إلى جنب زوجها. وإليه وإلى السيد أحمد بن يحيى بن أبي القاسم الرغافي والسيد داود بن الهادي كتبَ السيد العلامة المقول عماد الدين يحيى بن صلاح بن يحيى القطابري أيام طلبهم للعلم بصعدة أبيات القصيدة التي أولها:

مقـــل المهـــا ولـــواحظ الآجــال   أبــدلنني بمجـــالس الأوجــال

وستأتي بكمالها في ترجمة ناظمها بحرف الياء من هذا القسم، ومما جاء فيها في ذكر صاحب الترجمة قوله:

والصنو شمس الدين أحمد من يرى   فــوق الســماك لأصــله المفضال

نجل الأئمة والملوك ومن له ... فيما يرى الراؤون أعظم حال

علم الذي ارتفعت به آباؤه ... فجرى بمطلب ذلك المنوال

وهو في الأغلب ممن اطلعه الأتراك كرها إلى صنعاء مع بقية السادة بني المؤيد، ولم أقف على كثير من أحواله ولا تاريخ وفاته، وهي قطعا بعد سنة 1015 خمس عشرة وألف، لأن تاريخ مولد ولده السيد الأديب صلاح بن أحمد ابن عز الدين في هذه السنة بصنعاء، وسيأتي له ترجمة مستوفاة بحرف الصاد في هذا القسم، وترجمة بحرف الميم لابنه الأكبر السيد محمد بن أحمد بن عز الدين المعروف بابن العنز.

15. الفقيه أحمد بن علي دباش

الفقيه العلامة أحمد بن علي دباش الصعدي المعروف بعارضة.

استطرد ذكره القاضي ابن أبي الرجال صاحب مطلع البدور في ترجمة القاضي العلامة أحمد بن يحيى بن سالم الذويد الآتية ترجمته قريباً فقال:

الفقيه العلامة سيبويه زمانه. كان منقطعاً إلى القاضي أحمد بن يحيى الذويد، يكتب له الكتب ويحشيها، وكان من آيات الله في علم العربية لا يلحق، ولقد رأيت له تحشية على الموشح وافية من كتب لا يعرفها أهل اليمن، ومن الدائر على الألسنة أنه حفظ الكشاف غيباً، ولكنه غير ستير الحال، ولا سالك مسالك العلم، ألقى نفسه ببير الدرب بصعدة انتهى. ولعل وفاته كانت قبل وفاة شيخه القاضي أحمد بن يحيى الذويد في سنة 1020 عشرين وألف أو بعدها بقليل.

وآل دباش بفتح الدال المهملة وتثقيل الباء الموحدة من أسفل من بيوت صعدة، ولا زال لهم بقية إلى أيامنا هذه.

16. السيد أحمد بن علي الداعي

السيد العلامة شمس الدين أحمد بن علي الداعي والسادة آل الداعي ينسبون إلى الإمام الداعي يحيى بن المحسن بن محفوظ بن محمد بن يحيى بن يحيى.

وصاحب الترجمة كان سيداً عالماً هماماً لوذعياً، وهو من معاصري السيد شرف الدين الحسن بن أحمد الجلال الآتي ترجمته، وله معه مكاتبات تدل على ما وصفناه به من النعوت والصفات، من ذلك مكاتبة جرت من السيد شرف الدين جواباً على كتاب وصل إليه من صاحب الترجمة ولفظه:

حضرة العلم والعمل، ومقر الفضائل والمكارم عن كمل، لمن تبوأ من بحبوحة الشرف مقاماً عالياً، وتردى من ملابس المفاخر ثوباً غالياً، الصنو السيد المقام العلم العلامة الهمام شمس الملة والإسلام أحمد بن علي الداعي أعلى الله قدره، وشرح بالاعانة والتوفيق صدره، وأهدى إليه سلاماً يشاكل أخلاقه التي تزري بالرياض الممطورة، وشيبته التي هي على حسن الوفاء مجبولة منظورة، مقروناً بسعد يتجدد، ونعيم يتأبد ولا ينفذ وبعد: فإنه وصل كتاب صنوي وصل الله سبحانه مجده وأقطعه غور الإكرام ونجده، منبئاً بلسان فصيح عن أكيد ود صحيح، وتحقيق شافي وتبيين بما كان في النفس وافي. لأنه فصّل لنا ما كان مجملاً، وذكر ما كان في فترة مهملاً. فلقد تفضل حماه الله بتلك الأخبار التي شرحها، والأعلام التي بينها ووضحها، والله يهنيه ما يلقى من الفخر الذي يغدو إليه ويروح، والذكر الطيب الذي تضوع بنشره الأمصار وتفوح، ولقد حمدنا الله على عافيته وسلامته، وصلاح حاله وانتظام أموره في إقامته وارتحاله. وهو المسؤول أن يزيده سمواً وفخرا، ويمكنه من نكاية الأعداء ما يكون له إلى يوم القيامة ذخرا، ويصلح به حالتي الدنيا والأخرى، وله الفضل

بأن لا تنقطع عنا كتبه الشافية وتحقيقاته التي لما سنح من دقائق الأخبار وافية، فإن الأخبار من عند سيدي حماه الله تعالى قد لا تحصى، وتفضلات الله على الإسلام لا تستقصى والله سبحانه وتعالى يصلح لنا ولكم الأعمال، ويبلغنا وإياكم منتهى الآمال، ويحسن العاقبة والمآل بمنه وطوله وبفضله وحوله، بعد شريف السلام الأرج النفحات البهج الصفحات عليكم ورحمة الله وبركاته.

17. الحاج أحمد بن علي بن دغيش الغشمي

الحاج الفاضل الكامل المجاهد شمس الدين أحمد بن علي بن دغيش الغشمي الصريمي نسبة إلى بني صريم إحدى قبائل حاشد.

وصاحب الترجمة من عيون الفضلاء السابقين في مناصرة الإمام القاسم بن محمد من بداية دعوته بجبل قارة سنة 1006 ست وألف، وعلى يديه هو والأمير الكبير المجاهد الحسن بن ناصر الغرباني كانت (وقعة أخرف) المشهورة في بداية الدعوة القاسمية، وكان الإمام القاسم بن محمد عليه السلام يرسل المترجم لمعاقدة القبائل سرا كحاشد وبكيل وبلاد الظاهر وغربان ومسور وغيرها من الجهات، ولا زال مجدا في جهاده مع الإمام حتى كانت سنة 1022 فأرسله الإمام إلى بلاد صعدة لقبض شيء من الواجبات والنذور، فلما وقع الجهاد وانتقاض الصلح أمره الإمام أن يدعو أهل تلك الجهات التي هو فيها إلى جهاد الظالمين ومباينتهم، ففعل ما أمره به الإمام وأجابته قبائل بني جماعة أولا ودخلوا في طاعة الإمام، ووقع بينهم وبين من كان واليا من جهة الأتراك حرب، وخرج منها ذلك الوالي منهزما، وأطبق بنو جماعة على موالاة الإمام وبقي صاحب الترجمة هناك إلى أن توجه لجهات صعدة لفتحها السيد العلامة الرئيس محمد بن أحمد بن عز الدين والسيد العلامة الرئيس أحمد بن المهدي الآتية

ترجمتهما، فاجتمع معهما على حرب الأتراك من جهته، فتوجه بمن معه إلى جبل رازح ففتحه، وحاصر الرتبة التي فيه من الأتراك في جبل حُرم، حتى تسلموا وأخذوا أمانا من الحاج أحمد صاحب الترجمة بخروجهم بغير سلاح، ثم عاد إلى جهة صعدة وتسلم حصن أم ليلى من بلاد جماعة، ثم حصن المفتاح بحيدان كل ذلك تسلمت على يد الحاج أحمد بن علي بن دغيش، وقد ذكرت تفاصيل هذه الأحداث المذكورة في السيرة التي كتبها السيد المطهر بن محمد الجرموزي، وفي اللآلي المضيئة أيضا للسيد العلامة الكبير أحمد بن محمد بن صلاح الشرفي القائل في وصف المترجم:

هو الحاج الفاضل الورع الكامل العارف العالم المجاهد شمس الدين وعين أشياع آل النبي الأمين، ومثل هذه الأوصاف كافية في ترجمته، والتعريف بشأنه، وقد جعله الإمام القاسم من ملازمي ولده أحمد بن الإمام القاسم فإنه لما جعل ولاية الشرف سنة 1023 إليه، أرسل صاحب الترجمة معه وجعل الأمور متعلقة به لحداثة سن ولده في ذلك الوقت، وعدم تجربته للأمور، وكان أيضا من ملازميه أثناء توليه على صعدة المرة الأولى، وفي ذلك يقول القاضي ابن أبي الرجال أثناء ترجمة المولى أحمد بن الإمام القاسم بن محمد ما لفظه:

وكان عنده من أهل الرَّأي والحرب الحاجّان الكاملان أحمد بن عواض الأسدي، وأحمد بن علي بن دغيش الصريمي الغشمي، وكان إليهما النهاية في الحزم والكمال، فأما الحاج أحمد بن عواض فما أشبهه بأبي السرايا، وله مع ذلك تفقه وعرفان على قواعد الأئمة، وأمّا الحاج أحمد بن علي فكان صاحب رأي يشبه الحباب بن المنذر كما قال بعض أعيان وقته، وكان متورعاً، لا يأكل من ذبائح العامة المحكمين للطواغيت كبلاد بني جماعة وبني خولي، وصبر على ذلك، وكان لا يتوضأ من آنية الأدم التي من ذبائحهم، وكان الإمام القاسم عليه

السلام يتوضأ منها، ويتعمّد أن يفعل ذلك، والحاج رحمه الله يرى قال: وكانت الجن يقرؤون على الحاج المذكور انتهى.

قلت: وكان صاحب الترجمة موجودا بصعدة إلى سنة 1031 تاريخ الحادثة التي وقعت في عيد الإفطار من السنة المذكورة من افتراق العسكر بصعدة، وقد ذكرت هذه الحادثة في سيرة الإمام المؤيد بالله محمد بن القاسم، فإن المترجم كان أحد أعيان فضلاء صعدة المبايعين له عند قيامه ودعوته.

ولصاحب الترجمة ولد عالم فاضل هو محمد بن الحاج أحمد بن علي بن دغيش، قرأ عليه بصعدة القاضي العلامة مؤلف مطلع البدور أحمد بن صالح بن أبي الرجال في شرح القواعد. يقول جامع هذه التراجم سامحه الله: ثم إني رأيت في مقبرة حقيرة يماني مدينة صعدة شاهد لقبر صاحب الترجمة ذكر فيه أن وفاته سنة 1035 خمس وثلاثين وألف، رحمه الله رحمة الأبرار وإيانا والمؤمنين.

18. الشيخ أحمد بن علي كباس السحاري

الشيخ الأجل المجاهد شهاب الدين أحمد بن علي بن محمد كُبَاس العلافي نسبة إلى وادي علاف غربي صعدة السحاري اليمني.

كان أحد أعيان أهل وقته المشايخ، وله أخبار مذكورة في جهاده مع الإمام القاسم بن محمد ضد الأتراك ووقائع هائلة، قد ذكرها مصنفو سيرته عليه السلام. ولما كانت وقعة الشقات غربي جبل تلمص الكائنة في سنة 1023 والتي استشهد فيها السيد جمال الدين علي بن الإمام القاسم بن محمد كان صاحب الترجمة الساعي في حمل جسده الشريف بعد أن قطع الأتراك رأسه، وكفّنه ودفنه عنده في قريته بشُرْح علاف جنب مسجد القرية، وابتنى عليه مشهدا فهو هناك مشهور مزور، وزاد أوقف على هذا المشهد ما يقوم بإحيائه من خالص ماله.

ورأيت في درج الأوقاف لهذا الشيخ وصية تشهد له بالمعرفة والديانة، وصيه فيها السيد المقام صفي الدين أحمد بن الإمام القاسم بتاريخ شهر صفر سنة 1037هـ، فيكون تاريخ وفاته بعد تلك السنة.

قلت: ثم إني وقفت في قرية شرح علاف في إحدى شهور سنة 1433 على قبر صاحب الترجمة رحمه الله تعالى، وهو بجنب قبر الأمير علي بن الإمام القاسم ابن محمد وفي مشهده الذي ابتناه عليه، وقد ذكر على شاهد القبر أن وفاته في جمادى سنة 1044 أربع وأربعين بعد الألف رحمه الله وإيانا والمؤمنين.

(وادي علاف)

وعلاف بلدة وواد بالجنوب الغربي من مدينة صعدة بينه وبين صعدة مسافة 18 كيلومتر تقريباً، يتبع ناحية سحار وأهله من الكلبيين أحد بطني قبيلة سحار وهما مالك وكليب. وفي كتاب صفة جزيرة العرب للحسن بن أحمد الهمداني جاء ما لفظه: وعلاف خير أودية خولان أكرمها كرماً وأكثرها خيراً وزرعاً وأعناباً وماشية وهو لبني كليب والصعديين انتهى.

ومن قرى وجبال وادي علاف: ألت مجزب والبقعة وشُرْح وجعدب والركوب وألت الصعيب ووادي الملحة والحضاير وغيرها.

وفي الركوب بالراء المشددة المفتوحة وضم الكاف هجرة كانت لليوسفيين من بني الهادي ينسبون إلى السيد الأمير أحمد بن إبراهيم بن يحيى بن قاسم بن حسن بن عبد الله بن يوسف بن أحمد بن الإمام يوسف الداعي. ومن أمرائهم وعلمائهم في القرن التاسع والذي يليه الأمير محمد بن يحيى بن قاسم بن الأمير أحمد المذكور، وولده السيد العالم الأمير الباقر بن محمد وهو تلميذ السيد صارم الدين الوزير مؤلف الفصول وهداية الأفكار وابن خاله واهتدى بهديه انتهى.

19. المولى أحمد بن الإمام القاسم بن محمد

المولى السامي النبراس الأمير الشهير أحمد بن الإمام القاسم بن محمد بن علي ابن محمد بن علي بن الرشيد بن أحمد بن الأمير الحسين الأملحي بن علي بن يحيى ابن محمد بن يوسف الملقب بالأشل بن القاسم بن الإمام يوسف الداعي بن
5 المنصور يحيى بن الناصر أحمد بن الإمام الهادي إلى الحق يحيى بن الحسين بن القاسم بن إبراهيم بن إسماعيل بن إبراهيم بن الحسن بن الحسن بن علي بن أبي طالب الحسني الهادوي اليمني. مولده بالشاهل من بلاد الشرف في العشر الأواخر من شهر صفر سنة 1007 سبع وألف بعد دعوة والده الإمام بعام واحد، وهو شقيق أخيه الإمام المؤيد بالله محمد بن القاسم، وأمهما الشريفة
10 مريم بنت السيد ناصر بن عبدالله الغرباني.

ترجمه السيد صارم الدين إبراهيم بن القاسم الشهاري في الطبقات الكبرى، وترجمه صاحب الدامغة الكبرى، وصاحب بغية المريد وصاحب بغية الأماني والأمل، والمؤرخ زبارة في خلاصة المتون وغيرهم، وترجمه القاضي أحمد بن صالح بن أبي الرجال في مطلع البدور فقال:

15 السيد السامي النبراس المهيب شمس الدين. كان رئيساً جليلاً سامياً مهيباً من أعضاد الدين وأعمدة المسلمين، من أهل الحميّة على الإسلام، يأمر بالمعروف وينهى عن المنكر، وتولى الأعمال الكبيرة في صعدة لوالده ولأخيه المؤيد، وكمل وسارت بذكره الركبان، وقد كان تولّي الشرف ثم تولّى صعدة المحروسة، وكانت أيام الشدة وهو أميرها وسلطانها، فأجفل إليه القريب
20 والبعيد، وآوى إليه أرباب البيوت، فأنزل الجميع منازلهم وأطعم الطعام، وكان وجوده من رحمة الله بخلقه في تلك الشدة، وكان يأمر باصطناع الطعام الواسع

ثم يأمر بتفريقه بالليل على أيدي أهل الفضل، وممن أحب أن يتولى ذلك القاضي الرئيس الحسن بن علي الأكوع والفقيه الفاضل صالح العفاري، واستمرّ على ذلك الإحسان حتى عطف الله بعواطفه، ومع ذلك فهو يجيز الشعراء بالمنح والرغائب إلى صنعاء وغيرها، ومدحه الكثير من الفضلاء وادّخر عدة للحرب كاملة انتهى كلام القاضي.

قلت: وكان في صغر سنه ساكناً عند أخوال والده في الشرف، ثم انتقل إلى شهارة وأقام مع صنوه المؤيد بالله أيام الحصار عليها من قبل الأتراك، ثم في كوكبان تحت الإقامة الجبرية، ولما انعقد الصلح بين الإمام وبين الوزير جعفر باشا وتم خروج جماعة المأسورين بما فيهم المترجم شهر رجب سنة 1017 كان حينها لا يزال في العاشرة من عمره، فانتقل إلى شهارة وهناك شب عوده ولازم أخيه المؤيد بالله، وأخذ عنه مؤلفات والده وفي أحكام الإمام الهادي للحق وبعض تفاسير جده الإمام القاسم بن إبراهيم، ووضع له ثلاث إجازات كتبها بخطه لكل ما له فيه طريق. ومن مشايخه القاضي علي بن الحسين المسوري، وصنوه العلامة سعدالدين بن الحسين المسوري قرنه بهما والده أيام ولايته على صعدة.وفي تلك الأيام في سنة 1027 كانت أيام الشدة التي تحدث عنها القاضي ابن أبي الرجال في ذات السنة، وامتدت إلى أواخر أيام الإمام القاسم، وكان محفوفاً أيام ولايته تلك بعلماء أكابر كالسيد داود بن الهادي والسيد علي بن إبراهيم الحيداني، ومن أهل الرأي والحرب الحاج الكامل أحمد بن عواض الأسدي وأحمد بن علي بن دغيش الصريمي[15]، وكان إليهما النهاية في الحزم والكمال، واستمر على ولايته إلى وفاة والده وأخذ البيعة من علماء صعدة لأخيه المؤيد بالله في سنة 1029.

---

(15) وستأتي لهما رحمة الله عليهما ترجمة في أثناء هذا المعجم.

وفي شهر ربيع الأول من سنة 1032 رأى الإمام المؤيد بالله تجهيز صنوه سيف الإسلام الحسن بن الإمام القاسم إلى بلاد الشام صعدة لحصول اضطراب من بعض قبائل خولان وامتناعهم من تسليم الحقوق، فلما وصل الحسن أقام الأود والاعوجاج من تلك القبائل، واستوفى الحقوق وأمن السبل، وفي خلال
5 ذلك وصله من صنوه الإمام المؤيد بالله عهد بتولي الجهات الصعدية، فكتمه أياماً حياءً من أخيه أحمد، ثم إنه ظهر ذكره، وعرف به أخوه أحمد بن القاسم فامتثل واكتفى بأخيه، وكانا كما ينبغي من مثلهما وكما يليق بشريف منصبهما من الإخاء والتعاون ورعاية الحقوق، ورجع بعد مدة إلى شهارة فمكث هناك في الحضرة المؤيدية.

10 قال صاحب بغية المريد في أثناء ترجمته له:

كان سيداً جليلاً فاضلاً مجاهداً طاهر النشأة مذاكراً في العلم غير خالياً منه كان تولى صعدة وأعمالها بعد قتل صنوه علي بن الإمام القاسم، ولما وصل إلى صعدة أصلح أعمالها وساس البلاد وحصل من الأعمال من آل عمار في ولايته تخبط في قضية كانت منهم مع القاضي سعد الدين بن الحسين المسوري وهو أنه
15 وصل إلى صعدة لأغراض للإمام القاسم، فلما وصل إلى آل عمار عدا عليه جماعة منهم فسلبوه وأخذوا ما معه، ولما استوعبوا ما في أيديهم قال لهم القاضي وهم لا يعرفونه: بقي لكم الخاتم وكان في يده يريد منهم الرضا خشية القتل، ولم يبقوا عليه شيئا حتى بعض ما يستر العورة وأصحابه كذلك، ولما وصل قريباً من صعدة ألزم القاضي أصحابه أن يصيحوا قائلين: نصر الله آل عمار وعلى أحمد بن
20 القاسم كذا ولم ينكر عليهم أحد، فعرف القاضي بعض أهل صعدة فطرحوا عليه وعلى أصحابه ما أمكن من الثياب وهم على ذلك حتى وصل إلى باب القصر الدار التي ينزل بها صاحب الترجمة، فنهوه الخدم وبلغه أنه القاضي سعد

الدين، فواجهه وقال: مثل هذا يجري يا قاضي مالي في هذه يد ولا إرادة وإن ذلك يسوؤني. فقال القاضي: مثلك وأمثال أصحابك يقرب الظالمين عندك وجهالهم يأخذون الناس في الطرقات ويقتلونهم وأنت تستطاب لك الألوان، هذه من المنكرات. وكان جل المشايخ عنده فلا زال القاضي يتحمس وأحمد بن القاسم يسكن غضبه، ثم كساه وكسا أصحابه واستعلمه عن قضيته فأخبره بما فعله آل عمار، فأسر أحمد بن القاسم ما في نفسه، وكان قد صدر منهم غير ذلك وإن للمشايخ في ذلك رأي ويدافعوا عن أصحابهم برد شي ويأكلون ما أرادوا، فطلب المشايخ وكانوا جماعة أظنهم ستة أنفار وقيل اثني عشر وظنوا أنه سيطلبهم من أجل ذلك ويصالحوا برد البعض على العادة، فلما دخلوا أفرد كل واحد منهم وضرب أعناقهم جميعاً حتى اجتمعت وطرحت جثثهم إلى الميدان في صعدة. فلما عرفت القبائل ذلك عظم عليهم هذا الفتك وهابته القبائل، وصلحت البلاد وأمنت الطرقات، ولما بلغ الإمام القاسم صوب ذلك وقال أن كانوا فاعلين وراضيين أو متمالين فهم شركاء مستحقين للقتل. هذه رواية صاحب بغية المريد في تصويب الإمام لفعل المترجم له، وقد روي في بعض المصادر خلافه، فبقي أياماً ومات الإمام القاسم عليه السلام وهو في صعدة ثم أخذ البيعة لشقيقه الإمام المؤيد بالله من قضاتها انتهى.

***

ولما انتقض الصلح بين الإمام المؤيد بالله والأتراك وهو الصلح الذي أبرم في آخر مدة الإمام القاسم وذلك بسبب قتل الأتراك للفقيه حسن العلماني في سنة 1035 بصنعاء بدأ الإمام المؤيد بالله بدق طبول الحرب واستعداده لها وتقرير أمورها بأن فتح عليهم الحرب في جهات عدة لتشتيت شمل قواهم، فجعل إخوته الثلاثة قلباً وجناحين، فجعل هذا الشمسي في أوساط الجهة في السمت

ما بين صعدة وصنعاء، وجعل صنوه الحسن في الجانب الشرقي، وصنوهما الحسين في الجانب الغربي. فكان من صاحب الترجمة التقدم بجيشه وفتح جبهة للقتال من بلاد خمر وتقدم زاحفاً إلى جبل عيال يزيد فضرب الحصار حول عمران وضايق متولي الأتراك (عمر كيخيا) الذي قطع المدد عليه من صنعاء، وفي خلال الحصار توالت القبائل وأقبلت للدخول في الطاعة الإمامية، فتوالت الانتصارات حتى أدرك الوالي التركي عجزه وأنه صار بمفرده فطلب الأمان له ولأصحابه وما يحتاجه لخاصة نفسه، فأجابه صاحب الترجمة إلى ذلك، وبقي بعمران حتى انتهى إلى أخويه في الحطاط على صنعاء فتقدم صوبهما فكان إلى جانبهما، وأوقعوا بالأتراك الوقائع وأنزلوا بهم الروائع حتى استقامت القناة العلوية. وفي ذلك يقول المولى عبد الله بن علي الوزير في ذيل البسامة:

صف المؤيد من صنويه أجنحة — والباز لولا اصطفاف الريش لم يطر
فاستنزلا كل عال عن شواهقه — واستأسرا من سرايا الملك كل سري

وشارك أخويه الحسن والحسين في حروب زبيد، وبعد إجلاء الأتراك العثمانين في سنة 1045 وخروجهم من زبيد واليمن نهائياً رجع صاحب الترجمة إلى مقام أخيه الإمام المؤيد بالله بشهارة، ثم سكن صنعاء وقرن إليه صنوه المؤيد بالله مشايخ العلم، فقرأ على القاضي العالم خطيب الجامع الكبير بصنعاء إبراهيم ابن يحيى السحولي والقاضي أحمد بن سعيد الهبل.

وكان لا يزال متنقلاً ما بين صنعاء وشهارة، واتفق أثناء إقامته بشهارة شهر رجب عام 1054 أربع وخمسين وفاة شقيقه الإمام المؤيد بالله محمد بن الإمام القاسم فكان منه أن دعا إلى نفسه دعوة اختلفت ساحَاتها بالإجابة، وخطب له على المنابر جميعها إلا ما كان بالمدن الوسطى من اليمن وضوران فقد تعقب فيها دعوة أخيه المتوكل على الله، فكانت أمور عادت إلى التوافق والتنحي من قبل المترجم، ووصل إلى مقام أخيه الإمام المتوكل على الله الذي أنس بوصوله

وأكرمه وأعظمه، ثم بايع وتابع وخيره الإمام بأي الجهات يحب البقاء فأختار البلاد الصعدية لما كان سبق له من توليها. فبقي بها حتى وافته المنية، وكان وصوله إلى صعدة شهر محرم غرة سنة 1055 خمس وخمسين وألف.

***

وكان صاحب الترجمة في أيامه وفي سجاياه كريماً مضيافاً لا يرد سائلاً ولو يعطيه من ثيابه حتى سمي أبو طالب لذلك المعنى. وللعلماء الأجلاء والأدباء فيه مدائح كثيرة فإنه كان ممدوحاً على ألسنة أهل زمانه يجيزهم بالمنح والرغائب وأحيا مدارس العلم حتى قال بعض أدباء صعدة وقد فرغ من نساخة أحد الكتب العلمية مادحا له بقوله:

ورقمته بعناية العلَم الذي أحيا مدارس صعدة الغراء
شمس الهداية والولاية من غدت تثني عليه أكابر الكملاء
بدر المفاخر أحمد بن القاسم بن محمد ذي السيرة الحسناء
أبدى الهدى في صعدة ورمى حقاً بكل كريهة سوداء
الفضل يحيى خالداً في كفه فلكم له من منة عظماء
لا غرو إن فخر الأنام وسادهم فنجابة الأبناء كالآباء

وممن مدحه السيد العلامة الأديب صلاح بن عبد الخالق جحاف فقال:

ما أصبح الجود يدعى أشرف الرتب إلا وفي نيله الأقصى من التعب
ولو حوى كل مجدٍ غيره ملك من السياسة والإقدام والأدب
لعد عطلاً من المجد الرفيع وإن حوَى يسيراً فليس الرأس كالذنب
هي المواهب للجزل النفيس على حرص الملوك على الأموال والنشب
وما رأيت مدى عمري ولستُ أرى أهدى لمجدٍ على لطف من السبب
ولا أقل اعتلالاً حين يسأله وقد توارى الملوك الصِّيد بالحجب

ولا أهش لبذل العرف حين غدا … من يسأل العرف يخشى ذروة النوب
ولا أشد ادكاراً للصَّديق وقد … جرَى التناسي من ابن مشفق لأب
من أحمد بن أمير المؤمنين ومن … سارت مناقبه في العجم والعرب
الأشرف النسب بن الأشرف النسب بـ … ـن الأشرف النسب بن الأشرف
مؤيّد الرأي ماضي العزم إن وقفت … سياسة الغِر بين العجز واللعب
قد جرّبته خطوب الدهر فانفرجت … عن فارج لم يخف خطباً ولم يهب
وهزَّ منصله المنصور والده … فما مقالك في الصمصام ذي الشطب
ثم المؤيد مولانا المؤيد مُذ … دعاه كشّف عنه ظلمة الكرب

ومدحه القاضي العلامة العابد علي بن الحسين المسوري فقال:

أنت لهذا الأنام سيده … وأنت في ذا الزمان أوحدُه
وأنت شمس الهدى المضيَّة إن … ليل ضلال أضل أسوده
وأنت سيف الإله سلك في … رؤوس أهل العناد يغمده
ليث على المعتدين مرتعه … لحومهم والدماء مورده
سهم إله السماء رائشه … إلى نحور العِدى يسدده
إن طال من فاسقٍ تمرُّده … فأنت تعنته ثم تنجده
جودك في العالمين ينعش من … كانت خطوب الزمان تقعده
فطالب العرف أنت ترفده … وخائف الجور أنت تنجده
أنت الذي فعله علا وزَكا … كمثل ما طاب قبل محتده
صفات علياك لستُ أحصرها … والرمل والقطر من يُعدده
ألبسك الله ثوب مفتخرٍ … ما الدهر يبليه بل يجدده
كفاك فخراً بأن نماك إلى الـ … ـعلياء من ذا الأنام أسعده
إمامنا من سمت مكارمه … أجلُّ هذا الورى وأرشده
خير بني أحمد النبي ومن … لدينه لم يزل يشيده

القائم القاسم معدومة لباب أوصافه وسؤدده
واسمح الناس بالعطاء إذا عضّ زمان بها حوت يده
يبذل ما ليس ينتهي أمل إليه ممن أتاه يقصده
أيده الله من بنيه لمن طاب علاه وطاب مولده
فمن إذا قيل من لحاجتنا قلنا وحيد الزمان أوحده
بلغه الله ما يؤمِله وشاد بنيانه وخلده

ومما قاله السيد العلامة البليغ محمد بن عبد الله الحوثي يمدح الإمام المنصور بالله القاسم بن محمد عليه السلام وولده أبا طالب أحمد بن الإمام القاسم لما ولاه الإمام صعدة أبيات هذه القصيدة وأرسل بها من صنعاء سنة 1029 تسع وعشرين وألف ومستهلها:

تاهت على الأقطار صعدة وتنبهت من بعد رقده
وافى لها ما ترتجي وهو الرخاء من بعد شده
وتداولت أيامها وهي العواري المسترده
وتغيبت عنها النحوس وأطلع الإقبال سعده
وتبدلت بعد الهوان ثياب عز مستجده
فاقت بأحمدها حميـ ـد السعي حقا كل بلده
نجل الخليفة قاسم من للورى في الآل عمده
ذخرا طواه لنا الإله على أعادينا وعده
بالنصر والإقبال رب العرش فينا قد أمده
عطف الإله به على الد ين الحنيف لنا وردّه
عهد الزمان إليه أن لا خانه وأتم عهده
نصر الإله أبا محمد في مواطنه وجنده
فالرأي في توجيه أحـ ـمد صعدة يا ما أسده

بـــاب المفاســـد كـــان مفـــ ـــتوحا بهـــا فـــأتى فســـده

إلى آخر أبيات القصيدة وهي طويلة.

ووفاة صاحب الترجمة بصعدة المحروسة في الثالث والعشرين من شهر صفر سنة 1066 ست وستين وألف عن تسع وخمسين من مولده، وما في الطبقات من أن وفاته في سنة 1076 من الأوهام.

ومن كراماته الحاصلة بعد وفاته ما وجد بقلم بعض السادة العلماء في هامش ترجمته بمطلع البدور ونصه: ومن كراماته ما روي عن السيد العلامة إبراهيم بن محمد الملقب ابن حورية وذلك أنه كان بينه وبين الوالد أحمد بن القاسم رحمهم الله في الحياة شيئاً، وكان السيد إبراهيم بعد موت الوالد أحمد إذا دخل صعدة لا يزوره، ويتعمد ترك دخول قبته، فرأى في بعض لياليه في منامه كأنه مار من تحت قصر من عقيق أحمر لم ير مثل ذلك العقيق. فعجب في نفسه ثُمّ رفع نظره فإذا أحمد بن القاسم رحمه الله في كوةٍ مشرفة فسأله لمن ذلك القصر؟ فقال: لي أكرمني به بسبب إطعامي الطعام في سنة المجاعة، وما عَدَّ لي الله على عمارة جامع الروضة فوق ذلك. فدخل السيد إبراهيم رحمه الله صبح تلك الليلة قاصداً زيارته وزاره، فلما خرج منها سأله بعض من كان عنده، فأخبره السبب ولله الحمد كثيراً.

(ومن مآثره الباقية حتى يومنا هذا)

عمارة الجامع المقدس في الروضة خارج صنعاء اختطه في سنة 1046 ست وأربعين وألف. قال صاحب مطلع البدور في أثناء ترجمته: وهو من عجائب الدنيا، أمّا في الإقليم اليماني فما له نظير وإن كانت البلاد اليمنيّة المباركة معمور فيها المساجد الكبار فهذا فيه كيفيّات، وما ترك وجهاً محسناً إلا فعله فهو في الغاية، ووقف له أوقافاً واسعة أعاد الله من بركته، وتولّى قبلة ذلك الجامع

الفضلاء، وهو الآن نقطة البيكار ودرة التقصار، وكما يقال: روضة في الروضة، بلغنا أن الأعاجم يكتبون في نقوشهم صُورته انتهى كلامه. وفي خلاصة المتون في أنباء ونبلاء اليمن الميمون في حوادث 1049 ما لفظه:

وفي هذه السنة شاع أن المولى أحمد بن القاسم أصاب في دار الكيخيا التي سكنها المولى أحمد كنزاً من الذهب الأحمر ولعله كان من دفين عبد الله شلبي لأنها كانت مستقره لما حاصره حيدر باشا أيام ولاية جعفر باشا، ففعل منه المولى أحمد جامع الروضة وأوقافه وغيره من المحاسن انتهى. وقد تجاذب الأدباء وصف الجامع وأخذوا المعنى في قوله: روضة في الروضة فقال أحد أدباء القرن الحادي عشر:

لجامع الروضة حسن غدا — يروق للناظر والسامع
لا تحسبوا الجامع في روضة — إنما الروضة في الجامع

وللأديب شعبان سليم فيه يقول:

محاسن الروضة لا تنتهي — يكاد أن ينكرها السامع
قد جمعت من كل ما تشتهي — وجامع الكل بها الجامع

وللقاضي علي بن محمد العنسي المتوفى 1239 فيه يقول:

يشبه الجنة في روضتكم — جامع يعلوه نور ساطع
أي تشبيه علمتم قبل ذا — طرفا التشبيه منه الجامع

وعلى الجملة فمآثر صاحب الترجمة ومحاسنه ممن تتزين بها الأوراق، وقد عمرت عليه قبة في جامع الإمام الهادي بأمر صنوه الإمام المتوكل على الله وعناية الفقيه محمد بن قاسم العبدي الآتية ترجمته فكانت قبة فائقة الشكل شرقي قبة الإمام الهادي رضوان الله عليه، وله ذرية واسعة في صنعاء وعمران وصعدة وذريته في صعدة من عقب ولده المولى جمال الدين علي بن أحمد بن الإمام القاسم الآتية ترجمته في القسم الثاني من هذا الكتاب.

20. السيد أحمد بن محمد المؤيدي

السيد العالم الزكي الفاضل الشمسي صفي الدين أحمد بن محمد بن أحمد بن عز الدين بن علي بن الحسين بن الإمام عز الدين بن الحسن بن الإمام علي بن المؤيد الحسني المؤيدي الصعدي.

من الأعيان الذوات وأهل العلم والثبات، ترجم له عدة من العلماء منهم المولى العلامة أحمد بن محمد الشرفي في تاريخه اللآلي المضيئة فقال:

وفي يوم الاثنين عاشر شهر جمادى الآخرة من سنة أربعين بعد الألف كانت وفاة السيد الأجل الأفضل الأعلم شمس الدين أحمد بن محمد بن أحمد بن عز الدين ابن علي بن الحسين بن الإمام عز الدين بن الحسن من آل المؤيد رحمه الله تعالى في مدينة صعدة وحُمِلَ إلى هجرة فلله، فقُبِرَ عند والده رحمه الله تعالى بوصية منه. وكان هذا السيد ناشئاً منشأ الصالحين، وبلغ في العلم درجة عالية، ونال في الجهاد حظاً حسناً، وكان فقيها في وقته، راغباً في علم آبائه عليهم السلام انتهى بلفظه. وترجمه أيضا القاضي أحمد بن صالح بن أبي الرجال في مطلع البدور فقال:

السيد الزكي العلامة الأزهد شمس الدين. كان من العلماء الأخيار أهل الهمة في تحصيل العلم والرئاسة وحصّل كثيراً طيِّباً، وقد كان أراد وضع شرح على الشافية، وكان فضله رحمه الله كلمة إجماع، منقطع القرين في أهل زمنه، وسمعت السيد العلامة أحمد بن الهادي بن هارون رحمه الله مع كونه من الكمال ومعرفة أحوال الناس بحيث هو يقول فيه: عندي أن السيد أحمد بن محمد رجل اليمن ما كان في وقته من يبلغ حيث بلغ، فذكرت له رجلاً كان السيد يثني عليه فقال: لا ولا فلان، وكان ورعاً لا يأكل إلا من الحلال الطيِّب وكان إذا خرج بالعساكر إلى البلاد الشامية بني جماعة وبني خولي والعر لا يأكل إلا من طعام يخصّه، ويفعل للجند الموائد الواسعة، ولقد كانت توضع بين يديه قطعة لحم

منتنة لأنه كان يذبح لنفسه ويقسم له ذلك في أيامه، وله شعر عظيم ثم بيض لذلك قال: ورثاه صنوه السيد الإمام المجتهد صارم الدين إبراهيم بن محمد حوريه المؤيدي مطلعها:

صبٌ بأهل الحمى هاجت صبابته ... فدمعه لا يرى إلا صُبَابته

قلت: ولعلها توجد فتنقل في هذا الموضع إن شاء الله.

ورأيت له ذكر في كتاب العقيق اليماني للضمدي أثناء وفيات عام وفاته 1040 أربعين وألف جاء فيه ما لفظه: وفيها توفي السيد العلامة المجتهد والإمام الفهامة المصقع شمس الدين أحمد بن محمد حوريه المؤيدي، وكان رحمه الله إماما جليلا ورعا رحمه الله وأعاد من بركاته، قال في هامش تلك الترجمة: وحوريه المذكورة سيدة جليلة صالحة، وهي أم والده محمد بن أحمد نسب إليها لفضلها وشرفها على عادة أهل ناحيتهم من الجبال انتهى بلفظه.

(عبرة وآية)

قال صاحب كتاب غاية الأماني في أخبار القطر اليماني في أثناء حوادث سنة 645 خمس وأربعين وستمائة ما لفظه:

وفي اليوم الخامس والعشرين من شهر رمضان من السنة المذكورة وقعت قضية عظيمة وموعظة جسيمة رواها القاضي العلامة عبد الله بن زيد العنسي ـ رحمه الله عن الفقيه محمد بن سليمان المنبهي وهي أن بني منبه وبني معين من بلاد شفيا جهة رازح التقوا للقتال فأصيب رجل من بني معين يسمى مسعود بن علي بسهم ثم حمل فمات في الطريق فلما وصلوا به إلى بيته وضعوه على سرير كبير عرضه أربعة أذرع واجتمع أهله ليحفروا له قبراً فخرج إليهم أخوه فقال لهم: ادخلوا لتنظروا الميت. فدخلوا فإذا هو قد صار كقطعة من جبل رأسه كالصخرة

ويداه ورجلاه كالأسطوانات وأصابعه مثل السواعد وأذناه كأذني الحمار وأسنانه كزبر الحديد وقد طلع لسانه على صدره واسود وجهه ثم صرخ صرخة عظيمة أفزع من حوله فزعاً عظيماً وانكسر السرير الذي هو عليه لثقله فلما أصبحوا حفروا له حفيرة عظيمة واجتمع لحمله ستون رجلاً فلم يطيقوا حمله فعدلوا إلى إخراجه بالخشب كما يفعل بالصخرات الكبار وهدموا بعض جوانب المنزل الذي كان فيه وأخرجوه على تلك الهيئة حتى ألقوه في حفرته ثم سقفوها بالخشب والأحجار والتراب وجعلوا على الجميع صخرة عظيمة ثم لم يلبثوا أن بدت رجله من الحفرة كأعظم خشبة فأزالت جميع ما وضعوه عليه فاستأنفوا التسقيف وفعلوا أضعاف ما فعلوه أولاً حتى صار ما فوق الحفرة مثل القبة ثم قعدوا متفكرين في أمره فبينماهم كذلك إذ سمعوا صارخاً أعظم من الأول ففزعوا وفروا من الموضع وما زالوا يسمعون صراخه أربعة أيام ثم انقطع ففتحوا جانب الحفرة فلم يجدوه فيها وقد اسودت جوانبها من آثار النار نعوذ بالله منها ومن شر عذاب القبر ونسأله السلامة وحسن الخاتمة بمنه وكرمه.

قلت: وقد وقفت على هذه الحادثة برواية القاضي العلامة محمد بن علي المذاهبي بسنده إلى القاضي علامة الشيعة عبد الله بن زيد العنسي، وما في غاية الأماني باختصار وتهذيب.

21. السيد أحمد بن محمد بن صلاح القطابري

السيد العالم الفاضل الجليل شيبة الحمد أحمد بن محمد بن صلاح بن يحيى بن محمد بن يحيى بن القاسم بن محمد بن الهادي بن إبراهيم بن الأمير المؤيد بن أحمد ابن الأمير شمس الدين يحيى بن أحمد بن يحيى بن يحيى الحسني الهادوي اليحيوي، وبقية النسب تقدمت الملقب القطابري.

أخذ في سماع الكشاف على السيد الكبير داود بن الهادي، ولعل له قراءة على

والده السيد محمد بن صلاح القطابري الآتي ترجمته بحرف الميم. ترجم لصاحب الترجمة القاضي أحمد بن صالح بن أبي الرجال في مطلع البدور فقال:

كان من شيوخ شيوخنا المحققين، وأجلاء العلماء المتقنين، وكان في العربيَّة إماماً محققاً سيما في شبيبته، وكان شيخاً معمراً، واتصل بالإمام القاسم وكان من المناضلين عن منصب الإمام والمتكلمين معه، وله قصيدة جواب على السيد العلامة عبدالله بن علي بن الحسين المتعارض هو والإمام القاسم، وكان في أيام الإمام المؤيد بالله من عيون أهل بيته وتولى جهة بلاد آنس المحروسة، ثم استقر ببلاده يعني جهة قطابر وأعمالها منوطة به حتى كانت أيام مولانا أمير المؤمنين المتوكل على الله وأخذ منها بشطر صالح ثم انتقل إلى جوار الله انتهى.

وذكر صاحب الترجمة أيضاً السيد المؤرخ المطهر بن محمد الجرموزي وعده في النبذة المشيرة في سيرة الإمام القاسم بن محمد المتوفى بشهارة سنة 1029 في الطبقة الثانية من أعيان أصحابه الذين نبلوا في خلافته وأثنى عليه في الجوهرة المنيرة سيرة المؤيد بالله وكذلك في سيرة المتوكل على الله إسماعيل. وبالجملة فكان أحد أعيان السادة العلماء في أيامه.

(رسالة الإمام المتوكل إلى المترجم له)

وهذه رسالة من الإمام المتوكل على الله إسماعيل بن الإمام القاسم بن محمد أجاب بها على هذا السيد صاحب الترجمة تتضمن ألفاظا ومعاني جليلة، لفظها بعد البسملة والحمدله:

الوالد السيد الأمجد العلامة الأوحد شمس الدين أحمد بن محمد القطابري حفظه الله وأتحفه بشريف السلام وأزكى التحية والإكرام وبعد: فإنه وصل كتابكم الكريم وما ذكرتم من دخولكم إلى محروس صعدة واتفاقكم بالصنو

صفي الدين أحمد بن أمير المؤمنين حفظه الله فقد أصبتم وأحسنتم وجزاكم الله خيراً وبارك فيكم وزكى أعمالكم وأصلح بكم، وما ذكرتم من ضعف ثمرة البلاد وأنه لولا ذلك لعولتم على الصنو صفي الدين الخروج بنفسه لإزالة ما بتلك البلاد من المنكرات وأحكام الطاغوت فنسأل الله أن يعين على ما يرضيه وأن لا يؤخذنا بما فعل السفهاء منا ولا بسيئات أعمالنا إنه الغفور الرحيم. وليعلم الوالد رعاه الله وحفظه أن البداية في هذا الشأن بالجانب الأعلى الذين هم ورثة الأنبياء وأهل بيت المصطفى في استقامة دينهم والتوقف على حدود ربهم وتجنبهم أكل الحرام وتوقفهم على شريعة جدهم سيد الأنام هو المقدم الأهم والمقصد الأعظم فإنه لا يستقيم الناس إلا بإستقامة سراتهم وعلمائهم فإذا كانوا يأكلون ما حرم الله عليهم من الزكوات ويطلبون فيما يجب لهم أحكام الطاغوت ثم يرومون من الناس الاستقامة وهم على هذه الحال فقد خانوا وخدعوا وكيف يقوم الظل والعود أعوج وقال تعالى: {أتامرون الناس بالبر وتنسون أنفسكم وأنتم تتلون الكتاب أفلا تعقلون} فتناصحوا في ذلك ولا تكتموا إلى أن قال: ومن أعظم ما يجب إصلاحه وعدم التهاون أنا رأينا بيان زكاة الجهة الجماعية على حقارته قد صرف عن مصارفه ووضع في غير محله وجعل لجماعة من بني هاشم وهم الفاطميون منهم كأنه قد ضاق عنهم وسيع رزق الله الذي وسع من طلعت عليه الشمس فيما بين مشرق الأرض ومغربها إلا هذا الذي ألزم الله نبيه بتنزيه ولده ومن قرب إليه عنه ولم يقع في ذلك تناه ولا تعقل لمراد الله لهم ولما أراده من وضعه في المصارف التي بينها في كتابه الكريم فعكس المراد في ذلك حتى حرم المصارف عنها بأجمعهم وصرفت فيمن حرمها الله عليها فإنا لله وإنا إليه راجعون. فإن قالوا: الحاجة والفقر ألجأنا إلى تناول ذلك قلنا: {أم حسبتم أن تدخلوا الجنة ولما يأتكم مثل الذين خلوا من قبلكم مستهم الباساء والضراء وزلزلوا}، {أحسب الناس أن يتركوا أن يقولوا آمنا وهم لا

يفتنون} هذه بلوى من الله قد اختبر بها عباده وقال تعالى: {ولنبلونكم بشيء من الخوف والجوع ونقص من الأموال والأنفس والثمرات وبشر الصابرين}. إلى أن قال في آخر الرسالة: ولما كنت أيها الوالد حماك الله وعافاك من أهل التقوى وحملة العلم رأينا أن نجعل هذا الكلام في كتابك لتبلغه إلى كافة من عندك من أهل البيت الشريف ولتكون معيناً على ذلك بما تعلمه من الكتاب والسنة فإنا وإن كنا نرى جواز التأليف منها للهاشمي فإن تبليغ ما أنزل الله على لسان رسوله صلى الله عليه وآله وسلم من أعظم الفروض وآكدها فأردنا الخروج عن العهدة وإبلاغ الحجة وإستظهار ما نهى الله عن كتمانه إلخ الرسالة التي أوردها الجرموزي في السيرة المتوكلية.

ومما ذكره في مطلع البدور من أدبيات صاحب الترجمة أنه لما قدم إلى رغافة زائراً للسيد الحسن بن أحمد الجلال قال السيد الحسن الجلال:

فأهلاً بأقدام حبتني زيارة — وما كنت أهلاً للنهوض إلى عندي
ولا غَرو إن زار العظيم محقراً — فقد ينهض المولَى إلى ساحَة العبد

فأجابه صاحب الترجمة بقوله:

بل أنتم النفر المستوجبون لأن — نمشي إليكم ولو مشياً على الخدِّ
لأنكم من سلالات النبي وقد — حزتم بفضلكم مجداً إلى مجد

ومن شعره ما رثى به الإمام القاسم بن محمد وقد جمع فيها بين الرثاء والتهنئة لابنه المؤيد بالله وأولها:

خطب ألم بأهل الأرض عن كمل — ففرج الله ذاك العسر في عجل
فالعين تبكي من غم ومن حزن — والسن تضحك من روح ومن جذل
فاعجب لرزء عظيم الشأن خالطه — غوث أغاث بني الدنيا بلا مهل

ومنها:

أمـــران مـــالهما نـــد لعظمهـــما ضـدان قـد مزجـا كـالمر بالعسـل
إمـام حـق قـد اختـار الإلـه لـه فقـام مـن بعـده مـن لـيس بالوكـل
ذاك الإمـــام دعـــاه الله تكرمـــة وذا إمـام دعـا أربـى عـلى زحـل
ذاك الإمـام الـذي عمـت رزيتـه وذا الـذي ذاد عـن زيـغ وعـن زلـل
ذاك الذي هد ركن الـدين مصـرعه وذا الـذي شـاده بـالبيض والأسـل
لـئن فقـدنا إمامـاً كـان قـدوتنا فقـد وجـدنا إمـام العلـم والعمـل
لـئن دهينـا بخطـب جـل موقعـه فقـد شـفينا بجـبر الحـادث الجلـل
لئن مضى القاسم المولى الإمـام لقـد أبقـى لنـا خلفـاً للمـؤمنين ولي
يا دهر إن رعتنا فـيمن قبضـت فقـد جـادت يـداك لنـا عـن ذاك بالبـدل
مـثلاً بمثـل يـداً يـا دهرنـا بيـدٍ فهـل لـذلك يـا للنـاس مـن مثـل

وهي طويلة وإنما ماثل بها قصيدة السيد الفصيح المقول شـرف الدين الحسن بن عبد الله بن قاسم القطابري من أدباء القرن العاشـر في جمعه بين الرثاء والتهنئة للإمام مجد الدين بن الحسن الداعي بعد وفاة والده الإمام الحسن بن عزالدين شهر شعبان سنة 929 فقال وفيها براعة الاستهلال:

الأمس يبكي وهذا اليوم قد ضحكا وصار يضحك من بالأمس كان بكا
فاعجب لـدهر يسـر النـاس آونـة وتـارة للرزايـا ينصـب الشـركا
يومـاً عـزاء وتـأبين عـلى ملـك ثوى ويومـاً تـرى مـن بعـده ملكـا
كـذا الزمـان وفي أفعالـه عـبر والخير والشـر في أيامـه اشـتركا
وهكـذا الـدهر مـا زالـت عجائبـه حيناً تسـر وحينـاً تشـرق الحنكـا
وإن أحسـن حـزن مـا تعقبـه بشـر وجلى من الأحـزان مـا نهكـا
بالأمس غيب في بطـن الثـرى قمـر واليـوم لاح هـلال زيـن الفلكـا
لـئن فقـدنا إمامـاً كـان عمـدتنا فقـد وجـدنا إمامـاً للفقيـد حكـا
وإن مضى ناصر الدين الحنيف فقد أعاضـنا الله بالـداعي ومـا تركـا

جلــت خلافــة مجـد الـدين كربتنــا	حتــى كــأن أبــاه اليــوم مــا هلكــا

وهي طويلة أوردها في ملحق مآثر الأبرار. وكانت وفاة صاحب الترجمة في شهر ربيع الآخر سنة 1069 تسع وستين وألف وقبره بصرح المسجد بقرية آل يعيش بوادي قراض مشهور مزور رحمه الله وإيانا والمؤمنين.

(قطابر)

والقطابري نسبة إلى قطابر في الناحية الجماعية شمال مدينة صعدة بمسافة 60 كم وهي بفتح المثناة الفوقية ثم طاء مهملة، وقد ضبطها صاحب طبق الحلوى بضم القاف على وزن علابط والمشهور على الألسن ما ذكرناه.

وهي هجرة علمية قديمة سكنها في أواخر القرن السادس الهجري تقريبا السادة اليحيويين وهم آل يحيى بن يحيى بن الناصر بن الحسن بن عبد الله المعتضد بن محمد المنتصر بن القاسم المختار بن الإمام الناصر أحمد بن الإمام الهادي إلى الحق، وفيها مشهد الأميرين الجليلين العالمين الكبيرين شيخي آل الرسول شيبتي الحمد شمس الدين يحيى بن أحمد وبدر الدين محمد بن أحمد بن يحيى بن يحيى القائل فيهما الإمام عبد الله بن حمزة وكانا ممن بايعاه وناصراه وقاما بدعوته من قصيدة يمدحهما:

شــيخان مــن آل طــه كلــما نطقــا	تســاقط الــدر والأمثــال والحكــم
بحــرا نــوال وعلــم كلــما وهبــا	مواهباً خجلــت مــن وقعهــا الديــم
ليثــا نــزال وسيفــا كــل ملحمــة	مرهوبــة وجبــاه الخيــل تصطــدم
أنتــم ســنام بنــي الزهــراء قاطبــة	والــرأس إذ في بنيها الــرأس والقــدم

وقد ترجم لهما في الطبقات وفي مطلع البدور وغيرهما توفي الأمير شمس الدين سنة 606 عن تسع وسبعين وتوفي الأمير بدرالدين سنة 624 وعمره

خمس وثمانون ومشهدهما بهجرة قطابر مشهور مزور. وإلى جنبهما جهة اليمن قبر ابن عمهما السيد الأمير العالم حافظ علوم الآل جمال الدين علي بن الحسين بن يحيى بن يحيى مصنف كتاب (اللمع) و(القمر المنير) و(درر الفرائض) وغيرها من المصنفات، ووفاته سنة 647 سبع وأربعين وستمائة أو السنة التي قبلها رحمهم الله تعالى وأعاد علينا من بركاتهم.

قال مؤلف شرح الدامغة الكبرى: وهجرة قطابر أولى الهجر اليحيوية لآل يحيى بن يحيى بل هي أم هجرهم، وعنها تفرعت باقي الهجر كرغافة وفلله والروابي والمثة وقراض. **قلت**: وقد نسب إلى قطابر من ذرية آل يحيى بن يحيى أولاد السيد إبراهيم بن الأمير المؤيد بن أحمد بن الأمير شمس الدين يحيى بن أحمد بن يحيى بن يحيى ومن أعلام هذا البيت السيد الفصيح المقول الحسن بن عبد الله بن قاسم بن محمد بن الهادي بن إبراهيم بن الأمير المؤيد وهو صاحب الأبيات المتقدمة: الأمس يبكي وهذا اليوم قد ضحكا. ومنهم أيضاً السيد العالم المتقن المفلق مجد الدين المرتضى بن قاسم بن إبراهيم بن محمد بن الهادي بن إبراهيم بن الأمير المؤيد الملقب القطابري المتوفى بصنعاء في سنة 931. وله ترجمة في مطلع البدور والطبقات وغيرهما.

22. السيد أحمد بن محمد المؤيدي نزيل الهند

السيد النبيل أحمد بن محمد بن علي بن الحسين بن الإمام الهادي عز الدين بن الحسن المؤيدي الصعدي. ذكره السيد عز الدين محمد بن عبد الله المعروف بأبي علامة في مشجره وقال:

دخل الهند بعد الألف وأولد بها وتوفي هناك وله عقب بحيدر آباد انتهى.

قلت: وعقبه في اليمن من ولده محمد ومن ذريته السادة بيت غالب منهم في

القرن الرابع عشر السيد العلامة الحسن بن يحيى بن محمد بن أحمد بن يحيى بن علي بن أحمد بن محمد لقبه غالب بن علي بن أحمد بن محمد الملقب الأعضب بن أحمد بن محمد بن علي بن الحسين بن الإمام عز الدين بن الحسن.

23ـ السيد أحمد بن محمد الجلال

السيد العلامة أحمد بن محمد بن علي بن صلاح الجلال، وستأتي بقية النسب في ترجمة ولده العلامة الكبير الحسن بن أحمد الجلال بحرف الحاء قريبا، وقد ترجم له بعض السادة آل الجلال في المشجر الخاص بهم فقال:

كان من أهل العلم والورع وجلالة القدر ونشأ في رغافة وأخذ عن حي السيد الإمام العلامة القطب الزاهد العابد أحمد بن يحيى بن أبي القاسم الرغافي صاحب المشهد برغافة في علوم آل محمد، ثم لما فل الله شوكة الترك بقيام الإمام القاسم بن محمد سلام الله عليه كان من المسارعين إلى إجابته القائمين بدعوته، ثم ولده الإمام المؤيد وكان من أتراب الإمام المؤيد رحمه الله حكى لي بعض شيعتنا من أهل العلم قال: لما نعي السيد أحمد الجلال إلى مولانا المؤيد بالله عادت بركاتهم رأيت أنه اكترث وقال ما معناه: إني وإياه في سن واحدة، وكان استشعر قرب الأجل أعاد الله من بركاتهما، ثم لم يلبث الإمام من بعده إلا شهرا واحدا وتوفي رحمه الله، وكان السيد المذكور لما تمكنت الوطأة، ولاه الإمام النظر في أوقاف المخلاف الأخضر فسكن مدينة إب، وأصلح المنارات والمساجد والسبل، وبقي هنالك حتى توفي رضوان الله عليه، وقبر في خارج إب في القبة المعروفة بقبة الحمراوي على يمين الداخل إلى القبة وهي قبة كبيرة مشهورة حولها منهل، وأعقب الحسن والهادي انتهى بلفظه وحروفه، فتكون وفاة صاحب الترجمة حسبما تقدم في شهر جمادى الآخرة سنة 1054 أربع وخمسين وألف.

24. الفقيه أحمد بن محمد عقبة

الفقيه العلامة الأوحد شهاب الدين أحمد بن محمد عقبة اليمني الخولاني الصعدي وآل عقبة نسبهم يرجع إلى عمرو بن معدي كرب صاحب الصمصامة كما أفاد في مشجر روضة الألباب لأبي علامة.

وصاحب الترجمة كان فقيهاً عالماً أثني عليه بالعلم ووُصِف بالتوحد عن الأقران وكان مسكنه بساقين من البلاد الخولانية، ولم أقف على حاله بالتفصيل إلا أنني وقفت في بعض المجاميع على رسالة من الشريف الحسيب أمير مكة في أيامه الحسن أبو نمي كتبها إلى متولي الأتراك بصعدة وهو الباشا علي الجزائري يطلب منه ترحيل عيال صاحب الترجمة من ساقين إلى مكة المشرفة. ومما جاء في عبارات تلك المكاتبة ما لفظه: فإن الفقيه العالم العلامة الحبر الفهامة أوحد العلماء العاملين مخدومنا الشيخ شهاب الدين أحمد بن عقبة نفعنا الله تعالى ببركة علومه، التمس من جانبنا أن نلتمس له من حضرتكم الكريمة أن تعينوه بتجهيز أهله لأداء فريضة الحج في هذا العام المبارك، وأن ترحلوهم إلى صبيا، ويبرز أمركم الكريم بكتابة مكتوب إلى أهل الطريق والأدراك والبلدان لعدم المعارضة لهم، وليكونوا مسامحين بالمحابي المعتادة في تلك الأماكن، وأن ترعوهم بعين رعايتكم. فأجبناه إلى سؤله لعلمنا بحقيقة حاله، والمرجو من لطفكم وكمال معرفتكم تتميم مطلوبه ونجاح مأموله وأن تشملوا إخوانه وأصحابه آل عقبة القاطنين ببلد ساقين بلطائف شمائلكم وإحسانكم. إلى أن قال في آخر ذلك الكتاب: تحريراً في أواخر صفر المظفر سنة ثماني وتسعين وتسعمائة انتهى.

قلت: ولعل صاحب الترجمة هنا هو حفيد العلامة أحمد بن محمد عقبة صاحب العرائس العقبية الآتي استطراد ذكره قريبا والله أعلم.

(بيت عقبة)

والفقهاء آل عقبة ينسبون كما تقدم إلى عمرو بن معدي كرب أبو ثور صاحب النجدة ومالك الصمصامة وصاحب الأيام الشهيرة في الجاهلية والإسلام، وجدهم هو الرئيس الهمام في القرن السادس الهجري عقبة بن أحمد بن علي بن يحيى بن سليمان بن عبد الله بن عمرو بن معدي كرب الزبيدي. ذكر ذلك في مطلع البدور للقاضي شهاب الدين أحمد بن صالح بن أبي الرجال وقال:

وعقبة أشهر جدودهم وهو الملك الهمام المتأمِّر على مدينة صنعاء وأعمالها في بعض مدته، وهو الذي بنى المساجد العظيمة سيما بوطنه ومسقط رأسه بجهة قروي شرقي مدينة صنعاء، وداره بها مشهور يسمى دار المناحل بِميم ونون بعدها ألف وبعد الألف حاء مهملة وسط وادي قروَى قبلي قرية الحميرا وغربي مسجده، وانحاز عقبه إلى قرية الحميرا لتحصنها عند عدوان قبائل بني بهلول وبني نصر. وارتحل بعض الفقهاء آل عقبة إلى بلاد آنس بهجرة الأريم، والبعض ساقين بعد أن سكن المنتقلون إلى ساقين بهجرة معين يماني صعدة قرب الحناجر. قلت: ومن أول وأشهر الفقهاء آل عقبة الساكنين بهجرة معين الفقيه النبراس الفاضل الذي جاء نعته بالعالم الشهير والإمام المحدث المتقن محمد بن أحمد بن محمد بن حسن بن عقبة قال في مطلع البدور مترجما له: كان يسكن هجرة معين، وشهد له علماء زمانه وصرح به جميع أقرانه أنه جمع وأحرز ودقق وبرز في سائر فنون العلم الدينية، وأحلوه منزلة الاجتهاد البالغ الكامل، توفي رحمه الله بربيع الآخر سنة 772 اثنتين وسبعين وسبعمائة انتهى كلامه، وأحفاده هم الثلاثة العلماء الفضلاء الذين جاءت وفياتهم في النصف الأول من القرن التاسع الهجري وهم على ترتيب تواريخ وفياتهم:

الفقيه العلامة الجليل محمد بن أحمد بن محمد بن أحمد بن محمد بن حسن عقبه، الذي جاء في وصفه أنه رباني أمته، الشاغل بدرس العلوم همته، صاحب العلم البديع الفائق، والنظم البليغ الرائق، مولده في سبع وخمسين وسبعمائة، وبلغ الاجتهاد وعمره نيف وعشرون سنة، وتوفي سنة أربع وثمانين وسبعمائة، هكذا أرخ وفاته بمطلع البدور، وأفاد أن قراءته كانت على القاضي عبد الله بن الحسن الدواري، وكان زميله ولده العلامة علي بن عبد الله بن الحسن الدواري ولما توفي القاضي علي بن عبد الله في حياة والده رثاه محمد المذكور بقصيدة اشتملت على فوائد وعلوم طالعها:

الدهر للخلق مغتال وخوان — يصميهم بالمنايا وهو فتان
ما جاد يوماً على الأحيا بنعمته — إلا تعقبه بؤس وأحزان

وصنوه العلامة الفقيه المحدث جمال الدين علي بن أحمد بن محمد بن أحمد عقبة، كان من تلامذة المحدث الشهير أحمد بن سليمان الأوزري بصعدة، ترجم له في مطلع البدور، وذكر أنه أول من نزل بساقين، وهناك كانت وفاته في شهر ذي الحجة سنة 840 أربعين وثمانمائة، وقبره شرقي جامع ساقين. وصنوهما الثالث هو العلامة الفاضل الحسن بن أحمد بن محمد عقبة المتوفى بصعدة سنة 856 ست وخمسين وثمانمائة، ودفن بالقرضين وقد وقفت على قبره رحمه الله، وإلى جانبه قبر ولده العلامة الفقيه الفاضل محمد بن الحسن بن أحمد عقبة، ووفاته كما على شاهد ضريحه في الخامس والعشرين من شهر رمضان سنة 916 ست عشرة وتسعمائة. وولده هو الفقيه العلامة الفاضل أحمد بن محمد بن حسن ابن أحمد بن محمد بن أحمد بن محمد بن حسن بن عقبة الشهير بالذيبيني نسبة إلى ذي بين، مولده بساقين في ربيع الآخر سنة 879 هـ، وهو صاحب العرائس العقبية في الجهات الشظبية التي أشرنا إليها آنفا، وهي قصيدة نونية من بحر

الكامل مطلعها:

أهمـةٍ سـامت سـهيلاً في الـيمن … وعزيمة منك اشترت شرخ الزمن

قال في مطلع البدور مترجما له: كان رفيع الهمة شـريف المنزلـة، لـه الـنظم والنثر، رحل إلى صنعاء وإلى وادي السر من هجـرة الأبنـاء، فقـرأ هنـاك عـلى العلامة البحر محمد بن أحمد بن مرغم وعلى الفقيه علي بن عبد الله الرقيمي (قرأ عليه بصعدة)، قال: وحقق في علوم الأدوات والنجـوم عـلى قواعـد الإسـلام، وشـرح التذكرة شـرحا عاقت عنه محاجزات الأيام، وتوفي بصنعاء وقـبره عنـد باب اليمن انتهى كلامه. ووفاته بصنعاء الـيمن كانـت عشـية السـبت خـامس عشـر ربيع الأول سنة 946 سـت وأربعـين وتسـعمائة، وهـو الـذي نقـل عنـه القاضي أحمد بن صالح بن أبي الرجال تراجم أهله وأورد له قصيدة أولها:

أوان على صنعاء بالصـرف قد أخنا … وأبـدلها عـن سـهل مرحبهـا حزنـا
فأذكرني عصـراً بساقين قـد مضـى … حنانيك مـا أمـراه عيشـاً ومـا أهنـا
نشـأت بـه حتـى إذا مـا تميمتـي … فراها شباب قلت هجراً لـذا المغنـى
إلى أرض صـنعاء مهرعـاً متسـرعاً … لمـا فـرض البـاري عـليّ ومـا سـنا
لـدى نجبـاء ماجـدين فـأمطروا … نـزيلهم مـن جـود صـيبهم مزنـا
هنيئـاً مريئـاً منبتـاً درداً عـلى … صـفائح سـمع حاصـد محـرز ذهنـا
مشـائخ تقـوى قـدس الله سـرهم … وأوسـعهم مـن فـيض رحمتـه منـا

إلى أن قال:

ولما ارتقيت الأربعـين شرحـت مـن … غوامض فن الفقـه محتجـب المعنـى
بتـذكرة النحـوي رفـواً محـرراً … فـلا يجـد النقـاد في أيـه طعنـا
وعاق عـن الإتمـام صـول حـوادث … تعم وتعمي القلب والعين والأذنـا

ومن أبيات القصيدة يشير إلى والده وجده وقبرهما بالقرضين:

بصعدة في القرضين حي سميدع وحي أبيه قادم الأين في السكنى

وبالجملة فكان هذا العلامة أحمد بن محمد بن حسن عقبة عالماً شهيراً، ترجمه في مطلع البدور وغيره، وذكره أيضا المقرائي في مكنون السر، وكان إليه زكاة الظواهر، وكان له خزانة كتب وافرة وقف أغلبها وقفية معينة، ومما وقفت عليه من تلك الخزانة كتاب نهاية العقول شرح الخمسة الأصول، وكتب في حاميته بقلمه ما نصه: هذا الكتاب من جملة ما وقف العبد الفقير أحمد بن محمد بن حسن بن أحمد عقبة شهر بالذيبيني لطف الله به ومن غيّره عن موضوعه فإنما إثمه عليه شهر محرم غرة سنة عشرين وتسعمائة.

25. القاضي أحمد بن محمد مشحم

القاضي العلامة أحمد بن محمد مشحم الصعدي اليمني، رأيت من ذكره في جملة العلماء، ولم أقف على تفصيل أحواله يسر الله ذلك، وكان موجودا على قيد الحياة بعد سنة 1055هـ. **وبيت مشحم**: من بيوت مدينة صعدة وهم وبيت مرغم بيت واحد، وستأتي تراجم نبلاء آل مشحم في الأقسام المتبقية من هذا الكتاب منهم القاضي العلامة يحيى بن جار الله مشحم المتوفى سنة 1141هـ، وحفيده القاضي العلامة الحافظ محمد بن أحمد بن يحيى مشحم المتوفى سنة 1181هـ، والقاضي حاكم المسلمين أحمد بن علي مشحم المتوفى سنة 1292هـ وغيرهم ممن ستأتي تراجمهم.

26. السيد أحمد بن المهدي المؤيدي

السيد السند الأمير الرئيس العالم الكامل صفي الملة والإسلام شمس الدين أحمد بن المهدي بن محمد بن علي بن الحسين بن الإمام عز الدين بن الحسن بن الإمام علي بن المؤيد بن جبريل الحسني اليحيوي المؤيدي الصعدي. أخذ في الكشاف عن السيد العلامة الكبير داود بن الهادي.

وهو والد السيد الصلاحي صلاح بن أحمد شارح الفصول اللؤلوية وهداية الأفكار الآتية ترجمته بحرف الصاد. وقد ترجم لصاحب الترجمة في مطلع البدور القاضي أحمد بن صالح بن أبي الرجال فقال:

السيد الكريم العالم كان عارفاً في الفروع موصوفاً بالتدريس لكتاب البحر، وقرأه عليه الفضلاء، واشتهر بالرياسة والإمارة فغفل الناس عن وصفه بالعلم إلا الخواص كما ذكر في الأمير ابن مأكولا. وكان من كملاء الرجال البارعين في الرياسة القائمين بوظائفها، واسع الأخلاق، واجتمع لديه من آل يحيى بن يحيى خلق كثير وغزا غزوات إلى نواحي الشام وتهامة، وكان رحب الفناء مطعاماً موصوفاً بالحلم، وسيأتي ذكر ولده خاتمة المحققين صلاح بن أحمد انتهى.

وترجم له السيد المؤرخ شرف الدين الحسن بن صلاح الداعي في شرح الدامغة الكبرى فقال:

السيد الرئيس المجاهد الجواد الكريم الشهير شمس الدين. كان من المجاهدين والكرماء المشهورين الذي يضرب بهم المثل، وتولى الجهة الصعدية والشامية بعد وفاة السيد أحمد بن الحسن، ثم دخل السيد أبو طالب أحمد بن القاسم فتولى صعدة وبلاد خولان، ولصاحب الترجمة بقية ولاية بلاد بني جماعة ورازح انتهى.

قلت: وكان هذا السيد أحمد بن المهدي من أعيان الرؤساء مقدماً في الفضائل شايع الإمام القاسم بن محمد وبالغ في نصرته والجهاد معه، وكان أحد الذين افتتحوا صعدة في سنة 1022 اثنتين وعشرين وألف. وقد ذكره السيد المؤرخ الجرموزي في الجوهرة المنيرة سيرة الإمام المؤيد بالله، وأثنى على كماله ورياسته، ومما أفاد عنه وصوله في سنة 1031 إحدى وثلاثين وألف إلى مقام الإمام المؤيد بالله بشهارة مهنئاً بخروج صنوه الحسن بن الإمام القاسم بن محمد وفلاته من سجن الأتراك، وكان وصول المترجم له من صعدة في عسكر زهاء أربعمائة

وأهدى أربعاً من الخيل. واتصل بالمولى سلطان الإسلام الحسن بن الإمام القاسم أيام ولايته بصعدة، وكان من جملة أمرائه وشارك في غزوات في نواحي الشام منه وبني خولي وغيرها، ثم اتصل بولده سلطان اليمن محمد بن الحسن ابن الإمام القاسم بن محمد أيام ولايته على صعدة أيضا، وبالجملة فكان المترجم في جميع أيامه في محل الصدارة والرياسة. ومما نقل عن قلم بعض السادة الأكابر عن قلم السيد داود بن الهادي ما لفظه:

رأى الصنو شمس الدين أحمد بن المهدي أني كتبت إليه كتاباً فيه عشرون بيتاً حفظها في المنام وانتبه وقد غابت عنه إلا بيتين وهما:

على أنني والحمد لله قدوة — لطالب علم أو لمن كان سائلا
بنينا لنا في المجد بيتاً مؤثلاً — وصرنا له أهلاً وركناً وموئلا

قال الناقل لهذا الكلام: ولعمري أن هذين البيتين جديران بأن يكتبا بالعين بل بماء العين لدلالتهما على فضيلة السيد المذكور.

ورأيت ذكره في كتاب العلامة عبد الله بن علي الضمدي المسمى العقيق اليماني في أخبار ووفيات المخلاف السليماني في حوادث سنة 1044 أربع وأربعين وألف فقال ما لفظه:

السيد الجليل ملك آل الرسول شمس الدين أحمد بن المهدي بن عز الدين كان رجلا كريما، سيدا عالما رئيسا نبيلا جليلا، كان في بدايته من جملة أصحاب الإمام عبد الله بن علي هو ووالده، فلما بطلت أحوال الإمام عبد الله وانعكست أموره رحل السيد أحمد المذكور هو وابن عمه السيد الأوحد محمد بن أحمد حوريه إلى الإمام القاسم بن محمد بجبال الأهنوم، وقدِموا على ابن عمهم السيد أحمد بن الإمام الحسن بن علي بن داود وكان هناك مصاهرا للإمام القاسم على احدى بناته، فأكرمهم السيد أحمد وعرفوه أنهم يريدون خدمة الإمام والانقطاع

إلى جانبه، فقبلهم الإمام القبول التام، وولاهم كل ما استفتحوه من بلاد الشام، وجعل لهم رمحاً ولواء، وكتب لهم إلى سحار وخولان وبني جماعة، ودعا لهم وزلجهم، فلما وصلوا إلى مشائخ الشام وجدوهم قد جزعوا من دولة الأتراك، فقابلوهم مقابلة حسنة، وأخلفوا على الأتراك من حدود يسنم إلى بلاد حيدان، ومن الحقار إلى نجران، وأوقدوا النيران وسلموا لإمام الزمان، وحاصروا مدينة صعدة شهرين وتملكوها أياما، وجاءت غواير الأتراك من صنعاء، واستعادوا البلاد وحصل القتال في عرو والحضاير، وحاصل تلك الفتنة أن الأتراك عادوا إلى صنعاء غلبة، وتركوا الشام والتعلق به وأقام السادة أياما فقتل السيد محمد بن أحمد ومات السيد أحمد بن الإمام الحسن وصفا الجو للسيد أحمد ابن المهدي، ثم رأى الإمام القاسم عليه السلام أن يعطي ولده أحمد مدينة صعدة وحيدان والمشرق، وأبقى للسيد المذكور المغارب والحقار والشام والمير، فلبث فيها نحوا من عشرين سنة آمرا ناهيا مطاعا نافذ الكلمة، وكان رجلا مطعاما، يوفد الموفود ويكرم الضيف ويملأ حجر اليتيم، وتوفي بقلعة غمار يوم الجمعة سادس عشر شهر الحجة من السنة المذكورة رحمه الله انتهى كلامه.

وللسيد البليغ صلاح بن أحمد بن عز الدين المؤيدي هذه القصيدة كتبها إلى صاحب الترجمة يهنئه بعد العودة من حج بيت الله الحرام وطوافه بالمشاعر العظام أولها:

يا حداة الجمال أهلاً وسهلا ... بالجمال التي حملن الجمالا
وقطعن الفلاة بيدا فبيدا ... وتعسفن للثواب رمالا
وبفرط الخطى أزلن الخطايا ... وبطول السرى أنلن الوصالا
حبذا الذاهبات كالقبب البيـ ... ـض سماناً وبالإياب هزالا
حبذا الرافضات بين كدي ... وكداء وقد عنين كلالا

حبــذا الحــاملات وهــي لحــوم ... ودمــاء مــن اللحــوم خبــالا
ســادة مــن بنــي النبــي ســراة ... علــماء جحاجحــاً أقيــالا
يملــؤون الصــدور حلــماً وعلــماً ... وتطــيش القلــوب مــنهم جــلالا

هذا الذي وقفت عليه من أبيات القصيدة وانقطع البياض.

وعلى الجملة فصاحب الترجمة من أهل العلم والإمارة ويكفيه مفخرة ولـده السيد الصلاحي وقد أجرى ذكرهما في منظومة أبيات الدامغة السيد الحسن بـن صلاح الداعي، وجمع إليهما مجاورهما في قبة الدفن السيد أحمد بـن محمـد لقـمان المتوفى سنة 1039 فقال:

واذكر صلاح الهدى النحرير صارمه ... محـي الخلافـة رأس العلـم والعمـل
كذا ضـجيعيه شـمس الـدين والـده ... والسـيد العـالم المشـهور في الأول
أعني ابن لقمان شمس الـدين سيدنا ... محـي الأصـولين بالتفصـيل للجمـل

وكانت وفاة صاحب الترجمة وهو المتولي على بلاد رازح يوم الجمعة سـادس عشـر الحجة الحرام سنة 1044 أربع وأربعين وألف، بينه وبين وفاة ولده السيد الصلاحي خمسة أيام فقط رحمهما الله تعالى ودفنا إلى جنب مسجد قلعة غمار.

ومجاورهما في قبة الدفن

هو السيد الإمام العالم المحقق الأستاذ شمس الدين أحمد بن محمد بن لقـمان ابن أحمد بن شمس الدين بن الإمام المهدي لدين الله أحمد بن يحيى بن المرتضـى المعروف والمشهور بابن لقمان، صاحب شـرح الكافل.

وهو من مفاخر العلماء ومشاهير الأعلام، مترجم له في كتـب الـتراجم فـلا حاجة إلى التطويل بذلك هنا، وكان قـد تـولى أعـمال المخـلاف السـليماني قـال القاضي أحمد بن صالح بن أبي الرجال: وأمر بالمعروف ونهى عن المنكـر وأزال

كثيراً من بدع الجهال واستقر أياماً فعرضت له عوارض من المرض اقتضت طلوعه إلى قلعة غمار فمرض أياماً ثم نقله الله إلى دار كرامته في وقت الفجر من يوم الخميس تاسع شهر رجب عام 1039 تسع وثلاثين وألف، ودفن عند مسجد غمار بالقبَّة التي فيها السيد العلامة أحمد بن المهدي وولده صلاح الدين رحمهم الله جميعاً، ووفاة السيد صلاح الدين ووالده في ذي الحجة عام أربع وأربعين وألف انتهى كلام القاضي.

وقد استوفيت نقل هذه العبارات بألفاظه هنا حتى يتأكد للناظر أن وفاة السيد أحمد بن المهدي وولده السيد الصلاحي كما ذكر القاضي في هذا الموضع وأن ما أورده وذكره في ترجمة السيد الصلاحي في المطلع من أن وفاته سنة 1048 إنما هو في الغالب سبق قلم من النساخ أو نحوه.

27ـ الفقيه أحمد بن موسى سهيل

الفقيه العلامة الفاضل المحدث سلمان أهل البيت شهاب الدين أحمد بن موسى بن مقبل بن علي سهيل العدناني النزاري الصعدي اليمني.

مولده تقريباً في سنة 955 خمس وخمسين وتسعمائة. ترجم له القاضي أحمد بن صالح بن أبي الرجال في مطلع البدور فقال:

الفقيه العارف شهاب الدين. هو من أجلاء الشيعة، وأهل الصدق والاستقامة الكلية، وكان شيخاً معمراً حضر بيعة الإمام الحسن بن علي، وتفيأ في رافع ظلالها وكان يلي قبض زكوات بصعدة وبيوت أموال، وتبرأ عن شيء منها لولاية صحيحة وعمله أكثر من علمه، وكان وافر العقل إلى الغاية وهو مصداق قولهم: أزهد الناس أعقلهم، وكان من شيوخ الطريقة، مشرفاً على الطب وعلى يديه الشفاء، وله مسائل أوردها إلى الإمام القاسم، وهو ممن سمعته

يروي أنه اطلع هو والقاضي العلامة أحمد بن صلاح الدواري على حديث في الإمام القاسم، وكان من أهل الود الخالص لآل محمد يؤثرهم على نفسه وأهله، وكان بنو الهادي بالضيعة يرونه أباً لهم انتهى.

وترجم له المولى العلامة أحمد بن محمد الشرفي في اللآلي المضيئة فقال:

5 الفقيه الفاضل المحدث الطاهر شبيه سلمان البيت النبوي وأبي ذر الغفاري، وكان له في محبة أهل البيت والسعاية في قضاء حوائجهم والمحبة لهم بقلبه ولسانه والمناصرة بيده وإحسانه ما لم يكن لغيره قط، ولقد كان يخرج بنفسه إلى قراهم المبتعدة ليتفقد أحوال حرم رسول الله ص، وربما تختصم المرأتان فيخرج بنفسه ليصلح بينهما، وقد كان اتخذ منازله مألفاً لبني هاشم يأوون إليه كما يأوي
10 الطير إلى وكره، وكان ممن بايع الإمام الحسن بن علي بن داود وشايعه وناصره، واستعان له من أهل صعدة أموالاً جزيلة، ولما دعا الإمام المنصور بالله جعل له ولاية عامة، فكان يفعل كما يفعل الإمام من المتصرفات، وكان باقياً في صعدة أيام الظالمين بأمر الإمام، وكان له هيبة في صدور الظالمين، وجرى له مع الأمير محمد التركي والأمير صفر قضية وسلمه الله منهم وحبس ساعة من نهار ثم
15 خرج، وكتب إليه بعض أصدقائه يحذره من الباشا حيدر فأجاب عليه بقوله تعالى: أليس الله بكاف عبده انتهى.

وفي النبذة المشيرة سيرة الإمام القاسم بن محمد في أثناء ترجمته وذكره لصاحب الترجمة أنه لما قبض عليه أمير الأتراك كانوا قد هموا بقتله وأحضروا ما أرسله إلى الإمام حجة عليه فهابوه وأيسوا لما رأوا المدينة تموج بأهلها خوفاً عليه
20 فخلوا عنه. وقد أجاب عن الأمير محمد التركي بجواب حسن قال له: هذا الإمام هو من بلدنا وولد إمامنا الهادي وبيننا وبينه مثلما بينكم وبين من هو من بلدكم، كتب إلينا نشتري له بعض كسوة وصابون وأمور ليس عليكم منها

ضرر، وكان يتكلم وهو مطرق لا ينظر إلى أحد من الترك، ولقد أخبرني حي الوالد السيد علي بن المهدي أنه دخل صعدة أيام الصلح الكبير لزيارة الإمام الهادي قال في حديث طويل: فأمرني أنا وصاحب معي أن نلقاه إلى خارج المدينة ليخرج إلى عند السيد فارس من السادة الحمزات(16)، فلما توسطنا القاع لقينا هذا الطاغي التركي وقد خرج بخيله، فأنكرنا فانفرد من فرسانه وأقبل على فرسه حتى وقف علينا، وعرف سيدنا أحمد بن موسى فقال: أين تريد يا فقيه؟ فقال له سيدنا: نريد نخرج إلى السيد فارس ثم ولى عنا ولحق بفرسانه، فلما ولى سألني سيدنا أحمد هل الأمير شيبة أم لا؟ فقلت: يا سبحان الله أنت في بلده كل هذه المدة وأنت لا تعرفه، فقال: لا أعرف وجهه ولا أريد أن أعرفه إلخ.

وترجمه أيضاً سيدي الجد يحيى بن الحسين في طبقاته فقال:

كان هذا الفقيه من أهل الدين الصحيح والورع الشحيح لا تأخذه في الله لومة لائم وله من العلم الحظ الوافر، وحج في سنة ثمانين وتسعمائة، وكان ذا محبة صادقة لأهل البيت يرحم صغيرهم ويوقر كبيرهم ويسعى في قضاء حوائجهم لا سيما الأرامل والأيتام، وأما محبته لأئمة أهل البيت والنصرة لهم والمعاونة فأمر لا يطلع على كنهه في صدره إلا علام الغيوب، فإنه بايع الإمامين الحسن بن علي بن داود وجدنا المنصور بالله القاسم بن محمد، ولما قام بالأمر ولده الإمام المؤيد لبى دعوته وأوجب على نفسه محبته، فكان معاوناً له في كثير من الأعمال في صعدة، وولاه الإمام قبض الأجبار في صعدة ونواحيها، فكان يجمع شيئاً ويجري منها على فقراء بني هاشم وأراملهم من واجبات بني هاشم، والبقية يرسل بها إلى الإمام قوافل، وكان واسطة بين الإمام وبين السيد أحمد بن المهدي واليه على جبل رازح لما نجمت نواجم هناك انتهى كلامه. **قلت**: وهؤلاء هم مؤرخو عصره وهذه

---

(16) السيد فارس الحمزي لم أقف على ما أفيد عنه.

عباراتهم قد انعقدت على الثناء عليه، فيكفيه يكفيه وما أحقه بما قيل:

ما وقعت عيني على مثله في فضله الوافي وفي نبله
وليس بدعاً مثل أخلاقه منه وممن كان على شكله
فإنه من عنصر طيب ويرجع الفرع إلى أصله

وهو شيخ السيد الجليل أحمد بن الهادي بن هارون في تفسير الرؤيا، ومن غريب كراماته الحاصلة في حياته ما رواه مترجموه إنه كان ليلة في مضجعه وليس عنده شك في صحة العمارة بالبيت الذي هو فيه، فرأى أمير المؤمنين علي بن أبي طالب كرم الله وجهه يقول له: قم فإن بيتك سيخرب، فاستيقظ واستعاذ بالله من شرها، وظن ذلك عبارة عن أمر دينه، وعاد إلى نومه فرأى أمير المؤمنين مرة أخرى يناجيه بمثل ذلك، فاستعاذ ثم نام مرة أخرى، فرأى أمير المؤمنين جذب بيده حتى لم يستيقظ إلا وهو قائم فخرج من المكان ثم انهدم سريعاً انتهى.

قلت: وكانت وفاته بصعدة المحروسة في سلخ جمادى الأولى سنة 1045 خمس وأربعين وألف، وقبره بالقرضين وقد وقفت عليه، قال ابن أبي الرجال: ودفن بموضع ثم نقله ولده العابد يحيى بن أحمد إلى محل آخر بعد سبعة أشهر فوجده على صفته لم يتغير منه شيء رحمه الله تعالى وإيانا والمؤمنين. قال في مطلع البدور: وقد ذكر في المشجرات أن نسبه إلى نزار.

(بيت سهيل)

وبيت آل سهيل من بيوت صعده ولهم اشتغال بالفقه والحديث والديانة والصلاح ومحبة أهل البيت النبوي وستأتي تراجمهم في القسم الخامس والسادس من أقسام هذا الكتاب. ومن أبرز النبلاء والعلماء الكملاء في القرن الرابع عشر العلامة الفقيه المتضلع إبراهيم بن يحيى سهيل المتوفى سنة 1329هـ، والفقيه العلامة المتقن الحسن بن محمد سهيل المتوفى سنة 1387هـ، والعلامة المؤرخ

الفاضل صاحب بغية الأماني والأمل عبد الرحمن بن حسين سهيل المتوفى سنة 1359هـ، وصنوه علامة وقته عماد الدين يحيى بن حسين سهيل المتوفى سنة 1408 وستأتي تراجمهم بمواضعها في هذا المعجم إن شاء الله.

28ـ السيد أحمد بن الهادي الديلمي

السيد العلامة شمس الدين أحمد بن الهادي بن علي بن مهدي بن محمد بن الهادي بن الحسن بن محمد بن الحسن بن مدافع بن محمد بن عبد الله بن محمد بن الحسين بن الإمام أبي الفتح الديلمي الناصر بن الحسين بن محمد بن عيسى بن محمد بن عبدالله بن أحمد بن عبدالله بن علي بن الحسن بن زيد بن الحسن بن علي ابن أبي طالب. هكذا نقلت نسبه عن مشجر أبي علامة، وقد ترجم له القاضي في المطلع والسيد إبراهيم بن القاسم في الطبقات فقالا:

قرأ في الفقه على شيخ المشايخ عامر بن محمد الصباحي الذماري وأجل تلامذته العلامة محمد بن الهادي بن أبي الرجال والسيد عز الدين دريب. وكان المترجم له سيداً عارفاً في الفقه، أثنى عليه شيخه القاضي عامر الذماري في ذلك، واشتهر على ألسنة الفقهاء تسميته بالباقر لتبقره في العلم. وكان له خصال حميدة، وخرج للجهاد بالديار الصنعانية، وعاد إلى البلاد الشامية وسكن ساقين وبها قبر وتوفي في أحد شهري ربيع سنة 1042 اثنتين وأربعين وألف.

قلت: ومسكن آباء صاحب الترجمة الأصلي في جبل رازح وسكن بعضهم في هجرة قطابر من الناحية الجماعية ذكر ذلك مؤلف شرح الدامغة الكبرى فقال: وفي الهجرة المذكورة يعني قطابر جماعة من آل الديلمي من أشراف جبل رازح وأهل حياف البيت خرج إلى الهجرة المذكورة السيدان العالمان الهادي بن علي وولده أحمد بن الهادي فاستوطناها وتزوّجا بها وفيها عقبهما انتهى.

29ـ السيد أحمد بن الهادي بن هارون

السيد السند العلامة الرئيس نخبة السادة آل الهادي ومفخر القادة الأعلام شمس الدين أحمد بن الهادي بن هارون الهادوي الحسني اليمني الصعدي.

كان صاحب الترجمة من نبلاء الزمان وفحول الرجال حسن الرأي ثابت الحصاة جزل الطباع، مستجمعا لأدوات العلوم، اتصل بالمولى سلطان الإسلام الحسن بن الإمام القاسم وانضوى تحت لوائه وعد من جملة أمرائه وأصحابه وهو في العشرين من عمره، وكان أحد الرؤساء الذين خاضوا معه تلك الحروب مع الأتراك وحصارهم بصنعاء وزبيد، ثم اتصل بعد ذلك بولده عز الإسلام محمد بن الحسن أيام ولايته على صعدة وسيأتي لذلك مزيد بيان، وقد ترجمه القاضي ابن أبي الرجال صاحب مطلع البدور فقال:

السيد الجليل شمس الدين. كان سيداً سرياً ذكي القلب ثابت الحصاة له فراسة صادقة، ينبغي أن يقال فيه أنه من المحدثين بهذه الأمة، وله في العربية مسكة حسنة وفي الفقه، واشتغل بأمور الإسلام العامة، فإنه كان من أهل الكمال والرياسة والسد للثغور ينوب في مقامات لا ينوب غيره فيها، ولو توفر على العلوم مع سعة ذكائه أنسى بالأوائل. وكان اشتغاله مع الجهاد وعلو الهمة بالتقوى، وكان جزل الطباع مسدد الرأي ليس فيه ولا في آرائه رعونة، وله تروّي في الأمور لا يقدم عليها جزافاً ذكي القلب لا يعرف أحد كنه ما عنده من العلم لذكائه فإنه إذ توسط في المسألة مع أي عالم فهم المقاصد والمتفرعات على البحث فيمليها آخذاً لها من كلام معارضه انتهى كلامه. وذكره السيد العلامة المؤرخ الحسن بن صلاح الداعي في منظومة الأنوار البالغة فقال:

وما ابن هارون إلا سيد علم ... مجاهد شد أزر الدين بالأسل

ثم ذكر في شرحه لهذا البيت من المنظومة بعضاً من أحوال صاحب الترجمة، ورفع نسبه وهو كما وقفت عليه أيضاً في المشجر فقال: هو السيد المجاهد الشهير والعلم العالم الكبير ذو السبقين أحمد بن الهادي بن هارون بن الحسن بن قاسم ابن الهادي بن عبد الله بن سربنيه كذا في المشجر ولعله لقب له بن حسين بن هشام بن عبد الله بن يوسف بن أحمد بن الإمام يوسف الداعي بن المنصور يحيى ابن الناصر أحمد بن الإمام الهادي الشهير بابن هارون.

أما مولد صاحب الترجمة ففي نحو سنة 1015 خمس عشرة وألف تقريباً لأن عمره عند مقتل الأمير أحمد الأخرم التركي بصعدة في سنة 1023 كان لا يتجاوز الثامنة، ونشأ بالضيعة من أعمال مدينة صعدة فترقى في درجات الكمال وطلب العلم وتأثل ولما وصل سلطان الإسلام الحسن بن الإمام القاسم والياً من قبل أخيه الإمام المؤيد بالله على بلاد صعدة في سنة 1032 كان صاحب الترجمة أحد من استقطبه سلطان الإسلام فإنه كان ذا خبرة باستقطاب أصحابه وأمراء جنده موسعاً عليهم معززاً لجانبهم، لذلك استطاع أيام ولايته على صعدة تقريب أعيان السادة بالمدينة الصعدية من البطنين الهادوي والمؤيدي، ومن أعاظم الأكابر الذين انطووا تحت إمرته السيد أحمد بن هارون هذا، والسيد الصلاحي صلاح بن أحمد ابن المهدي، ووالده السيد أحمد بن المهدي، والسيد المهدي بن الهادي النوعة، والسيد الرئيس الجليل محمد بن أحمد بن الإمام الحسن بن علي بن داود، وكان هذا السيد الأخير والسيد الصلاحي وصاحب الترجمة ممن نهضوا معه لما توجه إلى حصار الأتراك بصنعاء في سنة ست وثلاثين وألف، وكان مقام السيد أحمد بن هارون في تلك الحروب في حصن عطان جنوبي صنعاء، ثم نهض مع الحسنيين إلى تهامة ومحاصرة الأتراك أخيرا في زبيد، حتى أذن الله بالنصر وخروج الأتراك نهائيا عن قطر اليمن، ثم رجع المترجم إلى جانب ولده المولى ملك اليمن محمد بن

الحسن وولي المترجم أمر صعدة شهوراً بالنيابة عنه بأمر الإمام المؤيد، ووجهه الإمام أيضاً إلى غزوة نجران بالنيابة (وذلك صفر سنة 1047) ولكنه لم يكن بد من توجه المولى محمد بن الحسن بنفسه الكريمة لأن النصاب من العسكر ما اجتمع عند تجهز صاحب الترجمة فاقتضى الأمر ذلك. وكان الإمام المؤيد بالله يرعى مقام صاحب الترجمة، ويعده لمهمّات كثيرة، وقد تحصل من جهاده وغزواته على الجزل من المال وتأثل وأثرى.

ومن عجائبه أنه لما عمر داره التي في الضيعة خرج المولى سلطان الإسلام الحسن بن القاسم لطيافتها، فوجده قد جعل ساحة تحت الدار واسعة وهيّأ فيها مرابط الخيل ولم يكن له إذ ذاك شيء، فتعجب المولى الحسن فقال له صاحب الترجمة: إن شاء الله ننتقم من الأتراك ونملأ هذه خيلاً، فمن عجيب الاتفاق أنه دخل بعد قضية نجد مخيرب في سنة 1038 ثمان وثلاثين وألف بخيل عدد تلك الرباطات التي هيأها.

وفي نحو سنة 1048 تقريبا أنيط بصاحب الترجمة ولاية بلاد خولان عن أمر الإمام المؤيد بالله، فسكن حيدان وحف به علماء لم يدخل في العمل إلا بهم كالقاضي محمد بن الهادي بن أبي الرجال ولي القضاء، والقاضي العلامة الرئيس المجتهد محمد بن علي بن جعفر ولي قبض بيوت الأموال، وكانت الأعمال علوية نبوية تتزين بها التواريخ قال في مطلع البدور: وذكر الإمام المؤيد بالله أنه لما ألح على السيد صاحب الترجمة في هذا العمل واستدناه رأى ليله وصوله إلى حضرته قائلاً يقول له:

بشراك يا ابن الطهر من هاشم ... بماجد دولته تحمد
بأحمد المنصور من هاشم ... بورك فيمن اسمه أحمد

وهما البيتان اللذان رآهما السيد سليمان بن محمد بن المطهر والد الإمام المتوكل على الله أحمد بن سليمان.

وفي سنة اثنتين وستين وألف 1062 أو التي قبلها تولى عمالة بلاد ذمار عن أمر الإمام المتوكل على الله إسماعيل بعد عزله لصنوه عبد الله بن الإمام القاسم، ورفع وصايته، فقام المترجم له بالأمر أتم قيام، وأرضى مأمومه والإمام، ووجهه في سنة 1065 صحبة ولده محمد بن المتوكل على الله وكان لا يزال في السابعة عشر بجنود وافرة إلى ناحية البيضاء وكان بينه وبين عز الإسلام محمد بن أمير المؤمنين المذكور أنس لا يقاس به غيره، وكان خريجه تهذب بكثير من طباعه، وكان له بمنزلة الأب الذي يرأب واتفق رأيهما وتطابقت مقاصدهما وحمد أثرهما. وبالجملة فكان صاحب الترجمة عيناً في العلماء، صدرا في الأعيان، وكان له في تعبير الرؤيا حظ وافر ينبي عن تعدد مواهبه واكتمال محاسنه.

قلت: وقول القاضي ابن أبي الرجال رحمه الله في التعريف بصاحب الترجمة سابقاً أنه من المحدثين بهذه الأمة، فالمحدثون: بتشديد الدال وفتحها هم المصيبون فيما يظنون الملهمون الصواب، وكان السيد أحمد بن هارون كذلك. ومما ذكره القاضي ابن أبي الرجال أثناء ترجمته المتقدمة عباراتها التي تصرفنا فيها وجعلناها عدة لهذه الترجمة حول هذا الموضوع ما خلاصته:

ومن عجيب تأويله للرؤيا أنه عرض عليه الفقيه محمد بن الهادي بن أبي الرجال رؤيا فقال له مقاطعا لكلامه: هذا الرائي في بيته خشبة انكسرت فليفتقدها فعزم الفقيه فوجد الخشبة انكسرت تلك الليلة، فأخبره بذلك فقال السيد: وينبغي أن أصلح الخشبة أنا لأني الذي عبّرت الرؤيا.

ومن عجيب ما اتفق وهو إلى وصفه بالفراسة أقرب أنه كان القاضي العلامة

الحسن بن أحمد الحيمي وزيراً لمولانا سيف الإسلام أحمد بن الحسن بن أمير المؤمنين عند دخوله بالجنود إلى بوصان وديار الشام، وكان يعول على آراء القاضي، فرأى القاضي في النوم أنه والمولى سيف الإسلام تحت ثوب واحد فأراد أن يعرض الرؤيا فقال للسيد أحمد بن الهادي: يا مولانا رجل رأى أنه وآخر.

5 فقال المترجم له: اترك قص الرؤيا وأنا أقصها وأعبرها لك، قال القاضي: هات تم الرؤيا، قال: نعم رأيت أنك أنت وسيدي أحمد بن الحسن بن أمير المؤمنين تحت ثوب واحد، قال القاضي: والله ما غادرت شيئاً وابتهر القاضي لذلك فقال له: لا تعجب هذه رؤيا قد رأيتها لنفسي أنا وسيدي زعيم المسلمين الحسن بن الإمام وأوّلها لي شيخي أحمد بن موسى سهيل وكان مكاني من الحسن مكانك 10 من ابنه، وله من هذا القبيل شيء واسع وكان له كرامات ودعوة مستجابة إلى آخر كلام القاضي صاحب مطلع البدور.

وكانت وفاة صاحب الترجمة بمدينة صنعاء ظهر يوم الخميس عشرين شهر ربيع الأول سنة 1071 إحدى وسبعين وألف، ودفن بخزيمة وعليه لوح، كتب من شعر صاحب مطلع البدور عليه:

هذا الضريح الذي فوق الضراح سما	وحاز من بعد أفلاك السماء سما
فيه الغمام ضياء المكرمات ومن	للذكر والغزو شق الحندس البهما
ما زال بالحرب والمحراب مشتغلا	إن قيل ماذا الذي تهواه قال هما
قد حالف الخط والخطي مدته	ما زال ينشر فيها العلم والعلما
عليه أسنى سلام الله ما حمدت	فيه الصفات وما مزن السحاب همى

15 وذكر بعد هذا النظم شيئاً يسيراً من النثر.

وفي كتاب بغية المريد: في قوله الضراح قال الواحدي في شرح قصيدة للمعري أنه بيت في السماء الدنيا وأنه يدخله كل يوم سبعين ألف ملك لا

يعودون إليه وإلى هذا أشار القاضي انتهى.

(وقفية الإمام الهادي بالضيعة)

من الصوافي الواسعة التي وقفها الإمام الهادي إلى الحق المبين يحيى بن الحسين بن الإمام القاسم الرسي بن إبراهيم طباطبا بن إسماعيل الديباج بن إبراهيم الشبه بن الحسن بن الحسن بن أمير المؤمنين علي بن أبي طالب في تاريخ سنة 291 إحدى وتسعين ومائتين، وهي من أقدم الصوافي الوقفية في اليمن، ومما جاء في التشديد على من فرط فيها ما نصه: ملعون ملعون بلعنة الله وملائكته ورسله والصالحون من عباده من بدل أو غير أو حاف أو جار أو ظلم أو خان في شيء جعله وشرطه في هذه الضيعة.

وبالجملة فهي وقفية مشهورة وقفت على نسخ عدة منها في حوامي الكتب القديمة بخطوط علماء معروفين، ذكر فيها أيضا: أنه تصدق بجميع هذه الضيعة بجميع حدودها وحقوقها وسيولها وبيارها ومشاربها ومرافقها كلها وعامرها وغامرها وكل حق هو لها ومنها صدقة موقوفة محرمة حبساً لله أبدا مؤبدا لا يباع ولا يوهب ولا ينتقل ولا يرتهن ولا يتلف بوجه من وجوه التلف حتى يرث الله الأرض ومن عليها وهو خير الوارثين على ولد القاسم بن إبراهيم بن إسماعيل بن إبراهيم بن الحسن بن الحسن بن علي بن أبي طالب ذكرهم وأنثاهم وعلى أولادهم وعلى أولاد أولادهم ما تناسلوا ومن قدم إليهم من صالحي ولد أبي طالب أو من مهاجري المسلمين مهاجراً إلى الله وإلى رسوله وإلى أولي الأمر منهم مجاهداً محتسباً فهو داخل معهم في هذه الصدقة.

وحدود تلك الضيعة كما جاء في نسخة الوقفية المذكورة ما لفظه:

حد هذه الضيعة الحداب بينها وبين نسَرين والرونة قبلةً، والحد الثاني المناشي

بينها وبين ضياع اليرسميين يمانياً، والحد الثالث ساقية مخالد والقبور شرقياً، والحد الرابع أرض عبد الله بن العباس النجاري والتحميل إلى أرض آل عبد الملك إلى حد غول سحمان والحداب غربياً انتهى.

قالوا الوصايا قلت ما بالها　　قالوا لنا قد كان منها الضيعة
قلنا صوافي الوقف مشهورة　　وما تلا التفريط إلا الضيعة

وهذه الضيعة هي من أعمال الصحن جنوبي صعدة بنحو ميلين بالقرب من جبل تلمص المشهور، وتسمى ضيعة بني الهادي نسبة إليه وإلى أولاده وذريته من بعده، وهي آبار عديدة: بير القبالين، وبير شاعب، وبير مرحوم، وبير شريفة، وبير ريدة، وبير الجرادي، وبير حي، وبير الناصر، وبير القحقح، وبير برمة، وبير الجبجب، وبير المهاولة، وبير البركة، وغيرها مما لم يعرف، وهي اليوم مهملة غير مراعى فيها شرط الموصي، بخلاف ما كان في الأزمنة المتقدمة فالله المستعان.

30. السيد أحمد بن يحيى بن أبي القاسم الرغافي

السيد العالم الإمام القطب الزاهد العابد صاحب المكارم شمس الدين أحمد ابن يحيى بن أبي القاسم بن الحسن بن المهدي بن داود بن يحيى بن الحسين بن يحيى بن الأمير علي بن الحسين بن يحيى بن يحيى بن الناصر بن الحسن بن عبد الله المعتضد بالله بن المنتصر لدين الله محمد بن القاسم المختار بن الإمام الناصر أحمد بن الإمام الهادي إلى الحق يحيى بن الحسين الحسني اليحيوي الرغافي. هكذا نقلت نسبه عن ذروة المجد الأثيل للسيد المؤرخ أحمد بن يحيى العجري.

وصاحب الترجمة كان من العلماء الكبار المبرزين وأهل العبادة، ورأيت في بصائر الوقف أنه تولى القضاء من جهة الإمام الهادي أحمد بن عز الدين، وأنه

كان يوصف بحاكم المسلمين. ترجم له القاضي أحمد بن صالح بن أبي الرجال في مطلع البدور فقال: كان رحمه الله من شيوخ العلم، إماماً في الفقه مدرساً، له جماعة من الطلبة من أعيان الوقت يتعلقون به وكانوا عنده بهجرة رغافة، وكان كريماً طاهر القلب، واسع الأخلاق، كثير الشفقة على المسلمين، قليل الشكوك في الطهارات الظاهرة، وإنما يتحرز ويتورع في المأكل وحل الأموال، وكان عفيفاً حسن الظن بكل أحد.

قلت: وهو جد السيد العلامة النحرير الحسن بن أحمد الجلال من قبل أمه الشريفة الطاهرة آمنة بنت صاحب الترجمة الآتي ترجمتها قريباً. وفي طبقات سيدي الجد عماد الدين يحيى بن الحسين بن الإمام القاسم عند ترجمته له ما لفظه: الشريف العلامة أحمد بن يحيى صاحب رغافة، وهو من العلماء الفضلاء عاصر الإمام الحسن بن علي بن داود وبايعه وناصره، وامتد عمره إلى زمن جدنا المنصور بالله القاسم بن محمد وقال بإمامته انتهى. وفي النبذة المشيرة سيرة الإمام القاسم بن محمد التي كتبها السيد المطهر بن محمد الجرموزي في سياق تعداد عيون العلماء في أيامه عليه السلام ما لفظه:

ومنهم السيد العلامة الزاهد أحمد بن يحيى الرغافي الهادوي أخبرني السيد أحمد بن محمد الجلال انه نقَل هذا السيد رحمه الله بعد عامين أو أكثر فوجده لم يتغير منه شيء وأنه استصحب شيئاً من الطيب والرياحين، ففاح من جسده رحمه الله رائحة المسك انتهى. وما ذكره الجرموزي في النبذة المشيرة ذكر مثله القاضي ابن أبي الرجال في المطلع بأنه اشتهر ظهور النور من قبره، وقيلت في ذلك الأشعار الفايقة رحمه الله وإيانا والمؤمنين.

وذكره في شرح الدامغة الكبرى فقال:

السيد الإمام شمس الدين والإسلام أحمد بن يحيى بن أبي القاسم. كان عالماً

عاملاً، فاضلاً عابداً، تستنزل ببركته الرحمة، وتطلب بدعواته حصول النعمة، وكان ذا جاهٍ عظيم وحرمة وافرة، وتوفي بمحروس هجرة رغافة في شهر القعدة سنة 1015 خمس عشرة بعد الألف، وقبر بالجانب الغربي من المسجد الأعلى وعليه قبة عظيمة وتابوت وهو مشهور مزور. **ويليه من جهة الشرق** قبر الشريفة الفاضلة العابدة آمنة بنت السيد أحمد بن يحيى بن أبي القاسم رحمهم الله تعالى في معمور عليها مستقل إليه مفتح من الصرح. وأما السيد يحيى بن أبي القاسم والد السيد أحمد بن يحيى فقبره في المقبرة التي جنب الجبل الشامي من هجرة رغافة، قال في لوح على قبره: استشهد رحمه الله تعالى باكر يوم الربوع لعله ثامن عشر من شهر رجب سنة ثلاث وستين وتسعمائة، ولم يذكر مَنْ قتله. وإلى جنبه قبر ولده السيد الإمام العالم بدر الدين محمد بن يحيى بن أبي القاسم، قال في لوحٍ على قبره: توفي رحمه الله تعالى في اليوم الثاني من شهر الحجة الحرام سنة سبعٍ وستين وتسعمائة.

(آمنة بنت أحمد بن يحيى بن أبي القاسم)

الشريفة العابدة الفاضلة آمنة بنت السيد الإمام أحمد بن يحيى بن أبي القاسم الرغافي استطرد ذكرها السيد النسابة المؤرخ محمد بن محمد زبارة الحسني الصنعاني في ترجمة ولدها السيد العلامة الحسن بن أحمد الجلال في المجلد الثالث من كتاب نشر العرف فقال: كانت بمكانة من الفضل وقيام الليل والعبادة وكان الإمام المؤيد بالله محمد بن القاسم يراسلها إلى رغافة ويستمد دعواتها انتهى. ولعل وفاتها في عشر الثلاثين وألف 1030 رحمها الله وإيانا والمؤمنين.

(رغافة)

والرغافي نسبة إلى رغافة بلدة مشهورة في ناحية بني جماعة جهة الشمال من صعدة بمسافة 40 كيلومتر، وهي بضم الراء المهملة وفتح الغين المعجمة، وبعد

الألف فاء وتاء مربوطة، وهي إحدى الهجر العلمية.

ومن مشاهير العلماء الذين استوطنوها السيد الأمير العالم الملقب أبو طالب الصغير الحسين بن بدر الدين المتوفى برغافة سنة 663 صاحب كتابي شفاء الأوام والتقرير في الفقه، وصنوه الإمام الحسن بن بدر الدين صاحب كتاب أنوار اليقين في فضائل أمير المؤمنين المتوفى برغافة أيضاً سنة 670 عن أربع وسبعين سنة، وهو القائل من قصيدة له مشهورة:

سقيا ورعياً لدارهم ورعى إذا سقى الله منزلاً ورعى
يا دار حور العين ما صنعت أحبابنا باللّوى وما صنعا
أرقني بعد بينهم وهناً برق على عقر دارهم لمعا
مثل حواشي الرداء ما هجعت عيني له موهناً وما هجعا
وأين صنعاء من رغافة أو قطابر بعد ذا وذاك معا
أيعلم البرق حال ذي ولع صير ملتف قلبه قطعا

وصنوهما هو الأمير تاج الدين أحمد المتوفى بصعدة سنة 644هـ وهو أول من هجر رغافة للسادة آل يحيى بن يحيى حسب القواعد المعروفة في التهجير بين القبائل قال في كتاب التهجير ما لفظه: وكان الوصول إلى الهجرة المباركة والإستيطان بها يوم الأحد لخمس خلت من ذي الحجة سنة 614 أربع عشرة وستمائة بعد وفاة المنصور بالله عمرها الله بالصالحين انتهى. وستأتي تراجم الأعلام والأعيان والنبلاء ممن سكن هذه الهجرة بعد الألف في مواضعها من هذا الكتاب.

31. القاضي الكبير أحمد بن يحيى حابس

القاضي العلامة الشهير حاكم المسلمين بصعدة المحقق المدقق المصنف شمس الشريعة أحمد بن يحيى بن أحمد بن محمد بن أحمد بن علي بن أحمد بن مقبل حابس الدواري اليمني الصعدي.

مولده في أواخر سنة 999 تسع وتسعين وتسعمائة. ونشأ في حجر والده، وطلب العلم على يديه بصعدة وعلى غيره من العلماء كالقاضي شيخ الفقه سعيد ابن صلاح الهبل، والعلامة أحمد بن يحيى بن سالم الذويد، والسيد العلامة الكبير داود بن الهادي الآتية ترجمته في هذا المعجم، من ذلك سماع تفسير الكشاف عليه في سنة 1034 بحضور المولى سلطان الإسلام الحسن بن الإمام القاسم أيام ولايته على صعدة، وذكر مؤلف الطبقات الكبرى عن القاضي ابن أبي الرجال أنه كان انتقل إلى جهة قراض ويسنم من ناحية جماعة، فقرأ بها قراءة نافعة، قال: ورحل إلى الإمام القاسم بن محمد بعد الدعوة وتلقى منه فوائد غريبة منها بحبور في ليلة أحد العيدين سنة 1022 اثنتين وعشرين وألف ألقى عليه الإمام جوابه على ابن الصلاح الشافعي في الجزم بتعديل الصحابة، وسمع عليه قطعة من شفاء الأوام وأجازه إجازة عامة في جميع مسموعاته ومستجازاته ومؤلفاته ورسائله. وكانت رياسة علم الفقه والأصولين قد انتهت إلى القاضي أحمد بن يحيى حابس صاحب الترجمة في أيامه، وعكف الكثير من الطلبة للأخذ عنه، من أجلهم السيد الصلاحي صلاح بن أحمد بن المهدي، والسيد الحسين بن محمد المفتي التهامي صاحب حاشية الأزهار، والمولى ملك اليمن محمد بن الحسن بن الإمام القاسم قرأ عليه أثناء ولايته على صعدة التي امتدت نحو اثني عشر عاما، ومن أجل الآخذين عنه أيضا القاضي عبد الحفيظ بن عبد الله بن المهلا النيسائي، والسيد علي بن الهادي المحرابي والفقيه مطهر بن علي النعمان الضمدي، وغيرهم ممن يكثر عده.

وكان القاضي صاحب الترجمة مع قيامه بالتدريس والإفادة في العلوم حاكمَ المسلمين بمدينة صعدة وإمام وخطيب جامعها المقدس، وله اليد البيضاء في جمع وتوثيق وتسويد بيان أوقافها المشهور ببيان ابن حابس، وأضاف إلى ذلك تفرغه للتصنيف في فنون العلم، فألف جملة من المؤلفات النافعة منها: شرحه على الكافل في أصول الفقه سماه (الأنوار الهادية لذوي العقول إلى نيل معاني الكافل بنيل

السؤل) فرغ منه شهر رمضان سنة 1022هـ، ومنها في أصول الدين كتاب (الإيضاح شرح المصباح)، ومنها في الفروع كتاب (المقصد الحسن والمسلك الواضح السنن)، وكتاب (التكميل على شرح ابن مفتاح للأزهار)، و(مجموع في فتاويه)، ومنها في علم الطريقة كتاب (شفاء الأسقام في توضيح تكملة الأحكام) جاء في النسخة المرقومة بخطه أن فراغه منها سنة 1019هـ، وغير ذلك مما سيأتي بيانه. وقد ترجم له غير واحد، منهم السيد الإمام إبراهيم بن القاسم الشهاري في طبقات الزيدية، والقاضي أحمد بن صالح بن أبي الرجال في مطلع البدور فقال:

القاضي العلامة حافظ علوم الزيدية شمس الدين. عالم كبير، وإمام شهير، تولى القضاء بصعدة المحروسة بعد موت أبيه يحيى بن أحمد، وولي الخطابة بجامع الإمام الهادي والإمامة، ونشر العلوم، ويسّر للطالبين مظنونها والمعلوم، وكان إماماً في العربية، ولما بلغ الأمير رجب مكانته في العلم ذلك سيما التصريف توسل إليه بالوسائل ليجتمع به فازداد بعداً، وكان يضرب به المثل في سعة الصدر والإحتمال والإغضاء، وكان بآخرة لا يتوسع للمناظرة ولا في الإملاء بعد أن كان الغاية، ولعله جنح إلى ذلك حفظاً للنفس من الوقوع في أخطار لا ينجو منها إلا من أخذ الله بيده الخ. وترجم له السيد المطهر الجرموزي في تحفة الأسماع والأبصار فقال:

القاضي العلامة الفهامة شمس الدين وشحاك الملحدين. كان عالماً متبحراً في فنون العلم من أهل الإجتهاد المطلق، ولي القضاء في صعدة المحروسة بالله بقوة وعزم وشدة في الأمر بحيث أن غالب القضاء بين المتخاصمين وهو قائم متخذ محلا ليرى من بعد عنه كمن قرب، وله كاتبان يملي عليهما وهما قاعدان، وله في ذلك الورع الشحيح ما يطول ذكره انتهى.

وترجمه الشوكاني في البدر الطالع فقال: أحد مشاهير علماء الزيدية، وله

مشايخ كبراء منهم الإمام القاسم بن محمد، وبرع في علوم عدة، وصنف تصانيف مقبولة الخ. وذكره السيد العلامة الحسن بن صلاح الداعي في منظومة الدامغة الكبرى عند تعداد العلماء المعاصرين للإمام المتوكل إسماعيل فقال:

وكــم لــه مــن قضـاة للعـلى عمــروا   مثل ابن حابس شمس العلم والعمل

ثم ذكر في شرحه لهذا البيت فقال: هو القاضي العلامة المذاكر المدرس حاكم المسلمين شمس الدنيا والدين، زينة المجالس والمدارس، صاحب العلم الغزير والفضل الشهير القاضي بصعدة، وهو عمدة العلماء في العصر، وله من التأليفات الناجعة والأسفار الجامعة الكثير الشافي والفرات الصافي الخ. وفي أثناء ترجمته في مطلع البدور التي سبق ذكر أولها جاء ما لفظه:

وكان في صغره سريع البادرة يلتهب ذكاء، ولم يكن له في صغره همة تتعلق بغير العبادة والعلم، حتى أني سمعته رضي الله عنه يقول: ما كنت أظن أني أخالط أحدا ولا أخوض في مجال دنيوي، و(شرح تكملة الأحكام) المعروف بالفائدة وعمره ثماني عشرة سنة، وهو الذي ينقل عنه شيخ الشيوخ السيد محمد المفتي، ويسميه الشارح المحقق، و(شرح الشافية في التصريف) بشرح لم يتمه، لأنه رأى المناهل للشيخ لطف الله الغياث فوافق مراده، وفي شرحه فوائد، رأيت منه شيئاً مفيداً. و(شرح الكافل) شرحاً مفيداً مبسوطاً ولم يكن قبل سنة 1048 ثماني وأربعين وألف قد خرج إلى صنعاء فيسر الله لي إخراجه من صعدة، فاشتهر بصنعاء واطلع عليه سيدنا العلامة صارم الدين إبراهيم بن يحيى السحولي ودرّس فيه ولده العلامة محمد بن إبراهيم وقال لي القاضي صارم الدين: يا ولدي كنت جاهلاً لمقام القاضي شمس الدين ولقد عرفت فضله فأنا في كل يوم أبتهل إلى الله أن يمتع المسلمين بوجوده، وله (التكميل) كتاب جامع حافل في الفقه كمل شرح ابن مفتاح بحواصل وضوابط وتقريرات على

مشيخته الأجلاء القاضي سعيد الهبل وغيره، وكـان يستحضـر بعـض الأيـام جماعة من الفقهاء كالفقيه علي القصار والفقيه علي بن يحيى الخيواني، فكان هذا الكتاب مغنياً عما سواه لمن أراد الوقوف على نهوض المفرعين، وله كتاب (شـرح على الثلاثين المسئلة) جمع فيه فأوعى، ولـه كتـاب (المقصـد الحسـن والمسـلك الواضح السنن) وهو سلوة الخاطر لا يستغني عنه فقيـه، سيـما مـن علقـت بـه أمراس القضاء وولاية الأحكام، جمع فيه غرائب وابتدأه بطبقات وختمه بسيرة لآل محمد عليهم السلام الدعاة، وأدخل فيه شطراً من المساحة وما يحتـاج إليـه المتدين من معرفة الطالع والغارب، وقد علق به الفضلاء، وصار متناقلاً، وكان تأليفه ونحن بصعدة، وربما أمرني بكتابة شيء يمليه علي وأنا إذ ذاك صغير السن، وله شعر قليل، وقع في يدي منه أبياته في كتابه الشفاء شـرح التكملة انتهى كلام ابن أبي الرجال بألفاظه.

قلت: ووقفت له على رسالة سماها (الرسالة الناصـحة بـالبراهين الواضـحة والأقاويل الصادقة والأمور النيرة الباهرة إلى سادتنا وأئمتنا وقادتنا وكبرائنا أهل البيت الكرام وشيعتهم الأعلام) وكان سبب تحريره لهذه الرسـالة مـا رأى مـن تجاذب أطراف الدعوة إلى الإمامة بعد وفاة الإمام المؤيد بالله محمـد بـن الإمـام القاسم بن محمد وكان فراغه منها شهر رمضان سنة 1054 أربع وخمسين وألف ومما جاء من عباراتها قوله: أما بعد أيها العصابة الزيدية والفئـة الهاديـة المهديـة خصوصاً سادات العترة الزكية وقادات شيعتهم ذوي الرتب العلية فاذكروا مـا خولكم الله سبحانه من نعمه السابغة وأياديه البالغة التي معظمها اجتماع كلمتكم ولم شعثكم في زمن من سبق من أئمتكم رضوان الله وسلامه عليكم حتى منحكم الله تعالى بإدالته لكم على أعدائكم ونصـرته لكم ولأولـيائكم وإزالته عنكم وباء التباين والاختلاف وإماطته عنكم سنن التباغض والافتراق إلخ الكلام. وعلى

الجملة فصاحب الترجمة من أكابر علماء الزيدية ومن مفاخر البلاد الصعدية، وقد أسند مؤلفاته أهل المعاجم والإجازات وذكروا رواية القاضي أحمد بن صالح بن أبي الرجال لكتاب المقصد الحسن بواسطة عن المؤلف وبدون واسطة. وفي كتاب التكميل يرويه عن مشايخه عن القاضي أحمد بن صالح بن أبي الرجال، عن السيد إبراهيم بن محمد حوريه، عن السيد صلاح بن أحمد بن المهدي عن المؤلف. وفي شرح الثلاثين المسئلة وشرح الكافل يرويه عن مشايخه عن صاحب الطبقات عن القاضي أحمد بن ناصر بن عبد الحفيظ المهلا، عن أبيه عن جده، عن صاحب الترجمة، أما ما جاء في العقد أنه أحمد بن ناصر بن عبد الحق المخلافي عن أبيه عن جده فهو من الأغاليط، والصواب ما أثبتناه.

وكانت وفاة القاضي رضوان الله عليه بصعدة المحروسة قبيل الفجر يوم الاثنين رابع عشر شهر ربيع الأول سنة 1061 إحدى وستين وألف وقبره بالقرضين، وقد وقفت عليه في مشهدهم.

(ووالد صاحب الترجمة)

هو القاضي العلامة الحافظ يحيى بن أحمد بن محمد حابس. وكان عالماً فاضلاً ترجمه السيد المؤرخ يحيى بن الحسين بن القاسم في طبقاته فقال:

قال السيد أحمد بن محمد الشرفي كان هذا القاضي من بقية العلماء الفضلاء أهل الورع الشحيح والأيمان الصحيح، وكان متولياً للقضاء بصعدة المحروسة بأمر الإمام المنصور بالله وابنه المؤيد بالله في بعض مدته، وكان فيصلاً في الحكومات لا يرى اثنان يترددان عليه لفطنته وعرفانه بمدارك القضاء، وكثرة بروزه للناس ويروى أن هذا القاضي برع في الفقه وحقق فيه، كان متغيباً نصف التذكرة والنصف الآخر في حكم الغيب، ودرس فيها نحواً من ثلاثين شرفاً،

فكانت لا تعنيه، وكان مع هذا ورعاً زاهداً متعففاً، وأوصى إلى ولديه القاضيين العلمين شمس الدين هذا وشرف الدين الحسن بن أحمد الآتية ترجمته بأن لا يقبضا من بيوت الأموال شيئاً، ويكتفيا بما خلفه لهما من الأموال والأطيان، وإنهما إن فعلا بورك لهما، وتوفي سادس عشر شوال سنة 1040 أربعين وألف رحمه الله تعالى وإيانا والمؤمنين آمين.

32ـ الفقيه أحمد بن يحيى بن سالم الذويد

الفقيه العارف المحقق المحدث الفاضل شمس الدين أحمد بن يحيى بن سالم ابن علي بن محمد بن موسى الذويد الصعدي اليمني.

من أكابر العلماء في وقته بصعدة، أخذ عن السيد العلامة محمد بن عز الدين المفتي المتوفى 974 أربع وسبعين وتسعمائة، وعن السيد الحافظ أحمد بن عبد الله الوزير، وعن القاضي حاكم المسلمين عبد العزيز بن محمد بن يحيى بهران الصعدي، ومما أسمع عليه في علم الحديث كتاب ابن الصلاح الشافعي وفراغه من ذلك سنة خمس وألف وله منه إجازة عامة فيما له ولأبيه عن مشايخهم الأعلام. ومن مشايخه ولده محمد بن عبد العزيز بهران، وأخذ بمدينة صنعاء عن العلامة محمد بن محمد المصري اللقب والمولد المغربي الأصل في سنة 1018 ثمان عشرة وألف في كتب الحديث وأجازه إجازة حافلة جاء فيها:

وبعد فقد قرأ علي الفقيه المجد الكامل الموفق الصالح الساعي في تحصيل المتجر الأخروي الرابح أحمد بن سالم الذويد قطعة صالحة من جامع الأصول تصنيف الشيخ العلامة المحدث الكبير أبي السعادات بن الأثير الجزري وقطعة صالحة من صحيح البخاري وقطعة صالحة من تجريد الباوري وقطعة من المجتنى وقد أجزت له رواية ذلك عني وبقية الكتب المذكورة وجميع ما يجوز لي روايته

بشرطه عند أهله الخ كلامه في الإجازة المذكورة وهي ضمن إجازات القاضي الحافظ أحمد بن سعد الدين المسوري. وأخذ عنه جملة من أعيان العلماء منهم السيد محمد بن عز الدين المفتي الحفيد المتوفى بصنعاء سنة 1050 خمسين وألف والقاضي علي بن الحسين المسوري قرأ عليه بهجر ابن المكردم من بلاد الأهنوم واستجاز منه الإمام القاسم بن محمد فأجازه أن يروي عنه جميع ماله من الكتب سماعاً أو إجازة. وقد ترجمه السيد الإمام مؤلف الطبقات، والعلامة ابن سهيل صاحب بغية الأماني والأمل وترجمه أيضاً القاضي أحمد بن صالح بن أبي الرجال في تاريخه مطلع البدور فقال:

الفقيه المحدث إمام المعقولات. كان عالماً غريب الصفات قليل النظير في وقته جمع أنواعاً من العلم أما الشرعيات فإمامها على الإطلاق، وله شرح على تلخيص المفتاح تأليف القزويني بسط فيه وفي كل علم له قدم راسخة ولقد بلغ في الطب كما قيل مبالغ ابن زهر وعلم الرمل ولواحقه والزيجات وحل السحر وقرأ التوراة، وكان آية من آيات الله مع مكارم أخلاق يفضح النسيم العبور لطفاً ويخجل شميم العبير عرفاً، وكان من أهل الثروة والمالية الواسعة، ولكنه كلف بالكتب وتحصيلها، وكان بعض أخوته كلفا بالتجارة، ووالدهم إذ ذاك حي فاجتمع للفقيه شمس الدين خزانة ملوكية من غرائب الكتب ثم تفرقت بعد موته، وكان له تلامذة، ولما مات فر منهم هائماً على وجهه من فر، وكان من تلامذته الفقيه مهدي الشعيبي، ورثاه بأبيات أيضاً. ومن المراثي المقولة فيه من تلامذته:

سل المجد هل أضحى مقيماً بصعدة وهل ضربت بالسوح منها مضاربه

ومن عجيب أمره أنه كان يعرف الأكسير طلع إلى براش[17] بقرب جبل

(17) جبل براش: في الجنوب من مدينة صعدة بنحو ثلاثة أميال، بالقرب من منطقة صحوة ودماج، وكان قديما يسمى وتران فلما تحصن فيه الأمير شمس الدين أحمد بن الإمام عبدالله بن حمزة سمي براش. والعبلاء جبل مطّلع على رحبان من جهة الشرق.

العبلي ومعه القاضي العلامة حاكم المسلمين يحيى بن أحمد بن حابس فقال له: في هذا المحل قد ذراع مقدرة الأكسير الذي يخلص به الأمر، فحاوله أن يعرفه فلم يفعل، وتجاوزا إلى محل آخر وعرفه بذلك، ووفاته في يوم الاثنين خامس عشر من جمادى الأولى سنة 1020 عشرين بعد الألف، ودفن في قبة قبلي القرضين من جهة الغرب رحمه الله تعالى انتهى كلام القاضي. وترجمه السيد يحيى بن الحسين بن الإمام القاسم صاحب المستطاب فقال:

كان صاحب الترجمة متبحراً في جميع الفنون والعلوم في الحديث والأصول والعربية وغير ذلك، محققاً في علم النحو على غيره، وله مؤلفات منها شرح القاضي محمد بن يحيى بهران الموسوم بقوت الأرواح في المعاني والبيان مجلد، وشرح على تلخيص القزويني مجلد وتوفي سنة 1037 سبع وثلاثين وألف.

قلت: هكذا في المستطاب أرخ وفاته، والصواب ما تقدم عن رواية القاضي صاحب مطلع البدور، وهي إفادة عن أحد أحفاده الناقل عن شاهد قبره هذه الأبيات وهي:

هذا ضريح الذي أضحت مفاخره	فوق الثريا وفوق الأنجم الزهر
إن شئت تسمع مني من فضائله	نظماً يروق على الياقوت والدرر
هو المحدث حقاً لا افتراء به	هو المفسر للآيات والسور
شيخ الحديث بلا زيف ولا كذب	كذا المعاني وعلم النحو والفكر
مجود ماهر في الطب عن كثب	وفي الدقائق والأفلاك والقمر
وفي الأصولين لا يعجزه مشكلة	مع اللطيف وعلم الرمل والسير
طوبى له من فقيه عالم فطن	وليهنه الفوز بالمأثور في الأثر

وعلى الجملة فهو من محاسن العلماء وأماثل الفضلاء، ومع جلالة قدر صاحب الترجمة في العلم وشهرته لم يترجم له الشوكاني في البدر الطالع، وهو

على شـرطه، فتأمل. و(**بيت الذويد**) بتشديد وفـتح الـذال المعجمـة ثـم الـواو مكسورة ثم ياء مثناة من أسفل ثم دال مهملة، من بيوت صـعدة، ولا زال لهـم بقية حتى اليوم، وإليهم نسـبة مسـجد الذويـد الـذي عمـره في نيـف وخمسـين وسبعمائة الشيخ العلامة بدر الدين محمد بن أحمد بن حسين بن محمد بن عمـرو الذويد، ولا زال عامرا إلى اليوم في حارة الجربة.

33. الفقيه أحمد بن يحيى الحداد

الفقيه الفاضل المحب أحمد بن يحيى الحداد الصعدي الملقب الشَّـره ضبط بفتح الشين المعجمة ثم راء مهملة مكسورة ثم الهاء اليمني الصعدي.

وهو من فضلاء صعدة في أوائل القرن الحادي عشر، ولم أقف على أحواله، أو خط يعرفني بماله من العلم إلا أني رأيت ذكره في هذا النقل عن الـلآلي المضـيئة للمولى العلامة الكبير أحمد بن محمد الشرفي ولفظه: وروى الفقيه الأمجد أحمـد ابن يحيى الصعدي الحداد الملقب بالشـره الساكن في الهجر وكان رجلاً ثقة مـن أعوان الإمام عليه السلام قال: لما اشتد الأمر على الإمام القاسم بن محمد عليـه السلام ودخلت الأتراك مدينة السودة (قلت: وذلك أوائـل سـنة 1008 ثـمان وألف) وكان الفقيه أحمد هذا قد جرى منه إلى الأتـراك مـا يسـوؤهم وهـو أنـه أخرب موضع محطتهم التي كانت في قزع الهَجَر والتي في الحدبة، وحمل أخشابها إلى شهارة بأمر الإمام عليه السلام، وكان كثيراً ما سعى في معاونة الإمـام عليـه السلام وإدخال المرافق عليه وعلى أصحابه وذلك برأي من الإمام عليه السلام، فقال الفقيه المذكور: وقع في نفسـي وساوس مما كنت أسمع من الإرجافات من كثير من الناس، وخشيت أن الأتراك يملكون البلاد فلا يبقون باقية مع خـوف الهلاك على النفس. فقلت للإمام أنه يعذرني ويفسح لي، فقال عليه السلام: هذا المجلس لا يتسع لجوابك ولكن متى قمنا إلى غيره فاتبعني واسمع كلامك عـلى

خلو من الناس قال: فلما انتقل الإمام من مجلسه ذلك اتبعته إلى مجلس آخر وأعدت عليه الكلام وليس عنده أحد فقال عليه السلام: الخيار إليك إن كنت تريد أن تكون من جملتنا في الشدة والرخاء والعسر واليسر، وتوكل على الله سبحانه، وترضى بما جاء من عافية أو بلاء فنحن على هذا الحال لا نبغي إلا رضا الله سبحانه ولا ندري ما يقع علينا، ولكنا نرضى بكل ما وقع ما لم يكن معصية منا، فإن كنت منا على ذلك أخبرتك بأمر لا علم لك به، وإن لم تقدر على ذلك وأنت تحب أن نفسح لك فسحنا لك ولم أخبرك بشيء فالخيار إليك. قال قلت: يا مولانا أمهلني ساعة؟ قال: لك ذلك. فمكثت ساعة وقلت له: يا مولانا قد رضيت أن أكون من جملتكم في الشدة والرخاء وأتوكل على الله فيما جاء وأنا راض بذلك. قال: فأخرج ورقة من قفص مكتوب فيها بخط قديم كوفي وقال لي هذا خط علي بن أبي طالب عليه السلام اقرأه هل تحسن قراءة الخط الكوفي؟ قلت: لا أحسن. قال: هذا الخط مضمونه أن قائماً من أهل البيت عليهم السلام يملك حصن شهارة في مثل هذا الزمان المتأخر وأنه يزيل دولة الأتراك ويملك البلاد، ويحكم فيها إلى عقبة مصر فإن بقيت أنا وأنت فسترى ذلك إن شاء الله تعالى، وأن أمر خلاف ذلك فهو الثالث من ولدي فإني قد أعطيت هذه المرتبة التي أنا فيها يعني الإمامة إلى الثالث من ولدي هذا لفظه أو معناه انتهى بلفظه.

قلت: ومثله جاء في غاية الأماني في أخبار القطر اليماني إلا أنه ذكر ذلك في حوادث سنة 1022 فقال: إن الإمام القاسم بن محمد لما توجه في تلك السنة إلى صعدة وأدركه عيد الأضحى وهو في وادي مور فعيّد هناك وحصل مع الناس في تلك المدة ما لا مزيد عليه من الغم والكدر والخوف والحذر وساءت الظنون وأيس أكثر من يعتزي إلى الإمام من وصوله إلى ما تقر به العيون حتى طلب منه بعض خواصه وملازميه الأذن لهم بمفارقته منهم الفقيه أحمد بن يحيى الحداد

الملقب الشره فقال له الإمام القاسم ما معناه: الخيار إليك إما أن تكون من جملتنا في الشدة والرخاء وترضى بما جاء من عاقبة وبلاء، وأخبرك بأمر لا علم لك به، وإما إن تفارقنا ولا أجبرك بشيء. فقال صاحب الترجمة: أمهلني ساعة ثم بعد ذلك قال: قد رضيت قد رضيت أن أكون من جملتكم، فأخرج الإمام ورقة بخط أمير المؤمنين علي عليه السلام فيها ذكر قيام إمام في ذلك الوقت انتهى.

34- الفقيه إسماعيل بن أحمد سهيل

الفقيه العلامة إسماعيل بن أحمد سهيل الصعدي اليمني.

ترجم له العلامة عبد الرحمن بن حسين سهيل صاحب بغية الأماني والأمل فقال: أخذ عن علماء عصره، وكان عالماً عاملاً، عارفاً كاملاً، وله يد طولى في العلوم، وأظن أنه شارح القصيدة للإشبيلي في مصطلح علم الحديث، ووفاته في القرن الحادي عشر انتهى كلامه.

35- السيد الحسن بن أحمد بن الإمام الحسن

السيد الماجد الجليل شرف الإسلام الحسن بن أحمد بن الإمام الناصر الحسن ابن علي بن داود الحسني اليحيوي المؤيدي الصعدي.

هو ثاني أولاد أبيه أحمد بن الإمام الحسن المتوفى سنة 1024 والمتقدمة ترجمته قريبا بحرف الألف، وأمه وأم أخويه محمد الأكبر وعلي هي الشريفة الطاهرة خديجة بنت الإمام القاسم بن محمد المتوفاة بصعدة سنة سبعين وألف. وكان صاحب الترجمة سيدا جليلا، نال من أخواله أولاد الإمام القاسم بن محمد الجاه والمكان السامي والمقام الرفيع، إضافة إلى منصبه العالي، وقد أنابه في أيام ولايته المولى ملك اليمن محمد بن الحسن بن الإمام القاسم على صعدة بعد خروجه

منها عام 1048 لزيارة والده إلى ضوران وجبل الدامغ، وفي أثناء عودته من تلك الزيارة وقد بلغ قريبا من شهارة بلغه وفاة والده سلطان الإسلام والمسلمين الحسن بن الإمام القاسم فرجع القهقهرى عائدا إلى ضوران، واشتغل بمهام ذلك الحادث الجلل ولم يرجع إلى صعدة محل ولايته البتة، فبقي السيد الحسن بن أحمد صاحب الترجمة في حكم المتولي لها هو وصنوه علي بن أحمد إلى تاريخ وصول خالهما وشقيق أمهما المولى أحمد بن الإمام القاسم وذلك أوائل سنة 1055 فعاشا في ولاية خالهما المذكور في خير مقام وأسعد حال، ومن أخبارهما أيضا مشاركتهما لأخوالهم أولاد الإمام القاسم بن محمد في حروب الأتراك الأخيرة في زبيد وما حولها، كما ذلك مذكور في مواضعه. وقد نقلنا بحرف الميم من هذا القسم عن شرح الدامغة الكبرى حادثة السيد الحسن المذكور التي جرت له مع السيد الإمام محمد بن علي الفوطي فلتأخذ من هناك.

ولصاحب الترجمة رحمه الله وصايا معروفة، من ذلك وصية بير الشعيبي برحبان، وبير خنادق بعكوان وغيرها الكثير في علاف وغيره، فإني رأيت في درج الوقف أنه أوقف الثلث من مخلفه للفقراء والمساكين، وكانت وفاته رحمه الله يوم الأحد غرة شهر جمادى الأولى سنة 1064 أربع وستين وألف، نقلت تاريخ وفاته من شاهد قبره بالقرضين في مشهد آل الهاشمي، وبجواره قبر والدته الشريفة خديجة، وقد خلف خمسة من الأولاد: محمد وعبدالله ويحيى وقاسم وأحمد، أعقب منهم قاسم لا غير، ثم ما لبث هذا الولد أن انقطع نسله وبذلك انقرضت ذرية صاحب الترجمة رحمه الله وإيانا والمؤمنين.

36ـ السيد الحسن بن أحمد الجلال

السيد العالم الناقد البارع المجتهد النظار الحسن بن أحمد بن محمد بن علي بن صلاح بن أحمد بن هادي ابن الجلال بن صلاح بن محمد بن الحسن بن أحمد

الملقب المهدي بن علي بن المحسن بن يحيى بن يحيى بن الناصر بن الحسن بن عبد الله بن الإمام المنتصر بالله محمد بن القاسم المختار بن الناصر لدين الله أحمد بن الإمام الهادي إلى الحق يحيى بن الحسين الحسني اليحيوي الصعدي المولد الصنعاني الوفاة.

5 مولده بهجرة رغافة وقرأ بها القرآن، ولما أيفع انتقل إلى مدينة صعدة فأخذ عن علمائها كالقاضي الحسن بن يحيى حابس وغيره، ثم انتقل إلى شهارة ثم إلى صنعاء وأخذ عن السيد محمد بن عز الدين المفتي في فنون العلم، وأخذ عن المولى سلطان العلوم الحسين بن الإمام القاسم بن محمد، وعن القاضي عبد الرحمن بن محمد الحيمي وغيرهم وتبحر في جميع العلوم وفاق الأقران، فكان آية
10 عصره في كل فن من الفنون العقلية والنقلية، ومن أجل من أخذ عنه ولده محمد ابن الحسن والقاضي الحسين بن عبد الحفيظ المهلا الشرفي وإخوته وغيرهم. وكان قد سكن صنعاء مدة ثم سكن المناظر من بني قشيب في جراف صنعاء وبها أمضى عمره وألف أكثر كتبه..

وهي تصانيف عدة في شتى العلوم منها (ضوء النهار المشرق على صفحات
15 الأزهار) و(حاشية على شرح القلائد في العقائد) للنجري وشرع في تفسير القرآن الكريم ولم يتم له وكمل حاشية الكشاف للسعد سماها (منح الألطاف تتمة حاشية الكشاف) وله عقيدة سماها (العصمة من الضلال) وله مؤلف في الأصول سماه (عصام المحصلين عن مزالق المؤصلين) مختصر وشرحه وهو مفيد وله شرح الفصول اللؤلؤية في أصول الفقه سماه (نظام الفصول)، وله شرح تهذيب
20 المنطق سماه (التحلية والتذهيب بجواهر التهذيب) فرغ منه سنة خمس وأربعين وألف، وله شرح على كافية ابن الحاجب وهو شرح في غاية الحسن والتحقيق سماه (المواهب شرح كافية ابن الحاجب) وله شرح على مختصر المنتهى سماه

(بلوغ النهى إلى حقائق المنتهى)، وله (الروض الناضر في آداب المناظر) وله غير ذلك من المسائل النظرية والجوابات الشافية.

وله في فن الأدب اليد البيضاء فكم له من عقيلة ليس لها كفؤ سواه، فمن ذلك القصيدة الفريدة وقد شرحها شرحاً في غاية النفاسة وأبان فيها عن منهجه ومعتقده سماها فيض الشعاع:

العلم علم محمد وصحابه ... يا هائماً بقياسه وكتابه
ولآله منه الخلاصة كلها ... إرثاً تنوسخ عن هدى أصلابه

يشير إلى حديث: أين يتاه بكم عن علم تنوسخ عن أصلاب أصحاب السفينة حتى صار في عترة نبيكم، إلى أن يقول في آخرها مخاطباً للرسول ص:

وقل ابنك الحسن الجلال مجانب ... من قد غلا في الدين من تلعابه
لا عاجزاً عن مثل أقوال الورى ... أو هائباً من علمهم لصعابه
فالمشكلات شواهد لي أنني ... أشرقت كل مدقق بلعابه
لولا محبة قدوتي بمحمد ... زاحمت رسطاليس في أبوابه
لكنني أولى الورى بمقامه ... فأنا ابنه وأسير في أعقابه
يا سيد الرسل الكرام دعاء من ... أودى به الهجران من أحبابه
وقد انفردت عن الرجال ومؤنسي ... قرب إليك أعود حلس جنابه

وله من ذلك قصيدة في نحو 73 بيتاً ضمنها أنواع البديع وهي الموسومة بالسحر الحلال بديعية الحسن الجلال وشرحها بشرح لطيف جعلها في مديح المقام النبوي. ومن شعره أيضا قوله:

قالوا بلغت من العلوم مبالغاً ... قصرت خطى العلماء عن إدراكها
لو كان فيك سلامة من حدة ... عين الكمال رمتك من أشراكها
فأجبتهم موسى أحدُّ وقد سما ... فوق السماء وعد من أملاكها

وبحدة النار استفاض النور من	كل الدنى وعلت على أفلاكها
أما وقار المرء فهو سكونه	في الحادثات تأنياً بفكاكها
ما إن تنافيه ذلاقة منطق	يأتي بدر القول من أسلاكها
والعي يحسبه وقاراً جاهل	سبل العلى ما كان من سلاكها

وكان السيد الحسن الجلال فيما يروي عنه مترجموه كثير الاعتراض فيما لا يكاد يخلو عنه البشر من الأمور التي عليها كافة الناس روي أنه اعترض الإمام المتوكل على الله إسماعيل في مسألة الحجاب وكان المتوكل على الله يعظمه غاية التعظيم فاعترضه في تلك المسألة وأنه لا يكاد الضعيف من الناس يقضي له أرب، فقال الإمام: سنجيب عليكم في ذلك، وأمر حاجبه بفتح الأبواب جميعها فازدحم الناس حتى ضاق المجلس بمن فيه حتى تعذر القعود فالتجأ كل من في المجلس إلى القيام وصار السيد المذكور لاصقاً ببعض جدران المكان وقد كاد أن يداس بالأقدام فقال له الإمام: هذا هو الجواب، وألف رسالة تتضمن الاعتراض على الإمام المتوكل رضوان الله عليه في حربه البغاة من بلاد يافع والمشرق سماه براءة الذمة في نصيحة الأئمة.

قال السيد المؤرخ إبراهيم بن عبد الله الحوثي في نفحات العنبر ما لفظه:

وأما ورعه وزهده وعبادته فشيء لا يوصف فإنه كان يقوم الليل للعبادة ولا يأكل من بيت المال شيئاً بل كان ينفقه في وجوه أخرى، وكان يتخذ خيلاً للنتاج يبيع أولادها على قاعدة أهل بلده رغافة، ويستغني بثمنها فيما يقوم بمؤنته،

وأخبرني شيخنا العلامة البرهان عن والده الوجيه قال: أخبرني السيد الولي العلامة علي بن إسماعيل حطبه قال: حدثني عمي الولي إبراهيم حطبة قال: سرت إلى الجراف لزيارة السيد الحسن بن أحمد الجلال في عيد فرأيته معتماً يسيرا من القطن خشنة من حياكة صنعاء يسمونها رِيْزة قال فقلت له: إن هذه ليست

مما يليق بك فقال: وأعجبك إن هذه كان جدي يتجمل بها للعيد ثم تبعه بعد ذلك والدي وهي باقية معي أتجمل بها للعيد كأنه يبغض إليه الدنيا ويحثه على الزهد فيها. وكان المتوكل يعظمه غاية التعظيم ويرى له الحق الأكيد ويتوقى اعتراضات صاحب الترجمة عليه، وكان العلامة الجلال كثير المناقشة له والرد للقواعد التي بني عليها الفقهاء أحكام المعاملات والسياسات، وألف كتاب براءة الذمة في نصيحة الأئمة اعترض به على المتوكل في حرب البغاة أهل المشرق، وله في النظم والنثر اليد الطولى والقدح المعلى، فمن شعره قوله:

رضاء الناس من طلب المحال	وصبر المرء خير في المآل
وشكواك الزمان إلى لئيم	كرمي بالسهام بلا نصال
ومن جعل العفاف له سبيلاً	ينل فيه الغنى من غير مال
ومن سخط القضاء يعش كئيباً	قليل الوفر ممقوت الفعال
رضيت عن القضاء فزال همي	على سعة لدي وضيق حالي
وحسبي أن بلوت الناس طراً	ومارست الخطوب فلا أبالي
أرى الدنيا تبوء بشسع نعلي	وهي أقل من شسع النعال
وأي فضيلة عندي لدار	أقيم بها على ساق ارتحال
تزيا للرجال بثوب زور	ولمع في الغرور كلمع آل
وتؤذيهم صروف الدهر فيها	بطول العمر أو قرب الزوال
عجبت لموقن بالموت يسعى	إلى الدنيا بعزم واحتفال
تمر به الحوادث كل يوم	فيمسي لا تمر له ببال
ويغدو لاهياً مرحاً حريصاً	يسوم فؤاده طلب المحال
يعلل بالمنى قلباً طروباً	وينعم في وجود كالخيال
فلا ترج السلو بدار غم	فما حي على الدنيا بسال
ولا يغررك حظ نلت منها	وإن نلت النهاية في الكمال

ولا تشــغل نفــيس العمــر إلا ... بكســبك للمعــارف والمعــالي
فشــر القــوم ذو حــرف جهــول ... وخــيرهم فتــى بــالعلم حــالي
وزيــن بالبشاشــة منــك خلقــاً ... ولا تحفــل بكــبر واختيــال
وإن سنح السكوت فكـن صـموتاً ... ولا تجــنح إلى قيــل وقــال
فلـم ينـدم عـلى صـمت صـموت ... وكــم جــر الكــلام إلى وبــال
فــإن نلــت الســلامة في اعتــزال ... فحــي هــلا ببعــد واعتــزال
وإيــاك الوقــوف بــدار ذل ... وأرض الله واســعة المجــال
وكسـبك للحـلال فـلا تدعـه ... ولا تكسـب معاشـاً مـن سـؤال

ومن مقطوعاته الفائقة:

وزائــــر في المنــــام وافى ... يخطــر في تيهــه وعجبــه
نبهنــــي للشــــقاء وولى ... مــا هكــذا الخــاطر المنبــه
شــبهته البــدر إذ بــدا لي ... فلــم نــرى الخــير للمشــبه
فبــات دمعــي عــلى خــدودي ... عقــداً كعقــد ابــن عبــد ربــه

وله يهني المولى سلطان الإسلام الحسن بن الإمام القاسم بن محمد بعافية من مرض:

لما سلمت فكل النـاس قـد سـلموا ... فــلا أصــابك تكــدير ولا ســقم
قد كان هاج الورى حماك وارتعدوا ... كــأنهم دوحــة في ظلهــا ألم
بقيــت للــدين والــدنيا تحــوطهما ... وأنــت يحرسـك الإسـعاد والـنعم

وله وفيه التضمين والاكتفاء والتوريه:

رفعــت عمامتــي فــرأت ... بــرأسي شــيباً اشــتعلا
فقامــت بعــد تنكــرني ... فقلــت لهــا: أنــا ابــن جــلا

وله: 5

وشــادن يغــرق أهــل الهــوى ... في حســنه فابــك عــلى وارده
مــذ لاح في الخــد أخــو أمــه ... عاينت تصحيف أخي والـده

وله رحمه الله:

خل الوساوس والهموم بمعزل ... وكل الأمور إلى المليك المفضل
واحفظ فؤادك فهو حافظ سره ... عن أن تمر به ظنون مغفل
هذا مرادك مقبلاً من عنده ... فتلقه بطلاقة وتجمل
لا تأتين به وظنك سيئ ... فيكون فيه فضيحة لا تنجلي
أو ما كفى لك عبرة ما قد مضى ... من كشفه لك كل كرب معضل
في الحال والماضي عرفت جميله ... وهو الكفيل بذاك في المستقبل
فدع الهموم يكون هماً واحدا ... هم اللقاء له لعلكما تنسلي

ويروى أن الإمام المهدي أحمد بن الحسن الملقب سيل الليل زاره إلى بيته في الجراف فلم يتمكن من الصعود إلى أعلاه إلا بمشقة لضيق الدرج ولأنه كان يتمنطق بالسبيكي فلما أخذ مكانه من المجلس وأخذوا في تجاذب أطراف الأحاديث بينهم كتب الإمام المهدي لصاحب الترجمة حوالة بمبلغ من المال يستعين به في بناء دار متسعة وسلمها له في المجلس فلما اطلع عليها كتب على ظهر ورقة الحوالة تلك قول الشاعر:

يقولون بيتك ذا ضيق ... فهل نسجته لك العنكبوت
فقلت المقام بهذا قليل ... وهذا كثير على من يموت

وعلى الجملة فصاحب الترجمة ممن اشتغل به أهل عصره وعمد إلى ذكره والتنويه بمقامه من جاء بعدهم من المتأخرين وإنما أنا ناقل عنهم تلك العبارات التي تقدمت في ترجمته، وليس لي فيها إلا الرصف والترتيب، وقد ذكر بعض العلماء منهم مؤلف بهجة الزمن عنه ترجيح مذهب الظاهرية وأشياء أخرى

عدوها من إختياراته والله أعلم.

توفي رحمه الله تعالىٰ بالجراف في ليلة الأحد 22 ربيع الثاني سنة 1084 أربع وثمانين وألف عن سبعين سنة وقيل عن ثلاث وسبعين وقبره في أكمة معروفة غربي أسفل الجراف قريبة من الروضة شمالي صنعاء. وقال في كراس وقفت عليه يضم أنساب ومشجر السادة آل الجلال ما لفظه:

ولم يزل مستمرا في الجراف عاكفا علىٰ الدرس والتدريس حتىٰ استأثره الله في بيته فدفن هنالك في أكمة بين الجراف والروضة من أعمال رسلان. مولده في رجب سنة أربع عشرة وألف، أخبرني بذلك من لسانه عن رواية والديه، ووجدت بخط والده تاريخ مولده في سنة ثلاث عشرة والله أعلم، وتوفي عادت بركاته في وقت السحر من ليلة الأحد لثمان بقين من شهر ربيع الآخر سنة أربع وثمانين وألف وكنت أنا الذي حضرت وفاته وغمضته رحمة الله عليه، قال: وأعقب أولادا درج أكثرهم صغارا، أكبرهم محمد ثم عبدالله ثم أحمد ثم إسماعيل ثم الحارث، فأما أحمد وإسماعيل فتوفيا قبل وفاته بعد التكليف ولم يعقب إسماعيل، وأما أحمد فأعقب ولدين زيد وماجد، وكان ذا أدب وسيادة عظيمة، وله شعر حسن. ومحمد بن الحسن مولده في شهر المحرم غرة سنة اثنتين وأربعين وألف في الجراف، اشتغل في العلم علىٰ والده في النحو الكافية وبعض شروحها والمناهل في التصريف والتلخيص في المعاني والبيان وشرحيه للعلامة السعد والعضد في أصول الفقه والكشاف في التفسير وغير ذلك، ووالدته هي الشريفة الطاهرة فاطمة بنت السيد الإمام العلامة صلاح بن عبدالله الحاضري، وفتح الله له بحظ وافر في الخطب والمواعظ لا يستطيع أحد إذا سمع وعظه أن لا يبكي حتىٰ قيل في ذلك الأشعار السائرة منها هذه الأبيات للفقيه الأمجد شمس الدين أحمد بن علي الشارح لما خطب الوالد السيد العلامة محمد بن الحسن

الجلال على منبر الجامع بصنعاء خطبة وجلت منها القلوب وذرفت منها العيون تشتمل على وعظ بليغ ودعاء في أيام المجاعة وهي هذه:

قد خطب السيد نجل الجلال ... ومد كفا قاصدا ذا الجلال
بخطبة أوجد فيها لنا ... من باعث العبرة والدمع سال
وقد وعاها البعض ممن وعى ... ثم دعا بالجهر والابتهال

ووازر السيد العالم الزاهد محمد بن أمير المؤمنين المتوكل على الله إسماعيل بن القاسم وهو أمير صنعاء وما حولها وله به اختصاص ومحبة، وخطبه مدونة، وله من التصنيف كتاب تثبيت الأقدام في فتنة أهل الإسلام والنهي عن التوغل في علم الكلام، انتهى الكلام المنقول من الكراس المذكور.

(وصنو صاحب الترجمة)

السيد الهادي بن أحمد ترجم له في نفحات العنبر فقال:

وأما أخوه العلامة الهادي بن أحمد الجلال فكان علامة محققاً، قال صاحب العبير يريد السيد عبدالله بن علي الوزير: أنه صنف شرحاً للأسماء الحسنى يدل على علم غزير ومادة قوية انتهى. وقال في طبق الحلوى أنه سكن أولا بمدينة ذمار، وكان يختلف منها إلى اليمن لمعلومه من عز الإسلام محمد بن الحسن بن المنصور، ثم نقل إليها أولاده واستوطنه وفي أيام سكونه باليمن سمع في الحديث النبوي، وآثاره تدل على فطنة وتطلع وشرح الأسماء الحسنى بشرح وافق في بعض مسائله الأشعرية وخالفهم في مسألة الكسب وألحقهم على أحد تقديرين بالجهمية، وأثبت الرؤية وجعلها كمذهب أوائل الحنابلة حقيقة وجود حصولها في الدنيا، وقطع في عقيدته التي صنفها بخروج العصاة الأشقياء. قال: وكانت وفاته في شهر جمادى الأولى من سنة 1079 تسع وسبعين وألف وهي السنة التي توفي فيها المولى محمد بن الحسن بن المنصور وكان وفاة السيد هادي الجلال

بالجراف لدى أخيه الحسن رحمه الله تعالى انتهى كلامه.

37ـ السيد الشهيد الحسن بن داود القطابري

السيد الفاضل الشهيد الحسن بن داود بن الحسن بن يحيى بن محمد بن يحيى ابن القاسم بن محمد بن الهادي بن الأمير المؤيد بالله بن أحمد بن الأمير شمس الدين يحيى بن أحمد بن يحيى بن يحيى الحسني اليحيوي القطابري لقبا ونسبا. وهو من قرابة السيد العلامة أحمد بن محمد بن صلاح القطابري المتوفى سنة 1069 المتقدمة ترجمته قريبا بحرف الألف يجتمعان في يحيى بن محمد الجد الثالث في النسب المتقدم.

وصاحب الترجمة كان سيدا فاضلا موصوفا بالعلم، والظاهر أن له قراءة على السيد العلامة داود بن الهادي كما سيأتي قريبا. وكان أحد المجاهدين مع المولى سلطان الإسلام الحسن بن الإمام القاسم بن محمد المتقدمين معه من صعدة إلى صنعاء لحصار الأتراك بها، وكان استشهاده في تلك الحروب بالقرب من مدينة صنعاء شهر رمضان الكريم سنة 1036 ست وثلاثين وألف، واحتز رأسه الشريف، وقد ذكرت حادثة استشهاده في اللآلي المضيئة وفي الجوهرة المنيرة وغيرهما، وباستشهاده انقطع نسله رحمه الله رحمة الأبرار.

38ـ الإمام الناصر الحسن بن علي بن داود

الإمام الناصر لدين الله الحسن بن علي بن داود بن الحسن بن الإمام علي بن المؤيد بن جبريل بن الأمير المؤيد بن أحمد بن الأمير شمس الدين يحيى بن أحمد ابن يحيى بن يحيى بن الناصر بن الحسن بن عبد الله بن القاسم المختار بن الإمام الناصر أحمد بن الإمام الهادي إلى الحق يحيى بن الحسين بن الإمام القاسم بن إبراهيم بن إسماعيل بن إبراهيم بن الحسن بن الحسن بن علي بن أبي طالب

الحسني الهادوي المؤيدي الصعدي اليمني.

مولده في سنة 945 خمس وأربعين وتسعمائة تقريباً. ونشأ بصعدة على ما نشأ عليه آباؤه الكرام، فقرأ على علمائها، ثم رحل إلى صنعاء فأخذ عن السيد المطهر ابن محمد بن تاج الدين الحمزي في علم العربية، وكان يتعجب من فطنته وجودة نظره، ثم رحل إلى سودة شظب فأخذ بها عن السيد الإمام جمال الدين علي بن الناصر الحسيني الواصل من الجيل والديلم في علم المنطق منها الرسالة الشمسية، ثم ارتحل إلى مدينة السودة فقرأ في كتب الفروع والحديث على جماعة من علمائها منهم الفقيه العلامة صلاح بن يحيى قيس، ثم انتقل إلى جهات الشرف فأخذ في هجرة الوعلية عن السيد الهادي بن أحمد الوشلي في الأصولين وفي العضد وفي الكشاف ثم رجع إلى صعدة وتصدر فيها للتدريس في العلوم، وكان يقري في مسجد النزاري إحدى مساجد صعدة القديمة، وبلغت محفوظاته من الكتب اثني عشر مختصراً في جميع العلوم.

وممن أخذ عنه ولازمه الإمام المنصور بالله القاسم بن محمد وغيره من أكابر علماء عصره، منهم السيد إبراهيم بن المهدي جحاف، والقاضي عامر بن محمد الصباحي، والسيد الطيب بن أحمد، والقاضي أحمد بن صلاح الدواري وغيرهم. وله من المصنفات: كتاب (أسنى العقائد في أشرف المطالب وأزلف المقاصد)، وله (شرح على الموشح) للخبيصي، وله في (فتاويه) كتاب جمعه جامع سيرته الفقيه العلامة الفاضل أحمد بن شايع اللوزي الدعامي، وله رسالة دعوته العامة أودع فيها ما زكى وطاب من الاستدلال على وجوب طاعة أولي الأمر.

وقد ترجم له القاضي العلامة الحافظ أحمد بن سعد الدين المسوري فقال:

الإمام الأسير الشهير الخطير الكبير. كان له من الفضائل ما لا ينكره الأعداء ولا تجهله الأودّاء، ومن أعظم ما خصه الله تعالى تأويل القرآن المجيد وتفسيره

والإطلاع على دقائقه والاعتماد عليه في الرسائل وأجوبة المسائل والخطب ومحاورة القبائل حتى أن الرجل يسمع منه الآية يحتج بها أو يوردها كأنه لم يسمعها من قبل، ويبهره وضوح احتجاجه بها لم يهتد إليه غيره والله يؤتي ملكه وحكمته من يشاء. ولقد أخبرني بعض السادة الأفاضل الأكابر أنه كان يضمن كل خطبة من خطبه آيات من القرآن حتى بلغ القرآن كله في كل جمعة شيئاً، وهكذا يسلك في الأحكام الفقهية الشرعية من أول أبواب الفقه إلى آخرها. وأخبرني والدي عمن أخبره أن رجلاً وفد عليه بنحو مائة مسألة أو تسعين الشك مني فأمره عليه السلام بالانتظار حتى إذا قام للوضوء وأخذ السواك طلب السائل فأمره يعرض أسئلته وهو يستاك فأجاب عن جميعها في تلك الحال من كتاب الله عز وجل وما تعرض لشيء من سواه. وسمعت الإمام المؤيد بالله محمد بن القاسم يذكر عنه أنه دخل إليه عليه السلام بعض الفقهاء وهو يتلو: {يا أيها الذين آمنوا إن جاءكم فاسق بنبأ فتبينوا أن تصيبوا قوماً بجهالة فتصبحوا على ما فعلتم نادمين} يعرض بأن الإمام الحسن لا يتثبت ولا يتبين فيما ينقل إليه، فأجابه عليه السلام بالآية التي بعدها: {واعلموا أن فيكم رسول الله لو يطيعكم في كثير من الأمر لعنتم ولكن الله حبب إليكم الإيمان وزينه في قلوبكم وكره إليكم الكفر والفسوق والعصيان أولئك هم الراشدون} انتهى كلام القاضي.

وقال مصنف سيرته الفقيه أحمد بن شايع ما خلاصته:

ولما بلغ درجة الاجتهاد وتكاملت فيه شرائط الخصال المعتبرة وخيل فيها مخايل الزعامة ومدت إليه الأمة أعناقها، وتمت فيه سائر آلات الفضل حتى قال بعضهم: لو كان مرتبة تزيد على الاجتهاد لوصف ببلوغها، ووصل إليه إلى صعدة أعيان من العلماء وأهل المحبة والنصرة، فقووا منه العزم على النهوض بالإمامة العظمى، فكان خروجه منها في شهر شعبان سنة 986 ست وثمانين وتسعمائة على خفية من الناس إلى الهجر من بلاد الأهنوم، وجلة من خرج معه سبعة نفر

منهم القاضي أحمد بن صلاح الدواري واجتمع إليه في ذلك الأوان السيد العلامة علي بن عبد الله القاسمي الغرباني، والقاضي شرف الدين بن إدريس العيزري، والفقيه العالم الفاضل محمد بن فاضل السيراني، فحين علم تعين فرض القيام ووجود الناصر دعاهم بعد صلاة العشاء ليلة الجمعة رابع عشر شهر رمضان سنة ست وثمانين وتسعمائة إلى الدعاء إلى كتاب الله وسنة نبيه والأمر بالمعروف والنهي عن المنكر ومباينة الظالمين فلبوا دعوته. وأول المبايعين السيد جمال الدين علي بن عبد الله الغرباني، والفقيه محمد بن يحيى سلامة ثم بقية الناس على مراتبهم. وكانت البيعة في البيت المنسوب إلى الجامع بقرية الهجر المسمى بجامع القطيب. ولما كان من الغد خرج عليه السلام واجتمع إليه أهل الهجر عن آخرهم وبذل كل منهم ما تحصل من الواجبات وأنواع المعونات. وفي ذلك اليوم أنشد الفقيه محمد بن يحيى سلامة هذه الأبيات:

نجم الهداية قد بدا وضاحا	وسنى الإمامة للضلال أزاحا
وبدا جبين الحق غير مشوه	فغدت وجوه المعتدين قباحا
وتبلج الزمن البهيم صباحه	وتفرجت كرب الورى أفراحا
وتبدلت شرع الضلال هداية	وتحولت بدع الفساد صلاحا
وتبينت سبل الهدى لمن اهتدى	وتقطعت مهج العدى أتراحا
فالعدل أضحى نشره متعطراً	عادت له مرضى القلوب صحاحا
بقيام مولانا ومالك أمرنا	خير الخلائق منصبا ورجاحا
يهنيكم يا آل أحمد داعياً	خفضت له المتكبرون جناحا
أبدى على الإسلام نورا بعدما	قد كان من طول البلاد تماحا
فيه الإمامة والأمان استحفظا	ولطال قبل قيامه ما طاحا
سفرت لدعوته الثغور جلالة	فغدت بمشكاة الهدى مصباحا
يا خير من بذل النفيس نفاسة	وأشن من غاراته تلماحا

الله مـــنجح كـــل خـــير رمتـــه   فاصـــدع بـــأمرك إن فيـــه نجاحـــا

ويروى انتشار دعوته في الأقطار في أقرب وقت حتى روى بعضهم من بلوغها ما يحير العقول ويعظم موقعها في الصدور، ثم نهض في ذلك اليوم إلى جبل هنوم بمن معه حتى وصل قاع المدان أوان صلاة الجمعة فكانت أول جمعة أقامها هناك، وأقام بقية شهر رمضان في هجرة الروس وأقبل الأهنوم وسائر الجهات العذرية مبايعين وقرر بينهم القواعد واندفع عنهم ما كانوا عليه من الفتن، ولم يزل الوافد إليه والمكاتب والمراسل من كل ناحية، وجاءت كتب أكثر الشيعة والسادة من البلاد الصعدية وغيرها سراً وعلانية وكاتبه رئيس أشراف الجوف الأمير محمد بن الناصر بن أحمد الحمزي وكان والياً بـرداع من جهة الأتراك، فاضطربت لدعوته قلوب الظالمين في سائر الجهات، وتزلزلت أركان صياصيهم، واتّهم بعضهم بعضاً في مكاتبته والسبق إليه. ولم يزالوا من ذلك في أمر مريج حتى كان عقيب عيد الفطر فتقدم الإمام بمن معه إلى الهجر ثم إلى جبل ذري، ووجه القاضي شمس الدين أحمد بن صلاح الدواري برسالة عامة إلى السادة آل شرف الدين ورسائل أخرى إلى سائر الجهات.

وكان دخوله عقيب ذلك إلى شهارة ثم رجع منه إلى هجرة الروس لانتظار جوابات الرسائل وتقدم منها إلى جبل الهجر ثم إلى جبل سيران ثم نزل المساوحة من جهة ظليمة وأخذ في بعث أصحابه إلى الجهات والبلدان، ولم تدخل سنة 987 سبع وثمانين وتسعمائة إلا وقد أجابته البلاد من صنعاء إلى صعدة، وقبض الحصون وولى الولاة حتى كان منتصف شهر الحجة الحرام سنة 988 وذلك عقيب عيد الأضحى فاجتمع الأمراء آل شرف الدين علي يحيى بن المطهر وصنوه لطف الله ومحمد بن شمس الدين على حرب الإمام حتى بلغوا ما يزيد على ستة آلاف رجل وثلاثمائة من الخيل واجتمع إليهم عبد الرحمن بن المطهر وعيال رضي الدين وصاحب عفار وكحلان، واتفق رأيهم وطلبوا من

الأتراك محطة ففتحوا الحرب على جهات شتى، وأقبلوا من كل فج، وانكشفت جولات تلك الحروب والأحداث بإنكفاء يد الإمام على الجهات الظاهرية فانتقل عليه السلام في سنة 989 تسع وثمانين إلى هجرة الروس من جبل هنوم وفتح باب التدريس للعلوم وطلب كثيراً من الكتب والنفائس، وقرر أحوال أصحابه ومن يتعلق به وبذل الوسع في تأليف قلوب الناس، وتلقى من وصل إليه بغاية الإكرام والإيناس. وفي سنة 992 نهض الكيخيا سنان من صعدة بعد أن ملكها لمحاربة الإمام الحسن بن علي فلما وصل قرن الوعر من بلاد عذر ارتفع الإمام من الهجر إلى القدوم وذلك غرة شهر محرم سنة 993 ثم تقدمت المحاط إلى محل الإمام فأحربهم حرباً شديداً وقتل منهم جماعة، ولما عرف الأتراك مشقة المجاهرة بالحرب على الإمام ما زالوا يعملون الحيلة في تخذيل الأهنوم على وجوه مختلفة حتى انخدعوا لهم.

ولما كان يوم الحادي عشر من شهر رمضان سنة 993 ثلاث وتسعين وتسعمائة قصده القوم إلى القدوم وأحاطوا بالمكان إحاطة هائلة وثبت هو وأصحابه في مراتبهم، وكان قد رتب فيما يلي القعاف لمقابلة الكيخيا سنان ومن معه، فلم يشعر الإمام إلا وقد توسطوا الجبل من خلفه، فأمر أصحابه بالتأخر إلى موضع الصاب بالقرب من القدوم وحمل عليه الأتراك وأحزابهم وضيقوا الخناق عليه ولم يكن عنده ما يقوم به وبمن معه ولم يجد بداً من المصالحة فدار الخطاب بينه وبين سنان على خروجه ومن معه بأمان على أن يكون سكونه في صنعاء فأمر الإمام السيد إبراهيم بن المهدي جحاف لأخذ العهد من سنان، ثم خرج عقيب ذلك إليه فسار به إلى صنعاء أسيراً فوصلها لأربع أيام باقية من شهر رمضان من تلك السنة وأودعوه السجن ومعه الفقيه محمد بن يحيى سلامه والشيخ وهان العذري ولم يفوا بما وضعوا له فبقي إلى منتصف شهر شوال سنة 994 أربع وتسعين وتسعمائة ثم جهز به عليه السلام هو وأولاد المطهر وهم علي

يحيى ولطف الله وحفظ الله وغوث الدين وابن أخيهم محمد بن الهادي والشيخ وهان العذري إلى بندر المخا لموجب الإرسال بهم من هناك إلى الروم.

قال في غاية الأماني في أخبار القطر اليماني:

ويروى أن الإمام القاسم بن محمد كان من جملة الملازمين للإمام الحسن بن علي، فلما وصل بهم سنان إلى المخا أراد الإمام القاسم الركوب معهم وهو يومئذ من أفراد الناس لا يؤبه له، فمنعه سنان عن الركوب لأمر يريده الله تعالى، فرجع إلى صنعاء ولازم حلق الدرس في مسجد داود انتهى بلفظه. وقد أشار إلى مجمل تلك الحوادث من دعوته السيد العلامة داود بن الهادي المؤيدي في تتمته على البسامة فقال:

والقائم الناصر الداعي العباد إلى — سبل الرشاد عظيم القدر والخطر
سعى لنصرة دين الله معتصماً — بعروة الله سعياً غير محتقر
وكان ما كان من أخبار سيرته — فكن لبيباً ولا تسأل عن الخبر

وإلى حادثة أسره من قبل المتولي العثماني الوزير حسن باشا أشار المولى عبد الله بن علي الوزير في تتمته على قصيدة البسامة المسماة بـ(الروض الباسم النضير على بسامة العلامة ابن الوزير) فقال:

ومكنت حسنا ما رام من حسن — من بعد حرب شديد الحر مستعر
لما كسته برود المجد معلمة — تلفعت بخمار عنه في خمر
واستفحل الترك إذ لم يبق في يده — من البلاد سوى الأهنوم أو عذر
فنال منه مراد ما يريد على — يدي سنان ووافى الروم في نفر

وترجمه السيد الإمام إبراهيم بن القاسم الشهاري في طبقات الزيدية فقال:

هو الإمام الأسير والعلم النحرير. كان بحراً لا يساجل، طار صيته في الآفاق وظهر علمه ظهور الشمس في الإشراق، وفاز من العلوم بالقدح المعلى في قدر

عشر سنين. دعا إلى الله في الهجر أسفل بلاد الأهنوم سنة ست وثمانين وتسعمائة بعد أن بايعه جميع علماء الزمان المعتبرين، وبث دعاته في الآفاق ونفذت أوامره ونواهيه في جميع اليمن الأعلى إلى صنعاء، واستولى على كثير من حصون اليمن، واستمرت له الخطبة في الجميع ثم لم تزل البلاد تذهب من يد الإمام حتى لم يبق إلا بقية، فجهز الأتراك جيشاً عظيماً إلى بلاد الأهنوم، فحاصروا الإمام في القدوم بفتح القاف والمهملة وسكون الواو ثم مهملة مخففة حتى قبض في الصاب أسفل جبل هنوم في شهر رمضان سنة ثلاث وتسعين وتسعمائة، ووقف في الأسر في صنعاء سنة ثم ارتحلوا به مع أولاد الإمام شرف الدين إلى الروم في سنة 994 وأنزله السلطان بجزيرة تسمى ذي قلة(18) بالقرب من القسطنطينية، ثم حصل له من القبول والمحبة من السلطان محمد وولده أحمد ما لا يوصف، ووصل إليه علماء تلك الجهة فراجعوه، ووجدوا عنده من العلم ما ليس في ظنهم، وتأكدت له عندهم العقيدة الصحيحة والمودة الصريحة. **قلت**: ولم يزل في الحبس قال الحافظ أحمد بن سعد الدين: حتى وصل الشريف علي الرومي وأخبر الإمام القاسم بن محمد عليه السلام أن الإمام الحسن بن علي عليه السلام توفي يوم الخميس ثالث عشر من جمادى الأولى سنة 1026 ست وعشرين وألف، وقيل: في ذي القعدة سنة 1025 والرواية الأولى عن الحافظ المسوري هي أولى والله أعلم؛ فيكون لبثه في الحبس إحدى وثلاثين سنة رحمة الله عليه وسلامه انتهى بلفظه وحروفه.

قلت: وقد وهم السيد الإمام مؤلف الطبقات في النقل عن الحافظ أحمد بن سعد الدين بشأن تاريخ وفاة الإمام الحسن فالمذكور في كتاب إجازاته التي جمعها أن وصول الشريف الرومي إلى الإمام القاسم بن محمد كان في جمادى

---

(18) ذي قله: جزيرة بالقرب من اسطنبول.

الأولى سنة ست وعشرين وألف، وأخبر الإمام أن وفاة الإمام الحسن كانت في ذي القعدة سنة 1025هـ، ومثله قرأته في بعض المجاميع لبعض العلماء من آل حنش، ونقله أيضا السيد المطهر بن محمد الجرموزي كما سيأتي ذلك عن خط السيد العلامة الزاهد صلاح الدين صالح بن عبد الله الغرباني قدس الله روحه إلا أنه قال في شوال سنة خمس وعشرين وألف، فليعلم ذلك موفقا.

(أخباره في منفاه بالقسطنطينة)

وقد أورد السيد المؤرخ المطهر بن محمد الجرموزي في سيرة الإمام المنصور بالله القاسم بن محمد عليه السلام المسماة النبذة المشيرة إلى جمل من عيون السيرة بعض أخبار الإمام الحسن بن علي بن داود في منفاه بالقسطنطينية فقال في مواضع متفرقة ما خلاصته:

وفي تلك المدة -أي أيام بقاء الإمام القاسم بجبل برط- أرسل الحاج الصالح العابد دغيش بن محمد الغشمي إلى الروم للاتفاق بحي الإمام الحسن بن علي وقد بلغه أنه عليه السلام مُكِّن من الكتب في الروم، وأنه أتم ما كان شرعه من شرح البحر الزخار، أخبرني سيدنا الفقيه المجاهد العالم يحيى بن صلاح الثلائي أن الحاج المذكور كان دخل إلى بلاد الروم مرة أولى في أول قيام الإمام القاسم، وأن الإمام الحسن سأله بتفصيل قيامه وحسن الإجابة فحصل معه عليه السلام من السرور وأكثر من الدعاء له سلام الله عليهما. وقال في موضع آخر: أما أحواله في اليمن ونشأته وزهده واحتياطه وعلمه ودعوته فمشهورة عن سيرته، وإنما نذكر أحواله في الروم ووفاته.

أخبرني الأمير عبد الله بن محمد الرومي من أهل القسطنطينية وسكانها فإنه خرج إلى عند مولانا أمير المؤمنين المؤيد بالله في عام اثنتين وخمسين وألف أن

الإمام الحسن بن علي حبس في موضع بنظر عمه، وكان للأمير رواي الخبر أخ يكبره يسمى علي، فكان يقوم بخدمة الإمام ثم إن الإمام كره منه شيئاً فجعله عمه القاضي عوضاً عن أخيه في الخدمة. قال: فكان الإمام يغلق على نفسه في مكان وسيع مأهول للعلماء والكبراء وعنده كتبه، فكان يغلق الطياق ويقبل من الضياء ما لا بد منه، وله طريق إلى بيت الحريم وكان معه ست جواري سمّاهن وذكر لباسه، فقال أنه كان يلبس قميص أزرق وعمامة منه، وثوب مثني ولباد يدفأ به قال: والباب بيننا وبينه فإذا سألناه أجابنا من خلف الباب وإذا وصل أحد من الكبراء قال: أطلبوا السيد محمد بن لطف الله بن المطهر وكان ولد في الروم، فهو يعرف لسانهم وينتظر الواصل حتى يصل المذكور، ثم يفتح الإمام وينزل كلا منزلته ويجيب كلا بغرضه، ولا يطال عنده الجلوس. قال: وكان يجلس على لبّاد ضعيف وقد اجتمع عنده من فرش الروم وبسطها وطنافسها أحمالاً مما يصل به الكبراء فيقول: افرشوا لهم من حقهم، فإذا قاموا أرجعناها، وإذا خرج السلطان ووزراؤه وضربت لهم الصنوج وغيرها من الآلات فلا يفتح نافذة مكانه ولا ينظر إليهم، فسأله عمي القاضي فقال: لا يجوز ذلك إلا بإذن السلطان. ومن ذلك أنه كان يموت من عظمائهم فيطلبونه للصلاة عليهم فيقول: إنما يصح بإذن السلطان، وهم لا يعرفون مقصده فيظنونه سلطانهم. ولما توفي عليه السلام ودفن في موضع سماه راوي الخبر، ووصل ناظر السلطان لقبض ما في مكانه، قال فجلس القاضي والمفتي والناظر خارج المكان، وجعلوني أخرج لهم ما وجدت لأنه المكان قد علاه غبار كثير، فوجدنا ثلاثمائة صرة ذهباً أحمر وفضة مما يصله من البر وهو لا يفتحها وإنما جعلها في مواضع من المكان، ووجدنا عنده كثيراً من أدواح الزيت، وأرصد جميع ذلك وصيّروا لولده المسمى محمد وهو على أم ولد شركسية سماها ولمن معه شيئاً ليس

بالكثير، وحملوا ذلك إلى بيت لهم ثم مات بعد أيام. قال السيد مطهر الجرموزي: ورأيت بخط السيد العلامة الزاهد صالح بن عبد الله الغرباني: كانت وفاة الإمام الحسن عليه السلام في شوال سنة خمس وعشرين وألف كما أخبرني الحاج محمد التركي بالمعنى والله أعلم.

39. الفقيه الحسن بن محمد الصعيدي

الفقيه الحسن بن محمد الصعيدي اليمني الصعدي.

من أهل النبل والعرفان، وهو صاحب القلم المعروف في كتابة المراقيم والبصائر الشرعية أيام القاضي العلامة عبد الله بن يحيى الفهد أحد حكام مدينة صعدة في أيامه، إذ رأيت بخطه في درج الوقف أكثر من مائة وخمسين بصيرة محررة بخطه النسخي المعروف، وكان موجودا في عشر الثمانين وألف. وله ولد اسمه صلاح بن الحسن الصعيدي كان يمتهن نفس وظيفة والده، لكنه أقل حظا منه في إجادة الخط، وكان موجودا في سنة 1137هـ، وأهل هذا البيت من بيوت مدينة صعدة ولا زال لهم بقية في أيامنا.

40. القاضي الحسن بن يحيى حابس

القاضي العلامة الحاكم النحرير شرف الدين الحسن بن يحيى بن أحمد بن محمد حابس الصعدي الأصل والنشأة الصنعاني الإقامة الذماري الوفاة.

نشأ بصعدة وأخذ في النحو والفقه والأصولين عن مشايخها، منهم صنوه القاضي شمس الشريعة أحمد بن يحيى حابس، وأخذ في جامع الأصول عن السيد محمد بن عز الدين المفتي، وله منه إجازة عامة في مروياته التي يرويها عن مشايخه. وعنه أخذ عدة من العلماء كالسيد العلامة الكبير الحسن بن أحمد الجلال، والسيد صالح السراجي، والقاضي أحمد بن صالح بن أبي الرجال

صاحب مطلع البدور، واستجاز منه سيدي الجد يحيى بن الحسين بن الإمام القاسم فأجازه في كل ما يرويه عن شيخه المفتي وغيره.

وترجمه صاحب بغية الأماني والأمل فقال:

القاضي العلامة النحرير والكامل الفاضل الشهير. كان هذا القاضي بهجة المجالس وزينة المدارس، عالماً كبيراً، نحريراً شهيراً، أدرك فروع العلوم وأصولها وغايتها ومنتهى محصولها، وصلى في ميدان المعارف، وبرز وجلى بفهم أنفذ من السهم، ونظم الشعر فأجاد، وسلك مسلكاً يسلم فيه من الانتقاد، وقد رأيت له انتقاد في هوامش العضد على سعد الدين، وكان رحمه الله أحد قضاة صعدة والمتولي للأوقاف بعد موت أخيه القاضي شمس الدين أحمد بن يحيى حابس في أيام المتوكل على الله إسماعيل، وكان يقضي في المحكامة المعروفة الآن غربي جامع الإمام الهادي، وله تلامذة أجلاء ومقامات في الفضائل شهيرة، وله رسائل فائقة وجوابات في أنواع العلوم رائقة ...إلخ.

وترجم له السيد المؤرخ محمد بن محمد زبارة في خلاصة المتون فقال:

كان عالماً محققاً متفنناً ظريف المحاضرة والمجالسة يحب الراحة والاستراحة، وتولى القضاء بمدينة صعدة بعد وفاة صنوه أحمد، ثم وصل إلى صنعاء وتزوج فيها، فلم يرغب إلى غيرها، وسكن بصنعاء وقضى بها، وكان صاحب تجارة يشارف عليها بنفسه رأس السنة، وأرسله الإمام المتوكل على الله إسماعيل لتصحيح عمل قسمة مخلف المولى محمد بن الحسن بن القاسم ومات بذمار في رمضان سنة 1079 تسع وسبعين وألف. وذكره صاحب طبق الحلوى في حوادث 1079 فقال: وفي ليلة الأحد سادس عشر رمضان توفي القاضي العلامة الحسن بن يحيى حابس بمحروس ذمار ودفن بها بحوطة الإمام يحيى بن حمزة، وكان مشاركاً في الفنون، صاحب ذكاء وظرافة ونفاسة، وغلب على حاله سيادة متصلة، فقضى بصنعاء

والجراف غرر الأيام، ونال من الدولة جليل الجاه وجميل الإعظام، مع مال لا يهرق معه ماء المحيا، وسعادة صعدت به من مقعد الحاتن إلى مناط الثريا، وقد رأينا للمال دخلاً في معرفة قدر العلماء وقد أشار إلى ذلك من قال:

وإذا جمعـــت علـــماً ومـــالاً   كنـت عـين الزمـان بالإجمـاع

وفي أثناء ترجمته في بغية الأماني والأمل المتقدم إيرادها أورد أبيات المولى الإمام أحمد بن إبراهيم حوريه المؤيدي يرثي بها صاحب الترجمة وهي:

ضريـح ثـوى فيـه زعـيم المـدارس   وأوحد أهل العلم زيـن المجالس
وعمدة أهل الفضل والمجد والتقى   وبدر الهـدى في مظلـمات الحنادس
إذا عـد أهـل العلـم فهـو إمـامهم   وفارسـهم مـا مثلـه في الفـوارس
يجـلي بأنظـار لـه كـل مشـكل   ويجلو وجوه المشكلات العـوابس
يصـوغ بـدر اللفـظ منـه جـواهراً   ويودعهـا سـمع اللبيـب المجـالس
ومـن وعظـه يمـلا القلـوب مخافـة   ويخشـع منـه قلـب آيـاس آنـس
فيـا قـبر قـد واريـت كـل فضـيلة   بها صرت مشهوراً أيا حُسْن حابس
حبسـت الـذي قـد كـان لله مـوئلا   وركنـاً لملهـوف وغوثـاً لبـائس

إلخ الأبيات. ورأيت في شرح الدامغة الكبرى أن له رسالة سماها (الجواب الحاسم عن القول بتحليل الزكاة لبني هاشم) رحمه الله تعالى، وستأتي تراجم لبعض أولاده في القسم الثاني من هذا المعجم.

41. السيد الحسين بن الأمير أحمد بن الحسين المؤيدي

ستأتي لاحقاً ترجمته بحرف العين أثناء ترجمة صنوه عبدالله.

42. السيد حسين المؤيدي صاحب العدين

السيد الرئيس شرف الدين الحسين المؤيدي.

وهو المشهور بصاحب العدين، وقد ذكره في جملة علماء بني المؤيد، صاحب كتاب بلوغ الأدب وكنوز الذهب، حسبما تقدم النقل لذلك عنه في كتابنا هذا بحرف الألف، ورأيت في بعض كتب المؤرخ السيد محمد بن محمد زبارة أن صاحب الترجمة تولى في أيام الإمام المتوكل على الله إسماعيل على العدين وذلك بعد وفاة السيد الرئيس محمد بن أحمد بن الإمام الحسن الآتية ترجمته، وقال في طبق الحلوى في وفيات سنة 1072 اثنتين وسبعين بعد الألف ما لفظه: وفيها توفي السيد حسين المؤيدي عامل العدين انتهى بلفظه. قلت: ولم أقف على باقي عمود نسبه رحمه الله، فيحقق ذلك إن شاء الله.

43- الفقيه حفظ الله بن أحمد سهيل

الفقيه العلامة الشيعي الخلاصة حفظ الله بن أحمد سهيل الصعدي الأصل والنشأة الشهاري المسكن والوفاة.

كان صاحب الترجمة من أعيان الشيعة أهل المحبة الخالصة لأهل البيت عليهم السلام، وله معرفة تامة بعلومهم وأخبارهم، وسير أئمتهم، حفظة راوية لغيرها من السير والأخبار، وكان كثير الرواية عن القاضي علي بن محمد الجملولي الأهنومي السيراني المتوفى 1043 ثلاث وأربعين وألف. قلت: وكان موجودا بمدينة صعدة سنة 1056 كما وجد بخطه في أوراق الوقف، وقد ترجمه السيد مطهر بن محمد الجرموزي في الجوهرة المنيرة فقال: كان فقيهاً فاضلاً، عالماً تقياً، ورعاً ذكياً، ولي القضاء في هجر الأهنوم، وله مع سعة العلم والفهم، الورع الشحيح بحيث لم يتناول شيئاً من بيت المال. وترجمه تلميذه السيد الحسن بن صلاح الداعي في شرح الدامغة فقال:

وحافظ العلم حفظ الله سيدنا   وسبطه المقول السباق للأول

كان مستوطناً للهجر من بلاد الأهنوم خطيباً فيه مفلقاً، مرجوعاً إليه في علم السيرة عارفاً بأخبار الأئمة، وله محبة في الآل ظاهرة وباطنة، واتفقت به مراراً بوطنه، وسمعت خطبه وأخذت عنه، وتوفي هناك، وقبره عند باب جامع المنصور شامي قرية الهجر. هكذا جاء في الشرح المذكور وبيض لوفاته، وهي في نحو سنة 1090 تسعين وألف أو في السنة التي تليها، ورثاه أهل عصره بالمراثي العديدة، وأرسل ولده الأديب صلاح بن حفظ الله إلى السيد الحسن بن صلاح الداعي إلى صعدة معاتباً له في عدم رثائه قال: حيث وقد رثاه السادة والفقهاء الذين لم يكن لهم به خلطة كخلطتك ولا محبة كمحبتك فقال السيد الحسن الداعي مرثياً:

هو الدهر ما انفكت تنوب غوائله ... ومن ذا الذي ما زلزلته زلازله
رزيت بخطب فادح أزعج الحشا ... وأذهب صبري بعد أن كنت حافله
وكيف اصطباري بعد شيخي أعده ... عظيماً عليه الأجر ما دمت فاعله
نعم أرتدي ثوب التجلد صابراً ... وإن كان حفظ الله للخير نازله
وكان أنيسي عند وحشة موحش ... أناجيه من قرب وحيناً أراسله
فمن لي كحفظ الله في الدهر حافظاً ... لعهدي ومن لي عند علم اسائله
يحث على تقوى الإله وخوفه ... ولا يرتضي ما ترتضيه عواذله
تقي نقي ألمعي مهذب ... رضي وفي تزدهيني شمائله
فإن غاب عنا فهو في القلب حاضر ... أقامت به آراؤه وعوامله
وإن يك مفقوداً بطلعة وجهه ... فقد بقيت في العالمين مسائله
وإن يك مفجوعاً به أهل بيته ... ففينا بني المختار قامت ثواكله
ألم يك شيعياً لآل محمد ... محباً بصيراً لا تفل عواسله
وكان لهم سيفاً على النصب قاطعاً ... إذا سل لم تبرأ يقيناً مقاتله

يــؤرخ أخبــاراً لهــم ويخطهــا	ويحفظهــا عــن كــل حــبر يقابلــه
فما شئت من علم فخـذ عنه واثقـاً	وعــن كــل داع إن أردت فسـائله
تجده بأهل البيت مـن كـل وجهة	خبيراً بمـن شطت عليك منازلـه
رعـى الله أيامـاً حبتنـي وصـاله	سقاها وأولت مـا تخـط أناملـه
وسحقاً لأيـام طـوت ثـوب وصـله	وقـد كـان ميسـوراً علي فواضله
فصبراً صلاح الدين للحادث الـذي	أصيب بـه مـن ذروة المجد كاهله
فما مات من أبقى معاليه في الورى	مؤرخـة تـتلى علـيهم فضـائله

إلى آخر الأبيات. ورأيت مؤخرا في كتـاب حسـنة الزمان في ذكر محاسن الأعيان للقاضي العلامة الحسين بن ناصر المهلا أن وفاته في التاسع والعشرين من ذي القعدة سنة تسع وثمانين وألف، وأن ولده القاضي البليغ نـادرة الـدهر وروضة العصر صلاح بن حفظ الله سهيل رثى والده بأبيات هذه القصيدة:

آه عــلى أبي الــذي بمماتــه	أدرى سرور الـدهر مـن أحزانه
قد كنت ما فرحي سـوى وجدانه	واليـوم مـا حزني سوى فقدانه
ما كنت أدري قبله كيف البكا	واليــوم أعرفــه عــلى أفنانـه

5 قال وهي طويلة رائقة انتهى.

(وولده صلاح بن حفظ الله سهيل)

ترجمه أيضاً السيد الحسن الداعي في شـرح الدامغـة الكـبرى وفي نقـولات وجدت بخطه فقال:

الفقيه الخلاصة المحقق الفاضل العالم العامل. كان أديباً أريباً خطيباً مصقعاً، 10 وهو عين أعيان أدباء الزمان، ولسان المتكلمين من الشيعة الأخيار. وكان بيني وبينه مكاتبة ومخاطبة حتى جرت وقعة الهجر في سنة اثنتين ومائة وألف 1102 بين صاحب المواهب محمد بن أحمد بن الحسن وبين المتوكل عـلي بـن أحمـد بـن

الإمام القاسم فتقاصرت أحواله، وذهب ما كان في يده من جملة ما ذهب على الناس في الهجر فاستمر على الإقامة هناك خطيباً مفلقاً إلا أنه مع انكسار نفسه وذهاب بعض ناموسه ترك المكاتبة وقطع أيدي تلك المراسلة فكان لا يكتب إلا أن يكتب إليه أحد أجاب. وكان مما كتبت إليه جواباً:

بعين الرضى والعطف لا حظتني ... وأهديت لي من لفظك المنتقى درا
وأرديت قلباً بالضنى كان موجعاً ... ويا طالما عودتني النظم والنثرا
فلولاك لم أنظم ولولاك لم أقل ... ولولاك لم أكتب إلى أحد شطرا
لك الفضل إذ عودتني كل صالح ... وأوردتني بستان جنتك الخضرا
لك الله لم أعرف سواك من الورى ... كمعرفتي إياك بالخطة الغرا

فأجابه بأبيات راعى في أغلبها الجناس منها قوله:

كتابك للقلب المحب لكم سرا ... وللهم عنه حسن نظمكم سرا
وقد برني والدهر من قبل عقني ... وأضرى بي الضراء فنلت به سرا
إذا ما نحا المستسعد السعد فهو من ... يرى السعد ينحوه ليمنحه برّا
ولو قطع الراءات للعتب واصل ... له واصل قدماً لانطقه بالرا

قلت: وكتب إليه السيد الحسن بن صلاح الداعي أيضا في سنة ثلاث وتسعين وألف بقصيدة أولها:

هو الحظ لا لوم عليك ولا عتب ... ولكنما يشكو صبابته الصب

فراجعه صاحب الترجمة بقوله:

أفاح لنا نظم أم المندل الرطب ... وساح بمعناه أم الكوثر العذب
هو السحر إلا أنه الشعر قالة ... ففي كنهه بعد وفي لفظه قرب
يعاتبني في طول تركي عهاده ... وفي مدحه مملوكه اندمج العتب
ولم أجفه بالله عذت من الجفا ... لمن كان من فرض الإله له الحب

43ـ الفقيه حفظ الله بن أحمد سهيل - 179 -

ولكـن زمـان شـتت الفكـر ريبـه   وأذهل مـن في المجـد كـان لـه قلـب
وجاءتني الأهـوال مـن كـل جانـب   وأيسـر ما حاشيت كان بـه الكـرب
ومـا أتـى بـث بعـد فقـدي لوالـدي   فيالـك مـن فقـدٍ بـه عظـم الخطـب
وبـين يغـص الأقـربين لجـانبي   ولا ذنب لي والأبعـدون لهـم حـرب
وقيـدني طفـل صـغير عـن الجـلا   وعن مطلب العلم الذي كسبه الكسب
أقمـت حبيسـاً في جوانـب بلـدتي   كأن لم يكن في الأرض شرق ولاغـرب

وقد أثبتنا في ترجمة الإمام إبراهيم بن محمد المؤيـدي في هـذا المجلـد بعـض أبيات من قصيدة صاحب الترجمة في رثائه سنة 1083. ولما توفي ولـده السـيد الإمام أحمد بن إبراهيم المتقدمة ترجمته في حرف الألف في سـنة تسـع وتسـعين وألف أرسل السيد الحسن بن صلاح الداعي إلى المترجم في رثاء السيد المذكور كما عودهم نظمه النظيم ونثره الدر الثمين فأجابه بقصيدة أولها:

وودك يــا مــن أوجــب الله وده   على الخلـق أني عـلى مـا أنـت تعهـد

فراجعه السيد الحسن الداعي بقوله:

حلفـت بـودي وهـو حلـف موكـد   بـما نحـن مـن صـدق المـودة تعهـد
عرفناك في الدنيا عرفنـاك في الـورى   عرفنـاك في التقـوى وإنـك أوحـد
وإنــك نحريــر الــرواة إذا رووا   وفي الوعظ معروف وفي الشعر أحمد
تشـيعت حتـى أنـك اليـوم عينهم   وصرت بأعبـاء التشـيع تصـعد
ولا غـرو حفـظ الله والـدك الـذي   يشــار إليــه بــالولاء ويعــدد
تـولى بنـي الزهـراء كهـلاً وأمـرداً   وصـافاه مـنهم مـن يغـور وينجـد
وإن قلـت محمـوداً فأنـت وريثـه   وعنــه بأخبــار الأئمــة ترشــد

***

قلت: ومن شعر المترجم له الذي يدل على كمال أدبه واطلاعـه عـلى علـوم

الفنون وفنون العلوم ما وقفت عليه في إحدى المجاميع وهي (قصيدة في السواك وآدابه) وقفت عليها بخطه وأولها:

الحمـــد لله ذي الإفضـــال موليـــه	فـــات الخلائـــق حصـــر مـــن أياديـــه
أزكى صلاة إلهـي والسـلام عـلى الــ	ــنبي والآل مـــا دامـــت معاليـــه
وبعد فاسمع نظامي في السواك وقل	إن لم تجــد لفظــه جــادت معانيــه
ست وعشر خصال في السواك أتت	غزالــة الفضــل بــين النــاس تمليــه
يرضى الإله يحد الـذهن تصقل أســ	ــنان الفتــى ويزيــل البخــر مــن فيــه
يصون أسنان مـن يسـتاك عـن حفر	بالحـــاء مهملـــة والفـــاء نرويـــه
وهــو التآكـل في الأسـنان يظهـر في	أصـــولها واســـتياك المـــرء ينجيـــه
والظهر في كبر لا ينحني ويسُرـ النفــ	ــس يجلــو العيــون الشــيبَ يبطيــه
والفــم يطهــره ويطيــب نكهتــه	يشـــد لثاتـــه والحلـــق يصـــفيه
وبلغــم المــرء يذهبــه ويُســهل نــز	ع الـــروح في المـــوت للتوحيـــد يهديـــه
وغـير ذلـك في مـدح السـواك أتـى	للإختصـــار نظـــامي غـــير حاويـــه
امضيت من عرض اصناف السواك لكي	أصـــيب نـــدباً فطـــولاً لســـت أمضيـــه
ومــن أصـول أراك والفـروع ومــن	عـــروق تفاحنـــا المســواك نبريـــه(19)
واسـحل وبشـام والسـفرجل مـن	عـــود الســـواك فعـــدي غـــير محصـــيه
في مسـجد في أشـد الجـوع في شـبع	وقـــائماً جنبـــاً والقرفصـــا فيـــه
مقــت غثـاء وورم للطحــال يُــدق	الســـاق يبخـــر مـــن يســـتاك يوهيـــه
ويكبر البطن حـال الإضـطجاع فتلــ	ــك الســـت للنـــدب مـــع هـــذا تنافيـــه
غير التربع حال الاستياك كمثـل الــ	ــمشي قـــد كرهـــوا فـــالزم توقيـــه

(19) ذكر في كتاب الرسالة الشهابية في الفوائد الطبية أن أصول التفاح من جملة ما يستاك بـه مـن هامش القصيدة.

وقد روي أن من مص السواك فلا ... يلم سوى نفسه فالمص يعميه
وبلع أول ريق منه فيه شفا ... وبالوساوس يأتي بلع باقيه
أصابع الكف من يقبض بأجمعها ... مسواكه جاءه الباسور يؤذيه
سبابة الكف والوسطى وبنصرها ... فوق السواك لمن من فيه يدنيه
وخنصر الكف والإبهام جعلهما ... تحت السواك كذا في القبض نقضيه
وطوله اجعله شبراً أو أقل وما ... يزيد من مركب الشيطان يعليه
اغسل سواكك قبل الاستياك يلن ... وغسله بعد أن تستاك ينقيه
واركزه تأمن جنوناً خاف من يضع ... مسواك عرضاً بأرض أن يوافيه
وهاك نظماً لآداب السواك على ... ما أنت تاركه فيها وآتيه
واعذر صلاح بن حفظ الله حين أتى ... بحسن معنى ولم يحسن مبانيه
الله يقبلها مني ويغفر لي ... ثم الصلاة على مختار باريه
ثم السلام مع أزكى التحية من ... رب سيعطيه في الأخرى فيرضيه
وآله قرناء الذكر فهو بهم ... فاسلك سبيلهم نور لتاليه

قلت: وهي دال على علمه وفضله، وبقاء صاحب الترجمة على قيد الحياة إلى سنة 1109 رحمه الله تعالى وكان مقيما في ذلك العام بالهجر المعروف ببلاد الأهنوم، فلعل وفاته هناك رحمه الله.

44ـ الفقيه الخضر بن محمد التليد

الفقيه الفاضل الورع الكامل شيعي أهل البيت المطهرين الخضر بن محمد التليد، من فضلاء مدينة صعدة في هذه المئة، والظاهر أنه ممن أخذ في العلوم عن القاضي حاكم المسلمين عبد العزيز بن محمد بن يحيى بهران، لأني وقفت في حامية إحدى كتب القاضي العلامة عبد العزيز بن محمد بهران المنسوخة بخط صاحب الترجمة، على ما لفظه: طالع في هذا الكتاب الفقير إلى الله تعالى خضر ابن محمد التليل عفا الله عنه سلخ رجب سنة 988هـ بمسجد الغريب قرب بيت

سيدنا القاضي العالم العلامة عبد العزيز بن محمد بن يحيى بهران حفظه الله على المسلمين والإسلام وذلك قرب الصرحة انتهى بلفظه وحروفه.

قلت: والذي دلت عليه خطوط العلماء التي وقفت عليها في ذكر الفقيه المذكور أنه من أهل العلم والملازمة له في سائر أيامه، وأنه لم يفارق مدينة صعدة إلى أن توفي فيها شهر الحجة سنة 1049 تسع وأربعين وألف، نقلت تاريخ وفاته من حجرة على قبره بالمقبرة التي مقابل باب نجران، وإلى جنبه قبر ولده محمد بن الخضر وكانت وفاته يوم الخميس الحادي والعشرين شهر الحجة سنة 1068 ثمان وستين بعد الألف رحمهما الله تعالى وإيانا والمؤمنين.

45. السيد داود بن الهادي المؤيدي

السيد الإمام المحقق المدرة شيخ العترة صارم الدين داود بن الهادي بن أحمد ابن المهدي بن الإمام عز الدين بن الحسن بن الإمام علي بن المؤيد بن جبريل الحسني اليحيوي المؤيدي اليمني.

مولده في سنة 980 ثمانين وتسعمائة. أخذ في النحو وفنونه الثلاثة عن السيد الطيب بن داود بن المهدي وهو خاله أخو أمه، ثم قرأ على الإمام عبد الله بن علي المؤيدي أيام توقفه بجهات ذهبان بعد الدعوة، وأخذ في الأصولين عن القاضي أحمد بن صلاح الدواري، وفي سماع الكشاف عن القاضي الحافظ عبد العزيز بن محمد بهران الصعدي. ومن مشايخه الذين يروي عنهم كتب العلوم السيد محمد ابن الإمام الهادي أحمد بن عز الدين الآتية ترجمته، واستجاز من الإمام القاسم ابن محمد فأجازه إجازة وافية بالمراد. وعنه أخذ جملة من أهل وقته، منهم السيد أحمد بن محمد القطابري، والقاضي أحمد بن يحيى حابس، والسيد الحسين بن علي العبالي، والسيد محمد بن الهادي جحاف، والفقيه صديق بن رسام، والسيد أحمد

ابن المهدي وولده السيد صلاح الدين صلاح بن أحمد، والحافظ أحمد بن سعد الدين، وولده السيد علي بن داود وغيرهم الكثير.

وكان السيد داود بن الهادي في محل الأئمة السابقين، ملموحاً إليه بالدعوة والقيام، وله المصنفات النافعة منها في أصول الدين شرح الأساس سماه (الكوكب المضيء في الأغلاس المجلي لغوامض الأساس) عرضه على الإمام القاسم في سنة 1018، وله (مرقاة الأصول شرح معيار العقول) في أصول الفقه فرغ منه سنة 1031، وله مسائل جمة في بقية العلوم. وله (ذيل على بسامة السيد صارم الدين الوزير) وشرحه بشرح لطيف جعله في تمام مآثر الأبرار لابن فِنْد الصعدي المعروف بالزحيف وأول هذا الذيل قوله:

لله درك من علامة علم	أزرى نظامك بالياقوت والدرر
ذكرت فيه ملوك الأرض قاطبة	من بعد وعظ له التأثير في الحجر
ثم اختتمتهم بالمصطفى ولنا	فيه اعتبار وتذكار لمعتبر
والصحب والآل طراً مع مُناصِبهم	أهل الشقاوة والعدوان والأشر
وقد أحطت بصيد الآل عن كمل	إحاطة الكم بالأسنى من الثمر
وإنني ذاكر من قد علمت به	من الأئمة إيقاظاً لمدّكر
وليس قصدي في فعلي مناظرة	هيهات ليس يقاس الدر بالمدر
لكنني أرتجي الغفران جائزة	من خالقي ودعاء من أولي النظر

إلى آخر الذيل وهو متداول معروف. وقد ترجم لصاحب الترجمة السيد صارم الدين إبراهيم بن القاسم الشهاري في طبقات الزيدية الكبرى، والشوكاني في البدر الطالع والسيد المطهر بن محمد الجرموزي في النبذة المشيرة سيرة الإمام القاسم بن محمد، وفي الجوهرة المضيئة سيرة الإمام المؤيد بالله محمد بن القاسم وغيرهم. وترجمه السيد أحمد بن محمد الشرفي في اللآلي المضيئة والسيد شرف الدين الحسن بن صلاح الداعي في شرح الدامغة الكبرى. وترجمه القاضي أحمد

ابن صالح بن أبي الرجال في مطلع البدور ترجمة حافلة جاء منها:

السيد العلامة شيخ شيوخ الزيدية. كان من فضلاء أهل البيت وعلمائهم ومشيختهم، وذوي الأقدار فيهم لا يتصدر أحد في مجلس هو فيه لكمال علمه وفضله، يجري بالملاطفة مع كل أحد من العامة والخاصة، ويخلطهم بنفسه ويمازحهم الممازحة اللطيفة، وما ينحط شيء من قدره وذلك لسعة أذكاره وأدعيته وقيامه بالليل. وكان حليفاً للقرآن، إماماً في علوم العربية وغيرها، وهو كالأصل للعلماء في وقته فإنني أدركت المشائخ كلهم وقفوا بين يديه رحمه الله كالقاضي العلامة أحمد بن حابس، والقاضي العلامة أحمد بن سعد الدين، والفقيه الفاضل محمد بن يحيىٰ الكليبي، وخلائق غيرهم. ومن وجوه تلامذته القاضي أحمد بن علي بن أبي الرجال، وكتب إلىٰ شيخه صاحب الترجمة بعد مفارقته له هذه الأبيات:

سُؤلي وجُل مطالبي ومرامي ... تقبيل كفّ الأروع الصمصام
العالم العلم الحميد فعاله ... نور الأنام وسيد الأقوام
ذاك الذي بكماله ومكانه ... أخذ المكارم كلها بزمام
نسل الأطايب من نشأ في دوحةٍ ... ما بين حِبرٍ عالم وإمام
داود من أحيا الإله بعلمه ... وبه أقر قواعد الأحكام
وأطاب في يمنِ البسيطة ذكره ... وبمشرق وبمغرب وبشام
لكن تناءت بي الديار عن اللقا ... وبدت عليَّ شواغل الأيام
فجعلت طرسي نائباً عني كما ... ناب التيمم حالة الإعدام
لا زالَ مخدوماً بألف كرامَةٍ ... عني وألف تحيَّةٍ وسلام

ومن تلامذته ابن أبي السعود الضمدي وله فيه الأبيات المشهورة التي منها:

يا ليلة في الهجرة الغرّاء ... فاقت ليالي الدهر في السراء
هي ليلة ما قد ظفرت بمثلها ... عند الغمطمط من بني الزهراء

ومنها:

داود مـــا داود إلا منهـــل   للعلـم والفقــراء والضــعفاء

وللسيد العلامة الفاضل يحيى بن صلاح القطابري رحمه الله فيه القصيدة الفاضلة بعد عوده من ساقين ومطلعها:

رُب غــزال غــدت تعنفنــي   وعــن بكــاء الطلــول تعــذلني
وتكثـر العَـذْلَ وهـي ضـاحكة   لم تــدر أني بكيــت مــن حـزَني

ومنها:

سـقيا لأيامنــا التــي سـلفت   قبـل ارتحـال الجـمال بـالظعن
كم حزت فيها مواهباً عظمـت   وفــزت منهــا بمنظــر حســن
فهل لتلـك الليـال مـن عـوض   إن اعتياضــا بهــا مــن الغــبن
دع عنـك نهـج النسـيب إن لـه   أهــلاً تــراهم نــاحلي البــدن
واصــعد إلى وصــف رتبــة   وطوقت، (تعلـو) عـن الإحـن
إن صــرت مربعًــا لسـيدنا   صـارم ديـن الإلـه ذي اللسـن
مـن أدْرَكَ الفضـل يافعـاً فغـدا   عـلى يفـاع للمكرمـات بنـي
العـالم العامـل الحلاحـل مـن   قــر وبــرج السـماك في قَـرَن
حمــاه رب العــلى وســلمه   من طارقات الزمـان ذي المحـن
مبلغـــاً فيـــه مـــا يؤملـــه   إحيــاء كتــب الإلــه والســنن
وفاتحــاً قفــل كــل مســألة   بقــول حــبر محقــق فطــن
وخصــه مــن متــيم كلــف   مــلازم مــن عهــوده قمــن
مـن السـلام النبيـل أعظمـه   ومــن تحياتــه وافــر وهنــي

*** 5

وترجمه أيضاً نجله السيد علي بن داود ترجمة ضافية وافية في ذيل مشجر

العلامة ابن الجلال نوردها برمتها لمحصول الفائدة ونصه:

الوالد السيد العلامة المدرة الفهامة شيخ آل الرسول داود بن الهادي.

مكارمه ظاهرة ونشأته طاهرة، وعلمه أشرق من شمس النهار وفضائله ظاهرة من غير استتار. كان في العلم الغاية ظهر ذلك للعام والخاص والداني والقاص، وهو المشار إليه في مدة الإمام المنصور بالله القاسم بن محمد وبعد وفاته، ولبعض أهل تهامة فيه:

لـولا الخلافة بالمنصور محصـنة   لكـنت تعـدلها مـن غـير تقييـد

ولكنه رأى أن الإمام المؤيد بالله أولى بالأمر والسعيد من كفي، وتخفيف التكليف من اللطف الخفي، وكما قال الإمام عبد الله بن حمزة:

إن الإمامـة أمـر هايـل خطـر   صعب مسالكها وعـر مراقيهـا

وكما قال بعضهم:

فيـا لمحملهـا مـا فيـه مـن خلـل   ويـا لمطرحها ما فيه من خطل

قال جامع هذه التراجم: وحكى في سيرة الإمام القاسم بن محمد أن صاحب الترجمة لما بلغه وفاة الإمام القاسم في شهر ربيع الأول سنة تسع وعشرين وألف 1029 دهش وعظم عليه الأمر فخرج بتلامذته إلى مكان منتزح يريد العشة، فما شك أحد منهم إلا أنه يريد أن ينشر دعوته من هنالك فلما بلغ حيث أراد قام في تلامذته خطيباً فوعظهم، وأشاد بالإمام القاسم ونعاه إليهم، ثم صفق بإحدى يديه على الأخرى مبايعاً للإمام المؤيد بالله، وأخبرهم أنه لم يفعل ذلك إلا لعظم ما ورد عليه من الغم، فكان ذلك معدوداً من فضائله وحياطته لأمر الإسلام والمسلمين والأخذ بصوالح ما ينفع من الأمور.

رجع إلى ترجمة ولده: أما طيب نشأته وطهارته وعفته وزهده وورعه، فاعلم

أنه نشأ على طريقة سلفه الأكرمين من طلب العلم الشريف من حال الصغر، فأول قراءته في علم النحو وهو ابن ثلاث عشرة سنة، وبلغ فيه الغاية وظهرت معرفته فيه مع أنه كان في حال الطلب قليل المال، لأن والده رحمه الله كان في تلك الأيام مع الإمام الحسن بن علي بن داود لأمور حصلت بينه وبين السيد أحمد بن الحسين المؤيدي بسبب قتله هو واخوته قاتل أبيهم، وهو في ذمة السيد أحمد، فنفروا عنه إلى بلاد الأهنوم بأولادهم إلى عند الإمام الحسن بن علي، واستمروا على ذلك حتى كان قتل السيد أحمد بن الحسين في سنة 991 فعادوا إلى وطنهم. وكان ظهور دولة الأتراك اقماهم الله وتتبعهم لفضائل العترة وتخويفهم حتى أنهم أمروا السادة جميعاً بني المؤيد بالعزم إلى صنعاء، وخرج من ضرهم جماعة كالسيد الطيب بن داود، والسيد عبد الله بن الإمام الهادي، فلم يجد صاحب الترجمة من يقرأ عليه في الجهات الصعدية، فارتحل إلى ساقين، وقرأ في الفقه على بعض السادة آل الفيشي، ومن ثم انتقل إلى مدينة صعدة للقراءة على القاضي أحمد ابن صلاح الدواري مع عدم الكفاية له ولمن يختص به، وامتنع عن مخالطة الأتراك ومداخلتهم وقبض شيء مما تحت أيديهم حتى من الله عليه بالإمامة المنصورية.

ومما اتفق له من السعادة لأجل تحمل العلم أن حي القاضي العلامة عبد العزيز بن محمد بهران في سنة 1003 ضعف بصره، ولم يكن لأحد في الجهة الصعدية سماعاً غيره في الكشاف فرحل الوالد إليه إلى صعدة، فقرأه عليه حتى بلغ سورة الأحقاف وكف بصر القاضي، فكان من الفضائل للكشاف التي حكاها والدي أن القاضي عبد العزيز رحمه الله كان يقابله بنسخة الكشاف وقت القراءة على السراج في مسجد صبيح، ويقرأ الحواشي التي بخطه وخط والده، وبعد تمام القراءة في المسجد في بعض الأيام والقاضي راجعاً إلى بيته والجمال التي تحمّل للحدادين أحمال الحديد في الطريق، فلم يميز القاضي الحمل حتى وقع فيه

مع أنه كان يقرأ الحواشي على سراج المسجد، فعرف أن ذلك فضيلة قرآنية لصاحب الكشاف. وقرأ الكشاف بعد سماعه هذا على السيد العلامة أحمد بن يحيى بن أبي القاسم المشهور برغافة. ثم بعد مدة قرأ عليه من الأعيان السيد العلامة أحمد بن المهدي، وولده صلاح بن أحمد والسيد أحمد بن محمد القطابري والسيد الحسن بن داود القطابري، والفقيه صلاح بن نهشل المذنوبي، والفقيه مطهر بن علي النعمان الضمدي. ثم قرأه قبل هؤلاء القاضي العلامة أحمد بن سعد الدين المسوري (قلت كان ذلك في سنة 1030 كما سيأتي). وفي سنة 1034 أربع وثلاثين وألف قرأه عليه سيد سادات العترة ورئيس أهل البيت الحسن بن أمير المؤمنين المنصور بالله قراءة محققة ومعه القاضي أحمد بن يحيى حابس وجماعة من السادات الكرام وغيرهم.

ووفاة صاحب الترجمة كانت في شهر ربيع الأول سنة 1035 خمس وثلاثين وألف ببيت القابعي وهو المسمى بأقر في حضرة الإمام المؤيد بالله محمد بن القاسم، وكان وصل إليه للزيارة، فوقف لديه يومين واختار الله له لقاءه في ذلك المكان، وعليه قبة أمر بعمارتها الإمام المؤيد بالله انتهى كلامه.

قلت: وقد كان السيد داود بن الهادي قد كتب قصيدة رد بها على السيد صلاح بن أحمد بن المهدي قال فيها:

بعد أن عمرت خمساً سلفت　　　ومضى قبلها خمسون عاما

فلم يعش بعدها إلا دون ستة أشهر.

❋❋❋

ومن شعره رحمه الله هذه القصيدة المثبتة أثناء ترجمته في مطلع البدور ومجمع البحور وقد وقفت عليها بخط يده رحمه الله تعالى وأعاد من بركاته:

إلى الله أشكو عالم السر والنجوى	تحمل هم لا يطيق له رضوى
وجور زمان دأبه خفض كامل	ورفع الذي لا خير فيه ولا جدوى
فيحظى لديه جاهل ومغفل	ومن كان قرماً لا يقيم له دعوى
عتبت على دهري وقلت إلى متى	تعاملني بالضد في كل ما أهوى
فقال مجيباً لي بعنفٍ وغلظةٍ	وأي كريم قد أجبتُ له شكوَى
فعُدت إلى الإخوان أشكو فعاله	بقولٍ يُذيب الصمّ أحلى من الحلوى
فقالوا جميعاً: لا تلمه فإننا	لأعوانه فاصبر على هذه البلوى
ومالوا إلى غمرٍ يرون فعاله	وأقواله أحلَى من المنِّ والسلوى
وأمّا كلامي فهو صاب وعلقم	يقولون أوجز قد أطلت فلا نقوى
فلمّا رأيت الأمر وعراً سبيله	فزعتُ إلى مولاي أطلبُه التقْوَى
وقلت إلهي لم يكن لي مفزع	سواك لدفع الهم والضُّر والأسوَى
فلا تلجني ربي إلى الناس كلهم	فلم يبق لي في غير جودك من رجوى

وله هذه القصيدة أوردها المولى العلامة أحمد بن يحيى العجري في ذروة المجد الأثيل يتجرم فيها من أحوال أهل الزمان وما جبلوا عليه من عدم القيام بواجب ذي الفضل وأولها:

يا قلب مالك صرت حلف بلابلا	أم لجسمك صار مضنى ناحلا
أذكرت ربعاً بالغوير ولعلع	والأبرقين ونعم تلك منازلا
وذكرت سكان العقيق وحاجر	ومكارماً كانت لهم وشمائلا
أم هل تذكرت الشبيبة والصبا	حين المشيب غدا بفودك نازلا
أم هل ذكرت معاشراً ومجالساً	تشفيك سؤلا وتشفي سائلا
أم هل ذكرت من الذنوب عظائماً	حملتها قلباً ضعيفاً غافلا
أم هل تذكرت الحمام وروعة	فظللت من ذكراه صباً ذاهلا
أم هل تذكرت القبور وضيقها	وسؤال ملكيها وهولاً هائلا

ثم النشور وهول يوم حسابه	يا ليت شعري ما يجيب مسائلا
ثم المقام بدار خلد ناعماً	أو في الجحيم مكبلا بسلاسلا
إن كان من هذا فعقلك وافر	فالبعض منه يذيب صم جنادلا
أو كان في أمر الدنية فابتدر	فبغير شك لست عندي عاقلا
فارغب عن الدار التي قد زخرفت	بملابس ومساكن ومجادلا
فيها الخطوب مع الهموم بأسرها	توهي القوى وتذيب منك مفاصلا
وبليت فيها دائماً بمعاشر	مترقب لمهالك وغوائلا
في صورة الرجل الصديق محاضراً	فإذا تغيب يثير سماً قاتلا
أو جاهل فطن بأمر معاشه	وعن المعاد تراه فدماً خاملا
إن ترمه بالجهل قال جلافة	أنت الجهول فلا تكن متجاهلا
أو توله الوعظ البليغ هداية	قال اهتد إن كنت حقاً كاملا
أما القريب فإن رضيت بفعله	أغضى وإلا صار ودك حائلا
ينسى الجميل إذا تقضى وقته	إن لم يكن في كل وقتك فاعلا
ومتى أردت من الصديق صداقة	ترضى تراه عن الصداقة مائلا
وإذا جنى وأردت أنت عتابه	لم تلقه إلا عدواً خاتلا
تلقى عيوبك عنده محفوظة	وتراه عن ذكر المناقب عادلا
ما أكثر الأصحاب حين تعدهم	لكن تراهم في الخطوب نوازلا
وكذا القبائل فاتركن معرضاً	لا ترتجي في النائبات قبائلا
قد أزمعوا أن ليس منهم حاجة	تقضى فلا تك في قضاها آملا
وحقوقهم فرض عليك وواجب	ويرون حقك في الحقيقة باطلا
والسوقة الأوباش إن وافيتهم	بمجالس ردوا السلام تكاسلا
ما همهم إلا لجمع حطامهم	لا يذكرون مناقباً وفضائلا
قد حرت في أخلاقهم وفعالهم	وظللت للحزن الطويل مزاولا

واعلـم بـأني مـا حكيـت أفيكـة	فيهم ولا حبرت نظمـي هـازلا
إلا قليلا خصهم خلاقهم	بمكـارم وفضـائل وفواضـلا
فـيهم حيـاة الـدين بعـد مماتـه	أكـرم بهـم مـن أكـرمين أمـاثلا
وهـم وإن قلـوا ففـيهم كثـرة	فـاجعلهم عنـد الخطـوب وسـائلا
يـا رب سـلمهم وزدهـم رفعـة	واخلـع عليهم من هداك غلائـلا
واغفر لعبدك سيدي متجاوزاً	واجعلـه في الأبـرار ربي داخـلا
وكـذا الأقـارب ثـم أهـل مـودتي	فاشـملهم يـا رب عفـواً شـاملا
ثـم الصـلاة عـلى النبي وآلـه	مهـما حـدا الحـادي وأطربَ بـازلا

انتهت القصيدة وقد نقلت عن نسخة سقيمة كثيرة الأخطاء فليعلم ذلك المطلع وليتدارك إن وجد أي خلل.

قلت: وكان السيد داود بن الهادي الغرة الشادخة في بني المؤيد والمرجوع إليه في المهمات الكبار وقد أشار إلى مزاياه الفقيه البليغ الأديب أحمد بن محمد البهكلي في قصيدته التي امتدح بها محروس العشة سنة 1016 ست عشرة وألف وقد تقدم أولها في ترجمة السيد أحمد بن إبراهيم بن محمد المؤيدي وتعرض لأعيان السادة بني المؤيد منهم صاحب الترجمة فقال:

واهتـف بـذي القريحـة الوقادة	داود رب الفضـل والسـيادة
العـالم النحريـر شمس السـادة	مـن لم يـزل في طلـب السـعادة
ليـس لـه كغيرهـا مـن قصـد	
أفصـح منطيـق إذا مـا الفصـحا	تجمعـوا كـان لهم قطـب الرحـا
ما إن يزده الكشف علماً موضحا	إذ علمه أشرق من شمس الضحى
لا يـزال يهـديها لكـل رشـد	

وكان لا يزال متنقلا ما بين ساقين وصعدة، وهما له دار ووطن، إلا أنه قد

يقيم بساقين فيطيل الإقامة، فكتب إليه بعض الأدباء الأفاضل كتابا بليغا إلىٰ ساقين بعد أن تأهل بها يتضمن معاتبته علىٰ طول غيبته وبقائه في تلك الربوع، فأجاب بكتاب مماثل جاء منها هذه الأبيات الرائقة:

صب بكم يا أهل وادي اللوى ... يهوى التلاقي بعد طول البعاد
إذا ذكرتم في حديث له ... حن لذكراكم وذاب الفؤاد
وكلما قال عسى زورة ... يحيا بها الصب ويحوي المراد
حبستم أطماعه فيكم ... وصار للصد حليف السهاد
هلا مغنم بوصال له ... لعله يطعم طيب الرقاد
فإنه ما زال مغرى بكم ... دموعه تنهل في كل واد
لا تحسبوه مائلا عنكم ... أو يرتضي السكنى بهذى البلاد
وليس يرضى بدلا عنكم ... ما مية ما زينب ما سعاد
وإنما ذلك من دهره ... ما زال يرميه بسهم العناد
فعاملوه سادتي بالرضا ... فأنتم صفوة رب العباد

ومن رائق شعره قصيدته التي تقدم منها البيت الذي نعىٰ فيه نفسه وذكر مدة سنوات عمره ومطلعها:

أيه القلب أفق خل الغراما ... واتركن ذكراك ليلى وأماما
ودع التشبيب في ذات اللما ... ولذكراك أراكاً وبشاما
واطرح شيحاً وآساً ناعماً ... وشقيقاً ووروداً وخزاما
صرح الزبد عن المحض فما ... ذكرك اللهو أينسيك الحماما
ثم لحداً وسؤالا هائلا ... وقبوراً وحسابا وقياما
بعد أن عمرت خمساً سلفت ... ومضت من قبلها خمسون عاما
رب ثبتني فإني خائف ... من ذنوب أنحلت قلبي السقاما

ونظام جـاءني مــن يقــظ	يعجز الفصحاء سبكاً ونظاما
مــع معــان رائقــات غضــة	تسحر الألباب تعلو أن تسامى
من صلاح الدين حقاً مـن بنـى	فوق ربع المجد ربعاً ومقامـا
سبق السادات أربـاب العــلا	وغـدا للمجد والجـود سـناما
أسـأل الـرحمن أن يحفظـه	وكـذا يعطيـه سـؤلا ومراما
يبلـغ الغايـات مـن آمالـه	ويـرى للـدين والـدنيا قواما
سـنه سبع مـع تسـع وقـد	جمـع الفخر خلفـاً وأمامـا
وصــلاة الله تـأتي أحمــداً	ما شدا في الأيك قمري وحاما

وهذا يقضي أن مولد السيد الصلاحي صلاح بن أحمـد بن المهـدي الآتيـة ترجمته قريباً في سنة ثماني عشرة بعد الألف 1018 كما أشار في البيت:

سـنه سبع مـع تسـع وقـد	جمـع الفخر خلفـاً وأمامـا

وهذا لا يتفق لأن قراءة السيد الصلاحي ووالـده وجماعـة الأعيـان علـى صاحب الترجمة في الكشاف ما بين سنة 1030 و 1034 فيكون عمـره في تلـك السنوات دون البلوغ. وفي الذهن أن القصيدة المذكورة ليست مرسلة إلى السيد الصلاحي بل هي جواباً على السيد صلاح بن داود بن المهدي والله أعلم. ومـما رأيت في كتاب إجازات تلميذه القاضي الحافظ أحمد بن سعد الـدين المسوري المتوفى بشهارة في سنة 1079 عند تعداده مشايخه ما خلاصته:

ومنهم السيد العلامة داود بن الهادي صحبته مدة وأخذت عليه حسناً نافعاً، ومن مسموعاتي عليه الشطر الأخير مـن شـرح نجـم الـدين علـى كافيـة ابـن الحاجب من الكتابات، ابتدأئه عليه بمسجد زيد المعروف بمدينـة صعدة في أواخر ذي القعدة عام 1029، وفرغت منه آخر محرم غرة سـنة ثلاثـين وألـف بمنزلة المسجد المعروف بالواسط بساقين، ثم ابتـدأت عقيبـه في سـماعي عليـه

كتاب معتمد الأصول في أحاديث الرسول الذي جمعه الفقيه العلامة المحدث محمد بن يحيى بهران، ابتدأت قراءته يوم السبت غرة صفر من عام ثلاثين بمدينة ساقين، وفرغت من سماعه إلى آخر خاتمته يوم الثلاثاء لعله الرابع والعشرون من شهر ربيع الأول من السنة المذكورة بمدينة صعدة، ثم شرعت عليه يوم الأربعاء ثاني اليوم المذكور وهو الخامس والعشرون في سماع كتاب الكشاف، وفرغت من سماع جميعه بفضل الله في يوم الخميس التاسع والعشرون من جمادى الآخرة من تلك السنة، فمقدار أيام السماع خمسة وخمسون يوماً بمدينة صعدة بمنزل السيد صاحب الترجمة إلا مجلس الختم ففي المسجد المعروف بمسجد النزاري، وكتب لي رحمه الله في ذلك العام إجازة شاملة لجميع مسموعاته ومستجازاته عن مشايخه التي أحدثها ما تلقاه بالإجازة العامة من الإمام المنصور بالله القاسم بن محمد انتهى.

46. الفقيه سعيد بن داود الآنسي

الفقيه العالم الزاهد العارف سعيد بن داود اليمني الآنسي ثم الصعدي. ترجمه القاضي أحمد بن صالح بن أبي الرجال في مطلع البدور فقال:

الفقيه العالم النحوي المقري شيخ القراءات السَّبع، إنسان أهل الطريقة على الحقيقة، التارك للدنيا. كان عالماً كاملاً، جامع القلب، مولعاً بالقرآن أقام بمسجد النور بصعدة منقطعاً إلى العبادة، وكان إذا مرّت به الزواجر كثر بكاؤه وإذا ذكر الألفاظ المشجية بكى. حكى عنه أنه قرب له عنب من نوع يسمَّى الغريب في صعدة فقال: ما اسم هذا؟ قالوا: غريب، فقال: غريب يأكل غريب وبكى كثيراً، وله بلاغة فائقة في النظم والنثر وأشعار كثيرة حكميَّة وحمينيّة على منهاج الصوفية، وله تخميس قصيدة العلامة ابن بهران اللامية، وله جواب على

من أجاب على الزمخشري رحمه الله بقوله:

عجباً لقوم ظالمين تلقبوا   بالعدل ما فيهم لعمري معرفة

فأجابه الفقيه بأبيات كثيرة أولها:

قال الخبيث تعصباً وجهالة   لمقالةٍ عدليّة مستظرفة

وتوفي يوم الخميس حادي عشر من شهر جمادى الأولى سنة 1010 عشر بعد الألف رحمه الله، انتهى كلامه.

قلت: وبقية الأبيات المذكورة في أصل الترجمة هي ما وقفت عليه في بعض المجاميع وهي قوله:

قال الخبيث تعصباً وجهالة   لمقالةٍ عدليّة مستظرفة
آوى بك الحمق المضل بأهله   فركبتها عشوا وما بك معرفة
منتك نفسك أن ترى رب العلا   وهو المنزه عن مقال ذوي السفة
أو ما نهاك مقاله لكليمه   ردا عليه بلا ولكن مردفة
لو صح ما نقلوه واعتصموا به   كان الحري به الثقات المنصفة
أقمار آل محمد وشموسها   وبحور علم بالنواصب مرجفة
سلكوا طريق الحق واتسموا بها   وتنكبوا سبل الضلال المتلفة
فهم هم والحق أبلج مشرق   وهم السيوف المصلتات المرهفة
وهم القسي الراميات سهامها   رشقاً لأرباب الشقا والعجرفة
فاركب على اسم الله سفن نجاته   واحذر شياطين الهوى المستخطفة

ومن شعر الفقيه سعيد بن داود صاحب الترجمة ما قاله عقيب دخول السيد العالم الحافظ أحمد بن عبد الله الوزير إلى صعدة مستنجدا بأميرها الأمير أحمد بن الحسين المؤيدي للغارة على السيد الرئيس المطهر بن الإمام شرف الدين لما أطبق عليه الحصار بحصن ثلا من قبل الوزير سنان باشا، ونظم في ذلك قصيدة

مطلعها:

هات الأحاديث عن أحبابنا هات   ما حال أهلي وجيراني وساداتي

وستأتي بكمالها قريبا في حرف العين ولما كان ذلك كذلك وكاد الناس أن يتناسوا صدى أبيات القصيدة المذكورة، استصرخ الفقيه سعيد بن داود بهذه القصيدة معارضا للسيد شمس الدين فحصل الفرج من الله تعالى:

الله أقرب من يرجى لغارات   وخير منتصر عند الملمات
الله أقرب من يدعى لنائبة   أجل منتدب عند المهمات
الله أسرع من يجديك نائله   وهو الكفيل بتعجيل الاجابات
الله أكرم منزول بساحته   أحسن به الظن في نجح الإرادات
الله أغير من يحمي بريته   من كل أمر مهم في العقيدات
الله أرأف مقصود لمعضلة   أهل المكارم فراج العظيمات
الله أقوى وأحمى من يلاذ به   لدى الخطوب المهمات المطمات

ومنها:

الله دافع ما يخشى عواقبه   نعم الملاذ لتفريج الملمات
الله عون الذي يبغي إعانته   عند الشدائد محمود الاعانات
فالمم به أيها المكروب معتمدا   عليه مبتهلا دون البريات
فما سوى الله من تشفيك غارته   فثق به آملا يا ابن الرسالات
واعكف على بابه الأعلى يريك هدى   ويعطف القلب من شمس الهدايات
وإن غارات ذي القربى وإن بعدت   منوطة بمقاليد الإرادات
وإنما ينبغي من عطف رأفته   دفع الملم بمحوٍ بعد إثبات
ويبدل السوء والضرا بعاقبة   وغارة منه تقضي بالبشارات
ويقذف الرعب في قلب المخيف لنا   من الأعاجم أرباب الخلاعات

ويهلـك الكـل مــن أعــوان ديــنهم	بسـهم رام ســريع في الإصــابات
فكـم جيـوش رماهـا سـهم قدرتـه	كعصـبة الفيـل والأحــزاب في الآتي
وكم خطوب بفضل الله قد دفعـت	بفضـله وحبانـا حسـن عــادات
وكــم أعــز ذليــلا بعــد ذلتــه	وكــم عزيــز تــردى في الاهانــات
فابسط أكفك نحو العرش منطرحـا	إليــه مستنجدا سُــرْع الإجابات

إلى آخر القصيدة وهي طويلة.

***

قلت: ثم إني وقفت في بعض السفن الأدبية علـى تخميس صاحب الترجمـة الذي جعله على قصيدة ابن بهران اللامية، والـذي نسـبه إليـه القاضي ابن أبي الرجال أثناء ترجمته السابقة، وهي نسخة سقيمة كثيرة الأغـلاط والتصحيف، لكن رأيت أن إثباتها على علاتهـا أولى مــن تركهـا لخزانـة الضياع، وأول ذلك التخميس قوله رحمه الله:

لا تجنــــحن إلى الإهمـــال والملـل	وتتبـع النـفس بالتسـويف والأمـل
واعمل بقول الذي اسمى على زحل	الجـد في الجـد والحرمـان في الكسـل

فانصب تصب عن قريب غاية الأمـل

وخالف النـفس واحذر مـن غوائلها	لا تخــدعنك تلقــى في حبائلهـا
ولا تــدين بشــيء مــن مسـائلها	وشِـمْ بـروق الأمـاني في مخايلهـا

بنـاظر القلـب تكفـى مؤنـة العمل

واسـتغن بـالله مـولى وارضيَـنَّ بـه	وافـزع إليـه بـأمر لا تقـوم بـه
فلـن تـرى قـط بأسـا مـا وثقـت به	واصبـر علـى كـل مـا يـأتي الزمـان بـه

صبــر الحسـام بكـف الـدارع البطل

وسلّم الأمـر في البلـوى وفي المحـن	وصبّر النـفس في الأعـراض والفتن
وخـذ بنفسـك رفقـا غـير ممتهـن	لا تمسـين علـى مـا فـات ذا حـزن

ولا تظـل بـما أوتيـت في جـذل

ودع غـــرورك بالـــدنيا ودع حســـدا   وقـل لشـيطانك الغـدار مـت كمـدا
واجعـل إلهـك فـيما رمتـه عضـدا   فالـدهر أقصـر مـن هـذا وذا أمـدا
وربـما حـل بعـض الأمـن في الوجـل

وصاحب الفضل والجود اللـذين هما   للمـرء فخـر وذخـر للعـلا وسـما
وكـن مـع النـاس شـهما مفـردا علـما   وجانـب الحـرص والأطـماع تحـظ بـما
ترجـو مـن العـز والتأييـد في عجـل

ومـاء وجهـك صـنه لا تكـن عجـلا   لا تهرقنـــه وتبغـــي دونـــه عـــدلا
والصـبر زيـن ولـن تلقـى لـه مـثلا   واقـن القناعـة لا تبغـى بهـا بـدلا
فـــما لهـــا أبـــدا والله مـــن بـــدل

وكـــن شـــبيه غـــمام بالحيـــاء همـــا   مـــوقرا مـــاهرا علامـــة علـــما
مـــدبرا حاذقـــا صمصـــامة حَكَـــما   وصـاحب الحـزم والعـزم اللـذين هـما
في العقـد والحـل ضـد العـي والخطـل

واخـــتر لنفســـك محبوبـــا تنادمـــه   يهـدي إلى الرشـدلا تـبرح تلازمـه
وانظر من الناس مـن لاحـت مكارمـه   والـبس لكـل زمـان مـا يلائمـه
في العســر واليسر مـن حـل ومرتحـل

الله أنعـــم بالأعضـــاء ومكنهـــا   فحلهـــا بـــالتقى كـــيما تزينهـــا
واخـتر هـديت مـن الأفعـال أحسـنها   واصمت ففـي الصـمت أسرار تضمنها
مـــا نالهـــا قـــط إلا ســـيد الرســـل

واستصـحب الـبر لا تـرضى بـه حـولا   واقطـع بـزاد التقـى أيامـك الطـولا
وانظـر تـرى النـاس في أيامهـا دولا   واستشـعر الحلـم في كـل الأمـور ولا
تبـــدر ببـــادرة ســـوء إلى رجـــل

ففعلـك المـرء رهـن لا فكـاك لـه   فحـــاذر الشـــر يومـــا أن تحاولـــه
وذو الحماقـــة مهـــلا لا تطاولـــه   وإن بليـت بخصـم لا خـلاق لـه
فكـــن كأنـــك لم تســـمع ولم تقـــل

وكـــن شـــفيقا لطيفـــا في مجـــاورة بـــرا وصـــولا رحـــيما في مـــزاورة
عـــدلا رفيقـــا حلـــيما في مجـــابرة ولا تمـــار ســـفيها في محـــاورة
ولا حلـــيما لكـــي تنجـــو مـــن الزلـــل

دع كـــل خلـــق لئـــيم تزدريـــه ولا تـــذم شخصـــا بعيـــب ذمـــك الخـــولا
ولا تكـــن عرضـــك المحجـــوب منتـــولا ثـــم المـــزاح فدعـــه مـــا اســـتطعت ولا
تكـــن عبوســـا ودار النـــاس عـــن كمـــل

واحـــذر عـــدوك لا تـــأمن عدواتـــه وداره مـــا أردت الـــدهر حاجتـــه
واصحب من الناس من ترجو سلامته ولا يغـــرك مـــن يبـــدي بشاشـــته
مـــنهم لـــديك فـــإن الســـم في العســـل

إن رمت عيشا بهـذه الـدار عـيش هنـا فكـــن فريـــدا لتلقـــى راحـــة وســـنا
وشـــدَّ أزرك شـــدا لـــيس فيـــه ونـــى وإن أردت نجاحـــا أو بلـــوغ منـــى
فـــاكتم أمـــورك عـــن حـــاف ومنتعـــل

وقـــم لربـــك في الآصـــال والســـحر مســـتهديا بهـــدى المختـــار في الأثـــر
وقـــو عزمـــك واحـــذر خدعـــة الغـــرر وابكـــر بكـــور غـــراب في شـــذا نمـــر
في بـــأس ليـــث كمـــي في دهـــا ثعـــل

وأقعـــد الـــنفس أســـنى كـــل مرتبـــة وخـــض بحـــار العنـــا قصـــدا لجـــوهرة
وحـــث بكـــر ك تحـــوي كـــل مكرمـــة في جـــود حـــاتم في إقـــدام عنـــترة
في حلـــم أحنـــف في علـــم الإمـــام علـــي

وجـــد في كـــل أمـــر ترتضـــيه تجـــد ما رمت واسمح بفضل من لديك تفـد
وســـدد الأمـــر واعـــزم وامتنـــع وأرد وهـــن وعـــز وباعـــد واقـــترب وأعـــد
وابخل وجد وانتقم واصفح وصل وصل

كالغصـــن في تـــرف لينـــا ومـــن هيـــف والزهـــر في أرج والبـــدر في شرف
والبحـــر في مـــدد جـــودا ومغـــترف بـــلا غلـــو ولا جهـــل ولا سرف
ولا تـــوان ولا ســـخط ولا ملـــل

وإن أردت نجاحـــا أو بلـــوغ أمـــل   فكـــن كغيـــث مغيـــث بالحيـــا أهـــل
كـــريم كـــف لمـــن وافـــاك ثـــم نـــزل   وكن أشد من الصخر الأصم لدى الـــ
ـــبأسا وأســير في الآفـــاق مـــن مثـــل

واحـــذر عـــدوك لا تلقـــاه منتكســـا   بـــل كـــن بعزمـــك والإقـــدام مفترســـا
وبـــالتقى ثـــم بـــالإخلاص مترســـا   حلـــو المذاقـــة مـــرا لينـــا شرســـا
صـــعبا ذلـــولا عظـــيم المكـــر والحيـــل

وكـــن خبـــيرا لمـــن أولاك خلتـــه   وامنحـــه بـــرا وأعظـــم منـــك منحتـــه
فـــأكرم النـــاس مـــن أعطـــاك قدرتـــه   صـــافي الـــوداد لمـــن أصـــفى مودتـــه
حقـــا. وأحقـــد للأعـــداء مـــن جمـــل

وكـــن إلى كـــل خـــير ســـابقا شرهـــا   ولا تكـــن جـــاهلا بالفضـــل أو ســـفها
بـــل كـــن رؤوفـــا رحـــيما طـــاهرا نزهـــا   مهـــذبا لـــوذعيـــا طيبـــا فكهـــا
غشمشـــما غـــير هيـــاب ولا وكـــل

عـــالي المـــرام إلى مـــا فيـــه محمـــدة   ســـام الفخـــار وســـيع الصـــدر جـــوهرة
منـــزه العـــرض لا تعـــروك مكرهـــة   لا يطمـــئن إلى مـــا فيـــه منقصـــة
عليـــه إلا لأمـــر مـــا عـــلى دخـــل

لا يأســـفن عـــلى دار ومرتبـــع   إن ضـــاق صـــدرا يـــأو كـــل متســـع
ويقطـــع العمـــر بالطاعـــات والـــورع   ولا يصـــيخ إلى داع إلى طمـــع
ولا ينـــيخ بـــدار نـــازح العلـــل

قـــد هيـــأ الـــبر والتقـــوى لـــه حلـــلا   واستعمل العلـــم كـــيما يصـــلح العمـــلا
وطهـــر القلـــب مـــن أوســـاخه وجـــلا   ولا يضـــيع ســـاعات الـــدهور فـــلا
يعـــود مـــا فـــات مـــن أيامهـــا الأول

لا يـــركنن إلى مـــا لا يناســـبه   ولا يخاطـــب إلا مـــن يخاطبـــه
ولا يجانـــب إلا مـــن يجانبـــه   ولا يراقـــب إلا مـــن يراقبـــه
ولا يصـــاحب إلا كـــل ذي نبـــل

لم يلق يوما على الإخوان متفخرا	ولا يظل بقول الزور مشتهرا
ولن يزال بثوب الفضل متزرا	ولا يعد عيوب الناس محتقرا

لهم ويجهل ما فيه من الخلل

ولا يضيع لهم فرضا ولا سننا	ولا يعيبهم سرا ولا علنا
ولا يكلفهم شكوى ولا مننا	ولا يظن بهم سوءا ولا حسنا

يصاب من أصوب الأمرين بالغيل

ولا يزال على الطاعات في جلد	قد طهر القلب من غش ومن حسد
يرجو بذاك ثواب الواحد الأحد	ولا يؤمل آمالا لصبح غد

إلا على وجل من وثبة الأجل

له مدامع في الخدين سائلة	خوف الجزا وعين الله ناظرة
لا يعتريه كما الفتيان بارقة	ولا ينام وعين الدهر ساهرة

في شأنه وهو ساه غير محتفل

واها له من فتى صفى سريرته	وحبذا هو إذ زكى طريقته
لا يلقين إلى الماضى مطيته	ولا يصد عن التقوى بصيرته

لأنها للمعالي أوضح السبل

البر والفضل في الدنيا غرايسه	والحلم والعلم والتقوى نفائسه
والحور عند الجزا حقا عرائسه	من لم تكن حلل التقوى ملابسه

عار وإن كان مغمورا من الحلل

أجدى بك الخير إن حاولت مكرمة	وسل إلهك للعصيان مغفرة
ولا تكن بأمور الدهر إمعة	من لم تفده صروف الدهر تجربة

فيما يحاول فليرعى مع الهمل

واختر لنفسك فيما رمته رجلا	حبرا لبيبا أديبا حاذقا كملا
ومن تقلب حال الدهر كن وجلا	من سالمته الليالي فليثق عجلا

منها بحرب عدو غير ذي مهل

وانظر بفكرك ما في الدهر من محن   وما حواه من الاعراض والفتن
ولا تزل في اعتبار دائم الحزن   من كان همته والشمس في قرن
كانت منيته في دارة الحمل

كن حازما يقظا طبا بحاجته   وجانب النوك واحذر من سماجته
ونحّه عنك وابعد عن لجاجته   من ضيع الحزم لم يظفر بحاجته
ومن رمى بسهام العجز لم ينل

مراتع السوء يورث رعيها سدما   ومن جنى الشر أضحى وقره صمما
وبالجهالة أضحى عقله عدما   من جالس الغاغة النوكى جنى ندما
لنفسه ورمي بالحادث الجلل

المرء عبد لمن بالفضل جاد له   رق رقيق لذي الإحسان إن له
وجوب شكر يرى حقا عليه له   من جاد ساد وأضحى العالمون له
رقا وحالة جعد الكف لم تجل

وأحسن الناس من طابت سجيته   وأكرم الناس من عمت عطيته
وصان عرضا جمال العقل خلعته   من لم يصن عرضه ساءت خليقته
وكل طبع لئيم غير منتقل

واكسب حلالا فمال المرء يرفعه   إياك من واجب لله تمنعه
وألزم النفس خيرا فهي تصنعه   من رام نيل العلى بالمال يجمعه
من غير حل بلى من جهله وبلي

وأسوأ العيش في الدارين أخوفه   وأسعد الناس من طابت صحيفته
واعلم بأن لذيذ العيش ألطفه   من هاش عاش وخير العيش أشرفه
وشره عيش أهل الجبن والبخل

واختر لبذرك أرضا لا تكن سبخا   ولا تكن من كلوم الدهر مصطرخا
تأس بي فذاك نصحى إليك سخا   عاجمت أيام دهري شدة ورخا
وبوئت فيها بإثقال علي ولي

وكـم ركبـت عظـيما مـن أوراكهـا وكـم أمـور ألاقـي مـن معاركهـا
وأقحـم الـنفس كرهـا في مهالكهـا وخضـت في كـل واد في مسـالكها
بـلا تـوان ولا عجـز ولا كسـل

قـد كنـت في همـة عليـا وفي شغف وفي اجتهـاد لنيـل العـز والشـرف
وفي ولـوج لجمـع الـدر والصـدف طـورا مقـيما مقـام الـدر في صـدف
وتـارة في ظهـور الأنيـق الـذلل

أكـد نفسـي لتجـري في مطالبهـا وتشرب العذب مـن أصـفى مشـاربها
حتـى حويـت فنونـا مـن غرائبهـا بالشـرق يومـا، ويومـا في مغاربهـا
والغـور يومـا ويومـا في ذرا القلـل

حينـا أكـون بخـيرات وعافيـة وتـارة في كـدورات وعايقـة
ومـرة في مسـرات وفائـدة وتـارة بـين أحبـار جهابـذة
وتـارة أصـحب الغوغـاء في زجـل

وفي أحـايين نفسـي غـير سـاكنة ونـار شـوقي بوقـت غـير هادئـة
ومـرة أجتنـى مـن كـل فاكهـة وتـارة بـين أمـلاك غطارفـة
شـم العـرانين بـين الخيـل والخـول

فكـم أمـور وكـم حـال مـررت بـه وكـم سرور وكـم كـد كلفـت بـه
والحـال منـي جـلي غـير مشـتبه هـذا ولم أرتضـي حـالا وقفـت بـه
إلا وثقـت بحبـل غـير منفصـل

كـم ذقـت مـرا وكـم صـابرته جلـدا وكـم حسـود تصـدى زدتـه كمـدا
وكـم بقلبـى ممـا اتقيـه صـدا ولم يلـذ لعينـى منظـر أبـدا
ولم أزل لبنـات الـدهر في جـدل

مـا زلـت أكـدح عمـري طالبـا لمنـى يسـامر الـنجم طـرفي لم يـذق وسـنا
ووافـر العـزم تزجـى قـبلى الرسـنا حتـى إذا لم أدع لي في الثـرى وطنـا
أقصـرت مـن غـير لا وهـن ولا ملـل

| حبـــل انقطــاعي بحبــل الله منتســب | والــروح منــي إلى ذي العــرش منقلـب |
| إليـــه بالــذل والتفــويض مقتــرب | فــاليوم لا أحــد عنـدي لــه أرب |

ولا فتــى أبــدا ذو حاجــة قــبلي

| كــم مــن نتــائج أفكــار خلــوت بهـا | وكــم ثواقــب أراء خصصــت بهــا |
| وكـم فرائـد لا تحصـى حبيـت بهـا | وفي الفــؤاد أمــور لا أبــوح بهــا |

ما قـرب النـاي أيـدي الخيـل والخـول

| نشأت طفلا على الطاعـات والطلـب | حتــى عرفــت فنــون العلــم والأدب |
| وجنــة الخلــد أرجوهــا بــلا نســب | فــإن أمــت فلقــد أعــذرت في طلبي |

وإن تعمــرت فــلا أصــغي إلى عــذل

| واســأل الله في الـــدارين يكلــؤني | ممـا أخـاف وقبـل المـوت يعصـمني |
| مـن الخطايــا يــوم العـرض يرحمـني | تمــت برســم أخ مــا زال يســألني |

إنشــاءها أبــدا في الصــبح والطفـل

| وكــان عزمــي مقيـما في كلالتــه | وســائلي كــان فــردا في جلالتــه |
| ولم أجــد محيصــا مــن إجابتــه | فقلتهــا لأداء مفــروض طاعتــه |

والقلب في شغل ناهيـك مـن شـغل

| فاخترت من أبحر التفويف أغزرها | وملــت قصـدا إلى ترتيـب أيسـرها |
| ومــا طمحـت إلى تنميـق أعسـرها | ولم أبــالغ في تفويــف أكثرهــا |

ولا ذكــرت بهــا شــيئا مــن الغـزل

| ولا تخللهــــــــا قطــــع ولا ألم | ولا اصـفرار ولا صــغر ولا سـقم |
| مــن حب ليـلى ولا وجـد ولا عـدم | لكنهـا حكـم مملـوءة همـم |

تغني اللبيب عـن التفصيـل بالجمـل

| عــروس بكــر تجلــت عنـدها درر | ممشـوقة القـد هيفـا زانهـا حـور |
| مــا شــانها ســأم كــلا ولا قصــر | بــذى الغبــاوة في إنشــادها ضرر |

كمــا يضــر نســيم المســك بالجعـل

والحمد لله ختماً إذ قضى الأربا والسؤل أجمع في إحسانه وهبا
ومن بالفعل من عرفانه وحبا ثم الصلاة على أزكى الورى حسبا
محمد وأمير المؤمنين خير ولي
صلاة حق تباهي بهجة ونما والآل مع راشدي الصحب الكرام كما
صل وسلم إبراهيم مختتما ما أومض البرق في الديجور مبتسما
وما سفحن دموع العارض الهطل

47ـ النقيب سعد المجزبي

النقيب البارع الفذ سعد المجزبي المملوك الصعدي النشأة الصنعاني الوفاة. والمجزبي نسبة إلى قرية ألت مجزب بالجيم المعجمة الساكنة ثم الزاي من قرى وادي علاف وأعمال صعدة، وكان مملوكاً حراثاً مع سيده أحد مشايخ الشام من أهل مجزب، ثم صار مملوك المولى شرف الإسلام الحسن بن الإمام القاسم أيام ولايته على صعدة ما بين سنة 1032 وسنة 1036 ست وثلاثين وألف.

وكان صاحب الترجمة هماماً ذا همة قعساء وجلد ومعرفة، وولاه الحسن بن الإمام القاسم بعد إخراجه للأتراك من زبيد في سنة 1046 على بندر اللحية والضحي فاستمر على ذلك نحواً من أربعين سنة، وله مع الفرنج البرتغاليين على سواحل وشواطىء البحر الأحمر الطامعين في الإستيلاء عليها حروب وتجهيزات وصرامة، وفي كتاب طبق الحلوى وقد ذكره في حوادث سنة 1080 ثمانين وألف ما لفظه: وفيها استدعى الإمام المتوكل حاكم اللحية والضحي ومور، وهو النقيب سعيد المجزبي فاعتذر بضعفه عن الوصول وناب عنه ولده في المثول، فصدقه في قوله وعذره، وعلى كمران واللحية قصره، وتوجه الضحي ومور إلى غيره على الفور انتهى. وذكره في خلاصة المتون فقال: وفي ثامن عشر ربيع الأول سنة 1086 ست وثمانين وألف توفي بصنعاء بعد وصوله

من ضوران النقيب سعيد المجزبي مملوك شرف الإسلام الحسن بن القاسم وناله بعد عزله وسكونه بضوران مرض مات منه انتهى.

وولده الحاج سعد بن سعيد المجزبي كان متوليا للمخا وتوفي بصنعاء سنة 1153 ثلاث وخمسين ومائة وألف، ذكر ذلك السيد المحسن بن الحسن أبو طالب في كتاب طيب أهل الكسا.

(استطراد ذكر الشيخ علي بن سليمان مجزب)

ومن قرية ألت مجزب الشيخ علي بن سليمان مجزب. وهو من أعيان هذا القرن الحادي عشر، وكان نظير معاصره الشيخ الأجل الفاضل أحمد بن علي كباس في الرتبة على تفاوت في المحاسن والشمائل والتدين والموالاة.

فالشيخ علي بن سليمان كان متاخماً للأتراك في أول أمره على خلاف الشيخ ابن كباس المتقدمة ترجمته في حرف الألف. وقد ورد ذكر الشيخ علي بن سليمان المذكور إبان استفتاح صعدة للمرة الثالثة أيام الإمام القاسم بن محمد، ونلخص السبب الذي ساق إلى افتتاحها هذه المرة، فإنه لما ظهر عزل جعفر باشا عن ولاية اليمن بمحمد باشا وسعى الأول إلى انعقاد الصلح بينه وبين الإمام القاسم بن محمد، كان انعقاد الصلح بينهما على أن يبدأ في شهر رجب سنة 1025 خمس وعشرين وألف، وينتهي شهر رجب من العام الذي يليه، فتم بذلك الصلح للوزير جعفر باشا استخراج أحد خواصه وهو الأمير صفر وكان متوليا له على صعدة، وعلى يديه كانت حادثة الشقات التي قتل فيها ابن الإمام، وكان في ذلك التاريخ محصورا في صعدة فأرسل الإمام القاسم عليه السلام من خرج مع الأمير صفر، وجعل الباشا جعفر ولاية صعدة إلى الأمير صلاح بن أحمد بن الحسين المؤيدي الآتية ترجمته إذ هو من أمرائهم، وجعلوا معه العسكر الذين في

صعدة، وهم قريب من الألف نفر ونحو مائتي فارس.

قال السيد المؤرخ مطهر بن محمد الجرموزي الحسني:

فاتفق أن هذا الأمير صلاح كان له خادم غالب على أمره يسمى صلاح السقاء، فطلب مَن حول صعدة من القبائل مالاً يحملونه لا سيما وأن الجبال من جهة خولان وبني جماعة إلى الإمام عليه السلام لا شيء عليهم، مما على سحار يعني الذين في الصعيد منهم، وإلا فإن الشيخ أحمد بن علي بن كباس وبني معاذ والأزقول في صلح الإمام عليه السلام، فأوغر صدورهم، ثم إنه طلب من الشيخ علي بن سليمان بن مجزب وكان ناصحاً للعجم، وكان له شوكة ورئاسة معتادة: ثلاثمائة حرف يحصلها في يوم واحد، فعظم على الشيخ المذكور وأنف أن يطالبه مثل هذا الخادم، وأن الشيخ أحمد بن كباس وغيره ممن هم دونه في ناموس ونعمة وعدل ظاهر، فندم على تخلفه عن الإمام عليه السلام غاية الندم، فاستمهل في تلك المطالب، وخرج إلى بلده ألت مجزب، وأرسل بالعقائر إلى جميع قبائل سحار وحلفائهم، فمدوه برجال، ووالاه كثير من أهل صعدة وأمدوه بمال، ثم أرسل عقائر أيضاً إلى مشارق صعدة، فأجابوه وقصدوا صعدة فحاصروها حتى منعوا منها جميع المنافع، ثم قصدوا المصلى والمقابر وناشبوهم الحرب ليلاً ونهاراً، والزيادات إليهم من القبائل، ومع ذلك يراسل الشيخ ابن مجزب إلى الإمام عليه السلام، فلا يجيبه الإمام بل يمنع أهل بلدته ويتشدد عليه السادة، وقال: دعوهم وبعضهم بعضاً واحتالوا حتى دخلت المدينة وانهزم جنود الظلمة إلى القصر والمنصورة، فحاصروهم أيضاً حصاراً شديداً والأتراك يراسلون الإمام عليه السلام فلا يجيب عليهم إلا: هذه رعيتكم التي ثارت عليكم، فاتفق أن رجلاً يسمى محمد عناش من أهل الحقل، بايع جماعة من أهل البسالة والاجتهاد أن يفعل ثقباً تحت الأرض طويلاً حتى يفتحه من

داخـل المنصـورة، وشـاع ذلك فخاطب الأمير صلاح ومن معـه وطلب الرفاقـة على تسليم صعدة، ويفتحون له الطريـق إلى صنعـاء، ففعلـوا وأخـذوا سـلاحاً كثيراً، وبقيت صعدة في يد الشيخ علي بن سليمان والقبائل، وأظهر القبائل أن صعدة للشيخ علي بن مجزب وقد يتقسمونها فكل حافة من حافاتها استجارت بقبائل، فراسلوا الإمام عليه السلام يرسل لقبضها، فلـم يجبهم حتـى كملـت السنة وانقضت أيام الصلح شهر رجب من سنة 1026هـ، فأمر السيد الكبـير شمس الدين أحمد بن المهدي المؤيدي لقبضها وقبض ما حولها، فدخلها السيد شمس الدين وقد خالط أهلها القبائـل، وملكوا أمرها وغيروا قانونها، فعـالجهم السيد أحمد علاجـاً شديداً، وكـان فيـه رحمـه الله رئاسـة وكـرم أخلاق وسخـاء، وساقها إلى الإمام عليه السلام وبقي متوليا لأمور صعدة على شقاق مـن أهلها وعدم انقياد حتى استرجح الإمام جعل ولاية صعدة وجهاتها إلى ولده أحمد بن الإمام القاسم وذلك شهر رجب سنة 1027 وكتب له كتاب الولاية المشهور.

قلت: ولم أضبط تاريخ وفاة الشيخ ابن مجـزب، إلا أنني رأيـت في كتـاب العقيق اليماني ما يشير إلى بقائه حيا إلى سنة 1038 ففي هذا العام ذكر العلامـة الضمدي أنه نزل مشايخ سحار الشيخ ابن مجزب والشيخ بـن كبـاس إلى أرض صبيا يصلحون بين أشـراف صبيا والقطبة، بأمر الإمام المؤيـد بـالله محمـد بـن القاسم.

48ـ السيد شمس الدين بن الهادي الأعمش

السيد العلامة شمس الدين بن الهادي بن محمد بن المرتضى بن صلاح بن سليمان بن محمد بن جعفر بن أحمد بن جعفر بن علي الأعمش بن محمـد بـن أبي السعود بن أحمد بن الحسين بـن عبـد الله بـن المهدي بـن عبـد الله بن الإمـام المرتضى محمد بن الإمام الهادي يحيى بن الحسين بن القاسم بن إبـراهيم بـن

إسماعيل بن إبراهيم بن الحسن بن الحسن بن علي بن أبي طالب.

كان عالما مدرسا بصعدة، ذكره السيد علي بن داود بن الهادي في هامش مشجر السيد الجلال، وكان موجوداً على قيد الحياة سنة 1068 رحمه الله تعالى. ووالده أحد الصلحاء أهل التقوى والزهادة، توفي سابع عشر الحجة الحرام سنة 1028 ثمان وعشرين وألف، رحمهما الله جميعا.

49. الفقيه صديق بن رسام السوادي

الفقيه العلامة الفاضل صديق بكسر أوله وتشديد الدال المهملة بن رسام ابن ناصر السوادي الصعدي اليمني.

أخذ عن شيخ الشيوخ لطف الله بن محمد الغياث الظفيري، وعن السيد الكبير داود بن الهادي المؤيدي وغيرهما، وأخذ عنه جماعة أجلهم سلطان اليمن المولى محمد بن الحسن بن الإمام القاسم، والقاضي حسن بن يحيى سيلان وغيرهما من علماء صعدة ترجمه صاحب مطلع البدور فقال:

العلامة الفقيه الفاضل شيخ العربية. كان مبرزاً فيها إلى النهاية في السماع والتحشية والتصحيح لكتبها، رحل للطلب فيها وفي غيرها من الفنون إلى الظفير، وأخذ عن شيخ الشيوخ لطف الله بن الغياث، وعلق على بابه ووقف بأعتابه، حتى مضى سماعه على كتب العربية بأنواعها مع ضبط وتصحيح، وتعلق بخدمة شيخه المذكور مدة، ثم رحل بعد ذلك إلى شيوخ فلم ير بعد الشيخ لطف الله أستاذاً، ثم أقبل على الفقه حتى حقق وبرع وصار أحد أعلامه، وولاه الإمام المتوكل على الله إسماعيل بن الإمام القاسم قضاء جهة خولان بمغارب صعدة، وكان من القضاة الصلحاء متوسط الحال على كل شيء يحاسب نفسه في أكثر الوقت حتى لقي الله وهو خفيف الظهر لم يخلف من العروض ما

يعود بفائدة إنما كان له داره بصعدة ومخترف أولاده انتهى.

وترجم له السيد إبراهيم بن القاسم في الطبقات والشوكاني في البدر الطالع والسيد محمد زبارة في خلاصة المتون في أنباء ونبلاء اليمن الميمون فقال:

القاضي العلامة العارف الحبر الصديق بن رسام السوادي الوايلي. كان محققاً لقواعد الفقه وإماماً في العربية وأفاد عالماً في الفنون على أنواعها ونسخ بخطه الجميل الصحيح كتباً كثيرة، منها البحر الزخار وحواشيه وتخريجه نسخة في غاية الصحة والضبط موجودة إلى هذا القرن الرابع عشر الهجري، وهي في مجلد واحد غاية في الإتقان. وله حواشي على كتب النحو والصرف منقولة في كتب أهل صعدة، وكان إليه القضاء ببلاد صعدة وساقين يتنقل بينهما، وله خلف صالح فيهم العلماء والفضلاء والنبلاء انتهى. قلت: وكانت وفاة صاحب الترجمة بصعدة المحروسة سنة 1079 تسع وسبعين وألف وقبره بالقرضين شامي مشهد آل حابس رحمه الله.

ورأيت في بعض التواريخ ما يفيد أن المترجم له أصله مولى من بلاد الجوف عتق وانقطع إلى العلم الشريف في صعدة، وظهر علمه، وقرأ عليه كثير من العيون، وأنه ولي القضاء في بلاد خولان آخراً بعد وفاة الفقيه محمد بن الهادي بن أبي الرجال سنة 1053 ثلاث وخمسين وألف.

50. السيد صلاح بن الأمير أحمد بن الحسين المؤيدي

ستأتي لاحقاً ترجمته بحرف العين أثناء ترجمة صنوه عبدالله.

51. السيد صلاح بن أحمد بن عز الدين المؤيدي

السيد الأديب البليغ صلاح بن أحمد بن عز الدين بن الحسين بن عز الدين بن الحسن بن الإمام الهادي إلى الحق عز الدين بن الحسن بن الإمام علي بن المؤيد

ابن جبريل الحسني المؤيدي اليمني.

مولده بصنعاء خامس عشر شهر ربيع الأول سنة 1015 خمس عشرة وألف بدار الإمام شرف الدين المسمى بدار العلف عند مسجد محمود، لأنه قد كان ملكه السادة من أخواله الأمراء آل المؤيد. وقد ترجم له القاضي ابن أبي الرجال في مطلع البدور استطراداً في ترجمة صنوه السيد محمد بن أحمد بن عز الدين المعروف بابن العنز الآتية ترجمته في حرف الميم وأثناء ترجمة السيد الصلاحي صلاح بن أحمد بن المهدي بحرف الصاد فقال ما خلاصته:

السيد البليغ، بديع الزمان، صلاح الملة، نشأ على الأدب والبلاغة، وكان صدراً في مجالس الكبراء مقدماً، حسن التعبير كأنما خلق للأدب، فهو من أعذب الناس ناشئة، وأرقهم حاشية، حافظاً للآداب، حريصاً على الوظائف، وهو مجيد الشعر، وله أشعار في كل معنى، وكان أحد من يحف بالسيد الصلاحي صلاح ابن أحمد بن المهدي من السادة والعلماء، وعليه قرأ في كتاب المطول، وبينه وبين السيد الصلاحي مفاكهات وأدبيات قد فاتت عليّ بعد إطلاعي عليها وحرصي على حفظها، فالله المستعان. قال: من ذلك ما أخبرني المترجم له قال: وكانت قد تقدمت عتابات بيننا وشكايات ولم أتفق به مدة، فأرسل إلي طعاماً على يد خادم من خدامه يعتاد صنعَة الطعام، يريد حضوري فكتب:

رب طعام حسنت ألوانه قد جاءنا على يدي ممنطق
يأكل منه شابع وجايع ....

وترك بياضاً. وقال للأصحاب: الصنو صلاح بن أحمد بن عز الدين عافاه الله سيكتب هنا: ويستوي فيه السعيد والشقي. فلما وصل الرسول كتبت ذلك بديهة، وكتبت بعد ذلك:

نقي خد عجلاً قد جاءني ....

وتركت بياضاً وقلت: سيكتب الصنو صلاح: يا حبّذا ذاك الحثيث والنقي.

قال القاضي ابن أبي الرجال: وللسيد صلاح بن أحمد معاني حسنة ومقاطيع فائقة سلك فيها مسلك الأدب على شروطه ويعجبني إيداعه لصدر قصيدة ابن الفارض فإنه قال ولله دره:

وصغيرةٍ حاولت فض ختامها ... من بعد فرط تحنن وتلطف
وقلبتها نحوي فقالت عند ذا: ... (قلبي يحدثني بأنك متلفي)

وهذا معنى يهتز له اللبيب وقائل هذا في الزمان غريب، وله في السيد الصلاحي ووالده مراثي مشجية انتهى كلام القاضي. وأورد من شعره أيضا هذه الأبيات التي وجهها إلى عز الإسلام المولى محمد بن الحسن بن الإمام القاسم المتوفى بصنعاء سنة 1079هـ وكان قد أعطاه قميصا اسم نوعه حسن يوسف:

بنفسي ومالي خير ملك من الورى ... وأقومهم بالحق في كل موقفِ
رأى حزن يعقوب يساور مهجتي ... فأعطى لها من فضله (حُسْن يوسف)
فإن منحتُه شكر داود همتي ... فما منحت من واجب فعل منصف
فمن حلم إبراهيم حلم محمد ... ومن طبع إسماعيل علّم أن يفي
صبورٌ كأيوب خطيبٌ كأنه ... شعيب أخو القول البهي المفوّف
كريمٌ كيحيى لم يهمّ بريبة ... طبيبٌ كعيسى كم به مدنف شفي
كإدريس صدِّيقٌ عزيز كصالح ... برهط كرام دافعي كل مسرف
فيا ربَّ ذي الخلق العظيم محمّدٍ ... به وبهم نج المليك وشرّف
وزد في بقاه عمر نوح وأوْلِه ... كملك سليمان لجانٍ ومعتفي
وصل على من قد ذكرناه إنهم ... همُ خير هادٍ في البرايا ومقتفي

قلت: وكان السيد صلاح المذكور من ملازمي المولى عز الإسلام محمد بن

الحسن بن الإمام أيام ولايته على صعدة، وانتقل بانتقاله إلى صنعاء فاستطاب سكناها. وقد ذكر صاحب طبق الحلوى وغيره أن المترجم له تولى للمولى محمد ابن الحسن طرفاً من وظيفة الإنشاء وغيرها، وكان له في الإنشاء اليد الطولى، وله النظم الرائق. وأكثر شعره في مدح مخدومه المذكور المولى محمد بن الحسن، وقد ضم ذلك كتاب أغصان الياسمين في مدائح المولى محمد بن الحسن بن أمير المؤمنين. منها هذه القصيدة نظمها وقد أزمع على مفارقة مقامه لزيارة أرحامه بصعدة في شهر صفر سنة 1062 اثنتين وستين وألف فقال في طالعها:

أستودع الله ظلاً باسق الشجر ... ومسرباً سابغاً عما يشوب عري
وروضة يجتني منها المطيف بها ... طيب الأماني في الآصال والبكر
أسير عنها وفي قلبي تذكرها ... وحب ساكنها نقش على حجر
وكان في نظري ألا أفارقها ... فعارضتني الليالي السود بالنظر
وحسنت صدَري عنها إلى وطني ... وهي التي باعدت عن أهلها وطري
فإن رحلت فقلبي غير مصطبر ... وإن أقمت فقد أغرقت في السفر
أقمت ست سنين في أزال فلم ... أعد شيئا قبيل الست من عمري
لأنها جنة الدنيا كما شهدت ... لها الصحاح به في صادق الخبر
تحكى البطاح وحصباء البطاح بها ... قراضة التبر فيها منتقى الدرر
ما بين حدتها الخضرا وروضتها الـ ... ـغرا وحمراتها الزهرا إلى جدر
جو فتيق ومعنى في الهوى حسن ... يزيد في السمع إدراكا وفي البصر
لو انها عاجت الريح السموم به ... وأصبحت وهي تحكي نسمة السحر
سقى أزال غمام صالح الأثر ... إلى جفوني يعزى لا إلى المطر
فكم بأكنافها روض تمد به ... أيدي السحاب رواق النور في الشجر
وكم جداول في أطرافها انحدرت ... تنمى إلى المزن طيب الطعم والحصر
وجاد منظرها ما يستديم به ... مستمتع السمع أو مستنزه النظر

فكم صحبت بها من معشر طهر مقاولٍ غير أعياء ولا هُذُر
أقمت فيها ومخدومي وملتزمي لب اللباب وخير السادة الخير
الخالص الحال من كل المطاعن والـ ـمثنى عليه بخير عند كل سري
الطيب الحبر بن الطيب الحبر ابـ ـن الطيب الحبر ابن الطيب الحبر
ظل السلامة من يأوي إليه فقد آوى إلى محكم الآيات والسور
كهف النجاة محل اللائذين به من الخطوب محل الشمس والقمر
ومن كمثل أبي يحيى له شغف بالصالحات وإقبال على الأثر
حامي حمى الحق بالبيض الرقاق وبا لسمر الدقاق وبالادلاج في البكر
في أمنه سارت الركبان مزودة وامتد في الأرض صوت الطائر الحصر
استودع الله كفا منه طاهرة تغني إذا هملت عن واكف المطر
ولهجة شرفت ألفاظها وعلت عن أن ترد إلى الياقوت والدرر
وبهجة كلما لاحت أشعتها فالشمس من دونها في صادق النظر
وخاطر يسع الدنيا بأجمعها فلن يضيق بأوزاع من الصور
وطود حلم رسا فوق الثرى وعلا على السماء فلن يهتز للخطر
استودع الله مولا نعمتي وأخا شيحي وشيخي في الأحكام والسير
من لف عرقي به الهادي وصفوته الناصر الحق بالصمصامة الذكر
فلم يزل راعياً قربي ومعتبرا حق التزامي به في كل معتبر
فلو تركتُ ومختاري لما ركبت عزيمتي عن ذراه غارب السفر
لكنها حالة الدنيا منافعها مدفوعة (أينما جالت) إلى الضرر
فالله يوزعني شكراً لنعمته شكر الرياض لهطل الواكف الدرر

إلى آخر أبيات القصيدة. وفي أثناء ترجمته بكتاب خلاصة الأثر في أعيان القرن الحادي عشر للدمشقي المحبي جاء ما لفظه:

ورأيت في بعض أخبار علماء اليمن أن لصاحب الترجمة مؤلفات مفيدة

وأجوبة شهيرة، منها شرح الفصول في علم الأصول للسيد العلامة صارم الدين إبراهيم بن الوزير، وهو من أقاربه يعني أن صاحب الترجمة من أقاربه، قال القاضي الحسين المهلا في وصفه أنه من أصدقاء والدي وأهل مودته وأرسل وهو بجبل رازح من أعمال صعدة كتابا إلىٰ صاحب له بأبي عريش يسمى صديق ابن محمد وافتتحه بقول أبي محمد بن سارة البكري الأندلسي:

يا من تعرض دونه شحط النوى   فاستشرفت لحديثه أسماعي
لم تطوك الأيام عني إنما   نقلتك من عيني إلى أضلاعي

فأجابه والدي الناصر نيابة عن صدّيق بقوله:

وافى المشرف رائق الابداع   من سيد ندب كريم مساعي
أضحى لأشتات الفضائل جامعا   حتى اجتمعن لديه بالإجماع
يجري بميدان الطروس أعنة الأ   قلام بالتكميل للإبداع
أيلم بي سقم الفراق وكتبه   فيها نسيم البرء للأوجاع
وصديقه صديق ابن محمد   يكبو إذا ما همَّ بالاسراع
ما ابن اللبون يصول صولة بازل   فيه قصور عن طويل الباع
فانعم ودم متمكنا متملكا   لشوارد الأشعار والأسجاع
من ذاك للود القديم وحفظه   كصلاح الشهم الجليل يراعي
لا زلت في غرف العلى متبوئا   منها عليّ أماكن وبقاع
تهدى إلى الأبصار أزهر خطكم   وجواهر الألفاظ للأسماع

فأجابه صاحب الترجمة بقوله:

أسرعت في نيل الصواب ولم تزل   مذ لاح شخصك فيه ذا إسراع
وسبقت أهل الشعر لما قمت في   خصل السباق به طويل الباع
وبهرت أرباب القريض فصار كا   لتمتام من في النطق كالقعقاع

وكشفت من سر البلاغة أوجهاً | كانت قبيل لقاك خلف قناع
أودعته نكت البديع فحارت الأ | فكار في الإبداع والإيداع
وجمعت يا صدِّيق كل لطيفة | حتى لطفت وفزت بالاجماع
ونزلت من أهل الفضائل كلهم | بمنازل الأبصار والأسماع
هذا لديك الناصر الأواه والـ | ـهادي ابن عثمان أبو الاسجاع
قد أرصدا من سحر شعرهما لمن | يهواك كل براعة ويراع
فإذا حباك الدر بالوزن امرؤ | كالوا له عن درهم بالصاع
وإذا دنا شبرا إليك مواصل | منحوه من لقياك ألف ذراع
فضلا حباك به الإله ونعمة | والله يحبو من يشا ويراعي
وإليكها عمن توزع قلبه البُر | حا فخذ واسمع عن الأوزاعي
قد كنت عِفْت الشعر ثم أتيته | وأجبته إذ كنت أنت الداعي
ليلوح عندك صدق قولي إنما | نقلتك من عيني إلى أضلاعي

فأجابه الناصر المذكور عنها بقوله:

انطق فعندك للقريض دواعي | قد جاء من شعر الهمام دواعي
وسعى صلاح في صلاح قريحتي | وجزى بعشر الصاع ألف صواع
لا فض فو رجل جليل قالها | لفتى قليل بضاعة ومتاع
ما كان من ثدي الفصاحة راضعا | لكن تعاطاها بغير رضاع
فلذا يرى وقت السباق مقصراً | فاعذر فتى فيها قصير الباع
قد شاع سابغ نعمة الله التي | أسدى لكم في الآل والأشياع
ونظمت يا بحر العلوم فرائداً | نظمت لكم سحبان في الأتباع
واستعبد الملك ابن حجر شعركم | لو عاش لم يقدر على مصراع
وأقرّ كتّابُ الأنام بأنهم | رق لرق رائق الإسجاع
من آل أحمد لم يزل يوليهم الـ | ـخيرات في جبل سما وبقاع

فلذاك عـزّ الـدين وانتشـر الهـدى   إذ كـان عـزُّ الـدين أكـرم سـاعي
أبـدى صـلاحا لاح عـن أثوابـه   نـور بـدا في عـارض همـاع
أحيـا بـه الأربـاء والأدبـاء معـاً   مـن كـل دان أو بعيـد بقـاع
لا سيما الهـادي الأجـل ومـن لـه   ود أكيـد والمحـب الـداعي
فـأبو عـريش فـاق بلـدان الـورى   إذ صرت راقـم اسـمه برقـاع
شـرفتموه إذ مـدحتم أهلـه   بمـدائح عـن خـاطر مطـواع
ونعـتم صـدِّيقه بصـديقكم   عطفـاً وتأكيـدا بغـير نـزاع
مـن لم يكـن عـن ودكـم بـدل لـه   فلرفعـه قـد صـار بالإجمـاع
يكفيك فخرا ما جرى من مدح من   فـاق الـورى لطفـا وحسـن طبـاع
مـن لام إن أحببـت آل محمـد   فهـم الأمـان لنـا مـن الإفـزاع

ومما قاله صاحب الترجمة يخاطب القاضي العلامة مطهر بن علي الضمدي وقد طلب عارية كتاب إيثار الحق على الخلق:

آثرونـا يـا صـاح بالإيثـار   كـي يكـون البلـوغ للأوطـار
عجلـوا عجلـوا جـزيتم بخـير   فلهـذا الكتـاب طـال انتظـاري

وهي من أبيات وأجاب القاضي عنها بأبيات رائقة مطلعها:

قسـماً بـالعقول والأنظـار   وبـما ضـمنت مـن الأسـرار

وله غير ذلك، انتهى كلام المحبي صاحب خلاصة الأثر بألفاظه.

***

ويغلب في الظن أن كل ما نقلناه هنا عن الكتاب المذكور للمحبي الدمشقي مما يخص ترجمة السيد الصلاحي صلاح بن أحمد بن المهدي الآتية ترجمته، ومما يؤيد ذلك عدة أمور منها قوله: (وله شرح على الفصول في على الأصول)، وأيضا قوله: (وهو من أقاربه) يعني أن صاحب الترجمة من أقاربه السيد

الصلاحي والله أعلم.

ثم إني وقفت مؤخرا على مخطوطة كتاب (حسنة الزمان في ذكر محاسن الأعيان) للقاضي العلامة الحسين بن ناصر المهلا والكتاب بخط يده، والمحبي في نقله السابق إنما هو ناقل عن الشيخ مصطفى بن فتح الله الحموي، الناقل بدوره عن مكاتبة صدرت إليه من العلامة الحسين بن ناصر المهلا المذكور، والتي أودع تلك المكاتبة بعد ذلك كتابه حسنة الزمان فقال فيه:

ومن علماء هذا القرن السيد العلامة المحقق صلاح بن أحمد بن المهدي المؤيدي رحمه الله، عالم فاضل ناثر، وله مؤلفات مفيدة، ومسائل شهيرة عديدة، وشرح الفصول في علم الأصول، وهو من أصدقاء أبي[20] رحمه الله وأهل وده، وإلى هنا انتهى الكلام على السيد الصلاحي، ثم أردف قائلا:

ومن أقاربه السيد البليغ المقول صلاح بن أحمد بن عز الدين من علماء الدهر وأدبائه، قال والدي رحمه الله في مجموعه: تمثل السيد العلامة صلاح بن أحمد بن عز الدين من رازح من أعمال صعدة في كتاب إلى صديق له بأبي عريش يسمى صديق بن محمد بقول أبي محمد بن سارة[21]:

يا من تعرض دونه شحط النوى	فاستشرفت لحديثه أسماعي
إني لمن يحظى بقربك حاسد	ونواظري يحسدن فيك رقاعي
لم تطوك الأيام عني إنما	نقلتك من عيني إلى أضلاعي

ثم ذكر بقية المكاتبة السابقة إلى آخرها، فاتضح الكلام بهذا النقل ولله الحمد والمنة. ووفاة صاحب الترجمة بصعدة في ذي الحجة سنة 1080 ثمانين وألف كما

---

[20] يعني بذلك العلامة الناصر بن عبد الحفيظ المهلا.
[21] هو الأستاذ الأديب أبو محمد بن سارة الشنتريني، شاعر الأندلس، توفي سنة 517هـ.

في طبق الحلوى، وقبره بهجرة فلله رحمه الله تعالى.

52. السيد الصلاحي صلاح بن أحمد المؤيدي

السيد العالم الرئيس الإمام المجتهد صلاح الدين صلاح بن أحمد بن المهدي ابن محمد بن علي بن الحسين بن الإمام عز الدين بن الحسن بن الإمام علي بن المؤيد بن جبريل الحسني اليحيوي المؤيدي اليمني الصعدي.

مولده سنة 1010 وقيل سنة إحدى عشر وألف، وطلب العلم على القاضي شمس الشريعة أحمد بن يحيى حابس الصعدي وعلى السيد الكبير داود بن الهادي، ورحل إلى صنعاء فأخذ بها عن السيد محمد بن عز الدين المفتي، ومن مقروءاته عليه المطول وجامع الأصول والدامغ والغايات وشرح ابن بهران على الأثمار، وكان شيخه السيد المفتي يسميه بالبحر. ورأيت بقلم صاحب الترجمة في نسخته شرح مختصر المنتهى في علم الأصول لعضد الدين الأيجي في الحامية ما لفظه: كان الشروع في سماع كتاب العضد ليلة الخميس رابع عشر شهر جمادى الأولى سنة 1044 وكتب في آخرها: من الله على عبده وابن عبديه سماع شرح العضد والمختصر وحاشية السعد في يوم الأربعاء ثالث شهر رمضان المعظم أحد شهور سنة أربع وأربعين وألف على والدنا وشيخنا السيد العلامة المجتهد المحقق المدقق الحافظ الرحلة الحجة الثبت عز الإسلام بقية السلف الأعلام محمد بن عز الدين المفتي، وكان ذلك بالجامع المبارك المقدس المشهور من صنعاء المحروسة في قريب من مائة وعشرين مجلساً انتهى.

وله مستجازات عامة من مشايخه واستجاز في سائر الفنون من مشايخ مكة المشرفة كالشيخ المحدث محمد بن علي علان الشافعي نزيل مكة، وعنه السيد الإمام إبراهيم بن محمد المؤيدي وغيره.

وكان السيد الصلاحي صاحب الترجمة من خوارق أبناء الزمان، وجهابذة علماء وقته الأعلام، وافر الفضل، منقطع النظير في علو الهمة وارتفاع الشأن، بارعاً في التصنيف، مجيداً في النظم والنثر من صدور العلماء والأمراء الكملاء، يعد من أمراء السيف والقلم. وله مصنفات عدة، منها شرح الفصول لصارم الدين الوزير في أصول الفقه سماه (الدراري المضيئة الموصولة إلى شرح الفصول اللؤلؤية)، وجمع في فن أصول الفقه أيضاً كتاب (القنطرة)، وله في علم الفروع (لطف الغفار الموصل إلى هداية الأفكار) بلغ فيه إلى كتاب الزكاة في ستين كراسة، من ذلك شرح الخطبة مجلد، وقد قرظه بعض أدباء السادة بني المؤيد فقال:

إن نيل السؤل والأوطار ... وأقاصي المرام للأحبار
ونهايات ما المحقق يبغي ... من عوان العلوم والأبكار
أصبحت وهي قد حواها كتاب ... صاغه فكر درة التقصار
فخر آل النبي والعالم الحبـ ... ـر صلاح الهدى وزاكي النجار
من حوى العلم يافعاً وامتطى الـ ... ـمجد في سنين قليلة المقدار
وغدا في العلوم شيخاً إماماً ... قبل حلم أو اخضرار الازار

وله في علم العربية (شرح شواهد النحو)، و(مختصر شرح شواهد التلخيص) للعيني وغيرهما، وله (ديوان شعر) زاحم به كما يقول مترجموه الصفي الحلي وأضرابه، وعارض مشاهير القصائد النبويات والأخوانيات والغزليات. وقد ترجمه غير واحد من مؤرخي عصره منهم القاضي العلامة شهاب الدين أحمد بن صالح بن أبي الرجال في مطلع البدور فقال:

السيد العلامة البحر الحبر منقب المناقب ومقنب المقانب رئيس الرؤساء ومفخر الكبراء. كان من محاسن الزمان ومفاخر الأوان، منقطع القرين في كل فضيلة، يعده المنصف من معجزات النبوة، محارة لذوي الألباب في فصاحة

منطقه وسعة حفظه وعلوِّ همته وكرم طبعه وسعادة جده، فهمه جذوة قبس، أناف على الشيوخ طفلاً فكيف يزاحمه أحد في الفضائل كهلاً، هذا ومجموع عمره تسعة وعشرون سنة، أحيا فيها من العلوم ما أشرق المبطل بريقه، وسقى كل محق برحيقه، ودوخ العلوم وحقق وقرّر وناظر وناضل. وهو في كل ذلك سابق لا يجارى وناطق لا يمارى. وهذا العمر القصير الذي هو من أطول الأعمار نفعاً اشتمل على قراءة وإقراء وجهاد وغزو وتصنيف وتأليف ومع هذا فهو الثابت لحصار صنعاء مع أبناء الإمام القاسم بن محمد حيث كان في الجراف يشن الغارة ويصابح الأروام ويماسي وافتتح مدينة أبي عريش بعد منازلة جنود الأروام، وغزا إلى السراة وجهات المير غزوات عدة، وكان منصوراً في جميع ذلك. وكان مجلس السيد الصلاحي محط الرحال للفضلاء، معموراً بالمكارم ينافس فيه أهل الهمم، ولقد رأيته في بعض الأيام خارجاً إلى بعض المنتزهات بصعدة فسمعت الرّهج وقعقعة المراجعة مع حركة الخيل من محل بعيد، فوقفت لأنظر فخرج في نحو خمسة وثلاثين فارساً إلى منتزه بئر رطبات(22) وهم يتراجعون في الطريق بالأبيات وما منهم إلا من ينشد صاحبه الشعر ويستنشده، وكان هذا دأبه كلفاً بالعلم، فكان إذا سافر فأوّل ما تضرب خيمة الكتب فإذا ضربت دخل إليها ونشر الكتب والخدم يصلحون الخيم الأخرى، ولا يزال ليلة جميعه ينظر في العلم ويحرر ويقرر مع سلامة ذوق وعدم نظير.

ويتابع القاضي ابن أبي الرجال فيقول: وكان يحف به من السادات والعلماء من تفرد لهم التراجم، وتزين بذكرهم الأوراق مثل مولانا صارم الدين إبراهيم بن محمد بن أحمد بن عز الدين، وكالسيد الرئيس صلاح بن علي بن عبد الله المؤيَّدي، وكالسيد البليغ صلاح بن أحمد بن عز الدين المؤيَّدي، وبينه وبين السيد الصلاحي

---

(22) رطبات: بضم الراء وسكون الطاء من آباء وادي رحبان، ولا زالت تحمل ذات الاسم.

مفاكهات وأدبيات قد فاتت علىٰ بعد إطلاعي عليها وحرصي علىٰ حفظها، وكالفقيه العلامة الحافظ بهاء الدين مطهر بن علي النعمان الضمدي، وكان من صدور العلماء ووجوه الزمان وقوراً حافظاً للشريعة وآدابها، وكان لا يفارق الحضرة إلا قليلاً وبينه وبين السيد الصلاحي مفاكهات، وكان للفقيه مطهر هذا مسائل في الاعتقاد جانب بها أهل المقالة، وقد كاد السيد الصلاحي أن يتلقىٰ بعض ما عنده بقبول، ثم عادا بعد ذلك إلىٰ بعض التنافر بعد أن استفحل علم السيد وعظم تحقيقه، فإنه لما عاد إلىٰ صعدة بعد رحلته الأخيرة إلىٰ صنعاء وهو يقول: كنت أظن مذهبنا الشريف لم يعتن أهله بحراسة الأسانيد لأحاديثه، فتحققت ومارست الكتب فوجدت الأمر بخلاف ذلك، ولقد كنت في بعض المذاكرات أستضعف حديثاً من أحاديث أهل المذهب، ثم بحثت فوجدته من خمسة عشر طريقاً كلها صالحة ثابتة علىٰ شروط أهل الحديث. وله رحمه الله في هذا قصيدة فائقة رائية تجرّم فيها من ميل الناس عن علوم آل محمد، وهي من غرر القصائد بل كان شيخه السيد العلامة محمد بن عز الدين المفتي يقول: هي من أفضل ما قال انتهىٰ كلام القاضي ابن أبي الرجال.

***

وترجمه القاضي عبد الله بن علي الضمدي صاحب العقيق اليماني فقال:

السيد العلامة مجتهد العصر وحجة الله علىٰ أهل الدهر. كان رحمه الله إماما جليلا في كل فن، مجتهدا فارسا، شجاعا كريما، رئيسا مدبرا، كاتبا فصيحاً شاعراً، له خط عظيم بالقلم العربي والمعلق، وله في كل فن من الفنون اليد الطولىٰ، طلب علىٰ القاضي أحمد بن يحيىٰ حابس، وعلىٰ السيد داود بن الهادي، ثم أخذ علىٰ السيد محمد بن عز الدين المفتي بصنعاء وغيرهم من العلماء، وأخذ إجازات من مشايخ زمنه كالشيخ أحمد بن علان المكي وأمثاله في سائر الفنون

من الحديث والتفسير وغيره، وأجازوه مصنفاتهم ومسموعاتهم ومستجازاتهم، وولاه الإمام المؤيد بالله محمد بن القاسم ولاية عامة، فعظم صيته، وحاصر مدينة صنعاء أربع سنين مع السيد الحسن بن الإمام القاسم وصابر الجهاد حتى تسلمت المدينة، ونزل على مدينة أبي عريش فتسلمها من علي آغا، وأرسله إلى والده تحت الحفظ، وولى في البلاد وطلع، ولما جاء قانصوه نزل أبي عريش بعدة أيضا، وأقام به ستة أشهر حتى قرر قواعده ورتب فيه وطلع، وله غزوات إلى الشام والحقار خفض بها الشياطين وأباد المعتدين، وكان في الطرف والآداب نادرة العصر وأعجوبة الدهر رحمه الله، وتوفي بعد والده بثلاثة أيام أو خمسة أيام رحمهما الله تعالى انتهى.

وترجمه الشوكاني في البدر الطالع، وصاحب الطبقات الكبرى، والسيد يحيى ابن الحسين بن الإمام القاسم أيضا فقال: السيد العلامة النحرير، ذو الفطنة الوقادة، والقريحة النقادة، أدرك منصب الإجتهاد، وجمع بين فضيلتي العلم والجهاد، وكان مرابطاً في عدة مواقف ومراكز وكان مقدماً ذا رياسة الخ. وفي التحفة العنبرية للسيد محمد بن عبد الله الملقب بأبي علامة ما لفظه:

ثم إن السيد الحسن بن الإمام القاسم بن محمد ألزم السيد العلامة القدوة الصمصامة عين عيون سادات الزمن، وغرة قادات بني الحسن، فهو القرم الذي تغيظ الأعداء مواطنه، ويستوي في طاعة الله وطاعة إمامه ظاهره وباطنه، لا تقعد به همة في مقام فوقه مقام، ولا يرضى لنفسه في ذات الله وطاعة الإمام إلا سرعة الانتقام صلاح الملة والإسلام صلاح بن أحمد أن يبقى في الجراف بمن معه من العساكر وأمر الرؤساء المعينين بالبقاء في ذلك المكان ومن لديهم من الجند الحاضر أن يسمعوا ويطيعوا لأمره، ويمتثلوا لنواهيه وزجره، وأوجب على رؤوس الأشهاد رفع ذكره وإعلاء مقامه وقدره، وأنه قد أرتضاه لهم رئيسا كونه حسن التقاضي وهو

الرجل الذي ما عرف مثله الزمان في المستقبل والحال والماضي. فحين قرعت كلماته منهم الأسماع أذهبت مراهمها الأوجاع، وكانت مغناطيس الإجماع والاجتماع، أجاب كل بالسمع والطاعة حسب الطاقة والاستطاعة، وانخرطوا في سلك المهتدين من الجماعة، واظهروا الانقياد وصالح الاعتقاد وشهروا مرهفات الشفار ووردوا حياض المنية وإن جرعت المرار وقطعت الأعمار، وألقوا مقاليد أمرهم بيد السيد صلاح الدين في الإيراد والإصدار، فقام بالغرض الذي فرضه الله عليه، وسارع إلى ما يجب المسارعة إليه، وشمر أذياله لنصر إمامه وشيد معالم الجهاد بحسن اهتمامه، وظهر تأثيره وأثر نكايته في أعداء الله غاية الظهور وقصم منهم الظهور وآذن بالعلو عليهم والظهور انتهى.

قلت: وفي ذلك يقول السيد الأديب صلاح بن أحمد بن عز الدين يمدح صاحب الترجمة بذلك من قصيدة طويلة جاء منها:

سل الجراف وعمن بالجراف فسل	إن شئت قوم أزال إذ بها حصروا
من قام ثمّ مقاماً لن يقوم به	سوى صلاح الهدى يوم انزوى بشر
أم من أباح به من يافث زمراً	من خلفها ينتهي يوم الوغى الزمر
وكان أوسعهم قتلا إذ اقتلوا	على يديه وأسرا كلما أسروا
وظل يهدم من أركان دولتهم	حولين ما طال مما قبل قد عمروا
أم من به قُسروا أم من به كسروا	أم من به بهروا أم من به قهروا
يجبك ذاك صلاح لا سواه وهل	كحيدر كان في إقدامه عمر
حتى إذا جنحوا للسلم حين رأوا	بأنه إذ أتى ما قط قد نُصروا
ولوا زبيدا وزالوا عن أزال وما	عسى سيغنيهم أمناً إذا انحدروا
وطهر الله ذاك الثغر عن نفر	إلى فنون الخنى يا طالما نفروا
فمرحباً مرحباً أهلا بطلعة من	زيدت على مجدها مجدا به العتر

أهلا بمن صلحت في الله نيته ... فأصلح الله ما يأتي وما يذر
ومن سما المنبر السامي بمقدمه ... والدست زين به إذ آب والسرر

(قصيدة الهدية إلى روح الوصي)

ومن أدبيات ونظم المولى السيد الحافظ صلاح بن أحمد بن المهدي رحمه الله تعالى هذه القصيدة الغراء المسماه الهدية إلى روح الوصي وهي طويلة أولها:

كذا فليكن من صاده ظبي حاجر ... وليس شباك غير هدب المحاجر
كثير الأسى لا يطعم النوم خفقة ... إذا هجع السمار جنح الدياجر
قليل التسلي يرقب النجم في الدجى ... يحاول بدرا طالعاً في الغداير
إذا ابتسم البرق اليماني عشية ... بكى لادكار بالدموع المواطر
وإن هتفت فوق الغصون حمائم ... أجاب باَنّاتٍ له وزماجر

ومنها:

ضمان لذات الطوق اتلاف مهجتي ... ولمعة ذاك البرق توزيع خاطري
وخطرة تلك الريح وهي عليلة ... تصحح وجدي لانكسار ضمايري
سقى الله عيشاً بالعقيق قضيته ... لتذكاره أسبلته من نواظري

ومنها بعد هذا الأسلوب عند ذكر السرى والتأويب:

رويدك لم يجن الظلام جناية ... فتفعل فيه دائماً فعل ثائر
أتطلب في أقصى المغارب جاهدا ... لحوق النجوم الغاربات الغواير
متى تعطف الأيام لي وتعيدني ... إلى بلدٍ زاهي الجوانب زاهر
إلى مربع فيه خلعت تمائمي ... وأدركت أوطاري به ومآثري
درست به عشراً وخمساً كواملاً ... علوم البحور الطاميات الزواخر
بني الوحي من أثنى الكتاب عليهم ... فما قدر ما يأتي به نظم شاعر

سفينة نوح باب حطة معدن الـ ... ـعلوم النجوم الراميات الزواهر
أمان عباد الله حجته على ... خليقته في يوم كشف السرائر
همُ وكتاب الله سيان في الهدى ... إذا اشتبهت طرق الرشاد لناظر
جزاء نبي الله أحمد ودهم ... على كل باد في الأنام وحاضر
وفي سورة الأحزاب مدح مصحح ... لعصمتهم من موبقات الكبائر

إلىٰ آخر أبيات القصيدة، وهي من غرر القصائد، وهي في الأغلب التي قال عنها السيد محمد بن عز الدين المفتي إنها من أفضل ما قال صاحب الترجمة.

***

وكان السيد الصلاحي مع هذه الجلالة والاشتغال بأمر الجهاد يلاطف أصحابه وكتّابه بالأدبيات والأشعار السحريات، من ذلك أبيات كاتب بها السيد العلامة الحسن بن أحمد بن محمد الجلال فقال:

أفدي الخيال الذي قد زارني ومضى ... ولاح مبسمه كالبرق إذ ومضا
نضَا عليَّ حساماً من لواحِظه ... فظِلْت ألثم ذاك اللحظ حين نضا
وحين ودّع مشغوفاً به دنفاً ... ألقى من الصبر أثواباً له وقضى
فليته دام طول الليل يصحبني ... بطيفه، وشفى من حبه الغرضا
أحببت كل لطيفٍ في محبته ... وكل وهم على قلب الشجي عرضا
حتى لقد شغفت نفسي بجوهرهم ... وصرت من أجل هذا أشتهي العرضا
وكيف لا أشتهي طيف الخيال وقد ... وافى خيال كريم زار حين قضى
قضى عليّ بإنشادي وأخبرني ... بأنه لقديم العهد ما نقضا
ذاك ابن أحمد زاكي الأصل من قصرت ... عنه المصاقع حتى بذّهم ومضى[23]

(23) هكذا البيت جاء في نسخ المطلع، وهو منزحف.

52ـ السيد الصلاحي صلاح بن أحمد المؤيدي - 227 -

ومـن كسـا الروضـة الغنّـاء بهجتهـا بِخُلقـه وحبـا الهنـدى حسـنَ مضـا
يـا سـيداً وطـئ الجـوزا بأخمصـه اسـمع مقـال فتـى ذكـراك مـا رفضـا
في كـل وقـتٍ لـه ذكـرى تهيّجـه حتـى إذا سـعر الهيجـا زاد وضـا
إني بعثـت بهـا غـرّاء صـادرة عن خاطرٍ من عوادي الـدهر قـد مرضـا
أبغـي رضـاك إذا أسـعدت طبعـك في إنشـادها وخيـار الصـحبِ رام رِضـا

فأجابه السيد العلامة الحسن بن أحمد الجلال بقوله:

قد لاح سَعدك فاغتنم حسن الرضـا من أهل ودِّك واستعض عـمّا مضـى
لمـا بعثـت لهـم بطيفـك زائـراً تحـت الـدُّجى ولفضـلهم متعرِّضـا
بعثـوا عليـك كتائبـاً مـن كتـبهم هزموا بها جيش اصطبارك فانقضى
لكنهـا أبكـار أفكـار لـو انْ الـ ـبدر قابلهـا بليـلٍ مـا أضـا
دررٌ كسـت زُهْـر الـدراري رونقـاً ثم اكتسـت مـا للصـوارم مـن مضا
لمـا أقامـت للوفـاء شـرائعاً نصـبوا لهـا بـالطرس ثوبـاً أبيضـا
وأتـت إليّ فبـت ألـثم صـدرها حتـى تنـاثر عقـدها وتنقضـا
وحكـت فرائـده فرائـد أدْمـع أرسـلتها مزنـاً لـبَرقٍ أوْمَضـا
مـن نحـو أحبـاب تنـاءت دارهـم عنـا فعوضـنا النـوى مـا عوضـا
لكـن محبـتهم بقلبـي دائـماً مـا والمهـيمن عنـه يومـاً قوِّضـا
فلهـم ضـلوعي منحنـى، وعقيقهم في مقلتـي، وبمهجتـي لهـم غضـا
مـن كـان يعـرض عـن أحبّـة قلبـه بعـد الفـراق فـإنني لم أعرضـا
ولـو ان طـيفهم شـفى لكـنّهم بخلـوا بـذاك ونـاظري مـا أغمضـا
رحلوا وما رحلوا عن القلـب الـذي مـا زال إشـفاقاً علـيهم ممرضـا
فاسـتوطنوا الصّـهوات ثـم تظللـوا تحت الرمـاح وكـل سـيفٍ منتضـى
سيما (صلاح الـدين) صـفوة أحمـد غيـث الوجـود ورأس آل المرتضـى
طعّـان أفئـدة الصـفوف إذا دجـا ليل العجاج، وحـار فرسـان الفضـا

وإذا أغــار بفيلــقٍ هــو رأســهم نحـو الكريهـة هالـه صرف القضـا
يــا ابــن الأئمــة والملــوك ومــن لــه شـرفٌ بـه شـرف الزمـان وقُرِّضـا
وافى كتابـــك معلنـــاً بـــأخوّة وبـــأن ودَّك لي غـــدا متمحضـــا
ويقــول ذكــري مــا نقضــت وإننــي لجميــل ذكــرك دائــماً لــن أنقضــا
واســتخبر الطــير الــذي وافــاك هــل أعرضــتُ عــن ذكــراك أم لم أعرضــا
ولقد تعاطـاني الجـواب ولسـت مـن فرســان ميــدان غــدا لــك مركضــا
هيهات ما العِيْس القواصل في الفضا تجـري مـع الخيـل العُـراب فتنهضـا
والبحــر مــا وشــلٌ يبــاري موجَــه فاعــذر فقــد حُمِّلــتُ أمــراً مبهضــا
ولــو أن حقــك لم يكــن مســتعظماً لغفلــت عــن ردِّ الجــواب المقتضــى
لا عــنْ قــلِيً بــل صــار دهــري نــائماً عــن نصــرتي ولشــغلتي متيقضــا
ولقــد غفــرت لــه؛ ســوى شــحط وزراً جنــاه لظهــره قــد أنقضــا
بــأبي رمَــى وبأســرتي مرمــى بــه تــرك الفــؤاد مقطّعــاً ومُقرّضــا
عاينــت ســبعة أشــهر مــن عهــدهم والــدمع يجــري في الخــدود مفضضــا
فــإذا تــرى نقصــاً فــذلك أصــله ولقــد جعلتــك في الصــلاح مفوّضــا

ومن ذلك ما أنشده الفقيه المطهر بـن علي الضـمدي عقيـب رحلـة السـيد صلاح الدين من أبي عريش وفتحه له وأخذه من يد الأتراك:

إن كــان أحبابنــا بــالهجر قــد طــابوا قلبـــاً فســـيَّان أعـــداءٌ وأحبـــابُ
وهــل يريــد بــك الأعــداء أقتــلَ مِــنْ هذا المصاب الذي من دونـه الصـابُ
شدوا المطايا غـداة البـين فانزعجـت نفســـي كـــأنَّ غـــرابُ البـــين أقتـــابُ
وثــارت العــيس بالأظعــان راغيــةً يــوم النــوى فاســتوى راغ ونعّــابُ
لله روحــي وقلبــي بعــد بُعــدِهم ورحمــة لعيُــوني غِــبَّ مــا غــابوا
فالروح طير وهذا القلب قـد فتحـت ســماؤه فهــو يــوم البــين أبــوابُ
والعين كالعين من بعـد الرحيـل فـما ينفـك مـن جفنهـا فـيضٌ وتسـكابُ

وكــل جارحـــة مجروحـــة بســـكا كـين الفـراق كـأنّ البـين قصّـابُ
أحبابنـــا إن نـــاءت عنّـــا ديـــاركم وقوّضت من خيام الوصل أطنابُ
فالقلـب قـد ضربـت فيـه خيـامكم ومـالكم عنـد طـول الـدهر إضرابُ
وكيف أسلو أخلاء الصفاء؟ وقـد شبُّوا الجوَى ولمحض الـود مـا شـابوا
وإن أهـل جنـان الخلـد في غـرفٍ مبنيَّـــة تحتهـــا نخـــل وأعنـــابُ
لهـم فواكـه ممـا يشـتهون ومـن صـافي الشـراب أبـاريق وأكـوابُ
يطـوف غِلمانهـم بـالراح بيـنهم وعندهم قاصـرات الطـرف أتـرابُ
وكـل ذلـك لا يسـليهم أبـداً عـن اجـتماع بـإخوانٍ لهـم طـابوا
واقـرأ عـلى عـذّلي القـرآن يسـتمعوا في الريح والطور والتطفيف ما عـابوا

فأجابه السيد الصلاحي رضي الله عنه:

ما طبت من بعد أصحاب لنـا طـابوا نفسـاً ولا آب نـومي بعـد مـا غـابوا
فالقلـب والعـين والأحشـاء بعـدهم لهـا خفـوق وتسـكابٌ وتلهـابُ
والصبر والوجد والأشواق قد فتحت وأغلقت مُـذْ نـأوا مـن تلـك أبـوابُ
أقـمار تُـمٍّ غـدا في القلـب بـرجهم إذاً يكـن لهـم في الطـرف حسّـابُ

ومنها:

يـا عـاذليّ دعـاني بعـد بُعـدِهم وأقصـرَا عـذلاً أدنـاه إطنـابُ
فـما عـلى فاقـد الإخـوان إن هُتِكـت مـن صـبره إذ نـأوا عـن ذاك أثـوابُ
وهـل يعـوِّض عـنهم شـادنٌ غـنجٌ كـلا ولا قـاصرات الطـرف أتـرابُ

ومنها:

وحـدثاني عـن صـحبٍ نـأوا فنـأت عنـا علـوم وأخـلاق وآدابُ
لا أوحـش الله مـنهم إنهـم نفـرٌ مـا إن يُنَـاط بهـم شـين ولا عـابُ
إن غـار إخواننـا فالـدمع بعـدهم مـا غـار بـل هـو في الخدّين سكابُ

وكتب الفقيه الضمدي إلى السيد الصلاحي بقوله:

تـزوج هـديت تهامـيـة	تروقـك في المئــزر المطرف
ودع عنـك بيضـاء نجديـة	ولو بـرزت في بها يوسـف
عليهـا قمـيـص وسـروالة	وليسـت تـرق لمسـتعطف

فأجابه السيد صلاح بقوله:

أردت بهـا الـذم ألبسـتها	سـرابيل مـدح ولا تختفـي
نعم هكـذا شيمة المحصنات	إذا شـئت تمـدح مـدحاً وفي
قسى في القلوب ولين القدود	وخـد نقـي وصـوت خفي
وإن رام منهـا الوفـا طـارق	فليسـت تـرق لمسـتعطف

وللسيد الصلاحي مقاطيع جيدة ومن لطائفه في التضمين قوله:

بـأبي وردة عـلى الخـد حمـرا	ء لهـا في القلـوب أي اشـتعال
لم أكن مـن جناتهـا عـلم اللــ	ـه وإني لحِرهـا اليـوم صـالي

وله في التورية:

ومائس أرشـفني ريقــه	لله مـن غصـن رطـيب وريـق
نقـي خـدٍ فوقـه جمـرةٌ	ففـزت ما بـين النقا والعقيق
مثل سـحيق المسك أصداغه	واحسرتي من بعد ذاك السحيق
أغرقت في حبي لـه فانظروا	إنسـان عيني من هـواه غريـق
عتيـق وجـهٍ منهـلاً ريقـه	لا غـرو هـذا زمـزم والعقيق
رقيـق حسـنٍ رقـه سـيد	مملـك فاعجب لهـذا الرقيـق
قـد فتـق القلب غرامي بـه	مـذ بـاح واطربـا للفتيـق

5   وله رحمه الله:

وفتـاة جنسـوها إذا مشـت	بقنـاة قلـت ذا التجنيس خطي

أرسلت من ليل هدبٍ أسهماً ... وسهام الليل قالوا ليس تخطي
أبرزت شرطاً بخدٍ ناعم ... فحبتني علماً من فعل شرْط
قدحت نار جوى إذ نهضت ... فاعجبوا يا رفقتي من أي سقط
ولوت حين سألنا جيدها ... ثم قالت حين أعطو لستُ أعطي

وله في الاكتفاء والاقتباس:

وغيد بأبيات العروض غرامها ... خرقن شغاف القلب فاتسع الخرق
وزنت بيوت الشعر يوم رحيلها ... الا فاستروا فالوزن يومئذٍ حق

وله في الاقتباس ورد الصدر على العجز:

ليت شعري متى أفوز بصحبٍ ... مزجوا كأس وصلهم زنجبيلا
وأرى معشراً خفافاً لطافاً ... خلّفوا للورى يوماً ثقيلا
وألاقي أحوَى أغنّ غضيضاً ... ردفه قد غدا كثيباً مهيلا
سل سبيلاً منه إلى كاس ثغرٍ ... تلْقَها إن شربتها سلسبيلا

وله في التورية:

ورُبَّ غزالٍ فاتر اللحظ فاتن ... زكت منه أخلاق كما قد زكى نجرا
أتى نحو كهفي سارياً فشكرته ... لأني أهوى (الكهف) والله و(الإِسرَا)

وله فيها:

حمَى ثغرَه لما أردتُ ارتشافه ... بسيفٍ بجفن منه جرّد للفتك
كذاك سيوف الهند يحمي بها الورى ... ثغور ذوي الإيمان خوف ذوي الشرك

وعلى الجملة فقد ذكر القاضي ابن أبي الرجال أنه له قصائد نبويات كثيرة، منها معارضة لقصيدة الإمام شرف الدين: لكم من الحب صافيه ووافيه. ومعارضة لقصيدة الصفي الحلي: فيروزج الصبح أم ياقوتة الشفق.

قال: ومن شعره هذه الأبيات:

حسبي بسنّة أحمد متمسكاً ... عن كل قولٍ في الجدال مُلَفّق
أورِدْ أدلتها على أهل الهوى ... (إن شئت أن تلهو بلحيَة أحمق)
واترك مقالاً حادثاً متجدداً ... من محدِثٍ متشدقٍ متفهق
ودع اللطيف وما به قد لفّقوا ... فهوَ الكثيف لدى الخبير المتقي
ودع الملقب حكمَة فحكيمه ... أبداً إلى طرق الضلالة يرتقي
قد جاء عن خير البريّة أحمدٍ ... أن البلاء موكّل بالمنطق
والله ما كان الجدال بعصره ... لا في رُبى بدرٍ ولا في الخندق
ما كان إلا سنةٌ نبوية ... عن صادقٍ في قوله ومصدّق
ووميضُ برق سيوفه في جيشه ... يُهمِي من الأعداء ماءَ المفرق
قامت شريعته بكل مذلّقٍ ... ذرت شباهُ لا بذل منمّق
صلى عليه الله ما برقٌ شرى ... أو ما شدت وُرْقٌ بغصن مُورق

قال في تاريخ مطلع البدور ومنه أغلب النقل لهذه الترجمة بتصرف في العبارات وتقديم وتأخير ما لفظه: ولم يزل السيد الصلاحي قرين السعادة والإسعاد محفوفاً مخدماً نافذ الكلمة، ولما نهض الحسنان لأخذ زبيد سنة ثلاث وأربعين وألف استنهضه الإمام المؤيد للإقامة بصنعاء لنواجم نجمت من قبائلها، فما زال بها إلى أن استنهضه الإمام إلى تهامة. ومن عجائبه رحمه الله أنه لما استنهضه الإمام طالع شيئاً من الجفر فقال لخواصه: أنا لا أتجاوز الجبال إلى تهامة أو ما هذا معناه، فلما وصل إلى صعدة وافى فيه السيد محمد بن عبد الله المعروف بأبي علامة مريضا، فانتقل إلى جوار الله وهو حاضر له، ثم توجه إلى مقام والده بقلعة غمار من بلاد رازح، فلم يلبث والده أن نقله الله إلى جواره، فاجتمع الناس إلى السيد الصلاحي فتفوه بأقوال حاصلها أنه لا يستطع الولايات، ولا يستطيع الخروج عن طاعة الإمام فهو يسأل من الله تعجيل رحلته إليه، فلم يلبث إلا

خمسة أيام بعد وفاة والده.

قلت: وكانت وفاته ضحى يوم الأربعاء 21 شهر ذي الحجة الحرام سنة 1044 أربع وأربعين وألف عن أربعة وثلاثين أو ثلاثة وثلاثين سنة على اختلاف القولين من تاريخ مولده. قال: وقد رثاه السادة العلماء والأدباء بما يلين الصخر، وما ينسى بما قالته الخنساء في صخر، كالسيد الهادي بن عبد النبي حطبة، والسيد صلاح بن أحمد بن عز الدين له أكثر من قصيدة، والقاضي محمد ابن عيسى بن شجاع الشقيقي التهامي، والأديب أبو القاسم المصري، والفقيه العلامة مطهر بن علي النعمان الضمدي فقال:

مصاب جل في كل النواحي ... فلم نملك به غير النواح
ورزء فت أفئدة البرايا ... ولا سيما قلوب ذوي الصلاح
أردنا أن نكتمه احتساباً ... فلاح لأهل حي على الفلاح
هي الأيام تخفض كل عال ... وتلطم بالمسا وجه الصباح
شغلنا عن مصاب أبي صلاح ... بموت أبي محمد الصلاحي
فتى فات الورى حلماً وعلماً ... وأشجع من مشى يوم الكفاح

إلى آخرها وهي طويلة. ورثاه تلميذه مولانا صارم الدين وأشار إلى تتابع وفاة هؤلاء الثلاثة السادة الذين كانوا عيون الزمان فقال:

أرى بصري قد زاغ واستعظم الأمرا ... نعم قد أراه الله آيته الكبرى
تتابع سادات كرام غطارف ... جحاجحة غر قد استوطنوا القبرا

وستأتي بكمالها في ترجمة السيد النسابة محمد بن عبد الله الملقب بأبي علامة في حرف الميم إن شاء الله.

(علماء المخلاف الوافدون للقراءة بصعدة)

وقد تكرر في أصل الترجمة ذكر الفقيه العلامة المحقق المطهر بن علي بن محمد النعمان الضمدي، فقد كان من أقران السيد الصلاحي رحمهما الله، وقرأ جميعاً على علماء صعدة كالقاضي شمس الشريعة أحمد بن يحيى حابس، وعلى الفقيه العلامة إبراهيم بن يحيى المتميز كما جاء ذلك في ترجمة العلامة المطهر الضمدي في كتاب خلاصة الأثر، وفي كتاب العقيق اليماني في حوادث ووفيات المخلاف السليماني لصنوه العلامة عبد الله بن علي الضمدي، ولفظ تلك الترجمة:

ولد رحمه الله بقرية الشقيري أعلى وادي ضمد ليلة الأحد سادس وعشرين من شهر شوال سنة أربع وألف، ونشأ نشأة حسنة في حجر والده، وغذاه بالحلال المحض، ولما توفي رحل لطلب العلم إلى مدينة صعدة، وقرأ علوم الأدب على السيد الطيب المؤيدي، والسيد داود بن الهادي، والقاضي أحمد حابس، وقرأ الأزهار وشرحه على الفقيه سعيد الهبل، وقرأ البحر الزخار على السيد أحمد بن المهدي المؤيدي، وبعضه على القاضي أحمد بن حابس، ثم رحل إلى مدينة صنعاء اليمن فقرأ في الأصولين على السيد صلاح الحاضري، والسيد الإمام محمد بن عز الدين المفتي، والوالد الفقيه أحمد بن حسن الخصيب الضمدي الساكن بصنعاء وغيرهم. وفي خلاصة الأثر في ذكر مشايخه أنه حفظ القرآن وجوده على الشيخ العلامة عبدالرحمن اليمني، وقرأ عليه شرح الجزرية للقاضي زكريا، وقرأ الأزهار على الفقيه عبدالله الوهم، وبعض شرحه على القاضي سعيد الهبل، وأكثره على أخيه أحمد بن علي بن النعمان، وعلى الفقيه إبراهيم المتميز، وقرأ البحر الزخار على القاضي أحمد بن حابس، وبعضه على السيد أحمد بن المهدي المؤيدي، وقرأ مفتاح الفرائض على عمه أحمد بن عبده النعمان، وقرأ على السيد صلاح الحاضري تمهيد النخبة وتنقيح الأنظار كلاهما

للسيد محمد بن إبراهيم الوزير، وقرأ الكشاف على السيد داود بن الهادي، وله إجازات من شيوخه في الكتب الستة وسيرة ابن هشام وأمالي أبي طالب وأمالي أحمد بن عيسى والجامع الكافي ومجموع زيد بن علي والأحكام والمنتخب للهادي وشفاء الأوام للأمير الحسين وأصول الأحكام للإمام أحمد بن سليمان، وغالبها رواه عن القاضي أحمد بن حابس بسنده المذكور في معجمه. وبعد انتهاء مرحلة الطلب قال في العقيق اليماني:

ثم عاد إلى وطنه وتزوج، وتردد مرارا إلى بيت الله الحرام وزيارة النبي صلى الله عليه وآله، وأقام في بلاده على العبادة والفتوى بما أدى إليه اجتهاده في الحوادث وعلى التأليف، فصنف (الفرات النمير في تفسير الكتاب المنير) حذا فيه حذو الكشاف، واختصر ضياء الحلوم وسماه (جلاء الغموم المختصر من شمس العلوم)، وله في علوم الحديث وقواعدها كتاب مفيد، وصنف شرحا على الأزهار شرط فيه إفراد الدليل على كل مسئلة، بلغ فيه إلى كتاب الحج، قال وله مختصرات كثيرة في عدة من الفنون. وفي خلاصة الأثر قال في وصفه: عَالم شهد بفضله العالم، وسلم له كل مناضل وسالم، محله في الفضل معروف لا يُنكر، وقدره في العلم معرفة لا تُنكر، مَلأ صيته كل موطن، الى أدب ما ميط عن مثله نقاب، ولا نسقت بِمثل فرائده قلائد رقاب، وله تصانيف شهيرة منها وهو أجلها (الفرات النمير تفسير الكتاب المنير) أحسن فيه العبارات وجود فيه الرمز والإشارات، قال في آخره: هذا آخر ما قصدناه ومنتهى ما أردناه من تأليف هذا السفر الخطير المسمى بالفرات النمير، فدونك رخيصا ثمينا خميصا بطينا، حوى من أصداف التفاسير لآلئها، وأنار من مشكلات الأقاويل لياليها، ولن يسعد بحل رموزه ويظفر بكشف كنوزه إلا من برز في علم البيان، وأشير إليه في معرفة صحيح الآثار بالبنان، وراض نفسه على دقائق مقاصد السنة والقرآن، هذا ومع

لطافة جِسْمه فكم حوىٰ من لطائف، ومع حداثة سنه فكم حدث بظرائف، ومع رشاقة قده فكم رشق من مُخَالف، وَكم مُشكل أوضحه قد أغفله الأولون وكأين من آيَة يمرون عليها وهم عَنْها معرضون، فالحمد لله الذىٰ وفقنا لتفسير كتابـه، وأهلنا لايضاح معاني خطابه، حمدا كثيرا طيبا مباركا فيه انتهىٰ كلامه.

قلت: وقد حظي هذا التفسير باليمن ببعض القبول ومدحه كثير من علمائـه بالأشعار الرائقة والمدائح الفائقة منهم السيد العلامة صلاح الدين صـلاح بـن أحمد المؤيدي قال في مدحه هذه الأبيات وهي:

هـذا الفـرات فـرِد مشـارع مائـه — تجـد الشرـائع أودعـت في سـطره
كشـاف كـل غـوامض ببيانهـا — أسرار منـــزل ربنـــا في سره
حـبس المعـاني الرائقـات برقـه — والحـق أطلـق والضـلال بـأسره
لا عيب فيـه سـوى وجـازة لفظـه — مع الاحتـواء عـلى الكـمال بـأسره

وللفقيه مطهر المذكور نظم ونثر سائران، فمن ذلك قولـه رحمـه الله وهـو في غرض السفر إلىٰ اليمن لطلب سماع الحديث:

تقول عيسـى وقـد أزمعـت مـرتحلا — لحجاً وقد لاحت الأعلام من عـدن
أمنتهـى الأرض يـا هـذا تريـد بنـا — فقلـت: كـلا ولكـن منتهـى اليـمن

قال في العقيق في وصفه وتاريخ وفاته: وفي ليلة الثلاثاء الرابع عشر من شهر رمضان سنة ثمان وأربعين وألـف كانـت وفـاة أخـي وسـيدي علامـة الـزمن، ومفخرة اليمن، مرجع العلـماء العـاملين، وخاتمـة المحققـين، الفقيـه العلامـة، النحوي الفرضي الأصولي المفسر، الحافظ الثبت الحجة المجتهد المطلق أبو محمد سراج الدين المطهر بن علي بن محمد النعمان الضمدي تغمده الله برحمته انتهـىٰ.

قلت: والوافدون إلىٰ مدينة صعدة لطلب العلم من أهل المخـلاف السـليماني في القرن الحادي عشر هم جماعة وافرة من العلماء، منهم السيد العلامة الحسين بن

محمد النعمي المتوفى سنة 1019هـ، والفقيه العلامة عفيف الدين عبدالله بن أبي القاسم الوهم كان من أكابر علماء عصره ولازم أولاد الإمام واستشهد مع علي ابن الإمام القاسم بن محمد في واقعة الشقات، ومنهم السيد العلامة أحمد بن حسن المخنجف المتوفى سنة 1025هـ، ومنهم الفقيه العلامة علي بن أحمد النعمان الضمدي المتوفى سنة 1029هـ، والعلامة أبو القاسم بن الصديق البيشي التهامي المتوفى سنة 1074هـ، ومنهم العلامة الأديب الحسين بن يحيى بن محمد ابن علي بن عمر الضمدي المتوفى بعد سنة 1068هـ، والعلامة المحقق عبدالعزيز بن محمد الضمدي صاحب تخريج أحاديث شفاء الأوام المتوفى سنة 1078هـ، ومنهم مؤلف العقيق اليماني العلامة عبدالله بن علي النعمان الضمدي المتوفى بعد سنة 1069هـ وغيرهم الكثير. فالحقيقة التي لا تخفى على المطلع اللبيب أن صلة المخلاف السليماني بمدينة صعدة لم تنقطع على مدى قرون من الزمان، فإن ارتباط المخلاف بصعدة سياسيا وعلميا ظاهر للعيان ولا يحتاج إلى بيان. ومن أشهر ما خلدته بطون كتب التواريخ والتراجم في ذلك ما كان من ورود الفقيه العالم الحافظ الرحلة الشهير محمد بن علي بن عمر الضمدي إليها، للقراءة وطلب العلم في القرن العاشر الهجري، وإقامته بها مدة للإفادة والتدريس، فمن مشايخه بها القاضي العلامة عبدالله بن علي بن يحيى الذويد، وأكثر قراءته في العلوم كانت على القاضي المجتهد الكبير محمد بن يحيى بهران الصعدي وله منه إجازة عامة، وكان في هذا الفقيه رحمه الله من مكارم الأخلاق وشرف الشمائل وخصال الكمال ما يبهر العقول، ومن شعره يمدح الزيدية:

أشياع زيد بن علي	بن الحسين بن علي
هم الذين اتبعوا	سنة خير مرسل
وفارقوا من زاغ عن	نهج الكتاب المنزل

فشأنهم في موقف الـ حشر لدى الله علي

ومن قصائده الفائقة في مديح أهل البيت عليهم السلام قوله:

إن لم يكن حب آل المصطفى شغلي فلا بلغت بسعيي غاية الأمل
هم الألى لهم في القلب منزلة عظيمة القدر لم تدرك ولم تنل
منحتهم صافي الود الذي شهدت به شواهد أحوالي علي ولي
ولم أزل مستهاما فيهم كلفا منابذا لذوي التفنيد والعذل
أذوب في ذكرهم في كل آونة كالشمع ألبس تيجانا من العسل
ويعتريني بهم سكر فيفعل بي فعل السلاف بعطف الشارب الثمل
سفن النجاة ومن يركب بهن نجا ومن تخلف جهلا منه لم يصل
قوم محبتهم فرض وقد جعلت أجر النبي فقم بالفرض وامتثل
وسادة قوموا ما كان من أود في الدين بالبيض والهندية الذبل
غلب إذا الشر أبدى ناجذيه لهم لم يختبوا عنه في ذعر ولا فشل
يسعون للموت يوم الروع إن بسمت بوارق الموت سعيا غير ذي وهل
ويوردون سيوف الهند عارية فتبتني من دما الأبطال في حلل
لله درهم من سادة نجب بحسن سعيهم ليل الظلام جلي
أثنى عليهم إله العرش تكرمة في الذكر دعني ودع ما جاء من قبلي
قل لي لباغضهم شلت يداك لقد أسرفت في الأمر فاعدل عنه وانتقل
إذا أحبهم الرحمن [فكيف لنا] بالبغض هذا لعمري غاية الخطل
ناقضت ربك في أحكامه سرفاً سحقاً لعقلك ما أرداك من رجل
الله يعلم ما عندي لهم وكفى به علياً بمشغول لهم وخلي
ما أرتجي غيرهم في كل نائبة تحول ما بين طيف القوم والمقل
ولا أقدر ليل الفوز يوم غدٍ إلا بهم لا بما أسلفت من عمل
لأنني واثق كل الوثوق بما رواه راويه عن سيد الرسل

52ـ السيد الصلاحي صلاح بن أحمد المؤيدي - 239 -

إذ قال يحشر كل في المعاد غدا مع من أحب ولم يعدل ولم يمل
وقد رضيت بهم دون الأنام لهم محبة ورفضت الناس عن كمل
وفي الفؤاد لأمر نال سالفهم من البغاة جراح غير مندمل
أعني بهم كل ذي بغي وذي حسد مجانب لطريق الحق معتزل
.... سوءا ويرميهم بالحادث الجلل
ويصرف الأمر عنهم غير محتشم ويمنع الحق منهم غير محتفل
لاسيما المرتضى القرم الهمام فقد مني بأحداث سوء جمة وبلي
وهو الوصي أمير المؤمنين فإن تجهل بما ناله في عصره فسل
وناصبي شديد البغض ذي شرس من الحماقة مغرى النفس بالجدل
أمسى يراجعني فيها مراجعة أجبت فيها بما يشفي من العلل
قال: ابن هند [برأيي] غير معترض قلت: ابن هند إمام الزيغ والزلل
فقال مستنكراً قولي: أتبغضه؟ فقلت: بغضاً عظيماً غير منتقل
فقال لي ساخطاً مني: أتلعنه؟ فقلت: لعنة في فيّ كالعسل
فقال ما الوجه في هذا؟ فقلت له: نزاعه للإمام الباسل البطل
فقال: إن رسول الله أردفه فقلت: ذلك في أيامه الأول
فقال: للوحي أيضاً كان مكتتباً فقلت: قبل مساويه فلا تطل
فقال: من ذاك مولى؟ قلت مبتدراً: إني لغير أبي السبطين غير ألي
فقال: سمِّ لنا هذا لنعرفه فقلت: ذاك أمير المؤمنين علي
خير الورى بعد خير الرسل في شرف وفي فخار وفي فضل وفي نبل
السابق الأول المخصوص قبل ذوي الإيمان من أمرد منهم ومكتهل
من وحد الله من قبل البلوغ ولم يسجد للاتٍ ولا عُزّى ولا هبل
ومن وقى المصطفى [حباً] فنام على فراشه لم يحل عنه ولم يمل
ومن به باهل المختار يوم أتى مباهلاً وفد نجران وذاك جلي

ومـن بــه خيـبر دون الـورى فتحـت	لصـادق العـزم لا بالمــال والخـول
ومـن لـه (إنمـا) بالعهد قـد شهدت	شـهادة مـا بهـا شيء مـن الخلـل
كـذاك مـن كنـت مـولاه الحـديث كـما	رواه راويـه عـن أشـياخنا الفضـل
هـذي الأدلـة مـن نـص الكتـاب ومـن	قـول المطهـر فـاتبع واضـح السـبل
وإنـما القـول مهـما كـان مختصـراً	صـلى ولـذّ، فـإن أكـثرتَ منـه قُـلي
يـا أيهـا المصطفى بـل يـا أبـا حسن	يـا أكـرم النـاس مـن حـاف ومنتعـل
خـذها مفوهـة الألفـاظ محكمـة	كالزهر في النبت أو كالوشي في الحلل
والحـظ محبرهـا دنيـا وآخـرة	فمـن لحظـت بعـين الـبر منـك كـلي
وسـل أخـاك ختـام المرسـلين لــه	شـفاعة منه يـوم الحشـر فهـو مـلي
صلى عليك إلـه العـرش مـا سجعت	ورق الحـمام عـلى عـالٍ مـن القلـل

وقد ذكرت هذه القصيدة بكاملها في نسخة كتاب المستطاب في تراجم علماء الزيدية الأطياب، التي تراجع عنها مؤلفها الجد يحيى بن الحسين رحمه الله.

وقد ترجم لهذا العلامة محمد بن علي بن عمر الضمدي في الكتاب المـذكور، وترجم له في العقيق اليماني ترجمـة حافلـة، وأرخ وفاتـه في سـنة 990 تسـعين وتسعمائة، وفي مختصره أن ذلك سنة 988 وقـد ذكـر هنـاك وفادتـه إلى الإمـام المتوكل على الله شرف الدين يحيى بن شمس الـدين، وتوليتـه لـه في المخـلاف السليماني، وأشار مترجموه إلى قصائده ومدائحه التي قالها عند وفادتـه المتكـررة عليه إلى محروس هجرة الجراف وكذلك قيامه بدعوة تلميذه الإمام الهادي أحمد ابن عز الدين، وأنه كان أحد خواصه وكان داعيه إلى بلاد عذر والأهنوم وقبض له الواجبات منها، ثم نزل إلى تهامة وتعلق بصحبة الشريف أبي نمي بن بركـات أمير مكة وولده الحسن، فبالغا في إكرامه فكان يقيم عندهما حينا، وحينا ببلده بوادي ضمد إلى أن توفي بها في التاريخ المتقدم، وقـد غفـل ذهـولا عـن ترجمتـه القاضي ابن أبي الرجال في مطلع البدور، وترجم له في طبقات الزيدية فهو مـن

أولياء أهل البيت النبوي.

53. السيد صلاح بن الإمام عبد الله بن علي المؤيدي

السيد الأمير المقام صلاح الدين صلاح بن عبد الله بن علي بن الحسين بن الإمام عز الدين بن الحسن المؤيدي الحسني الصعدي اليمني.

نشأ في حجر والده الإمام المتوكل على الله عبد الله بن علي المؤيدي المتوفى سنة 1017 سبع عشرة وألف كما سيأتي في ترجمته بحرف العين، وأخذ عنه وعن غيره. ومما وصفه به صنوه صاحب التحفة العنبرية قوله: السيد المقام العلم العلام، بقية أهل البيت الكرام، وعين عيون الرؤساء الأعلام. ثم أفاد أنه سعى هو والقاضي سعد الدين بن الحسين المسوري وتوسطا في الصلح بين الإمامين والده والإمام القاسم بن محمد وحسم مادة القال والقيل من الجانبين، وأبرأ كل واحد من الإمامين الآخر، وانحسمت مادة المجانبة، وارتج باب المعاتبة، وفتح باب المودة والصفا، وطابت منهما النفوس، وزال عنهما كل غم وبؤس، إلى أن ثويا في الرموس انتهى.

ولعل وفاته قبل أو بعد صنوه الأمير محمد صاحب التحفة العنبرية المتوفى بصعدة في سنة 1044 أربع وأربعين وألف رحمهما الله وإيانا والمؤمنين.

54. السيد صلاح بن عبد الله القطابري

السيد العلامة صلاح بن عبد الله بن محمد بن صلاح القطابري وبقية النسب ستأتي في ترجمة جده السيد العلامة الكبير محمد بن صلاح القطابري بحرف الميم. كان صاحب الترجمة سيداً عالما نجيباً، قد حصّل في العلوم، وله نظم، ولم أقف على كثير من أحواله، بل ما ذكرته عنه، ذكره القاضي ابن أبي الرجال استطرادا في ترجمة جده، وتوفي رحمه الله في شهر شوال سنة 1073 ثلاث

وسبعين وألف، ودفن في آخر صوح مسجد آل يعيش بمحروس قراض.

55. السيد صلاح بن علي بن عبد الله المؤيدي

السيد العالم الرئيس صلاح بن علي بن عبد الله بن علي بن الحسين بن الإمام عز الدين بن الحسن المؤيدي الحسني الصعدي اليمني.

أخذ عن السيد الصلاحي صلاح بن أحمد بن المهدي، وكان من جملة الملازمين له كما تقدم ذلك في ترجمته قريباً. ذكره القاضي أحمد بن صالح بن أبي الرجال استطرادا في مطلع البدور فقال: السيد الرئيس صدر العترة، رجل نبيه، فاضل جليل القدر، شرح الكافل بشرح عظيم، وكان تعلقه بأصول الفقه أكثر من تعلقه بغيره، وكان رئيساً كاملاً انتهى.

وترجمه السيد صارم الدين في الطبقات ونقل ما ذكرناه عن مطلع البدور وفيهما جاء نسبه غير صحيح والصواب ما ذكرناه، وهو ابن أخي السيد العلامة الكبير محمد بن الإمام المتوكل عبد الله بن علي الملقب بأبي علامة الآتية ترجمته. وممن ذكر صاحب الترجمة أيضا السيد المؤرخ المطهر بن محمد الجرموزي في تحفة الأسماع والأبصار، وعده من عيون العلماء أيام المتوكل على الله إسماعيل بن القاسم فقال: ومنهم السيد الكامل صلاح بن علي بن الحسين ابن أخي السيد العلامة محمد بن عبد الله الملقب بأبي علامة المؤيدي، كان سيداً وحيداً في الكمال والآراء، وله شرح حسن على الكافل في أصول الفقه انتهى. **قلت**: وسيأتي أن وفاته أواخر أيام الإمام المؤيد بالله محمد بن الإمام القاسم. وفي كتاب أغصان الياسمين من عرائس أفكار الناظمين في مدائح ملك المسلمين محمد بن الحسن ابن أمير المؤمنين الذي جمعه السيد يحيى بن أحمد العباسي ما لفظه: وللسيد الأكمل الماجد الأنبل صلاح الدين صلاح بن علي بن عبد الله بن علي بن الحسين

المؤيدي في ملك المسلمين هذه الأبيات السنية وفد بها عليه في عيد رمضان سنة 1047هـ:

أيــا منتهـــى آمـــل الآمـــل	ويـا غايــة الســؤل للســائل
ويــا عصمة الخائـف المستجير	ويــا حليــة الــزمن العاطـل
ويــا مــن إليــه تشـد الرحــا	ل في عظــم المحــل الهايــل
ويــا مــن تفيـض على الــراغبين	عطايــاه كالعــارض الهاطـل
ليهنــك مــا أنت أهــل لــه	مــن الفضل والشــرف الكامـل
وأجــر الصيــام الــذي حزتـــه	وفضــل لياليــه في العاجـل
وعيد المســرات عـادت عليـك	عوائــده الغــر في القابـل
فأنت الــذي فقـت أهـل الفخــا	ر وحليــت في طــوده الكاهـل
وأنــت الجــواد الــذي مــا كبــا	ولســت عــن المجد بالحائــل
وبحــر العلــوم المفيــد الصــوا	ب فوايــد تنهــل كالوابــل
وأنــت الــذي طــاب منـك الزمــا	ن ومـن غيــث انعامـك الهامــل
فلـــيس الفــرات ولا دجلـــة	ولا النيل مثلــك في النائـل

إلى آخر الأبيات. وكانت وفاته بمدينة صعدة ليلة الثلاثاء عاشــر شــهر ذي القعدة الحرام عام ثلاث وخمسين وألف، وقبره بأعلى مقبرة القرضين رحمـه الله وإيانا والمؤمنين.

56. الفقيه صلاح بن محمد السودي

الفقيه الفاضل صلاح بن محمد بن صلاح السودي الصعدي اليمني.

كان صاحب الترجمة فاضلاً مقريـاً أديبـاً، ونسخ بخطـه الباهـر الحسـن كتبـاً عديدة، رأيت منها كتاب الروضة للحجوري نسخه لخزانـة المولى محمد بن الحسن بن الإمام القاسم، ومنها كتاب الموشح في النحو نسخه لخزانة المولى علي

ابن أحمد بن الإمام القاسم، وهو في غاية الإتقان ضبطا وتحشية، مما يدل على جوهر النبل، وتمسك المترجم على حصة نافعة من العلم.

وقد استطرد القاضي أحمد بن صالح بن أبي الرجال في كتابه مطلع البدور ذكره أثناء ترجمة القاضي العلامة علي بن أحمد بن أبي الرجال المتوفى سنة 1051 إحدى وخمسين وألف فقال: ورثاه سيدنا المقري الفاضل الصالح صلاح بن محمد السودي الصعدي رحمه الله فقال:

هو الصبر ما كافاه ملجا ولا كهف إذا لم تطق منعاً وقد وقع الصرفُ

الخ أبيات المرثية وهي تدل على ملكة الأدب ومن مستحسن أبياتها قوله رحمه الله تعالى:

شمائله تروي النسيم وبأسه يمزق من شمل المعادين ما لَفُّوا
ففي السلم والحرب الرخا وعقيمها فللمهتدي لطفٌ وللمعتدي حتفُ
وأيامه في المعتدين شهيرة يخبّر عنهن المخالف والإلفُ
فلله من ليث الملاحم بيهسٌ به شرب الخصم المكاره واشتفوا
رأوا عزمه والسيف لما تكافا مضاءً فما للأشقياء عنه ما كفوا
فتهمي له الأقلام والصحف عبرة إذا بكّت الأشقى: المزاهر والدفُ
ويبكي له الملهوف للعلم والندى يحق له فيها التأسف واللهفُ
وما الموت إلا كل حي يذوقه وآخر هذا الخلق أولَه يقفو

ولم أضبط تاريخ وفاته وهي في نحو نيف وتسعين وألف، ورأيت بخطي أنه كان موجودا عام مائة وثلاثين وألف فليحقق ما هو الصواب في ذلك.

57. السيد صلاح بن محمد الداعي الكبير

السيد العلامة صلاح بن محمد بن صلاح بن محمد بن صلاح بن الحسن بن جبريل بن يحيى بن محمد بن سليمان بن أحمد بن الإمام الداعي يحيى بن المحسن

ابن محفوظ بن محمد بن يحيى بن يحيى بن الناصر بن الحسن بن عبدالله بن المنتصر محمد بن القاسم المختار بن الناصر بن الإمام الهادي إلى الحق يحيى بن الحسين بن القاسم الرسي اليحيوي الحسني الملقب الداعي كسلفه.

ترجمه حفيده السيد الحسن بن صلاح بن محمد الداعي شارح منظومة الدامغة الكبرى والصغرى فقال:

كان سيداً عالماً خطيباً جواداً، يضرب به المثل في الجود، وتولى للإمام المؤيد بالله محمد بن القاسم في الجهات الجماعية حاكماً وخطيباً أينما استقر فيها، لأنه كان يتنقل من مدران إلى قطابر إلى قراض من بلاد باقم، وله في كل بلدة منها أهل ومال، وعاصر أيام الإمام المتوكل على الله إسماعيل وتولى له جهة بلاد آلت الربيع والمعاريف جميع أعمالها حتى توفي بمحروس هجرة مدران شهر شوال سنة 1058 ثمان وخمسين وألف وعليه هناك قبة. وكتبت على قبره هذه الأبيات لحي السيد العلامة صلاح بن عبد الله القطابري وهي:

هذا ضريح الذي ما زال منتجعاً ... للطالبين حليف المجد والكرم
طلق المحيا إذا ما جاء سائله ... جلى الجواب بلفظ صيغ من حكم
مكارم السادة الأشراف قد جمعت ... لديه فهي له من أحسن الشيم
ما زال في الدرس والتدريس مجتهداً ... حتى أتاه نذير الشيب في اللمم
وجد في طاعة الرحمن مرتضياً ... حقير عيش وأعلى غاية الهمم
مضى وأبقى خصال المجد نافحة ... من بعده وهو فيها راسخ القدم
عليك منا صلاح الدين عمدتنا ... أزكى سلام يضاهي واكف الديم

ثم قال في الدامغة: وصاحب الترجمة هو ابن عم والدي وجدي من قبل الأم، وكان يميز بينه وبين والدي السيد صلاح بن محمد الداعي الآتية ترجمته بالأكبر يعنونه، وبالأصغر يعنون والدي. وأبواهما محمد ومحمد أخوان، وأول من فرق

بينهما بلفظ الصغير والكبير الإمام المؤيد بالله محمد بن القاسم في كتبه إليهما، وكان والد المترجم السيد محمد بن صلاح متولياً لقلعة غمار من جبل رازح، وبها توفي وقبره في صلبة غربي القلعة، والظاهر أنه كان متاخماً للأتراك قبل دعوة الإمام القاسم بن محمد انتهى.

(هجرة مدران)

هجرة مدران بفتحات وهي إحدى هجر السادة آل يحيى بن يحيى، وهي ببلاد ألت الربيع من أعمال ناحية جماعة، يسكنها طائفة من أولاد الإمام الداعي يحيى بن المحسن. وممن اشتهر وعرف بمدران بالقرن العاشر الهجري من أولاده السيد العلامة صلاح بن محمد بن صلاح بن الحسن بن جبريل.

وهو جد صاحب الترجمة المتقدم في نسبه، قال السيد الحسن بن صلاح الداعي في شرح الدامغة الكبرى: وكان من العلماء العباد الزهاد، تعمَّر فوق مائة وخمس عشرة سنة، هكذا في اللوح الذي على قبره، وقبره في نيد جلود عند المسجد الذي هنالك شرقي هجرة مدران إلى جهة الشام. وصنوه الحسن بن محمد والهادي بن محمد الخارجان من هجرة مَدَرَان إلى اليمن، واستوطنا مسور من مشارق صنعاء، فتوفي الحسن فيه وقبره هنالك مشهور مزور، وذريتهما هنالك بمسور وجحانة من بلاد مسور وكوكبان، ويعرفون هنالك بآل الشامي وآل الأخفش.

58ـ السيد صلاح بن محمد الداعي الصغير

السيد العلامة الفاضل الورع التقي صلاح بن محمد بن صلاح بن محمد بن صلاح بن الحسن بن جبريل بن يحيى بن محمد بن سليمان بن أحمد بن الإمام الداعي يحيى بن المحسن اليحيوي الحسني اليمني الصعدي الملقب كسلفه الداعي المميز بالصغير.

وصاحب الترجمة من أعيان وقته وأماثل السادة في عصره. وهو والد السيد العلامة المؤرخ الحسن بن صلاح الداعي صاحب الدامغة، وقد ترجمه هناك في شرح الدامغة الكبرىٰ فقال:

والدي السيد العلامة الزاهد العابد صلاح الدنيا والدين حاكم الإسلام والمسلمين. كان ممن بلغ في الزهد الغاية والنهاية، وبت دنياه ورضي منها بالبلغة في العيش، تنزه عن الشبهات ورفض المشتبهات، متصلباً في دين الله شديد الإنكار علىٰ الأشراف والسادة الأكابر من أهل عصره في تناولهم للزكوات، متجنباً للصلوات خلفهم مجاهراً بتخطئتهم حتىٰ قال لبعض كبرائهم وهو في جماعة من الأعيان: والله لو نزل كتاب من السماء لنزل فيه ما يسوؤكم فلم يرد عليه أحد منهم كلامه، وله رسائل في ذلك إلىٰ الإمام المتوكل علىٰ الله إسماعيل وإلىٰ غيره، وكان المتوكل علىٰ الله يحبه ويعظمه ويظهر تعظيمه بعد موته ويثني عليه، عاش في الناس سعيداً ومات حميداً، هذا ولم أذكر من صفته إلا اليسير تباعداً عن ظن ذي قلب غير سليم، ولعلي فيما ذكرت عنه أكون خرجت من سمة أهل العقوق. وكانت وفاته في شهر صفر سنة 1065 خمس وستين بعد الألف بمحروس هجرة مدران، وقبره هناك في المسجد النازلي مشهور مزور.

فارحم صلاح الهدى واجمع بغرته ... في جنة الخلد شملي فهو ذو عمل
وجازه منك إحساناً ومكرمة ... فاجعل دعائي مجاباً أنت خير ولي

رحمه الله وإيانا والمؤمنين.

(ووالده السيد محمد بن صلاح الداعي)

هو السيد الشهيد المجاهد محمد بن صلاح الداعي. كان من عيون السادة وأماثل أهل وقته، مقدماً راجحاً، جمع إلىٰ رتبة الفضل فضيلة الجهاد والبسالة، وشهد مع الأمير علي بن الإمام القاسم بن محمد يوم الشقات، وكان يوماً هائلاً

قتل فيه ابن الإمام وجماعة صالحة من عيون أصحابه، كان من بينهم صاحب الترجمة هنا، وذلك في شهر جمادى الآخرة سنة 1023 ثلاث وعشرين وألف، وستأتي تفاصيل أوفى عن ذلك في ترجمة الأمير المذكور في حرف العين.

قلت: وقد أشار إلى تلك الوقعة والحادثة المشجية السيد أحمد بن محمد بن صلاح الشرفي في ذيله على البسامة فقال:

وفي مواطن للتمحيص قد شهدت لأهلها بعظيم الشأن والظفر
وبالشهادة فيها فاز فائزهم بأعظم الحظ عند الله والذخر
كيوم رحبان والشقات لا سقيا ونوعة وسبيع مقتضى الغير

ونسبة يوم الشقات إلى الموضع الذي وقعت فيه الحادثة المذكورة.

قلت: وقد غلط نساخ اللآلئ المضيئة وغيرها من الكتب التي تناولت الواقعة بالذكر، فهو بالشين المعجمة المشددة والمثناة الفوقية المشددة أيضاً وبعد الألف تاء، موضع في قرية آل عقاب لا زال يحمل ذات الاسم جنوب صعدة إلى الغرب من جبل تلمص. وسيأتي التعرض ليوم رحبان في أثناء ترجمة السيد علي بن محمد الجديري بحرف العين من هذا القسم.

59. السيد الطيب بن داود بن المهدي

السيد العلامة صلاح الدين الطيب بن داود بن المهدي بن الإمام عز الدين ابن الحسن بن الإمام علي بن المؤيد بن جبريل الحسني اليحيوي المؤيدي اليمني الصعدي الفللي.

مولده رحمه الله في سنة 950 خمسين وتسعمائة. كان صاحب الترجمة سيداً عالماً متضلعاً في فن العربية، مطلعاً على علوم الأدب، قرأ في شرح الرضي على الإمام الحسن بن علي بن داود. وهو أحد السادة اليحيويين من بني المؤيد

الساكنين صنعاء كرهاً من قبل الأتراك وذلك قبل دعوة الإمام القاسم بن محمد، والظاهر انه رجع إلى صعدة ولم يقم طويلا بصنعاء كالبقية من بني المؤيد، وممن أخذ عنه بصعدة ابن اخته السيد داود بن الهادي، والفقيه مطهر بن علي الضمدي وغيرهما. وقد ذكره السيد العلامة علي بن داود بن الهادي في إلحاقاته على المشجر المبسوط فقال: كان له اليد الطولى في فن النحو وفنونه الثلاثة، وكان يوصف بسبيويه، وله فضل ودين ومعرفة في سائر الفنون، ووفاته ثاني شهر شوال سنة 1024 أربع وعشرين وألف بهجرة فلله انتهى.

وممن لقي المترجم له القاضي الحافظ أحمد بن سعد الدين المسوري، لقيه في حضرة الإمام القاسم بن محمد وقال في وصفه: من علماء أهل البيت وأحد مشايخ سادة عصره وعلمائهم، اشتهر في فن العربية والأدب انتهى. قلت: وإلى صاحب الترجمة السيد الطيب بن داود قد أشار الفقيه العلامة الأديب أحمد بن محمد البهكلي في قصيدته التي مدح بها محروس العشة، وقد تقدمت في حرف الألف، وتعرض في آخرها لمدح أعيان السادة بني المؤيد فقال مشيرا إليه بقوله:

ومنهم الطيب زاكي المفتخر　　　القمر الأزهر والحبر الأبر

أصدق راو في الحديث والأثر　　　خير فتى في الناس محمود الأثر

أخلاقه حلاوة كالشهد

(وولده) هو السيد صلاح بن الطيب بن داود، كان أحد نبلاء وقته وأدباء زمانه، ولم أقف له على ترجمة فاكتفينا بذكره هنا حتى يتسر لنا ذلك إن شاء الله.

ووالد صاحب الترجمة هو السيد العالم الكامل صارم الدين داود بن المهدي ابن الإمام عز الدين بن الحسن. كان من نحارير العلماء في أيامه، قرأ عليه في التذكرة القاضي عبد العزيز بن محمد بن يحيى بهران الصعدي وأثنى عليه. وذكره

في ذيل على مشجر ابن الجلال فقال: السيد العلامة المدره الفهامة، كان من أعيان السادة العلماء، وهو المرجح لنصب الإمام أحمد بن عز الدين عن رأي الإمام شرف الدين، وهو من أهل الزهد والصلاح والعبادة، وتوفي في سني الثمانين وتسعمائة، ودفن بمقبرة القرضين بصعدة، وأوصى أن يقرأ عند قبره من سور القرآن شيئاً معلوماً في كل شهر رمضان وهو يفعل إلى الآن انتهى. ورأيت خلال تلك الترجمة أن وفاته في سنة 981 إحدى وثمانين وتسعمائة رحمه الله تعالى وإيانا والمؤمنين وختم لنا بالحسنى.

60. القاضي عبد العزيز بن محمد بن بهران الصعدي

القاضي العالم المسند حاكم المسلمين بصعدة في أيامه وجيه الدين عبد العزيز ابن محمد بن يحيى بن أحمد بن محمد بن موسى بن أحمد الملقب بهران التميمي البصري ثم الصعدي اليمني.

مولده في أحد شهور سنة 935 خمس وثلاثين وتسعمائة. ونشأ في حجر والده العلامة كبير المحققين في عصره القاضي محمد بن يحيى بهران المتوفي سنة 957 سبع وخمسين وتسعمائة، وأخذ عليه. فأول ما سمع على والده كتاب نكت العبادات في الفقه إلى كتاب الحج وفي أصول الدين الثلاثين المسألة، وقرأ عليه في الفرائض كتاب الوسيط وكتاب الفايض في علم الفرائض وشرحه للأعرج، وفي علم العربية قرأ عليه في الكافية لابن الحاجب وشرحها للخبيصي، والشافية في علم التصريف لابن الحاجب أيضاً وشرحها لركن الدين والمفصل لجار الله وشرح ابن عقيل على ألفية ابن مالك، وكتاب مغني اللبيب وشرح التحفة، وهي من مؤلفات والده، وفي التلخيص في علم المعاني والبيان وشرحاه الصغير والمطول للتفتازاني، ومما سمع عليه في علم الحديث شرح نخبة الفكر لابن حجر ومختصر السيد محمد بن إبراهيم الوزير في علم الحديث،

ونبذة من نهاية الأثر لابن الأثير، وفي صحيح البخاري، وأسمع عليه مؤلفه معتمد ذوي العقول في أحاديث الرسول، وكتاب الكشاف، وفي مقامات الحريري وإلى كتاب الحج من كتاب الأثمار للإمام شرف الدين، وشرح الخطبة والمقدمة لكتاب الأثمار لوالده وأجازه إجازة عامة في سائر مؤلفاته ومسموعاته، وقفت عليها بخط والده ومما جاء فيها قوله: قد أجزت للولد الفاضل العالم العامل وجيه الدين أن يروي عني جميع ما سمعه علي من الكتب المذكورة وكذلك سائر تأليفاتي ومسموعاتي ومجازاتي، لمعرفتي بكماله وصلاحيته لذلك وإتقانه إلى آخر الإجازة المذكورة المحررة فتح جمادى الأخرى سنة 956 ست وخمسين وتسعمائة. وأخذ عن الفقيه العالم محمد بن علي بن عمر الضمدي، ومن مقروءاته عليه تسهيل الفوائد لابن مالك في النحو، وأسمع عليه جامع الأصول في أحاديث الرسول بجامع الإمام الهادي وكان الفراغ منه سنة 964هـ، وقرأ عليه شرح الخالدي في الفرائض والمختصر الشافي في العروض والقوافي، وشرح إيساغوجي في المنطق، والكافل في أصول الفقه مصنف والده، ثم عزم شيخه المذكور إلى الجهة التهامية ولما عاد في سنة 968 قرأ عليه شرح مقدمة البحر للنجري ومعه البحر الزخار، ومن مسموعاته أيضاً عليه كتاب الكشاف إلى سورة مريم، وله منه إجازة عامة بما فيها إجازة الشيخ المحدث ابن حجر لشيخه المذكور.

ومن مشايخه بصعدة أيضاً القاضي عبد الله بن محمد الدواري، والقاضي حاكم المسلمين أحمد بن أحمد حابس، والسيد العلامة داود بن المهدي بن الإمام عز الدين بن الحسن، وقرأ على القاضي العلامة أحمد المضري بالضاد قرأ عليه النصف من كتاب التذكرة في الفقه بمسجد الوشلي بمدينة صنعاء، وقرأ على الفقيه العلامة الورع سالم بن المرتضى بن غنيمة في بعض الأزهار وباقيه على والده، وقرأ على شيخه ابن غنيمة في البيان لابن مظفر وكتاب والده في علم

الطريقة بداية المهتدي وهداية المبتدي وغيرها من الكتب. وأخذ أيضا عن الفقيه العالم المؤرخ حسن بن محمد الزريقي مصنف سيرة الإمام شرف الدين قرأ عليه كتاب ابن الصلاح الشافعي في علوم الحديث وأجازه فيه سنة إحدى وستين 961هـ. ورحل إلى العلامة المحقق الفروعي يحيى بن محمد حميد المقرائي إلى

5 صنعاء لعل ذلك إلى وادي السر موطن العلامة المقرائي المذكور فأكمل عليه قراءة كتاب البحر الزخار التي كان بدأها على شيخه الضمدي، وأسمع عليه المعيار ومقدمة اللطيف، وأسمع عليه النور الفائض في علم الفرائض من مصنفات شيخه، وكذلك في فتح الغفار في علم الفروع، وأجازه في جميع مسموعاته ومؤلفاته وما صح له روايته في سنة تسع وسبعين وتسعمائة.

10 ورأيت في بعض الكتب أن إجازة شيخه المذكور له كانت في سنة 997 وهذا من الأوهام، والصواب ما نقلته عن قلم العلامة المقرائي قال بتاريخ السادس والعشرين من شهر شوال أحد شهور سنة سبع وستين وتسعمائة بجامع الإمام الهادي بصعدة حال عزمنا للحج يسره الله انتهى.

وأخذ عن صاحب الترجمة أعيان من العلماء الأجلاء منهم السيد داود بن

15 الهادي، والقاضي عامر بن محمد الذماري، والقاضي أحمد بن يحيى بن سالم الذويد، وولده محمد بن عبد العزيز بهران واستجاز منه إمام زمانه الإمام المنصور بالله القاسم بن محمد إجازة تتضمن جميع المسموعات والمقروءات والمستجازات عن والده. **وجامع هذا المعجم والتراجم** يروي ما اشتملت عليه روايات صاحب الترجمة عن والده وعن غيره من العلماء بطريق الإجازة بتاريخ

20 أحد شهور سنة 1420 للهجرة عن إمام العترة النبوية مجد الدين بن محمد بن منصور المؤيدي مؤلف لوامع الأنوار وجوامع العلوم والآثار عن مشايخه عن الإمام القاسم بن محمد عنه. وقد ترجم لصاحب الترجمة السيد الإمام إبراهيم

ابن القاسم الشهاري في طبقاته والقاضي أحمد بن صالح بن أبي الرجال في تاريخه مطلع البدور فقال:

القاضي العلامة صدر الحكام التميمي البصري ثم الصعدي، كان متضلعاً من كل العلوم، حكى عنه شيخنا العلامة أحمد بن يحيى حابس إنه كان يعرف جميع علوم الاجتهاد علم إتقان لكنه لا يستنبط الأحكام، وقد يكون ذلك إما لعدم مساعدة الفهم وانتقاله في المآخذ أو تركاً للدليل لئلا يلزمه حكمه، وفي النفس شيء من ترك ذلك مع التمكن. وهو شيخ الشيوخ في الحديث والتفسير، وله في الفقه قدم راسخة، وهو الذي أجرى القوانين في آبار صعدة على نظم محكم، وذلك أنه عرف جميع الضياع تحقيقاً وذرع الماء على الطين. قال: وكان المترجم متولياً للقضاء بمدينة صعدة ومما يروى عنه أنه تشاجر إليه بعض العتاة أهل السطوة فلما أراد الحكم على ذلك الطاغي أشار إليه أنه سيغيِّر عليه عنبه إذا حكم. فقال القاضي: أخروا الحكم ثم طلب بعض الناس وباع منه العنب جميعه وطلب الخصم وحكم عليه وقال له: العنب قد بعناه من فلان لا تغلط، قال: وجرت بينه وبين السيد علي الناصري مناظرة في شأن الصحابة، فأحصره السيد لأنه كان لبقاً محجاجاً، ثم أن صاحب الترجمة كتب شيئاً من الحجج رداً عليه وكان شيخه ابن عمر الضمدي قد منعه من المناظرة ومدحه بقوله:

لله درك يا عبد العزيز لقد ... وضعت هذا الدوا في موضع الوجع

انتهى كلامه. **قلت**: وهي باسم (حل الشبهات الواردات في الصحابة الثقات) ولعل الوقوف يطلعنا على قصيدة شيخه العلامة الضمدي فيتم زبرها في هذا الموضع إن شاء الله. وقد تقدم في ترجمة تلميذه السيد داود بن الهادي أنه ضعف بصره، وأن بداية ذلك كان من سنة ثلاث وألف 1003 وأنها حصلت له تلك الكرامة التي اتضح أنها من بركات صاحب الكشاف رحمه الله.

وكانت وفاة صاحب الترجمة بمدينة صعدة رحمه الله يوم الأربعاء ثامن شهر رجب سنة 1016 ست عشرة وألف، وقبره بالقرضين مقبرة صعدة، هكذا أرخه الحافظ المسوري في هامش إجازاته رحمه الله، أما تلميذه ابن أبي الرجال في مطلع البدور فأرخه في ذات اليوم والشهر وقال: سنة 1010 عشرة وألف،

5 وتابعه على ذلك السيد الإمام إبراهيم بن القاسم في الطبقات الكبرى وغيره من المتأخرين، إلا أنه قال في الطبقات بعد ذلك ما لفظه: وعمَّر ثمان وسبعين سنة، وفي نسخة أخرى من الطبقات: وعمر ثمانون سنة. مع أنه أرخ مولده في صدر الترجمة مؤلف الطبقات في سنة 948 وفي ذلك نظر ومردود بأمرين: **الأول**: إذا سلمنا أن مولده سنة 948 فسيكون عمره حال وفاة والده القاضي محمد بن

10 يحيى بهران شهر رمضان سنة 957 في التاسعة من الأعوام، ومقروءاته على والده المتقدم ذكرها نقلا عن خط صدر الترجمة تدحض ذلك، **والأمر الثاني**: ما نقله الحافظ أحمد بن سعد الدين في إجازاته من قول صاحب الترجمة القاضي عبد العزيز بهران في إحدى إجازاته للإمام القاسم وهي مؤرخة في شهر ربيع الثاني سنة تسع وألف في شهر ربيع الآخر ما لفظه: وذلك المسطور في حال كف

15 البصر وبلوغ العمر إلى أربع وسبعين سنة انتهى، مما يعني تأكيد صحة أن تاريخ مولده كما صدرناه هنا أول الترجمة سنة 935هـ، وأن عمره حال الوفاة حسب قول الحافظ المسوري 81 عاما، وحسب قول تلميذه ابن أبي الرجال 75 عاما، بخلاف ما جاء في الطبقات فتأمل ذلك.

قلت: ثم إن جامع هذه التراجم وقف على قبر صاحب الترجمة في وسط

20 مقبرة القرضين بجنب والده، وتاريخ وفاته مؤرخ في شاهد الضريح حسبما جاء في مطلع البدور، فيعلم ذلك موفقا.

61ـ القاضي عبد القادر بن سعيد الهبل

القاضي العلامة الفروعي المحقق عبد القادر بـن سـعيد بـن صلاح الهبل الخولاني الأصل اليمني الصنعاني ثم الصعدي.

وأهل هذا البيت من خولان صنعاء، وهم ممن استوطنوا المدينة الصعدية في أواخر العقد الثاني من هذا القرن الحادي عشر، وأولهم والد صاحب الترجمة القاضي العلامة الفروعي سعيد بن صلاح الهبل المتوفى بشهارة سنة 1037هـ، فاستقر بعض أولاده بصعدة منهم صاحب الترجمة وصنوه يحيى الآتية ترجمته، وكان أخذ القاضي عبد القادر صاحب الترجمة في الفروع على أبيه، وسمع عليـه شفاء الأوام للأمير الحسين، وقرأ على إمام الفقه في عصره القاضي عامر بن محمد الصباحي، وله قراءة بشهارة على الإمام المؤيد بالله محمد بن الإمام القاسم بـن محمد، وقد قدمنا إجازته له في أثناء ترجمة أحمد بن عبد القادر الطحـم المحـررة سنة 1046 ست وأربعين وألف.

وكان صاحب الترجمة قد تصدر للتدريس والإفـادة في مدينـة صعدة، ولـه تلامذة بها أجلاء، منهم المولى محمد بن الحسن بن الإمام القاسم قرأ عليـه أيام ولايته بصعدة بمسجد النزاري، وكذلك قرأ عليه بصعدة القاضي أحـمد بـن صالح بن أبي الرجال أثناء دخوله أول الطلب إليها، أما تلامذته من أهل صعدة فعدة وافرة منهم القاضي يحيى بن جار الله مشحم، والقاضي يحيى بـن الحسـن سيلان، والسيد الحسن بن صلاح الداعي وغيرهم.

وقد ترجم له تلميذه القاضي ابن أبي الرجال، والسيد إبـراهيم بـن القاسم الشهاري صاحب الطبقات الكبرى فقالا:

كان عالماً محققاً، وكان يسميه الإمام المتوكل على الله إسماعيل بـن القاسم:

حافظ المذهب، وهو من أهل الورع وطيب الطوية بحيث يقل نظيره انتهى. وترجمه تلميذه صاحب الدامغة الكبرى فقال:

كان من المدرسين في العلم بصعدة، والمحيين للدرس بها، أسمع أنه أقرأ في شرح الأزهار فوق أربعين شرف، ووفاته بصعدة سنة 1090 تسعين بعد الألف، وقبره بالقرضين مقابل باب المنصورة رحمه الله تعالى.

(وصنوه)

هو القاضي العلامة يحيى بن سعيد الهبل.

كان عالماً مدرساً بصعدة، أخذ عنه جملة من طلبة العلم كالقاضي يحيى بن أحمد الحاج الأسدي وغيره. ذكره السيد الحسن بن صلاح الداعي في شرح الدامغة الكبرى وأفاد أنه كثيراً ما تولى الخطبة بصعدة والقضاء مع الدولة دولة المتوكل علي بن أحمد أبو طالب، وبها توفي ثالث شهر جمادى الأولى سنة 1097 سبع وتسعين وألف، وقبره بجانب صنوه المتقدم رحمه الله.

62ـ العلامة عبد الكريم بن صلاح الحيمي

العلامة الفاضل عبد الكريم بن صلاح الحيمي.

ترجم له في مطلع البدور القاضي ابن أبي الرجال فقال في صفته:

كان فاضلاً عابداً صالحاً، طلب العلم بصعدة المحروسة وبها توفي، وقبر بجوار الكينعي وهو مزور مشهور، ولا أعرف مقدار ما حصّله من العلم، غير أني رأيت إليه قصائد، ورأيت تعلق الفضلاء بزيارة قبره، فمما كُتب إليه من الشعر ما كتبه القاضي العلامة علي بن محمد بن سلامة:

أيا عبد الكريم حماك ربي   وسلّمك المهيمن كل حرب

وحقك إن لي شوقاً عظيماً   أذاب جوانحي وأذاب قلبي
ترجيت اللقا والقرب يوماً   فلم أسعد بإسعافٍ وقرب
فيا ليت الزمان يجود صدقاً   بقرب أحبتي ويزيل كربي
أعاني ما أعاني من نواكم   وأضنى، والنوى يضني ويسبي
فرفقاً بي ولا تصلوا التنائي   وحسبي مدة الهجران حسبي
متى شمس الهدى يروي ظمائي   بإقبال وأبيات وكتب
جفا وأطال قطع الكتب دهراً   بلا سبب لذلك غير عتب
عليكم ما سرى برق سلام   يحاكي الوبل في سكب وصب
ولا برحت تحيات عظام   تخصكمُ على بعد وقرب

وأراد (بشمس الهدى) القاضي العلامة شمس الدين أحمد بن علي بن أبي الرجال، فأجاب القاضي شمس الدين بهذه الأبيات:

أتى المسطور من تلقاء ندب   يخبّر عن براعته وينبي
جمال الدين دام مدى الليالي   معافى في صفا عيش وخصب

إلى آخر الأبيات. ولما توفي عبد الكريم المذكور كتب شيخنا السيد العلامة محمد بن الهادي بن جحّاف إلى الوالد شمس الدين أبياتاً منها:

الموت لا والداً أبقى ولا ولدا   والمرء إن لم يمت في اليوم مات غدا
الموت حوضٌ وكل الناس وارده   فهات شخصاً لحوض الموت لن يردا
مات النبي أجل الناس مرتبة   وكان أعظمهم عند الإله يدا

ومنها:

فحين ذاق النبي الموت كان لنا   أقوى دليل على أن لا يدعْ أحدا
فعزِّ نفسك عن إلفٍ تودعه   وقم لتحصيل زادٍ بعدُ مجتهدا
فأنت في إثره -والله- مرتحلٌ   فهيىء الزاد إنْ حادي الرحيل حدا

فأجابه القاضي أحمد بن علي بن أبي الرجال رحمهما الله تعالى:

أفاض دمعي وأوهى مني الجلدا   علمٌ أتاني فصبري عنده نفدا
من صعدة جاءني رقٌّ فأرقني   وندّ نومي عن عينيّ وابتعدا
رفعتَ يا كاتباً ما كنت أحذره   من فرقة الإلف والحوض الذي وردا
وفاة من كان في الأيام غرتها   وكوكباً لضياء العالمين بدا
شام الأنام بروقاً فيه صادقة   فأقصرته المنايا عن بلوغ مدا
ما لي أرى الموت لم تظهر فتاكته   إلا بمن كان نوراً للورى وهدى
يا ليت علمك يا عبد الكريم طُوِي   عني لأسْلم حزناً فتّت الكبدا
والحمد لله قد أمضى قضاه وما   يلقى العباد من المقدور ملتحدا

ولم أضبط تاريخ وفاته إلا أن وفاة القاضي أحمد بن علي بن أبي الرجال كانت سنة أربعين وألف فتكون وفاة صاحب الترجمة قبل هذا التاريخ.

63. السيد عبد الله بن أحمد المؤيدي

السيد العلامة فخر الدين عبد الله بن أحمد بن الحسين بن عز الدين بن الحسن ابن الإمام عز الدين بن الحسن بن الإمام علي بن المؤيد بن جبريل الحسني المؤيدي الصعدي ثم الصنعاني.

كان سيد العلماء في وقته، نشأ بصعدة في حجر والده السيد الرئيس أحمد بن الحسين المؤيدي متولي صعدة في أيامه، ولما قتل والده المذكور على يد الأتراك في شرفة آل عمار سنة 991 إحدى وتسعين وتسعمائة أخرجوه هو وإخوته وسائر السادة بني المؤيد إلى صنعاء قسرا فسكنها، وقرأ فيها في الفقه على العلامة أحمد ابن معوضة الجربي، وأخذ عنه جلة من العلماء، منهم السيد محمد بن عز الدين المفتي الآتية ترجمته، والقاضي سعيد بن صلاح الهبل وغيرهما. وقد ترجم له

القاضي أحمد بن صالح بن أبي الرجال في مطلع البدور فقال:

السيد العلامة المتواضع الدمث الأخلاق. كان عالم وقته وسيد عصره، وممن تيسر له العلم وسخر له، كان يأتي في الإملاء بالعجائب والغرائب مع أنه لا يشتغل بالدرس في الليل ولا يفتح الكتاب إلا عند الدرس، وعلق عنه الفضلاء وصححوا قواعد وقيدوا شوارد، وكان محيطا بعلوم الإجتهاد إلا واحدا منها قال: خفت أن يجب علي فرض الإمامة. وكان عفيفا زاهدا ومن جلالة قدره أن شيخة العلامة أحمد بن معوضة الجربي لما عمي وكف بصره، كان لا يمر من الطريق إلى مصلاه في مسجد داود إلا من وراء السيد تعظيما له وإجلالا. وفي أثناء ترجمته بالمستطاب: أنه كان من علماء الهدوية الكبار عاصر الإمام المنصور بالله، وكان سكونه بصنعاء، وكان يحب الصدقات الجاريات، ومن جملة سعايته الحميدة رص الحجارة أو بناء القنطرة النافذة من قرية الدجاج بقرب صنعاء إلى نحو الحصبة انتهى. وترجم له أحد معاصريه فقال: كان غرة في وجه الزمن ونعمة شاملة لأهل اليمن، السيد المقام الفاضل، عالم أهل البيت والعامل، من تضعضعت بموته بنيات المكارم، وغاضت لمصرعه بحار العلم المتلاطم، وبكت لفقده عيون المدارس والمعالم، فخر الملة والدين، الغرة الشادخة، والذروة الشامخة في الآل المطهرين، توفي رحمه الله نصف نهار الأربعاء ثاني شهر القعدة سنة 16 بعد الألف، وقبره بباب اليمن في جربة الروض انتهى.

(وصنوه الأول)

هو السيد الأديب العارف الحسين بن الأمير أحمد بن الحسين المؤيدي الحسني الصعدي ثم الصنعاني. نشأ أيضا بصعدة وانتقل مع أخوته وأعمامه من بني المؤيد إلى صنعاء قسرا، واستقر بها ترجم له صاحب مطلع البدور فقال:

كان أديباً شريفاً، عالي الرتبة، وله اليد الطولى في علم الأدب والشعر الفائق، وليس بالكثير، وله خلطة بالأتراك بصنعاء ولما التمس الباشا سنان من الأدباء تأريخ قبة البكيرية التي عمرها الوزير حسن باشا وتأريخ الحمام والمستطابات التي اتخذت عند القبة، تمالح الأدباء وأتحفوا في ذلك وأجادوا، فمن ملح صاحب الترجمة في تاريخ المستطابات قوله:

كــم حــاقن وحاقــب   خلاصـــه في ســـبقه

ووفاته تقريبا سنة 1025 خمس وعشرين وألف. والبكيرية نسبة إلى بكير آغا مولى الوزير حسن باشا متولي الأتراك في ذلك الوقت، والقصة في سبب بنائها من قبل الوزير حسن معروفة، وكان تمام البناء بها سنة 1005، وحكى في بغية المريد أن موضع القبة قبة الكبيرية كانت مقبرة عظيمة من أيام الطاعون في زمن الإمام شرف الدين سنة 940 أربعين وتسعمائة والله أعلم.

(وصنوه الثاني)

هو السيد صلاح بن أحمد بن الحسين الحسني المؤيدي. أمه الشريفة مريم بنت أحمد بن يحيى بن أحمد بن الحسن بن الإمام علي بن المؤيد، وأما أم أخوته محمد والحسين وعبد الله فهي الحرة آمنة بنت محمد الدقم من أهل صنعاء.

وكان صلاح المذكور متاخما للأتراك بصنعاء ومن جملة أعوانهم وأعطوه سنجقا فخريا، وهو الذي استخلفه الوزير جعفر باشا على صعدة لما تم له استخراج الأمير صفر منها سنة 1025 وقد تقدم له ذكر عند استطراد ذكر الشيخ ابن مجزب بحرف السين. وفي اللآلي المضيئة للسيد العلامة الكبير أحمد بن محمد الشرفي عند ذكر تلك الأحداث ما لفظه: ولما تراخى وقوف محمد باشا في جهات تعز اضطرب أحوال العسكر الذين كان الباشا جعفر رتبهم في أطراف

بلاد الأتراك المتاخمة لبلاد الإمام عليه السلام، وتقللت جوامكهم، وهمَّ بعضهم بنهب أمرائهم، وخالف قبائل صعدة الذين كانوا تحت يد الأتراك وهم المتاخمون لصعدة كقبائل سحار وشيخهم الشيخ الأجل علي بن مجزب هو الذي ألَّب قبائله وحزّبهم على الخلاف على الأتراك، فخالفوا على الأمير الذي جعله الباشا قبل عزمه والياً لها هو والأمير صلاح بن أحمد بن الحسين من الأشراف آل المؤيد، وحاربوه أياماً فكانت الغلبة للقبائل ودخلوا عليه المدينة بالسلالم، وحاصروه في المنصورة ودار مطهر، ولم يكن معه فيها ما يقوم به وبمن معه من طعام وغيره، فلما تيقن أنه مأخوذ لاذ بالإمام واستشفع إليه أن يرسل من أصحابه من يسكن ثائرة القبائل عنه، وكذلك كتب المتولي بصنعاء يومئذٍ من جهة الباشا محمد بمثل ذلك، فأرسل الإمام عليه السلام الحاج الفاضل شمس الدين أحمد بن علي بن دغيش الغشمي الصريمي الحاشدي، أن يصلح بين القبائل وأمير صعدة، فلما وصل أسعده القبائل إلى الصلح لذلك الأمير إلى منتهى صلح الإمام عليه السلام والأتراك، على أن يبقى في قصر مطهر والمنصورة لا يتعداهما، ويستمد من السوق ما يحتاجه هو وأصحابه في كل يوم كفايتهم لا يزيدون على ذلك، وكان القائم بأمر القبائل المخالفين على الأتراك بعض مشائخهم الذين كانوا من أعيان دولة الأتراك وأعظم المعينين لهم والمجدين في حرب الإمام، ثم انتقض الصلح بينهم وبينه في شهر صفر من سنة 1026 ست وعشرين وألف سنة فدخل القبائل عليه المنصورة فنهبوا جميع ما فيها، وأسلموا الأمير صلاح بن أحمد ومن معهم من الأتراك وأمنوهم برفاقة، فخرج الأمير صلاح إلى هجرة فللة وبقي فيها مدة، وكفاه الإمام عليه السلام ما يحتاج إليه، ثم استأذن الإمام في العزم إلى صنعاء، وجاءت طريقه على تهامة وحصل معه في طريقه تنكيدات انتهى. **قلت**: ورأيت في تاريخ الضمدي أن وفاة

السيد صلاح المذكور في سنة 1029 تسع وعشرين وألف. وبخط بعض العلماء نقلا عن شاهد قبره خارج باب اليمن بصنعاء أن وفاته يوم السبت ثاني عشر من جمادى الأولى سنة 1033 ثلاث وثلاثين وألف انتهى.

ولهم أخ رابع لعله هو الأكبر من أخوته وهو السيد الصدر الضرغام عز الدين محمد بن أحمد بن الحسين وكان بعد مقتل والده قد تقدم إلى الإمام الحسن ابن علي بن داود ولم أقف على أخباره بما يشفي فاكتفيت بهذا القدر في ترجمته.

(استطراد ترجمة الأمير أحمد بن الحسين المؤيدي)

ووالد الجميع هو الأمير الصدر المقام شمس الدين أحمد بن الحسين بن عز الدين بن الحسن بن الإمام عز الدين بن الحسن بن الإمام علي بن المؤيد الحسني المؤيدي. ففي تاريخ مطلع البدور ومجمع البحور للقاضي ابن أبي الرجال جاء استطراد هذا الأمير أثناء ترجمته لولده الحسين بحرف الحاء فقال:

وقد كان والده أحمد بن الحسين أعجوبة الزمان في المكارم، ملكاً عظيم المنزلة واسع الإفضال، بلغت عساكره مبلغاً عظيماً، مما يحكى أنه جعل أنواع عسكره خمس عشرة طائفة، وجعل بعد العيد خمسة عشر يوماً أيام عطلة يخرج في كل يوم طائفة من العسكر بزي عجيب وكان يقول: أنا لا أفي لمن قطع إليَّ العَمَشيّة قاصداً ليّ، وحكي أنه كان يخرج من بيته كل يوم ثلاثمائة جفنة للحشم والخدم وأهل الأعمال والضيوف وكان يأكل مع العامة. وذُكر عنه أنه استقَلّ الناس على طعامه فدخل البيت واجماً منكسر الخاطر، فجاءته بعض الشرايف لها عليه سطوة، سألته ما حدث من الحوادث أوجب ذلك الانكسار؟ فاستعفاها فلم تعفه، فقال: رأيت الناس على طعامي قليلاً. ولد السيد أحمد بن الحسين المؤيدي سنة ثلاث وثلاثين وتسعمائة، وقتله الأتراك سنة إحدى وتسعين وتسعمائة، سلخ

شهر القعدة، وقبره بشرمات من بلاد آل عمّار. قال: وولادة أبيه الحسين سادس رمضان سنة ثلاث وتسعمائة واستشهد الحسين هذا في ثلا مجاهداً مع مطهر بن الإمام شرف الدين بأمر صنوه الإمام الهادي أحمد بن عز الدين أصيب بسهم يوم الخميس خامس شهر محرم سنة تسع وخمسين وتسعمائة، ومات ثاني ذلك اليوم يوم الجمعة، وقبر بثلا انتهى بلفظه. وقال صاحب التحفة العنبرية في ذكر طرف من أخباره وترجمته ما خلاصته:

ولد سنة 933 ثلاث وثلاثين وتسعمائة ونشأ في الرئاسة منشأ سلفه الكرام، ولما استشهد والده السيد الرئيس المجاهد الحسين بن عز الدين في مدة الإمام الهادي إلى الحق أحمد بن عز الدين أرسله الإمام في عسكر لهام للجهاد مع السيد غرة بني الزهراء وآية مجدهم الكبرى فخر الدين المطهر بن الإمام شرف الدين لما قصدته الأتراك إلى ثلا، وكان المطهر معتز إلى الإمام أحمد بن عز الدين، وكان استقرار المطهر بمدينة ثلا والأتراك في حوشان، وكانت الحرب بينهم سجالا، ثم إن الأروام ورئيسهم ازدمر باشا جردوا الهمة وجمعوا جموعهم وحملوا على المطهر إلى المدينة، فاستولوا عليها وأخرجوه منها، وكانت ملحمة عظيمة اشتد فيه القتال وحمي فيها الوطيس وانجلت عن استشهاد السيد الرئيس شرف الدين الحسين بن عز الدين أصيب بسهم في يوم الخميس خامس عشر شهر محرم غرة سنة تسع وخمسين وتسعمائة، ومات يوم الجمعة ثاني اليوم المذكور، ومدة عمره خمس وخمسون سنة وأربعة أشهر وتسعة أيام، وقبره في ثلا مشهور وانحاز السيد فخر الدين المطهر في حصن ثلا إلى أن انعقد الصلح بينه وبين إزدمر باشا، وكان قد أشرف على العطب والهلاك، والقصة في ذلك معروفة مشهورة، فقام ولده أحمد بن الحسين مع عمه الإمام الهادي إلى الحق أحمد بن عز الدين مقامه في الرئاسة، واشتهر بالشجاعة والنفاسة، وحسن التدبير والسياسية، وله مقامات مع الإمام في

الجهاد محمودة، ومواقف مشهورة مشهودة، إلى أن تقلصت على الإمام عليه السلام الأمور ولم يساعده المقدور، وكان المحارب له والمناصب الأمير الناصر بن أحمد بن محمد بن الحسين الحمزي، فاستولى الأمير ناصر على جميع البلاد وعز على الإمام الناصر والمعين من العباد، فارتحل عليه السلام إلى الحرجة من بلاد قحطان يوم رابع عشر من شهر ربيع الأول من سنة ستين وتسعمائة وعزم السيد أحمد بن الحسين إلى عند ازدمر باشا إلى صنعاء مستنجدا له على الأمير ناصر، فأعانه بالأموال والعساكر وأرسل معه الأمير محمد بن عبد الله بن جعفر اليامي وإبراهيم آغا من أصحاب ازدمر رئيسان على العسكر، فكانت طريقهم من بلاد تهامة، وطلع بهم السيد أحمد بن الحسين من جبل رازح في جمادى سنة 961 إحدى وستين، فلما بلغ الأمير ناصر وصوله بمن معه من العساكر جهز صنوه الأمير وهاس بن أحمد وولده الأمير بدر بن ناصر بعساكر واسعة، فسبقهم السيد شمس الدين ومن معه إلى الجبل بالطلوع ووصلت الأشراف فحطوا في سوق الربوع(24) فقصدهم السيد بمن لديه من تلك الجموع، فكانت الدائرة على الأشراف وهزيمتهم إلى عرو(25) وتقدم السيد أحمد إلى بين الحجابين ثم إلى عرو، وقد صارت الأشراف منه أثرا بعد عين فملك المغارب وقرر أحوال أهلها وخفف عليها المطالب، ثم تقدم للحطاط على صعدة فحط في المشهد، فوافى ذلك وصول إزدمر باشا من اليمن بجنود لا تحصى فحط على المدينة بتلك الجنود الكثيرة فكان الحطاط عليها أياما يسيرة، ثم طلب أهلها من إزدمر باشا أمانا أكيدا خوفا منهم أن يحل بهم ما حل بأهل صنعاء فجعل لهم ذلك، ودخل المدينة بجنوده ولم يثبت الأمير ناصر لقتال بل عزم إلى الجوف وقد انفلت شوكته

---

(24) موضع في جبل رازح.

(25) عرو: بلدة في خولان معروفة.

وضعفت دولته، وبقي إزدمر باشا بصعدة أشهرا فلما تهيأ للعزم إلى صنعاء ولى على صعدة وبلادها الأمير اسكندر وأبقى لديه ما يضبط به البلاد من العسكر وألزمه بسياق ما قرره للسيد أحمد بن الحسين من واجبات البلاد التي إليه وعرفه ما بينه وبين السيد أحمد من العهد الذي يجب المحافظة عليه وأقر السيد على الجهات الشامية ثم ارتحل بعساكره إلى صنعاء. وبقي السيد أحمد والأمير اسكندر على ذلك الصلح قدر سنتين والأمير اسكندر يعمل للسيد المكائد والغوائل، والسيد في غاية الحزم والانقباض والاحتراز من المتاخمة والإعراض، ووطن نفسه على المداهنة والصبر على ما شاهده من كيد الأمير اسكندر وحسده ومنافسته في الاستبداد، فلما آيس من الظفر بالسيد أحمد أخذ في أهبة الحرب، وكان السيد في يسنم فتقدم إلى الهجرة المقدسة فقصده الأمير اسكندر بثلاث محاط في الخطم(26) واحدة وفي العيناء(27) أخرى وفي عرو الثالثة، فقصد السيد محطة العيناء فهزمهم وقتل منهم جماعة، ثم قصد محطة الخطم فهزمهم وغنم أثقالهم، فلما بلغ الأمير اسكندر ما حل بأصحابه من القتل والهزيمة جرد همته وتقدم بنفسه حتى حط في العيناء، فلما بلغ الإمام الهادي إلى الحق أحمد بن عز الدين تألب الأتراك وحصرهم لمن في الهجرة من السادة الكرام جرد همة عالية وأقبل في ثمانين فارسا من خيل أهل الشام، فلما تيقن الأمير اسكندر وصول الإمام ارتحل إلى صعدة بمن معه من الأروام، وتقدم الإمام إلى الهجرة ثم تقدم على محطة من الأروام بآل حباجر فهزمهم إلى حول صعدة، وعاد إلى الهجرة بمن معه من العساكر. ثم إن الأمير اسكندر خرج إلى الحضائر فقصده السيد أحمد بن الحسين إلى هنالك فكان بينهما وقعة عظيمة وملحمة جسيمة كانت اليد الطولى فيها للسيد شمس الدين وارتحل

(26) الخطم يقصد به خطم هجرة فلله.

(27) العيناء غربي هجرة فلله بمسافة 10كم.

ليلة ثاني الوقعة الأمير اسكندر ومن معه إلى صعدة منهزمين.

وفي أثناء ذلك وصلت كتب من السيد فخر الدين المطهر بن الإمام شرف الدين إلى الإمام أحمد بن عز الدين أنها قد توجهت إليكم عساكر لا طاقة لكم على مقابلتها فانظروا لأنفسكم بالنظر الثاقب وما يصلح به العواقب، وكان بين الإمام والسيد فخر الدين المطهر معاهدة على أنه يمنع من أراد الوصول إلى جهات صعدة من الأتراك، فلم يقدر المطهر على منعهم. فلما صح للإمام وصول العساكر المذكورة ارتحل إلى الحرجة والسيد أحمد بن الحسين عزم بأولاده وإخوانه ومن بقي معه من عسكر إلى عند المطهر فقابله بالاحسان الجزيل والإنصاف، وقام به وبجميع من ألم به من إخوانه وخواصه وعسكره وأعوانه وقرره في حصن الجاهلي فبقي بمن معه إلى سنة أربع وسبعين وتسعمائة، ثم إن المطهر بن الإمام ألزم السيد شمس الدين في تلك السنة بالعزم إلى جهات صعدة لحرب الأتراك واستفتاح تلك الأقطار فنهض من حصن الجاهلي بأصحابه حتى وصل إلى طرف بلاد خولان، فلما بلغ الأمير علي وهو أمير صعدة وجهاتها في ذلك الأوان نهض في عساكره إلى عرو، فحط فيه وأرسل عينة إلى حيدان، فتقدم السيد شمس الدين على تلك العينة فاستولى عليها، وكان أخذها عنوان النصر والظفر، ثم تقدم فحط في جبل الدو(28) وألزم في تلك الليلة من حضر بأن يشعلوا النيران فأشعلوها، وكان في تلك اللحظة حائر الفكرة لما هو فيه من قلة الرجال وعدم الناصر فلما شاهد أمير الأتراك تلك النيران داخله الفشل وأمر بالارتحال في تلك الليلة فسمع السيد شمس الدين صائحا يقول: هربت المحطة، فلما تأكد الخبر حمل عليهم السيد شمس الدين وحال بينهم وبين مرادهم ولاحمهم بالقتال، وأقبلت عليهم القبائل من جميع الجهات، فترك

_____
(28) كذا في الأصل.

الأتراك المحطة وما احتوت عليه ونجوا بنفوسهم وتفرقوا في الطرق على رؤوسهم، فكانت طريق الأمير علي من فلله فنجا إلى صعدة بمن معه من الخيل وباقي العسكر كانت طريقهم إلى صارة، فوقع القتل والنهب في العسكر واستقر السيد شمس الدين في المحطة يغنم ما فيها من الكراع والآلات، وأقبلت إليه القبائل بالخيل والسلاح فاستقوت شوكته وعظمت كلمته واشتدت وطأته ولبث أياما ينظم أحوال الرعية ويقررهم.

ثم وصلت كتب الأمير عز الدين محمد بن الناصر الحمزي إلى السيد شمس الدين أحمد بن الحسين أنه يجب اتحاد الحال وأن يتعاضدا على الأتراك في القتال، فأسعده السيد إلى ذلك، فالتقيا إلى النهود وتقرر بينهما بعد تأكد الأيمان والعهود أن نصف المدينة ومخلافها وبلاد المشارق أجمع إلى الأمير محمد، وما قد حازه السيد شمس الدين من بلاد سحار قبل الاتفاق وبلاد خولان والجهات الشامية ونصف المدينة إلى السيد أحمد، فتعاضدا على ذلك وتقدما على صعدة، فحطا في المشهد فحصراها أربع وعشرين ليلة وافتتحاها عنوة يوم عشرين في ربيع الآخر من سنة أربع وسبعين وتسعمائة واحتاز الأمير علي ومن معه من عسكر الأروام في المنصورة قدر ثلاثة أشهر، وخرج بأمان منهما وكان طريقه إلى الجوف ثم إلى صنعاء واستمرت سكناهما بصعدة قدر خمس سنين ثم حصل بينهما ما لا تطيب به النفوس فخرج السيد أحمد إلى ساقين وأقام به قدر شهرين وأخرج أولاده من صعدة إلى الهجرة، فلما بلغ الأمير جمال الدين علي بن محمد الشويع ابن عبد الله بن الحسين بن علي بن قاسم بن الهادي بن الأمير عز الدين محمد بن أحمد بن الإمام عبد الله بن حمزة ما بين السيد شمس الدين والأمير عز الدين من المنافرة والمباعدة وعدم المساعدة على ما كان تقرر بينهما اغتنم الفرصة فارتحل من ثلا قاصدا للسيد أحمد بن الحسين في جماعة من أصحابه فعرّفه وهو في الطريق أنه يريد اتحاد الحال والنصفة من الأمير محمد بن ناصر لأنه استبد

بالجوف فجوب عليه السيد شمس الدين بالاسعاف وأن يستقر في علاف وأنفذ إليه بعض أصحابه الذي يركن عليهم وأمره بالقيام فيما يحتاج إليه الأمير ومن معه، ثم نهض السيد شمس الدين من ساقين إلى الهجرة المقدسة وحصل بينه وبين الأمير محمد بن ناصر اتفاق في خطم فلله وخوض طويل في الاتحاد فلم يحصل بينهما سداد فرجع السيد إلى الهجرة والأمير محمد إلى صعدة. وفي اليوم الثالث من الاتفاق جهز السيد أحمد بن الحسين محطة إلى سودان ونهض من الهجرة بعساكر تضيق بها الآفاق والتقى هو والأمير علي بن محمد الشويع حول حرف بني معاذ وتعاهدا، وأجمع رأيهما على حرب الأمير محمد، ثم تقدما لقصد صعدة وخرج الأمير محمد بن ناصر من صعدة بجند كثيرة وخيل، فالتقى الفريقان حول الصحن في بير الفقيه، فالتحم بينهم القتال واستعرت نار الحرب حتى كانت الدائرة على الأمير محمد وأصحابه، فانهزموا وتبعهم السيد أحمد حتى أنقذهم من العبدين بأحزابه، وتمت هزيمة الأمير محمد إلى الجوف، وتقدم السيد إلى صعدة تلك الليلة على أحسن حال وأنعم بال بعد أن أمر بصائح للناس بالأمان، وكان أولاد الأمير محمد في دار مطهر وجميع ما يضن به، فالزم السيد أحمد بعزمهم إلى الجوف بجميع ما هو له من قليل وكثير، فساروا مصحوبين بالسلامة، ولم يفت عليهم ما يوازي القلامة، وعدت هذه من مناقبه المعدودة ومحاسنة المحمودة. واستمرت مملكته بصعدة إلى أن استشهد قدر ثماني عشرة سنة، وخرج إلى الجوف ثلاث مخارج، وحط على الزاهر وفيه الأمير محمد بن ناصر، وطلب الصلح من السيد، فاصطلحوا ورجع السيد إلى صعدة، وخرج المرة الثانية إلى الزاهر فأخذه، وعمر قلعته وأعطاها لآل الشويع، وهي على عمارته إلى الآن سنة ثلاث وأربعين وألف، وخرج إلى الجوف المرة الثالثة وطرد الأمير محمد منه حتى انحاز إلى الأتراك، وبقي في رداع وأغار على المطهر بن الإمام في مدته مرتين الأولى إلى جبل رياب، وحصل بوصوله شد أزر المطهر،

والأخرى إلى حوشان بعد حطاط الوزير الأعظم سنان باشا على كوكبان سنة ست وسبعين وتسعمائة، فكان بوصوله هو والأمير محمد بن ناصر النفع العظيم.

قلت: وقد ذكر القاضي ابن أبي الرجال أيضا أن السيد العلامة الحافظ أحمد ابن عبد الله الوزير دخل صعدة المحمية مستنصرا بالأمير أحمد بن الحسين المؤيدي لما اشتد الحصار في قاع حوشان على مطهر بن الإمام، وعمل في هذا المعنى قصيدته التائية، ثم ذكرها مطلعها، ونحن نورد هنا أبيات القصيدة كاملة لغرض التوثيق، وقد وقفت على نسختين منها، وأولها قوله:

هات الأحاديث عن أحبابنا هات ... ما حال أهلي وجيراني وساداتي
ما حال ملك بني المختار قاطبة ... مطهر ذي المقامات الشهيرات
من يشهد الملا الأعلى بأن له ... ملاحماً ليس تحصى في الجهادات
وأنه لم يزل مذ كان منتضياً ... سيفاً يفلق هامات المهمات
ولم يزل وهو يسقي الروم صاغرة ... يوم الكفاح بأقداح المنيات
ما حال من كوكبان العز مسكنه ... بعد الحطاط بمخذول المحطات
وكيف حال سلالات مطهرة ... من أحمد وعلي فاطميات
وكيف أطفال بيت من بني حسن ... تسمو فخارا على السبع السموات
عنهم يصاول ملك ضيغم حنق ... تحفه أخوة آساد غابات
محمد سيد السادات أيده ... رب العباد بعادات الاعانات
وصنوه شرف الإسلام من ظفرت ... له بيوميه آيات الفخارات
ففي عجيب وفي يوم الذراع له ... شهادة أنه سباق غايات
ما حالهم وجنود الروم قد نصبت ... لهم هنالك أنصاب العداوات
مدافعاً كرعود الصيف يدفعها ... ربي بأسرار أسماء وآيات
مع بنادق لا تنفك ضاربة ... في كل وقت وأحيان وساعات

بـالله يـا مخـبري عـنهم عسـى خـبر ... لـديك مـنهم بـه تطفـي حـراراتي
فإن أشـجان قلبـى اليـوم قـد بلغـت ... فـيها تشـاهد في روحـى وفي ذاتي
يبيـت لـيلى يطـوينى وينشـرني ... نشـر الثيـاب وطيـات السـجلات
فارقـت صـحبي إلى دار أكـون بهـا ... وحدي لأدفع عـن صـحبي الأذيـات
وقلـت نومـوا هنيئـاً إن صـاحبكم ... يسـامر الـنجم هاتيـا الليُـيْلات
حتى أرى شمس أهل البيت قد سفرت ... منـيرة تحـت أعـلام ورايـات
إذا ضـربن برحبـان مضـاربه ... عـادت عـلي بحمـد الله لـذاتي
نجل الحسين بن عز الـدين أحمـد مـن ... في سـلك نسـبته عقـد الإمامـات
النـاصر الحـق والهـادي ووالـده ... وعمـه الهـادي الهـادي لخـيرات
عصـابة أنجبـتهم مـن أئمتنـا ... مـن آل يحيـى بـن يحيـى أي ساداتي
إذا درسـنا درسـنا في علـومهم ... وإن نصـنف فمـنهم كـل مـا نـاتي
وعمـه الماجـد المهـدي ووالـده ... وركـن مفخـره العـالي الإنافـات
مـن حيـدر فيـه عـن أخلاقـه خلـف ... في يـوم مكرمـة أو شـن غـارات
يـا مـن يؤمـل فيـه المسـلمون عـلى ... تبـاين في ديـار أو ديانـات
مـن في الشـآم وفي صـنعاء وفي الـ ... يمن الأقصى ومن حل منهم في تهامات
آل الإمـام الألى شـادت رمـاحهم ... بيت الفخار عـلى أقـوى الأساسـات
شم الأنـوف وهـزام الصـفوف وهـ ... ـزام الألـوف وفرسـان الحقيقـات
أمـا الأمـير عـلي بـن الشـويع فقـد ... شـاعت لـه شـايعات في الجهـادات
مـا مـوزع مـا زبيـد مـا تعـز ولا ... حوشـان بعـد الشـماحي الحفيـات
غنـى بهـا الحـادي الغـادي وكررهـا ... أهـل البـوادي بتـدوين الحكايـات
فـانهض إلى خمـر في جحفـل جمعـت ... أمواجـه منـك أمـواج الغطيـات
تجـد أبـا قاسـم في دسـت إمرتـه ... في السـلم غيثـاً وليثـاً في الحرابـات
محمـد سـيف ديـن الله نـاصره ... وصـنوه النـاصر المـاضي العـزيمات

من معشر هم حصون للحصون فما ... زالوا يفكون أغلال المحطات
فيجمع الشمل من ملكين قد جمعا ... في يوم صعدة أسباب الفخارات
جمعاً يسر به الله الصديق كما ... ساء العدو ووطى نخوة العاتي
فيه أسود شيوخ الشام قد ركبوا ... على سلاهب خيل أعوجيات
وقلدوا بسيوف الهند واعتقلوا ... سمر الرماح الطوال السمهريات
أولئك أنصار دين الله من لهم ... بيض الجمائل أيام القتالات
يا قومنا قد أتيناكم لمكرمة ... لمثلكم مثلنا في مثلها ياتي
يا قومنا قد أتيناكم نظن بكم ... خير الظنون ومحمود العقيدات
بأن إفراج رب العرش حاصلة ... سعياً لديك وتعجيل المسرات
بفضله وأياديه ورحمته ... وستره لخطايانا القبيحات
إنا لندعوه في سر وفي علن ... بذلةٍ وضراعات وإخبات
وإننا قد وثقنا من مراحمه ... ولطفه بسريعات الإجابات
شمس الهداية يا شمس الهداية يا ... شمس الهداية يا شمس الهدايات
دعاء مستنجد وافاك أرسله ... من قد علمت وقد أبطت إغاراتي
ما فيك يأمل من في كوكبان على ... ما هم عليه المواعيد البطيات
يا رب قائلة والدمع منحدر ... كأنه سمط در فوق لبات
قد ابطأت غارة الأرحام وابتعدت ... يا ذا الجلال فأمدونا بغارات
أكرم وصول أمير قد أتاك له الـ ... ـمجد المؤثل عن عز الإمارات
فصالح بن حسين غرة الشرف الو ... ضاح إن عد أرباب السيادات
وذا نظامي وأبياتي وقد سبقت ... إليك من قبل أبياتي رسالاتي
فاجعل نهوضك فورا من كرامتنا ... حباك ربك أنواع الكرامات
واجعل قدومك هذا الشهر عارفتي ... ولا تعِد بي إلى الشهر الذي ياتي
وانهض بإخوتك الصيد الذين هم ... أعلى المراتب من بيت النبوات

أعني ليوث بني المنصور عمدتنا	في كل عصر لتفريج المهمات
فرض الجهاد وإنقاذ العباد وإصـ	ـلاح البلاد وتخليدات قالات
في حفظ حق يطوقن أنعمه	كل الرقاب كأطواق الحمامات
وحق أهل وأرحام حقوقهم	فرض عليكم بإجماع البريات
وفرصة أن تنالوا من عدوكم	محصول تضيعها كل الندامات
أهل الشهامة يا أهل الزعامة يا	أهل الرياسة يا أهل الجهادات
ثقوا من الله مولاكم بنصرته	وفتحه وبغارات سماوات
من ينصر الله ينصره كما وردت	بذا شهادات آيات كريمات
والله يقرن بالتوفيق عزمكم	واليمن والعون منه والسعادات
ثم الصلاة على المختار دائمة	منهلة بتحيات زكيات
وآله الغر والأصحاب عن كمل	وتابع الكل من أهل الإنابات
ما لاح برق وما غنت مطوقة	على غصون أراكات وبانات

وللقاضي العلامة الكبير الحسين بن محمد المسوري قصيدة إلى الأمير أحمد بن الحسين على نفس الوزن والرويّ والمقصد أولها:

إن النفوس النفيسات السريات	هي المرادة في بعث السريات
وهي التي إن تراخت عن إغاثة من	يرجو إغاثتها غير الحريات

وقد تقدمت قصيدة أيضا ثالثة على نفس الوزن والروي والمقصد نظمها الفقيه سعيد بن داود الآنسي، وأوردنا بعض أبياتها أثناء ترجمته بحرف السين.

✳✳✳

رجعنا إلى الترجمة قال في التحفة العنبرية: ثم وقع الصلح بين المطهر وبين الوزير سنان المذكور فرجع السيد أحمد بن الحسين إلى صعدة بعد الصلح فعدل في العباد وضبط البلاد وساسها أحسن السياسية وأقر له بالسبق أهل الرئاسة وأعز في أيامه

أهل العلم الشريف وقام بما يحتاج إليه العربي منهم والشريف وكثر أهل الطلب للعلم من كل إقليم حتى بلغت الحلقات في مساجد صعدة قدر ثمانين حلقة من أهل العلم والتعليم وأما أهل صعدة فكانوا في مدته كلها في ظل ظليل ونعيم جليل ولم يطلب منهم لا قليلا ولا كثيرا ولا فتيلا ولا نقيرا وملك مع صعدة من نجران إلى جازان ومن الطلحة إلى خيوان انتهى بتصرف غير مخل إن شاء الله تعالى.

ولم يزل أمره إلى ازدياد حتى دعا الإمام الحسن بن علي بن داود، وحصل النقص في دولته وتقدم أعيان الإمام الحسن إلى صعدة وافتتحوها يوم الجمعة 26 ربيع الأول سنة سبع وثمانين وتسعمائة، ثم وصل السيد أحمد بن الحسين إلى الإمام الحسن وهو في بلد الروس من جبل الأهنوم فبايعه، ولم يزل يظهر موالاته حتى وثب على صعدة في أوائل سنة ثمان وثمانين، وكان فيها والياً من قبل الإمام الأمير محمد بن ناصر الحمزي، فملكها السيد أحمد من ذلك الوقت إلى أن وجه إليه الوزير حسن باشا كيخياه سنان فكانت بينهما الوقعة المشهورة في بلاد آل عمار بالشرفة، وقتل فيها، وقبره بذلك المكان مشهور، وكانت الوقعة في يوم الأربعاء ثامن شهر ذي القعدة من سنة 991 إحدى وتسعين وتسعمائة، واحتاز ولده السيد صلاح بن أحمد بن الحسين وعمه السيد المهدي بن عز الدين وسائر محارمهم إلى حصنه الذي أسسه في جهات يسنم المسمى بأم ليلى، وهو من أحسن الحصون وأمنعها، وكان بعد ذلك مواجهة المذكورين بعد حصارهم بأم ليلى، واستسلامهم إلى يد الكيخيا سنان المذكور وتقدم بهم إلى صنعاء.

64. الإمام عبد الله بن علي المؤيدي

الإمام المتوكل على الله عبد الله بن علي بن الحسين بن الإمام عز الدين بن الحسن بن الإمام علي بن المؤيد بن جبريل الحسني اليمني المؤيدي الفللي.

مولده بهجرة فلله شهر رمضان سنة 935 خمس وثلاثين وتسعمائة. ونشأ يتيماً

في رعاية السيد عماد الدين يحيى بن أحمد بن الإمام عز الدين، وأخذ عنه العلم وعن أعيان العلماء في أيامه، منهم الإمام الهادي إلى الحق أحمد بن عز الدين، والمولى الحافظ أحمد بن عبد الله الوزير، والسيد المدره محمد بن يحيى بن أحمد بن الإمام عز الدين، والفقيه العلامة محمد بن علي بن عمر الضمدي التهامي

5 وغيرهم. وعنه أخذ عدة وافرة من العلماء، منهم السيد داود بن الهادي وولده السيد محمد الملقب بأبي علامة الآتية ترجمته في حرف الميم.

وله من التصانيف الشافية: (رياضة الأفكار على مقدمة الأزهار)، و(مصباح الرايض على مفتاح الفايض) في علم الفرائض، و(مشارق الإطلاع في حصر مسائل الإجماع)، و(كتاب النجاة في معرفة الله) وكتاب (شفاء الفؤاد على
10 الآيات المعتبرة في الاجتهاد) و(كتاب روضة الجِنَان ونزهة الجَنَان في بيان إعجاز القرآن)، و(تعليق على الكافل) في أصول الفقه و(تعليق على تلخيص المفتاح)، وله (المقامة العصيفرية)، وله جوابات رسائل عديدة، وخطب فاخرة ورسائل وقصائد متعددة.

ترجم له ولده في التحفة العنبرية فقال:

15 خاتم الألف الإمام المتوكل على الله. كان في علمه الغاية التي لا تنال، والمرجوع إليه في حل كل إشكال، وله التصانيف المبنية على التحقيق، والأنظار المنبثقة على طرس التدقيق، أودع فيها الفوائد العجيبة الموجزة، والمعاني الفرائد الغريبة المعجزة، الشاهدة له بتملك أزمة الحل والعقد في البراعة وصنعة التصرف الباهرة في العبارة واليراعة، فهو مليك حل البيان وعقده، ونطاسي
20 التصرف في نظمه وسرده:

تفعــل فعــل الـراح لكنهــا	ترشـف بالسـمع وبالناظر
تــزداد حســناً كلــما كــررت	فهــي كمثــل المثــل السـائر

وله الشعر الذي لو نظر إليه الملك الضليل لطأطأ خاضعا، أو لبيد البليغ لخر لله ساجداً وراكعا، وبلغ في جوده وكرمه الغاية التي لا ينازعه منازع، مع ما حاز من الورع وحسن الإنقطاع إلى رب العالمين، ولقد كان إذا فرغ من الوضوء يصفر لونه وينتقع وإذا صلى في بعض الجهريات يختضل وصوته من العبرة ينقطع، وكان في أيام الإمام الهادي أحمد بن عز الدين الداعي سنة 958 ثمان وخمسين وتسعمائة يتولى كتابة الرسائل والمكاتبات الإمامية المتضمنة للمعاني القويمة والأساليب البليغة المستقيمة المودعة للأدلة القرآنية والسنة النبوية، فألفاظها قوالب غرائب المعاني، ومعانيها دقائق بلاغة القاصي والداني. ثم ذكر في التحفة العنبرية كثيراً من أحوال صاحب الترجمة وتنقلاته ودعوته بعد أسر الإمام الحسن بن علي بن داود من قبل الأتراك وذلك في آخر شهر ربيع الآخر سنة 994 أربع وتسعين وتسعمائة ببلاد صبيا إلى غيرها من الأحداث، وهي أي هذه الترجمة على اعتبار سيرة خاصة به فليرجع إليها من أراد الاستقصاء. وقد ذكر السيد العلامة الكبير أحمد بن محمد الشرفي وغيره مجمل أخباره بعد الألف فلا حاجة للتطويل بها هنا. وترجمه المولى عبد الله بن الإمام الحسن بن يحيى القاسمي في الجواهر المضيئة مختصر الطبقات وذكره المولى مجد الدين بن محمد المؤيدي في منظومة الزلف الإمامية فقال:

وعالم أهل البيت للألف خاتم　　　هو القائم الداعي إلى الله ضارع

وعلى الجملة فصاحب الترجمة من الأئمة السابقين، وقد أجمع الموالف والمخالف على بلوغه الدرجة العليا من العلم والكمال. وله في الأدب ملكة عالية وفي فن المنثور والمنظوم إجادة وبلاغة.

ومن شعره الفائق قصيدته اللامية من بحر الوافر التي أوردها بكمالها ولده محمد الملقب بأبي علامة في التحفة العنبرية وذكر أنه نظمها غرة شهر محرم سنة

996 ست وتسعين وتسعمائة وأولها:

عـلام اللـوم لـوامي علامـا	رويدك عـاذلي خـلي الملامـا
وكيـف يلـوم ذا شـجو وضيـم	وقـرح لا تـرى فيـه إلتحامـا
ودع مـن غمـه كـرب عظيـم	وصيـره كئيبـا مستهامـا
وأشعل في حشـاه نـار وجـد	فكـاد القلـب ينقسـم انقسامـا
وقد أضحى لشدته مصابـاً	ودمـع العين ينسجم انسجامـا
وقد طـار الكـرى عـن مقلتيـه	وحـق لمثلـه أن لا ينامـا
يبيـت مفكـرا والليـل مـرخ	ستورا مـن غياهبـه سحامـا
لما نـال الشـريعة مـن هـوان	وصدع لا يـرى فيـه إلتئامـا
من العجم اللئام وهم قليـل	لقد دفنـوا لهـا الـداء العقامـا
وهدوا مـن قواعـدها ربوعـا	وأولـوا ديـن شـارعها انهدامـا
ولم يغضـب لـدين الله شـخص	وقد أضحى غريبـا مستضامـا
وكيـف ينـام ذو عقـل وديـن	ومـوج الظلم يلتطم التطامـا
فيـا لله للإسـلام حقـاً	يهون ما نـرى المـوت الزؤامـا
وليـس لنـا عـلى الأعـداء إلا	معونتك التي ترجو اعتصامـا
وإني والحـديث لـه شـجون	رأيت الظلم يشتـد ابتهامـا
ولم أسـمع بعـدل في بـلاد	فـلا عينـاً ولا دالاً ولامـا
فقمت لنصـر ديـن الله حقـاً	وصرت لطالب التقوى إمامـا
وقد أصبحت رأسا للبرايـا	وساقـاً للهـدى حيـن استقامـا
ولي فخر تقـر بـه الأعـادي	وودوا لـو يـرون لـه انكتامـا
ولي شرف أنـاف عـلى المعـالي	ويـأبى مجدنا مـن أن يرامـا
ونحـن السـابقون إذا نجـارى	ونحـن الفـايقون إذا نسـامى
ونحن بنـو النبي إذا انتسـبنا	وكهف للأرامـل واليتامـى

ونحـن سـفينة النـاجين حقـاً وقـدوة كـل مـن صـلى وصـاما
يصـلي كـل محـتلم علينـا إذا صـلى ويتبعهـا السـلاما
ورثنـا المجـد عـن آبـاء صـدق إذ كـان الـورى عـن ذا نيامـا
وعروتنـا التـي مـن يلتزمهـا ينـل فـوزا ولا تخشـى انفصـاما
ووجهت الرسـائل في النـواحي أحـث لنصـره الـدين الأنامـا
واكشـف ظلمـة للظلـم عمـت وراعـت كـل مـن بلـغ الفطامـا
فلبـاني أولـو الألبـاب طـرا وأعـلى النـاس في فضـل مقامـا
ومن رسخت علومهم فصاروا ضـياء للـورى يجلـو الظلامـا
وإن المغـورين الغـر مـنهم بـأرض عزهـا فـيهم أقامـا
أقامتـه سـيوف بنـي عـلي بصـبيآء فقـر بهـا ودامـا
ونحـوي الراكـب اليعسـوب وفي ضـمد عيـون والسُّـلاما
وعتـود والشـقيق وزد إلـيهم عيون الـدرب واسـتمع النظامـا
وشـيعتنا بتلـك الأرض طـراً شموس العلـم إذ كـانوا كرامـا
هـم أهـل الكـمال وكـل شـأن عظـيم لا نـزاع ولا خصـاما
وإن تهامـة حـازت ليوثـاً معـودة فوارسـها الصـداما
سـراة مـن بنـى حسـن كـماة مسـاعر لا يملـون الضـراما

ومنها:

كتبـت إلى القبائـل كـل حـين وطولـت الرسـائل والكلامـا
دعـوتهم وشـيعتهم جميعـاً ومـا قصـرت نثـرا وانتظامـا
فلبـوني سـوى خـب حسـود وأحمـق عـن هدايتـه تعـامى

ومنها في ذكر وقعاته بالأتراك:

وأصـبحنا ببـدر في خمـيس فلقـت بـه نوافيجـاً وهامـا
وصـبحنا الأعـادي في صـياص تركنـا المحصـنات بـه أيـامى

وصاروا حين وافتهم أسود	برازح بين أيدينا نعاما
فأروينا السيوف وكل لدن	دماء من أعادينا انتقاما
وأشبعنا سباع الأرض منهم	وفرقن المفاصل والعظاما
وحزنا كل مكرمة وغنم	غنمناه من الترك اغتناما

ومنها:

فقل للعرب في كل النواحي	اطيعوا الله وامتثلوا الإماما
وقوموا يا بني الإسلام طراً	وجدوا وارفعوا منه المقاما
أيحسن أن تسومكم علوج	طماطمة يحلون الحراما

الخ أبيات القصيدة، وهي كما ترى تدل على ما وراءها من بلاغة وترسل وبيان، وتشير إلى همة قائلها عليه السلام واجتهاده في محاربة الأتراك قبل دعوة الإمام القاسم بن محمد. ولما ظهرت دعوة الإمام المنصور بالله القاسم بن محمد

5 من جبل قارة سنة 1006 تقدم المترجم من ذهبان وتلك النواحي إلى بلاد جماعة، وكاتب الإمام القاسم بواسطة الشيخ يحيى بن مخارش النصري، ثم ترجح الوصول إلى محروس شهارة فوصلها والإمام القاسم يومئذ فيها أول شهر شعبان من السنة المتقدمة لقصد الإصلاح واجتماع الكلمة، قال المولى مجد الدين ابن محمد المؤيدي في التحف الفاطمية شرح الزلف الإمامية ما لفظه: فتلقاه

10 الإمام القاسم بالإجلال والإكرام، وأعطاه الخيل، واتفقا على أن يقوم الإمام عبد الله بالجهاد والإصلاح في بلاد الشام، ومتى استقرت الأحوال نظر العلماء في الأولى، فسعى وسائط السوء بالفساد وإضرام نار الفتنة، وقصدوا الإمام عبد الله وأهل بيته بالحرب فاضطروهم إلى مصالحة الأتراك، لأجل الدفاع عن أنفسهم وغرروا على الإمام القاسم بأنه قد نقض ما بينه وبينه، فالإمام عبدالله

15 معذور في المصالحة إلى أن يقول: وقد جرت أمور لا يحسن ذكرها ولا ينبغي

نشرها، فقد انتهت الحال بحمد الله تعالىٰ إلىٰ المصافاة بين الإمامين وأولادهما والمسامحة والمعافاة كما هي السجايا النبوية والشمائل العلوية، نقل ذلك العلامة الشرفي شارح الأساس في اللآلي المضيئة، وصاحب السيرة الجرموزي، وولد الإمام الأمير محمد بن عبدالله في التحفة العنبرية، وقد أثنىٰ فيها علىٰ الإمام القاسم وأولاده غاية الثناء، ووصل إلىٰ الإمام محمد بن القاسم عليهم السلام، وكانت المسامحة في جميع ما جرىٰ انتهىٰ بلفظه.

وكانت وفاة صاحب الترجمة رضوان الله عليه وسلامه يوم الخميس في العشرين من ذي الحجة سنة 1017 سبع عشرة وألف، وعمره اثنتان وثمانون سنة، وقبره بهجرة فلله غربي المسجد الأعلىٰ مشهور مزور، وأولاده خمسة هم: محمد وعلي وصلاح ويحيىٰ وإبراهيم. وسوف تأتي بحرف الميم ترجمة ولده السيد محمد بن عبد الله الملقب بأبي علامة.

65. السيد عبد الله بن الهادي الحيداني

السيد الماجد الفاضل المجاهد فخر الدين عبد الله بن الهادي الحيداني لقبا وبلدا الهادوي نسبا.

كان هذا السيد من أعيان أصحاب الإمام القاسم بن محمد عليه السلام السابقين، إذ هو ممن حضر بسلاحه في جبل قارة أول ظهور دعوة الإمام القاسم، وجاهد مع الإمام جهادا محمودا في جهات عدة حتىٰ نال الشهادة في إحدىٰ شهور سنة 1023 ثلاث وعشرين أو السنة التي قبلها، وكان قد تجهز في تلك السنة إلىٰ جبل تيس فانتقل منها إلىٰ بلاد حجة، فلما وصل إلىٰ الخبت إلىٰ موضع يسمىٰ (العبسي) مكان ابن الأهدل الصوفي غدر به هناك بعض النواصب من أهل تلك البلاد، فاستشهد هناك، وكان أصحابه قد تفرقوا عنه في

ذلك الوقت، لأمنهم وعدم خوفهم في ذلك الموضع، ولكونهم في بيت الصوفي وهو محترم عندهم، فما شعر السيد إلا وقد دخل عليه شيخ بني معاوية المسمى عديعد إلى العِّشة التي هو فيها، وأصحابه غافلون فطعنه حتى مات شهيداً رحمه الله، وأخذ سلاحه ومركوبه وأعلامه.

ورأيت في مشجر روضة الألباب للسيد محمد بن عبدالله الملقب بأبي علامة:

أنه عبد الله بن الهادي بن حسن بن محمد بن علي بن سليمان بن عمر بن عامر ابن عاتوب بن مهدي بن عبد الله بن يحيى بن سليمان بن أحمد بن إسحاق بن الإمام يوسف الداعي بن الإمام المنصور يحيى بن الإمام الناصر أحمد بن الإمام الهادي إلى الحق يحيى بن الحسين والله أعلم.

66. القاضي عبد الله بن يحيى الفهد

القاضي العلامة عفيف الدين عبد الله بن يحيى بن محمد الفهد الصائدي نسبا الصعدي بلدا الزيدي مذهبا اليمني.

وهو أحد حكام المسلمين بمدينة صعدة، وكان عالماً فروعياً انتهت إليه رئاسة العلم بصعدة بعد وفاة مشايخه، كالقاضي شمس الشريعة أحمد بن يحيى حابس، والقاضي الفروعي عبد القادر بن سعيد الهبل وغيرهما. وأخذ عنه جلة من أهل وقته منهم القاضي يحيى بن جار الله مشحم كما سيأتي في ترجمته، وغيره، وقد تعرض لذكر صاحب الترجمة السيد المطهر بن محمد الجرموزي في تحفة الأسماع والأبصار عند ذكر أعيان العلماء الشيعة في أيام ودولة الإمام المتوكل على الله إسماعيل فقال في صفته:

من أهل العلم الواسع والفضل الجامع يضرب به المثل في صعدة بالخشوع

وكثرة البكاء حتى أنه كان ينقطع كثيراً من أوقاته في زيارة القبور انتهى.

وترجم له صاحب الدامغة الكبرى فقال:

القاضي بصعدة، أحد قضاة المتوكل على الله عليه السلام بها، فإنه كان قاضياً في جانب منها إذا حضر القاضي حسن بن يحيى حابس المقدم ذكره قضى في بعض جوانبها، والقاضي الحسن في المحكامة المعروفة المعمورة غربي جامع الإمام الهادي عليه السلام، فإن غاب القاضي الحسن فهو القائم بالحكم في المحكامة، وكان بصعدة أيضاً القاضي علي بن قاسم طشي من أهل غُرَاز حاكماً معتبراً يقضي في جانب آخر حتى توفي في زمن الإمام المتوكل على الله عادت بركاته. وأما الفهد فلم يزل حاكماً، وحجَّ في آخر عمره، وتغير عليه الإمام المتوكل لأمور جرت بصعدة أنكرها هو ودرسة صعدة، فعانده من عاند وغيَّر قلب الإمام عليه، فحج ثم عاد مريضاً فبقي بصعدة أياماً ثم توفي بها وقبره في القرضين، وعمر عليه حي السيد الجليل عبد الله بن أحمد بن الإمام القاسم مشهداً حسناً، وكان له ولد فلما توفي قبر إلى جنبه، وبيض لتاريخ وفاته. وكان على قيد الحياة كما تحكي بصائر الوقف سنة 1086 ست وثمانين وألف. وقد أشار إليه في أبيات منظومة الدامغة هو والعلامة الأصولي علي بن صلاح الطبري الآتية ترجمته فقال:

والعــالم الفهد عبــد الله عُــدَّ بــه   وبــالجمالي جمــال المكرمــات عــلي
أكــرم بــه مــن عــلي في تشــيعه   وعلمــه فهــو في بيــت الفخــار عــلي

قلت: ثم إني وقفت على قبره بالقرضين مقبرة صعدة ونقلت عن شاهد القبر أن وفاته يوم الأحد ثاني وعشرين شهر محرم غرة سنة 1087 سبع وثمانين وألف رحمه الله تعالى وإيانا والمؤمنين.

67. القاضي عبد الهادي بن أحمد حابس

القاضي العلامة الحاكم الرضي ضياء الدين عبد الهادي بن أحمد بن يحيى بن أحمد حابس الدواري الصعدي اليمني. وقد تقدمت لوالده وعمه الحسن بن يحيى حابس ترجمة قريبا.

وصاحب الترجمة أخذ عن القاضي الحسن بن يحيى سيلان، وعن القاضي يحيى بن أحمد الحاج الأسدي، ومن مقروءاته عليه كتاب شفاء الأوام. وكان المترجم عالماً حاكماً بصعدة مرضياً، أخذ عنه السيد الحسن بن صلاح الداعي صاحب الدامغة الكبرى وقال في ترجمته:

القاضي الرضي الولي الزكي، عين أعيان الشيعة، الورع الزاهد الفاضل. كان مجمعاً على فضله غير مختلف في ورعه وزهده، تولى القضاء والأوقاف بصعدة بعد وفاة والده وارتحال عمه إلى صنعاء، وكان مقرياً مدرساً، وقرأت عليه في الكافية لابن الحاجب وبقي في القضاء مدة، ثم توفي في شهر شعبان سنة 1094 أربع وتسعين وألف، وقبر إلى جنب أبيه وجده في مشهدهم بالقرضين رحمه الله تعالى وإيانا والمؤمنين.

68. السيد عبد الوهاب بن محمد الرغافي

السيد العلامة الولي عفيف الدين عبد الوهاب بن محمد بن إبراهيم بن محمد ابن يحيى بن القاسم بن محمد بن الهادي بن إبراهيم بن الأمير المؤيد بن أحمد بن يحيى بن أحمد بن يحيى بن يحيى الحسني اليحيوي الرغافي.

ترجمه صاحب شرح الدامغة الكبرى فقال:

كان سيداً فاضلاً عالماً عاملاً، توفي شاباً زكياً رضياً وفياً حميداً سعيداً في شهر

رمضان من سنة 1035 خمس وثلاثين وألف، فقبر أولاً مع السيد أحمد بن يحيى ابن أبي القاسم في قبته وتابوته، ثم نقل إلى المسجد الأسفل بهجرة رغافة وعليه قبة متصلة بالمسجد، وله فضائل جمة رحمه الله تعالى. ثم قال: وقبر والده محمد بن إبراهيم بمحروس هجرة قطابر في القبة التي في المسجد الواسط، وتوفي في شهر صفر سنة 1017 سبع عشرة بعد الألف، وعلى ضريحه ما لفظه:

وعــاش مــن الــدنيــا ثمــانيــن حجــةً ونيفاً على الطاعات هـذي الفضائل

وفي سبـع عشـر بعـد ألـفٍ وفاتـه وفي صـفـر نجـم الهدايـة آفـل

وإلى جنب قبره في القبة المذكورة قبر السيد الإمام محمد بن يحيى بن أحمد بن الإمام عز الدين بن الحسن بن الإمام علي بن المؤيد، قال في صخرة على قـبره: توفي صلوات الله عليه يوم السبت سابع عشر في شهر شعبان سنة خمس وستين وتسعمائة. **قلت**: وأحسبه هو الذي تردد نظر السادة بني المؤيد في نصبه إماماً أو الإمام أحمد ابن عز الدين قال: وله في قطابر نذور واسعة تفيض من أهلها للقبة المذكورة انتهى كلام صاحب الدامغة، وسيأتي لوالده هذا ترجمة في حرف الميم.

69. السيد عزالدين بن علي بن زيد المؤيدي

السيد العلامة الأكمل عز الدين بن علي بن زيد بن محمد بن أبي القاسم بـن الإمام علي بن المؤيد الحسني اليحيوي المؤيدي.

من السادة بني المؤيد الكمل، وهو المذكور في التحفة العنبريـة أثنــاء سـيرة الإمام المتوكل على الله عبد الله بن علي المؤيدي المتوفى سنة 1017 ووصفه هناك بالسيد الأكمل الأفضل. وكان موجودا في العشــر بعـد الألـف، ولم أقف في ترجمته على غير ما ذكر يسر الله ذلك، وقبره بهجرة فللة.

قلت: ومن تمام الفائدة في التعريف بالمترجم لـه أن نـذكر أنـه أحـد أجـداد

السادة بيت الحمران بضحيان وخولان وبلاد جماعة وغيرها، وولده كما في مشجر أبي علامة وفي الجوهرة المضيئة هو السيد محمد بن عز الدين هو الملقب الحمران، ومن ذريته أيضا السادة آل هاشم بضحيان وسيأتي التعريف بالنبلاء من أهل هذا البيت في مواضع من هذا الكتاب، وصنو صاحب الترجمة هو السيد زيد بن علي بن زيد بن محمد بن أبي القاسم من السادة الأماثل، وهو من أجداد السادة بيت اللبلوب وبيت ستين وبيت القاسمي وبيت الصغير وغيرهم، ويقال لذرية هذين الأخوين السيدين آل زيد وهم أحد البيوت الثلاثة الكبار لبني المؤيد(29) في أيامنا، وهو نسبة إلى الجد الجامع لهم السيد العالم الأفضل زيد ابن محمد بن أبي القاسم بن الإمام علي بن المؤيد قال في مشجر أبي علامة: وهو جد آل زيد بضحيان وغيره، ووفاته في شهر محرم سنة 941 وقبره بهجرة فللة قبلي بيت آل السراجي انتهى.

70- السيد عز الدين بن محمد المفتي المؤيدي

السيد العالم العارف عز الدين بن محمد بن عز الدين بن صلاح بن الحسن بن الإمام علي بن المؤيد بن جبريل الحسني المؤيدي الصعدي الأصل الصنعاني الدار والوفاة.

مولده سنة 950 خمسين وتسعمائة، ونشأ في حجر والده بصعدة، وكان المترجم له أحد السادة بني المؤيد الذين أخرجهم الأتراك قسرا من صعدة إلى صنعاء بعد مقتل الأمير أحمد بن الحسين المؤيدي سنة 991 قال في الطبقات: وبقي في الحبس مدة حتى أخرج ثم سكن صنعاء، وله قراءة في أصول الفقه وفي الكشاف وبيض لمشايخه.

---

(29) البيوت الثلاثة هم آل صلاح وآل زيد وآل علي بن الحسين وسيأتي التعريف بهم.

وترجمه القاضي ابن أبي الرجال في مطلع البدور فقال: السيد المفتي العارف، عالم ابن عالم وأبو عالم، والده مؤلف الحاشية على الكافية وولده خاتمة المحققين محمد بن عز الدين صاحب البدر الساري. كان السيد المذكور فقيهاً محققاً، ينوب للقضاء عن ولاة الأروام، وتارة وهو الغالب ينوب في الفتيا، وكانت بينه وبين أهل عصره الفضلاء ملاحات وتخاصم، ثم بيض لتاريخ وفاته ثم قال: ومن المشهور أن أهل هذا البيت يكون الأب الأعلى على صفة في التحقيق في العلم، فيكون ولده أقل منه، أو يكون الوالد متوسط الحال فيكون ولده أكثر تحقيقاً منه والله أعلم. وأما عز الدين بن محمد حفيد هذا، فهو في التحقيق أجل من هذا؛ لأنه وإن كان مقدار العلم والتفاوت فيه غير محقق عندي، لكن الأصغر كان متقناً ذكياً، وختم له بالصالحات، وراجع أمره مراجعة الفضلاء، وفارق الدنيا على حال جميل، ومن شعره -وله أشعار كثيرة- يذم ذهبان المخترف بصنعاء:

ذهبان أخبث مكسب كسب الفتى ... لله در رياضها والوادي
بلد بها حل السقام مع الضنى ... فكأنما كانا على ميعاد
بلد بها نكد المعاش أما ترى ... سخط الإله لأهل ذاك النادي
فعليه مني كل يوم لعنة ... ما غرّد القمري وزمزم حادي

وله أشعار أخرى حسنة، وكان يملي الحديث وقت الأصيل بجامع صنعاء ويحسن الإملاء ويجيده بإعراب فائق وحروف بينة، ثم بيض لوفاة هذا الحفيد، وهي في نحو عشر السبعين وألف.

***

قلت: أما تاريخ وفاة جده صاحب الترجمة فلم أضبط ذلك وهي قبل سنة سبع عشرة وألف لما سيأتي ذكره، ففي طبقات سيدي الجد العلامة يحيى بن الحسين بن القاسم أثناء ترجمة السيد عز الدين المذكور: أنه عاصر الإمام المنصور بالله

القاسم بن محمد وكان سكونه في صنعاء ولم يخرج إلى الإمام بناء منه على عدم وجوب الهجرة قال: وقبره في غربي صنعاء بخزيمة مشهور مزور، ولما توفي شيّعه سنان باشا وحمل النعش وحضر دفنه انتهى.

قلت: ووفاة سنان باشا معزولا عن ولاية اليمن ببندر المخا سنة سبع عشرة وألف والله أعلم. ثم إني وقفت بخط بعض الأفاضل نقلا عن شاهد قبره بمقبرة خزيمة بعد نقل أبيات قيلت في رثائه على ما لفظه: هو السيد الإمام العلامة والشامة في نبلاء علماء العصر والعلامة، مشيد أركان المذهب المشرف، وحامل لوائه المفوف، الحبر راقم الفتوى عن ظهر الغيب، وكأنها ألقيت عليه بلا ريب، بيت المجد والفخار، ونتيجة مقدمات الطيبين الأطهار، طيب الأصول والعناصر، جامع المحاسن والمفاخر، الطيب أما وأبا، الحاوي حسبا ومنصبا، ثم ذكر نسبه كما تقدم في صدر الترجمة ثم قال: توفي يوم الثلاثاء ثاني وعشرين من شهر القعدة من سنة 25 بعد الألف رحمه الله تعالى، وولادته شهر شعبان سنة 950هـ انتهى بلفظه وحروفه. وبهذا النقل يتضح الوهم الذي ذكره سيدي الجد يحيى بن الحسين عن تاريخ وفاته، واستبعاد حضور سنان باشا لدفنه وتشييعه والله الموفق.

(استطراد ترجمة ولده السيد محمد بن عز الدين المفتي)

وهو السيد الإمام الحافظ لعلوم الآل علامة اليمن المجتهد المحقق محمد بن عز الدين بن محمد بن عز الدين الملقب بالمفتي كوالده وجده مصنف الحاشية على الكافية، فكل واحد منهم يعرف بالمفتي، ذكر ذلك في بعض المشجرات.

وهو شيخ العلماء في عصره، وإمام العلوم المطلق، ومقرر القواعد الفقهية، قرأ بصنعاء وغيرها على عدة من العلماء، منهم والده السيد عز الدين بن محمد، والسيد صلاح بن أحمد الوزير قرأ عليه في أصول الفقه وعلم الحديث، وقرأ في

الفروع على صنوه السيد المهدي بن عز الدين وعلى سيد العلماء عبد الله بن أحمد ابن الحسين المؤيدي، وقرأ في المطول وغيره على القاضي عبد الله بن المهلا النيسائي، وقرأ في الحديث أيضا على الشيخ الخاص الحنفي وأجازه فيه وفي غيره، وقرأ على العلامة يحيى بن أحمد الصابوني، وعلى العلامة محمد شلبي الرومي، وقرأ الرسالة الشمسية في المنطق على الشيخ أحمد بن علي بن علان البكري المصري لما قدم من مصر واستقر بمسجد الزبير بصنعاء، فحقق وأتقن وأنفق جمهور شبابه في طلب العلوم العقلية والنقلية ثم أقبل على الفقه بالقلب والقالب فجلى في ميدانه وملك قبض عنانه، وكان مقيما في صنعاء أيام الأتراك ولم يهاجر، وكان يأمر بالمعروف وينهى عن المنكر ويفعل مصالح عظيمة مع الإلمام بالإمام القاسم ومكاتبه، ووجه إليه الوزير جعفر باشا منصب الإفتاء بصنعاء فكان يفتي بكل المذاهب، مع ورع شحيح، ودين قويم، صحيح. واتفق في مدة جعفر الباشا أنه أفتى بيوم الفطر فأفطر من أفطر بفتواه، فطلبه الباشا وعاتبه وقال له: كان عليك أن تشعر الأفندي، فقال السيد المفتي: قد أشعرته، فطلب الأفندي إلى مقام الباشا وسأله فقال كلاما معناه: أفتى السيد بشاهدين ما يكمل بها الحكم على مذهب أبي حنيفة لأنهم لا يعملون إلا بأربعين شاهدا حيث الأفق لا علة فيه من سحاب ولا غيره، فتغير خاطر الباشا وقال للسيد المفتي: ليكن حبسك في بيتك فانفصل عن مقام الباشا وبقي في بيته أياما، ثم إن الباشا استدرك هذه الهفوة فاستطاب خاطر السيد المفتي ونوع له الإحسان ذكر ذلك في خلاصة المتون.

ومن أجل من لازمه بصنعاء أيام الأتراك السيد العلامة الأديب صلاح بن عبد الله الحاضري، قال القاضي ابن أبي الرجال: فإنه كان لا يفارقه ولا يزال يستمري سحائب علمه هو وغيره وكانا زينة لمحافل العلم شيخين من آل محمد وكان إذا

خرج السيد محمد المفتي من الجامع في بعض الأيام تقدمه السيد صلاح وقدم له نعاله إجلالاً لصاحب الترجمة، وهو حري بذلك، وممن أخذ عنه في تلك الأيام في أكثر الفنون القاضي أبو بكر بن يوسف بن عقبة، وكان القاضي المذكور يحمل سجادة صاحب الترجمة ذكر ذلك ابن أبي الرجال في مطلع البدور.

5 وبعد افتتاح الحسنين ابني الإمام القاسم لمدينة صنعاء سنة 1037 وخروج الأتراك منها إلى زبيد ومنها عن عموم بلاد اليمن كانت صنعاء قبلة العلماء والمتعلمين، وزهت بها في تلك الأيام محافل العلم، وكان صاحب الترجمة أحد الأكابر الذين تصدروا للتدريس بها، فأخذ عنه الناس في الأصول والفروع، ومن مشاهير الآخذين عليه: السيد أحمد الذنوبي، والسيد الحسن بن أحمد الجلال
10 مصنف ضوء النهار، والسيد أحمد بن علي الشامي قرر عليه قواعد الفقه، والسيد الحسين بن محمد التهامي صاحب الحاشية على الأزهار، والسيد أحمد بن صلاح الشرفي، والسيد الحسين بن علي العبالي، والفقيه حسين بن علي ذرة، والقاضي إبراهيم بن يحيى السحولي، والقاضي علي بن جابر الهبل، والقاضي عبد الله بن محمد السلامي، والفقيه علي بن جابر الشارح، والفقيه علي بن يحيى الخيواني،
15 والفقيه عبد القادر بن علي المحيرسي صاحب الحاشية على الأزهار، ومنهم أيضا المتوكل على الله إسماعيل بن الإمام القاسم بن محمد وله منه إجازة لجميع مروياته ومستجازاته ومؤلفاته. ومنهم أيضا المولى شرف الإسلام الحسن بن الإمام القاسم وحضر القراءة عيون العلماء.

ومن تلامذته أيضا القاضي الحسن بن يحيى حابس، والسيد الصلاحي
20 صلاح بن أحمد بن المهدي المؤيدي قرأ عليه وحقق، وله في تقريظ كتاب شيخه السيد المفتي المسمى (بالبدر الساري) وهو شرح متن له يسمى (واسطة الدراري في توحيد الباري) هذه الأبيات:

هذا هو البدر في ليل الشكوك فسر	في نوره لا تخف من ظلمة الدلج
وقل له ناشدا ما فيه من أرب	ومنشدا لمقال طيب أرج
ليهن ركباً سروا ليلاً وأنت بهم	مسيرهم في صباح منك منبلج
فليصنع القوم ما شاؤوا لأنفسهم	هم أهل بدر فلا يخشون من حرج
فيه عقائد أهل البيت سالمة	من قول ذي ميل في الدين أو هوج
الأمر قول إله الخلق أنزله	على النبي مقالا غير ذي عوج
وسنة عن نبي الله واضحة	وآله قرناء الوحي والحجج

ثم كتب بعد الأبيات هذا التقريظ ولفظه:

قد وجدت هذا السفر أعذب من السلسبيل وأسقى من كأس مزاجها الزنجبيل، أحاط بما في الجوامع من الفوائد، وقيد ما في تلك الشوارد. لا جرم أن مصنفه من هو درة التقصار ونقطة البيكار وبقية المجتهدين وعلامة آل الأنزع
5 البطين، أودع متنه الفوائد وحشّى، وصحح أقواله بالسنة وما حشا، ذلك فضل الله يؤتيه من يشاء ولعمري أن مؤلفه كالمعجز لصغر حجمه وسعة فوائده وعلمه، وإني لا أزال أتعجب من إطلاع مؤلفه وإحاطة مصنفه بأقوال الموالف والمخالف، وإتيانه بما لم يأت به أحد من أهل الزمن السالف ولكن الشمس لا يدركها الأعمى والحكمة لا تسمعها أذن صماء:

وما للشمس في العميان ذنب	إذا ما أبصروا الدنيا ظلاما

10 فالله يبقي مؤلفه غرة في جبين الدهر وفي سماء المعالي بدرا منيرا أي بدر انتهى كلامه بألفاظه. ومن مؤلفات السيد محمد بن عز الدين المفتي أيضا: كتاب (الإحكام شرح تكملة الأحكام) في علم الطريقة، وله (منهج الانصاف العاصم من الاختلاف) وله غير ذلك، وقد نسب له أغلب من ترجم له كالشوكاني وغيره الأبيات المتقدمة في ذهبان المخترف بصنعاء:

ذهبان أخبث مكسب كسب الفتى   لله در رياضـــــها والـــــوادي

والصحيح أنها من نظم نجله وولده السيد عز الدين بن محمد، كما هو ثابت في كلام القاضي ابن أبي الرجال في مطلع البدور المتقدم في أصل هذه الترجمة. وتوفي السيد المفتي رحمه الله بذهبان شمالي صنعاء ثاني عشر شهر شعبان سنة 1050 خمسين بعد الألف، وحمل فدفن بخزيمة بجنب والده، وعقبه إلى الآن بصنعاء يسمون ببيت المفتي، وهم من البيوت اليحيوية المؤيدية في تلك المدينة، وقد حفلنا بتراجهم هنا لرجوعهم في الأصل إلى صعدة والله المستعان.

71. السيد المعمر علي بن إبراهيم الحيداني

السيد العالم المثاغر المجاهد السابق المعمر جمال الدين علي بن إبراهيم بن عبد الله بن إبراهيم بن عبد الله بن صلاح بن المهدي بن الهادي بن علي بن محمد ابن الحسن بن يحيى بن علي بن الحسن بن عبد الله بن إسماعيل بن عيسى بن عبد الله بن عيسى بن إسماعيل بن عبد الله بن محمد بن الإمام القاسم بن إبراهيم ابن إسماعيل بن إبراهيم بن الحسن بن الحسن بن علي بن أبي طالب الحسني القاسمي اليمني الملقب بالحيداني.

وهو من أعيان السادة العلماء في وقته السابقين إلى مناصرة الإمام المنصور بالله القاسم بن محمد والجهاد معه للأتراك، ومولده في نحو سنة 970 سبعين وتسعمائة وقرأ على شيخ الزيدية بصنعاء القاضي المحتسب علي بن قاسم السنحاني، وعلى القاضي الفروعي إبراهيم بن محمد بن مسعود الحوالي صاحب هجرة الظهرين ببلاد حجة قرأ عليه في التذكرة، وكان المترجم هو وأسرته وقرابته يسكنون بهجرة محنكة جنوبي مدينة حيدان من بلاد خولان، وإلى ذلك نسبته فيقال له المحنكي الحيداني.

وكان له كلمة نافذة في بلاد خولان، ولما كانت دعوة الإمام القاسم بن محمد عليه السلام أوائل سنة 1006 كان السيد المذكور أحد أعيان السادة المشار إليهم بالفضل والعلم إذ يذكر القاضي المؤرخ أحمد بن صالح بن أبي الرجال أثناء ترجمته بمطلع البدور أنه وصل إلى جبل قمر من بلاد قارة إلى الإمام القاسم ابن محمد راكباً على فرس وعليه قميص أبيض، ولم يحضر أحد من السادة بهذه الصفة غيره فلم يرض الإمام بالعقد حتى عرض على السيد فامتنع قال: وظني أن عرض هذا من الإمام لتدبير محكم وهو تأكيد الحجة عليه لأنه كان لا يلين لعارك، قال: وإلا فجملة معلوماته الفقه كان مبرزاً محققاً، يعارض بأنظاره المذاكرين، وأصول الدين على قواعد أهله الكرام، والفرائض، ولم يكن له في علوم الاجتهاد قدم. قال: وكان السيد رحمه الله سيدا هماما ذا عزيمة خارقة، ونية صادقة، وله في الجهاد وقعات كان هو المجلي فيها، وكان من أهل الأيد والقوة مع أنه لم يكن ربعة فضلاً عن أن يكون طويلاً بل إلى القصر، ومما حكاه عن نفسه غير مرة أنه عزم صبحاً من صعدة وأمسى ذلك اليوم بسودة شظب، وقطع هذه المسافة في يوم. قال: ولم يزل السيد بعد عقد البيعة للإمام القاسم مناصراً وحيناً يلازم الحضرة انتهى كلامه.

وقد ذكر لصاحب الترجمة تلامذة أخذوا عنه في العلم كالقاضي محمد بن الهادي بن أبي الرجال، قرأ عليه كتاب حقائق المعرفة ووضع له إجازة، والقاضي علي بن أحمد بن أبي الرجال قرأ عليه أيام ولايته على حاشد وبكيل في كتاب البحر، وحضر تلك القراءة محمد بن صالح حنش وحسن بن محمد سلامة، وكانت من أعجب القراءات، وقرأ عليه الفقيه علي بن محمد بن سلامة في عدة من الكتب، منها شرح الأزهار والبيان والتذكرة، والفصول ونهج البلاغة لأمير المؤمنين عليه السلام، وقرأ عليه غيرهم من الأفاضل. وقد ترجم له أيضا

في طبقات الزيدية، وفي غيرها من سير الأئمة الذين عاصرهم، وهم الإمام القاسم بن محمد، وولده المؤيد بالله، وأخيه المتوكل على الله إسماعيل، فلا حاجة للتطويل بها هنا، ومن الأعمال التي أسندت إلى صاحب الترجمة ولاية بعض خولان صعدة أوائل دعوة الإمام القاسم بن محمد، وفي سنة 1032 كلفه الإمام

5 المؤيد بالله محمد بولاية بلاد حاشد وبكيل وكان له جهاد ومشاركة أثناء حصار الأتراك بصنعاء سنة 1036 ثم تولى بعد هذا التاريخ على ذيبين، قال السيد مطهر الجرموزي: وأقام آخر مدته في ذيبين مشهد الإمام المهدي أحمد بن الحسين الشهيد، وجعل الإمام عليه السلام ولاية تلك البلاد إليه ومصالح المشهد المقدس نحواً من ثلاثين سنة، وتوفي هناك في شهر شوال سنة 1071 إحدى

10 وسبعين وألف، قال القاضي ابن أبي الرجال: وقبر في مشهد له هناك فعله عند داره وما زال ملازماً في جميع مدته على وظائف الطاعة حتى كبر وهرم وحصل معه بعض تغير ونقل إلى جوار الله الكريم في نحو مائة سنة وكان حزبه من القرآن دائماً سبع القرآن أعاد الله من بركاته.

قلت: وله ذرية بصنعاء والسودة وذيبين ونحوها يعرفون ببيت زبيبة، وقد

15 وقع في الوهم السيد العلامة محمد بن محمد زبارة في نسبة هذا البيت في نيل الحسنيين حين قال: ينتهي نسبهم إلى السيد العالم علي بن إبراهيم بن عبدالله بن إبراهيم بن عبدالله بن صلاح بن المهدي بن الهادي بن علي بن محمد بن الحسن ابن يحيى بن علي بن الحسن بن عبدالله بن عيسى بن إسماعيل بن عبدالله بن إبراهيم بن القاسم الرسي الحسني المتوفى في الشاهل ببلاد الشرف سنة 1006

20 للهجرة انتهى كلامه، وهذا من الأوهام التي كثرت في هذا الكتاب بالذات، فالصواب أن بيت زبيبة ينسبون إلى صاحب الترجمة المرفوع نسبه صدر الترجمة المتوفى في التاريخ المتقدم، فليعلم ذلك.

(هجرة محنكة)

وهي هجرة علمية قديمة في الجنوب من مدينة حيدان من بلاد خولان الشام، وفيها استقر الإمام المتوكل على الله أحمد بن سليمان عليه السلام المتوفى سنة 566 هجرية أيام دعوته الشريفة، وفي أثناء تلك الإقامة وصل إليه وهو بها الشيخ العلامة الكبير المحدث الحافظ زيد بن علي بن الحسن بن علي بن أحمد بن عبد الله الخراساني البيهقي، المشتهر في كتب علمائنا بزيد بن الحسن البيهقي وذلك في شهر جمادى الأولى سنة 541 إحدى وأربعين وخمسمائة، قال في السيرة: ومعه كتب غريبة وعلوم حسنة عجيبة فسر بها الإمام عليه السلام وتلقاه بالبشر والاتحاف وقرأ عليه الإمام في الأصولين واستجاز منه انتهى.

72. القاضي علي بن إبراهيم المحربي

القاضي العلامة المجاهد علي بن إبراهيم المحربي.

ترجم له القاضي أحمد بن صالح بن أبي الرجال في مطلع البدور فقال:

هو القاضي الفاضل العابد الناسك، صاحب الاحتياط والعزيمة، ولي القضاء زماناً بمدينة ساقين وحمد المسلمون أثره، وانتفعوا بحميد مقصده، وكان من أهل الزهد ومن أصحاب الشهيد علي بن أمير المؤمنين المنصور بالله القاسم ابن محمد عليهم السلام، وأصحابه جميعهم يضرب بهم المثل في العبادة، ولهم أيضاً كرامات رضي الله عنهم من جملتهم ابن محمود العابد، ومنهم الحاج عبد الله المحمدي الذي سُمع الأذان والإقامة من قبره انتهى بلفظه. **قلت**: ولم يذكر له تاريخ وفاة وفي البصائر الشرعية التي اطلعت عليها أنه كان موجودا سنة 1053 ثلاث وخمسين وألف. والمحربي لم أقف على وجه النسبة، ولعلها إلى قرية محرب من بلاد خولان.

ومن جملة العلماء أصحاب الأمير الشهيد علي بن الإمام القاسم:

الفقيه العلامة عفيف الدين عبدالله بن أبي القاسم الوهم العبيري الصلهبي الأصل، ذكره في العقيق اليماني فقال: كان من أهل العلم في زمنه ولازم خدمة أولاد الإمام القاسم بن محمد سفرا وحضرا وحيا وميتا، وكان من جملة من استشهد مع علي بن الإمام في يوم الشقات بصعدة سنة 1023 رحمه الله.

73ـ السيد علي بن أحمد بن الإمام الحسن

السيد العلامة الأجل جمال الدين علي بن أحمد بن الإمام الحسن بن علي بن داود الحسني المؤيدي الصعدي، وباقي النسب تقدم في ترجمة والده وجده.

كان من صدور أهل زمانه بصعدة، عالما فاضلا، وهو صنو السيد العالم الرئيس محمد بن أحمد بن الإمام الحسن الآتية ترجمته بحرف الميم، ولهما صنو ثالث هو الحسن بن أحمد تقدمت له ترجمة بحرف الحاء قريبا، وصاحب الترجمة هو أصغر إخوته المذكورين، وقد ذكرنا هناك في ترجمة صنوه الحسن ما كان لهما من المكانة السامية بصعدة، ومشاركتهما لأخوالهم أولاد الإمام القاسم بن محمد في الحرب على الأتراك، وما حظوا به من مقام سامي في أيامهما، لأجل هذه الخؤولة، وقد تأخرت وفاة المترجم إلى عام 1083 ثلاث وثمانين وألف، إذ وقفت على وصيته بخطه في درج الأوقاف التي حررها في ذلك العام، وتفيد أوراق الوقف عن امتلاكه لسمسرة بمدينة صعدة بناها شامي شارع المطراق بالقرب من جامع الإمام الهادي جهة القبلة، وقد خلف عدة من الأولاد وهم: إبراهيم، وقاسم، وإسماعيل، وحسين هؤلاء ذكرهم المولى أحمد بن يحيى العجري في الدرة المضيئة، وفي وثائق الوقف التي اطلعت عليها أنه له أيضا حسن، وعبدالله، وعلي، كان علي المذكور موجودا سنة 1102 هـ فهم على هذا سبعة أولاد لكن العقب والذرية لصاحب الترجمة في أيامنا هذه ليس إلا من

ولده إبراهيم فقط، وله ترجمة ستأتي في القسم الثاني، وباقي إخوته الظاهر انقطاع نسلهم، فمن ذرية إبراهيم بن علي بن أحمد المذكور السادة آل الهاشمي، وسيأتي لاحقا التعريف بأول من تلقب بهذا اللقب من أهل هذا البيت.

وفي تاريخ السيد محمد بن صلاح الجوهرتين الآتية ترجمته أنها لما وصلت إلى الجهات الصعدية أحد شهور سنة 1054 دعوة المولى ملك اليمن محمد بن الحسن بن الإمام القاسم قبل تسليمه لعمه الإمام المتوكل على الله إسماعيل، وصل الرسول بها وجعل قدومه إلى السيد الجليل الأعلم الماجد النبيل نور الدين علي بن أحمد بن الإمام الحسن قال: وكان إذ ذاك متصدرا لمجلس الإمامة بها، فأخذ ما بيد الرسول من الأوامر الشريفة والكتب العالية المنيفة، وأمر بحبسه في الحال، وسلب ما عليه من السلاح والسياج قال: وهو محمول على ما كان قد ثبت عنده من دعوة خاله السيد العلامة صفي الدين أحمد بن أمير المؤمنين، وأن مخالفه باغ عليه، وكان أيضا قد بايعه هو وصنوه الحسن بن أحمد وجميع أعيان الجهات الصعدية، انتهى ما أردنا نقله من الكتاب المذكور.

74. الفقيه علي بن إسماعيل مشحم

الفقيه علي بن إسماعيل بن علي بن حسن بن محمد مشحم.

من نبلاء المدينة الصعدية الأماثل، رأيت له مصحف خطه بيده، وهو خط حسن باهر، وكان الفراغ من ذلك شهر رجب سنة 1033 ثلاث وثلاثين وألف رحمه الله تعالى وإيانا والمؤمنين.

75. الفقيه علي بن الحسن الطبري

الفقيه العلامة علي بن الحسن الطبري الملقب بالوحش.

من مشايخ العلامة أحمد بن علي الحبشي، وتتلمذ عليه عدة من العلماء من أجلهم السيد الجهبذ زيد بن محمد بن الحسن بن الإمام القاسم بن محمد مصنف المجاز إلى حقيقة الايجاز في علم المعاني والبيان. ولم أقف في ترجمته على غير ما ذكر، وفي مختصر تاريخ السيد محسن أبو طالب المسمى طيب الكسا في حوداث سنة 1061 أثناء ذكر وفاة القاضي أحمد بن يحيى حابس ما لفظه: وفي ربيع الأول منها توفي قاضي صعدة وعالمها وناظر أوقافها وحاكمها العلامة أحمد بن يحيى حابس إلى أن يقول: وخلفه من بعده أخوه الحسن بن يحيى فمشى على منهاجه في تلك الأشياء، واستمر على النظر فيما هو إليهم من التولي على أوقاف صعدة، وأقام على ذلك بعد وفاة صنوه مدة، ولما ولاه الإمام قضاء صنعاء جعل ما كان إليه من نظر الوقف بصعدة إلى الفقيه علي الطبري الملقب بالوحش انتهى. قلت: والظاهر أن صاحب الترجمة هو الفقيه علي بن صلاح الطبري فكان يلقب بالوحش، وإنما جرى التحريف لاسم والده والله أعلم.

76. السيد علي بن داود المؤيدي

السيد العلامة جمال الدين علي بن داود بن الهادي بن أحمد بن المهدي بن الإمام عز الدين بن الحسن بن الإمام علي بن المؤيد الحسني المؤيدي الفللي، وقد تقدمت ترجمة والده قريبا في حرف الدال.

كان صاحب الترجمة عالما فاضلا، له مشايخ أخذ عليهم في العلوم، منهم والده السيد الكبير داود بن الهادي، ومما أسمع عليه مؤلفه مرقاة الأصول سنة 1033هـ، ولم أقف على كثير من أحواله، إلا أنه ممن وقفت له في جمع نتف في الأنساب والتراجم وتدوينها على ما شاء الله من الفوائد، وقد نقلت عنه خيرا طيبا في كتابي هذا وغيره، من ذلك ترجمة والده المتقدم نقلها بحرف الدال المهملة، ومن ذلك هذه الأبيات مما قرظ به (مرقاة الأصول) كتاب والده، وهي

للسيد محمد بن الهادي جحاف وكان أحد تلامذة والده السيد داود بن الهادي فقال:

إذا ما شئت تبلغ كل سؤل	فلازم درس مرقاة الأصول
ولا تبرح عليها ذا اعتكاف	إذا ما كنت من أهل العقول
فنعم المرتقى المرقاة يوماً	لمن يبغي الوصول إلى الأصول
فتلك المنتهى لا ما ادعاه	من الأبناء أرباب الفضول
ولم لا وهي نظمها خبير	بغامض علم أبناء الرسول
له نظر يذلل كل صعب	به أربى على كل الفحول
فتى كالشمس مرتبة ونفعاً	فسلمه الإله عن الأفول
ويبقى للعلى والدين ركناً	يزول بعلمه دار الجهول
فذاك هو المعد لكل خطب	ودرة تاج أبناء البتول
جزاه الله عنا كل خير	وبلغه المهيمن كل سؤل
ولا زالت أيادي الله تترى	عليه الدهر دائمة الهمول

ورأيت أن المترجم ممن كان له حضور لمقام المولى ملك اليمن عز الإسلام محمد بن الحسن بن الإمام القاسم بصنعاء وغيرها، ورأيت بخطه إجازة في كتاب والده مرقاة الأصول حررها للمولى المذكور مؤرخة بتاريخ سنة 1064هـ. وكانت وفاته رحمه الله شهر شعبان سنة 1069 تسع وستين وألف، ومن ذريته السادة الأماجد: **آل شايم**: ينسبون إلى حفيده السيد علي بن محمد بن علي بن داود بن الهادي المتوفى سنة 1134 أربع وثلاثين ومائة وألف، كما نُقل عن شاهد قبره بهجرة فلله، وستأتي تراجم أعلام أهل هذا البيت في أقسام هذا الكتاب إن شاء الله تعالى.

77. الفقيه علي بن داود الحيمي

الفقيه علي بن داود الحيمي.

هو سيدنا وبركتنا الفقيه الفاضل، عالم شيعة أهل البيت، العامل المتهجد بآيات القرآن، المفني عمره في طاعة الملك الديان، جمال الدين سيد المتقين علي ابن داود الحيمي، توفي إلى رحمة الله تعالى في سلخ شهر جمادى الأولى من شهور سنة ثماني عشرة وألف سنة بعد الألف، هكذا ترجم له بعض الأفاضل، وقبره غربي قبر ومشهد الإمام الرباني إبراهيم الكينعي انتهى.

78. الفقيه علي بن صلاح الطبري

الفقيه العالم العامل المتفنن في العلم محب آل محمد نور الدين علي بن صلاح ابن علي بن محمد بن عبد الله بن قاسم بن أحمد الطبري نسبا الصعدي بلدا.

هو العلامة المحقق الأصولي وأحد علماء صعدة الأفاضل، أخذ بصعدة عن القاضي شمس الشريعة أحمد بن يحيى حابس وغيره، وترجم له السيد الحسن بن صلاح الداعي في شرح الدامغة الكبرى فقال:

الفقيه الشيعي الخلاصة المحب الجامع بين فضيلتي العلم والعمل. كان من أعيان علماء صعدة ومدرسيها، وكان له عناية بأصول الفقه ظاهرة، وله فيه تأليفات حيث شرَح الكافل شرحاً نافعاً، وله مؤلف فيه مختصر سماه (مغني ذوي العقول في معرفة قواعد الأصول) وشرحه بشرحين، وله مؤلف في النحو، وفي المعاني والبيان، وله (جوابات أهل العدل والانصاف على أهل الجور والاعتساف) في أصول الدين، وله (تحرير المقال جواب رسالة الجلال) في الفقه، وله (دقائق ما به تُنوجِي في بيان معاني ايساغوجي) شرح رسالة الأبهري في

المنطق، وله (مفيد الرائض في علم الفرائض) وعليه له شرحان أحدهما: مبسوط والآخر موجز، نقلت ذلك كله من خط ولده إسماعيل بن علي انتهى كلام شارح الدامغة. **قلت**: ومن مؤلفاته أيضا: (منهج الكمال فيما جاء الحديث من كلام ذي الجلال)، و(مطلب الأدب في معرفة كلام العرب)، و(التفصيل لأسباب التنزيل)، و(شفاء غليل السائل بما تحمله الكافل) وهو شرح متن الكافل وقد تقدم. ومتنه في الأصول المسمى مغني ذوي العقول في معرفة قواعد الأصول شرحه الصغير سماه (سبيل الوصول إلى مغني ذوي العقول)، والشرح الكبير سماه (إحكام أحكام الأصول في بيان مغني ذوي العقول). ومما قاله رحمه الله تعالى في ذكر هذا المتن مغني ذوي العقول هذه الأبيات:

لا تحقرنْ جمعي لأجل حقارتي فالحق حق والصوابُ تجارتي
لا تعدلنْ عن فضله لحداثة كم لاحقٍ هو سابقٌ في الغارة

ومنها:

ضمّنته فن الأصول بأسره مع قلةٍ في لفظه وعبارة

ومن أجل الآخذين عنه ولده إسماعيل بن علي الطبري، والقاضي إسحاق بن محمد العبدي، وغيرهما، وللفقيه جمال الدين علي بن صلاح رحمه الله قصيدة عظيمة ضمنها صدرا كان مكتوباً على خاتم أمير المؤمنين علي بن أبي طالب عليه السلام وهو قوله:

سبحان من فخري بأني له عبد.

والسبب الحامل له على نظم هذه القصيدة أن المولى سلطان اليمن عز الدين والإسلام محمد بن الحسن بن الإمام القاسم بن محمد اتفق أنه قري عليه كتاب الإمام المنصور بالله عبد الله بن حمزة المسمى الشافي، وكان في أثناء تلك القراءة يفيض على المسترشدين من فوائد علمه، ومما تضمنه ذلك الكتاب الكريم ما جاء في حق أهل البيت وفي طي ذلك جاء في ذكر خواتم أمير المؤمنين وسيد الوصيين وما نقش عليها، وأن خاتمه الذي زكى به

وهو راكع كان منقوشا فيه: سبحان من فخري بأني لـه عبـد، فاقتضـى نظـر المـولى عـز الإسلام أن تشاع هذه الآية الباهرة والمنقبة الباقية بأن تضمن في أبيات من الشعر، فـدعا إلى مضمار تتفاضل فيه سوابق الأفكار بنجائـب الأشـعار فـأول مـن ابتـدأ ذلـك الفقيـه العلامة علي بن محمد بن سلامة وحذا حذوه السيد الأديب صلاح بن أحمد بن عز الـدين وعزز السيد الأديب يحيى بن أحمد العباسي، ثم عقب ذلك ولده إسماعيل بـن محمـد بـن الحسن بن الإمام القاسم، ثم سلك ذلك المسلك السيد علي بن محمد بن الحسن المحرابي، ونسج على ذلك المنوال السيد علي بن الحسين بن علي الحـوثي، ثـم نـافس في هـذا المقـام الفقيه العلامة على بن صلاح الطبري فقال:

إلى الآل آل المصطفى ينتهي المجد ... ومنهم أتانا الحق واتّضح الرشدُ
بنى لهم مجداً أبوهم ومفخراً ... وليس لما يبنيه من فخرهم هد
فقال هم آلي وإني لتارك ... لديكم نجوماً ليس في هديها زهد
وناظرُ ماذا تخلفوني فيهم ... بيوم طويل شاب من هوله المهدُ
بهم عز دين الله والدين دينهم ... فضائلهم معلومة مالها جحد
فهم عصمة اللهفان والله عونهم ... ومن لم يكن منهم فليس له رشد
وطاعتهم فرض على كل مسلم ... وحبهم دين به الفوز والسعد
وبغضهم كفر مناط لأهله ... به النار تعلوهم ويشتعل الوقد
ومن ذا تولاهم يفوز بما رجا ... ومن ذا يعاديهم فليس له عهد
فيهنئكم آل النبي محمد ... بنى جدكم بيت المكارم والجد
لقد حزتم خير الخلال وقد غدت ... علومكم تخفي الكواكب إذ تبدو
فأحمد ربي أن هداني لودهم ... وأنشاني من صلب من هم لهم جند
فحربهم حربي وحزبهم حزبي ... وحبهم عندي هو العسل الشهد
لقد صار قلبي موطنا لهواهم ... وملكتهم إياه فهو لهم عبد
وحبي إياهم فلا عن كلالة ... ولكنه والله ورثه الجد

فقد كانت الآباء ترعى حقوقهم لحتى تخلى عنهم المال والولد

***

نماهم أبو السبطين حيدرة الذي له الخطة العليا وهو بها فرد
يقول رسول الله جهرا مناديا لأنت أخي باب العلوم فلا رد
فمن رام علماً من سواه فإنه لسارق دار يلزم الحد والجلد
وأنت وصيي والخليفة في الورى وقاضٍ لديني إن بقيت وإن أغدو
تصدق في بعض النهار بدرهم وآخر في ليل به الجو مسود
وآخر في سر وآخر معلنا فليس له مثل وليس له ند
وقد جاهد الأرجاس حتى أبادهم وغادرهم في الناس فهي لهم وِرْد
وجاء فقير سائل لنوال مَنْ بمسجد خير الرسل مِن نفر عُدّوا
فلم يحظ منهم باليسير ولا بما يليق جواباً بل له القوم قد صدوا
وحينئذ كان الوصي مصلياً يسائل مولاه طويلاً له رعدُ
فبادر إيماءً إليه بكفِّه مشيراً إليه أن هذا هو الرفدُ
وقد كان منقوشاً على ظهر فصه: فسبحان مَنْ فخري بأني له عبدُ
فأنزلت الآيات بالحق أنه هو المنفق المولى له الحل والعقدُ
وجاء طريق الحصر حصراً لغيره وتلك طريقٌ أجمع الحر والعبد
وتأخيره عمّا له ليس ضائراً أيسلب ضوء الشمس أو اسمها ضدٌّ؟
وليس له من موجب غير أنه هو الكبر والضغناء والحسد والحقد
فليت سقيفتهم لما كان منهم عليهم قبور أو لأجسادهم لحد
لقد فتحوا باباً عظيماً لحينهم وشادوا بناء للخلاف وما سدوا
وقد أبلغ الهادي إليهم نصائحاً ولكنها لا تبصر الأعين الرمد
وقد أفصح المنصور من آل أحمد فضائل من بحر وليس لها عد
وأبرز درا من عميقات قعره بأحسن أفكار لها أبحر مد

إمام صبور وافر الحلم والتقى   عليم بحل المشكلات له سَعْدُ
وذلك عز الدين لا زال كاسمه   ولا زال معطاء يؤمله الوفد
ولا زال سباقا إلى كل غاية   ولا زال تهدينا طوالعه السعد
ولا زال عوناً للأنام وغوثهم   ولا زال مطواعا له السهل والنجد
إليك مليك الآل جاءت قصيدة   بتضمين بيت حشوه المسك والند
ودمت لنا في الملك يا ابن محمد   وفي نعم تترى وليس لها حد
ولست وبيت الله أبغي إجازة   سوى جنة الفردوس يتبعها خلد
وبعد سلام الله تتلو صلاته   على خير رسل الله ما سبح الرعد
وآل كرام ما حييت وما تلي   إلى الآل آل المصطفى ينتهي المجد

وتوفي رحمه الله تعالىٰ في شهر رجب سنة 1097 سبع وتسعين وألف بمحروس صعدة، وقبره بها بمقبرة القرضين وقد وقفت عليه، ورثاه ولده إسماعيل الآتية ترجمته في القسم الثاني من هذا الكتاب بأبيات هذه الترثية، أورد منها في شرح الدامغة الكبرىٰ هذه الأبيات لا غير، وهي قوله:

شَرِقتُ بضرَّاء دهري الخؤون   فيا ليتها كانت القاضيه
تمنيت مِمّا ألاقي المنون   فما أنا في عيشةٍ راضيه
وتذرف عيناي ماء الشئون   تكاد به تحمل الجاريه
فأين قريني بماضي القرون   كميداً وفي الأمم الماضيه
فلمْ أزلِ الدهر أمضي الحُزُون   لعلي أفوز بآماليه
وكل عظيم علينا يهون   سوى حادثٍ جلَّ من داهيه
وذاك ثُوى شيخنا في الفنون   له همة كاسمه ساميه

5 ومنها:

فقد فقَدتْ خيره المؤمنون   كما فقد البدر في الداجيه

ومنها:

فـلي مسـمعٌ طـال مـا اوردتـه ... مناهـــلَ تعبـــيره الشـــافيه
ولمــا غـــدت لي ســـماعيَّة ... مصـــادرُها كانـــت الكافيـــه
أبي كـــان مـــا خفتُـــه أن يكـــون ... فعلمـــي أخـــذتَ ومـــن ماليـــه
أبي كنـــت عينـــاً ولا كـــالعيون ... ولكنهـــا كانـــت الصـــافيه
أبي كنـت غيثـاً يـرى المحلـون ... عـــلى أرضـــهم ســـحبَه هاميـــه
فإنـــا إلى ربنـــا راجعـــون ... رضـــينا بأحكامـــه الماضـــيه
أعَلامـــةَ العصـــر كشـــافه ... ســـراج تجـــلى بـــه الناحيـــه
وســـعد المعـــاني شريـــف البيـــان ... صـــحيح أســـانيده وافيـــه
جليـــل الأصـــول ربيـــع الفـــروع ... فـــدونك أزهـــاره الزاهيـــه
فيـــا قـــبره كيـــف واريتـــه ... وذي الأرض مـــن علمـــه ماليـــه
تضـــمَّنت قاموســـه الجـــوهري ... وصـــرتَ محيطـــاً بـــه حاويـــه

قال: إلى آخرها، وهي متضمنة تاريخ وفاته.

79. السيد علي بن عبد الله بن الإمام القاسم

السيد الجليل جمال الدين علي بن عبدالله بن الإمام القاسم بن محمد الحسني القاسمي اليمني، قال في بغية المريد مترجما له ما لفظه:

كان سيدا جليلا، رحل مع الإمام المهدي أحمد بن الحسن رحمه الله أيام دخوله إلى صعدة فتوفي هنالك، وخلف من الأولاد محمدا وإسماعيل. فأما محمد فكان سيدا جليلا فاضلا، توفي ولا عقب له من الذكور وله بنتان، وإسماعيل بن علي سيد جليل فاضل، له من الأولاد أحمد ومحمد والحسن بمحروس ذمار انتهى بلفظه. **قلت**: وصاحب الترجمة هو جد السادة آل الكاظمي بذمار ونحوها، ودفن في المشاهد اليحيوية بجامع الإمام الهادي عليه السلام، وقبره متوسط بين

قبة أحمد بن القاسم وقبة الغرباني، وتاريخ وفاته كما ألمح صاحب بغية المريد سنة 1088 ثمان وثمانين وألف، وقد حرر له بعض المعاصـرين ترجمة ذكر فيها مبلغه من العلم وأن وفاته في ذات السنة شهر ربيع الآخر والله أعلم.

80. السيد علي بن عبد الله الرغافي

السيد العلامة علي بن عبد الله الرغافي اليحيوي.

ذكره السيد مطهر الجرموزي في الجوهرة المنيرة ضمن عيون السادة أيام الإمام المؤيد بالله محمد بن القاسم فقال: ومنهم السيد الجليل العالم الفاضل جمال الدين علي بن عبد الله الرغافي. كان فاضلاً عالماً، ولي القضاء في بلاد السلمي من بلاد المعافر والأمر بالمعروف والنهي عن المنكر، وكان حريصاً عليهما، توفي عام 1040 أربعين وألف انتهى.

81. الأمير علي بن الإمام القاسم بن محمد

السيد المجاهد الأمير الليث الباسل جمال الإسلام علي بن الإمام القاسم بن محمد الحسني الهادوي اليمني، وبقية النسب تقدمت في ترجمة صنوه أحمد.

وصاحب الترجمة هو المستشهد في الشقات موضع غربي جبل تلمص، وهو أحد أولاد الإمام القاسم بن محمد، مولده بهجرة الشاهل من بلاد الشرف سنة 994 أربع وتسعين وتسعمائة، فنشأ وترعرع هناك. ومع حداثة سنه إلا أنه كان من أعيان المجاهدين وأحد أنصار الدين، جليلا عارفا ناهضا بالأمور الصعبة، وكان له أصحاب أيام جهاده اشتهروا بالورع والتقوى والديانة، جهزه والده الإمام القاسم عليه السلام إلى بلاد خولان صعدة لاستفتاحها في شهر رمضان سنة 1014 وأصحبه جماعة من العيون كالسيد جمال الدين علي بن إبراهيم الحيداني وزهاء من مائة وخمسين رجلا فكان في بني ذويب من بلاد خولان يغزو

الأتراك ويغزونه، وجرت بينه وبينهم وقائع عدة، فكان والده يخاف عليه كثيرا حتى لقد أرسل من يقبض حصانه لكثرة مباشرته الحروب الشديدة، ثم في شهر رجب سنة 1016 رجع إلى والده، فكانت مدة بقائه في بني ذويب وما إليها نحو سنتين، ثم أرسله والده بعدها في مهام عدة منها إلى بلاد وادعة وإلى بلاد الأشمور لفك حصار أخيه الحسن، ثم رجع بعدها إلى صعدة أوائل سنة 1023 أو أواخر السنة التي قبلها، وعلى يديه كانت وقعتي عرو والحضائر قتل في الوقعتين كثير من الأتراك، ولم يزل على تلك الحال من مصادمة الأتراك ومنابذتهم حتى كانت وقعة الشقات غربي جبل تلمص وسقوطه فيها شهيدا سعيدا حميدا مرضيا، وقد تعرضنا لذكر ذلك اليوم في مواضع عديدة. وقد نقل القاضي الحافظ أحمد بن سعد الدين المسوري عن خط والده الإمام المنصور بالله القاسم بن محمد رضوان الله عليه وسلامه ما صورته:

استشهد الولد البر التقي المجاهد في سبيل الله علي بن أمير المؤمنين القاسم ابن محمد رحمه الله في جبل الشقات قرب صعدة يوم السبت لاحدى عشرة ليلة إن بقيت من جمادى الآخرة أحد شهور سنة ثلاث وعشرين وألف سنة رحمه الله رحمة الأبرار ووقاه عذاب النار بحق محمد صلى الله عليه وعلى آله قتله جند الأتراك أقماهم الله في ولاية جعفر باشه وسلطانهم أحمد بن محمد خان نسأل الله أن يفرق شملهم بحق محمد ص، وكان له من العمر ثماني وعشرين سنة وثمانية أشهر ونصف شهر انتهى بلفظه.

(وخبر وقعة الشقات)

هو ما أورده السيد العلامة الكبير أحمد بن محمد بن صلاح الشرفي في كتابه اللآلي المضيئة ولفظه:

قضية الشقات واستشهاد جمال الإسلام علي بن أمير المؤمنين عليه السلام

وذلك أنه لما بلغ الخبر بوقعة غارب أثلة إلى جهات صعدة إلى السيد الأجل الفاضل الهمام والليث الباسل الضرغام وسهم الله المرسل على المردة الطغام جمال الإسلام علي بن أمير المؤمنين رحمه الله وأعاد من بركاته وكان في تلك الجهة محاصراً لمن بصعدة من الأتراك، فكان رحمه الله في شق جبل تلمص، وكان السيد شمس الإسلام أحمد بن الإمام الناصر الحسن بن علي بن داود في بير غازي، وكان السيد شرف الإسلام الحسين بن أمير المؤمنين في العبلا من جهة المشرق ثم انتقل إلى الطويلة فبقي هناك مدة، ثم طلبه الإمام عليه السلام إلى الأهنوم، وبقي جمال الإسلام علي بن أمير المؤمنين رحمه الله وشمس الدين أحمد بن الإمام الناصر الحسن بن علي بن داود رحمه الله، وكانت محطة الأتراك خارج باب صعدة في الموضع المسمى الجنبية، وكان الحرب لا يزال بينهم أكثر الأيام قتل فيها كثير من الفريقين، وكان أصحاب الإمام هم الذين يقصدون الأتراك بالحرب، وكانوا قد حصروهم ومنعوا المواد منهم وبلاد خولان وبنو جماعة كلها للإمام، فما كان استمدادهم إلا من أهل صعدة حتى أضروا بهم مضرة عظيمة، فلما بلغ خبر هذه الوقعة المذكورة وشاع ذلك فرجي جمال الإسلام علي بن أمير المؤمنين عليه السلام أنه إذا قصد صعدة يظفر بمن فيها من الأتراك مع عظم موقع هذه الملحمة مع الأتراك ومع سائر الناس كافة، فحشد أصحابه من الرؤساء والأتباع وقصد بهم إلى موضع قريب من صعدة يسمى الشقات، وهو مكان سهل تعمل فيه الخيل، ولم يكن معه رحمه الله ما يقاوم خيل الأتراك، وكان رحمه الله جري القلب يقدم في المواضع الخطرة، فأشار عليه السيد شمس الدين أحمد بن الإمام الناصر وغيره أن لا يقف في ذلك الموضع فأبى، وذلك لما سبق في علم الله سبحانه من اختصاصه بالشهادة هو ومن قُتِلَ معه، ولما وقف في ذلك الموضع اغتنم الفرصة العدو فقصدته عساكر الأتراك بكرة اليوم الثاني وهو يوم السبت تاسع عشر شهر جمادى المذكور، وكان السيد علي بن أمير المؤمنين في طائفة من العسكر وقبائل الأحلاف

من خولان في الموضع المذكور فوقع الحرب واستمرت ساعة، وأمر الأتراك جماعة من أهل الخيل وغيرهم أن يأتوا من جهة السيد شمس الإسلام فثبت لهم ساعة، وانحاز إلى جبل هناك لما لم يقوَ على رد الأتراك، فما شعر جمال الإسلام رحمه الله إلا بعسكر الأتراك من ورائه خيلاً ورجلاً وقد اتصلوا إليه من الموضع الذي كان فيه شمس الإسلام، فأحاطوا به وبأصحابه، فقاتل هو وأصحابه رحمه الله قتالاً شديداً، واختلط العسكران حتى استشهد رحمه الله وأعاد من بركاته، وقُتِلَ عامة أصحابه زهاء مائتين وحزوا رأسه وأرسلوا به إلى صنعاء بعد سلخه، وبقيت جمجمة رأسه رحمه الله قريباً من سنتين ثم حُملت إلى شهارة فقُبرت عند قبر السيد الفاضل جمال الدين علي بن صلاح العبالي، وقبرت جثته رحمه الله عند بيت الشيخ أحمد بن علي كباس في موضع يسمى علاف، ثم مكن الله عز وجل ممن حمل رأسه إلى صنعاء فقُتل شر قتلة والحمد لله، وهذا دأب الدنيا فإنها ما سمحت لأحد بفرحة إلا أعقبتها ترحة، أو كما قال ص.

قال السيد أحمد: وكان قتله رحمه الله رزءاً في الإسلام عظيما، وخطبا فادحا جسيما، فإنه كان أعاد الله من بركاته ركناً من أركان الدين، وسيفاً ماضياً من سيوف رب العالمين، مع الورع الشحيح، والكرم الصريح، والقيام بموجب الدين والرغبة في جهاد المعتدين، فألحقه الله بآبائه واختار له سبيلهم بالموت بأيدي أعداء الإسلام وأعدائه، فإنَّا لله وإنا إليه راجعون. وكتب على قبره رحمه الله تعالى هذه الأبيات:

هذا الضريح ضريح السيد البطل ... نجل الإمام الولي بن الولي علي
العابد الزاهد الميمون طائره ... وقارن العلم بالإخلاص والعملِ
الباذل المال لا منٌّ يكدّره ... والثابت الجأش يوم الروع والوَهَلِ
الطاهر القلب من عُجْبٍ ومن صلَفٍ ... ومن رياءٍ ومن غشٍ ومن دغَلِ
يا سيدي يا علي بن الإمام لقد ... أدركت منزلة في الفضل لم تُنَلِ

مـا زلـت في طلـب العليـاء مجتهـداً ... من يوم أدركت حتى منتهى الأجـلِ
هبطـت تبغـي جهـاد الـترك محتسبـاً ... لله مـن غـير مـا رُعـبٍ ولا فشـلِ
وحـين أبصـرك الأعـداء منفـرداً ... مـالوا إليـك فلـم تجزع ولم تَمِـلِ
وحـين وافـوك رامـوا أن تطـاوعهم ... عـلى الأسـار فقلتَ القتـل أشرف لي
فاستشـهدوك حميـداً يـا أبـا حسـنٍ ... ومزقـوك ببـيض الهنـد والأسـلِ
لم يرقبـوا فيـك إلاًّ يـا ابـن فاطمـة ... ولم يخـافوا غـداً مـن خـاتم الرسـلِ
ففاحـت الأرض طيبـاً إذ ثويـت بهـا ... ورِيْع أهل التقى والفضل عـن كمـلِ
فاستبشـرت بك جنـات النعيم معـاً ... وقالـت الحـور والوِلْـدان حـي هـلِ
عليـك أزكـى صـلاة الله دائمـة ... تغشـى ضريحك في صبح وفي طَفَـلِ

وفي مطلع البدور أثناء ترجمة القاضـي العلامـة عـلي بـن إبـراهيم المحـربي المتقدمة ترجمته قريبا يذكر صاحب الترجمة ما لفظه:

كان من أهل الزهد ومن أصحاب الشهيد علي بن أمير المؤمنين المنصور بالله القاسم بن محمد عليهم السلام وأصحابه جميعهم يضـرب بهم المثل في العبـادة، ولهم أيضاً كرامات رضـي الله عنهم من جملتهم ابن محمود العابد، ومنهم الحاج عبد الله المحمدي الذي سُمع الأذان والإقامة من قبره، وكان سيدهم عـلي بـن أمير المؤمنين صاحب المقام العظيم والعبادة والصلاح، كان عين أعضاد والده، نكى الأعداء نكاية عظيمة، وكان يباشـر الحرب بنفسه الكريمة، وقعت وقـائع هو صاحبها من قبل أبيه، وله الكرامة في جبل شظب وذلك أن الأعداء دخلـوا عليهم بغتة، فرأى التحيز إلى فئة من المسلمين، فطلع مـن جبـل هنالـك وعـر، ودعا بذلك الجبل دعوة ظهر أثرها لم يزل ينصب وتتهادى أحجـاره وترابـه إلى يوم الناس هذا، وقتل عليه السلام في الشقات من أعمال بلاد خـولان والربيعـة مشـرفاً على الصحن ونواحي الصعيد، ودفن بعـلاف وقـبره مشـهور، واحتـز رأسه الكريم وذهب به الأروام إلى كبرائهم، فلقيهم شيخان من ذوي عكام من

حاشية بلاد سفيان، فأخذوا الرأس بعد قتل الحامل له، وكانت قضية من العجائب؛ لأنه جالد مجالدة مثله وعرف، ولم يخف على الأعداء مكانه، وطلبوا منه أن يستأسر لهم، فقال في وقت الحرب: (القتل أشرف) وإلى هذه لمح العلامة الفقيه مطهر الضمدي في مرثيته حيث يقول:

وحين أبصرك الأعداء منفرداً ... مالوا إليك فلم تجزع ولم تَمِلِ
وحين وافوك راموا أن تطاوعهم ... على الأسار فقلتَ القتل أشرف لي

انتهى كلامه. وممن رثاه أيضا فأحسن القاضي العلامة جمال الدين علي بن الحسين بن محمد المسوري وابتدأها مخاطبا للإمام عليه السلام بقوله:

محلك أعلى أن ترى الدهر باكيا ... على من غدا في جنة الخلد ثاويا
وإن كان قد أشجى المعالي فراقه ... وضعضع منها منزلاً كان ساميا
فقد صار في دار النعيم محله ... عليٌّ وللحور الحِسان مدانيا
يطاف عليه بالكؤوس ويكتسي ... بها سندساً غضاً ويُحلى لآليا
هنيئاً له أن بات لله مرضياً ... وعنه فرب العرش قد صار راضيا
فتى نازل الأعداء قبل احتلامه ... لهم لم يزل كأس المنية ساقيا
فتى علِق الحرب العوان فلم يزل ... إليها على الحال الكريهة ساعيا
بغير العوالي البيض ما كان مولعاً ... كأنَّ المواضي البيض بيضاً صوافيا
سواء عليه أن يلاقيه جحفلٌ ... لحرب وأن يلقى صديقاً مواتيا
ويغشى المنايا راغباً غير راهب ... أكان يرى أن المنايا أمانيا
بعزم له لو يطلب الشهب نالها ... وألقت إلى كفيه منها النواصيا
أقاتِله تبّت يداك لقد غدت ... بقتلك إيّاه المعالي عواريا
وعطّل جِيد المجد من جوهر الوفا ... وأصبح روح الفضل ظمآن ذاويا

***

جمال الهدى بؤساً ليومك إنه ... ليومٌ أرانا زِنْد بلواه واريا
وأدنى إلينا الحزن بعد انتزاحه ... وقرّبه منا وقد كان قاصيا
وقرّح أكباداً وروّع أنفساً ... وصعّد أنفاساً وهاج بواكيا
وأسبل دمعاً ما جرى قط قبله ... ومن بعده قد أخجل الغيث ساريا
أناعِيْه إما كنت لم تدر من له ... نعيت فيا قبحاً لمثلك ناعيا
وإن كنت قد حققت من هوْ فما الذي ... أتيت به قل لي وقبّحت آتيا
أتيت إلينا ناعياً لمكارم ... هوت وغدا منهنّ ذا الدهر خاليا
لبَأسٍ يقود الأسد وهي حواردٌ ... ويُجري على هام السماك المذاكيا
وجُودٍ لوَ انّ الغيث ساواه واكفاً ... لأصبح وجه الأرض كالبحر طاميا
ونُسكٍ حلت منه الشريعة جيدَها ... وشادت به بعد انهدام مبانيا
وصبرٍ إليه الصبر يُعزى وهمّةٍ ... تسهل للراقي المعالي المراقيا
فيا دهر لا تشمت بنا فلنا بمن ... تقدّم منا أسوة هي ما هيا
أليس عليٌّ ذاق بالسيف حتفه ... وكم مرة روّى السيوف المواضيا
كذاك ابنه السبط الحسين وأهلُه ... مضوا ولعاب السيف يقطر قانيا
كذا زيد البحر الخضم سقى الثرى ... دمٌ منه إذ أمسى إلى الله داعيا
وهل كابنه يحيى بن زيد وقد غدا ... دم منه في أرض الأعاجم جاريا
ونفس ابن عبد الله نفسٌ زكيةٌ ... أعدَّ لها الدهر الخؤون الدواهيا
فسالت على حد الحسام ولم يزل ... كذا الدهر للآل الكرام مُعاديا
وإخوته ذاقوا الذي ذاق بعدما ... رمى بهم ريب الزمان المراميا
وفي فخ قد فاضت من الآل أنفسٌ ... سقى دمها ترباً هنالك ضاحيا
وما زال من أولاد أحمد قائمٌ ... يرى الموت من داء المذلة شافيا
يجاهد في الرحمن حق جهاده ... فيُهلك جباراً ويردع عاصيا
ويرفع من دين الإله منارَه ... ويظهر نوراً منه قد كان خافيا

ويطلب ما عند الإله ببذل ما ... يعزُّ فيفني نفسه والذراريا
وثوقاً بوعد الله جل جلاله ... لمن كان عن دين الإله محاميا
وعزّة نفسٍ لا ترى الذل مذهباً ... ولو نال من يمشي عليه الدراريا
وصوناً لأصل لو يُحل رداؤه ... على الليل عاد الليل بالصبح زاريا

***

فصبراً أمير المؤمنين فإنه الـ ... ـزمان على الأحرار ما زال باغيا
ومثلك من لاقى الخطوب بهمة ... وصبرٍ يهدُّ الشامخات الرواسيا
ألست على رزء الأسير أريتنا احـ ... ـتمالاً وصبراً باذخاً متعاليا
وألْهمتنا يا بن الكرام إلى التي ... ترد بها باب المكاره نابيا
إلى حُلَّةِ الصبر التي من سمَا لها ... وأُلْهِمها لم يلق للدهر شاكيا
وإن ابنك الماضي وإن جلَّ رزؤُه ... لأغبط ممّن صار في السجن عانيا
وأشرف إن لم يدفع الموت دافعٌ ... لذي الفضل أن يلقى إلى القتل ساعيا
فموت الفتى بالسيف فخرٌ وهل ترى ... من الناس من أمسى على الدهر باقيا
وأبشر أمير المؤمين بنصرة ... بها الملك القهار يفني الأعاديا
ويمكن منهم عاجلاً ويذيقُهم ... بواراً ويفنيهم قريباً ونائيا
ففَوِّض إليه الأمر في كل حالة ... تجده تعالى منهمُ لك كافيا
وأرسل عليهم من دعائك عسكراً ... تهدُّ به أمصارهم والصياصيا
فيغدو وإن شادوا الحصون عليهم ... فيترك ما شادوه منهن خاويا
ولا زلت منصوراً معاناً مؤيَّداً ... مسدّد آراءٍ كريماً مساعيا

والشقات بتشديد القاف وفتحها موضع في قرية آل عقاب من أعمال الصحن غربي جبل تلمص، وفي ذلك الموضع مكان يسمى مكان الأمير لعل ذلك نسبة إلى صاحب الترجمة وحادثة استشهاده.

82. القاضي علي بن قاسم طشي

القاضي العلامة جمال الدين حاكم المسلمين علي بن قاسم بن علي طشي الغرازي ثم الصعدي.

وهو في الأغلب ممن أخذ عن القاضي شمس الشريعة أحمد بن يحيى حابس والفقيه إبراهيم بن يحيى المتميز وغيرهما من علماء صعدة. وطشي - بدون ألف التعريف كما حكاه أحد الإخوان، وضبطه بكسر الطاء المهملة والشين المعجمة الفوقية، وهم من أهالي مدينة صعدة في القرن الحادي عشر والذي يليه ويرجع أصلهم إلى غراز إحدى قبائل سحار إلا أنهم هاجروا واتخذوا مدينة صعدة مسكناً لهم وتفقهوا في الدين فصاروا علماء قضاة للمدينة. وصاحب الترجمة هو أول من أحيا هذا البيت بالعلم، قال في ترجمته السيد الحسن بن صلاح الداعي: كان حاكما معتبرا أيام الإمام المتوكل على الله إسماعيل يقضي - في جانب من المحكامة مع القاضي العلامة الحسن بن يحيى حابس والقاضي عبد الله بن يحيى الفهد، وتوفي في مدة الإمام المتوكل على الله انتهى.

قلت: كانت وفاته يوم الثلاثاء تاسع شهر رجب سنة 1069 تسع وستين بعد الألف، وقبره رحمه الله في مقبرة القرضين إلى جهة الغرب من قبة القاضي أحمد ابن يحيى بن سالم الذويد، وستأتي تراجم أولاده وأحفاده في القسم الثاني من هذا الكتاب فقد كانوا قضاة أماثل في أيامهم.

83. القاضي علي بن محمد بن جعفر الزبيدي

القاضي العلامة الشاب الزكي التقي جمال الدين علي بن محمد بن علي بن جعفر الزبيدي الخولاني ثم الرازحي، ووالده هو القاضي العلامة الرئيس محمد ابن علي بن جعفر عامل بلاد رازح في وقته، وله ترجمة ستأتي في حرف الميم.

قرأ صاحب الترجمة على والده وهاجر إلى صعدة وقرأ فيها على المشايخ منهم القاضي العلامة يحيى بن صلاح الرتوة المتوفى سنة 1107 وغيره. ذكره معاصره السيد الحسن بن صلاح الداعي فقال ما موجزه:

كان هذا القاضي آية من آيات دهره، وحسنة من حسنات عصره علماً وعملا وديانة وأدباً ولطافة، قرأنا نحن وإياه بصعدة في شرح الأزهار على حي سيدنا الفقيه العلامة عماد الدين يحيى بن صلاح الرتوه مدة في مسجد النِّزاري بصعدة، وتوفي والده وهو على قيد الحياة فولاه الإمام المتوكل على الله إسماعيل على بلاد رازح عن أبيه فلم يبرح إلى أن توفي في دون الشهر من وفاة والده إذ توفي في شهر محرم الحرام سنة 1080 ثمانين وألف وقبر إلى جنب والده فوق مسجد قلعة غمار إلى جهة الشرق انتهى. **قلت**: وسيأتي أن وفاة والده في 18 شهر رمضان سنة 1079 فيكون وفاة المترجم له في شهر شوال من السنة المذكورة حسبما أفاد السيد الحسن الداعي أن وفاته دون الشهر من وفاة والده. ومما رأيت في ترجمته أنه كان أديبا ينظم الشعر، ومما أرسل إليه السيد الحسن بن صلاح الداعي قوله يتوجع من فراقه بعد الاتصال والملازمة للقراءة سويا بمحروس صعدة:

رويداً بصب سال من جفنه الدم ... وعطفاً فقد وافاكم يتسلّم
أهجراً وهذا الليل أرخى ذيوله ... وقد غفل الواشون والناس نوّم
بعينيك بل بالحاجبين ترفقي ... بمن صار في أبوابكم يتلوم
يرى العيش في الدنيا هباء إذا نأت ... ركائبكم نحو الجنوب ويمّموا
فهل يجد الصبر المتيم بعدكم ... وقد كان لا يقوى عليه لديكم

إلى أن قال:

فيا راكباً تهوي به أرحبية ... عرندسة وجناء للسير تعتم
تحمّل سلاماً يفضل البدر نوره ... ويملأ أقطاراً بها الصحب خيموا

سلاماً على القاضي علي بـن جعفـر … يــدوم ولا يفنـــي ولا يتصــرّم
من الحسن الداعي الذي طال شوقه … إليـه ولم يـبرح مـن الشـوق يهـرم
عــلى أنــه مــذ غــاب عنــه متيمٌ … يقول إذا مـا النـاس في الليـل هـوّم
رعــى الله أيامــاً تقضــت بصــعدة … ونحن بهـا للـدرس في الليـل نغـنم
وأنــت بهــا بــدر ونــدماك أنجــم … يحفــون بالبــدر المنـير فـيُفهِم

ويقصد بذلك شيخهما القاضي يحيى بن صلاح الرتوه.

فيا أيهـا القـاضي الأجـل الـذي لـه … مكــارم جلّــت أن تحــاط وتكــتم
كوالــده العــزي آيــة عصــره … رضيع الهدى مذ شب بالعلم يحكم
محب بني الزهـراء ونحـن شـهوده … إذا قيــل يــا آل النبــي تقــدموا
لعمــرك إن الــدهر باعــد بيننــا … وذاك عــلى كــرهٍ وربــك يعلـم

إلى آخر الأبيات فأجابه صاحب الترجمة بقوله:

أروضٌ أنيـــقٌ أم جمـــان مـــنظم … أم الــراح بالمســك الــذكي مخــتم
أم البرق يشـرى في الصباح وطيُّـه … هياكـل أشـباح بهـا الصـب مغـرم
بــلى إنهــا در القــريض أصــاغها … فتى من بني الزهراء قـرمٌ غشمشـم
يضاهي بهاها الشمس وهي كليلـة … ويحكـي سـناها البـدر وهـو متَمَّم
ففاقــت بــديع الــنظم حسـناً لأنهـا … محبِّرهــا في الآل حـــبر معظـــم
تقـــي نقـــي ألمعـــي مهـــذبٌ … رضـيع لبـان المجـد نجـلٌ مكـرّم
فصـيح بليـغ سـامي القـدر ماجـدٌ … سـليل سَراة جـارهم لـيس يهضـم
لــه شــغف بالمكرمــات كأنــه … يــرى أن تنقـيح المعــاني تحـتم
إذا كلَّت الأفكـار عنـه وأحجمـت … فلـيس يكـل الفكـر عنـه ويحجـم
عليــه ســلام الله مــن بعــد جــده … وآلٍ كــرام في المعــالي تقــدموا

ولصاحب الترجمة أخ فاضل عالم اسمه يحيى بن محمد بن علي بن جعفر تولى بعد وفاة صنوه أياما يسيرة على بلاد رازح حتى وصل السيد شـرف الإسـلام

الحسن بن المتوكل على الله إسماعيل إلى بلاد رازح، ولعل وفاته في عشر التسعين وألف رحمه الله تعالى.

84. السيد علي بن محمد الجديري

السيد الشهيد العلامة الفاضل الزاهد علي بن محمد بن أحمد بن يحيى بن أحمد ابن محمد بن علي بن محمد بن إبراهيم بن أحمد بن علي بن محمد بن علي بن الإمام يوسف الأشل بن القاسم بن الإمام يوسف الداعي بن الإمام يحيى بن الناصر أحمد بن الإمام الهادي إلى الحق يحيى بن الحسين الحسني الهادوي الملقب بالجديري نسبة إلى جديرة بالجيم وبالدال المهملة قرية من بلاد خولان.

ذكره المولى العلامة أحمد بن محمد الشرفي في اللآلي المضيئة فقال:

كان هذا السيد رحمه الله من أعيان أهل البيت عليهم السلام علماً وورعاً وشجاعة، قيل أنه قتله مصطفى المذكور بيده، وكان قد أسر في وقعة رحبان ولم يمهل الله مصطفى بعده بل أهلكه الله بعده بأيام يسيرة قيل أنه مسموماً وقيل غير ذلك، وقد روي أنه كان يقول وهو في النزع: يكفي يا سيدي علي يكفي يا سيدي علي كأنه يستجير من فِعل يُفعل به والله أعلم. **وصفة وقعة رحبان وما حصل فيها من الامتحان** أن الإمام القاسم بن محمد عليه السلام في سنة الدعوة جهز إلى جهات صعدة جماعة من أصحابه فافتتحوا بلاد خولان جميعاً ووالاهم أهلها بعد حروب وقعت في نواحي حيدان وغيره صعيبة، وبقي من عسكر الأتراك جماعة في صعدة وفي جبل رازح، فلما امتدت يد الإمام عليه السلام إلى تلك الجهة، تقدم لحصار صعدة عدة من الأعيان بجموع كثيرة منهم السيد العلامة علي بن إبراهيم الحيداني ومنهم السيد الفاضل علي بن محمد الجديري ومنهم الشيخ بدر الدين محمد بن جابر الخياري من بلاد بني صريم ومنهم

القاضي شرف الدين الحسن بن علي بشاري، ومنهم عمدة الرؤساء والأعيان الأمير الكبير الحسين بن محمد بن ناصر الحمزي الجوفي وصنوه الأمير المهدي، قال في اللآلي المضيئة: واجتمع إليهم خلق كثير من خولان وحاشد وبكيل ومن غيرهم وقصدوا صعدة، فحطوا في خارجها في موضع يسمى رحبان ورتبوا في بيوته بعض الجند وبقوا فيه ليلة أو ليلتين، وكان في صعدة أمير من الأتراك يقال له مصطفى ومعه عسكر وخيل كثير وكان من شياطينهم ودهاتهم وشجعانهم، فلما استقر أصحاب الإمام عليه السلام برحبان وتيقن مصطفى أنهم قد عزموا على الحطاط في ذلك المكان، طمع فيهم لعلمهم أن ذلك لم يكن عملاً منهم بالحزم لأن الموضع قريب من صعدة صاحب صعدة فيه أقوى ولكونه في القاع الجدد، وكان معه من شياطين عسكر الأتراك وفرسانهم كثير وأصحاب الإمام عليه السلام ألفاف مع كثرتهم واختلاف آرائهم، فلما عرف ذلك مصطفى المذكور أمر أصحابه بالخروج وخرج هو بنفسه وجعل من معه كبكبة واحدة فحملوا على أصحاب الإمام عليه السلام حملة واحدة، ولقيهم أصحاب الإمام فناوشوهم شيئاً من قتال وقُتل من الفريقين جماعة، وقُتل من أصحاب الإمام عليه السلام الأمير مهدي بن أحمد بن ناصر الحمزي وغيره، وانهزم الباقون وتعلقوا بالجبال، وانحصر من كان من أصحاب الإمام عليه السلام في البيوت فيها وحط عليهم الأتراك إلى أن آل الأمر أن خرجوا إلى أيدي الأتراك بأمان لم يتم بل قُتلوا جميعاً بعد الأمان، إلا السيد الفاضل العلامة جمال الدين علي بن محمد بن الهادي الجديري فإنهم استبقوه في السجن أياماً ثم قتلوه.

هذه رواية السيد أحمد بن محمد الشرفي في صفة الوقعة.

وفي النبذة المشيرة للسيد مطهر الجرموزي ما لفظه: وصفة الوقعة أن المجاهدين لزموا أعناب رحبان وبعض دورها فخرج أمير العجم فيها المسمى

مصطفى وكان من عظمائهم ورؤسائهم وملوكهم فحصل تخاذل فاقتطع منهم نحو من خمسمائة فقتلوا واجتزت رؤوسهم، منهم الشيخ محمد الخياري ومن أصحابه نيف وثمانون نفراً وهزم الباقون، وللأمير الحسين وصنوه في هذه الوقعة أثر عظيم وذكر فخيم فإنهما دافعا عن كثير من المسلمين، ونجا الأمير الحسين بن محمد الحمزي واستشهد صنوه المهدي رحمه الله، وكان فيمن طعن الأمير الحسين الأمير عثمان قلفات المشهور بالفراسة في العجم من كبرائهم وما خاطوا بطنه إلا بالمخيط، وللأمير الحسين في هذه الوقعة أشعار حماسة سمعت بعضها، وأسر السيد الفاضل علي بن محمد الجديري، فعلاه العلج مصطفى بسلاح للعجم يسمونه كلنجاً على شبيه فوس الحجارة الدقيق وله رأس مربوع ويحلونه فيتخذونه سلاحاً حتى شق رأسه رحمة الله عليه وهو بين يديه صابراً محتسباً، ويروى أن هذا الشقي لم يلبث بعده إلا نحو ثمانية أيام وأهلكه الله، وكان في كل ليلة إذا نام يصيح حتى يفزع من حوله وهو يقول: يكفي سيدي جديرة يكفي سيدي جديرة، ويخبر أنه يراه يطعنه كل ليلة، وهذه القضية مشهورة سمعتها من غير واحد في صعدة حرسها الله بدوام المشاهد المقدسة، وذكرها السيد عيسى في تأريخه كذلك، والحق ما شهدت به الأعداء انتهى كلام الجرموزي.

وهذه الوقعة كانت في سنة الدعوة القاسمية على صاحبها رضوان الله وسلامه في أحد الجماديين سنة 1006 ست وألف، وقد ذكر السيد محمد زبارة في بعض كتبه أن وقوعها كان في سنة 1008 والأول أصح، لأن وفاته كما وقفت عليه مكتوبا على شاهد قبره بمقبرة القرضين، شهر رجب من العام المذكور، وكان جملة من استشهد فيها من أصحاب الإمام نحوا من أربعمائة وقيل غير ذلك. وفي شرح الدامغة الكبرى عند ذكر المترجم ما لفظه:

وكتب إليّ بعض أولاد المتأخرين ما لفظه: أن جده المذكور كان مبايناً للترك قبل أن يقوم الإمام القاسم بن محمد عليه السلام، فغزاه الترك إلى محله وهو بلده

الأصلي الذي يسمى جديره، فقبضوه وحبس في الحصن المسمى بالمفتاح بأرض حيدان، ثم احتال صنوه في إخراجه فخرج، وبعد ذلك قام الإمام القاسم عليه السلام فجمع السيد من خولان قوماً أحاطوا بصعدة، فأراهم الأتراك الضعف وأغلقوا أبواب صعدة، فنزل جمع خولان في بيوت رحبان، فعند ذلك خرج عليهم الترك من صعدة وقتلوا منهم مقتلة عظيمة، قال: فبقي جدي هذا في دار في غربي رحبان من عُكَابة، فأحرقوا البيت الذي هو فيه فحُرِق إلا المنظرة الذي هو فيها فلم تحرق، فاعتقد فيه خدم الترك وقبضوه وأدخلوه إلى المنصورة بصعدة، وكان من قتله ما كان، فعذب الله التركي الذي قتله وهو مصطفى سبع ليال فمات في الليلة السابعة لا رحمه الله تعالى.

وقد أشار إليه في أبيات منظومة الدامغة فقال:

وللشهيد الجديري قصة عظمت ... إذ مات بالفتك صبرا غير ذي فشل
فانصف الله ممن قد أضر به ... في سرعة وأراه الموت في عجل
من مصطفى الترك بيت البغي عمدته ... فمات وهو يدعو كفى يكفي فلم يقل

وقبر المترجم له بالقرب من باب المنصورة جنوبي مشهد وقبر الشيخ الإمام إسحاق بن أحمد بن عبد الباعث بفاصل الطريق الاسفلتي (خلف مستوصف الحمزي الآن)، وقد وقفت عليه رحمه الله وإيانا والمؤمنين. **قال في شرح الدامغة:** وقبر مصطفى بجنب دائر المنصورة إلى الخارج غرباً، وعليه قبة كبيرة إلى جانبها من جهة الشام بستان كبير وفي جانبه من جهة الغرب قبة فيها قبر الغُريب بضم الغين المعجمة هكذا يسمع في ذكره انتهى.

(رحبان)

وادي رحبان الشهير يقع جهة الجنوب من مدينة صعدة بنحو ميل، وهو من الضواحي الزراعية ومخارف العنب، وإليه جنوبا يقع وادي العبدين المسمى

قديما بوادي الخانق.

وفي رحبان وواديه يقول أحد الشعراء في القرن الرابع الهجري:

وما القلب بالناسي على كل حالة وإن نزحت دار وبان شسوعها
مسارب رحبان إذا الأرض أزهرت رباها وغصت بالمياة جميعها

وذلك لأن رحبان كان في الزمان الماضي يسيل عليه مياة وادي دماج وسد الخانق الشهير قبل هدمه، قال الحسن بن أحمد الهمداني في صفة الجزيرة يذكر مسايل الأودية إلى وادي نجران من بلاد خولان صعدة ما لفظه: فأما الشعبة اليماني فإنها من شمالي وتران (يقصد جبل براش حاليا) والسرير، وغربي بلد شاكر، إلى دماج من أرض خولان، ثم يخرج إلى الخانق من بلد خولان، ثم يخرج في لهوة رحبان انتهى بلفظه. وتبلغ عدد الآبار الزراعية في رحبان وقضان إلى أكثر من 60بئراً، أما في هذه الأيام فقد صار اسم وادي رحبان مقتصرا على عدة قرى وهي: بئر الشريفة وبئر الطحم وبئر يعقوب وبئر الجرش وعكابة والصنجا وبير المكراب. وكان هذا الوادي في القرن الحادي عشر وما بعده مخرفا لأهالي مدينة صعدة، مثله مثل العشة المتقدم التعريف بها سابقا، وقد يحصل المنافسة بين المخرفين والتفضيل لأحدهما على الآخر من مثل ما ورد في أبيات القاضي العلامة الجليل علي بن الحسين المسوري المتوفى سنة 1034 وهي قوله:

سقى الحيا العشة الغناء منهمر ما ماء ورد خدود بالحيا قطرا
فإنها نزهة الأبصار فارع بها سرح البصيرة إما كنت معتذرا
قد أرغمت أنف رحبان بما جمعت من المحاسن حتى ضاق وانكسرا

وفي نحو سنة 1039 بنى برحبان ملك اليمن المولى محمد بن الحسن بن الإمام المنصور بالله القاسم بن محمد داره المعروفة بدار الفتح، وذلك في حدبة بير الفرسكي شرقي بير عكابة العنقاء، ولا زال شيء من آثاره معروفا هناك، وفي

ذلك يقول القاضي العلامة الحافظ شمس الدين أحمد بن سعد الدين المسوري مؤرخا لبناية تلك الدار بهذه الأبيات:

على اليُمن والإيمان كان بناؤها	وبالبر والتقوى أنار سناؤها
وللباقيات الصالحات تأسست	وللحسن الزاكيات اقتناؤها
وللوصل للأرحام والجود في الورى	وإطلاع حق الله منها اعتلاؤها
وللكفل للأيتام فيها وحفظهم	وأرملة قد قل عنها عناؤها
وللذكر والقرآن فيها مساجد	يلوح لرائيها عليها بهاؤها
فيا رب بلغ ربها كل همة	إليك تواليها وفيك عناؤها
وزده من الخيرات في الدين والدنا	وأعدد له دارا يدوم بقاؤها
وبارك لنا في عترة قاسمية	ينير على السارين منها ضياؤها
وتاريخها قد جاء: هاتا منازل	على اليمن والإيمان تم بناؤها

وعلى ذكر واستطراد المولى محمد بن الحسن متولي مدينة صعدة لمدة اثني عشر عاما من أواخر سنة ست وثلاثين وألف إلى سنة ثمان وأربعين وألف، وقبله

5 والده من سنة اثنتين وثلاثين وألف إلى تاريخ ولاية ولده محمد بن الحسن، وهما أشهر من أن يذكر لهما ترجمة في هذا الكتاب، وإنما نتعرض لمحاسن ومفاخر كانت للمولى محمد بن الحسن. فإنه من أكابر السادة العلماء القادة الأمراء أهل البسطة في المال والتولي للأقاليم بعد والده، وله محاسن عدة بمدينة صعدة أيام ولايته عليها، فإنه كان صاحب عمارة وأملاك يكتسبها من ماله، وكان وكيل

10 الشراء له ولوالده سيف الإسلام الحسن الفقيه أحمد بن موسى سهيل، قال السيد محمد بن صلاح الجوهرتين فيما كتبه عن سيرته أن ولايته على صعدة نحو أربعة عشر عاما نظم فيها الملك ودبره بالكرم المحض، والعناية والسعادة، قال: وكان أيام الصيف ينزل بأهله وخدمه إلى منتزهات له بمجيل يعرف برحبان،

وله فيه داران شاهقان، وتحت كل دار من البساتين ما يقال فيه جنات تجري من تحتها الأنهار، وفي الشتاء يدخل المدينة وكان له بها الدارين الشاهقين علوا، أحدهما دار السيد المطهر بن الإمام شرف الدين، وفيه زوجته الشريفة المطهرة بنت أمير المؤمنين المؤيد بالله أم ولده علي، والأخرى دار الأمير عز الدين بن الإمام شرف الدين المعروفة بدار الدوام، وبها زوجته الشريفة المفضلة بنت السيد علي بن إبراهيم الحيداني القاسمي، وهي أم ولديه يحيى وإسماعيل، انتهى كلامه. قلت: ومما وقفت عليه في وثائق الوقف وغيرها من عمائره، بناية سمسرة في سوق صعدة القديم، كانت جهة القبلة من جامع الإمام الهادي، وبناية دار عظيمة متوسطة بين بير جميع من مزارع رحبان وبير الشتا من مزارع البقلات، وهي التي عناها في النقل السابق، وكانت بير جميع من أملاكه جميعها، وقد أوصى بثلث ما تملكه في صعدة وجهاتها على مصارف مذكورة في درج الأوقاف معروفة. وكان المعول أن تفرد له ترجمة في هذا الكتاب إلا أن شهرته تغني عن التنويه وتكلف ذلك والله المستعان.

85. السيد علي بن محمد المنتصر

السيد العلامة جمال الدين علي بن محمد بن أحمد بن علي بن محمد بن المنتصر ابن سليمان بن علي بن سليمان بن الأمير يحيى بن الأمير أحمد بن علي بن سليمان ابن يحيى بن عبد الله بن الإمام يوسف الأصغر بن أحمد بن الإمام يوسف الداعي بن المنصور يحيى بن الناصر أحمد بن الإمام الهادي إلى الحق.

أحد السادة المدرسين بصعدة، ومن تلامذته السيد الحسن بن صلاح الداعي صاحب الدامغة الكبرى والصغرى، وقد ذكره السيد مطهر بن محمد الجرموزي في تحفة الأسماع والأبصار عند ذكر أعيان السادة بصعدة في دولة وأيام الإمام

المتوكل على الله إسماعيل بن القاسم فقال:

ومنهم السيد الفاضل العالم جمال الدين علي بن محمد بن المنتصر اليوسفي الهادوي، كان سيدا فقيهاً محققاً مدرسا انتهى كلامه. قلت: ووفاته يوم الأربعاء عاشر شهر صفر سنة 1093 ثلاث وتسعين وألف، وقبره بأعلى القرضين وقفت عليه ونقلت عنه نسبه وتاريخ وفاته المتقدم.

86ـ الفقيه علي بن الهادي القصار

الفقيه المحقق الزاهد العابد جمال الدين علي بن الهادي بن صلاح القصار الحارثي المذحجي ثم الصعدي.

وهو أحد علماء المدينة الصعدية ونبلائها أهل الفضل والعرفان. قرأ على شيخ المشايخ القاضي شمس الشريعة أحمد بن يحيى حابس وغيره، وكان شيخه المذكور يستعين به في البحث واستحضار حواصل وضوابط وتقريرات أثناء تأليفه كتابه في الفروع المسمى التكميل على الأزهار. وله تلامذة أخذوا عنه، منهم الفقيه محمد بن إبراهيم المتميز. ذكره القاضي أحمد بن صالح بن أبي الرجال في تاريخه مطلع البدور ومجمع البحور فقال:

كان من الفضلاء المعتبرين بصعدة، المفزوع إليهم للفُتْيا والتحقيق والأدعية، كان كثير العبادة يقطع ليله في الصلاة، وكان يكتم ذلك عن أهله وخاصته، وكان كما أخبرني مولانا السيد أحمد بن الهادي بن هارون رحمه الله تعالى يحتاج أهله للسليط للسِّراج فيأمرون صنوه أحمد بن الهادي يشتري فيستنكر ذهاب السليط بسرعة، فيقول الفقيه علي: اشتر لهم يا صنو، ويمنعه من التطويل في المجاراة لأهله، وكان في وقت القراءة ينعس ويهوّم لطول سهره في الليل. وكان أهل صعدة يعظمون فقهه كثيراً وهو حري بذلك، وكانت عيشته هنية ليس

بالمستكثر من الدنيا وليس بملحف في المطالب مع تجمله ونظافة ثيابه، ونسبه رحمه الله في بني عبد المدان من نجران، وأهل هذا البيت جماعة بصعدة حرسها الله تعالى، وتعلق الفقيه في مبادئ أمره بالتجارة، ونزل الجوف وسافر، وسمعت منه شيئاً من أحوال العلامة محمد بن يحيى بهران نقلته في محله انتهى بلفظه.

وذكره السيد مطهر الجرموزي في تحفة الأسماع والأبصار فقال:

كان من عيون العلماء في صعدة يعتمده العلماء في ترجيحه وآرائه في العلم، كان صاحب ليل وعبادة خفية قل أن عرفها أحد إلا بعد وفاته، وكان وضاءً جميلا انتهى. وفي اللآلي المضيئة للسيد أحمد بن محمد الشرفي ما لفظه: وفي شهر صفر من سنة 1049 تسع وأربعين بعد الألف لنحو ثمان أيام مضت كانت وفاة الفقيه الأفضل الأعلم جمال الدين علي بن هادي بن صلاح الملقب القصار الصعدي رحمه الله تعالى رحمة الأبرار، وكان من الفضلاء العلماء الأخيار، وذلك بعد رجوعه من سفر الحج، فوصل إلى الإمام المؤيد بالله محمد بن القاسم إلى شهارة قبل وصوله إلى بيته بصعدة فبقي عنده أياماً، ثم توجه إلى بيته فوصل إلى الهجر وهو مريض فتوفي فيه انتهى.

87ـ الفقيه علي بن هادي الشقري

الفقيه الفاضل العارف علي بن هادي الشقري الصعدي اليمني.

ذكره السيد المؤرخ مطهر الجرموزي ضمن أعيان العلماء في دولة الإمام المتوكل على الله إسماعيل فقال في نعته: كان فقيهاً محققاً، وله عبادة ورياضة وعزم في الله عز وجل، قرأ على شيخ الشيوخ في صعدة عز الإسلام أحمد بن يحيى ابن حابس رحمه الله انتهى كلامه. واستطرد ذكره القاضي ابن أبي الرجال في مطلع البدور أثناء ترجمة سابقه العلامة علي بن هادي القصار فقال:

وفي أهل صعدة الفقيه علي بن هادي أيضاً وهو الشقري عارف فاضل، قرأ البيان والتذكرة والبحر، وكان صالحاً براً تقياً، وزمانهما واحد إلا أنه تأخر موت علي بن هادي الشقري، وتولى شيئاً من الأعمال لإمامنا المتوكل على الله انتهى. وفي هامش تلك الترجمة جاء بخط شيخي القاضي العلامة عبد الرحمن بن محمد النجم رحمه الله المتوفى سنة 1426 ما لفظه: هو علي بن الهادي بن أحمد بن محمد بن سليمان بن غانم بن سليمان بن محمد بن علي بن يحيى بن سليمان بن يحيى الشقري وفاته رحمه الله يوم الأربعاء 18 القعدة سنة 1061 وقبره قبلي مدينة صعدة انتهى وقد وقف كاتب الأحرف أيضا على ذلك. والشقري لقبه بضم الشين وفتح القاف وراء مكسورة ثم ياء من بيوت مدينة صعدة حرسها الله.

88. الشيخ قاسم بن محمد العدار

الشيخ الرئيس علم الدين قاسم بن محمد العدار الصعدي المعروف بالقاسمي، وعند الجرموزي في النبذة المشيرة أن لقبه الحطروم والقاسمي. قلت: وما تقدم هو الصواب وقفت عليه في أوراق الوقف.

وكان المذكور شيخ أهل صعدة في أيام الإمام القاسم بن محمد، وذكرت له أخبار في سيرته عليه السلام وُصِف فيها المترجم بأنه من أهل الفتك والرئاسة، وذُكر أن الأمير صفر المتولي صعدة من قبل الوزير جعفر باشا صادر الشيخ قاسم بمال وعذبه عليه وأراد قتله، ففلت من سجنه وصار إلى الإمام القاسم عليه السلام وبقي عنده في الهجر ببلاد الأهنوم، وبسببه جرت مكاتبة بين الإمام القاسم وجعفر باشا فبقي في الهجر حتى انتقض الصلح فتجهز مع السيدين الكاملين محمد بن أحمد بن عز الدين والسيد أحمد بن المهدي لفتح صعدة وبلادها المرة الثانية في سنة 1022 اثنتين وعشرين وألف. قال السيد المؤرخ مطهر بن

محمد الجرموزي راوياً عن صاحب الترجمة خبر هذا التجهيز ما لفظه:

وأما أخبار شام صعدة ونواحيها فأخبرني الشيخ الرئيس قاسم بن محمد الحطروم القاسمي الصعدي أنه لما لجأ إلى الإمام عليه السلام، وبقي عنده في الهجر حتى انتقض الصلح أنه طلع إلى الإمام عليه السلام وكان عند الإمام السيدان الفاضلان عز الدين محمد بن أحمد المؤيدي المعروف بابن حورية، والسيد أحمد بن المهدي في جملة من عند الإمام عليه السلام وما إلى الشام إلتفات للاشتغال باليمن، وكان الأمير صفر قد خرج قبل نقض الصلح لكونه من خاصة جعفر باشا للمسير معه إلى الروم عند وصول إبراهيم باشا كما تقدم، وقد استخلف على صعدة أميراً يسمى الأمير حسن، وضم إليه عيوناً من العجم والعرب جنوداً كثيرة، قال الشيخ المذكور: فجمعني والسيدين المكان ومعرفة البلاد فقلت لهما: هلما نعزم الشام ونجاهد فيه وكذا من التحريض على الجهاد وكانا من عيون سادتنا آل المؤيد، ووعدتهما أني آخذ لهما ما يحتاجانه من أصحاب أهل صعدة من الهجر، وقد وصلني بعض مالي أيضاً ودخلنا على الإمام جميعاً ورجحنا له ذلك فلم يكد يرضى خوفاً علينا ولئلا نفتح عليه باباً وهو مشغول باليمن، فعاودناه حتى قلنا: لا تمدنا إلا بالكتب والباروت والرصاص، فرجحه وكتب ولاية للسيد محمد بن أحمد بن عز الدين والسيد أحمد عضده وجعلني معهما معيناً، قال: فحصل لنا من شهارة اثني عشر نفراً ونشرنا البيرق وضرب لنا مرفع، وخرج الإمام عليه السلام لوداعنا حتى عاد من أعلى المدرج.

وكان في الحبس من ولاة الظلمة ثلاثة، أحدهم جوهر كاشف وفرحات وسالمين، ممن أخذوا من حجة وغيرهم فسألوا الرسم إلى أين هذه الغارة اليسيرة؟ فقالوا: ولاهم الإمام بلاد صعدة فضحكوا كثيراً، وقالوا: ولهذا قد رأينا دوائر صعدة تعرق وأكثروا من ذلك، فأخبر الرسم الإمام عليه السلام

فقال: الخير فيهم إن شاء الله تعالى واستبشر وقال: لحقارتهم عندهم يجعل الله في عملهم الخير والبركة، قال: فلما وصلنا الهجر استدنا ما لا بد منه ثم قصدنا بلاد خولان فأجابنا أكثرهم، وصار إلينا عيون من بلاد خولان وحاصرنا محطة في حيدان فخرج لهم مدد من صعدة وأحطوا في ساقين مع عظيم منهم يسمى قرى

5 جمعة، وجعلنا رتباً في الطريق لا يمدونهم، ثم تقدمنا لحرب من في ساقين وإذا بأهل حيدان وهو الآغا المسمى مصطفى وآخر يسمى أحمد وكان من أهل السطوة والتأثير في الشام قد طمعوا في الاتصال بأهل ساقين، فلاحمناهم، وأقبلت إلينا القبائل في (حمك) قريباً من حصن المفتاح، واتفق حرب ليس بالهزل انجلى على مقتلة فيهم قريباً من ثلاثمائة نفر وأسرناهم جميعاً، وأرسلناهم

10 إلى الإمام عليه السلام وأميرهم.

فلما وصل إلى الإمام عليه السلام أرسله إلى الحبس، وقال: قولوا لمن في الحبس من ولاتهم هذا دائر صعدة عرق أو كما قال. ثم أقبلت إلينا بعدها سادة الشام، وتفرقنا لحصار صعدة المحروسة بالله وأخرجوا خيلاً تدافع عليهم لعلمهم إن ما عندنا من الخيل ما يكافئ خيلهم مع أنه قد انضم إلى السادة خيلاً

15 من أشراف الجوف ورؤساء الشام أيضاً كالشيخ أحمد بن علي كباس فاهتدينا إلى دخول المشهد الخارج من المدينة الذي لصلاة العيدين والقبور متصلة به، فأصبحنا في تلك المواضع فبالنهار تغلبنا الخيل على القاع ولا تقدر أن تركض علينا من القبور، وإذا كان الليل قربنا منهم حتى ننالهم، والأمداد تأتي إلينا من البلاد والسادة في ظهورنا حتى يسر الله سبحانه وهيأ الاتصال في بعضها

20 بالدائر، وابتاع لنا جانب مما يقرب من باب سويدان بأن احتال فيه فلان بن عناش عماراً فصعدنا منه إلى المدينة على خفية. ثم تتابع الناس حتى صرنا في المدينة ونحن أهلها ونعرف المواضع التي تنفعنا وتضرهم، ثم ثرنا في المدينة

ونصـرنا للإمام عليه السلام ليلاً، فالتبس على العجم الموضع ففروا بين أيـدينا حتى دخلوا القصـر والمنصورة والقتل والنهب فيهم، ثم فتحت الأبواب ودخل السادة وشددنا عليهم الحصار، ثم إن العمار الذي احتال في نقب دائر المدينـة احتال في نقب دائر المنصورة حتى أشرف النقب من تحت امرأة من الرهائن وهي تطحن، وكانوا نحو ألف نفس، وكان عادتهم لا يبات عندهم إلا الصغار، وأهل الرهائن يتصلوا بهم النهار فقط فبشـروها ثم أخرجوا من ذلك السرداب جميع الرهائن، وكان هذا الموضع كالهوة فلا يتمكن أصحاب الإمام من صعوده فيقاتلون منه، وعظم الأمر على المحصورين في قصر مطهر ثم خافوا لا ينقبوا عليهم مـن تحت الأرض مثلما فعلـوا في المنصورة فطلبوا الأمـان فأمنوهم وأخرجوهم صاغرين إلى صنعاء فخرج الأمير المذكور ومن معه وشـرط لهـم السلامة وإخراجهم إلى صنعاء من أي طريق شاءوا وخرجوا ووفينا لهم.

قال السيد مطهر: هذه رواية الشيخ قاسم القاسمي بالمعنى.

قلت: ولم أضبط تاريخ وفاته رحمه الله تعالى، وكان موجوداً عـلى قيد الحيـاة سنة 1047 سبع وأربعين وألف، وله ولدان أحمد بن قاسم وعلي بن قاسم، وكانا على طراز أبيهـما في الوجاهة، وكانت لهما رئاسة في صعدة، وكانا موجودين سنة 1096 هـ، وكذلك الشيخ قاسم بن علي بن قاسم العدار القاسمي من أقـاربهـم وكان موجوداً سنة 1149 هـ. وبيت العدار بكسـر العين وتخفيف الـدال، ولا زال لهم بمدينة صعدة بقية إلى أيامنا هذه.

89. السيد محمد بن إبراهيم الرغافي

السيد العلامة الفاضل عز الدين محمد بن إبراهيم بن محمـد بن يحيى بـن القاسم بن محمد بن الهادي بن إبراهيم بن الأمير المؤيد بن أحمد بن يحيى بن أحمد

ابن يحيى بن يحيى الحسني اليحيوي الرغافي.

مولده في نحو 935 خمس وثلاثين وتسعمائة. كان أحد العلماء المدرسين بهجرة قطابر وعليه أخذ الفقيه العلامة أحمد بن مهدي البهكلي التهامي المتوفى سنة 1038 قال صاحب مطلع البدور في ترجمة هذا التلميذ ما لفظه: قرأ في المشاهد اليحيوية ومن شيوخه السيد العلامة محمد بن إبراهيم بن محمد بن يحيى ابن القاسم، والسيد محمد بن صلاح بن يحيى بن محمد بن يحيى بن القاسم رحمهم الله، وله إليهما أبيات شعرية أعاد الله من بركتهم أجمعين، وهي:

أحمدٌ ومحمد لله من ... جبلين يحمَى كل مَن بكما احتمى
هل عطفة بالوصل تشفي غلتي ... ويلذ عيشي حيث كنتُ وكنتما
وتعود أعيادي بطيب وصالكم ... وأردُّ أنف من اعتداني مُرْغما
قد كنتما عيشاً يمد ظلاله ... ستراً على مثلي ويمطر أنعما
كم عمَّ برُّكما وأيّمُ الله مِن ... كلفٍ إليه ونال فضلاً منكما
وغدت رياض الناس روضانية ... بكما تشعشع نورها متبسما
فشربتما كأس الوصال رويّة ... في حضرة قدسية جمعتكما
ولبستُما من عبقري كرامة ... حلل الرضى لا العبقري المُعْلَما
إن الولاية خلقة مرقومة ... بكما وعزٌ في سموّكُما سما
والهدي تاج للزمان مرصعٌ ... بجواهر العلم الذي علّمتما
ومتى أعود إلى (قطابرَ) نازلاً ... بالربع من ذاك الجناب مُسلّما
وأُهِلُّ بالإحرام زائر سادةٍ ... من زار تربتهم أهلَّ وأحرما
هي روضة مزجت بطينة طَيِّبَة ... وسمت فناسبت الحطيم وزمزما
وعراصها غُنْم الغنى ومُنى المنى ... وخضم بحرٍ في البرية قد طما
وأبلّ خدي بالدموع لفَقْد من ... بكت الأنام لهم كما بكت السما

قمـران بالـذكر الجميـل تجمّـلا ... وتجلّـلا وتسـربلا وتعمّـما
غوثان إن عرت الخطوب وإن قسا ... قلـب الزمـان فـما أبـرَّ وأرحـما
فلـذا وذا خُلْـقٌ أرقّ مـن الصَّـبا ... وألـذّ مـن مـاء العـذيب مـع الظـما
فعلـيهما منـي السـلام ورحمـة ... الـرحمن مـا صـلى الإلـه علـيهما

والمقصود بمحمد الثاني: أمحمد ومحمد في البيت الأول هو السيد العلامة محمد بن صلاح القطابري الآتية ترجمته قريبا بحرف الميم. وقد تقدم في ترجمة نجل صاحب الترجمة السيد عبد الوهاب بن محمد الرغافي النقل أن وفاة والده رحمه الله تعالى في شهر صفر سنة 1017 عن نيف وثمانين سنة من مولده فليعلم ذلك موفقا.

90. الفقيه محمد بن إبراهيم المتميز

تقدمت ترجمته في حرف الألف عند ترجمة والده.

91. السيد الرئيس محمد بن أحمد بن الإمام الحسن

السيد العالم الرئيس الأمير الصدر محمد بن أحمد بن الإمام الحسن بن علي بن داود بن الحسن بن الإمام علي بن المؤيد بن جبريل الحسني المؤيدي.

مولده سنة 1009 تسع وألف وقيل 1014 ونشأ في حجر أبيه السيد أحمد بن الحسن المتوفى سنة 1024 المتقدمة ترجمته بحرف الألف. وأخذ العلم على علماء عصره وكانت قراءته على مشايخ بصعدة وصنعاء، وكان كثير المذاكرة ولازم أخواله أولاد الإمام القاسم بن محمد وصار كواحد منهم فجمع بين فنون العلم والسياسية الحسنة والرئاسة الصالحة، وكان يحب الأدب وأهله وحضرته معمورة بالفضلاء. وهو ثالث ثلاثة في أهل هذا البيت اليحيوي المؤيدي نالوا من الكمال والعلم والرئاسة ما لم يتفق لغيرهم من أهل زمانهم، وهم: السيد أحمد

ابن المهدي، وولده السيد الصلاحي صلاح بن أحمد بن المهدي المتقدمة ترجمتهما، وهذا السيد المذكور:

ثلاث تشرق الدنيا ببهجتها　　　شمس الضحى وأبو إسحاق والقمر

أما بعد خروج الأتراك من اليمن نهائيا فكان صاحب الترجمة أحد أكابر الأعيان أهل الولايات في القرن الحادي عشر، وكان في أول شبابه أحد الذين شاركوا في حصار الأتراك بصنعاء سنة 1036 صحبة خاله المولى سلطان الإسلام الحسن بن الإمام القاسم، بل كان من رؤساء الأعيان وعمره في تلك الأيام في نيف وعشرين عاما، وقد ألزمه الحسن بن الإمام أن يتقدم إلى الروضة خارج صنعاء ويستقر فيها بمن أضاف إليه من الجنود، وأن يحمي تلك الأوطان والحدود. قال أحد أولاد السيد العلامة الرئيس المهدي بن الهادي النوعة في تاريخه يروي ذلك عن أبيه السيد المهدي النوعة ما لفظه:

وكان في الروضة السيد العلامة محمد بن أحمد بن الإمام الحسن فكابد من الأهوال ما تزول منه الجبال، ولاقى من مكابدة الجهاد ما تتصدع منه الأكباد، ويرفع منه الفؤاد، وصبر صبر أولي العزم، وثبت ثبات أولي القوة والحزم، وأيامه مشهورة في عدونا لها غرر معروفة وحجول، وكانت تخرج إليه الأتراك في كل يوم فلا يرجعون إلا بعد معركة هائلة، ولا ينفكون إلا وشآبيب الدماء سائلة، وأنهار الأرواح على متون الصفاح حايلة، وكم رمى بنفسه في مضايق القتال، وولج في لجج المعارك الأبطال، ولكنها فسحة الآجال انتهى كلامه. قلت: وقد أجمل التعريف به وترجم له القاضي أحمد بن صالح بن أبي الرجال في تاريخه مطلع البدور فقال:

هو السيد الباسل الشجاع الحليم الفاضل. عين الزمان وفخره، بهجة المحافل، صاحب الآراء الثاقبة، والمحامد الدثرة الواسعة، نشأ على الصلاح

والعلم بعد موت أبيه الرئيس أحمد بن الحسن، وصبر على مشاق الوقت، وقاسى في عنفوان شبابه أموراً صبر لها حتى أفضت به إلى محل من الخير ما يدرك. قرأ بصعدة وصنعاء، وكان كثير المذاكرة، وحضرته معمورة بالفضلاء ومع ذلك يقود المقانب ويشارك في المهمات كأحد أولاد المنصور بالله القاسم بن محمد، وكان لا يعد نفسه إلا منهم ولا يعدونه هم إلا من أجلائهم، وتولى في حصار صنعاء حصرها من الروضة وحمد أثره، ولم يزل مع السيد سيف الإسلام الحسن بن أمير المؤمنين في جميع المشاهد، ثم ولاه العدين وهو إقليم متسع، فحسنت حالته واستقامت حال خلائق معه، وعلا صيته بالعلم والجاه والرئاسة، ثم كان أحد أعيان دولة أمير المؤمنين المتوكل على الله إسماعيل بن أمير المؤمنين المنصور بالله، وكان بينه وبين الإمام ود أكيد، وتولى في أيامه مع العدين جهة حيس من تهامة وبندر المخا، وألقت إليه الدنيا أفلاذ كبدها، وعاش حميداً ولم يشتغل بتكليفه، وشرح كافية ابن الحاجب بشرح سماه (تحفة الطالب وزلفة الراغب إلى معرفة كافية ابن الحاجب)، وشرح (الهداية في الفقه) رأيت مجلداً ولم أعرف إلى أي محل بلغ فيه، وله (ديوان شعر) فنونات وإخوانيات وغير ذلك، وكان يحب الأدب وأهله، توفي يوم الأربعاء الثامن عشر من ذي الحجة الحرام سنة اثنتين وستين وألف، وعمره تقريباً من ثلاث وخمسين سنة، بذلك يعرف سنة مولده انتهى بلفظه. وترجم له السيد المؤرخ مطهر بن محمد الجرموزي عند ذكر أعيان العلماء الرؤساء في دولة الإمام المؤيد بالله والإمام المتوكل على الله إسماعيل فقال:

ومن سادة صعدة المحروسة بالله السيد العالم المجاهد المصابر المرابط ذو العلم الأوفر والجهاد الأكبر محمد بن أحمد بن الإمام الأعظم أمير المؤمنين الحسن بن علي بن داود المؤيدي. كان عالماً كاملاً رئيساً ناهضاً فارساً مقداماً،

جمع كثيراً من فنون العلم مع السياسة الحسنة والرئاسة الصالحة، وله مصنفات نافعة في فنون مختلفة، توفي رحمه الله أواخر شهر الحجة الحرام عام اثنين وستين وألف في بندر المخا المعروف، وكان إليه ولايته مع بلاد العدين ومخلاف جعفر، وحُمل إلى مدينة حيس بوصية منه، وكانت ولايتها إليه أيضاً ودفن هنالك، وعلى قبره مشهد مزور مشهور انتهى.

قلت: وقد ذكر صاحب الجوهرة المنيرة أخبار معاصرته للإمام المؤيد محمد ابن القاسم، وكان صاحب الترجمة ختنه تزوج بإحدى بناته، وهي الشريفة أسماء بنت الإمام المؤيد وكانت من الكمال في درجة عالية ولها قراءة حسنة، فأنجب منها العقيلة المصونة الأديبة الشاعرة زينب بنت محمد الحسنية المتوفاه بشهارة سنة 1114 القائلة تفضل شهارة على صنعاء برشاقة التورية وحسن التعليل:

يا من يفضل صنعاء غير محتشم ... على شهارة ذات الفضل عن كمل
شهارة الرأس لا شيء يماثلها ... في الارتفاع وصنعا الرجل في السفل
أليس صنعاء تحت الضهر من ضلع ... أما شهارة فوق النحر والمقل

ومن مواقع الصدارة التي نالها المترجم في أيامه ما ذكره صاحب مطلع البدور أنه لما كان الحج الكبير الذي اجتمع فيه أعيان من آل القاسم وغيرهم من جملتهم السيد الرئيس أحمد بن الحسن (يقصد بذلك الإمام المهدي سيل الليل) والسيد عز الإسلام محمد بن الحسين بن القاسم والسيد الأنبل محمد بن أحمد بن القاسم وكان فيهم أعيان من الشيعة كالقاضي أحمد بن سعد الدين وذلك في سنة 1053 ثلاث وخمسين وألف جعل الإمام المؤيد بالله أمير هؤلاء جميعهم السيد المذكور لكماله وأهليته.

***

وقد ترجمه المحبي الدمشقي في كتابه خلاصة الأثر، وذكره أيضاً في نفحة الريحانة، وأورد من شعره قوله:

طرف بتلك اليعملات سباني ... وجوى بأطباق الفؤاد ذواني
وتعللي بخلت به ريح الصبا ... وتصبري كرمت به أجفاني
إن الحبيب وقد تناءت داره ... أغرى فؤاد الصب بالأحزان
لو زارني طيف الكرى متفضلاً ... بجماله وحديثه لشفاني
أو لو تفضل بالوصال تكرماً ... أصبحت من قتلاه بالإحسان
يا عاذلي دعني فلست بمرعوٍ ... عذل العدى ضرب من الهذيان

ومن مديحها:

لولا طلوع الشمس في كبد السما ... خلناه أشرف من على كيوان
فكأنه السفاح منصور اللوا ... جاءت صوارمه على مروان
وكأنه الهادي بنور جبينه ... وكأنني المهدي في إذعاني
وكأن نور جبينه من يوسف ... فأنا الرشيد به إلى الإيمان
يا أيها المأمول عند إلهه ... والمتبع الإحسان بالإحسان
والحاشر الماحي المؤمل للورى ... تحت اللوا ذخرا إلى الرحمن
المصطفى الهادي النبي أجل من ... وطئ الثرى وحباه بالقرآن
الجار والرحم الذي أوصى به ... رب السما ودعاك بالإعلان
فالله فيّ أبا شبير وشبر ... كي لا أخاف طوارق الحدثان

ورأيت في بعض المجاميع والسفن الأدبية ما لفظه:

قال القاضي العلامة مهدي بن محمد المهلا ما لفظه: من نظم ناظم الأقران حين تنتثر الفرسان بالطعان مولانا العلم الذي قرر قواعد الاحسان، وقلد الأعناق قلائد العقيان، ذي الفضائل والمنن، والفتكات المشهورة في الشام

واليمن، بدر الإسلام محمد بن أحمد بن الإمام الحسن أبقى الله ذاته لرفع الحق المبين، وكان له خير ناصر وحافظ ومعين، قالها في شيخه مولانا بحر العلوم وإمام المنطوق والمفهوم طود الحلم والعلم والكمال شرف الدين الحسن بن أحمد الجلال شيد الله بوجوده مفخر آبائه، ولا برحت تتلى في محراب المجد آيات أنبائه قال:

إذا جالت الأفكار في غير مدح من ... أفاد علوم الآل قلنا لهم مهلا
أمير سرايا العلم والفاضل الذي ... غدا مثلا لم نلق يوماً له مثلا
تجاوز ما نالته أيدي ضراغم ... ولم يرض أن يسمى فكان هو الأعلى
فمن رام أن يسمو لإدراك فخره ... فقد ظن نيل البدر ملتمسا سهلا
أيحسبه الطلاب للمجد طالبا ... تعالى فإن المجد صار له نعلا
أيسعى لأمر قهقرت دون نيله ... قروم وأيديه تعين به طفلا
هو الحسن السامي الجلال بن أحمد الـ ... ـمنتض على ذا الخلق من عقله عقلا
فيا حسن السباق جلى عليهم ... جلالك حتى أن فخرهم أجلا
وجلت صفات المجد فيك فأصبحوا ... وقد فشكلوا طراً وعاينهم ضلا
وخروا على الأذقان إذ ذاك سجّداً ... وسلم من صلى لديك وقد ذلا
ولم يسجدوا سهواً لجبران فرضهم ... ولكنهم دارون أن لك الفضلا
فخذها لتلميذ روى مدح شيخه ... وشرّف أفكارا تجلت بها أملى

وقد ذكر الأبيات المذكورة السيد محمد زبارة في نشر العرف أثناء ترجمة صاحب المواهب محمد بن أحمد بن الحسن بن الإمام القاسم، ونسبها إليه في مدح السيد الحسن الجلال، وهو من الأوهام كما تقدم بيانه وانتقال ذهن، لتشابه اسم الأب والجد، والله أعلم.

ومن شعر صاحب الترجمة ما وقفت عليه في بعض السفن الأدبية في مديح

المصطفى صلوات الله عليه وآله وهي تدل على بلاغة وإجادة وفصاحة، فات عني نقلها أولها قوله:

على العذيب بمن نهواه محلول وعلى واديه بعد المحل مسبول

وكانت وفاة صاحب الترجمة ببندر المخا في ثامن عشر الحجة الحرام سنة 1062 اثنتين وستين وألف، وحمل إلى مدينة حيس لوصية منه ودفن هناك بجنب الشيخ المعروف بالخامري.

(أولاده وذريته)

وقد ذكر السيد المؤرخ مطهر الجرموزي في تحفة الأسماع والأبصار سيرة الإمام المتوكل على الله إسماعيل بن الإمام القاسم بن محمد عليهم السلام أن صاحب الترجمة علق وصيته بالإمام المتوكل على الله إسماعيل فقام بها أتم قيام وأنفذها وكفل أولاده وكان أكثرهم صغارا.

قلت: وفي مشجر أبي علامة أن له من الأولاد خمسة هم: حسن وعلي وإبراهيم وإسماعيل وعبدالله، ورأيت في إحدى بصائر الوقف بصعدة أن من أولاده أيضا أحمد وداود وأختهما زينب وأسماء. وقد قام بأولاده المذكورين الإمام المتوكل عليه السلام أتم قيام بحسب تعليق وصية والده إليه، وكفلهم في أيام حياته، ذكر ذلك في سيرة الإمام المتوكل على الله إسماعيل المسماة تحفة الأسماع والأبصار، وذكر فيها وفي غيرها أن الإمام المتوكل على الله تزوج بابنة صاحب الترجمة الشريفة أسماء، وولده الحسن بن المتوكل بإحدى أخواتها سنة 1071هـ، وعلي بن المتوكل تزوج بالأخت الثالثة الشريفة العالمة الأديبة الكاملة زينب بنت محمد المعروفة بالشهارية لوفاتها بشهارة سنة 1114هـ.

وهذه الشريفة كانت أعجوبة الدهر في الفضل والعقل وبدائع الأوصاف،

وكانت ممن تجيد النظم والنثر بل ذلك بعض فضائلها، قال في ذوب الذهب: تزوجها علي بن المتوكل ولم تحظ لديه ففارقها، وعلقته ولم يعلقها، وقد ذكرت كتب التراجم والتواريخ سبب مفارقته إياها، وما كان منها إليه من مراسلات ومكاتبات رائقة تستعطفه، ومن قلائد ذلك قولها:

إن الكرام إذا ما استعطفوا عطفوا ... والحر يغضي ويهفو وهو معترف
والصفح خير وفي الإغضاء مكرمة ... وفي الوفاء لأخلاق الفتى شرف
والعفو بعد إقتدار فعله كرم ... والهجر بعد اعتراف فعله سرف
عاقب بما شئت غير الهجر أرض به ... فالهجر فيه لإخوان الهوى تلف

وبعد مفارقة علي بن المتوكل لهذه الشريفة التي لم يدرى أشعرها أم وجهها أم حليها أجمل، تزوجت المولى علي بن أحمد بن الإمام القاسم صاحب صعدة وطلقها، ثم تزوجها طالب بن الإمام المهدي أحمد بن الحسن ثم فارقها عن طلبها لذلك، واستقرت بشهارة وارتاضت في آخر أيامها إلى توفيت بها في التاريخ المتقدم. والذي ذكر بالرئاسة والأدب من أولاد المترجم:

هو ولده الأكبر علي بن محمد، كان سيدا نجيبا أديبا، توفي في أيام صاحب المواهب سنة 1107هـ، وهو العاقد للإمام المتوكل على الله إسماعيل بأخته أسماء في سنة ثمان وستين، ولزواج الإمام منها قصة طريفة ذكرها في سيرته، وذلك أن لما كان في شهر جمادى الأولى من السنة المذكورة فتحت قراءة على الإمام من أهل الفضل في كتاب الثمرات فلما انتهوا إلى تفسير قول الله تعالى: {وكفلها زكريا} الآية، وما يتعلق بأحكامها، إلتفت إلى ولد السيد محمد بن أحمد المسمى علي والحاضرين تلك القراءة، وخطب فيهم خطبة لم يسمع بمثلها في بابها ارتجالا وسأل الولي المذكور صنوها علي أن يزوجه الشريفة المذكورة، فأجابه ونثر النثار المسنون، وبنى بها في الشهر المذكور انتهى باختصار من السيرة

المتوكلية. وللسيد علي بن محمد هذا ولد أديب هو محمد بن علي المترجم له في نفحات العنبر، صاحب المنظومة الموسومة بـ«العلم المنشور في سيرة الإمام المنصور» وكان موجودا سنة ثلاث وأربعين ومائة وألف. وقيل أن له أخ ثان هو زيد بن علي بن محمد المؤيدي صاحب «القصيدة الميمية في تفضيل الكرم على النخيل» والله أعلم. ومنهم ولده السيد الرئيس الحسن بن محمد بن أحمد بن الإمام الحسن كانت له رئاسة في اليمن الأسفل بعد والده، وذكر له شجاعة وإقدام، وخلف من الأولاد: يحيى وحسن وأحمد وعبدالله ومحمد.

ومنهم أيضا صنوهم السيد أحمد بن محمد وكان سيدا جليلا، وولده إسماعيل ابن أحمد هو الذي كتبت معه عمته الشريفة زينب الشهارية هذه الأبيات لما أراد المسير من شهارة إلى حضرة الأمير علي بن المتوكل على الله إلى اليمن الأسفل تستوصيه بابن أخيها المذكور:

أصخ لي أيها الملك الهمام	عليك صلاة ربك والسلام
إليك ركائب الآمال أمت	تيقن أن متجرها أمام
أتيتك شاكيا من ريب دهر	به عز المعين فلا يرام
به غاض الوفاء فلا وفاء	به فقد الذمام فلا ذمام
ولا الآباء ولا الأبناء فيه	ولا الإخوان بينهم التئام
وفدت على كريم أريحي	سخي ليس يعروه السئام
يجود بصافنات الخيل تزهو	بعسجدها إذا شح اللئام
يجود بيعملات العيس تنؤوا	بأثقال يجاذبها الزمام
بكم لا شك تنتظم المعالي	كسلك الدر يجمعه النظام
وأنت أبو الحسين أجل قدرا	من الأكفاء إن جحدوا ولاموا
علوت عليهم كرماً وفضلا	وما استوت المناسم والسنام

تلذ لك المروءة وهي تؤذي ... ومن يعشق يلذ له الغرام
لقد حسنت بك الأيام حتى ... كأنك في فم الدهر ابتسام

وقد اكتفينا بذكرهم في هذا الموضع، وللجميع تراجم في كتاب نشر العرف بنبلاء اليمن بعد الألف، والظاهر فيما يبدو بقاء ذرية لصاحب الترجمة، قال في بغية المريد عند ذكر ذرية الإمام الحسن بن علي بن داود: وله ذرية من أحمد بن الحسن سادة أجلاء كملاء، وعقبهم الآن في صعدة وصنعاء وذمار والعدين من مخلاف جعفر مشهورين معروفين انتهى بلفظه.

ومثله ذكر المولى العلامة أحمد بن يحيى العجري المتوفى سنة 1347 عن حاشية في المشجر: أن عقبه بالعدين والله أعلم. إلا أنني وقفت على بيان للوصايا الداخلة تحت ولاية السيد العالم الرئيس إبراهيم بن محمد الهاشمي المتوفى سنة 1308 وهذا البيان بخطه قال فيه ما لفظه: وإلى ذلك وصية حي سيدي الوالد الأكرم عز الدين محمد بن أحمد بن الإمام الحسن بن علي بن داود رضوان الله عليه أوصى بها على الأقرب فالأقرب الفقير المحتاج هكذا لفظه في الوصية، نعم: ونحن الآن أقرب من يكون إليه في الجهة أولاد أخيه جمال الدين علي بن أحمد بن الإمام الحسن بن علي بن داود رضي الله عنهم، قال: وحيث وظهر أحد من أولاد السيد محمد بن أحمد بن الإمام الحسن وهو محتاج فهو أقدم منا، ولكن الظاهر العدم انتهى بلفظه.

92. السيد محمد بن الإمام أحمد بن عز الدين

السيد العلامة الفاضل محمد بن الإمام الهادي أحمد بن عز الدين بن الحسن ابن الإمام عز الدين بن الحسن اليحيوي المؤيدي الفللي.

وهو من علماء هذا البيت المؤيدي الحافل بالعلماء. وقد وقفت في بعض الوجادات الصحيحة أنه يروي عنه السيد العلامة الكبير داود بن الهادي كتاب معتمد الأصول في أحاديث الرسول للعلامة محمد بن يحي بن بهران رحمه الله قال:

وهو يرويه عن والده الإمام الهادي، الذي يرويه عن الفقيه العلامة محمد بن علي بن عمر الضمدي، الذي يرويه عن المؤلف. وقال من ترجم له: كان سيدا جليلا، مالكا لأزمة العلوم، متقنا في شتى المعارف والفنون، وهو الذي جمع فتاوى جده الإمام عز الدين، توفي رحمه الله شهر شعبان سنة 1013 ثلاث عشرة وألف.

93ـ السيد محمد بن أحمد بن عز الدين المؤيدي

السيد الفاضل العلامة عز الإسلام واسطة عقد السادة الأعلام محمد بن أحمد ابن عز الدين بن علي بن الحسين بن الإمام عز الدين بن الحسن بن الإمام علي بن المؤيد بن جبريل الحسني اليحيوي المؤيدي الفللي. وهو الملقب بابن حوريه وقد تقدم لولديه أحمد وإبراهيم ترجمتين بحرف الألف.

ووالدهما المذكور صاحب الترجمة رحمه الله كان من أكابر السادة، وأجلاء أهل وقته المجاهدين مع الإمام القاسم بن محمد، ذكره القاضي شهاب الدين أحمد بن صالح بن أبي الرجال استطرادا في تاريخه مطلع البدور ومجمع البحور أثناء ترجمة السيد أحمد بن المهدي فقال: وهو يعني السيد أحمد بن المهدي أحد الذين افتتحوا صعدة وكان مناط الأمر بيد السيد العلامة محمد بن أحمد بن عز الدين أحد أفراد وقته علماً وفضلاً، وهو والد الإمام المحقق إبراهيم بن محمد المؤيدي.

وكان هذا السيد الجليل من أهل الوفاء والرياسة مقدماً في الفضائل، ولم يرض السيد أحمد بن المهدي أن يلي شيئاً من الأمور مع وجوده وإنما كان تبعاً له، وفتح صعدة هذا من العجائب؛ لأنه توجّه السيدان من شهارة وبين يدي السيد محمد مرفع يضرب وليس معه عسكر، فقال الأمير قرى جمعة من أمراء الأتراك وكان محبوساً بشهارة: عرقت دوائر صعدة مستهزئاً بهم، فلم يصل السيدان إلى صعدة إلا بإمارة كاملة، ودخلوها عنوة من سورها واجتمع بهم شيوخ سحار وكانوا من الكمال بمحل عظيم، ودخلوها في صبيحة واحدة على وجه لا يخطر

ببال. ومن عجيب ما اتفق ما أخبرني به شيخي العلامة أحمد بن سعد الدين المسوري قدس الله روحه قال: دخل السادة صعدة وقت الفجر، وبلغني الخبر إلى هجرة ابن المكردم ببلاد الأهنوم ذلك الوقت عقيب صلاة الفجر، وامتلأت الأسماع من العامة والخاصة بذلك الخبر، ولم يزل الناس يتحدثون بذلك حتى كاد يظهر لهم أنه لم يأت الخبر من جهة معروفة، فكادوا يتشككون في ذلك، فوصل الخبر وقت العتمة والله أعلم انتهى كلامه.

***

قلت: وقد جمع بين صاحب الترجمة وبين السيد أحمد بن المهدي رحمهما الله في الذكر الفقيه العلامة شهاب الدين أحمد بن محمد البهكلي التهامي في قصيدته التي ذكر فيها أعيان السادة بني المؤيد فقال:

واذكر أخا الفضل ومصباح الهدى ... بدر سموات العلا محمدا
من صان دين الله حقاً فاغتدى ... يفخر بين باغضيه والعدى
برأي داعي الحق عالي الجد
لا زال ذخرا وملاذا يرتجى ... ومن صروف الدهر سترا وحجا
يا رب حقق فيه آمال الرجا ... لا زال للملهوف كهفا ولجا
يا صادق الوعد اغث بالوعد
وصنوه الشمسي خير تالي ... في درجات المجد والمعالي
لا برحت نعماء ذي الجلال ... واصلة إليه بالإفضال
فهو لجيد دهرنا كالعقد
السيد الماجد ذي الفضلين ... أحمد من جانب كل شين
وجوده الفياض كالبحرين ... همة تعلو على النسرين
أبا صلاح وسليل المهدي

وذكرهما أيضا وجمع بينهما في الذكر والإشادة حفيدهما السيد الإمام أحمد بن إبراهيم حوريه المؤيدي في قصيدته الرائية من بحر الطويل المتقدم التنويه بها في حرف الألف أثناء ترجمته فقال:

كـذاك رئيسـا الآل طـرا وهـا همـا لجـداي حقـاً لا أمـين وأهجـر
فعـز الهـدى بـر شـهيد مجاهـد لـه في جنـان الخلـد حـظ مـوفر
وكان لـداعي الحـق سـيفاً ونـاصرا وأنعـم بـه ذاك الإمـام المظفـر
وشمس الهدى ركـن عظـيم مؤثـل لكـل ضـعيف بـل كـريم ومـؤثر
وكـان لـداعي الحـق سـيفا مؤيـدا لدين الهـدى جـوزي ثـواب مكـرر

ويقصد بعز الهدى السيد محمد بن أحمد بن عز الدين صاحب الترجمة، وهـو جده من قبل أبيه، وقصد بشمس الهدى السيد أحمد بن المهدي وهو جـده مـن قبل الأم، قال بعض الأفاضل: وكان يضـرب بهما المثل في وقتهما أعـاد الله مـن بركاتهم.

(فتح صعدة أيام الإمام القاسم)

قلت: وخبر استفتاح صعدة المذكور قد تقـدم إيـراده بروايـة الشـيخ قاسـم الحطروم في ترجمته بحرف القاف، ونورد في هذا الموضع موجز ما جاء في كتاب اللآلي المضيئة برواية أخرى لمزيد فائدة قال:

لما عاد السيد العلامة عز الدين محمد بن أحمد المؤيدي ومن معه من أقاربه من بلاد عفار إلى مقام الإمام القاسم عليه السلام، احتال السيد رحمه الله هو ومن معه أن يتوجهوا إلى جهات صعدة ويكون جهادهم فيها لكونها جهتهم، فتأثيرهم فيها أكثر ونفعهم فيها أظهر. فاستحفهم الإمام عليه السلام إلى ذلك بعد علاج كثير وهو كاره، وذلك أنه عليه السلام كان مشغولاً بحرب الأتراك في اليمن، إلا أنه

استحيا من الرجوع مما كان وعد به السيد عز الدين من العزم إلى تلك الجهة، وكان الإمام عليه السلام يحاول تأخير ذلك والسيد يلح فيه ويُرغب الإمام عليه السلام في ذلك، ووعد أنه لا يطلب من الإمام شيئاً إلا البارود والرصاص، وأنه يقوم بأمر العساكر فيما يحتاجون من الجوامك، فأخذ عليه الإمام أن لا يقرر معه أحد إلا من كان من العصيمات فمن بعدهم إلى جهة الشام، وأنه لا يدخل تلك الجهة إلا بعسكر كثير اشفاقاً من الإمام أن يتورط السيد في تلك الجهة ولا يجيبه أحد ويقع في جانبه وهن فيكون ذلك وهناً في الإسلام وتقوية في العدو فكان الأمر كما قال تعالى {فَعَسَىٰ أَنْ تَكْرَهُوا شَيْئاً وَيَجْعَلَ اللَّهُ فِيهِ خَيْراً كَثِيراً} فإن عزم هذا السيد وقع فيه من الخير ما لا يحد مما سنذكر بعضه. وقد كان الإمام القاسم عليه السلام قبل أن يشرع في الجهاد في الوقت المذكور وهو سنة اثنتين وعشرين وألف سنة أمر إليها الحاج الفاضل الورع الكامل العارف العالم شمس الدين وعين أشياع آل النبي الأمين أحمد بن علي بن دغيش الغشمي رحمه الله تعالى لقبض شيء من الواجبات والنذور، فلما وقع الجهاد وانتقض الصلح أمره الإمام عليه السلام أن يدعو أهل تلك الجهات إلى جهاد الظالمين ومباينتهم، ففعل ما أمره الإمام عليه السلام، وأجابه قبائل بني جماعة أولاً، ودخلوا في طاعة الإمام، وبقي الحاج شمس الدين هناك إلى أن توجه لجهات صعدة السيد الفاضل العلامة عز الدين محمد بن أحمد بن عز الدين المذكور، واجتمع معه جماعة يسيرة من العسكر بنادقهم نحو الثلاثين، وسار حتى وصل أطراف بلاد حيدان، وقد كان السيد المذكور قبل مسيره من بلاد الأهنوم قدم ابن عمه السيد الفاضل شمس الإسلام ومفخر الآل الكرام أحمد بن المهدي بن محمد بن علي بن الحسين إلى جهة بني جماعة حاثاً للحاج أحمد بن علي دغيش وأهل تلك الجهات على التقدم إلى بلاد خولان للقياه، ولما وصل السيد عز الدين محمد بن أحمد أطراف بلاد حيدان

اجتمع إليه من اجتمع من أهل تلك الجهة، وأشاروا عليه بقصد رتبة الأتراك في قرية حيدان المسماة تَوَل فقصدهم إليه، ووقع بينهم وبينه حرب لم يثبت فيه من مع السيد محمد لأنهم لم يكونوا على نظام ولا فيهم من الرؤوساء من يخاف الملامة في الفرار فانهزموا وعاد كل منهم أعني أهل البلاد إلى وطنه، وعاد السيد عز الدين إلى بلاد حيدان المصافية لبلاد البدو هو ومن بقي معه من عسكره، وكان أمير صعدة المتولي لجهات صعدة وخولان كلها لما علم بوصول السيد تلك الجهة أمر عسكراً من صعدة مدداً لمن في قرية تَوَل، فلما وصلوا ساقين كتبوا إلى من في تَوَل أن يصلوا إليهم إلى ساقين بناءً منهم أنهم يجتمعون فيه، وتكون شوكتهم مع الاجتماع أقوى، فسار من في تَوَل منهم قاصدين إلى ساقين. ولما أحس بهم القبائل وبخروجهم من تَوَل قاصدين إلى ساقين تبعهم من كان قريباً منهم، ووقع الصريخ في القبائل فتلاحق القبائل في أثرهم، وبلغ ذلك السيد عز الدين محمد ابن أحمد وهو في أطراف بلاد حيدان فتبعهم، فلم يزل القبائل يكثرون ويحربونهم من خلفهم إلى أن وصلوا قريباً من ساقين في موضع يسمى (حمك)، ووافق ذلك وصول السيد شمس الدين أحمد بن المهدي والحاج الفاضل أحمد بن علي بن دغيش بمن اجتمع معهما من قبائل بني جُماعة وغيرهم إلى ذلك الموضع، وجاءوا من قدامهم فمنعوا الأتراك من الاتصال بساقين بعد أن كانوا قريباً منه، وانحاز عسكر الأتراك إلى خراب هنالك، وأحربهم المتقدمون لهم وهم السيد أحمد والحاج أحمد ومن معهم من أمامهم، وأحربهم من لحقهم من خولان من خلفهم، وأنزل الله في قلوبهم الرُعب، وحمل عليهم من كل جهة، فاستولوا عليهم جميعاً، وقُتِلَ منهم نحو المائتين والباقون أسرى، إلا أن القبائل أفلتوا من وقع في أيديهم من العسكر لأن أكثرهم كان من أهل تلك الجهة أو ساكن فيها، وأمّا الأتراك فلم ينج منهم أحد بل قُتِلوا عن آخرهم، ثم قصد الجميع من أصحاب الإمام عليه

السلام إلى ساقين. وقد كان في خلال ما تقدم جمع الشيخ المجاهد أحمد علي كباس السحاري من قدر عليه من قبائله سحار وغيرهم، وقصد بهم من كان في ساقين من عسكر الأتراك الواصلين من صعدة فحاصرهم فيه، فلما رأى من في ساقين من عسكر الأتراك ما نزل بأصحابهم أيقنوا بالهلكة فلم يجدوا بداً من تسليم أنفسهم فأُخذوا جميعاً أسرى وقُبِضَ منهم سلاحهم، وأرسل السيد محمد رحمه الله برؤسائهم من جملتهم العبد المسمى قرا جُمعة وبعض سلاحهم إلى محروس شهارة وأودعوا السجن والحمد لله.

قال: ثم تقدم الشيخ أحمد بن علي كباس والشيخ علم الدين قاسم المعروف بالعدار الصعدي، وكان هذا ممن تصدر في هذا القيام، وله فيه أثر لا يجهل، وكان ممن سجنه الأتراك ففلت من سجنهم، فتقدم المذكوران قاصدين صعدة، وانضم إليهم جماعة من أشراف الجوف أهل خيل من آل داود، فأراد الأتراك قصدهم لظنهم أن القبائل لا يقدرون على حرب العسكر ولا سيما محاربة أهل الخيل فكان الأمر بالعكس فنصر الله أصحاب الإمام عليهم وهزموهم، وقتلوا رئيساً من رؤسائهم وعادوا صاغرين، ثم أن بعض العمار من أهل صعدة فتح فتحاً من بعض نوب الدائر قريباً من باب سويدان، وذلك عن رأي جماعة من أهل صعدة، ولما تم ذلك أرسل هذا الفاتح ومن والاه من أهل صعدة إلى أصحاب الإمام وأخبروهم بما صنعوا فدخل من هذا الموضع جماعة نحو الأربعمائة، ولما اجتمعوا من داخل المدينة نصروا للإمام وأجابهم أهل صعدة بالتنصير وإيقاد النار، فانهزم عسكر الأتراك الذين كانوا عند الأبواب وفي النوب إلى ناحية المنصورة ودار مطهر، وتبعهم أصحاب الإمام وقتلوا منهم من لحقوا، وسلم الله صعدة من النهب إلا ما كان من بيوت بعض العسكر الذين لحقوا بالمنصورة، ثم فُتحت الأبواب صبح ذلك اليوم، ودخل أصحاب الإمام كلهم صعدة، وانحاز

عسكر الأتراك في المنصورة ودار مطهر، ثم أن العمار المذكور أولاً أشار بحفر سرداب إلى موضع كان فيه رهائن مشايخ قبائل تلك الجهة، وكان هذا الموضع بناه الباشا سنان وجعله متصلاً بالمنصورة، وله باب إليها، فجعلوا خلل المشائخ أعني رهائنهم فيه وهم نحو الألف نفس، وهو موضع يهول من رآه واسم هذا الموضع العجما فلما أشار ذلك الرجل بما ذكر فعل ذلك وتهيأ في أقرب مدة مع بعد المكان الذي ابتدوه منه ولما انتهوا إلى داخل الموضع استخرجوا من كان فيه من الناس والأطفال وهم خلق كثير، ولم يمكنهم الإتصال بالمنصورة لمنعها، ولأن هذا المكان إنما هو كالهوة البعيدة القعر لا يدخل إليه إلا من بابه المتصل بالمنصورة فقط، ولما استخرجت الرهائن على الوجه المذكور وخلصت الرهائن من السجن ازداد أصحاب الإمام قوة وتشدداً على المحصورين من الأتراك، وذلك لأن المشائخ الذين كانت رهائنهم في الموضع المذكور كانوا يتهمون من سائر القبائل بالمحاباة للأتراك، فلما خلصت رهائنهم زال ذلك وآيس الأتراك بعد ذلك من الفرج، ثم أخذ أصحاب الإمام في حفر طريق أخرى في قصر مطهر، وبلغ ذلك الأتراك فقطعوا بالهلكة وطلبوا الأمان من أصحاب الإمام ففعلوا لهم ذلك بعد أن استأذنوا الإمام عليه السلام فأذن لهم، وكان موضوع الأمان على أن يخرج عسكر الأتراك مع أميرهم متولي صعدة وجهاتها، ويسيروا صنعاء ويترك لهم جميع ما معهم من سلاح وخيل وأثاث وعدة إلا الحب والبارود والرصاص فيبقى للإمام عليه السلام، وكذلك خمسة زبرطانات تبقي للإمام، فتم الأمر على ذلك، وسلموا المنصورة وقصر مطهر وتجهزوا للعزم بعد أن أخذوا لهم رفقاً من القبائل الذين حوالي صعدة والذين تأتي طريقهم عليهم وتواثقوا على تلك المواثيق برأي من الإمام عليه السلام، وكان القبائل حين أعطوا ذلك من أنفسهم مضمرين لضد الوفاء، وقد اجتمع منهم في صعدة

وحواليها خلق لا يحصيهم إلا الله تعالىٰ مترقبين أن يقع في الأتـراك أي غـدر أو سبب ينتهبونهم به، وطلب الأمير المذكور المبادرة بالمسير إلىٰ صنعاء، وقد كـان أُشير عليه بالتأخير حتىٰ تتفرق تلك الجموع فأبىٰ، وذلك لما سبق في علم الله من وقوع ما وقع معه من إنتهاب جميع ما كان جمعه في مدة ولايته، وقتل جماعة مـن العسكر الذين أرادوا أن يعزموا إلىٰ صنعاء وانتهاب الباقين.

قال: ولما أراد أصحاب الإمام إخراجه من صعدة أخرجوه من باب يفضي إلىٰ قصـر مطهر(30) بعد أن أغلقوا أبواب المدينة علىٰ من فيها من القبائل، وخـرج معه الذين كانوا عقدوا له الرفاقة من مشائخ القبائل، وكان قد اجتمع في الطرف من القبائل ضعاف من في صعدة فلما توسط رحبان موضـعاً قريبـاً مـن صـعدة أوقع القبائل به وبمن معه يقتلون وينتهبون وتفرق أصحابه فأخـذهم مـن أراد كيف شاء، وعاد منهزماً إلىٰ صعدة ومعه جماعة مـن أهـل الخيـل الـذين كـانوا يحامون عنه من أراد قتله حتىٰ وصل قصـر مطهر فآواه من كان في القصـر مـن أصحاب الإمام. فلما رأىٰ السيد محمد بن أحمد رحمه الله والرؤساء من أصحاب الإمام جرأة القبائل علىٰ ما يحبون فعله وعدم التمكن من منعهم بالقهر لكثرتهم ولكونهم أهل البلاد وردت كتب السيد رحمه الله إلىٰ الإمـام يـذكر عـدم انقيـاد القبائل له وتمردهم عليه، ويستدعي وصـول أحـد أولاده ليكـون أهيـب عنـد القبائل وأضبط للأمور، لأن القبائل يراعون حق والده ويهابون لأجله جانبـه، فأرسل الإمام عليه السلام ولده السيد شـرف الإسلام وبهجة الأيام الحسين بن أمير المؤمنين وجعل إليه جماع أمر تلك الجهة، والسيد محمد بن أحمد رحمه الله من جملة أعوانه، فسار ولد الإمام إلىٰ صعدة، وسكن بوصوله ثائرة القبائل وانقادوا

(30) قصر مطهر: من العمائر الكبرىٰ غربي مدينة صعدة بجنب مسجد القصر حاليا.

له واسترجع السيد محمد بن أحمد بعض ما كان فات على الأمير المذكور أولاً مما كان نُهب عليه مثل خيل وغيرها، وتعذر استرجاع الأكثر مما فات لتفرقه في أيدي القبائل، ثم اعتنى السيد في تسيير الأمير المذكور بما أرجع له وجهزه إلى جهة تهامة، فسار إليها أبي عريش سالماً، ثم رجع إلى صنعاء من طريق تهامة.

قلت: وكانت مجمل هذه الأحداث في شهور عام 1022 اثنتين وعشرين وألف بعد ظهور عزل جعفر باشا وتعيين إبراهيم باشا بدلا عنه فما لبث إبراهيم باشا أن مات بذمار شهر جمادى الأولى من السنة المذكورة بعد حوالي شهرين من وصوله إلى اليمن، فعاد جعفر باشا من زبيد وكان قد تجهز للرحيل، فدخل صنعاء وجهز قواته لحرب الإمام واستعاد أكثر ما كان الإمام استولى عليه من البلاد، ودخلت قواته إلى صعدة في عساكر كثيرة أميرهم الأمير حيدر أكبر أمراء الباشا جعفر، فوصلها لعله في أوائل سنة 1023 وقد خرج منها الحسين بن الإمام فملكها بدون مشقة، وواجه إليه أهل صعدة وخضعت صعدة تحت يد الأتراك حتى تاريخ فتحها المرة الثالثة للإمام القاسم سنة 1026 كما قدمنا استطراد ذلك في أثناء ترجمة النقيب سعيد المجزبي.

وفي خلال هذين الفتحين المذكورين كانت وفاة صاحب الترجمة رحمه الله شهيدا قتل غيلة وسبب ذلك أن الأتراك دفعوا لمن يقتل السيد الشمسي أحمد بن الإمام الحسن بن علي بن داود المتقدمة ترجمته بحرف الألف مالا كثيرا، فروي أنه قصد إلى قتله بهجرة فلله رجل من بلاد سفيان غيلة في الليل، فصادف ذلك السفياني صاحب الترجمة خارجا من عند السيد الشمسي ومعه واحد مساير له، فوثب عليه السفياني فطعنه طعنة كانت فيها نفسه وذلك إحدى شهور سنة 1024 أربع وعشرين بعد الألف، ودفن بهجرة فلله. وقد تقدم في صدر هذه الترجمة أن المترجم هو المعروف بابن حوريه نسبة إلى أمه إحدى الشرائف

الكوامل، وستأتي في أقسام الكتاب في أثناء القرن الرابع عشر تراجم أعلام هذا البيت المؤيدي رحمهم الله جميعا وإيانا والمؤمنين.

94. السيد محمد بن أحمد المعروف بابن العنز

السيد العلامة المخترع بدر الدين محمد بن أحمد بن عز الدين بن الحسين بن عز الدين بن الحسن بن الإمام الهادي إلى الحق عز الدين بن الحسن بن الإمام علي بن المؤيد بن جبريل الحسني اليحيوي المؤيدي.

وهو المعروف على ألسن العامة بابن العنز لأنه أمه ماتت وهو يرضع فعطف الله عليه عنزا كانت تنفرد من الغنم في المرعى وتجري حتى تدخل إليه ثم تتفحج له حتى يمكن الإرتضاع. مولده ببيت الوادي بربيع من أعمال صعدة في ثاني ذي القعدة سنة ألف من الهجرة النبوية على صاحبها الصلاة والسلام. ذكر ما تقدم معاصره القاضي أحمد بن صالح بن أبي الرجال في تاريخه مطلع البدور ومجمع البحور وانفرد بترجمته عن سائر المصادر فقال في التعريف به:

هو السيد العلامة إمام العباد وسيد الزهاد. كان من عباد الله الصالحين، وأهل التقوى والعفة على طريقة أهل الطريقة، كثير الصمت، قليل الضحك، لم يسمع له قهقهة، وكان في أيام شبيبته يعتزل الناس ويمضي في الجبال والشعاب متخلياً متعبداً، ثم يعود إلى مسكنه بربيع ونحوه، وكان له أصحاب صالحون يتبركون بخدمته ولقائه ويصفون عنه تمكناً في علم الأسماء، وأنه كان يأتي من المسجد فيغلق مكانه على صفة الممازحة سويعة لم يفتح وهو متبسم ولا يعرف الفاتح ولا المغلق ولا يرى، وروي عنه أنه تمكن من الصنعة وأنه استأجر حاجاً لأبيه وأعطاه أجرة من الفضة الخالصة المعدنية، وكانت له فكرة عجيبة في كل شيء، وعمل ناظوراً يدرك به البعيد، فأبصر به الناظرون من صعدة إلى ربيع أو من ربيع إلى صعدة، والحكم واحد، وشرح قصيدة الإمام الهادي عز الدين بن

الحسن عليه السلام الرائية، وفيها معرفة المواقيت، فشرحها السيد وتكلم على مواد نافعة من علم الفلك الإسلامي وما يحققونه في الكسوف غير متعرض للأحكام صانه الله عنها، وأعمال الربع المجيب، وحكى بعض الناس أنه صنف كتاباً في الفرائض، وأنا أحسبه يريد هذا الكتاب؛ لأنا مع خلطة السادة لم نعثر على شيء، وأنه رحمه الله صنع البياض بصنعه من نفسه والمداد بصنعة مبتكرة، والتأليف من عنده، وأخرجه بعد إكمال أجزائه من صنعته. ووفاته بهجرة فللة مستقر سلفه الكرام في رابع وعشرين من ذي القعدة الحرام سنة 1053 ثلاث وخمسين وألف، وقبر في قبة جده العابد العالم جمال الدين عز الدين بن الإمام الحسن إلى جنب السيد الكريم الحسن بن يحيى بن الإمام الحسن إلى جهة اليمن انتهى كلام القاضي في ترجمته بلفظه وحروفه.

قلت: ومن ذريته السادة المعروفون في أيامنا بآل الصابر.

❋❋❋

وقد وقفت على قصيدة الإمام عز الدين بن الحسن عليه السلام الرائية في علم الفلك ضمن شرح صاحب الترجمة المعروف على القصيدة المذكورة وأولها قول الإمام عز الدين عليه السلام:

اسمع هديت مقالة منظومة	فيها فوائد في الحساب غزار
نيسان ثالثه حزيران وثا	نيه إذا حققت فهو آيار
هي أشهر للصيف وهي ثلاثة	وبها الليالي المظلمات قصار
تموز آب ثم إيلول لها	فصل الخريف وغيثه المدرار
تشرين أوله وثانيه وكا	نونان ثم شباط ثم آذار
هي للشتاء وللربيع مقالة	لا ريب يعروها ولا إنكار
هذه شهور الروم تم عدادها	نظماً وتم بشرحها الإخبار

أمــا البــروج فصيفهــا حمــلٌ مــع	ثــور وجــوزاء بهــا الأمطــار
سـرطان مـع أسـد وسـنبلة لهـا	فصــل الخريــف فواكــه وثمـار
وكـذلك الميـزان يقدم عقربـاً	والقـوس لكـن مـا لهـا أوتـار
فصـل الشـتاء فكـن لـه متأهبـاً	بحوائـج نظمـت لهـا الأشـعار
والجدي ثـم الدلـو ثـم الحـوت في	فصـل الربيـع قضـت بـه الأخبـار
أمـا المنـازل فاسـتمع في ذكرهـا	نظمـاً يــروق بدونــه الأزهــار
للصيـف نطـح ثـم بطـن والثـ	ـريا بعـد والـدبران لا إدبـار
زد هقعـة مـع هنعـة وذراعهـا	واسـلم فــلا قِـلٌ ولا إكثـار
أمـا الخريـف فنثـرة مـع طرفهـا	والجبهـة احفـظ لا تكـن تحتـار
مع زبـرة مـع صرفـة وكذلك الـ	ـعوا السـماك لـك المهيمـن جـار
ـعد للشـتا فاعـدد الغفـر الزبـا	ـنا ثـم إكليـلا عـداك العـار
قلـب كــذلك شــولة ونعـائم	مـع بلـدة حصـر ولا إحصـار
وإذا الربيـع أردت فهْـمَ نجومـه	فلــه السـعود وفالهــا يختــار
وردت لتركيـب المضـاف لـذابح	بلــع سـعود سـعده قهــار
وكـذا الأخبيـة وعـد لمقـدم	ومـؤخر حـوت ولا زخـار
هـذه المنـازل كلهـا قـد رتبـت	مـا ثمـة إقـدام ولا إخـار
منها منـازل للزيـادة كلهـا	عشـر وواحـدة ولا اسـتمرار
مــن زبـرة أو ينتهـي في بلــدة	حقـاً بـذلك تشـهد الأبصـار
ومنازل النقصان يـأتي بعـدها	هـي مثلهـا عـددا عـدتك النـار
مـن ذابـح فاعـدد إلى دبرانهـا	قطعـاً بـذلك تنطـق الأسـفار
ومنـازل سـت بقيـن فإنهـا	للإسـتواء وذا لهـا إظهـار
مـن هقعـة وتنتهـي في جبهـة	هـذا الـذي قـد حقـق النظـار
أمــا الحسـاب إذا أردت بيانــه	فاسـمع مقـالا ليـس فيـه شـجار

اضرب ليالي البين فيما زاد من فوق المئين كما هو المختار
مع غير عام أنت فيه فمهمل لا فيه إيراد ولا إصدار
واضمم إلى ما صار مجتمع به عشرين منها ما عليه غبار
مع خمسة وانظر إلى مجموع ما حصلت عداً ما هو المقدار
إن كان عدة عام شمس كامل فاطرحه واعلم أنها المعيار
أيام أسبوع وأيام ترى للبين فافهم لا عراك عثار
أو كان دون العام فاحسب ما تُوَ فِيه فقط واحفظ عداك بوار
وإليه ضم البين والأسبوع ذا الميزان حقا ليس فيه غبار
أو كان فوق العام ألغ العام والـ ـعامين لست إذا فعلت تضار
وانظر إلى ما زاد فافعل مثلما قلناه فيها دون فهو عيار
هذا هو الميزان حقاً واضحاً فيها حكاه وحاكه الأخيار
وأضف إليه ليالي العام الذي هو حاضر طالت لك الأعمار
شهر يتم به وشهر ناقص ما تمّ تخصيص ولا إيثار
فابسطه وافهم كم يكون مناره من عفرها وأجازك الغفار
وثلاث عشرة كل منزلة وقل عام يراد لصرفه دوّار
وبآخر الأيام منزلة تحل الـ ـشمس منها تسطع الأنوار
والفجر يقدمها لمنزلتين أما قبل منزلتين فلا إسفار
هذه الشرائد فاقتنصها ظافرا تم النظام وتمت الأوطار

(ربيع)

ربيع المذكورة في صلب الترجمة هي بضم الراء المهملة وفتح الباء المعجمة الموحدة وسكون الياء ثم العين المهملة، بلدة من أعمال سحار في الشمال لمدينة صعدة تبعد عنها بنحو 12 كيلومتر. وقد كتب الباحث المعاصر خالد الحديدي

في (مجلة المعرفة) بحثا مفيدا عن نظرية عمل الناظور التي اخترع صاحب الترجمة طريقته فيها، وتابعه في ذلك الكاتب يوسف زيدان في (مجلة العربي الكويتية) العدد 509 تحت عنوان: من نظر أولاً ابن العنز أو يانس (يقصد به المكتشف الهولندي للناظور).

95- الفقيه محمد بن أحمد السهيلي

الفقيه الفاضل محمد بن أحمد السهيلي الصعدي.

وهو من أعيان فقهاء مدينة صعدة في دولة الإمام المتوكل على الله إسماعيل بن القاسم. ذكره بذلك السيد المؤرخ مطهر بن محمد الجرموزي في السيرة المتوكلية المسمى بتحفة الأسماع والأبصار فقال: ومنهم الفقيه الفاضل الأمثل محمد بن أحمد السهيلي من ولد سهيل بن عمرو صاحب صلح الحديبية، قاله القاضي العلامة أحمد بن صالح بن أبي الرجال وقال فيه: هو من أهل الطريقة الأويسية، ثم قال: من عجائبه إذا قام للصلاة انقبض ظهره كأنه مكسورٌ، وعند تلاوة الفاتحة يرصف كأنه مرتعش من مماسة الثلج انتهى بلفظه.

96- الفقيه محمد بن أحمد الحطروم

الفقيه التقي الزكي الطاهر النقي محمد بن أحمد بن هادي الحطروم. ذكره بهذه النعوت والأوصاف المتقدمة القاضي الحافظ أحمد بن سعد الدين المسوري، ويكفيه هذا الثناء من هذا العالم الجليل، فمن شهد له خزيمة فهو حسبه.

وكان الفقيه المذكور صاحب الترجمة من تجار أهالي مدينة صعدة ومن أهل اليسار، وله اختلاط بالعلماء الأكابر أثناء ترحله وتنقله ما بين البلدان كصنعاء وغيرها لمزاولة تجارته، وله محاسن ومآثر باقية منها الوقفية المشهورة بوقفية الحطروم شمالي داير صعدة، وهي وقفية واسعة الأطراف كانت تسمى بمحجر

الأشراف فاشتراها من الأشراف الحمزات آل حميضة وآل حسين في تاريخ شهر رمضان سنة 1071 وأوقفها وحبسها لرعي أغنام أهل صعدة وقبر موتاهم فيها، وقد فات عني ما أنقله عن تلك الوقفية فالله المستعان.

وفي كتاب بهجة الزمن في تاريخ اليمن لمؤلفه سيدي الجد العلامة المؤرخ عماد الدين يحيى بن الحسين بن الإمام القاسم بن محمد في حوادث سنة 1079 تسع وسبعين وألف ما لفظه: وفيها مات محمد الحطروم الصعدي التاجر فانكشفت تجارته أكثرها معاملة للناس وبيعت بيوته بصنعاء والجراف، وقطعت لأهل الدين والمعاملات، وكان المذكور له حسنات وصدقاته في حياته، ومنها سمسرة وماجل للماء في نقيل عجيب، وماجل آخر في العمشية من بلاد سفيان على طريق صعدة انتهى بلفظه.

97. السيد محمد بن صلاح الجوهرتين الحسني

السيد الجليل الأديب عز الدين محمد بن صلاح الجوهرتين الهدوي الحسني، وسيأتي تحقيق نسب أهل هذا البيت في آخر هذه الترجمة.

كان صاحب الترجمة سيدا جليلا، من أدباء وقته بالمدينة الصعدية، ورأيت في ترجمته أيضا أنه أحد الذين اتصلوا بمقام المولى ملك اليمن محمد بن الحسن بن الإمام القاسم بن محمد أيام ولايته على صعدة، ولازمه أيضا مدة بذمار، والذين اتصلوا بمقام المولى المذكور وتولوا له وظيفة الإنشاء عدة من فضلاء صعدة وأدبائها، من أشهرهم السيد محمد بن الهادي الديلمي، والسيد صلاح بن أحمد بن عز الدين المؤيدي، والسيد يحيى بن أحمد العباسي الآتية ترجمته قريبا، ومنهم أيضا صاحب هذه الترجمة، وهو الذي ألف في سيرة المولى محمد بن الحسن المذكور كتابه المسمى (الدر المنثور في سيرة الملك العادل الفاضل المشهور)، وقفت عليه

بحمد الله ونقلت منه في كتابي هذا، من ذلك ما جاء في أثناء الترجمة هذه، ويقال لكتابه أيضا (الجواهر المضية في سيرة الدولة العزية). وقد توهم بعض المطلعين من أهل الفهارس للكتب أن الكتاب المذكور في سيرة الإمام الهادي إلى الحق عز الدين بن الحسن، ونسبه إلى السيد العلامة حاكم المسلمين بصعدة محمد بن صلاح الحسني المتوفى بعد 936هـ، وتابعه على ذلك جملة من المعاصرين، والصحيح أن الكتاب في سيرة المولى ملك اليمن محمد بن الحسن بن الإمام القاسم بن محمد، صنفه صاحب الترجمة السيد محمد بن صلاح الجوهرتين لمخدومه المذكور، وكان فراغه من ذلك سنة 1056 ست وخمسين وألف.

قلت: وقد تكلف المترجم له رحمه الله قبل البدء في موضوع كتابه المذكور على نقل معظم الأخبار التي أوردها المؤرخ الديبع في ذكر ملوك اليمن، فاستغرق منه ذلك عشرة أبواب، ثم اتبع ذلك ببابين الأول: في ذكر الدعوة المنصورية يعني الإمام القاسم بن محمد، والباب الثاني في ذكر دعوة ولده الإمام المؤيد بالله عليهما السلام أجمعين، ثم ختم ذلك بأوصاف الدولة العزية مشتملة على سيرة المولى محمد بن الحسن المذكور أيام توليه في الجهات الصعدية والبقاع اليمنية، ومن ثم اتبع ذلك ما قيل فيه من المدائح السامية المنيفة مسميا ذلك (العقد المنظوم في مدح المولى العلامة الذي هو بكل خير موسوم).

وأورد خلال ذلك شيئا من نظمه وأدبه، ومن أوائل قصائده في مدح المولى محمد بن الحسن بن الإمام القاسم هذه القصيدة، نكتفي بها عن غيرها، أنشدها بصعدة المحروسة سنة 1047 في الدار المحروسة دار المطهر بن الإمام شرف الدين ومطلعها:

يا طائرا ناح ليلا فوق أغصان ... فطير النوم عن أجفان أعياني
وذكّر الصب إلفاً كان يألفه ... ومربعاً كان فيه أنسي الفاني

ومن مديحها:

قد كنت قبل عمياً عن محاسنه حتى عثرت على در وعقيان
وكنت لا أصنع الشعر الذي صنعوا حتى غدوت شهيرا بين أخواني
فما امرؤ القيس مثلي في محاورة ولا ابن زيدون في دري ومرجاني
ولا البهاء زهير في ملاطفتي ولا ابن أحمد في لطفي وسلواني
ولا الدريدي فيما قال من حكم ولا المقرب مثلي وابن غيلان
ولا أبو الطيب المشهور في أدب ولا لبيد الذي ما إن له ثاني
ولا الجلالي في صنعاء مسكنه ولا المعري من فرسان ميداني
في مدح من صار في هذا الورى علما محمد القرم من أبناء عدنان
فياله من همام سيد سند وياله من عظيم القدر والشأن

إلى آخر أبيات القصيدة وقد لازم بعد هذا التاريخ مقام المولى محمد بن الحسن وزادت رتبته لدى ممدوحه، وأنعم عليه فكانت أحوال صاحب الترجمة بمدينة صعدة عنده الأيام السعيدة، وفي ذمار كذلك لم يزل معززا مكرما لديه يتعاطى في مقامه كتابة الإنشاء على ما يريد ويشاء، ويظهر ما كان بين صاحب الترجمة وبين السيد صلاح بن أحمد بن عز الدين المؤيدي المتقدمة ترجمته بحرف الصاد بعض منافسة في مقام المولى محمد بن الحسن، وقد ذكر طرفا من ذلك في كتابه المتقدم التعريف به آنفا.

وفي سنة 1055 خمس وخمسين وألف استأذن صاحب الترجمة المولى محمد بن الحسن بن الإمام القاسم في الحج، فكتب له إلى عامله باللحية بجميع ما طلب من ذلك إركابه سفينة للسفر عبر البحر، وكتب أيضا إلى عامله بجبلة بما يحتاجه من أعمال السفر، ثم كتب له مرقوماً شريفا هذا رقمه ولفظه: أذنا للسيد الجليل الأصيل جمال الدين محمد بن صلاح الجوهرتين أن يترّحل من الجهة اليمنية إلى

الجهات الشامية لزيارة أرحامه، وتجديد العهد بالحرم الشريف، مأمورا بالدعاء، مصحوب السلامة والكرامة، واثقاً منّا بالود في الحضرة والبعد، مع يد الرعاية، وإسبال ستر الحماية والكفاية، لا يغير بعاده عنا ودا، ولا يحط مما ألفه من نوال نعمنا مجدا، وأمرنا ياقوت إسماعيل باستلامه حصانه المعروف بالمقداد ابن الحصان الأسود الصعدي، وأن يكون له من الجراية ما يزيد على إرادة مالكه، وهو له في أي وقت عاد، وإن أخرجناه لسبب بعده كان له العِيْضة منه، وألزمنا الكاتب مشرح أن لا يسقط مما هو له من المعلوم شيئا، وأن يترك اسمه في الدفتر الشريف جوهرا مضيئا، ويحاسبه به وقت عوده شيئا فشيئا، وهو المدعو له في جميع الحالات، المذكور بأحسن المقالات انتهى.

ثم إن صاحب الترجمة أقام مجاورا لبيت الله الحرام إلى عام 55 وألف، ثم عاد إلى اليمن ملازما لممدوحه المولى محمد بن الحسن وتنقطع أخباره من سنة 1056 ست وخمسين وألف وهو العام الذي فرغ فيه من تصنيف كتابه الدر المنثور المتقدم التعريف به، إذ لم أقف له على أي ذكر في كتب التواريخ المصنفة في عصره وما بعده، إلا أني رأيت في آخر نسخة مخطوطة من ديوان الإمام الواثق بالله المطهر بن محمد المتوفى سنة 802هـ جاء فيه ما لفظه: كان تحرير هذا الديوان المبارك بمحروس مدينة صعدة حرسها الله بالصالحين، وتم بمن الله وحمده وحسن توفيقه وإعانته وتفضله نهار الثلوث رابع شهر رجب الأصب من شهور سنة ثمان وثمانين وألف بخط الفقير إلى الله الغني هادي بن صلاح الجوهرتين الهدوي الحسني بعناية صنوه السيد شرف الدين الحسين بن صلاح الجوهرتين عفا الله عنهما وثبتهما في الدارين ودفع عنهما كل مكروه وشين بحق محمد وآله الطاهرين انتهى.

(تحقيق نسب بيت الجوهرتين بصعدة)

ثم إني اطلعت على مرفوع نسب صاحب الترجمة وتاريخ وفاته وصفته وذلك فيما نقلت إلى أحد دفاتري من شاهد قبر صاحب الترجمة الذي وقفت عليه بمقبرة القرضين، ومما جاء فيه في ذكر صفته ما لفظه: هذا ضريح السيد الهمام، الأفضل الصمصامة، الصدر الأوحد، العلم الأمجد، ذي الأخلاق الرضية، والأعمال الصالحة المرضية، ذي العلم والبلاغة، والأدب والفصاحة، عز الدين، وعين أعيان أهل البيت المطهرين، وأرخ وفاته فيه فقال: توفي يوم الثلاثاء سابع شهر الحجة الحرام سنة 1074 أربع وسبعين وألف، وقبل ذلك رفع نسبه فقال: محمد بن صلاح بن محمد بن ناصر بن الهادي بن عبد الله بن محمد بن صلاح بن يوسف بن صلاح بن المرتضى بن الحسن بن علي بن منصور بن يحيى بن منصور بن المفضل بن عبد الله الملقب بالحجاج لكثرة حجه بن علي بن يحيى بن القاسم بن الإمام الداعي يوسف بن المنصور يحيى بن الناصر بن الإمام الهادي إلى الحق يحيى بن الحسين إلى آخر النسب المعروف.

فهذا هو نسب السادة آل الجوهرتين، ولعل أول من تلقب بالجوهرتين هو والد صاحب الترجمة السيد صلاح بن محمد والله أعلم. ومثل ما تقدم قرأته في تاريخ بني المفضل الكمّل، فقد قال عند ذكر عقب السيد يوسف بن صلاح بن المرتضى ما لفظه: وله من الأولاد: الولدان النجيبان العالمان الإمامان محمد بن يوسف وصلاح بن يوسف، فأما محمد بن يوسف فخرج إلى ثلا ودعا وتكنى بالناصر ومات ودفن بمسجد سعيد بقبته المعروفة بثلا وكانت وفاته يوم الخميس تاسع وعشرين شعبان سنة 893 ثلاث وتسعين وثمانمائة، ولا عقب له، وأما أخوه صلاح بن يوسف فكان عالما كاملا مثل أخيه لا سيما في علم

الكلام، وكانت بينهما غاية المحبة والأخوة والملازمة والمتابعة في الآراء واتحاد المرادات والاعتقادات، ولزم صلاح مكان أخيه بعد موته حتى لحقه ودفن بالقرب منه وذلك في شهر شوال سنة 901 إحدى وتسعمائة، ولصلاح ولد واحد اسمه محمد وطريقته حسنة، وتوفي في شهر جمادى الأولى سنة عشرين وتسعمائة انتهى ما أردنا نقله، وقد علق على هذا الكلام أحدهم فقال:

ولمحمد (يعني محمد بن صلاح بن يوسف): سيدي العلامة العابد الزاهد عبد الله بن محمد بن صلاح بن يوسف وهو المعروف بالحاجري، قبره ببيت بحر، وله قبة عظيمة مشهور مزور، وينسب إليه السادة بني الجوهرتين الذين بصعدة، والسيد العلامة الولي بن عبدالله الذي سكن مكة المشرفة بالله، وابتدا عزمه في سادس الثمانين والتسعمائة حال حصل ما حصل في أولاد مطهر وأعيان السادة، ودخل إلى مكة إلى حضرة الشريف الحسن بن أبي نمي فبلغ لديه الذي لا يبلغه إلا (الكبراء) رحمهم الله انتهى بلفظه وحروفه.

قلت: وإنما حققت ذلك لأنه جاء في نسختين من مشجر روضة الألباب لأبي علامة ما يفيد أن نسب صاحب الترجمة وإخوته الحسن والحسين وهادي كالتالي: محمد بن صلاح بن محمد بن ناصر بن الهادي بن عبدالله بن أحمد بن يوسف بن صلاح بن المرتضى إلى آخر النسب المتقدم، فتأمل فقد جعلهم من عقب أحمد بن يوسف، وهذا أحمد ممن لم يتطرق لذكره في تاريخ بني المفضل، وقد تابع ما جاء في المشجر لأبي علامة السيد العلامة علي بن عبدالكريم الفضيل في كتابه المعروف بمشجر الأغصان، والصحيح ما تقدم آنفاً أنهم من ذرية السيد محمد بن صلاح بن يوسف، ويقال لهم في أيامنا بيت الجوهري برحبان وقد قلوا فليعلم ذلك.

98ـ السيد الرئيس محمد بن صلاح القطابري

السيد الجليل الرئيس العلامة عز الدين محمد بن صلاح بن يحيى بن محمد بن يحيى بن القاسم بن محمد بن الهادي بن إبراهيم بن الأمير المؤيد بن أحمد بن الأمير شمس الدين يحيى بن أحمد بن يحيى بن يحيى الحسني اليحيوي الملقب القطابري كسلفه.

كان صاحب الترجمة من كملاء السادة في عصره ومن أعيان المجاهدين مع الإمام القاسم بن محمد ومن قبله مع الإمام الحسن بن علي بن داود، وقد ذكره هو ووالده مصنف سيرته، قال السيد يحيى بن الحسين بن القاسم في طبقاته مترجما له: كان هذا السيد من علماء الآل الكبار وفضلائهم الأخيار، عاصر الإمام المنصور بالله ولبى دعوته وناصره وجاهد معه، وتولى بعض بلاد خولان الشام من قبله، وكان البعض الآخر بنظر السيد علي بن إبراهيم المحنكي. وهو الذي وقعت الحرب بينه وبين السيد محمد بن عبد الله أبي علامة حتى وقع في أسره.

وذكره السيد مطهر الجرموزي من عيون علماء أهل البيت المعاصرين للإمام القاسم بن محمد فقال في النبذة المشيرة ما لفظه:

ومنهم السيد العلامة الكبير محمد بن صلاح القطابري، وكان هذا السيد معروفاً بالعلم الغزير والفضل الشهير، وسمعت عن كثير عن المنصور بالله القاسم عليه السلام أن هذا السيد أهل للإمامة، توفي رحمه الله في عام ثمان عشرة وألف قال: ومنهم صنوه السيد العالم الفصيح الكامل عماد الدين يحيى ابن صلاح وكان تلو أخيه معروفاً بالبلاغة والشعر الحسن.

وفي تاريخ مطلع البدور أثناء ترجمته ما لفظه: ومما يحسن نقله ما تساجل به هو والسيدان الكاملان يحيى بن صلاح صنوه والسيد محمد بن عبد الرحمن

المؤيدي قال السيد محمد بن صلاح هذا رحمه الله:

وقائلةٍ مالي رأيتك فاركاً	لقربى أما لي في هواك نصيبُ؟
ومالك ترضى بالبعاد وغربة	وترغب عني إن ذا لعجيبُ
أما أنا ذات المبسم العذب واللمى	وساجية الطرف الكحيل عَرُوبُ؟

فقال صنوه السيد عماد الدين:

فقلت وقد أشْكت بقلبي حرارة	بمنطقها فالقلب منه كئيبُ
أما وأبي ما غيّر الدهر لوعةً	فحبك شيء لست عنه أتوبُ
وما مغرم بالماء حرّان صادياً	يكاد من القيظ الشديد يذوبُ
بأبرح من شوقي إلى طلب العلى	ولست وبيت الله عنه أثوبُ

وقال محمد بن عبد الرحمن:

دعاني إليها محتد أي محتد	وإني لداعيه المهيب مجيبُ
على أنني أدعو العلا فيجيبني	إجابة محبوب دعاه حبيبُ
لي المجد إرثاً من علي وفاطم	ومن أنجبا في الناس فهو نجيبُ
فإن لم أصن مجدي فما أنا منهما	ولا لي فيما خلفاه نصيبُ

ويروى أن الآخر أتم أبياته قبل أن يجف مداد الأول انتهى.

5 وقد ذكر السيد المولى الكبير أحمد بن محمد الشرفي في اللآلي المضيئة قضية أسر صاحب الترجمة، وكان متوليا حينها برازح وقصد السيد محمد بن عبد الله الملقب بأبي علامة له وما تعقب ذلك من وقعة المرازم ببلاد خولان في شهر محرم سنة 1007 سبع وألف، ثم ما تعقبها من وصول السيد محمد بن صلاح والسيد العلامة أحمد بن الحسن المؤيدي مأسورين إلى قراض من بلاد آل أبي الخطاب،

10 فكان سعي قبائل تلك الجهة إلى السيد محمد بن عبد الله في إطلاق السيدين المذكورين فأطلقهما، قال السيد الحسن بن صلاح الداعي في شرح الدامغة

الكبرى بعد نقل تلك الأحداث: ولم يزل السيد محمد بن صلاح القطابري في جهاته القطابرية مدرسا، وكان ذا زهد عظيم حتى أنا نسمع أنه كان له في بيته مطحن لنفقته هو وأهله من الحلال، ومطحن يطحن عليها قوت المتعلمين والوافدين للعلم من الزكاة حتى توفي رحمه الله تعالى بمحروس قراض في شهر ذي الحجة سنة عشر بعد الألف، وقبره في قبة مسطحة في يماني المسجد المنسوب إلى آل يعيش انتهى.

وفي كتاب إجازات الحافظ أحمد بن سعد الدين المسوري بعد رفع نسب صاحب الترجمة ما صورته:

توفي السيد محمد بن صلاح القطابري رحمه الله في العشر الأواخر من ذي الحجة آخر عام 1016 ست عشرة وألف، وتوفي أخوه السيد العلامة يحيى بن صلاح في جمادى عام سبع عشرة وألف، وكانا من عيون العترة وأكابرهم، ومحمد من مشاهير أكابر أصحاب الإمامين الأعظمين الناصر لدين الله الحسن بن علي والمنصور بالله القاسم بن محمد سلام الله عليهما، ويحيى من نجباء العترة وأدبائهم، وكلاهما عالمان متطلعان شهيران جليلان، ومن ولد محمد بن صلاح السيد العلامة أحمد بن محمد بن صلاح طول الله عمره أحد العلماء الأفاضل وأعيان الزمان، وهو الذي أخبرني بنسبهما وتاريخ وفاتهما وكتبه لي بخطه في رجب عام تسع وأربعين وألف بدرب الأمير في مقام مولانا أمير المؤمنين المؤيد بالله سلام الله عليه انتهى بلفظه وحروفه.

99ـ السيد محمد بن صلاح الداعي

تقدمت ترجمة السيد محمد بن صلاح الداعي أثناء ترجمة والده بحرف الصاد.

100. السيد محمد بن عبد الرحمن المؤيدي

السيد المقام العلامة العلم عز الدين محمد بن عبد الرحمن بن يحيى بن أحمد بن الإمام عز الدين بن الحسن الحسني المؤيدي الصعدي اليمني.

وهو من عيون السادة بني المؤيد وأماثلهم الأعلام الصدور. كان يسكن العشة من أعمال صعدة عالماً بليغاً مقولا صدرا، وقد ذكره الفقيه العلامة شهاب الدين أحمد بن محمد البهكلي التهامي في قصيدته التي ذكر فيها أعيان السادة آل المؤيد وقد تقدم فيما سبق ذكر أبيات من القصيدة وخص صاحب الترجمة بقوله فيها:

هـذا ولم أنـس عظيـم الأنـس	عز الهدى والدين زاكـي النـفس
والـد يحيـى وأخيـه الشمسـي	وفـرع دوحـات نماهـا قـدسي
فـرد وحيـد يـا لـه مـن فـرد	
محمـد بـن عابـد الـرحمن	عيـن عيـون السـادة الأعيـان
ولجـة المعـروف والاحسـان	أربـت سجايـاه علـى كيـوان
بهمــــة سـاميـة وجــد	

وأخبار هذا السيد ومناقبه كثيرة أضاعها عدم التدوين، فالله المستعان. وكان رحمه الله تعالى ممدحا بالشعر من قبل أهل وقته، ومما وقفت عليه هذه القصيدة التي وجهها إليه السيد العلامة الفصيح يحيى بن صلاح بن يحيى القطابري المتوفى سنة 1017 ومطلعها:

لـولا فـراق ذوات الأعيـن النجـل	لما جرت أدمعي كالعارض الهطل
ولا بقيـت سميـر النجـم مكتحـلاً	بالسهد حتى رماني النجم بالنقل
ولا وقفـت علـى الأطـلال أسألهـا	وقوف ذي ضايـع يعـزى إلى البخل
وكيـف ذا وفـؤادي في يـدي رشـأ	مستأسـد لا بـأعوان ولا خــول

إلى أن يتخلص إلى ذكر صاحب الترجمة فيقول:

100- السيد محمد بن عبد الرحمن المؤيدي

يـا راحـلاً راكبـاً وجنـاء يعملـة	سريعة الوخد والارقـال والرمـل
كأنهـا مضرحي خـد في خبـب	أبــو فــروخ إلــيهم طالــت العقـل
عرج على سيد السـادات مـن حسـن	مــن فــاق أقرانــه في العلــم والعمـل
أعنــي محمــداً المحمــود نائلــه	حلو الشمائل والأخلاق عـن كمـل
خـدن المكـارم لا تــرضى بــه بــدلاً	من أين أو كيف ترضى فيه مـن بـدل
والثم ثرى العشة الغنـاء إذ شرفـت	بمـن ثواهـا فصـارت دارة الحمـل
وسر بهـا في سـواد الليـل معتسفـاً	فنفحـة الطيـب تهديهـا إلى الحلـل
وقل لـه قـول مـن أصفى مودتـه	في داخل القلب وداً غـير منتقـل
يا ليت شعري هل أحظى بـرؤيتكم	فــلا أفـوه بليـت بعـدها وهـل
في مجلس فيـه للآداب منتشـر	مـع بنيـه مصـوناً عـن ذوي نغـل

***

ونقلت عن خط سيدي المولى العلامة وجيه الإسلام عبد الرحمن بن حسين ابن مهدي شايم أبقاه الله ما لفظه: نقلت هذا من خط العلامة داود بـن الهـادي رحمه الله ونصه: هذه الرسالة المفيدة ذات المعاني الفريدة، أنشاها القاضي العلامة البليغ المصقع الفهامة جمال الملة والدين وعمدة شيعة أهل البيت المطهرين علي ابن الحسين المسوري رحمه الله:

بسم الله الرحمن الرحيم وصلى الله على سيدنا محمد وآله وسلم.

سلام يفضح الأزهار نوره، وينوب عن النيرين نوره، واكرام يفتر عـن درر الكرامة الدائمة ثغوره، ويتقلد أطواق السلامة نحوره، ورضوان تجري سفن النجاة في الدارين بحوره، وتشاد بالفوز فيها قصوره، أخدم بعد تقبيل الأقدام الطاهرة حضرة سيدي الذي ما اجتنى مجتن إلا من ثمرات آدابه الحلوة المطعم، ولا ارتشف صاد أهنأ من سلسل علومه الواكفة الديم، ولا تعطرنا بمثل عبير

مفاكتهه التي استحق لديها المسك أن يعرك ويكتم، عز الآل لا أعدمهم الله ذلك العز الباذخ، وعلم مجدهم أمتعهم مر الجديدين بذلك العلم الشامخ، فرع الطاهرين من عترة النبي الأمين، وخلف الصالحين من ذرية الأنزع البطين محمد ابن عبد الرحمن بن يحيى بن أحمد بن أمير المؤمنين حرس الله شمس سعوده عن الأفول، وصان حدائق كماله عن المحول، وينهي المملوك إنه إذ استقلت ركائبه عن تلك الساحة الخضراء، أو الحضرة التي لم تزل حقيبة فضائلها بجرا، لبس من الكآبة درعاً سابغة الذيول حقيقة أن تسمى ذات الفضول، محكمة السرد فلو أن لي مثلها من الحديد لعادت السيوف من قراعها ذات فلول، لا سيما وقد اشتملت على صارة التي ليس بها للسلف إمارة، نهارها على كثرة طوارقه أشد ظلمة من الليل، وليلها على ما به من الوحشة طويل الذيل:

فيا لك من ليل كأن نجومه بكل مغار الفتل شدت بيذبل

ويا لله قلبي كم يعذبه النوى، وصبري كم يهزم تجلده الهوى، وسلوي كم لا يزال بيد الأحزان موهون القوى، والحمد لله على كل حال ما هاج بلبال وما قر بال، وقد عفّر المملوك خديه في تلك المشاهد المقدسة، وزار تلك المساجد التي هي على التقوى والرضوان مؤسسة، واستعبر واعتبر واستغاث بمن ضمت تلك القباب الشريفة من ريب الزمان وجأر، واستشفع بهم إلى مولاه في محو ما أثبت في صحيفته ملك السيئات وصدّر، فهم والله القوم لا يشقى بهم جليسهم، وظهرت والحمد لله هنالك علامات القبول، بما حصل من انشراح الصدر وإيذان المدامع بالهطول، وتمم ذلك المقصد الصالح مشاهدة غرة سنا سيدي صارم الدين(31) وارتشاف كؤوس آدابه والتمتع بمباحثته التي لا يتمنى إلا

(31) بخط سيدي عبد الرحمن شايم ما لفظه: يظهر أن المراد بصارم الدين المذكور في الرسالة =

مثلها المحب من أحبابه، أنزل أطال الله أيامه هو ومن لديه إنزال الكرماء، ونزّل المملوك منزلة العظماء، ولم يعتبر المثل اللائق بحال المملوك: أنف في السماء وأست في الماء:

أبى الفضل إلا أن يكون لأهله وحسن الثناء إلا لآل محمد

هذا وقد عقد المملوك ألوية العزم على السفر الميمون، وشد عرى النية على الارتحال الذي هو إن شاء الله بالنجح مقرون، فلسيدي ومن لديه الفضل بإمداد المملوك بمد دعائهم الذي لا يرد، وإعانته بوافد أدعيتهم الذي هو إن شاء الله عن أبواب القبول لا يصد، فليس غير الدعاء منكم لنا أرب.

نعم كان المملوك حال عزمه من ذلك المقر العلوي والمقام اليحيوي نظم أبياتا ناطقة بلسان الاعتذار عن تقصير اللبث بتلك الحضرة التي لا تحكي مثل سناء أنوارها الأقمار، ولا يفوح عن مثل شذا نفحاتها الأزهار، فجاءت تلك الأبيات مغبّرة الأرجاء، تمشي من الركة على قدم عوجاء، فهمّ المملوك بستر عوارها ومحو آثارها، ثم إنه ألقي في روعه وطن في سمعه ما أرشد الله تبارك وتعالى إليه، ونبه عز وجل عليه بقوله: {ومن قدر عليه رزقه فلينفق مما آتاه الله}. فتشجعت نفس المملوك على بعثها إلى ذلك المقام وإن كانت بالاهمال حقيقة، وإصدارها على ما بها من الضلع وإن كانت بالاغفال خليقة، فلسيدي المنة بتحميل تلك المعورة بالقبول لها والاجمال، وإغضاء عين الانتقاد عما اشتملت عليه من النقص والاختلال، هذا وكل من حواه ذلك المقام المحمدي وسما فخاره بالمنصب المؤيدي مخدوم بأفضل السلام ورحمة الله وبركاته بأتم ذلك وأكمله وأعمه واشمله سيدي المولى الفخري شيبة الحمد المنورة وذات المجد المطهرة، وهو مسئول الدعاء والصفح عن ترك مطالعته حفظه الله فلم أدع داود بن الهادي رحمهم الله جميعا وإيانا.

ذلك إلا إجلالا لا إخلالا، لا برح الجميع في ظل حماية الرب وكفايته وكلاءته، ولا حول ولا قوة إلا بالله العلي العظيم. وهذه القصيدة الفريدة:

هذي رياض تروق القلب والبصرا ... فنزه القلب فيها تبلغ الوطرا
حدائق قيد أحداق فلست ترى ... من جهلها لسواها تصرف النظرا
سلت على جيش همي سيف نضرتها ... فانسل منها لواذا خائفا حذرا
وضاحكتني لما أن نزلت بها ... فكان ذلك منها لي أتم قِرى
إذ أطفأت نار كرب عن فؤاد فتى ... لولا المدامع تهمي فوقه استعرا
وراسلتني بأقلام الغصون على ... أوراقها الخضر أن هنيت طيب كرا
وخاطبتني بتغريد الحمائم إن ... قد فزت بالسؤل إذ وفيتها سحرا
وعطرتني بنشر لو يقاس به المـ ... ـسك الذكي لأضحى المسك مفتخرا
وناولتني من أكمامها زهرا ... غضاً يصغر قدراً حسنه الزهرا
وقدمت لي جنياً من فواكهها ... لو ذاقه من براه جسمه لبرا
وأبلغ السؤل أني إذ نزلت بها ... شاهدت ما لعقول الخلق قد بهرا
علماً وحلماً وإحسانا وطيب ثنا ... لولا سناه لبدر التم ما ظهرا
من عصبة من بني الهادي لمجدهم ... بيت على قمة الجوزاء قد عمرا
أساة عي إذا قالوا وإن فعلوا ... عدمت والله إلا منهم النظرا
ما بين شيخ وكهل فاضل وفتى ... عما تقهقر عنه الشمس قد سفرا
هذا به نستقيل الله عثرتنا ... من الخطايا ونستقي به المطرا
وذا يمل علينا كل معجزة ... من العلوم فيشفينا بما سطرا
وذا إلى المجد يسعى دائبا وإذا ... ما رام نيل فخار حازه وجرى
أتيتهم فأتيت المجد شامخة ... أعلامه وأتيت الجود منهمرا
هم شرفوني أدام الله مجدهم ... وصيروني بما أولوا أرى وأُرى
من بعد إن كان هذا الدهر صيرني ... بفعله مضمر الأحوال مستترا

والله لــولا أطيفــال كزغــب قطــا ... يــرون للبعــد عنــي المــوت محتقــرا
بهــم فــؤادي لا يخلــو تــذكره ... في كــل حــين فلــولا الصــبر لانفطــرا
وحــق مــولى لــه حــق قــد اعترفــت ... بــه البريــة مــن عــادى ومــن نصــرا
مــا كنــت إلا لــديهم عاكفــاً ولهــم ... خدناً ومن بحرهم اســتخرج الــدررا
ولا تخــذت بروجــاً هــم أهلتهــا ... لي مربعا وهجــرت البــدو والحضــرا
ولارتشفت كؤوس الوصــل صــافية ... بقــربهم وســقيت الحاســدين صرا
فــإن لي بهــم وجــدا لــو احتمــل الــ ... ـصخر الأصــم يســيرا منــه مــا قــدرا
لكــن دهــري لا يهــوى مســاعدتي ... فــيما أحــب فشــربي لم يــزل كــدرا
سقى الحيــا العشــة الغنــاء منهمــرا ... مــا مــاء ورد خــدود بالحيــا قطــرا
فإنهــا نزهــة الأبصــار فــارع بهــا ... سرح البصــيرة إمــا كنــت معتــذرا
قد أرغمت أنــف رحبــان بــما جمعــت ... من المحاسن حتــى ضــاق وانكســرا
ثم الصــلاة عــلى الهــادي وعترتــه الــ ... ـهداة للخلق مــا فــوج النســيم سرى

***

وفي سيرة الإمام المؤيد بالله محمد بن القاسم المسماة الجوهرة المنيرة قصيدة للسيد البليغ المقول محمد بن عبد الرحمن المؤيدي قالها عند وصول سلطان الإسلام الحسن بن الإمام القاسم بن محمد إلى صعدة المحروسة واليا عليها من قبل صنوه الإمام المؤيد بالله وذلك في شهر ربيع سنة 1032 أولها قوله:

رايــات مجــدك يــا ذا المجــد والجــود ... قــد أعلمــت عَلَمــيْ نصــر وتأييــد
وشمس علياك لما أسفرت ذهبت ... أنوارهــا بــدياجي الغمــة الســود
الناس أنت ومــا في النــاس مثلــك لا ... وشــاهدي كــل مســموع ومشــهود
إلا بنــو قاســم مــا فــاتهم أحــد ... وكــل مــا فيــه فــيهم غــير مفقــود
مــنهم إمــام عظــيم طــاب محتــده ... أصــلا وفرعــا بوصــف غــير محــدود
إذا رأتــه بنــو الزهــراء قاطبــة ... قــاموا قيامــاً وحلــوا كــل معقــود

وإن دعـاهم إلى الهيجـاء مـا لبثـوا بعـد الـدعاء ولبـى كـل مـن نـودي
ومـنهم سـيدا آل النبـي معـا شمس الهدى وصفي الدين ذو الجود
بـدرا كـمال وليثـا كـل ملحمـة بحـرا نـوال يفوقـا كـل مـورود
والله مانـام خصـم هـم لـه خصـم ولا ينـال سـوى هـم وتسـهيد
يـا سـيدي شـرف الإسلام معـذرة إن قـل يـا سـيدي جهـدي ومجهـود
لا خيـل عنـدي أهـديها لمقـدمكم وهـل تجـود يـد إلا بموجـود
لكـن لسـاني سـتهدي مـن مطارفهـا أسـنى رواق عـلى علـيـاء مكـدود
أبكـار فكـر مصـونات تهـيم بهـا الأ رواح تهيامهـا بالغـادة الـرود
مـن كـل قافيـة عـذراء غانيـة عـن الحـلي وترجيـع الأغاريـد
كمثـل أجنحـة الطـاووس زينهـا مـديح أروع شـهم القلـب صـنديد
حامي الذمار إذا أسد الوغى اخترطـت ظبـا وصـبت عليهـا نسـج داود
عرج به تلق قلب الليث في جسـد الإ نسان قد صيغ مـن مجـد ومـن جـود
ليـث إذا اعتقـل الخطـي منصـلتاً في سابغ من لبوس الحـرب مسـرود
والتـاث بيضـته كالشـمس طالعـة تراث قحطان كانت قبـل مـن هـود
خـرت لصـارمه الأعنـاق خاضـعة عـلى الصـعيد ولم تهـمم بتصـعيد
اقـول فيـه الـذي عاينـت فيـه ولا أعـزو إليـه فخـارا غـير مشـهود
سل قصـر صنعاء وصنعاء عـن فتاكتـه ورأيـه وفـؤاد غـير مفـؤدد
ليخـبراك بفعـل لـيس يدركـه سـوى همـام سـديد الـرأي صـنديد
وافى البشير ببشـرى وصـله فسـرى ريـاه مثـل نسـيم الـورد والعـود
واهتز من طرب عطـف الصـفي بـه ودب فيـه سرور غـير معهـود
أضـاء نـورا فجـلى كـل مـدلهم وعـم للبشـر كـل النـاس بـالجود
هنـاه بالوصـل مجبـول الـوداد لـه متـين حبـل بليـف الـود مشـدود
فلسـت أحصـر مـا أولاه مـن كـرم فعـلا وقـولا عظـيما غـير معـدود

كفـاه ربي مكافـاة وأيـده	ولم شملكم مـن غـير تبديـد
وهو الجواد الـذي إن فاض نائله	لم تستو سفن اقتـار على الجودي
لا زلـتـم في سرور دائـم خضـل	ما غـرد الطير شجوا فوق أملـود
ثم الصلاة على المختار أحمد الـ	ـهادي إلى نهج إخلاص وتوحيد
والآل طرا وأهل الحـق أجمعهـم	وابعثـه أسنى مقام منك محمـود

انتهت أبيات القصيدة، ولا أدري بالضبط هل هي لصاحب الترجمة أو لحفيده السيد محمد بن عبد الرحمن بن محمد بن عبد الرحمن المؤيدي، فقد ذكر أن هذا الحفيد من أهل العلم والأدب، ووفاته في شهر رجب سنة 1069.

قلت: أما صاحب الترجمة فكانت وفاته شهر محرم سنة 1034 أربع وثلاثين وألف، وقبره بهجرة فلله في المقبرة التي على يسار الداخل إلى المسجد الأسفل رحمه الله وإيانا والمؤمنين.

101. الفقيه محمد بن عبد العزيز بهران

القاضي العلامة محمد بن عبد العزيز بن محمد بن يحيى بهران البصري التميمي الصعدي اليمني، وقد تقدمت ترجمة لوالده القاضي حاكم المسلمين بصعدة عبد العزيز بهران المتقدم ترجمته بحرف العين، والظاهر أن المترجم أحد تلامذته والله أعلم، وكان له أخوة منهم علي بن عبد العزيز، وعمر بن عبد العزيز، ونجم الدين وغيرهم.

وقد ترجم لصاحب الترجمة القاضي ابن أبي الرجال في مطلع البدور فقال: هو من شيوخ أحمد بن يحيى بن سالم الذويد، قرأ عليه العروض، وأجاز له ما يجوز له روايته، قال سيدنا شمس الدين أحمد بن سعد الدين المسوري: وكان محمد بن عبد العزيز المذكور ذا أدب ومعرفة انتهى.

قلت: وكانت ووفاته رحمه الله في شهر الحجة الحرام سنة أربع وعشرين وألف، وقبره بجنب والده بمقبرة القرضين.

102. السيد محمد بن عبد الله الملقب بأبي علامة

السيد الأمير الكبير عز الدين محمد بن الإمام عبد الله بن علي بن الحسين بن الإمام عز الدين بن الحسن بن الإمام علي بن المؤيد بن جبريل الحسني اليحيوي المؤيدي الصعدي الملقب بأبي علامة.

مولده ليلة الأحد خامس شهر القعدة سنة 972 اثنتين وسبعين وتسعمائة. ونشأ في حجر والده الماضي بحرف العين، وأخذ العلم عنه وعن غيره من العلماء منهم السيد الحافظ صلاح بن أحمد الوزير، وله منه إجازة، وعنه أخذ القاضي حسن بن يحيى حابس وغيره. وقد ترجمه المولى العلامة عبد الله بن الإمام الحسن القاسمي في الجواهر المضيئة فقال:

كان سيداً أميراً كبيراً عالماً متقناً منشئاً فصيحاً بليغاً، له اليد الطولى في معرفة الأنساب والتواريخ، وله في ذلك (التحفة العنبرية في شرح أحوال مجددي العترة)، وسبب تأليفه لها أنه لما ضاق به الخناق في حصار صنعاء رأى الوصي عليه السلام في النوم، فأمره أن يتوسل إلى الله بمجددي أئمة العترة، فإنه لما توفي والده ألجأه الحال إلى الالتجاء إلى الأتراك لما وقع بينه وبين الإمام القاسم وعماله في حياة أبيه من الحروب والمناضلة، وبقي في صنعاء إلى أن افتتحها المؤيد بالله، فوفد عليه وأكرمه المؤيد، وكان يقول بإمامته دون والده الإمام القاسم. قال: وله أيضاً في الأنساب (روضة الألباب في الأنساب) وهو المشجر المشهور إلخ.

قلت: وكتابه (التحفة العنبرية في المجددين من أبناء خير البرية) من كتب التواريخ الجامعة لسير الأئمة عليهم السلام، وقد بناه المترجم له على قصيدة

لامية من بحر البسيط من نظمه، ومطلعها:

يا طالباً للنجا في القول والعمل … وللسلامة من زيغ ومن زلل
الزم طريقة أهل البيت متبعاً … بني البتول وخير الأوصياء علي
فهم بنو المصطفى نص الرسول به … وآله وبنوه في الكتاب تلي
هم خيرة الله خصوا من بريته … وحجة الله في التالين والأول
هم باب حطة هم سفن النجاة وبا … ب السلم فاتبع هدى أخيارها القلل
هم النجاة لمن يبغي النجاة بهم … وعروة الله فالزم عروة الثقل
هم غوث كل لهيف يستغيث بهم … عند الشدائد إذ هم عصمة النزل

إلى أن قال آخرها:

يا جاهلا خبر التجديد تهت عن الـ … ـطريق والجهل بالجهال في شغل
حاشا الرسول فما في قوله هذر … بل قوله الحق إن تجهل به فسل
كل المذاهب ترويه لخيرتها … والنص في الآل بالتجديد صار جلي
من أهل بيتي أتى لفظ الحديث به … فالنص فيهم بلفظ غير محتمل
قل للجهول ومن في قلبه مرض … تنح هذا مقام أنت عنه خلي

وفي كتاب التحف الفاطمية شرح الزلف الإمامية للمولى علامة العصر الأخير مجد الدين بن محمد بن منصور المؤيدي في ذكر صاحب الترجمة جاء ما لفظه: هو الأمير العلامة الخطير الملقب أبا علامة، وهو مؤلف (التحفة العنبرية في المجددين من سلالة خير البرية)، قال: وله المشجر الجامع الحافل المسمى (روضة الألباب وتحفة الأحباب) وهو من أجل المؤلفات في هذا الباب، ومن اطلع على هذين المؤلفين عرف قوة باعه وسعة اطلاعه، وتطلعه في مجال العلوم، وتضلعه من رحيق سلسبيلها المختوم قال: ومشجره هو المعتمد في اليمن وغيره، وهو بقلم أخي المؤلف صلاح بن الإمام، وخطه كسلاسل الذهب، ولا

نظير له فيما أعلم، قال المؤلف فيه ما لفظه: وأنا أبرأ إلى الله ممن ألحق فيه أحداً بغير حقيقة قطعية مشهورة إلى أهل البيت عليهم السلام انتهى بلفظه.

قلت: ولصاحب الترجمة ووالده أخبار في سيرة الإمام القاسم بن محمد وغيرها، وقد جرت أمور انتهى الحال بها بحمد الله تعالى إلى المصافاة بين الإمامين وأولادهما، والمسامحة والمعافاة كما هي السجايا النبوية والشمائل العلوية، قال السيد العلامة الكبير أحمد بن محمد بن صلاح الشرفي أثناء سيرة الإمام القاسم بن محمد ما لفظه: وإلى وقت رقم هذه السيرة المباركة وهو مع الأتراك في صنعاء، له من الرئاسة اسم الإمارة فقط، يعض على يديه، وقد كان قبل هذه الأمور من أعيان العترة، وكان قد ضرب بسهم في العلوم وافر، واستضاء في نواحي الكمال ببدر سافر، ثم لما استولى الإمام على صنعاء في سنة سبع وثلاثين وألف وصل هذا السيد محمد بن عبد الله إلى الإمام المؤيد بالله عليه السلام إلى أقر، مع من وصل من أهل صنعاء وآل المؤيد، وأظهر التوبة والندم، فأجرى له الإمام ولمن يتعلق به ولجميع من كان له جراية من الأشراف آل المطهر وآل المؤيد وغيرهم كفايتهم، ثم حسنت حال السيد محمد بن عبد الله المذكور وأخلص التوبة والإنابة إلى الله سبحانه، وباع جميع أمواله بصنعاء وانتقل بأهله إلى صعدة، فبقي فيها حتى مات ليلة الجمعة ثامن شهر الحجة الحرام سنة 1044 أربع وأربعين وألف رحمه الله رحمة الأبرار انتهى كلامه، والذي وقفت عليه أنه وفاته ليلة الجمعة يوم عرفة من السنة المذكورة، بمدينة صعدة، وبها دفن في مقبرة القرضين.

وقد سبق منا الوعد بإيراد قصيدة الإمام إبراهيم بن محمد المؤيدي في هذا الموضع، وهي مرثاة قالها يرثي صاحب الترجمة، ويرثي معه السيد الصلاحي

102 ـ السيد محمد بن عبد الله الملقب بأبي علامة

صلاح بن أحمد بن المهدي ووالده الذين تتابع انتقالهم إلى رحمة الله في شهر واحد ومطلعها:

أرى بصري قد زاغ واستعظم الأمرا	نعـم قـد أراه الله آيتــه الكـبرى
تتابـع سـادات كـرام غطـارف	جحاجحة شم قد استوطنوا القبرا
بـدور ليـالي المعضلات إذا دجت	وفي الليلــة الظـلماء نفتقـد البـدرا
أقاموا على الـدنيا زمانـاً فأخصبت	وبطن الثرى من حين حلوه قد أثـرا
وحلّـوا ذرى شم المعـالي فألبسـت	بهـم حللا تزهو وماست بهم فخرا
فغـالهم ريب المنـون وألبسـوا	ثياب الردى حمرا ودامت لهم خضرا
فـأول مـن غالتــه منهم محمـد	حليف التقى والجود والعلم والذكرا
رئـيس بنـي الزهرا ودرة تــاجهم	وأكثـرهم زهـدا وأرحـبهم صـدرا
وقفـاه شمـس الآل أحمـد مـن لـه	محامـد جلـت أن أحيـط بهـا شعـرا
معـالٍ لهـا الجوزاء شـدت نطاقهـا	وعن نيلها حارت وقصرت الشعرى
فتى ما فتي بـالعلم والجـود مشرعـاً	فأقبلـت العليـاء إلى سـوحه تـترى
شجـاع جـواد عـادل فـاق خالـدا	وحاتمـاً الطائي وأعـدل مـن كسـرى
وإن قـام في الهيجـاء قامت قناتهـا	ولم يطـق الأعـداء يومـاً لـها كسـرا
فكم مـد بيضـاً مصلتـات إلى العـدا	وكانـت سـيوف الحـق قاصرة بـترا
وعـززت يـا ذا الخطب منا بثالث	رأينـا هلاك النـفس مـن بعـده نزرا
رميت الذي قـد كـان للنـاس كلهـم	صلاحا تصافي قبل أن ينصف العمرا
هجمت الورى فيه وهيجت مـا بهـم	وأحرقت أحشـاء واشعلتها جمـرا
دهمـت الـذي حـل السمـاكين رتبـة	وأنزلتـه قسـرا إلى بـاطن الغـبرا
وأسكنته ضنكا وقد كـان علمـه	وسيب عطـاه يمـلأ البحر والـبرا
فتى ملـك العليـا وفـاز بأسرهـا	وكم من سري ما أطاق لهـا أسرا
هـو البحـر مـا يأتيـه حـبر مقلـد	ولا جاهــل إلا وقلــدهم درا

وأيديـه للعاصـين نـار تليلـة   وللمعـدمين المـرملين غـدت بحـرا
يفـيض علـيهم تـارة مـن يمينـه   ويوليهم من بعد عسـرهم اليسـرى
فيـا سـادة مـاتوا ومـا مـات ذكـرهم   ومـا تركـوا فينـا وأبقـوا لنـا فخـرا
ومأتمهم في الأرض والعرس في السما   ونحـن نعـزيهم وفي الجنـة البشـرى
تـركتم قلوبـاً قلبـت يـوم بيـنكم   عـلى نـار حـزن لا نطيـق لهـا صـبرا
وخلفـتم العليـاء خاويـة البنـا   قد استسلمت للقتل بعـدكم صـبرا
وبـيض المـواضي مغمـدات عقيـبكم   وكانـت بأيـديكم مجـردة حمـرا
فمـن ذا مـن الأعـداء يومـاً يعلهـا   وينهـل إن كلـت مثقفـة سـمرا
ومـن ذاك للجـيش العرمـرم قائـد   إذا ثـارت الاعـدا ونـاهزت النصـرا
ومـن لعلـوم الآل ينشـر طيهـا   ويعلن مـا قـد سـار بـين المـلا سـرا
فيـا لائمـي عـما لقيـت مـن الجـوى   لقد جئت شـيئاً مـن مرامـك لي إمـرا
أما تكفى الولهان (حسـرة مـا يـرى)   منـازل مـن يهـوى معطلـة قفـرا
فآليـت لا أوليـت نفسـي سـلوة   ولا برحـت عينـي لفـرقتهم عـبرى

رحمهم الله تعالىٰ وإيانا والمؤمنين.

(فائدة تاريخية)

منقولة بخط حفيد صاحب الترجمة السيد العلامة محمد بن عبدالله بن محمد أبو علامة الآتية ترجمته لاحقا، حررها بخطه في هامش كتاب جده صاحب الترجمة المسمى التحفة العنبرية ولفظها:

لما كان يوم الخميس ثامن شهر الحجة الحرام سنة أربع وأربعين وألف وصل سيدي العلامة صلاح الإسلام صلاح بن أحمد بن المهدي عادت بركاته بعد عصر ذلك اليوم على المؤلف وهو يجود بنفسه وأنا عنده حاضر له، فجلس لدخوله واتكأ على وسادة خلفه، فأخذ سيدي صلاح يسأله عن حاله فقال: إلى

خير، فأخذ سيدي صلاح هذا الكتاب (يقصد التحفة العنبرية)، فقال له: يا ولدي قد صرت على هذه الحالة بين يدي الله سبحانه وقد قال الناس في القاضي شرف الدين العيزري ما لم يقل ولم يفعل، وأنه سبب في الإمام الحسن بن علي عليه السلام فقد ذكرت ما ذكره لي الأمير عبدالله بن المعافى في الصافحة اليسرى وأن السبب هو الشيخ أحمد المارعي وأن القاضي بريء من ذلك، وسألت سنان عن ما يقال عن القاضي، فقال: كتبنا إليه وأرسلنا إليه بذهب أحمر فأرجعه ولم يقبله وإنما كان العمل على يدي الشيخ أحمد المارعي فذكرت ما قال لي الأمير عبدالله فقط في الصافحة اليسرى، فيحمل القاضي على السلامة فإنه من شيعة أهل البيت ولو جرى في النفس شيء ما أفضى إلى هذا، فالتفت إلي سيدي صلاح وقال: هذا على أصله أو خلط في الكلام، فقلت له: افتح الكتاب فإن وجدته كما قال، فليس بخلط ففتح فوجد هذا الكلام. فعجب وعجبنا من شدة إدراكه في تلك الحالة، فإنما وقفنا عنده إلا ساعة ودنا وقت المغرب فخرجنا إلى مسجد الذويد صلينا المغرب والعشاء في أوله، ورجعنا وسيدي صلاح إليه عادت بركاته رجع إليه بعد تلك الصلاة، فدخلنا عليه وعرفنا وسلمنا عليه فرد علينا أحسن رد، وجلسنا عنده وجلس إليه سيدي صلاح رحمه الله، فسأله: صليتم، قال: نعم، قال: وأنا أريد الصلاة، فقال له: الله قد وسع عليك إلى آخر الليل فأخرها، فمكث قليلا ونفخ نفخة كانت فيها خروج نفسه الكريمة رحمه الله وتلك الليلة ليلة الجمعة يوم عرفة من السنة المذكورة انتهى بلفظه.

103. السيد محمد بن عبد الله أبو علامة

السيد العلامة عز الدين محمد بن عبد الله بن محمد الملقب أبي علامة بن الإمام عبد الله بن علي بن الحسين بن الإمام عز الدين بن الحسن المؤيدي الحسني. وهو حفيد السابق ترجمته، ذكره القاضي ابن أبي الرجال في مطلع البدور استطرادا في

أثناء ترجمة السيد الصلاحي صلاح بن أحمد بن المهدي فقال:

ومن جملة من كان في حضرته الشريفة السيد الأديب الفاضل الذكي محمد ابن عبد الله بن محمد بن عبد الله بن علي بن الحسين. سيد جليل فاضل نبيل حريص على الطاعة مواظب على أنواعها، متواضع حسن الأخلاق يعز نظيره، وهو من أذكى الناس وكان يسميِّه السيد الصلاحي المعري لتوقد فهمه، ويلقبه بالحكيم، ونقل عنه السيد الصلاحي مسائل؛ من ذلك أنه أخبرني قال: قد كان الصنو الصلاحي رحمه الله أخبرني أن ابن حجر العسقلاني الشافعي ذكر أن الاستثناء في قوله ص: (سنوا بهم سنة أهل الكتاب غير آكلي ذبائحهم ولا ناكحي نسائهم) مدرجٌ في قوله: غير؛ فحفظت هذا ورويته عنه، فدارت المسألة بعد موته رحمه الله في حضرة المولى العلامة محمد بن الحسن بن الإمام القاسم أعاد الله من بركته، فرويت هذا ونسبته إلى من نسبه إليه وهو ابن حجر، فطلب التلخيص فلم يوجد بعد كثرة البحث شيء من ذلك، فافترقنا وفي النفس شيء، فلما كنت في المنام رأيته رضي الله عنه فقال لي: رويت عني كذا وكذا ولم تجده، فلعله توهم فيك متوهم فقلت: نعم فقال: هو في نسخة التلخيص في المحل الفلاني في الصفح الفلاني، وعين المحل، فلما أصبحت وجدته كما قال كأنه أرانيه عياناً. قال: وعلى ذكر هذه الرؤيا أذكر ما أخبرني به السيد عز الدين أيضاً قال: كان بعض الشيوخ من الأعراب أهل التقوى والتمسك بالأمور الجلية من الشرع يحضر محضر الصنو صلاح الدين، فيذكر أنه رأى النبي ص ويخبر بأشياء فيرتاب السادة الحاضرون في خبره بل ربما قربوا من التصريح بردِّ ما يحكيه، فجاء يوماً إلى السيد صلاح الدين وقال: يا مولانا قد رأيت النبي ص وقال لي: يا فلان، تَرَدَّدَ الجماعة في خبرك وقولك أنك رأيتني، فقال: نعم يا سيدي، فقال له: اذهب إن شاء الله إلى الولد صلاح بن أحمد، وأخبره بكذا وكذا، وقلْ له: قال لي النبي ص أمارة صدق هذه الرؤيا أنك رأيته الليلة هذه بصفة كذا وكذا وقال

لك كذا وكذا، قال الشيخ: فقد رأيت هذه الرؤيا يا مولاي إن تصح الإمارة صحت رؤياي وإلا لم أعد إلى ذكر شيء. قال السيد صلاح الدين: بلى، والله صدق حديثك وصدقت رؤياك، رأيته ص هذه الليلة بصفة ما ذكرت انتهى كلامه.

وكان صاحب الترجمة من العلماء الفضلاء، وله رواية عن الإمام إبراهيم بن محمد حوريه المؤيدي، وله فوائد منقولة وأبحاث محررة في شتى الفنون والمعارف، إذ كان واسع الإطلاع على الكتب كثير النقل فيها والتعليق على هوامشها والنسخ لها. ورأيت بخطه كتاب البدر الساري في أصول الدين للسيد محمد بن عز الدين المفتي الصنعاني ذكر في آخر تلك النسخة أن الكتاب المذكور له سماع على القاضي العلامة أبي بكر بن يوسف بن راوع في مجالس عديدة آخرها يوم الثلاثاء ثامن شهر القعدة الحرام عام تسع وسبعين وألف في جامع صنعاء. وللمترجم أيضا ملحق على مشجر جده الملقب بأبي علامة السيد محمد ابن عبد الله السابقة ترجمته، قال السيد محمد بن محمد زبارة: تعقبه بإلحاق زيادة فيه جعل علامتها قوله: تمت حفيد.

وفي سيرة الإمام المتوكل على الله إسماعيل التي كتبها السيد مطهر الجرموزي أن الإمام المتوكل على الله أرسل صاحب الترجمة إلى سلطان حضرموت والشحر وجهاتها، وذلك قبل فتح عدن وأرسل معه من العسكر نحوا من أربعين رجلا من كبار الجند، وأمره بإقامة الجمعة في تلك النواحي، وأن يضرب المرفع ويظهر الشعار والتأذين بحي على خير العمل، وتم له ذلك وحصل له موقع وعاد بجواب السلطان والإمام حينئذ في محروس ضوران فسلمه إياه. ولم أضبط تاريخ وفاته إلا أني رأيت فيما نقلته إلى دفاتري أنه كان موجودا سنة 1094 أربع وتسعين وألف رحمه الله وإيانا والمؤمنين.

104. الفقيه محمد بن علي اليعقوبي

الفقيه العلامة المحب الزاهد محمد بن علي اليعقوبي السحاري.

كان صاحب الترجمة من رجالات الفضل والمعرفة والتدين الملازمين للأئمة عليهم السلام، ذكره السيد المؤرخ مطهر بن محمد الجرموزي في أعيان الطبقة الأولىٰ من أصحاب الإمام القاسم بن محمد فقال: ومنهم الفقيه الزاهد الواعظ العابد بدر الدين محمد بن علي اليعقوبي السحاري، كان رحمه الله زاهدا متقشفاً وكان ملازماً سفر الإمام الأعظم الحسن بن علي بن داود سلام الله عليه ورضوانه وحضره، ثم الإمام المنصور بالله القاسم بن محمد سلام الله عليه حتىٰ عجز، وكثيرا ما يملي كتب الإمام القاسم عليه السلام ويقصد للقراءة فيها، وتوفي رحمه الله في معمرة من جبل الأهنوم في شهر الحجة سنة 1028 ثمان وعشرين وألف.

وذكره الجرموزي في موضع آخر فقال: هو الفقيه الزاهد العدل كان من خاصة الإمام الحسن عليه السلام وملازمي مولانا عليه السلام، وكان الخازن لبيت المال للإمام الحسن، وذكر أنه ممن رافق الإمام القاسم بن محمد في المسير للحج قبل الدعوة الميمونة. **قلت**: واطلعت علىٰ جواب مسألة تتعلق بإمامة الإمام القاسم حرره المترجم له يدل علىٰ قدم ثابتة في العلوم رحمه الله. وأصل المترجم فيما يغلب من وادي علاف غربي مدينة صعدة، فهو اليعقوبي العلافي السحاري، وآلت يعقوب من أفخاذ أهل وادي علاف فهم: يعقوبي ومجزبي وكباسي.

105. الفقيه محمد بن علي المهاجر

الفقيه الفاضل العابد العامل محمد بن علي المهاجر. ذكره السيد الحسن بن صلاح الداعي في شرح الدامغة فقال ما موجزه:

كان فقيهاً فاضلا عابدا تولى للإمام المتوكل على الله إسماعيل بن القاسم بلاد رازح بعد وفاة الفقيه محمد بن علي جعفر، ووفاته والياً هناك شهر شوال سنة 1090 تسعين وألف، وقبر فوق مسجد قلعة غمار إلى جهة الشرق.

106. السيد محمد بن علي المنصوري

السيد العلامة محمد بن علي المنصوري، وهو من ذرية الإمام الحسن بن بدر الدين صاحب كتاب أنوار اليقين في الدلائل على إمامة أمير المؤمنين. ورأيت في مشجر أبي علامة أنه محمد بن علي بن أحمد بن يحيى بن محمد بن الحسن بن داود ابن علي بن يحيى بن محمد بن علي بن إبراهيم بن الإمام الحسن بن بدر الدين محمد بن أحمد بن يحيى بن يحيى، وباقي النسب معروف.

ذكر صاحب الترجمة السيد الحسن بن صلاح الداعي في شرح الدامغة فقال:

كان له معرفة حسنة وسيادة وديانة وأمانة، وكان مسكنه هجرة رغافة، ثم بيض لتاريخ وفاته، وهي بعد سنة 1074 أربع وسبعين وألف. وفي بعض الكتب أن له منظومة سماها (تحفة الإخوان وموقظة الوسنان)، وجواب سؤالات والله أعلم، وذريته في أيامنا يلقبون بآل الأصمخي.

107. السيد الإمام محمد بن علي الفوطي

السيد الإمام محمد بن علي بن أحمد بن محمد بن الحسن بن محمد بن علي بن سليمان بن عمر بن عامر بن عاتوب بن المهدي بن عبد الله بن يحيى بن سليمان ابن أحمد بن السيد العالم الزاهد إسحاق بن الإمام الداعي إلى الله يوسف بن الإمام المنصور بالله يحيى بن الإمام الناصر أحمد بن الإمام الهادي إلى الحق يحيى ابن الحسين بن القاسم بن إبراهيم بن إسماعيل بن إبراهيم بن الحسن بن الحسن

ابن علي بن أبي طالب الحسني الهادوي المعروف بالحيداني الفوطي.

نشأ بصعدة وأخذ العلم عن مشايخ وقته، وكان مشهور البركة، مستجاب الدعوة، وله دعوة أيام الإمام المؤيد بالله محمد بن القاسم فلم يحظ بطائل، ثم دعا مرة أخرى أيام صنوه الإمام المتوكل على الله إسماعيل بن القاسم فكان حظه فيها كالمرة الأولى. وقد ترجمه السيد العلامة شرف الإسلام الحسن بن صلاح الداعي في شرح الدامغة الكبرى فقال:

هو السيد الإمام العالم العامل الزاهد الورع الكامل المهدي لدين الله محمد بن علي المعروف بالحيداني الفوطي. كان إمام زهد وعلم وعمل ولم ينل من الإمامة إلا الاسم فقط إلا أن له وقعة على قلعة غمار برازح بينه وبين نائب الإمام فيها وكان يقول: مرادي أن أحشر من جملة الأئمة، وكان له نذور واسعة وكان لا يبخل بها على أحد حضر مجلس وصول النذر إليه إلخ. وأبيات منظومة الدامغة المشروح عليها هذا الكلام قوله:

كــذاك عــاصـره في حـال دعوتــه	ومـات فيهـا إمــام الزهـد والعمــل
مضــى إمامــاً ولم ينفــك مرتــدياً	ثـوب الخلافــة اسمــاً والمقــام خلي

قلت: وله مصنف في أصول الدين سماه (البـدر المنـير في معرفة الله العلي الكبير)، وقد طبع في مجلدين. وقد ذكر أحواله وشيئا من أخباره مصنف السيرة المؤيدية والسيرة المتوكلية وصـاحب بهجـة الـزمن وصاحب طبق الحلوى، وسوف نذكر منها ما نراه مناسبا، وقد ذكروا عنه معتقدات وأحوالا الله أعلم بصحة نسبتها إليه، لقصور السماع عن المعاينة، منها أنه كان يقول بجواز قيام إمامين في عصر واحد. وقد تقدم وذكرنا أن دعوته الأولى كانت أيام الإمام المؤيد بالله محمد بن الإمام القاسم، وذلك في نحو سنة 1034 أربع وثلاثين وألف، وحصلت مواجهة بينه وبين نائب الإمام على بلاد رازح وبني جماعة وهو

يومئذ السيد أحمد بن المهدي، فرده السيد أحمد المذكور بعد علاج شديد، واستمر على دعوته بعد ذلك، ولما بلغه خبر وفاة الإمام المؤيد بالله شهر رجب سنة 1054 صار إلى صعدة المحروسة بالله، وبقي في بعض مساجدها، وكان على ولاية صعدة المحروسة بالله من قبل مولانا المؤيد بالله السيد شرف الدين الحسن بن أحمد بن الإمام الحسن بن علي بن داود، فخاف السيد الحسن أن يحدث منه حدث، فعجل في اعتقاله، فقيل أن السيد الحسن المذكور لما جيء به إليه توعده وتهدده، فدعا عليه الإمام محمد بن علي، وكان مستجاب الدعوة، فشلت يده وبقيت مشلولة إلى وفاته، وكانت مدة بقائه في الاعتقال حتى وصول السيد أحمد أبو طالب شهر محرم سنة 1055 فانفلت صاحب الترجمة من السجن، وحج في ذات العام وكان طريقه من على بيشة، فاجتمع مع ركب قحطان المعروف بالكثرة فأخذ يعاقدهم ويبايعهم على أنهم ينصرونه حتى يظهر أمره في مكة المشرفة، فأجابه منهم القليل وانتشر خبره في مكة، وبلغ الشريف زيد بن محسن وكان في الحج القاضي العلامة شيخ الإسلام صفي الدين أحمد بن سعد الدين المسوري، فأخذته عليه الشفقة وعلى المسلمين وأن يحدث عليهم بسببه مشقة، فأرسل إلى الشريف زيد في أمره فقبض عليه حتى قضى الناس مناسكهم. وكان قد شاع خبره في مكة، وحضرت أول جمعة بعد أيام التشريق، فاجتمع الأمراء وكل منهم ومن أعوانهم يتوقعون الحادث العظيم وقدموا الخطيب المعتاد وأقاموا حوله بالسيوف مسلولة، ولما فرغ الخطيب قام للطواف واستلام الركن فقام من رعاع الناس من يسلم عليه لاعتقادهم أنه المهدي ثم آخر، ثم قام الأمراء وأصحابهم بالسيوف على أولئك، فحصل في المسجد روعة وفزع كبير، وانخزل أهل اليمن إلى جانب إلى أن سكن الرهج وسلم الله ولطف بعباده.

وفي سنة 1061 أيام الإمام المتوكل على الله إسماعيل خرج صاحب الترجمة

داعيا الناس إلى مبايعته وطلع إلى جبل برط ثم نزل منه إلى الجوف ثم إلى بلاد خولان ثم تجاوز إلى بلاد المصعبين بلاد قايفة فقاتله أهل المصعبين ثم عاد وقد نهبت كتبه ورياشه من الثياب والأثاث، وانقطع بعد ذلك إلى حاله في بعض مخاليف صعدة حتى توفي في الطويلة من جهات وأعمال صعدة في 27 شهر شوال سنة 1068 ثمان وستين وألف وقبره بها مشهور مزور، ورثاه السيد علي بن محمد بن ناصر الفوطي وهو من نبلاء هذا القرن وقد اكتفينا بذكره هنا لعدم الإطلاع على أخباره بهذه الأبيات:

خطب دهى من أعظم الأهوال	أجرى العيون بدمعها المهطال
هدّ القوى في كل ناحية وقد	أوهى سماع عقولنا والبال
قد فات من حاز المفاخر والعلا	وامتاز بالشرف الرفيع الغالي
بعد العشا في ليلة الأحد ارتقت	نفس الولي إلى المحل العالي
دعيت إلى الملك الجليل بأمره	في السبع والعشرين من شوال
في عام ألف ثم ستين ازدهت	وثمان كان وفاة خير الآل

إلى آخر الأبيات. قال في شرح الدامغة ما لفظه: وكان قد قبر في شرقي صوح مسجد الطويلة، فبقي قدر سنة أو سبعة أشهر ورأى بعض مجاوريه من الزَّرَعة الصالحين المحبين لأهل البيت عليه السلام في المنام أنه يقول له: يا فلان أنتم قبرتموني في موضع لا يصلح لوجهين، منها أنه قرب الماء، ومنها أن موضع قبري مسجد مسبل، فقال له: فما القياس، قال: اجعل عليَّ قبة في هذا المحل وخط بعكّاز كان في يده ومتى تمت العمارة حفرتم قبراً فيها وأخرجتموني إليه، فانتبه ذلك الرجل، ولما أصبح ذهب إلى ذلك الموضع فوجد الخط الذي خطه في الليل بالعكاز على حكمه، حسبما رآه ووضعه بيده، ففعل ما أمره ثم أخرج من قبره بعد سبعة أشهر فوجد على حاله لم يتغير قط، وظهر من قبره رائحة الجنة

أخبر بذلك من حضر نقله وقبره، هكذا نقلته أنا من خط السيد إبراهيم بن الهادي بن عبدالنبي حطبة والعهدة عليه.

108. القاضي محمد بن علي بن جعفر الزبيدي

القاضي العلامة المحقق محمد بن علي بن جعفر الزبيدي الخولاني الصعدي. ترجم له تلميذه القاضي شهاب الدين أحمد بن صالح بن أبي الرجال في مطلع البدور وفي غيره فقال:

القاضي الزاهد المجتهد الرئيس. كان عالماً كبيراً وفاضلاً شهيراً، من أهل الهمة السامية، والطريقة العالية، له في كل مقصد صالح اليد الطولى، وهو المحقق في علم المعقول ودرسه، وما من علم إلا وقد ضرب فيه بسهم، وهو مصنف (مختصر السيرة) وهو أجل من عرفت، وأنشد متمثلا:

ولا عيب فيها على حسنها ... سوى أنها من بنات البلد

توفي ثامن عشر شهر رمضان الكريم سنة 1079 تسع وسبعين وألف، وقبره بجبل رازح، وقبر في قبة بناها إلى جنب القبة التي فيها السادة العلماء بقلعة غمار وأمر أن لا تسقف القبة انتهى.

وفي شرح الدامغة الكبرى ما لفظه: قاضي القضاة، علم العلماء، تاج الحكماء، بدر الدين محمد بن علي بن جعفر الزبيدي من خولان، تولى رازح للمتوكل على الله إسماعيل حتى مات فيه وبه قبره، وعليه قبة عظيمة، وكان عالماً عاملاً مدرساً مهيب الجناب سهل الحجاب، يصلي بالناس الفروض الخمسة، ويقري في فنون العلوم، وكان في الزهادة الغاية والنهاية، ويرضى من القوت باليسير، وكان محباً لأهل البيت مقرباً لهم، وكان يعطيهم فضل مصاريفه على حقارتها لمثله، وكان شديد العزيمة على العصاة آمراً بالمعروف ناهياً عن المنكر، لم يزل سجنه مملوءاً ممن يستحق

السجن. وكان في حوزته قاضياً القاضي العلامة شمس الدين أحمد بن صالح الهبل رحمه الله تعالى، وكان من العلماء الأخيار الأبرار، وكان الخازن معه الفقيه الفاضل العابد العامل بدر الدين محمد بن علي المهاجر رحمه الله تعالى انتهى كلامه.

قلت: ونسبة الزبيدي في لقبه هو بضم الزاي وفتح الباء وسكون الياء المثناة التحتية ثم الدال نسبة إلى قرية زبيد قرب مدينة حيدان ببلاد خولان صعدة، وليست إلى زبيد من أعمال تثليث ووادي بيش التي إليها نسبة الفارس المشهور صاحب الصمصامة عمرو بن معد الزبيدي، فقد غلط في ذلك الكثير من المعاصرين فليعلم ذلك. وإلى زبيد التي نسب إليها صاحب الترجمة أشار الإمام المتوكل على الله أحمد بن سليمان في بعض قصائده المذكورة في سيرته عليه السلام، منها هذه الأبيات:

فقال ذرا همدان لا تبغ غيرنا نسير برجل كالجراد وفرسان
فقلت لهم كونوا على الزاد واسكنوا فليست تطيب النفس إلا بخولان
إلى أن تجيء مني إليكم رسالة فلا بد من خيل إلى الحقل تلقاني
وعدت إلى خولان أطلب نصرةً لديهم جميعا وابتدأت بحيدان
بغلب زبيد الصيد والرأس من بني ذؤيب ومن أبناء شهاب ومران
ومن شعب حي والأديم جميعهم كذاك بنو سعد نوا المجد أعواني
وإن بني بحر وأبناء جماعة نوى المجد ما قد قمت فيه لهم عاني
ومن حل في ساقين والرأس من بني حيي من أبناء حي وبوصان
وأيضا فأكرم بالربيعة والذرى بني مالك من كل مرغم أقران
وللبقرا عزم وصبر وهمة ويرسم أعواني وإلفي وجيراني
فإن لم أعز الدين بعد اهتضامه وأروي حسامي من نجيع دم قاني
فما أنا من أبنا لؤي بن غالب وما أنا أدعى أحمد بن سليمان

وقد ذكر في هذه الأبيات جميع قبائل صعدة في أيامه من القرن السادس الهجري، وختمها بذكر يرسم وهي محلة اليرسميين، قريبا من الجبجب، والجميع كان من ضمن مدينة صعدة القديمة التي كانت في أحضان جبل تلمص.

109. الفقيه محمد بن قاسم العبدي

الفقيه الفاضل العلامة محمد بن قاسم العبدي الصعدي.

وهو والد القاضي العلامة إسماعيل بن محمد العبدي وصنوه القاضي إسحاق مؤلف كتاب الاحتراس الآتية إن شاء الله ترجمتهما في القسم الثاني من هذا الكتاب. وقد ترجم لوالدهما صاحب الترجمة السيد الحسن بن صلاح الداعي في شرح الدامغة الكبرى فقال:

الفقيه الفاضل العلامة الزاهد الورع بدر الدين. كان والياً على الأجبار بصعدة وجهاتها وإليه زكاة أهل الهِجَر اليحيوية وجميع واجباتهم، وكذلك الأجبار جميعاً من أهل صعدة وجهاتها، وكان بنظره الدرسة وطلبة العلم وعليه مدارهم وعلى يديه كيلاتهم وما يقوم بهم، وكان طلبة العلم بصعدة كثيرين جداً، وكان لهم كسوة تأتي في السنة من الإمام على الدوام، ولم يزل العلم والعلماء في أيامه في طلب وحال حسن وعمر مسجد الناصر[32] المعروف الآن بمسجد العبدي وبه قبره، وعمر السمسرتين المعروفتين ووقفهما على المسجد، وإليه تُنسبان أعني السمسرتين. وكان الإمام المتوكل على الله إسماعيل عليه السلام يحبه حباً شديداً، وكان إذا وفد على المتوكل خرجت زكوات مكلف المتوكل من أهله وجواريه إلى الفقيه المذكور، ولم يزل قائماً بالمدارس بصعدة محيياً لها حتى توفي في شهر ربيع

(32) مسجد الناصر: من المساجد المعمورة بصعدة على يمين الداخل من باب اليمن.

الأول سنة 1083 ثلاث وثمانين وألف كما أشار إليه ولده إسماعيل:

موتـــه ثلمـــة وتاريخـــه: صـــار   إلى رحمـــة الإلــــه الجـــواد

رحمه الله تعالى وإيانا والمؤمنين. ونقلت عن خط القاضي العماد يحيى بن أحمد ابن عواض الأسدي رحمه الله ما لفظه: هذه المرثية في سيدنا العلامة التقي الزكي الفهامة عز الملة والدين محمد بن قاسم العبدي قدس الله روحه لسيدنا العلامـة صفي الدين أحمد بن صالح بن أبي الرجال حفظه الله:

أجنان عدن جاءك الضيف السري   من كان أشبه بالفضيل وبالسـري
فتهيـأي فلقـد أتـى ضـيف لـه   حـق القـرى فتزينـي وتعطـري
مـن كـان في الـزمن الأخـير أويسنا   ولـه غـداة الخطـب حلـم المنقـري
عبّـادة قطـع الزمـان عبـادة   بـتلاوة وتركـع وتفكـر
لا يعـرف الفحشـاء فهـو منـزه   عـن كـل وصـم في طرائقـه بـري
صـدقاته سرا عـلى كـل الـورى   إن هبـت النكبـا بـدهر أغـبر
علامـة قـرأ العلـوم محققـا   بـذكاء فهـم زنـده أبـدا وري
شـيعي آل محمـد وصـفيهم   وسراج مفخـرهم وتـاج المفخـر
فلتبكـه الـدنيا وأبـواب السـما   بنجيـع دمـع في المهـارق أحمـر
وعليـه رحمـة ربـه وسـلامه   أبـد الحيـاة وقـبره والمحشـر
والله يحشـره بزمـرة عصـبة   سـكنوا بطيبـة طيبـن وبـالغري

هو العلامة المقرر والفهامة المحرر، والـورع الـذي ورّع نفسـه عـن الشـبهات، والزاهد الذي ترك من دنياه الشهوات، بصري زمانه، وبسطامي أوانه، أبو الفقـراء والمساكين وغوث الأرامل والمحتاجين أبو إسماعيل بدر الإسلام محمد بن القاسـم العبدي:

وحيـد زمـان سـاد بالـدين والتقـى   ولم أر مـن قـد سـاد في صـفة العبـدي

فيـا واضـعيه في الـتراب تـدبروا　　أيوضع بـدر الـدين في داخـل اللحـد
عليـه سـلام الله مـا ذكـرت لـه　　محامـد لا تحصـى بحـد ولا عـد

كانت وفاته رضوان الله عليه في صعدة المحروسة عشية يـوم الأربعـاء رابـع ربيع الأول سنة ثلاث وثمانين وألف، برد الله مضجعه وجعل الـروح والريحـان معه، وصلى الله وسلم على محمد وآله انتهى بلفظه وحروفه.

***

قلت: وقبر الفقيه المذكور بجانب مسـجد النـاصر الآن في حوطـة منفصـلة غربي المسجد، ودفن بجانبه القاضي العالم المحقق الـرئيس يحيـى بـن أحمـد بـن عواض الأسدي المتوفى سنة 1106هـ الآتية ترجمته قريبا، وإلى جـوارهما دفـن ولـده القاضي العلامة الزاهد الأديب إسماعيل بـن محمـد بـن قاسـم العبـدي. **والعَبْدي** في لقب أهل هذا البيت نسبة إلى وادي العبدين في الجنوب مـن مدينـة صعدة بمسافة ميلين، وصاحب الترجمة هو أول من أحيا أهل هذا البيت بالعلم والعمل، وستأتي تراجم آل العبدي في مواضعها من أقسام هذا الكتاب.

110ـ الفقيه محمد بن مهدي الرغافي

الفقيه الأديب اللوذعي محمد بن مهدي الرغافي الصعدي.

كان فقيها أديبا له بلاغة وفصـاحة، ولـه خلطـة بالسـادة بنـي المؤيـد، وقـد تقدمت أبيات قصيدته التي هنأ بها السيد الإمام أحمـد بـن إبـراهيم المؤيـدي في حرف الألف، وله مدائح في الإمام المتوكل عـلى الله إسـماعيل وكـان معاصـرا لأيامه، ذكر ذلك في شـرح الدامغة الكبرى. ولم أقف من أخباره على غير ما ذكر فاكتفيت بها إلى أن يتم الاطلاع على المزيد لهذه الترجمة. فمن مدائحه في الإمـام المتوكل على الله إسماعيل بن القاسم بن محمد قوله:

سلوا الروض هل هزَّ الورود برودهُ ... أم الخل مالت للنسيم برودُه
فهذا عبير عرّفتنا بعرفه ... مقانُعه بل نحره وعقودُه
كأني به والليل يرخي سدوله ... وقد شربت كأس النعاس رقودُه
وقد هجعت ذات الجناح بغصنها ... وقد جنَّ من جنح الظلام شديده
سرى ليرى هل نمت عن حفظ عهده ... وطاب لعيني من كراها ورودُه
فلا وشهيّات الرضاب ورشفها ... وأزهار وردٍ أنبتتها خدودُه
وعنّاب كفٍ بالسواد معتم ... وأثمار صدرٍ زانه عنبروده
وصارم لحظٍ نافذ الحدِّ غمده ... فؤادي ونوم المقلتين طريده
وومضة برقٍ من معاهد شادنٍ ... أنيس نأى عنا وطال صدوده
لقد أيس النوم الذي طال سكنه ... بباطن جفني أن يعود عهوده
وكيف يذوق النوم صب غريمه ... رطيب التثني والدموع شهوده
رشا في ثناياه الرقاق سلافةٌ ... وفيها من الدر العجيب نضيده
ويسخر بالياقوت والدر ثغرُه ... ويزهو على سرد اللآلئ سريده
نشا في رياض الحسن غصناً منعماً ... غذاه من العيش الرغيد رغيده
تميس به في حله التيه والصِّبا ... نسيمُ هوى يلهو به ويميده
وبعد مضي العشر والخمس مزقت ... قلوباً بتمزيق القميص نهوده
فمقلته سيفٌ فؤادي غمده ... ومبسمه برقٌ تشجي رعوده
يروم بهار الخد يفصح إلفه ... فتدنو بجلباب الظلام جعوده
سنيفٌ رهيف الجسم يؤلمه الصَّبا ... وحمل قضيب الخيزران يؤودُه
فكيف بذاك الجسم يسكن دائماً ... فؤادٌ شديد حرُّه ووقيده
فهاك غزال الحي قلبي فإنه ... لأمرك ذاك الرق حيث تريده
إذاً لم تعاذلني عن السير إن سرت ... تأم أمير المؤمنين وفوده
إمام الورى إسماعيل من طلعت به ... على الدين في برج المعالي سعوده

110ـ الفقيه محمد بن مهدي الرغاي - 389 -

حليـف نـوالٍ يفضـح النيـل نيلُـه ... ويخجـل هطّـال السـحائب جـوده
يلـوذ بـه اللاجـي فيشـرق وجهـه ... ويهتــزُّ في مــاء المــروءة عــوده
فســله مجابــاً مالــه ورداءه ... ينالــك فــوراً جــده وجديــده
فــما العلـم والإيـمان إلا لباســه ... ولا الحــق والإحســان إلا عبيــده
ولمـا غـدت تزهـو بـه حلـل التقـى ... تحــلَّى بــأطواق المكــارم جيــده
رقيــقٌ لترتيــل الــتلاوة قلبُــه ... طويــلٌ إذا جــنَّ الظــلام ســجوده
فأهــل مــدراة المواهــب كفُّــه ... وأصـل وجـود المكرمـات وجـوده
فيـا طالبـاً للمجـد تبغـي سـكونه ... إليـك فـإن المجـد صـعب صـعوده
فـما كـل مـن هـزَّ الحسـام بضـاربٍ ... ولا كـل مـن لاقـى الخميـس يـذوده
ولا كلُّ من صاد الأرانـب في الفضـا ... بغــادٍ إلى غيــل الهزبــر يصــيده
فدعه لشخص في الورى عرفـت بـه ... وفي داره آبــــاؤه وجــــدوده
قلائــدُ أعنــاق العفــاة نوالُــه الـــ ... ـــعميم وأحجــالُ العصــاة قيــوده
وغايــة آمــال البريــة وعــده ... وتقريــب آجــال العصــاة وعيــده
هـو الليـث حقـاً والكتائـب غيلـه ... إذا زأرت في كــل غيــلٍ أســوده
لـه صـارم يشـتاق في حومـة الـوغى ... إلى جــذ أعنــاق العصــاة حديــدُه
ففـي يـوم تفريـق العطايـا سروره ... ويــوم ملاقــاة الكتائــب عيــده
فكـل مليـك لم يـزل منـه خيفـة ... ببـــاب أمـــير المـــؤمنين بريـــده
ليأخــذ أخبــار الإمــام وينثنــي ... إليــه بقــول لم يــزل يســتعيده
وتهتــز آفــاق البســيطة بالعــدا ... إذا مــا بــدت أعلامُــه وجنــوده
ينام وعـين النصـر لم تـألف الكـرى ... بــه شــفقاً والــدين قــام عمــوده
وصــال بــه جــيش الأرانــب آمنــاً ... ودارت عــلى غيــل الأسـود بنـوده
فــما في النــدى إلا الســحائب مثلــه ... وفي الفضــل إلا الأنبيــاء تســوده
فــلا زال عنــا فضــله وســخاؤه ... وزال بكــف النائبــات عنيــده

إليك وحيد الدهر وافيت آملاً ... على أنني في صرف دهري وحيده
أتيت ولي عند الزمان جناية ... فجُدْ لمصابٍ حاضرون شهوده
فعندك للجاني قيود وثيقةٌ ... وحاكمُ جودٍ للقصاص يقوده
وإني لتكرير النظام ووعدكم ... لمنتظر خيراً سريعٌ وفوده
فقد كان لي قلباً صبوراً على النوى ... فلما تقضى الشهر آن نفوده
فخير صِلات السامحين سريعها ... وأجود نظم الناظمين مفيده
ودمت بعيش لا يكدر صفوه ... وذروة مجد لا يزال حسوده
ويا رب سلّم ما همى هاطل الحيَا ... وما ارّفض في الروض الأنيق بروده
على من رقى دار النعيم محبهم ... وباغضهم في النار يجري صديده
نبي الهدى والآل مَنْ يُرتجى بهم ... لدفع الظما حوضاً لذيذٌ ورودُه

وله أيضا فيه عليه السلام هذه القصيدة:

خلوا سبيل متيّم بغرامه ... لا تطنبوا في عذله وملامه
فدعوه يرجو بالتطمع والمنى ... من ظبي رامة عودةً لمرامه
ورجوع دهرٍ كان باسم ثغره ... يفتر بالغراء من أيامه
كرِّر حديث الروض يوم خلا به ... عن رفع برقعه وخفض لثامه

إلىٰ أن يقول:

وبثغره عسلٌ أُشيب بكوثرٍ ... يطفي الصدي به لهيب أوامه
ما في المفلج منه عيبٌ شابه ... إلا عذوبته وحسن نظامه
تروي مساويك الأراك عجائباً ... عن خمره لِمَ حَلَّ بعد حرامه
نقل العذولُ إليه أن محبَّه ... ألف المنام وذاك من لوّامه
يا حبذا لو كان يظفر في الدجى ... بالجمع بين جفونه ومنامه
كلا وهل نام السقيم وجفنه ... يرنو إليه بسحره وسقامه
جفن يموج به الفتور وإنه ... لا يتّقى بالترس رمي سهامه

فكــأن أســهمه وقلــب محبــه فقـر الفقـير وسـهم جـود إمامـه
غــوث الأنــام أبي عــليٍّ خـير مـن قــاد العــلى في عصــره بزمامــه
ورقــى إلى ذرواتــه مســتوطنا وبنى أسـاس الـدين فـوق سـنامه
وغــدا بأعبــاء الخلافــة قــائماً يــرضي الإلــه بعزمــه وقيامــه
لم تدر أحكام الشريعة هل مضت بيراعــه في الطــرس أم بحســامه
مــاضي العزيمــة غاضــباً لله في إقدامــه إن كــان أو إحجامــه
لا يُــبرم الحلــماء نقضــاً رامــه كــلا وأيــن الــنقض مــن إبرامــه
ولــه علــوم يــنجلى بضــيائها مسدول ليـل الجهـل عـن إظلامـه
يـدعوه أربـاب العلوم لكـل مـا عجزت عـن التفسير مـن إبهامـه
فيجيــد في تفســيره ويبــين في تعــبيره ويفيــد في إفهامــه
ولــه غِــذاء بالتهجــد في الــدجى يلتــذه كشــرابه وطعامــه
كــم مــن مصــل للإلــه وصــائم وجِـل وهـل كصـلاته وصـيامه

ومنها:

يــا منقــذ الملهــوف بعــد الله لم لا تنصـف المظلـوم مـن ظلامـه
لي عنـد هـذا الـدهر أرشٌ واضـحٌ ودماء جرحـي في يـدي ضرغامـه
أنا طالب منـه القصـاص فَقُدْهُ لي يـا مـن يحب العـدل في أحكامـه
قل للندى يقتص لي يـا مـن غـدا في المجـد حـرّ الجـود مـن خدّامـه
وخـذ الخريـدة مـن نظـامي غضـة شـربت من الحسن البـديع بجامـه
جاءتـك تخطـر في الثنـاء وتنثنـي في بــــرده وتقــــوده بخطامــــه
في جيـدها عقـد النظـام مفصـلٌ فــاقرن تمــام صـداقها بتمامــه
وعليـك أقسـم بالـذي مـن أجلـه أدخلــت بــالتعظيم في إعظامــه
مولى الشفاعة واللوا والحـوض في يــوم الظــما والــبرّ في أرحامــه
أن تكشـفن بجاهـه عـن حـاجتي بنجاحهــا فلــذاك مــن إكرامــه

وعليك صلى ذو الجلال وآله　　واختصهم بصلاته وسلامه

وله من جنس هذا النظم قصائد كثيرة منها **قصيدة يرثي** بها الإمام المتوكل إسماعيل وأولها:

ما للجبال مقيمة لم ترحل　　والأرض ذات تصدّع وتزلزلِ؟

ووفاة المترجم له بعد سنة 1090 تسعين وألف، وقال السيد الحسن بن صلاح الداعي وقد بلغه خبر وفاته رحمه الله تعالى:

يقولون ابن مهدي قد تولى　　وخل الشعر والدنيا وولى

فقلت لهم عفا الرحمن عنه　　وأصحبه ولاية من تولى

***

ثم إني وقفت مؤخرا على كتاب طيب السمر في أوقات السحر للعلامة الحيمي فإذا هو قد ذكر صاحب الترجمة هناك فقال ما موجزه:

الفقيه محمد بن مهدي الرغافي من رغافة من بلاد صعدة. فاضل برز من غاب رغافة، ومهذب يسيل منه الرقة وتقطر اللطافة، فرع أعرب عن طيب الأصل. ربى في أرض هي للفضل منبع، ونشأ في مربع أكرم به من مربع، قال: فهذا الماجد من أمجاد، قد سار ذكرهم الطيب في الأغوار والأنجاد، كان يسمى أحد جدوده بسهم الليل، وأقول لفرط الاشتهار يليق ويحسن أن يسمى هذا الفاضل بسهم النهار، فقد تبوأ من المعالي رتبها، فكان رأسها وغيره ذنبها، يفعل قلمه ما لا يفعله القد والرمح، فله بنات فكر، يعذب في الألسنة لها الذكر، من كل غرثى الوشاح، ذات جبين وضاح، فمن نظمه الذي هو ختام دنان الأدب، فإذا فض ضحكت أفواه الكاسات بثنايا الحبب، قوله من قصيدة يمدح بها الرسول الأعظم صلى الله وسلم عليه وعلى آله:

أيهـــا العـــاذلون والرقبـــاء عِيْـل صـبري إذ هبـت النكبـاءُ
بـــأريج مـــن الأحبـــة يحيـــى مهجـــةً لم يكـــن بهـــا إحيـــاء
وغـدت في الـدجى تنـوح بشـوقٍ في الغصـــون الحمامـــة الزرقـــاء
لـو وجـدتم مـن الصـبابة مـثلي في الـــدجى إذ تغنـــت الورقـــاء
لعـــذرتم عـــن الملامـــة صـــباً أذنـــه عـــن حـــديثكم صـــاء
لا يعـي العـذل فـارفقوا بمحـبٍ عنـده الصـمت والمـلام سـواء
ودعـوا مـن لـه إذا جـنّ ليـلٌ أو تبـــدّى الســـماك والعـــواء
لوعـــةٌ في جـــوانح وزفـــيرٌ وانتحـــابٌ وأنـــة وبكـــاء
وأســـىً ضـــمه فـــؤادٌ رقيـــقٌ وضـــلوعٌ ومهجـــة حـــراء
ومـن البـين والصـبابة كـأس ومـن الشـهب في الـدجى نـدماء
هـــام في نـــازح الطلـــول بحـــي كـــرم الطبـــع شـــأنهم والوفـــاء
نزلـــوا منـــزلا وحلـــوا ربوعـــاً طـــاب فيهـــا الكـــلا وراق المـــاء
واســـترقوا بحـــبهم رُبَّ حـــر يصنعوا في الهوى به كيف شـاءوا
للمليح الذي حوى الحسن منهم قبـــةٌ في قبـــابهم خضـــراء
لم يـــزل وجهـــه يضـــيء جمـــالاً تـــتجلى بنـــوره الظلـــاء
أشرف الرسل خير من خلق اللـ ـــه بمـــن قـــد أقلّـــت الغـــبراء
صـدقت قبـل وقـت إيجـاده في وصـــفه الأنبيـــاء والأنبـــاء
مـــا أتـــت قبـــل أحمـــد بنبـــي مثلـــه الأمهـــات والأبـــاء

ومنها قوله:

زادك الله يـــا بـــن عبـــد منـــاف شـــرفاً لا تنالـــه الأنبيـــاء
في مقـــام وُعِدتـــه. لـــك فيـــه شـرط رفـع دون الـورى وجـزاء
وعليـك الإلـه صـلى صـلاة لـــك فيهـــا مســـرة ورضـــاء
وعـلى آلـك الـذين أميطـت عـــنهم السيئات والفحشـــاء

مـا ترامـت إليـك عـيس المطايـا ورمتهـا بحرهـا الرمضـاء
يـا حبيـب الإلـه بـين البرايـا لـك روحـي ونـور عينـي فـداء
طـال شـوقي إلى اللقـاء فقـل لي أي يـوم يكـون فيـه اللقـاء
وأغثنـي إذا دعوتـك يومـاً مسـتغيثا وطـال منـي النـداء
ذهبت حيلتـي وأحضـرت فـرداً وجفـاني الأحبـاب والأصـدقاء
داو دائـي بطـب فضـلك إني راغـب أن يـزول عنـي الـداء
سـتراني إذا عثـرت بـذنب قـد حوتـه الصـحيفة السـوداء
لي إسـم يلـوذ منـك بإسـم يـوم تـدعى هنالـك الأسـماء
فـأجزني شـفاعة في مـديحي يتمنـى منالهـا الفصـحاء
لي في الله ثـم فيـك رجـاء وأرى لا يخيـب ذاك الرجـاء
يـا إلـه السـماء يـا مـن لـه العـ ـزة والجـبروت والكبريـاء
قد تـرى زلتـي وطـول اعتـذاري مـا لوعـدي ولا لعهـدي وفـاء
أنـا فـيما أمرتنـي عبـدُ سـوءٍ مائـل عـن رشـاده غـوّاء
مـا فعلـت الـذي أمـرت ولكـن ذاك شـأني وشـأنك الإغضـاء
إن تـدعني معـذبا فبـذنبي أو تُقِـل عثـرتي فمنـك العطـاء
فـأنلني يـا رب غفـران ذنبـي يـا لطيفـاً لاذت بـه اللطفـاء
وارض للمصطفى يكون شـفيعي في مقـام يخافـه الشـفعاء
زده في ذلـك المقـام مقامـاً فيـه نـور وبهجـة وبهـاء
وعـلى روحـه فصـلِّ صـلاة مـا تـلألأ الصـباح والإمسـاء
وعـلى أهلـه الـذين هـم السـا دة تحـت اللـواء والأوليـاء
ما همى هاطـل ومـا أورق الغصـ ـن وجـن الـدجى ولاح الضـياء

انتهى كلامه.

111. القاضي محمد بن الهادي بن أبي الرجال

القاضي العلامة الزاهد محمد بن الهادي بن محمد بن علي بن محمد بن سليمان ابن أبي الرجال الصعدي المسكن والوفاة.

مولده بالخُيس بضم معجمة ثم تحتية ثم مهملة من أعمال مرهبة سنة 1016 ست عشرة وألف، وصادف ليلة مولده وفود الإمام القاسم بن محمد إلى البيت الذي ولد فيه فأدخل إلى الإمام وبرّك عليه، فنشأ النشأة الطيبة، وأخذ جل كتب الفقه عن السيد العلامة باقر العلم أحمد بن الهادي الديلمي، ورحل معه إلى قطابر وأخذ عنه أخذاً نافعاً، وولع به السيد أحمد، وقرأ على السيد علي بن إبراهيم المحنكي الحيداني في الثلاثين المسألة وفصل المرتضى مشروحاً، ووضع له إجازة. ذكر جملة ما تقدم مؤلف مطلع البدور ومجمع البحور ثم قال في ترجمته وصفته:

وهو فقيه زاهد حاوي لخلال المحامد متفق على الثناء عليه، أقام بصعدة المحروسة وبها مات رضي الله عنه، وكانت أخلاقه نبوية، رؤوفاً بالضعفاء ومؤلفاً للأخيار، وكان الوافد إلى صعدة من الجهات اليمنية يقف في بيته حتى يسعى هو رحمه الله في صلاح شأنه، ولا يترك في ليلتي العيدين صدقة عامة للطلبة جميعهم بالجامع المقدس بصعدة، ويقول قال لي عمي الفقيه علي بن محمد بن أبي الرجال رحمه الله: لا يُرحم في هاتين الليلتين إلا الغريب؛ لأنه لا أهل له والأسواق مصفدة الأبواب، وكل مشغول بشأنه.

وكان مواظباً على جمع الفضلاء ليلة الجمعة على تلاوة القرآن مدارسة، وكان يكرمهم في آخر زمانه رحمه الله، ومع ذلك فهو مقتر العيش، قليل المدد، وطولب بالقضاء في جهات فامتنع، وما أحقه بما كان يقول سيدنا الفقيه العالم محمد بن

عيسى شجاع الشقيقي أنه من الأبدال، قال: لأن طاعتهم الصبر، وبما قاله إمام زمانه المؤيد بالله عليه السلام: الفقيه محمد بن الهادي رجل الدنيا والآخرة، وكان له في الفقه يد طولى وسابقة أولى، قال مشائخه للإمام المؤيد بالله: في صعدة خزانة من الفقه وهو الفقيه محمد بن الهادي. وكان شيخه السيد أحمد الديلمي رضي الله عنه يقول: ما أتمنى إلا سكون سناع هجرة القاضي جعفر بن أحمد، وأن يكون عندي الفقيه محمد يذاكرني في الفقه. وبالجملة فلو استوعبت خرجت مما أريد، وهو أستاذي رحمه الله في العربية إلا المناهل فقرأ هو عليَّ، وله شعر مقبول. ومما كتبه إليّ إلى صنعاء المحروسة يوصيني بطريقته في الصبر، وهيهات أن يدرك الضالع شأو الضليع:

تصبّر تلقَ إما رمت أمراً | قرارُ العين بعد الاصطبار
فسِرُ الصبر مصباحٌ تجلى | كمثل الليل يتلى بالنهار

وانتقل إلى جوار خالقه الكريم يوم الاثنين السابع من شهر ربيع الأول سنة 1053 ثلاث وخمسين وألف. ورثاه جماعة من العلماء، وكتب مولانا العلامة صارم الدين إبراهيم بن محمد بن أحمد بن عز الدين أبياتاً على الصخر الذي على قبره، وممن رثاه مولانا العلامة جمال الدين الهادي بن عبد النبي المعروف بابن حطبة فقال:

يُزَهِد في الدنيا فراق الأفاضل | وضمُّ علوم تحت صم الجنادل
وقفر الندى عن دار قوم ترحلوا | فدار القِرى قفرٌ على كل نازل
ألا مبلغ عني أخلاء قد ثووا | بدار اغتراب راحل بعد راحل
أيا قبر عز الدين واريت شامخاً | وغيّبت بحراً لا يحد بساحل
فما لي لا أبكي العلوم وأهلها | نجوم سماء آفل بعد آفل

وتبركت بكتابة هذه المرثية ذلك الوقت على ركة الحال فقلت:

يـا نفـس مـات بنـو الزمـان الأول ... ومضوا كما مضت الهبوب بمنزل
مـات الأكاسـرة الـذين تعـززوا ... بمعاقـل وبكـل جـيش جحفـل
ومضـى التبابعـة الـذين بنـوا لهـم ... في كـل ريـع آيـة المتأمـل
لم نلـق بعـدهم سـوى آثـارهم ... مـن مـورد وردوا ودار قـد بـلي
بـالله إن يومـاً مـررت بنـاعط ... أو دار سـحرار الـذي عـنهم خـلي
أو إن مررت ببيت حنبص ضحوة ... والبـوم ناطقـة بصـوت مـذهل
أو بيـت بَـوْس مـرة فقفـا كـما ... وقف ابن حِجْـر عنـد دارة جلجـل
فسلي الديار عسى يكـون بهـا الـذي ... ينبيـك عـن حـال لهـا متحـوّل
أيـن القصـور وأيـن كـل خريـدة ... غيـداء ترفـل في المـروط وفي الحـلي
أيـن الريـاض فهـذه آثارهـا ... غـبراء تنبـي عـن أريـض مخضـل
أين الكهول اللائي قـد حُملـوا فهـم ... كالشـم للحـدثان لم يتزلـزل
أيـن الشـباب التـائهون بنعمـة ... وغضـارة وتـدهن وتكحـل
فـأظن أنـك كنـتِ عـامرة بهـم ... فلـما خلـوت كـبطن مَـرْتٍ مجهـل
فجوابهـا: أن مـثلما قـد قلـت لي ... خضـراء حافلـة الجوانـب ممـتلي
لكنـه مـات النـزول منـازلي ... الراتعـون الـواردون بمـنهلي
بينـا هـمُ في غبطـة مـن عيشـهم ... فاجـأهم كـأس نحيـف قـد مـلي
فمضوا كأنهم سـراب قـد مضـى ... أو وامـض في عـين ليـل أليـل
فلك العزاء بمـن مضـى في هالـك ... متزهـد متـورع متبتـل
أفنـى بطاعـة ربـه أوقاتـه ... حتـى دعـاه إلى منازلـه العـلي
مـذ أبعـدت عنـه التمائم لم يـزل ... حلفـاً لآيـات الكتـاب المنـزل
متفقهـاً في دينـه بقواعـد الآ ... ل الكـرام سـلالة المزمـل
حتى غدا في العصر أوحد عصـره ... فكّـاك أغـلال السـؤال المشـكل
يملي مقالـة شـيخه عـن شـيخه ... عن أفضل عن أفضـل عـن أفضـل

وإذا سألت عن الدليل، أجاب بالإجـ ... ـماع أو بالدين والنص الجلي
فتمر ساعات النهار عليه في ... الإملا ويقطع ليله بتبتل
ما مل قط نهاره أو ليله ... إذ كلها محروسة لم تهمل
ويود طولها فليس بقائل ... يا أيها الليل الطويل ألا انجلي
وإذا أتته ضيوفه في أزمة ... متعرّضين لمشرب أو مأكل
أومى إلى المدخور هذا طارقٌ ... أكلتنني الآساد إن لم أوكلي
وإذا أتى المسكين وهو مقطب ... من حادث جلل عظيم معضل
حيّاه ثم حباه كل فضيلة ... حتى يؤوب بوجهه المتهلل
أسفاً عليه وهل يفيد تأسف ... من كان مثلي بالمصيبة قد بُلِي
ليت القضا لفداه كان مساعدي ... لقبول روحي فهو شيء ما غلي
أو ليت أن حفيره في مهجتي ... حتى يكون لمثل ذاك تعللي
لكن يهوّن ذاك موت محمد ... ووصيه في العالمين معاً علي
وعليه ألف تحية ما كنت من ... جزع عليه أفور فور المرجل
وليهنه قرب النبي محمد ... في عيش جنات النعيم الأفضل
ثم الصلاة على النبي وآله ... ما رنحت قصب البشام ببُلْبُل

وفي أثناء ترجمة السيد أحمد بن الهادي بن هارون في مطلع البدور أن المترجم له تولى القضاء بحيدان أيام ولاية السيد المذكور ببلاد خولان، ولما توفي في التاريخ المتقدم ولي القضاء بعده الفقيه صديق بن رسام رحمهم الله وإيانا والمؤمنين.

112. الفقيه محمد بن يحيى الكليبي

الفقيه العلامة محمد بن يحيى الكليبي القضاعي.

قرأ على السيد العلامة الكبير داود بن الهادي وعلى غيره من علماء أهل وقته. وهو بعد ذلك أحد علماء صعدة المدرسين، وعليه قرأ بصعدة في كتب العربية

القاضي المؤرخ أحمد بن صالح بن أبي الرجال، وقد ذكره السيد مطهر الجرموزي في سيرة الإمام المتوكل على الله ضمن فقهاء مدينة صعدة في أيامه فقال:

ومنهم الفقيه العلامة محمد بن يحيى الكليبي. كان متكلماً نحوياً نافذ الفهم، وله سرعة في المناظرة، وكان جنّاحا إلى طريق الجارودية انتهى، ولم أضبط تاريخ وفاته رحمه الله.

113. السيد محمد بن يحيى مجلي الرغافي

السيد الفاضل الجليل محمد بن يحيى بن مجلي بن يحيى بن نهشل بن صلاح بن محمد بن داود بن أحمد بن حسن بن المختار بن محمد بن أحمد بن يحيى بن يحيى، وباقي النسب تقدم في عدة مواضع الحسني اليحيوي الرغافي.

ذكره السيد علي بن داود ووصفه بالسيد الجليل وقال: وهو سيد أهله وكبيرهم بوطنه رغافة، وكان موجودا على قيد الحياة سنة 1053هـ وذلك لما جاء في مطلع البدور أثناء ترجمة القاضي محمد بن الهادي بن أبي الرجال ولفظه: ويكفيه ما رواه السيد الجليل محمد بن مجلي الرغافي، قال: رأيت وأنا برغافة والفقيه محمد بصعدة ليلة موته رحمه الله أن خلائق منهم النبي ص مجتمعون ببستان وإذا بقائل يقول من الحاضرين: هذه الليلة مات الفقيه محمد بن هادي، وأجابه آخر فقال لهم: ذلك أبو الأخيار، قال: فأصبحت فسألت عن الفقيه رحمه الله فقالوا: مرض وشفي. قلت: قد انتقل الليلة، وأمرتهم بحفظ الوقت لامتحاني الرؤيا، فلم يلبث أن جاء الخبر بذلك انتهى.

114. الفقيه مهدي بن أحمد الشعيبي

الفقيه العلامة مهدي بن أحمد الشعيبي.

وهو أحد تلامذة العلامة المحدث أحمد بن يحيى بن سالم الذويد الماضي ذكره

بحرف الألف، ورأيت بعض الإخوان ذكر له ترجمة منقولة عن شاهد ضريح قبره بصعدة، فات علي نقلها، وعلى الذهن أنه ذكر وفاته فيها في سنة 1037 سبع وثلاثين وألف رحمه الله وإيانا والمؤمنين.

115. السيد المهدي بن الهادي النوعة

السيد العلامة الرئيس الأديب المفضال المهدي بن الهادي بن علي بن أحمد بن محمد بن علي بن سليمان بن عمر بن عامر بن عاتوب بن المهدي بن عبد الله بن يحيى بن سليمان بن أحمد بن السيد العالم الزاهد إسحاق بن الإمام يوسف الداعي بن الإمام المنصور بالله يحيى بن الإمام الناصر أحمد بن الإمام الهادي إلى الحق يحيى بن الحسين الحسني الهادوي اليوسفي الملقب بالنوعة نسبة إلى جبل ببلاد خولان.

وهو مؤلف كتاب (الإقبال تاج أرباب الكمال) في مجلدين كبيرين وهو في التاريخ وأحاديث الفضائل وتراجم محدثي الشيعة، مولده في نيف وتسعين وتسعمائة، وارتحل لطلب العلم من عند والده السيد الهادي من بلدة النوعة في حداثة سنه إلى مدينة شهارة وذلك نحو سنة 1015 أيام استقرار الإمام القاسم ابن محمد بها، فأخذ عن الإمام القاسم وعن ولده الإمام المؤيد بالله وعن غيرهما من علماء ذلك المقام، وكان موجودا بحضرة الإمام بشهارة عام 1022 وفيها توجه عن أمر الإمام إلى بلاد صعدة مع السيد أحمد بن المهدي المؤيدي، فكانت له مشاركة مع السادة بني المؤيد في فتح صعدة ذلك العام، حسبما تقدم ذكر هذا الفتح في مواضع عدة.

وهو بعد ذلك أحد السادة الرؤساء المنطوين تحت إمرة المولى سلطان الإسلام الحسن بن الإمام القاسم فقد اتصل به منذ بداية تولي الحسن بن الإمام على صعدة وبلادها عام 1032 اثنتين وثلاثين، ولازمه في أغلب أيامه وفي

حروبه مع الأتراك ولم يفارقه غالبا إلى أن تم إخراج الأتراك من اليمن عام خمس وأربعين، فهو من عيون أصحابه أهل العلم والرئاسة والتصنيف، وتولى له في اليمن الأسفل منها ولاية ذي السفال. واستمر على ولايته تلك إلى أواخر أيام الإمام المؤيد بالله ثم رفعه الإمام المتوكل على الله إسماعيل عنها، فرجع إلى صعدة وتولى جبل رازح مدة قريبة، ثم عاد إلى بلدته بخولان عامر مشتغلا بإحياء الأموال التي اكتسبها هناك وفي ذي السفال إلى أن كان التجهيز إلى حضرموت سنة 1065 فكان من جملة الداخلين مع المولى أحمد بن الحسن بن الإمام القاسم، وكانت وفاته بساقين شهر جمادى الأولى سنة 1072 وهذا هو الراجح عندي في تاريخ وفاته كما في طبق الحلوى وبهجة الزمن، وسيأتي لذلك مزيد بيان. وقد غفل عن ترجمة السيد المهدي بن الهادي النوعة القاضي ابن أبي الرجال في المطلع والسيد الإمام في الطبقات، ورأيت السيد الأديب إسماعيل بن محمد بن الحسن ابن الإمام القاسم بن محمد قد ترجم له في كتابه سمط اللآلي فقال:

كان فاضلا أديباً وعالماً أريباً صحب والدنا سيف الإسلام الحسن بن الإمام عادت بركاته مدة، وجاهد معه حزب الضلال وبذل جهده، وولي بعده لولده سيف الإسلام أحمد بن الحسن بعض أعماله وعدَّ من جملة أعوانه وعماله، وامتد عمره إلى هذا الزمان فعرفته وقد أبلى جديده الجديدان، وأشاب رأسه الحدثان، وله نظم حسن. فمن ذلك ما كتبه إلى مولانا الوالد السيد العلامة محمد بن الحسن بن أمير المؤمنين معاتباً له لأسباب اقتضت ذلك:

وقائلةٍ ما بال هجر أحبة ... وإشمات أعداء ذوي تمويه
فقلت لها: ما إن لحقد هجرتهم ... ولا غرني فيهم كلام سفيه
ولكنني ما زلت للحق ناصرا ... وما زال نصحي للقريب سليه
ورجح بعض الأقربين إهانتي ... فقلت لنفسي حافظي وعديه

إلى يوم تجزى كل نفس بفعلها	ومن كل خير قدّمي تجديه
ويا نفس قولي مثل ما قال بارع	وقد غمه تصديق غير وجيه
(ولما رأيت الأمر وعرا سبيله	ونام عن التمييز كل نبيه)
(عزفت عن الشعب اليماني ناقتي	وقلت لها يا ناق لا ترديه)

وهي طويلة قال: ومن شعره أرجوزة طويلة يذكر فيها شيئاً من سيرة مولانا شرف الإسلام الحسن بن الإمام أعاد الله من بركاته، وفيها إشارة إلى السيرة النبوية وجمل من أحوال العترة الزكية أولها:

دع الذهول وانظرن بعبرة	كم آية في الكون أي آية
وعبرة في الدهر خلف عبرة	تغتال كل ناظر بعبرة

وهي طويلة انتهى كلامه.

قلت: وعلى هذه الأرجوزة تعليق وشرح لأحد أولاد صاحب الترجمة، وكان السيد المهدي رحمه الله كثير النظم لأغلب ما يتفق له من الأحوال والمقتضيات، وهو نظم ما بين المقبول والحسن، ومن نظمه أيضا أرجوزة سماها (المسكة الذكية في الخلافة المؤيدية والفتوحات الحسنية) في سيرة أمير الجهاد الحسن بن الإمام القاسم بن محمد، ومطلع هذه القصيدة:

من لي بيوم زارني بعلتي	وابتر من برد الصفا رحلتي
ولم يراقب خلتي وملتي	فطار بي بين اللتيا والتي

وهي طويلة وقد شرحها الشيخ الأديب جمال الدين علي بن محمد بن علي اليوسفي الذماري بشرح سماه الريحانة الطرية في شرح المسكة الذكية إلخ.

ورأيت بقلم بعض العلماء في ترجمته ما لفظه: أديب زمانه، وفريد أوانه، جمع أنواع الفضائل، وذكر الأواخر بالأوائل، وأنشد من رآه كم ترك الأول للآخر، مع جود وكرم، ورأي يعرف به من مبادي الأفعال خواتيم الأعمال، وتجربة

وحنكة، وهمة وشهامة، وزهد وتقى، وكمال وانفراد على الأقران، وقد قيلت فيه المدائح من شعراء الزمن بما يفوت حد الإحصاء أو الاستقصاء، فمن ذلك ما قال فيه شيخنا درة تاج الشرف وعين أعيان علماء الخلف خاتمة الحفاظ السيد المسند بدر الدين محمد بن عنقا الحسني المكي سنة 1037:

يا أيها المهدي نجل الهادي سبط النبي الهاشمي الهادي
يا بن الشموس الساطعات أولي النهى من عترة الحسنين ري الصادي
أزكى التحية والسلام عليك مع جلسائك الفضلاء زين النادي
هنئت بالعيد السعيد المنتقى عيد الأضاحي سيد الأعياد
بالحج ثم العج والثج ازدهى فحلا به نحر لكل معادي
فانحر وصل به لربك عل أن تحظى بكوثر جدك المتهادي
ونراه أبتر شانئا لك في الورى وتفوز بالاسعاف والإسعاد
ولقد سمعت بوصفك المأثور ما بين الورى حضريهم والبادي
فرأيت اسما عالياً وافى على وفق المسمى فهو طبق مرادي
فاطرب وطب وانعم وأبشر بالمنى ومبرة ومسرة ومفادي
والله يجمع بيننا في نعمة غرا وفي عيش رخيم نادي
ويظلنا في ظل أحمد جدنا خير العباد وسيد العباد
صلى عليه ذو الجلال مسلما والآل والأصحاب دون نفاد

5 فأجاب عليه صاحب الترجمة بقوله:

وافت خريدة سيد الأفراد ثبت الجنان المصقع السجاد
بدر الهداية من ذؤابة هاشم فرع الشماريخ الأولى الأنجاد
تختال في حلل الحرير غريرة تمشي الهوينا عذبة الإنشاد
وردت مهنئة بعيد فضله الـ ـمشهور في الأغوار والأنجاد

لله مرسـلها ونـاظم درهـا ... مـن فـارس الإصـدار والإيـراد
فـالله يتحفـه سـلاما طيبـاً ... ويعيـده في نعمـة وسـداد

ومما قيل فيه من المدائح أيضاً قول الفقيه الأديب أبو القاسم بن عبد الله بـن محمد بن عقبة الشظبي حين قدم إليه إلى محروس مدينة ساقين وأنشده إياهـا في محفل عظيم من أعيان البلاد وحضور جم غفـير مـن الحفـاظ والنقـاد في شـهر شعبان سنة 1043:

أبرق سرى من ذي العلاء ومن نجـد ... أبـان صـباباتي وأظهـر مـا عنـدي
وحـرك صـباً هـده البـين والأسـى ... ويزداد بالأشـجان وجـدا عـلى وجـد
وأنكـا فـؤادا ذاب مـن شـقة النـوى ... وهـيج أشـواقي إلى حـافظي ودي
أبيـت سـمير الـنجم حـيران والهـاً ... ودمعي كماء المزن يسكب في خـدي
فلولا (اصطباري) أغرقتني مـدامعي ... ولولا دموعي شبت النـار في كبـدي
فبـي مـا بيعقـوب عـلى فقـد يوسـف ... وكل بلى أيـوب بعـض الـذي أبـدي
وما زلت أخشى الناس حتى تعلقـت ... يـداي بخـير النـاس بالسيد المهـدي
بخـير أنـاس مـن شـماريخ هاشـم ... ومن هو أضحى فيهم واسـط العقـد
بخير الورى سـم العـدا وابـل الجـدا ... غياث المـلا معطـي الجزيـل بـلا عـد
فتـى كفـه كالغيـث تهمـي شـؤونه ... ثـمال اليتـامى عصـمة لـذوي الجهـد
فتـى هـو في المعـروف معـن وحـاتم ... وفي الحرب يوم الروع عمـرو بـن ود
هو الفارس الضرغام في حومة الوغى ... إذا اقتحمت أسد الحروب على الأسد
هـو العـالم النحريـر والماجـد الـذي ... رقى في سماء المجد شـأوا عـلى المجـد

إلى آخر أبيات القصيدة المذكورة.

وفي شـرح الدامغة الكبرى للسيد الحسن بن صلاح الداعي مـترجما لـه مـا لفظه:

هو السيد العلامة المجاهد المرابط جمال الدين له من المؤلفـات (الإقبـال في

فضائل الآل) أربعة أجزاء و(العقيدة في أصول الدين)، وله بناية جامع فوط الجامع العظيم، ومسجد في النَّوْعة مستقره - كذلك عظيم، وله المنقبة العظيمة بساقين من عمارة جامع الإمام الداعي إلى الحق عليه السلام العمارة العجيبة، ووقف له وقفاً، وكذلك له أوقاف كثيرة من ماله على مسجد الداعي وغيره من مساجده التي عمرها، وحصرها بأرجوزة وجعلها في لوح من صخر وألصقها بجدار في درجة بيته المعمور في النوعة، وأعطاه الله من الدنيا والأموال ما لا يجد في الجهة الخولانية وغيرها وفي ذي السفال من اليمن، وله هناك أولاد وأولاد أولاد، ودور مشيدة وصوافي مثمرة وأموال مودية، عاش أولاده في السعادة ببركته واكتسبوا ذكراً حميداً بسعايته، وغنم من الترك غنائم جزيلة، وله فيهم وقعات كثيرة، وذكر السيد أحمد الشرفي أنه همَّ بالدعوة والخلاف على الإمام المؤيد بالله، وأنه تاب ورجع انتهى.

قال في هامش الترجمة المذكورة: قلت وإن كان ذلك فلأمور جرت إلى جانبه من أبي طالب أحمد بن الإمام قد اشتهرت وذاعت، حتى أنه قيده وصادره، وللسيد المهدي شعر كثير، وله قصيدة دالية لما وقع معه الحادث من أهل النوعة وهو قتل ضيفه، فاستنهض جميع قبائل خولان وسحار وغيرهم، وذكّرهم فيها ما في المشروع لبني هاشم، وهو شعر بليغ. **قلت**: وقد وقفت على قصيدته الدالية المذكورة وهي من بحر الوافر، وعليها شرح لأحد علماء المخلاف، ذكر في ذلك الشرح الموجب لنظمها، و هو ما جرى من خلاف وشقاق وعدم اتفاق بينه وبين أحد مشايخ الجهوز وهو الشيخ عيسى بن خطاب، وقد تركناها لعدم ما يوجب الفائدة في ذكرها. ورأيت في وثائق الوقف بصيرة شرعية في جلد كبير فاخر، كتبت بخط حسن باهر حررت بتاريخ أواخر شعبان عام 1053 ثلاث وخمسين وألف وهذا لفظها:

هذه الأرجوزة للسيد العلامة ضياء الإسلام والمسلمين المهدي بن الهادي الهادوي اليوسفي شرح الله صدره بالتوفيق وعامله باللطف الخفي في ذكر مواضع حرث وقفها على جامعه المعروف بمسجد (جرن الحصين) في فوط من بلاد خولان يبتغي بذلك ما وعد الله المتصدقين من عباده وأهل البر والإحسان، وذكر فيها كل موضع باسمه وعين مصرفه، ونقش ذلك في لوح من حجر ليعرف الناظر إليه وقف المسجد على الجملة وتفصيل مصرفه فهو إن شاء الله لا يتغير نسأل الله أن يحرس ذلك باستمرار مناوبة أهل الطاعة ويتفضل بدوامه ودوام العمل به إلى آخر أشراط الساعة وهي قوله:

من بعد حمد الله سردا سرمدا ... أضعاف ما اغنى وأقنى أبدا

ثم صلاة ربنا بلا انقضا ... على نبي الله أعني أحمدا

عدّ الرمال والزنين والحصا ... وآله ما غاب نجم أو بدا

يقول من يخشى مقام ربه ... ويرتجي رضاه في يوم الندا

عبيده المهدي نجل الهادي ابـ ... ـن السادة الأخيار أعلام الهدى

لما رأيت الدهر دار بالقضا ... وكل جار ينتهي إلى مدى

وشأنه إلحاقنا بمن مضى ... كمن يقول ما عدا مما بدا

وليس للإنسان إلا ما سعى ... في موقف لا يرتضى فيه الفدى

وقفت (تي الشدنة) وقفاً ناجزا ... و(حيفة السوق) منيباً حامدا(33)

لنشر علم الطهر آل المصطفى ... بمسجد الحصين فاطلب راشدا

ثم (السوامك الثلاث) وقف من ... يقرأ كتاب الله يحسن الأدا

و(جلة ومسوحا) لمن سنى ... ولم يزل مواظباً مجدِّدا

---

(33) تي الشدنة وحيفة السوق والسوامك إلخ من أعمال مزرعة أفق وجرن الحصين بشامي فوط.

(وحيفة ابن عامر) له معاً	فليحذر السؤال عن هذا عدا
ثم (الثلاثة الشطوط في الوِجا)	وقف السراج دائماً مؤكدا
وابن السبيل حقه إذا عشا(34)	(وعر حويرث) وخلّ من عدا
(وحيفة ابن الفروي) عمارة	لجامع وبركة وما بدا
ويسكن العاني بهذه معاً	والفرش في بيت الحصين جاهدا
وقفاً صريحاً كل ما ذكرته	محبساً مسبلاً مؤبدا
فاجعل إله الخلق من أعان في	إحيائه موفقاً مؤيدا
واجعل قرار من سعى في هضمه	ناراً تلظى خالدا مخلدا
ورأيه للعدل من ذريتي	ومن به في الواجبات يقتدى
أساسه في عام خمسين ازدهى	من بعد ألف فابسطن تدعو يدا
وقل تقبل رب وارحم لائذا	يرجو النجاة ثم عيشاً أرغدا
وصل أضعافاً على محمد	وآله معظماً ممجدا

وكانت وفاة صاحب الترجمة بعد عوده من غزوة فيفا في شهر صفر أو ربيع أول سنة 1073 ثلاث وسبعين وألف، هكذا جاء عند المؤرخ السيد مطهر الجرموزي في سيرة الإمام المتوكل على الله إسماعيل، قال: وكان له في هذه الغزوة خاصة جد واجتهاد قيل أنه جهز خمسين أو مائة رجل من ماله وأنفق عليهم وتوفي عقب ذلك، وفي التحف شرح الزلف ومختصر الطبقات وغيرهما: أن وفاته رحمه الله سنة 1072 ودفن في صرحة مسجد الإمام الداعي بساقين وعليه مشهد مزور.

٭٭٭

قلت: والذي اشتهر من أولاده الحسن وعلي ومحمد، فالثلاثة كانوا من أهل

---

(34) في نسخة: وللغريب طعمه إذا عشا.

العلم والفضل والرئاسة، وستأتي لكل منهم إن شاء الله ترجمة في أثناء القسم الثاني من كتابنا هذا. ثم إني وقفت في بصائر وأوراق الأجداد رحمهم الله على نسبة بير النوعة[35] البير المعروفة غربي مدينة صنعاء إلى صاحب الترجمة، إذ اكتسب أغلب أموال البير المذكورة بالشراء لها بتاريخ شهر ربيع الآخر سنة 1060هـ، ثم باعها بعد ذلك ورثته إلى سيدي الجد العلامة المؤرخ يحيى بن الحسين بن الإمام القاسم كما هو محرر في بصيرة الشراء المؤرخة بتاريخ شهر رجب سنة 1087هـ، وفي تلك البصيرة الشرعية فائدة في ذكر جملة أولاده، لذلك حسن مني تقييد ذلك حفظا للأنساب، قال في البصيرة المذكورة: اشترى مولانا السيد المقام الأكرم العلم العلامة الأفضل عماد الدين غرة الآل الأكرمين يحيى بن الحسين بن أمير المؤمنين القاسم بن محمد عادت بركاته لنفسه بماله من البايع إليه السيد المقام الأمجد الأوحد عز الدين محمد بن المهدي بن الهادي اليوسفي النوعة البايع بوكالته الصحيحة الشرعية المفوضة في البيع وقبض الثمن من إخوته السادة الأماجد الذين هم: يحيى بن المهدي، وأحمد بن المهدي، والسيد الهادي بن أحمد بن المهدي، بعد صحة وكالته عنهم شرعا حسبما تحكي ذلك وكالة صحيحة شرعية بيده عليها علامة القاضي العلامة محمد بن أحمد المناري الحاكم الشرعي بمحروس ذي السفال، قال: وبوكالته أيضا من قبل صنوه السيد جمال الدين علي بن المهدي في بيع ما بقي له وهو ما صار له بالشراء من زوجة حي أخيه السيد حسين، وهي الحرة فاطمة بنت علي بن زياد المدخن الشامي، قال: وبوكالته أيضا من قبل صنوه السيد شرف الدين حسن ابن المهدي النوعة الساكن بمدينة صعدة المباركة حسبما تحكي ذلك وكالة صحيحة شرعية لدى القاضي العلامة وجيه الدين عبدالهادي بن أحمد بن يحيى

(35) هي الآن خلف شارع القيادة غرباً.

حابس، وتقررت تلك الوكالة لدى سيدنا جمال الدين علي بن جابر الهبل، قال: وباع البايع المذكور عن أختيه الشريفتين رقية وزينة بنتي السيد المهدي، وهما كريمتي السيد حسن بن المهدي انتهى المراد نقله.

(فائدة تاريخية) وقد اطلع كاتب هذه الأحرف سامحه الله على كتاب من الكتب المودعة مكتبة الجامع الكبير بصنعاء، وهو في التاريخ وقد كتب أحدهم على طرته: تاريخ دولة الترك، والذي ظهر من مقدمته بعد المطالعة أن مؤلفه أحد أولاد صاحب الترجمة وأنه في سيرة الإمام القاسم وأولاده وليس في تاريخ الترك إذ يقول في ديباجته ما لفظه: فقد سألني من لا أحيد عما أمر وحتم، ولا أترفع عما وضع ورسم، أن أجمع ما علمته من سيرة مولانا أمير المؤمنين المنصور بالله رب العالمين القاسم بن محمد بن علي ومن قام داعيا إلى الله من أولاده الأئمة الميامين فبادرت إلى امتثال ما أمر، وزبرت ما برز في ذهني مما جد من أخبارهم وغبر واستندت فيما لم أعاينه إلى رواية والدي السيد العلامة المهدي بن الهادي رحمه الله فإنه ممن شهد معظم المواقف والخطوب، ودارت عليه رحى تلك الوقائع والحروب، وبذلت جهد المقل وما احتملت قواه ومن قدر عليه رزقه فلينفق مما أتاه الله الخ كلامه. وقد نقلت من هذا الكتاب بعض الأخبار والفوائد في كتابي هذا والله الموفق، فليحقق أكثر من هو جامعه ومؤلفه من أولاد السيد المهدي النوعة هل محمد أم علي أم الحسن. ومما ورد في الكتاب المذكور قول مؤلفه في سياق ذكر بعض صفات الإمام المؤيد بالله محمد بن القاسم عليه السلام: وكان يسهر أكثر الليل ليتفقد أحوال المسلمين ويوقر الكبير ويرحم الصغير وكان والدي رحمه الله يسمع عليه كتاب الشفاء للأمير الحسين في سنة اثنتين وخمسين وألف ودخلت إليه مع والدي وسني ثلاث عشرة سنة فسأل الوالد عن قراءتي فقال: قد أخذ في النحو فقال: ما إعمال هذين البيتين:

لي خمسة أطفي بهم   نار الجحيم الحاطمة
المصطفى والمرتضى   وابناهما والفاطمة

فأعملتهما إعمالها فقال هذين البيتين:

لا عذب الله أمي أنها شربت   حب الوصي وأسقتنيه في اللبن
وكان لي والد يهوى أبا حسن   وأنني مثله أهوى أبا الحسن

فدعا لي وانصرفت انتهى بلفظه.

(وصية الأبناء)

ومن نظم السيد الهادي بن المهدي النوعة صاحب الترجمة قصيدة سماها (وصية الأبناء) وقفت عليها في لوح من الحجر على منزع البير التي في صرح مسجد الإمام الداعي يحيى بن المحسن بمدينة ساقين وأولها:

سنحت لي وصية الأبناء   وبني الأقربين والأصدقاء
بأداء الأركان وقت وجوب   وبكسب العلوم حيث الأداء
فبها يرفع الوضيع فيرقى   درجات العلى إلى العلياء
وانظروا يا بني كم وضع الجهـ   ـل وعقباه من بني العظماء
فاحفظوا عدة العلوم وغوصوا   للدراري في بحارها بالذكاء
واحذروا الميل عن علوم بني الطـ   ـهر لعلم النواصب الأشقياء
واعرفوا محكمات خير كتاب   وأحلوا حلاله بالسواء
وانتهوا عن محارم الله وانهوا   واشكروه في السراء والضراء
وأجيدوا تلاوة الذكر وارعوا   سمعكم كل آية غراء
والجهاد الجهاد فهو سنام الد   ين حقاً ومنهج الآباء
واتقوا الله ما استطعتم وكونوا   في عديد العدول والعلماء
واقمعوا جمرة الشباب بصوم   وخضوع وسنة الأنبياء

واحذروا صولة اللعين وصونوا	عرضكم عن علائق السفهاء
واقرئوا الضيف ما وجدتم ولكن	دفئوه في الليلة الشهباء
والإمانات والمواعيد فارعوا	حقها بالأدا وحسن الثناء
وخروج النساء في الناس عار	فستروا بالبيوت عار النساء
واحفظوا جاركم وصاحب جنب	والزموا للعهود حبل الوفاء
وانصحوا واصفحوا وعفوا	ومن البر رحمة الضعفاء

إلى أبيات من القصيدة لم يتيسر لي نقلها لعدم الوضوح وانطماس حروفها. وكان نظمها كما جاء في صدر أحد أبياتها: عام خمس وأربعين وألف.

116. السيد المؤيد بن صلاح المؤيدي

السيد الرئيس العالم المؤيد بن صلاح بن محمد بن صلاح بن الحسن بن الإمام علي بن المؤيد بن جبريل الحسني المؤيدي. ذكره السيد العلامة الحسن بن صلاح الداعي في شرح أبيات الدامغة فقال:

كان سيدا سرياً ورئيساً كريماً، وكان يلازم بمكة المشرفة، وكان مقامه بها عند الشريف مغامس بن ثقبة، وكان له مقام عظيم ورجع من مكة بكتب نافعة من كتب أهل مذهبنا، وتوفي عيد الإفطار سنة 1044 أربع وأربعين بعد الألف، وقبره بهجرة رغافة إلى جانب السيد أحمد بن يحيى الرغافي.

قلت: المتقدم ترجمته في حرف الألف رحمهم الله تعالى وإيانا والمؤمنين.

117. السيد الهادي بن أحمد الديلمي

السيد العلامة الأديب الهادي بن أحمد بن الهادي القطابري الديلمي وبقية النسب تقدمت في ترجمة والده بحرف الألف.

قرأ بصعدة على علمائها منهم السيد الإمام إبراهيم بن محمد حوريه المؤيدي،

وقرأت بخط بعض العلماء نقلا عن المترجم ما نصه: رويت عن شيخي السيد الإمام إبراهيم بن محمد بن أحمد بن عز الدين، وسيدنا الرضي الحافظ أحمد بن سعد الدين، وهما يرويان عن الإمام المؤيد، عن المنصور، وأروى عن غيرهما بالسماع والإجازة، وأنبأني القاضي أحمد بن يحيى حابس وصنوه الحسن بن يحيى حابس، وكذلك السيد العلامة مفتي اليمن أحمد بن علي الشامي بطرقهم جميع مسموعاتهم ومؤلفاتهم ومستجازاتهم انتهى بلفظه.

وصاحب الترجمة أحد الفضلاء النبلاء الصعديين الذين انطووا في مقام المولى محمد بن الحسن بن الإمام القاسم بن محمد أثناء ولايته على صعدة وجهاتها، وعلى الذهن أنه كتب له أيضا، وله أدب وشعر لم أقف على ما أثبته في ترجمته حال التحرير، قال في طبق الحلوى نقلا عن سيدي الجد يحيى بن الحسين بن الإمام القاسم في كتابه بهجة الزمن ما لفظه:

وفي ربيع الأول سنة تسعة وسبعين وألف مات السيد العارف الهادي بن أحمد القطابري الديلمي طلع مع عز الإسلام محمد بن الحسن إلى صنعاء ومات بها، وكان شاعرا عارفا بالفقه والنحو انتهى.

(وولده محمد بن الهادي الديلمي)

ترجم له القاضي العلامة الحسين بن ناصر المهلا في كتابه المسمى (حسنة الزمان في بعض محاسن بعض الأعيان) فقال: ومن بلغاء هذا الدهر وفضلائه السيد العظيم الرئيس محمد بن الهادي بن الإمام أبي الفتح الديلمي، من أكابر أبناء الأئمة وفضلائهم، وله الأدب العظيم والبلاغة السائرة، مع الكفاية التامة في الأعمال الكبار والمحاسن المشرقة إشراق شمس النهار، قال: وله إلينا عدة رسائل نظما ونثرا، قال: وورد إلينا من السيد المذكور في يوم الأربعاء رابع

وعشرين من شهر شعبان سنة إحدى وتسعين وألف:

لئن صرفت عني الهموم الطوارق	وساعدني دهري وما عاق عائق
وأيدني رب العباد بنصره	وتأييده لم أخش ما قال فاسق
وحسب الفتى أن يتقي الله ربه	وما غضب المخلوق إن يرض خالق
فقل للألى قد يحسدوني على العلى	لحيتم أما فيكم مدى الدهر صادق
تبيت كأعيان الغواني عيونكم	تملكم عند الخمول النمارق
ولي مقل سُهْرُ الجفون ومفرشي	سروج المذاكي والحسام المعانق
وسرد الدلاص الزعف أشرف ملبس	علي وللنقع الكثيف سرادق
ولي عزمات تسلب الليث شبله	وعزم له تعنو الذرى والشواهق
ورأي إذا أعملته في ملمة	يفل فرند السيف والسيف فالق
سجية آباء كرام غطارف	إلى المجد سباق وإني للاحق
نمتهم إلى العليا نفوس كريمة	تخاف أعاديها وترجو الأصادق
وما هي إلا نعمة قد تحدثت	بها شفتي والحر بالحق ناطق

إلى آخر أبيات القصيدة وهي طويلة قال: وإنما ذكرت ما أوردته من نظمه ليكون دليلا على فضله وبلاغته وجودة فهمه ونبله وعلمه انتهى بلفظه.

118. السيد الهادي بن أحمد الجلال

تقدمت له ترجمة بحرف الحاء أثناء ترجمة صنوه الأكبر الحسن بن أحمد الجلال.

119. السيد الهادي بن عبد النبي حطبة

السيد العلامة المتأله الرباني جمال الدين الهادي بن عبد النبي بن داود بن محمد بن داود بن محمد بن صلاح بن داود بن أحمد بن يحيى بن المهدي بن

المحسن بن أحمد بن المحسن بن محمد بن المحسن بن محفوظ بن محمد بن يحيى ابن يحيى بن الناصر بن الحسن بن عبد الله بن محمد المنتصر بن القاسم المختار ابن الناصر أحمد بن الإمام الهادي إلى الحق يحيى بن الحسين، هكذا وقفت على نسبه بخطه، وهو الحسني الهادوي اليحيوي الملقب حطبة.

5 مولد في نحو 1020 هـ تقريبا، وأخذ عن السيد الإمام أحمد بن محمد بن لقمان، فمما سمع عليه شرحه على الكافل، وأخذ عن السيد الإمام المحقق صلاح بن أحمد بن المهدي في المطول وغيره، وكان صاحب الترجمة أحد من حف بالسيد الصلاحي مع جملة من السادات والعلماء ممن تفرد لهم التراجم وتزين بذكرهم الأوراق، تقدم التنويه بهم. وأخذ عنه جماعة منهم القاضي
10 العلامة أحمد بن صالح بن أبي الرجال، قرأ عليه في الخبيصي وشرح التلخيص الصغير وشرح الكافل لابن لقمان مرتين، وهو قرأه كما تقدم على مؤلفه. وقد ترجم له السيد إبراهيم بن القاسم في طبقات الزيدية الكبرى، والسيد الحسن بن صلاح الداعي في شرح الدامغة الكبرى فقال:

كان السيد الهادي هذا من أعيان العلماء ودرة تاج الحكماء، وله تأليف في
15 أصول الدين كتاب سماه (تنبيه الراغب وإتحاف الصاحب)، وله شعر مليح ومنه قوله:

إذا ضحك المشيب بكيت عمري	وأيام الصبا تلك القديمة
ترى أن الفتى يضحي طروباً	وشيب الرأس قد أضحى نديمه
يقول الشيب هل ترجو سلوا	وقد أسلفت أفعالا ذميمه
فقلت له ودمع العين ذارٍ	على الخدين فيم الخسر فيمَه
أفي الدنيا فذاك إلى نفاد	أم الأخرى فما للنفس قيمة
سوى دار بها كل الأماني	ولم أغرس بها لمناي ليمة

فما لك أن يراك الله إلا　　مشمرة لديه مستقيمه
وقد حان الوداع لذي ارتحالٍ　　وسفح الدمع من عين سقيمه
أعد الزاد لا تهمله يوماً　　فما فيها سواه من غنيمة

وله أيضا:

أقول لكل ذي أصل شريف　　جري في ميادين الأماني
يريد المجد والعليا ويأتي　　فيهدم ما بناه خير باني
ولا يدري أمخط أم مصيب　　كذاك الجهل شيمة كل واني
إذا ما شئت إرغام الأعادي　　بلا سيف يسل ولا سنان
فشمر للعلى واهجر مناماً　　على فرش المذلة والهوان
وحاذر أن تلام على فعال　　بجهل أو مقام أو تواني
وحاذر إن صحبت قرين سوء　　ولازم ذا طريقات حسان
خبير بالعلوم له لسان　　مصلٍّ في ميادين البيان
مجل إن أردت بكل فن　　وإن حسدته أبناء الزمان
وإن المجد صعب من بغاه　　استجاد الطِّرْف في يوم الرهان
ولا تغتر بالدنيا وآثر　　خلودا في نعيم في جنان

وله هذا البيت:

ولم أر كالصبر الجميل مغبة　　وصاحبه يعطى بغير حساب

قال: وهذا كله نقلته من خط ولده صارم الدين إبراهيم بن الهادي قال: وتوفي رحمه الله تعالى بوطنه هجرة شرف الأعنوق ببلاد خولان بينه وبين مشهد الإمام أحمد بن سليمان عليه السلام قدر ثلاثة أميال، وقت صلاة الجمعة ثاني وعشرين في شهر جمادى الآخرة سنة 1062 اثنتين وستين وألف انتهى.

قلت: وستأتي تراجم أولاده أحمد وإبراهيم والحسين في القسم الثاني من هذا

المعجم. ورأيت بخط صاحب الترجمة نساخة كتاب الإفادة في تاريخ الأئمة السادة فرغ من ذلك بتاريخ تاسع عشر القعدة سنة 1049هـ وفي ذلك المجلد فوائد عديدة، منها هذه الأبيات قال: لكاتبه الفقير إلى الله هادي بن عبد النبي الهادوي وفقه الله:

يا أهل طيبة تفديكم نفـ ... ـسي وما يبتاع او يشتري
كذلك الطف نفسي الفدا ... لكل أهليه وأهل الغري
هل منكم يا سادتي شافع ... أو عارض من سوحكم ممطري
أم قد نسيتم أنني فيكم ... مصادم للحاسد والمجتري
وسيلتي التوحيد والعدل إن ... أباهما الملحد المجبري
وحبكم لم يزل عدتي ... وجنتي من لهب مسعر

120. السيد الأمير ياسين بن الحسن الحمزي

الأمير الشهير الصالح الكامل الرئيس ياسين بن الحسن بن الناصر بن أحمد ابن محمد بن الحسين بن علي بن القاسم بن الهادي بن عز الدين محمد بن شمس الدين أحمد بن الإمام المنصور بالله عبد الله بن حمزة بن سليمان بن حمزة بن علي بن الأمير حمزة بن الإمام النفس الزكية الحسن بن عبد الرحمن بن يحيى بن عبد الله ابن الحسين بن القاسم بن إبراهيم بن إسماعيل بن إبراهيم بن الحسن بن الحسن السبط بن علي بن أبي طالب، الحسني الحمزي الصعدي اليمني.

أحد أمراء الأشراف الحمزات في وقته، وكان رئيسا صالحاً كاملا معظما من القادة الصدور التي تدور على أيديهم مجريات الأمور، تولى للإمام المؤيد بالله محمد بن الإمام القاسم بن محمد على نجران، وله في نجران كما ذكر السيد مطهر الجرموزي أخبار حسان، وكان فاضلا شديدا على أهل الفساد، ويعد من أمراء

وولاة المولى ملك اليمن وسلطان الإسلام الحسن بن الإمام القاسم. ولما تقدم الحسن المذكور من صعدة لحصار الأتراك بصنعاء بعد انتقاض الصلح مع الأتراك سنة 1036 كان صاحب الترجمة أحد الأمراء المتقدمين صحبته، وله أخبار مذكورة في الجوهرة المنيرة وفي اللآلي المضيئة وغيرهما من كتب التواريخ، وهو الذي بنى القبة على جده عبد الله بن الحسين بالمشاهد اليحيوية بالجامع المقدس بصعدة. وكان وفاته نهار يوم الأحد سابع عشر ذي الحجة سنة 1052 اثنتين وخمسين وألف، وقبره بمقبرة القرضين في مشهد القضاة آل حابس وقد وقفت عليه ومن شاهد قبره نقلت نسبه وتاريخ وفاته.

ووالده الشريف الحسن بن الناصر بن أحمد الحمزي لم أقف على أحواله ولا على تاريخ وفاته.

(أجداد صاحب الترجمة المتولين صعدة)

أما جده فهو الشريف الأمير الناصر بن أحمد بن محمد بن الحسين الحمزي، خلف والده في الرئاسة، فتصدام هو والمطهر بن الإمام شرف الدين في الوقعة المسماة بوقعة المخلاف شمالي صعدة الكائنة أواخر سنة 940 والتي انكشف فيها الأشراف عن ذلك المصاف، ووقع القتل فيهم والأسر، وكان قائد الأشراف الأمير الناصر بن أحمد هذا والأمير داود بن أحمد بن الحسين، وقد ذكره السيد عيسى بن لطف الله في كتابه روح الروح في حوادث سنة 946 ست وأربعين وتسعمائة فقال: وفيها وصل إلى الإمام الأمير الخطير ناصر بن أحمد بن محمد بن الحسين في قدر ثلاثين فارسا من أصحابه تائباً إلى الله عما سلف منه في حرب الإمام، فالتقاه الإمام شرف الدين وقابله بالاكرام والانعام انتهى. ثم أنها تقلبت أحوال الأمير المذكور مع تقلب أحداث عصره، ومال إلى الأتراك

وحاصر السيد عز الدين بن الإمام شرف الدين في حصن ظفار سنة 954 وخلفه على صعدة بعد أسر الأتراك له. وفي شهر القعدة سنة 971 إحدى وسبعين وتسعمائة كانت وفاة الأمير الناصر بحص الزاهر عن عدة من الأولاد، منهم الأمير صالح بن ناصر وكان أحد أنصار المطهر بن الإمام شرف الدين، وتوفي في سجن الأتراك في الدار الحمراء بصنعاء في نفس الشهر والسنة التي توفي فيها والده. ومنهم الأمير الشريف محمد بن الناصر بن أحمد الحمزي وهو المعاصر للإمام الحسن بن علي بن داود والمذكور في سيرته، وتولى للإمام الحسن عليه السلام على صعدة ثم زحرحه عنها الأمير أحمد بن الحسين المؤيدي فانتقل إلى ظفار داود، وجعله الإمام تحت يده وقرره فيه وامتدت يده وحكم على الجهات الظاهرية، واتفق عنده البطنان آل غراء وآل جودة من أشراف الجوف حتى أزمع الأتراك على قصده إلى ظفار وهو حينئذ باق على موالاة الإمام الحسن ومناصرته، فجهزوا محطة كبيرة يقدمهم ابن عمه مطهر بن الشويع فحاصروه في ظفار دون شهرين حتى قبضوه وحبسوه في صنعاء بالدار الحمراء، فأقام في محبسه إلى شهر شعبان سنة تسعين وتسعمائة فتوفي، وذلك بعد نحو تسعة أشهر من أسره رحمه الله تعالى، وولده هو الأمير الكبير الحسين بن محمد بن الناصر المتوفى غرة شهر صفر سنة 1038 أيام ملازمته للجهاد مع الحسن بن الإمام القاسم وذلك بيفرس وقبر بها وتولى جهازه سلطان الإسلام الحسن بنفسه وأولاده في حضرته رحمه الله، وولده الأمير طالب بن الحسين بن محمد بن الناصر أمير بيحان المتوفى بصنعاء شهر شوال سنة 1074 رحمهما الله تعالى.

(وجده الثالث الأمير أحمد بن محمد بن الحسين الحمزي)

ذكره العلامة ابن فند الصعدي في مآثر الأبرار في سياق ذكر والده الأمير الكبير محمد بن الحسين الأتي ذكره فقال: وخلف أولادا نجباء أهل شجاعة،

فولي منهم بعده وقبل موته مولانا الأمير الكبير الخطير شمس الدين أحمد بن محمد، وكنيته المتوكل على الله، فمات أبوه سنة خمس عشرة وتسعمائة وقد تقوت شوكته، وانتشرت في البلاد كلمته وهيبته ورعيته ومال الأشراف بنو حمزة في الأغلب ميلته انتهى.

وفي هامش كتاب مآثر الأبرار ما لفظه: واستمرت يد الأمير أحمد بن محمد على صعدة والجوف إلى نصف جمادى الآخرة سنة ست عشرة وتسعمائة، ثم أخذها عليه عماه علي وعبد الله أبناء الحسين بن علي، وكان الأمير علي بن الحسين بها حتى توفي ثم خلفه أخوه عبد الله ثم مات (ربيع الأول سنة 929)، ثم خلفه ولده محمد بن عبدالله الملقب الشويع إلى سنة تسع وثلاثين، ثم استرجعها الأمير أحمد بن محمد وولده الأمير الناصر بن أحمد إلى سنة أربعين ثم افتتحها الإمام شرف الدين يوم الخميس الثاني والعشرين من شهر صفر من السنة المذكورة بعد أن فتح الزاهر في المحرم أول السنة المذكورة فسبحان من بيده ملكوت كل شيء وإليه ترجعون انتهى.

قلت: ولم يعش الأمير أحمد بن محمد بعد فتح الإمام شرف الدين لمدينة صعدة إلا ثلاثة أيام لا غير فوافاه وارد الحمام، وكانت وفاته ليلة الاثنين لخمس بقين من صفر فأستاذنوا الإمام في إدخاله ليقبروه في المشهد قرب مدينة صعدة. ولما دخل الإمام شرف الدين صعدة وقصد جامع جده الإمام الهادي يحيى بن الحسين أنشد هذه الأبيات ارتجالا وهو آخذ بحلقة قبة الإمام الهادي:

زرنـــاك في زرد الحديـــد وفي القنـــا ... والمشـــرفية والخيـــول الشـــزب
وجحافـــل مثـــل البحـــار تلاطمـــت ... أمـــواجهن بكـــل أصـــيد أغلـــب
مـــن كـــل أروع مـــن ســـلالة هاشـــم ... وبكـــل أشـــجع مـــن ذؤابـــة يعـــرب

إلى أن قال يذكر تغلب الأشراف الحمزيين:

من بعد أن حال القرابة دوننا ... وتحزبوا حقباً أشد تحزب
فأذاقهم رب العباد نكاله ... في كل معركة يشيب لها الصبي
أبدا عدو الله لست أقيله ... لو انه ابني أو شقيقي أو أبي

وهي أبيات مشهورة ثم تعقب ذلك وقعة المخلاف التي تقدم ذكرها.

(الأمير الكبير محمد بن الحسين الحمزي)

أما جده الرابع فهو الأمير الكبير والشريف الخطير محمد بن الحسين بن علي ابن قاسم بن الهادي بن عز الدين محمد بن شمس الدين أحمد بن الإمام عبد الله ابن حمزة عليه السلام بن سليمان بن حمزة إلى آخر النسب المتقدم. خلف أخاه الهادي بن الحسين في الرئاسة بعد مقتل الأمير الهادي في ذي القعدة سنة ثلاث وسبعين وثمانمائة بيد بعض عرب الجوف، قال معاصره العلامة ابن فند الصعدي في مآثر الأبرار:

فملك البلاد أخوه محمد بن الحسين وطالت مدته، وتقوت على الأعداء شوكته، واشتهرت شجاعته وحميته، وكثرت في عصره بنو عمه وذريته، ونقم بالثأر ممن قتل أخاه وأسرته، وحضر وقائع كثيرة يجدل الفرسان ويكسع الأقران إلى أن توفي بالجوف بين إخوانه وعترته وذلك حادي عشر شهر رجب سنة 915 خمس عشرة وتسعمائة، وبلغ خبر وفاته إلى صعدة يوم ثالث موته فوقع فيها رجة عظيمة بموته وبكى عليه من يعرفه ومن لا يعرفه، لأنه كانت فيه خصال محمودة، منها نزاهته عن المعاصي التي تدنس عرض الشريف، ومنها أنه كان كثير الصفح والعفو وعدم الحنة على الخصم فإذا قدر عليه في معركة في الأغلب رفع السيف عنه وغير ذلك من خصال الكمال، وأما شجاعته فأقر بها

الموالف والمخالف والجاهل والعارف، وأقام الناس عليه القراءة في المساجد ثلاثة أيام سيما بمسجد الهادي عليه السلام، وأنشدت فيه المراثي، ودفن في الزاهر، وعمل عليه هناك تابوت صنع في صعدة، وأرسل به إلى هناك، وكان مدة عمره قدر سبعين سنة فما حولها، وملك البلاد قدر نيف وأربعين سنة. قلت: وأخبار الأمير المذكور مبثوثة في كتب التواريخ منها أخبار معاصرته للإمام الهادي إلى الحق عز الدين بن الحسن وما جرى بينهما من المراسلة والمكاتبة منها القصيدة الميمية التي كان المبتدأ من جهة الأمير محمد بن الحسين يقول فيها:

وأبلغ يا نسيم لنا سلاماً ... كزهر الروض عند الابتسام
إلى تاج الأئمة من قريش ... إمام العصر يا لك من إمام
شريف من بني يحيى بن يحيى الـ ... ـغطاريف البهاليل الكرام
إمام حبه للناس فرض ... به يرجى لهم دار السلام
أتينا نبتغي منه دعاء ... ونفعاً في رضى رب الأنام
فشمر ثوبه منا احتراساً ... فيا لك رمية من غير رام
عسى ولعل فيما كان خيرا ... وما يدري ابن آدم ما يحامي
أردنا أن نكون له جنودا ... يصول بها على يمن وشام
فما من قائم زدناه إلا ... رفعناه على أعلى السنام
وكنا دونه عما يلاقي ... وكنا خلفه فيما يسامي

فأجابه الإمام عز الدين عليه السلام بقصيدة طويلة منها قوله:

ونظم جاءنا حسن غريب ... بديع السبك يا لك من نظام
يفوق الدر حسناً وابتساماً ... ويحكى في البها زهر الكمام
أتى من أرفع الأمراء قدراً ... ومعدوم المناظر والمسامي
أثيل المجد بحر الجود حقاً ... ومروي السيف في يوم الصدام

يكــر علــى الكتيبــة لا يبالــي	ويقدم في الحروب على الحمام
وإن تغشــى مقانبــه فتــور	فــذاك هــو المدافــع والمحامي
يعاتبنــا علــى تــرك التلاقــي	وذلك كــان مــن جهــة المقــام
صــددت عــن اللقــاء وملــت عنــه	مســاعدة لآراء اللئــام
وقلــت لعــل فيــما كــان خــيراً	ومــا خــير البعــاد عــن الإمــام
دواء قربــه مــن كــل داء	ورؤيتــه شــفاء للأوام
وقلــت بلغــت ســؤلك في ولاء	وفي ود وأخــلاق وســام
أردنــا أن نكــون لــه جنــودا	يصــول بهــا علــى يمــن وشــام
فــتمّم مــا نويــت وقيــت شــراً	فــما شيء يصــد عــن التــمام
أمــا فــرض الجهــاد أجــل فــرض	وأوجــب مــن صلاتــك والصيام
وكــل مفــرط فيــه سيضحــي	غريقــاً خائضــاً بحــر الأثــام
فيــا ســبط الحســين وخــير ليــث	يــرى وســط الكريهــة ذا ابتسام
أقــم فــرض الجهــاد وقــم وشــمر	لختــم العمــر في خــير الختــام
فإنــك إن تــوالينــي تجــدنــي	بإصــلاحي لشــأنك ذا اهتــمام
وتلقــى الخــير في ديــن ودنيــا	فكــن بصــلاح دينــك ذا غــرام
فــما الدنيــا بباقيــة لحــي	ولــو يبقــى كنــوح ألــف عــام

وبالجملة فأخبار الأمير محمد بن الحسين متسعة ومناقبه دثرة وقد تقدم تاريخ وفاته رحمه الله وإيانا والمؤمنين.

(الأمير الحسين بن علي بن قاسم الحمزي)

وجده الخامس فهو الأمير الكبير الحسين بن علي بن قاسم الحمزي المتوفي في الزاهر من الجوف سنة 872 اثنتين وسبعين وثمانمائة.

وكان هذا الأمير هو أول من ملك صعدة ونواحيها بعد تقضي ـ دولة

الأشـراف الحمزات على يد الإمام المهدي علي بن محمد وولده الناصـر صـلاح الدين في القرن الثامن الهجري، قال العلامة ابن فنـد الصـعدي في سـياق ذكـر الأمير الحسين المذكور: ملكها في ذي الحجة من سنة ست وستين وثمانمائة؛ لأنـه كان من جملة عسكر جمعه السيد يحيى بن صلاح الهادوي وحطوا عـلى صـعدة، فلـما كاد يأخذها توالس الأمير هو وأهل صعدة وأحبوا جانبـه، فوعـدهم إن سـهلوا لـه الدخول ووعدوه بذلك، فلما افتتح السيد صعدة خاف أهل صعدة إن تقوّت شوكته عليهم يجور عليهم ويأخذهم بذنوب قد أسلفوها إلى جدته الشـريفة فاطمـة بنـت الحسن حال إخراج الناصـر لها من صـعدة وأخـذ الـبلاد عليهـا، فرجحـوا للأمـير الحسين ولأصحابه بني حمزة أن يلزم السيد يحيى وقالوا لـه: سـيفان لا يصـلحان في غمد، فلزمه وصاح في الناس بالأمان والضمان، فلما اسـتقر بالمدينـة أصـلح الـبلاد، وقدم ولده الهادي بن الحسين على صعدة فاستمر الهادي والياً للـبلاد، ولم يكـن قـد ملك أبوه تلمص وغيره من الحصون، ولكن ملكها الهادي ما خلا حصن نعمان فقد كان مع والٍ كان فيه لعامر بن طاهر حفظه مدة وانكسـر عليه جوامك كثيرة، فـأذن له ابن طاهر في بيعه، فشـراه الهادي بعد أن حـط عليـه، ثـم اسـتمر الهـادي يغـادي الغارات على صنعاء ويراوحها وفيها ابن الناصـر، فما قدر عليهـا حتـى قتـل في ذي القعدة سنة ثلاث وسبعين وثمانمائة قتله بعض عرب الجـوف في عـدة مـن عسـكره وبني عمه الحمزات، ودفن عند أبيه في مشهدهم في الجوف وملك البلاد أخوه محمد ابن الحسين... إلخ.

وللأمير الحسين المذكور ستة من الولد: محمد وأحمد وأمهما امرأة من الجوف تسمى جودة، وإليها ينسب أولادها فيقال آل جودة. وحميضة وعبـد الله وأمهـما غراء بنت كثير بن طاهر جحاف من سلاطين الجوف، وإليهـا ينسـب أولادهـا فيقال آل غراء. ومن أولاده أيضا: علي والهادي وقد تقدم ذكرهما.

121. السيد يحيى بن أحمد العباسي

السيد الأديب الفذ يحيى بن أحمد العباسي العلوي الرغافي الأصل، ثم الصنعاني اليمني، ناظم القصيدة المسماة (نفخ الصور في ذكر آل الإمام القاسم المنصور) من بحر الخفيف والتي مطلعها:

نســمات المنظـــوم والمنثـــور   رق منشورها بــنفخ الصور

وكان فراغه من نظمها في تاريخ شهر ذي الحجة سنة 1090 تسعين وألف في دولة الإمام المهدي أحمد بن الحسن بن القاسم، وهي إلى مائة وثلاثة وتسعين بيتا، ولم أقف عليها لنقل بعض من أبياتها في هذا الموضع، وقد ذكرنا بحرف الألف من هذا الكتاب تقاريظ عدة من العلماء الأعلام على قصيدته المذكورة. وصاحب الترجمة ذكره معاصره السيد الحسن بن صلاح الداعي في شرح الدامغة، وذكر أنه من السادة العلويين من ذرية العباس بن علي بن أبي طالب الساكنين برغافة ثم قال: وكان بقيتهم أعني أهل رغافة السيد الأديب الفصيح المصقع عماد الدين يحيى بن أحمد العباسي الأديب الكاتب له شعر رائق، ومنه (نفخ الصور في دولة بني المنصور) وعليه تذييل لحي الصنو العلامة شمس الدين أحمد بن إبراهيم بن محمد المؤيدي، وتوفي السيد يحيى العباسي بمحروس مدينة صنعاء وبها قبره، ومنهم أعني العباسيين بصنعاء الآن السيد العلامة صلاح بن أحمد المعروف بالرازحي، وهو ممن بجبل رازح إلا أنه استوطن صنعاء انتهى. وترجم له السيد المؤرخ إبراهيم بن عبد الله الحوثي في كتابه نفحات العنبر فقال:

كان صاحب الترجمة فاضلا أديبا ناثرا، مترسلا رئيسا، ماجدا هماما، حسن الأخلاق، وزّر لصاحب المواهب محمد بن أحمد بن الحسن بن القاسم ثم نكبه،

ولزم زاوية الخمول وجفاه الزمان، ولم يزل على حاله حتى استراح بجوار الله تعالى. ومن نظمه مؤلف سماه (نفخ الصور في ذكر آل القاسم المنصور)، وتكاتب هو وجماعة من الأدباء الأعيان كالمولى زيد بن محمد بن الحسن، والمولى الحسين بن عبد القادر، والسيد أحمد الآنسي، والقاضي أحمد بن محمد الحيمي، ومما كتب إليه المولى زيد بن محمد أبياته التائية التي مستهلها:

هيهات تجديك في الحب الملامات   يا عاذلي وفي الخدين لامات

ومن شعر صاحب الترجمة مجيباً وسلك فيها مسلكاً عجيباً:

سل فؤادي هل حل فيه سواكا   فهو ينبيك أنه مغناكا
يا صديقا له حميد السجايا   وحبيباً للحاسدين شجاكا
أنت عندي عين الوجود وإني   أتمنى في كل حين لقاكا
ولك الود خالصا من قديم   ليس يبلى وإن أراد عداكا
أنت في مهجتي مقيم وإن قال   أناس أني سلوت هواكا
لست أسلو وإن شغلت عن الوصـ   ـل بما لا أظن أن يخفاكا
غير أني أشكو إليك زماناً   قد أراني من أهله ما أراكا
ورسيساً من الهوى لفريق   لم أجد قط عن هواهم فكاكا
إن تباعدت عنهم عنفوني   أو تدانيت أرصدوا لي الشباكا
كل يوم يبدي لي الدهر منهم   خلقاً كم أطلت فيها العراكا
أنت أدرى بهم ويا ليت شعري   هل يفيد الشكاة لو نتشاكا
أيها الماجد الذي جل قدراً   وسما رتبة تفوت السماكا
والمجيد الرسائل الفاضليا   ت على رغم حاسد ناواكا
والذي ينظم اللآلي كباراً   وإذا شاء ينثر الأسلاكا
لا تلمني وخل عتبي فإني   قد سئمت الولاء إلا ولاكا

أنــا في شــغلة بترمــيم عــيش ... قصــرتني عــن عاليــات ذراكــا
لا تقــل أننــي ســلوت غرامــاً ... لــك عنــدي فــما أود ســواكا
كــل مــن في حمــاك يهــواك لكــن ... أنــا وحــدي بكــل مــن في حماكــا
واســأل القلــب فهــو ينبيــك عنــي ... واطــرح قــول حاســد قــد أتاكــا

وهي أكثر من هذا القدر، وله قصيدة إلى بعض إخوانه يشكو أهل عصره منها:

كلّــت الأقــلام يــا فخــر الهــدى ... ما الــذي نصــنع فيــما قــد كتــب
قد أيســنا عــن حــلاوات النهــى ... وأنســــنا بمــــرارات الكــــذب
قـــد تـــولى الجـــود والمجـــد ولم ... يبق إلا شظف العــيش الجشــب
أنــــا في تــــرميم عــــيش نكــــد ... وشــجون كــل حــين تلتهــب
لا أرى في النــاس مــن ينجــدني ... غــير أقــوام حيــاهم قــد ســلب
يمنحــوني مــن نــداهم محنــاً ... هي وصفاً عضة الكلب الكِلِب

انتهى كلامه، وترجمه العلامة أحمد بن محمد بن الحسن الحيمي الكوكباني صاحب طيب السمر، وعده من نبلاء صنعاء وهو كذلك، وذكر أن المترجم له كان قد حظي في شبابه بملازمة ملك اليمن المولى محمد بن الحسن بن الإمام القاسم، وله في مدحه ومدح ولديه يحيى وإسماعيل قصائد وأشعار فائقة، ولم يجفه الزمان إلا بعد وفاتهم رحمهم الله جميعا. قلت: وقد جمع المترجم كل ما نظمه هو وغيره من مدائح وأشعار في المولى محمد بن الحسن بن الإمام القاسم في كتاب سماه (أغصان الياسمين من عرائس غرائس أفكار الناظمين في مدائح مولانا محمد بن الحسن بن أمير المؤمنين) وقفت عليه في مجلدين بخط القاضي العلامة محمد بن إبراهيم السحولي.

قلت: ولم أضبط تاريخ وفاته رحمه الله ولعلها بعد 1100 عام مائة وألف بقليل، والله أعلم.

122. الفقيه يحيى بن أحمد النجري

الفقيه العارف يحيى بن أحمد بن علي النجري.

وهو أحد النبلاء العارفين، رأيت بخطه حاشية التفتازاني على شرح العضد نسخها لخزانة المولى جمال الدين علي بن أحمد بن الإمام القاسم بن محمد وهي نسخة غاية في الاتقان وجودة التحشية، وهذا الخط الحسن دال على عرفان ونبل وإلمام بالعلم، وكان فراغه من تلك النسخة رابع شهر شعبان سنة 1070 بمحروس صعدة.

123. القاضي يحيى بن أحمد حابس

تقدمت ترجمته بحرف الألف أثناء ترجمة ولده القاضي أحمد بن يحيى حابس.

124. القاضي يحيى بن أحمد عواض الأسدي

القاضي العالم المحقق عماد الدين يحيى بن أحمد الحاج بن عواض الأسدي الشاطبي الصعدي بلدا ومسكنا ووفاة. مولده كما وجد من خط شيخه وخاله القاضي عبد القادر بن سعيد الهبل في 21 شهر رمضان سنة 1028 ثمان وعشرين وألف، وقرأ العلوم على المشايخ متنقلا ما بين صعدة وصنعاء.

فمن مشايخه بصعدة القاضي شمس الشريعة أحمد بن يحيى حابس، ومن مقروءاته عليه كتاب معتمد ذوي العقول لابن بهران من أوله إلى آخره مجلدين، قال السيد الحافظ إبراهيم بن القاسم الشهاري وقد ترجم له في طبقات الزيدية: قرأ في كتب الفقه والحديث والتفسير على المشائخ الأجلاء، وهم يحيى بن سعيد الهبل، وعبد القادر بن سعيد الهبل وغيرهما، وأخذ عنه الإمام المؤيد بالله محمد ابن الإمام المتوكل على الله، والسيد حسين بن أحمد زبارة وغيرهم من علماء

صعدة وصنعاء ، وكان القاضي عالماً محققاً زاهداً عابداً، له شرح على الكافل، وشرح على الأزهار انتهى. وذكره تلميذه السيد الحسن بن صلاح الداعي في منظومة شرح الدامغة الكبرى بقوله:

وما رأيت لشيخ العلم سيدنا — يحيى بن أحمد في التحقيق من مثل

ثم قال في شرح هذا البيت مترجما له بقوله: هو الأستاذ الكبير والعالم الشهير عماد الدين بقية المحققين. كان عيناً من الأعيان، ومن أهل العلم والإيمان، قرأ عليه جماعة من العلماء، وتلمّذ له جماعة من الحكماء منهم الإمام المتوكل على الله علي بن أحمد بن الإمام القاسم فإنه شيخه ومربيه ومؤدبه ومُقْريه، وقرأت عليه النصف الأول من شرح الأزهار مع جماعة من التلامذة المحققين، وله من المؤلفات (نور الأبصار شرح على الأزهار) بلغ فيه من النصف الأول إلى النكاح متصلاً، وفي النصف الأخير مواضع ولما يتم، وله (شرح الكافل) في أصول الفقه، و(الأصول الثمانية) متن رصين شرحه ولده إسماعيل بن يحيى، وله شرح الفاتحة المسمى (المناهج الواضحة في تفسير آي الفاتحة) وآيات من القرآن تعلقت المباحث بها، وله (الدواء النافع من سم اللسان الناقع)، و(النور الصادع في نفي الحرج عن الجامع)، ثم رجع عنه حسبما وجد بخطه إلى اختيار التوقيت لئلا يتساهل الناس عن العمل بالعزيمة في التوقيت، وله (زاد المعاد في علم الطريقة)، وله شرح النصف الأول من مفتاح العصيفري، وله مسائل مفردات وجوابات مفيدة، وله (زهر الربيع مختصر من ربيع الأبرار)، وله (الكواكب الدرية في أحاديث خير البرية). ثم قال: وكان من الزهد بمحل عظيم، وله عناية عظيمة في عمل المدينة وإصلاح سورها وتفقد أحوالها، وعمَر السمسرة الجديدة الكبيرة التي تحتها محاط الحب، ولم يزل في التدريس والتأليف حتى توفاه الله تعالى إليه حال كونه ساجداً، وقيل في وفاته من الأشعار والتواريخ انتهى.

وذكره السيد مطهر الجرموزي ضمن أعيان الشيعة بصعدة أيام المتوكل على الله إسماعيل فقال في تحفة الأسماع والأبصار ما لفظه: ومنهم الفقيه الفاضل العالم عماد الدين شبيه أبي السرايا في عزماته، نشأ هذا الفقيه عماد الدين في حجر أخواله أولاد القاضي إمام الفقه سعيد بن صلاح الهبل، ونشأ في مهاد الفضل وبرز في علم السمع والعقل وله مصنفات وموضوعات.

∗∗∗

قلت: وأغلب أهل وقته ممن تتلمذ على يديه، وهم جم غفير، ووجد بخط تلميذه الفقيه العلامة محمد بن قاسم الخباط وهو كاتب وناسخ أغلب مؤلفاته ما لفظه على ظهر كتابه زاد المعاد إلى الفوز بنيل المراد ومسلك العباد والزهاد ومنهج أهل الرشاد: وجدت بخط الإمام المتوكل على الله إسماعيل قد سمع الفقيه الفاضل عماد الدين يحيى بن أحمد بن عواض الأسدي عني وعن والدي الأربعين الحديث والعقيدة (قلت الصحيحة) وغيرهما من المسائل، وطالت مباحثاته لنا ومراجعاته حتى استفدنا بعض ما عنده، وطلب منا الإجازة في كل ما لنا روايته من طريق السماع والإجازة، فأجبناه إلى ذلك، وأذنا له وأجزنا له، الخ بتاريخ سنة 1059 انتهى بلفظه. وفي الوجادة المتقدمة ما يفهم أن الكلام السابق ليس للإمام المتوكل على الله وإنما لولده المؤيد بالله محمد بن المتوكل، وقد تقدم عن الطبقات أنه في عداد تلامذته، أما قراءة صاحب الترجمة على الإمام المتوكل على الله إسماعيل فهي محققة، قرأ عليه عدة من مصنفاته، وقفت على ذلك بخط وقلم صاحب الترجمة، فليعلم ذلك.

ومما ذكر في ترجمة هذا القاضي العلامة الرئيس ما اتفق في حوادث سنة 1104 أربع ومائة وألف من توقفه على جلالته من قبل المتوكل علي بن أحمد أبو طالب هو وجماعة من علماء صعدة بحجة عدم مهاجرتهم من المدينة لما ملكها

أولاد صاحب المواهب مع ما ظهر لهم فيها من الفساد، فبقي في الحبس أياما ثم خرج، وقد ذكرنا ذلك في ترجمة العلامة إسماعيل بن محمد العبدي في القسم الثاني من هذا الكتاب.

وكانت وفاته رضوان الله عليه في جمادى الآخرة سنة 1106 ست ومائة وألف، قال في شرح الدامغة الكبرى أثناء ترجمته المتقدم بعض منها: وللفقيه العلامة ضياء الدين إسماعيل بن محمد العَبْدي هذه الترثية فيه وذكر فيها أنه قُبِر عند والده الفقيه العلامة محمد بن قاسم العبدي رحمه الله تعالى في جانب مسجد الناصر عليه السلام الذي عمره الفقيه محمد المذكور وذلك في الجانب الغربي منه، وعليهما مشهد معمور قد كان عمر على الفقيه محمد بن قاسم رحمه الله تعالى، قال: مرثيا له وقصد مضاهاة قصيدة المعري المشهورة التي أولها: غير مجد في ملتي واعتقادي، وضمّنها تاريخ وفاة الشيخ عماد الدين ووالده بدر الدين كما ترى، وهي:

فــتَّ أكبادنــا فــراق العــماد ... عــين أهــل المعــارف الأمجــاد
حافظ المذهب الشريـف وحاميه ... ومــاحي خــلاف أهــل العنــاد
واحـد العصـر آيـة الـدهر فهـا ... مــةُ أهــل الدرايــة النّقــاد
حسن الوقت في الزهـادة والوعــ ... ــظ وحسـن القنـوع والاقتصـاد
شـعبيُّ الزمـان في العلـم والحفـ ... ــظ وقــسٌّ في فهمــه الوقّــاد
مَــنْ بآرائــه ينـير دجـى الخطـ ... ــب إذا ضـل فيـه أهـل الرشـاد
جبـل العلـم فـاعجبوا لضـريح ... وضــعوا فيــه شــامخ الأطــواد
وخضـم العلـوم كيـف أقلّـوه ... عــلى مــتن هــذه الأعــواد
أنفق العمر ناسكاً يطلـب العلــ ... ــم بكشـفٍ عـن أصـله وانتقـاد
فــإذا أشـكلت طريـق حـديثٍ ... أخــذوا منــه صــحة الإســناد

لا يرم نيل شأوه قط في الفضـ ـل فمن دون ذاك خرط القتاد
لا نظن الأسى عليه قليلاً ينقص العمر والأسى في ازدياد
فقدُه يا أخا الحجى عرّس الحز ن بأرض القلوب في كل ناد
ولـه كحلت نواظرنا بعـ ـد لذيذ الكرى بميل السُّهاد
واستحَرّت صدورنا وترى الأعـ ـين تذري دموعها كالغوادي
وبكاه القريب والأبعد النا زح من أصدقائه والأعادي
وأطالوا البكا عليه ولكن غير مجدٍ في ملتي واعتقادي
يا عماد الإسلام هل يرتجى عو دكَ أو لا معادَ حتى المعاد
يا غياث الأنام هل تسمع البا كين فقداً وهل تجيب المنادي
مَنْ لحل الرموز بعدك والعقـ ـد ومن للإصدار والإيراد؟
من يرجّى للخطب من للدواهي إن دهتنا والحادثات الشداد
من يلين القلوب بعدك بالوعـ ـظ ومن للصلاح من للسداد
وتصانيفك العديدة من يو ضح ما ضمّنته من إرشاد
أيها السائلي متى اضطرمت نا ر فراق العماد في الأكباد
ومتى ساءنا بذاك زمان مخلف الوعد منجز الإيعاد
في جمادى من ستة ومائة عا م وألف كانت وفاة العماد
قبضت روحه الكريمة في حا ل سجودٍ لله رب العباد
والفقيه الذي إليه ضممنا ه إمام الزّهاد والعبّاد
كينعي الزمان علامة الشيـ ـعة بحر الندى طويل النجاد
فضله في الظهور كالشمس والجـ ـملة تغني حيناً عن التعداد
وهو في العارفين كالروح في الجسـ ـم وليس الأرواح كالأجساد
موته ثلمة وتاريخه: صار إلى رحمة الإله الجواد
جُمِعا هاهنا وهذا التلاقي صادر منهما على ميعاد

فإذا خفت حادث الدهر أو رُمْـ ـتَ نجاحاً لحاجة في الفؤاد
فادع مستشفعاً بفضل الضريـ ـحين وأبشر حقاً بنيل المراد
سُقيا غيث رحمة الله ذي الطو ل ورضوانه مدى الآباد

قال الفقيه إسماعيل بن محمد العَبدي: وهذه أربعة أبيات تكتب على ضريحه متضمنة للتاريخ:

هذا ضريحٌ للفقيه الذي وفاتُه نقص على الناس عامْ
ما كان فينا مثله إنه من كل فضل مالك للزمام
عاش قرين العلم خدن وقام في الليل ووالى الصيام
وساجداً صار إلى الله والتـ ـاريخ: قد أدخل دار السلام

1106

ولم تكتب في ضريحه إذ اختار ولده إسماعيل بن يحيى أبياتاً لنفسه كتبها عليه، وهذا ما تيسر من نشر ذكره الطيب الكثير انتهى بلفظه.

(والد صاحب الترجمة)

ووالده هو رئيس المجاهدين في وقته الحاج الفاضل الزاهد الورع شمس الدين أحمد بن عواض الأسدي نسبا الشاطبي بلدا نسبة إلى فرع من فروع قبيلة سفيان البكيلية، قال في صفته القاضي المؤرخ ابن أبي الرجال استطرادا في تاريخه: كان من أهل الرأي والحرب وإليه النهاية في الحزم والكمال يشبهه بأبي السرايا رحمه الله تعالى وله مع ذلك تفقه وعرفان على قواعد الأئمة انتهى.

قلت: والمذكور هو من عيون المجاهدين مع الإمام القاسم بن محمد ومن ذوي السبق في نصرته والقيام بدعوته، وولاه الإمام بلاد خولان صنعاء فقام بها قيام الأفذاذ، وأوقع بالأتراك الوقائع الهائلة كوقعة أسناف والقوعة وغيرها، قال السيد

المولى العلامة أحمد بن محمد الشرفي وهو يتحدث عن نفوذ أوامر الإمام عليه السلام في أكثر بلاد الأتراك مشارق صنعاء كبلاد سنحان والرحبة وغيرها ما لفظه:

فإن الحاج الأفضل سيف الله على أعدائه شمس الدين أحمد بن عواض الأسدي وهو الذي كان متولياً تلك الجهات كانت أوامره تنفذ في هذه الجهات المذكورة من بلاد الأتراك بما شاء وكيفما شاء، لأنه حمى الله مهجته لما كان ظهر له من الإقدام في المواطن والصبر عند لقاء العدو، وما منحه الله من النصر ورزقه من الهمة التي تناطح الفرقدين، والعزم الذي لا يثلم حده، أوقع الله له في قلوب الأعداء هيبة وأخذت بمجامع أفئدتهم ومثلته لهم في كل مواطنهم، حتى لم يكونوا يذكرون غيره حتى لقد كان يُحكى أنه يطلب ما شاء من بعض أعيان الأتراك فلا يقدرون على الامتناع مما يطلب، وكانت مطالبه مقدمة على مطالب الأتراك وربما اجتمع عسكره وعسكر الأتراك في القرية الواحدة لسياقة المطالب، وقد جمع بينهم بعض أهل البلاد ويضيفهم جميعاً، وكان أمراء الأتراك قد عذروا الرعية مما يفعلون لأنهم لم يستطيعوا الدفع عنهم لأنه أبقى الله غرته كثير الغزو وعظيم الهمة، بعيد المرمى، شديد البطش لمن خرج عن الطاعة، ومع ذلك فهو على أحسن سيرة وأبر عمل من ورع كامل، ومراعاة لأمور الشريعة وقيام بالواجبات، ومواظبة على السنن الشرعية، وتحرز عما لا ينبغي، فهو أعلى الله شأنه يُعد من أهل الزُهد، ومن عرفه علم هذا الذي ذكرنا يقيناً فالله يجزيه عن الإسلام خيراً فلقد نصر الإسلام نصراً مؤزراً، وأشجى قلوب الأعداء، وكم له من مواطن في الجهاد تشهد له السيوف فيها أنه الذي أعطاها حقها، وهداها من أعناق أعداء الإسلام إلى واضح طرقها.

قلت: وقد استمر جهاد هذا القائد العظيم وبذله وعطاؤه مدة أيام الإمام القاسم بن محمد وولده المؤيد بالله لنحو أربعين عاما، وأقام بمدينة صعدة مدة

الصلح الأخير الحاصل بين الإمام القاسم والأتراك، وكان متزوجا بابنة القاضي العلامة سعيد بن صلاح الهبل رحمه الله، وقد ذكر كتّاب السير والتواريخ كثيرا من أحواله وأخباره وأرخ وفاته معاصره الفقيه العلامة يحيى بن أحمد بن حنش فقال: كانت وفاة الحاج الفاضل المجاهد في سبيل الله كل معاند للدين ومناصل،
ذي الهمة السامية في نكاية الظالمين، والعزيمة الصادقة في رفع منار الدين، شيعي أهل البيت المطهرين، الباذل نفسه في محبتهم وصدق ولائهم حتى أتاه اليقين شمس الدين أحمد بن عواض العمراني الأسدي نسباً والشاطبي بلداً والزيدي مذهباً في يوم الإثنين وقت شروق الشمس (أحد وعشرين) من شهر ربيع الآخر سنة ست وأربعين بعد الألف في الروضة بالمحلة المعروفة ببير زيد، وقبره هناك رحمه الله تعالى وكان قد أناف على السبعين بل أظن على الثمانين، ولكنه كان مع ذلك العمر الطويل من عباد الله الصالحين الذين لم تأخذهم في الله لومة لائم وفقه الله تعالى للطاعات ويسر له أموراً تقربه إليه وأعانه بجد وجهد وصبر وعزم. وله في الجهاد مواقف مشهورة، ونكاية للعدو مأثورة مسطورة، وكم له من ليلة غراء بات فيها سارياً للغزو، ومن يوم أدلج فيه مصبحاً للعدو بالضرب والطعن، ولقد كان يروغ لهم روغان الثعلب، ويصول فيهم صولة الأسد تارة بالخديعة، وتارة بالمجاهرة، حتى لقد هابه الأتراك هيبة عظيمة، وضجوا منه ضجيج البعير الدبر، فجزاه الله عن الإسلام خيرا وكافأه بالحسنى، فإنه جاهد مع إمامين، وأول من قام بنصرة مولانا أمير المؤمنين المنصور بالله القاسم بن محمد بن علي أعاد الله من بركاته، ولم يزل مناصراً مثاغراً للعدو وراكباً للأهوال والأخطار، مقتحماً للأمور الكبار، واقفاً في إقدامه وإحجامه على حسب إشارة إمامه، وكان كالسيف يسل ويغمد، وكالسهم أينما يسدده تسدد، حتى أصلح بحميد سعيه وعظيم نفعه كثيراً من أمور المنصور بالله عليه السلام، وفي دعوة

ولده أمير المؤمنين المؤيد بالله سلام الله عليه كذلك، ولم يزل عزمه يتجدد ومواقفه تحمد حتى أباد الله الظالمين وأبارهم، وأورث عباده الصالحين أرضهم وديارهم، فإنه ممن شارك في فتح زبيد وكان في زمرة الجيش المنصور بالله في الحما (موضع خارج زبيد) مع كبر سنه رحمه الله، وأخذ من الجهاد هنالك بأوفر نصيب، ورجع في أيام الهدنة الحاصلة بين سيدي السيد المقام الليث الضرغام الحسن بن أمير المؤمنين المنصور بالله وبين الأتراك، وقد طابت نفسه بما رأى من جنود الحق وجدهم واجتهادهم وصبرهم وثباتهم، وكان كما رأى فلم تزل الدائرة على الظالمين حتى فرّق الله شملهم وبدّد جمعهم في شهر رمضان الكريم سنة خمس وأربعين بعد الألف انتهى.

قلت: وأولاده الذين ظهر ذكرهم خمسة: **أولهم وأكبرهم**: جمال الدين علي ابن الحاج أحمد بن عواض الأسدي، توفي قبل والده بمدة قريبة، وكان مجاهدا مرابطا مع شرف الإسلام الحسن بن الإمام القاسم بن محمد في تهامة وغيرها، **والثاني**: ولده عز الدين محمد كان عالما فاضلا كاملا، وله ذكر في سيرة الإمام المتوكل على الله إسماعيل، **والثالث**: حسين كان أويس زمانه وبصري أوانه أحد الفضلاء الأبدال منقطع القرين في الطاعة، ذكره في المطلع، **والرابع**: حسن كان من رؤساء أهل وقته أيام المتوكل على الله إسماعيل، **والخامس**: يحيى صاحب هذه الترجمة هنا، رحم الله الجميع وإيانا والمؤمنين.

125. الفقيه يحيى بن أحمد الصعدي

الفقيه يحيى بن أحمد بن الفقيه المقرئ العلامة محمد بن سليمان بن زيد الصعدي. ذكره العلامة حفظ الله بن أحمد سهيل المتقدمة ترجمته بحرف الحاء في مكاتبة وصلت منه للسيد العلامة أحمد بن محمد الشرفي، فأثبت تلك المكاتبة في

تاريخه المعروف باللآلي المضيئة فقال:

ووصل الفقيه يحيى بن أحمد بن الفقيه المقري العلامة محمد بن سليمان بن زيد الصعدي من البصرة وهو دخلها من عدن ثم إلى حضرموت ثم إلى ظفار ثم إلى الشحر، ثم دخل بلاد البحرين ثم عمان ثم الحساء والقطيف، ثم دخل البصرة فأخبر بنكت وعجائب من اختلاف الناس إلى دينهم، بل كما قال ص: (بدأ الدين غريباً وسيعود غريباً) لم يبق هناك من الإسلام إلا اسمه، وأن أمير البصرة الأول لما زاد ابن عمه على ما كان لصاحب الروم من المال، خرج واسمه الباشا علي فاشترى بعض أعمال المدينة المشرفة بسبعة عشر ألف قرش ليباشر عملاً هناك، من باشره فله أوقاف من مصر تنساق إليه. ووصل ابن الباشا في شهر ربيع الأول إلى مولانا الإمام المؤيد، ثم سار في ربيع الآخر بجائزة عظيمة، إنتهى كتاب الفقيه حفظ الله سهيل.

قلت: وفي الجوهرة المنيرة سيرة الإمام المؤيد بالله محمد بن القاسم ذكر مصنفها السيد المطهر بن محمد الجرموزي: أن الإمام عليه السلام استرجح في شهر رمضان عام 1052 اثنين وخمسين وألف أن يراسل باشة البصرة، وقد استروح منه حسن التمييز وكمال العقل مع الشيخ الجليل المحب يحيى بن محمد الأحساوي الأنصاري، قال: وبعد أن أرسل الإمام كتابه إلى المذكور وصل الشيخ يحيى بن أحمد بن زيد الصعدي، وكان بلغ إلى البصرة طالباً من رزق الله، واجتمع بالباشا المذكور ووصل بهذا الكتاب من الباشا المذكور ابتدأ قبل أن يصل ذلك الكتاب إليه مع الشيخ يحيى الحساوي، ونسخته: أعلى درر تنظمها أيدي الأقلام في سلك السطور، وأغلى لآلٍ يرصع بها المنظوم والمنثور، بعد حمد الله تعالى والصلاة على نبيه عليّ الصفات، وآله خير البريات، أدعية وافية، وأبنية كافية، تهدى إلى حضرة من تسنم غوارب المعالي بالجد السعيد، وسبق السادات

والموالي بالرأي السديد، خلف الأئمة الطاهرين، وثمرة الدوحة التي هي حجة الله على العالمين الإمام بن الإمام والهمام بن الهمام الإمام محمد، لا زالت مجالس السيادة مزينة الصدور بوجوده، ومحافل الإفادة والعبادة ممطورة بصيب فضله وجوده، وبعد: فإن الداعي إلى إرسال صحيفة المحبة، وإهداء ألوية المودة هو أن الأرواح قبل خلق الأشباح قد سبقت إلى التعارف، والقلوب قد ثملت بسلاف التوالف، وطال ما تاقت النفوس إلى رقم ما تتضمن بيان ما تحسه الخواطر، وتكنه الضمائر بعرض موانع من رهن الأمور بأوقاتها وتعلقها بساعاتها، فمذ رأينا مخلصكم الشيخ يحيى بعد فراقه لتلك الحضرة ووصوله هذه الأطراف عائداً إلى لثم تلك الأعتاب، حكمت بواعث الإشتياق بتحرير هذه الورقة نائبة عن مرسلها مبلغة للسلام، حاكية ما يجده من الغرام، آملاً أن لا تقطعوا عنه رسائلكم المشعرة بسلامتكم واستقامتكم، الموشحة بها يتشرف به المحب من القيام بها يعرض من الخدمات والإهتمام بها يسنح من المهمات، فإن ذلك باعث لزيادة الوداد وموجب لخلوص الإعتقاد، لا زلتم من الملحوظين بالعناية الربانية والألطاف السبحانية والسلام. قال في علامته: المحب حقاً علي انتهى.

وكان جواب الإمام عليه السلام عليه بعد البسملة:

الحمد لله وسلام على عباده الذين اصطفى. المؤيد بالله إن شاء الله أمير المؤمنين محمد بن أمير المؤمنين لطف الله به آمين: من تحلى بمكارم الخلائق ومحامدها، وسلك واضح الطرائق ومراشدها، وقام للعترة المطهرة بما أوجب الله من فرض الود، ووفّى لهم بما أخذ الله على العباد من وثيق العهد، فهو لبيتهم الطاهر سلمان وعمار، ونذكر ما يحب لهم ذو الآثار والأخبار الباشا المكرم الخطير المعظم علي باشا بن فراسيا باشا، لا برح طالع السعد ساطع المجد ميمون الجد، والله يهدي إليه من سلامه أشفاه، ومن إكرامه أوفاه، ومن إنعامه أصفاه ورحمة

الله وبركاته ورضاه وبعد:

فإن كتابكم الكريم الذي هو كالدر النظيم مع الشيخ الأرشد يحيى بن أحمد ابن زيد الصعدي بارك الله فيه وافانا عقيب إرسال كتاب إليكم على يدي الشيخ الجليل الأوحد النبيل يحيى بن محمد الأنصاري الأحساوي رعاه الله يتضمن ما يقتضيه إخاء الإمام من المعاهدة بالرسائل التي جعلها الله قائمة مقام اللقاء والمشاهدة وما حث الله عليه ورسوله من هديته المناصحة التي هي أفضل الهدايا، وأجل ما وضعه الله بين عباده المؤمنين من منح الدين والعطايا، فيما يرفع دين الله وأمره، ويعلي مناره وذكره، ويشيّد مكارمه وفخره، من تعظيم شعائره التي تعظيمها من تقوى القلوب، ونشر معالم الأمر بالمعروف والنهي عن المنكر والإرشاد للخلق الذي هو الفرض الأعظم من علام الغيوب، والتذكير بأيام الله ولقائه، والتبشير بثواب الله العظيم لأوليائه، والتحذير من عقابه الأليم لأعدائه، والحث لهم على حفظ هذه الشريعة الغراء، والملة الواضحة البيضاء، وتعريفهم ما يجب لها من التوقير، ولحملتها وأهلها من التعظيم والتعزيز، حين بلغنا من ذلك المحل الكريم حرص ذوي الهمم، وجد ذوي العزائم الذين تحلق إليهم العيون في رفع البُهم، فكان كتابكم هذا الكريم أعدل شاهد على تصديق المخبر الخبر، وإنكم إن شاء الله من ذلك فوق ما كان جال في البال وخطر. فحمدنا الله وهو أهل الحمد على أن جعل لنا أهل البيت في أطراف الأقطار من يعيننا على ما نحن بصدده من الدعاء إليه، وشكرناه أن أيدنا بمثل ما تمنن به على نبيه في قوله: ﴿هُوَ الَّذِي أَيَّدَكَ بِنَصْرِهِ وَبِالْمُؤْمِنِينَ﴾ وجعلكم أحرص الناس عليه، وسألناه كما ضمن لدينه وأهله إظهاره على الدين كله أن يجعلكم كما ترتفع إليه همتكم العالية من أحرص خاصته وأهله، وأن يرزقكم من شفاعة محمد ص وشفاعة ولده ونسله ما يرقيكم به أعلى الدرجات، ويبلغكم به أقصى الآمال الصالحات، ويجمع لكم به بين خيري الدنيا والدين ويحفظ عليكم به التقوى واليقين، فازدادوا تولاكم الله حرصاً على التمسك بالعروة الوثقى والحبل المتين، وقوموا من ذلك بما هو إن شاء

الله شأنكم وعليه إسراركم وإعلانكم، يزدكم من فضله ويحشركم في زمرة سيد رسله، ولا تنقطع عنا أخباركم الشافية فإنها نعمة ومسرة، وقرة ومبرة، ولا برحتم في رعاية الله وكلاءته، ولا حول ولا قوة إلا بالله العلي العظيم، وصلى الله على سيدنا محمد وآله وسلم وحسبنا الله ونعم الوكيل ونعم المولى ونعم النصير تاريخ شهر شوال الكريم من عام ثلاث وخمسين وألف سنة انتهى.

126. السيد يحيى بن أحمد المؤيدي

السيد يحيى بن أحمد بن المهدي بن محمد بن علي بن الحسين بن الإمام عز الدين بن الحسن المؤيدي الحسني. وهو أخو السيد الصلاحي صلاح بن أحمد المتقدمة ترجمته بحرف الصاد. وقد ذكر في شرح الدامغة الكبرى أن المترجم تولى للإمام المتوكل على الله إسماعيل أياما في الجهة الشامية، ثم عزله لأمور، قال السيد الحسن بن صلاح الداعي: ولم يمت حتى صلحت سيرته، وحسنت سريرته، ومنه مقدمة قرآن بخطه في مسجد ضحيان انتهى بلفظه.

127. القاضي يحيى بن سعيد الهبل

تقدمت ترجمته بحرف العين أثناء ترجمة صنوه القاضي عبد القادر الهبل.

128. القاضي يحيى بن سيلان

الفقيه المجاهد عماد الدين يحيى بن سيلان بن عبد الله السفياني البكيلي.

وهو والد القاضي العلامة الحسن بن يحيى سيلان صاحب الحاشية على الغاية في أصول الفقه، الآتية ترجمته في القسم الثاني من هذا الكتاب.

أما والده صاحب الترجمة فهو من أهل الولايات في أيامه، تولى للإمام المؤيد بالله محمد بن القاسم بعد وفاة السيد أحمد بن المهدي المؤيدي سنة 1044 على

جبل رازح، وقبل ذلك تولى على أبي عريش. قال في العقيق اليماني في حوادث سنة 1036 ست وثلاثين وألف ما لفظه: وفي العشر الوسطى شهر ربيع نزل السيد العلامة المجتهد صلاح بن أحمد بن المهدي من قبل أبيه بمحاط كثيرة منهم رؤساء مشاهير فمنهم السيد العلامة المجتهد أحمد بن محمد بن حوريه والفقيه يحيى سيلان والفقيه شاور وجمهور السادة بني المؤيد وأمراء جازان في أمر ضليع من العساكر والخيول والبنادق والأموال والعدد، فتدير اللغا علي في القلعة فحاصروه نحو عشرة أيام وطلب الأمان على رأسه ورؤوس العساكر فقط، فأمنوه وقبضوا خيوله وسلاحه وأمواله، ودخل السادة القلعة وواجههم كافة أعيان المخلاف من الشيعة والأشراف وصفت البلاد لمولانا الإمام المؤيد بالله من يومئذ وولى السيد صلاح على أبي عريش الفقيه يحيى سيلان وفي البندر فقيه يسمى زياد وجعل لكل منهما رتبة وطلع ببقية العسكر انتهى.

وذكره العلامة الضمدي أيضا في وفيات عام 1056 فقال:

وفيها توفي الفقيه يحيى سيلان أمير جبل رازح كان قد عزله الإمام المتوكل على الله إسماعيل عن ولاية جبل رازح، فوصل إلى الإمام، فقرر له مقررات كثيرة عديدة بصعدة تكفيه، ولما وصل إلى صعدة هلك انتهى بلفظه. **قلت**: وفي مقبرة القرضين غربي مشهد آل حابس وقفت على قبر صاحب الترجمة، ونقلت عن شاهد القبر أن وفاته رحمه الله تعالى بعد صلاة عصر يوم الجمعة خامس شهر الحجة سنة 1056 ست وخمسين وألف.

129. الفقيه يحيى بن صلاح الرتوة

الفقيه العلامة الرئيس الخطير عماد الدين يحيى بن صلاح بن أحمد بن هادي ابن علي بن يوسف بن سليمان الحكمي الملقب الرتوة بالراء المهملة ثم التاء المثناة الفوقية الصعدي اليمني.

ترجم له تلميذه السيد الحسن بن صلاح في شرح الدامغة الكبرى فقال:

هو سيدنا الفقيه العلامة الأمير الخطير، من أكمل الشيعة وأحلمهم وأجلهم قدراً ومن العلماء المبرزين في الفقه والفرائض والمترب، وكان عليه معتمد الفرضيين بصعدة، قرأت عليه في شرح الأزهار وغيره، وكان لا يزال متولياً للأمر مستخلفاً بصعدة وبلاد خولان من المتوكل علي بن أحمد بن الإمام القاسم أيام سيادته، وكان يرسله بمحطة إلى العر وإلى الجهات الجماعية وتوفي الفقيه المذكور بمحروس هجرة فلله وقبر في المقبرة التي عند باب المسجد الأعلى إلى جهة اليمن انتهى كلامه.

قلت: ووفاته رحمه الله في تاريخ شهر ربيع الآخر سنة 1107 سبع ومائة وألف. ووقفت بمقبرة القرضين على قبر صنوه أحمد وهو ناحية الغرب من مشهد آل حابس قال في شاهد القبر المذكور في وصفه: الفقيه الفاضل العالم الورع الكامل ذو الأخلاق الرضية شيعي أهل البيت الطاهرين شمس الدين أحمد بن صلاح بن أحمد بن هادي بن علي بن يوسف الحكمي الحميري قدايد الملقب الرتوة توفي يوم الأربعاء شهر ربيع الآخر سنة ثمانين وألف.

130. السيد يحيى بن صلاح القطابري

السيد العلامة الفصيح الكامل عماد الدين يحيى بن صلاح بن يحيى بن محمد ابن يحيى بن القاسم القطابري لقبا وبلدا وباقي النسب تقدم قريبا في ترجمة صنوه السيد محمد بن صلاح القطابري بحرف الميم. قال في ترجمته القاضي الحافظ أحمد بن سعد الدين المسوري في كتاب الإجازات ما لفظه:

من عيون العترة ونجبائهم وأدبائهم، عالم متطلع، شهير جليل انتهى.

وذكره السيد الحسن بن صلاح الداعي في شرح الدامغة الكبرى فقال: كان من العلماء الكبار، والمفلقين في الشعر، وله شعر بليغ، وغزل رقيق، وكان آية في زمانه، علامَة في أوانه على صفة صنوه انتهى.

قلت: وله المساجلة التي أوردناها سابقاً في ترجمة صنوه بحرف الميم، نقلا عن تاريخ مطلع البدور حين قال مبتدئا:

وقائلةٍ مالي رأيتك فاركاً … لقربى أما لي في هواك نصيبُ؟
ومالك ترضى بالبعاد وغربة … وترغب عني إن ذا لعجيبُ
أما أنا ذات المبسم العذب واللما … وساجية الطرف الكحيل عَرُوبُ؟

فقال صنوه صاحب الترجمة:

فقلت وقد أشْكت بقلبي حرارة … بِمنطقها فالقلب منه كئيبُ
أما وأبي ما غيّر الدهر لوعةً … فحبك شيء لست عنه أتوبُ
وما مغرم بالماء حرّان صادياً … يكاد من القيظ الشديد يذوبُ
بأبرح من شوقي إلى طلب العلى … ولست وبيت الله عنه أثوبُ

وقد تقدمت له قصيدتان، منها قصيدة ذكرت أثناء ترجمة السيد العلامة داود ابن الهادي، وقصيدة أخرى بحرف الميم أثناء ترجمة السيد محمد بن عبد الرحمن المؤيدي. وعن مجموع وقفت عليه بخط سيدي المولى العلامة عبد الرحمن بن حسين شايم أبقاه الله ورعاه قال فيه:

ومن خط السيد داود بن الهادي رحمه الله نقلت ما لفظه:

مما قاله السيد العلامة الأفضل الأريب البليغ المقول العلامة عماد الدين يحيى ابن صلاح بن يحيى القطابري أمتع الله بحياته وجهها إلى السيد المقام العلامة شمس الدين أحمد بن يحيى بن أبي القاسم والفقير إلى كرم الله داود بن الهادي

والسيد شمس الدين أحمد بن عز الدين أيام طلب المذكورين بصعدة:

مقل المها ولواحظ الآجال ... أبدلنني بمجالس الأوجال
وطردن عن جفني لذيذ منامه ... وأقمن في قلبي ضنا البلبال
وتركنني صباً أهيم مدلهاً ... بهوى الخرائد كل ذات حجال
إلف الربوع وكل معقل غادة ... أنسى السؤال ولات حين سؤال
كيف الخطاب لأربع وملاعب ... صفرت فصارت غير ذات حِلال
ولو انها نطقت لاعظمت الذي ... قد نالها من حادث بمقال
ولواست المحزون فيها نابه ... ولأهرقت دمعاً كفيض ثمال
لا غرو إن أجرت كدمعي وابلاً ... وأهيلها عزموا على الترحال
آهٍ وما التأويه لي من نافع ... رحل الجمال بكل ذات جمال
واحسرتا واكربتا وافتنتا ... من فرقة الحسناء ذات الخال
مَن نور غرتها كبدر طالع ... في برج سعد السعد والاقبال
وخدودها كالورد باكره الندا ... لم يؤذ من أيامه بزوال
والأنف أقنى مثل رأس مهندٍ ... في رقةٍ وملاحة وصقال
وشفاتها لعس كدارة خاتم ... لفم نظمن به عقود لآل
من ريقه طعم الطلا مستعذب ... لولاه لم يسمع لها بمثال
والجيد منها مثل جيد شويدن ... لكن لسالفتيه طعم الآل
وبصدرها نهدان فيه كمدهني ... عاج بنارهما المتيم صالي
والخصر أضأل من محب مدنف ... ولشأنه عجب شبيه محال
إذ صار يحمل أي ردف ناعم ... يا للضئيل حُوَيْمل الأثقال
وقوامها يزري بغصن أراكة ... إمّا تثنى فوق دعص رمال
سقياً لأيام مضت بمحجر ... كان السلو بها ملازم بالي
أيام ما ضربت عليّ قبابها ... أيدي الأماني وسط روض وصال

بمعاشـر أخلاقهـم كوجـوههم ... شـرفت عـن الأشـباه والأمثـال
يشـفون مـن غـي الجهالـة جـاهلا ... ويفتحـون مغـالق الأقفـال
يجلـون جـون المشكلات إذا عـرت ... بشـموس أفكـار ذوات كـمال
وملابـس الآداب تنشـر نشـرهم ... نفـس البيـان لطالـب الأنفـال
فهـم الأفاضـل والفواضـل والألى ... حـازوا العـلى بتحمّـل الأثقـال
الحـائزون لكـل سـهم قـامر ... والسـابقون بحلبـة الأفعـال
شمس الهدى لطـلاب كـل فضـيلة ... لم يغـن مـن نهـل عـن الـتعلال
مـن صـار في أبنـاء أحمـد نقطـة الـ ... ـبيكار في حـق لهـم متعـالي
من طـاب أصـلا مثـل فـرع باسـق ... مـن دوحـة صـينت عـن الإهمـال
بحـر العلـوم قمطـر كـل قَلَمّـس ... غيـث العيـون مطهـر الأعـمال
مـن سـوحه للوافـدين موسـع ... طـلاب علـم أو مريـد نـوال
مـولاي بـق لنـا العـلى ببقائـه ... يـا مـولي الإنعـام والإفضـال
والصـارميُّ النـدب داود الـذي ... حـاز الفضـائل يافعـاً لأآل
بـل جـد في تكسـابها فغـدت لـه ... مملوكـة فعـلى عـلى الآمـال
لـولا جفـاه لكـان أعظـم نـازل ... في القلـب وهـو لـدي أي مقـال
والصنو شمس الدين أحمد من يـرى ... فـوق السـماك لأصـله المفضـال
نجـل الأئمـة والملـوك ومـن لـه ... فـيما يـرى الـراؤون أعظـم حـال
عَلِـم الـذي ارتفعـت بـه آبـاؤه ... فجـرى بمطلـب ذلـك المنـوال
يـا مـن لهـم في القلـب أي مكانـة ... ذكـراكم أشـهى مـن الجريـال
أشـكو إلـيكم كلـمَ دهـر حطنـي ... عـن رتبـة فيهـا جـرى أمثـالي
وتهضّـم الـدهر الخـؤون مقاصـدي ... إذ لم يلـم بجمعكـم آمـالي
أرجـو نصـائح مسـتجاب دعـائكم ... جمعـاً لشـملكم بـرغم مقـالي
هـذا ولا زلـتم بـأعظم نعمـة ... محفوفـة بـالعز والإقبـال

ما غنت الورقاء في أفنانها بالصبح والإمساء والآصال

ورأيت في بعض الكتب أن لصاحب الترجمة تخميس على قصيدة للفقيه العلامة محمد بن علي بن عمر الضمدي، ويغلب في الظن أن يكون الفقيه الضمدي المذكور أحد مشايخ صاحب الترجمة لكثرة ما أقام الفقيه بمدينة صعدة والله أعلم. وكان وفاته رحمه الله في شهر جمادى الآخرة سنة 1017 سبع عشرة وألف، وقبر إلى جنب أخيه بوادي قراض يماني مسجد آل يعيش.

131. السيد يحيى بن صلاح القطابري (الحفيد)

السيد الشاب التقي العلامة يحيى بن صلاح بن يحيى بن صلاح القطابري حفيد السابق ترجمته، ذكره السيد الحسن بن صلاح الداعي في شرح الدامغة الكبرى ووصفه بالاجتهاد وقال: وكان هذا السيد من العلماء المبرزين، إلا أنه اخترمه الحمام قبل بلوغ المرام فتوفي في شهر صفر الخير سنة 1066 ست وستين وألف وقبره في مشهد جده.

132. السيد يحيى بن محمد القطابري

السيد العلامة يحيى بن محمد بن صلاح بن يحيى القطابري. وقفت على ذكره في بعض المجاميع بما لفظه: هذه الأبيات[36] لحي السيد العلامة عماد الملة والدين يحيى بن محمد بن صلاح بن يحيى صاحب قطابر رحمه الله وأعاد من بركاته في غرة تعليقة كان قد فعلها على الأساس ولم يتم وهي:

الفوز حول مذاهب الأسلاف سفن النجا من آل عبد مناف

---

(36) وفي إحدى المجاميع وجدت الأبيات منسوبة إلى السيد العلامة يحيى بن صلاح صاحب قطابر.

فيه الشفا والجهل داء مضيعها ... ودواء طالبها العظيم الشافي
سِفر تفرد باقتناص شوارد ... فغدت ظواهر بعد طول تجاف
هذا الأساس كرامة فتلقه ... يا صاحبي بكرامة الإنصاف
واحرز نفيسًا من نفائس نثره ... جمعت بغوص في فرات صاف
نادى لسان الحال جامع شملها ... برح الخفا فتلاف قبل تلاف
فأجابها عملاً فشاد ربوعها ... بمحاسن جلّت عن الأوصاف
فأحلها سرحاً لها ومعاهدا ... قد طال ما خليت عن الطواف
يا طالباً رشدا ونيل هداية ... أمّ الأساس تجد هداك الوافي
انظر بعين بصيرة وتأمل ... وإلزمه طول الدهر فهو الكافي
جمع المهيمن بيننا في دينه ... جمعًا يفي بإصابة وتصافي

ولعله من علماء القرن الحادي عشر والله أعلم.

133. الفقيه المقرئ يحيى بن محمد الغلابي

الفقيه العلامة المقرئ يحيى بن محمد الغلابي. رأيت ضبط لقبه في إحدى شواهد القبور بمقبرة القرضين أنه بالغين معجمة، وكنت قبل ذلك أثبته في بعض كتبي بالعين مهملة، فما هنا استدراك.

وصاحب الترجمة هو من علماء المدينة الصعدية وأحد مشايخها في القرآن الكريم وتجويده، وعليه قرأ سلطان الإسلام الحسن بن الإمام القاسم بن محمد أيام ولايته على صعدة. ورأيت خط المترجم له في إحدى المصاحف المقروءة الموجودة بخزانة الجامع المقدس جامع الإمام الهادي عليه السلام بصعدة، وعلى هامش المصحف إحدى القراءات السبع، لعلها جميعها بخطه والله أعلم. وكان موجودا كما وجدته في أوراق الوقف في أثناء سنة 1066 ست وستين وألف.

134. الفقيه يحيى بن محمد مداعس

الفقيه العلامة العابد العارف يحيى بن محمد بن صلاح بن مهدي بن يحيى بن علي بن يحيى بن أحمد بن مداعس الصعدي اليمني.

ذكره القاضي ابن أبي الرجال استطرادا في مطلع البدور أثناء ترجمة والده مصنف المختصر في القراءة المتوفى سنة 962 اثنتين وستين وتسعمائة، فنعت ولده صاحب الترجمة بأنه العلامة العابد شيخ القراء، واكتفى بهذه العبارات، وأفاد أن وفاته نهار الأربعاء لعشرين ليلة خلت من شهر جمادى سنة 1016 ست عشرة وألف رحمهما الله تعالى. وآل مداعس من بيوت صعدة، وإليهم نسبة حمام مداعس كان بالقرب من مسجد التوت، وقد انطمست في أيامنا آثاره.

ومن آل مداعس في القرن التاسع الهجري بصعدة التاجر الميسر ـ حسن بن محمد بن علي بن مداعس المقتول بباب سويدان بصعدة سنة 857 سبع وخمسين وثمانمائة أيام الشريفة فاطمة بنت الحسن، وكانت تجارته بصنعاء وعدن وصعدة وغيرها من البلدان وله ذكر في كتب التواريخ.

135. السيد يحيى بن الهادي المؤيدي

السيد العماد يحيى بن الهادي المؤيدي، وهو المعروف بأبي ست أصابع.

وهو من أهل المعرفة بعلم الفلك والحساب والنجوم، وكانت له متاخمة للأتراك، وله ذكر في سيرة الإمام القاسم بن محمد، ذكر فيها وصوله إلى حواز بلاد رازح من جهات تهامة في عسكر من الترك وذلك سنة 1023 ثلاث وعشرين وألف قال في النبذة المشيرة: وكاد أهل تلك الجهات يميلون إليه، فأرسل الإمام القاسم ولده الحسين لغزوه، فأوقع به وقتل من أصحابه أنفاراً وهزمه مع ذلك هزيمة عظيمة، وغنم جميع ما أجلب به، وكانت غنيمة من

الغنائم النافعة وانهزم منفرداً من حيث جاء، ومما وجد مع هذا السيد اصطرلاب الذي يعرفون به الفلك والحساب والتنجيم، فلما رآه الإمام عليه السلام أخذ دبوساً من يد بعض المهاجرين وضربه فكسره وهو يقرأ: {**ولو كنت أعلم الغيب لاستكثرت من الخير وما مسني السوء**} انتهى.

قلت: ورأيت بخط السيد العلامة محمد بن علي بن القاسم بن المولى جمال الدين علي بن أحمد بن الإمام القاسم بن محمد رحمه الله الآتية ترجمته في إحدى أقسام هذا المعجم، هذا النقل وذلك في إحدى حوامي بعض الكتب ولفظه: هذه السيرة الفاخرة المبهمة لحي السيد المقام العلامة يحيى بن الهادي المؤيدي قالها وهو بتعز المحروسة في دولة الأتراك وهو يومئذ أسير معهم وذلك في سنة تسع وعشرين وألف وهي:

إذا جاءنا (بكر) وفي قلبه وجل ... بثالث ذي قعدٍ وتاريخه (جُغَل)
فيحكم (حرف القاء) ياء وبعدها ... أمور يساء القلب منها فلا تسل
فيصفو له حولين أما بثالث ... يقوم عليه الشرق والغرب والجبل
وفي وقته تذهب جميع جهاته ... فلا جبلة تبقى ولا إب للعمل
يقوم عليه الشرق حتى كأنه ... أسير وتجفوه العساكر والدول
وأيامه في الحصر (صبغ) فعدها ... وحقق كلامي ينتفي الوهم والزلل
ويطلق في أثناء ذلك يا فتى ... ويخرج منها صاغرا غير محتفل
وتصفو لذي السيفين أملاك تبع ... ويملكها قهرا فلله من بطل
ويضرب في جيش الأعادي بسيفه ... بتاريخ (وغل) مثلما وقعة الجمل
يكر إلى الثاني كما كر جده ... بصفين في شهر المظفر من (زغل)
وثالثها يا صاح أعظم وقعة ... تحاكيه يوم النهروان مع (طغل)
فهذي ثلاث صدرت في ملاحم ... ورابعها بالصلح تاريخها (يغل)

كما حكمت يوم التحكم يا فتى ... ولولا خداع ثم فيه لما قفل
و(غيم) وما غيم ولولا تلومني ... لأفصحت عن علم ولخصت بالجمل
فيظهر من لا فيه نية خشية ... ومن نسل سفيان بن حرب فيا لعل
له سيرة إن شئت تلخيص أمرها ... فها هي (ألف) حقق القول والعمل
ومن بعده من آل عباس ... ويبدو لمهدينا العلامة والقبل

انتهت السيرة كما ذكر ولا يعلم إلا الله تعالى انتهى بلفظه وحروفه. قال في هامش هذه الملحمة مفسرا لما جاء فيها: قوله (بكر) يشير إلى حيدر باشا وعدد اسمه 222، ولفظة (جغل) عددها 1033هـ، وقوله: فيحكم حرف القاف معناه أن حرف القاف ثلاثة حروف فتكون ثلاث سنين لحيدر ويبقى منه قوله: فيصفو له حولين أما بثالث، ولفظة (صبغ) عدد حروفها: 1092. وأرد بذي السيفين مولانا الحسن بن الإمام القاسم، ولفظة (وغل) عددها 1036هـ، ولفظة (زغل) عددها 1037هـ، وقوله: يكر إلى الثاني: أي العام الثاني، ولفظة (طغل) عددها 1039هـ، ولفظة (يغل) عددها 1040هـ، ولفظة (غيم) عددها 1050هـ، وقوله: (ألف) عددها 111 وهناك حواشي في تفسير الأربعة الأبيات الأخيرة ذهبت مع حباكة المجلد فالله المستعان.

وبهذا نفرغ من جمع هذا القسم الأول من أقسام كتاب
(عقد الجواهر في تراجم فضلاء وأعيان صعدة بعد القرن العاشر)
من مجاميع الفقير إلى ربه الراجي عفوه ومغفرته عبد الرقيب بن مطهر بن محمد بن
محمد بن إبراهيم بن الحسين بن يحيى بن المطهر بن إسماعيل بن يحيى بن
المولى سلطان العلوم الحسين بن الإمام القاسم بن محمد الحسني
الصعدي، ويليه القسم الثاني من سنة 1100 إلى سنة
المائتين وألف، وكان الفراغ من جمعه وتهذيبه
ونقله عن أمه عصر الثلاثاء سادس

عشر شهر ربيع الثاني سنة 1434
أربع وثلاثين وأربعمائة وألف
وصلى الله على سيدنا
محمد وآله وسلم
تسليما كثيرا

عقد الجواهر

بتراجم فضلاء وأعيان صعدة بعد القرن العاشر

المسمّى أيضًا

نبلاء صعدة بعد الألف

القسم الثاني
من سنة 1100 ـ 1200هـ

1. القاضي إبراهيم بن أحمد حابس

القاضي العلامة الفاضل صارم الدين إبراهيم بن أحمد بن يحيى بن أحمد حابس الصعدي الدواري اليمني.

وهو من أصاغر أولاد القاضي شمس الشريعة أحمد بن يحيى حابس مصنف المقصد الحسن وغيره من المؤلفات السابق ترجمته في القسم الأول من هذا الكتاب. ترجم لصاحب الترجمة العلامة عبد الرحمن بن حسين سهيل الصعدي في كتاب بغية الأماني والأمل فقال:

كان رحمه الله أحد علماء زمانه، وكملاء أوانه، علماً وعملا وزهدا، وتولى القضاء بمدينة صعدة وكان الفيصل الخبير، ولا غرو وأبوه شمس المدارس وسراج الحنادس ومن يشابه أباه فما ظلم، توفي رحمه الله يوم الاثنين غرة محرم سنة 1127 سبع وعشرين ومائة وألف، ودفن بجنب أبيه بمشهدهم المشهور بالقرضين، وعلى شاهد القبر كتبت هذه الأبيات:

ثوى من سماء المجد والعز نورها — وأرض الندى والعلم كفن بحرها
وغيب في قبر من الحلم طوده — وغطاه تحت الأرض في اللحد صخرها
وذاك عظيم الفضل والدين والتقى — وإنسان أهل الأرض حقاً وقطرها
وحاكمها المشهور بالعدل والقضا — ووابل أهل الأرض حقاً وقطرها
فمن للقضا والحكم يا صارم الهدى — ومن للورى للفصل إن جد أمرها

إلى آخر الأبيات التي أوردها العلامة ابن سهيل، وكنت قد استشكلت تاريخ وفاة صاحب الترجمة في السنة التي ذكرها، لتباعد ذلك عن تاريخ وفاة والده سنة 1061هـ، ثم إني اطلعت في إحدى المراقيم الشرعية على ما يشير أن وفاة والده وصاحب الترجمة في حال الصغر فليعلم ذلك.

2ـ الفقيه إبراهيم بن أحمد النحوي

الفقيه العلامة إبراهيم بن أحمد النحوي اليمني الصعدي. قال في ترجمته العلامة عبد الرحمن بن حسين سهيل في بغية الأماني والأمل:

كان فقيهاً عالماً عارفاً مدرساً، أخذ عن علماء عصره، وعنه أخذ كثير من طلبة وقته، ولم يتول شيئاً من الأمور فيما أحسب. وهو من الذين سكنوا صعدة من البيت الشهير وهو بيت علم شهير وفضل كبير، ولو لم يكن فيهم ومنهم إلا الفقيه العلامة المذاكر الحسن بن محمد النحوي لكان به الفخر الباذخ، مع أنه مفخرة للزيدية جميعا. قال: وتوفي رحمه الله شهر رجب سنة 1192 اثنتين وتسعين ومائة وألف، وقبره بالقرضين بالقرب من مشهد آل سهيل انتهى.

3ـ القاضي إبراهيم بن عبد الهادي حابس

القاضي العلامة إبراهيم بن عبد الهادي حابس الصعدي.

ترجمه صاحب بغية الأماني الأمل فقال: كان أحد قضاة صعدة وعلمائها، ومن أهل البيت الشهير ولم أعلم بشيء من خِلاله، ولم أطلع على خط يعرفني بحاله، توفي بصعدة المحروسة شهر ربيع آخر سنة 1175 خمس وسبعين ومائة وألف رحمه الله تعالى وإيانا والمؤمنين.

4ـ السيد إبراهيم بن علي بن أحمد المؤيدي

السيد العلامة الصارم إبراهيم بن علي بن أحمد بن الإمام الناصر لدين الله الحسن بن علي بن داود الحسني المؤيدي الصعدي.

من السادة بني المؤيد اليحيويين الفخام، كان أديبا هماما لوذعياً، غفل عن ترجمته من تعرض لمعاصريه من النبلاء، وقد تقدمت لوالده ترجمة في القسم

الأول، ذكر فيها أن وفاته نحو سنة ثلاث وثمانين وألف، ومما رأيت في آخر مجلد مخطوط لسيرة جده الإمام الحسن بن علي بن داود أن صاحب الترجمة استعار هذا المجلد من الفقيه العلامة محمد بن قاسم الخباط الآتية ترجمته بحرف الميم، فلما أبطأ عليه برد هذا المجلد قال الفقيه محمد بن قاسم متمثلاً:

إن هـذا الكتاب مهجة قلبي ... هكـذا الكتب مهجة الأرواح
فـإذا ما استعرت قلبي فعجّـ ... ـل رده في سلامة وصلاح

فأجابه صاحب الترجمة منشدا:

إن ردّ الكتاب عند النجاح ... يقتضي الفوز عند أهل الصلاح
قد تفضلت إذ مننتَ علينا ... بكتاب ينير كالمصباح
فيه ذكر الكرام أصلا وفرعاً ... قد عممناه في المسا والصباح
وأتاك الرسول يمشي حثيثاً ... قاصد الرد والدعاء بالفلاح

وقد اطلعت له على مكاتبات أدبية مع الفقيه الكامل العالم إسماعيل بن علي الطبري من ذلك حل عقد عدة من الألغاز، فات عني نقلها لبعد المدة، فالله المستعان. وصاحب الترجمة هو أحد أجداد السادة آل الهاشمي، ولعل وفاته نحو سنة 1130 ثلاثين ومائة وألف رحمه الله تعالى.

(ولد صاحب الترجمة)

وولده السيد صفي الدين أحمد بن إبراهيم بن علي بن أحمد بن الإمام الحسن، هو أول من تلقب بالهاشمي، ومن بعده ذريته تلقبوا بهذا اللقب إلى أيامنا، ذكر ذلك المولى مجد الدين المؤيدي في التحف شرح الزلف. والسيد المذكور من أهل القرن الثاني عشر مولدا ووفاة، وهو ممن تعلق بالعلم وأخذ بصعدة على علمائها في مقروءات أهل زمانه، فسيأتي لاحقاً النقل أن من مشائخه القاضي أحمد بن

عبد الله طشي، والقاضي العلامة زيد بن محمد القارح، وقد ذكر السيد العلامة الفاضل عبدالسلام بن عباس الوجيه في فهرسته لخزانة مكتبة السادة آل الهاشمي عن وجود نسخة من الجزء الأول من كتاب (سبل السلام) لإبن الأمير الصنعاني بخط المترجم له، وكان فراغه من نساخته في أيام مؤلفه سنة 1176 ست وسبعين ومائة وألف، فيكون تاريخ وفاته بعد هذه السنة مما يقطع به رحمه الله تعالى وإيانا والمؤمنين.

5. الفقيه إبراهيم بن محمد الذماري

الفقيه العلامة صارم الدين المكين إبراهيم بن محمد الذماري.

ممن أخذ عنه الطلبة في أيامه بصعدة في كتب الفقه، ومن أجل تلامذته الفقيه محمد بن قاسم الخباط، قرأ عليه في شرح الأزهار وبيان ابن المظفر، هذا كل ما اطلعت عليه في ترجمته رحمه الله تعالى.

6. السيد إبراهيم بن الهادي حطبة

السيد العلامة الجليل إبراهيم بن الهادي بن عبد النبي بن داود بن محمد الملقب حطبه وقيل أن الملقب بحطبه هو ولده داود بن محمد بن صلاح بن داود ابن أحمد بن يحيى بن المهدي بن المحسن بن أحمد بن المحسن بن محمد بن المحسن بن محفوظ بن محمد بن يحيى بن يحيى بن الناصر بن الحسن بن عبد الله ابن محمد المنتصر بن القاسم المختار بن الناصر أحمد بن الإمام الهادي إلى الحق الحسني اليحيوي الصعدي.

مولده كما وقفت عليه بخط والده يوم الأحد الثامن والعشرين من شهر رمضان أحد شهور سنة 1053 ثلاث وخمسين وألف، وأمه وأم سائر إخوته

حسين وأحمد هي الشريفة مريم بنت أحمد بن داود بن محمد بن صلاح حطبة، وقد ترجم له العلامة عبد الرحمن سهيل صاحب بغية الأماني والأمل فقال:

كان عالماً كاملاً فاضلاً، أخذ عن علماء وقته، وكان من أعلام ذلك الزمان، وهو أخ السيد العلامة المحقق الحسين بن الهادي، وولده السيد العلامة الجليل الورع التقي النبيل إسماعيل بن إبراهيم حطبه كان من العلماء العاملين، وستأتي ترجمته إن شاء الله وآل حطبة من نسل الإمام الداعي يحيى بن المحسن قال: وتوفي رحمه الله شهر ربيع أول سنة 1139 تسع وثلاثين ومائة وألف، وقبره بمقبرة القرضين غربي مشهد آل الهاشمي انتهى كلامه.

قلت: وقول العلامة ابن سهيل أن السادة آل حطبة من نسل الإمام الداعي يحيى بن المحسن من الأغاليط، فالصواب كما قدمناه آنفا، من ذرية صنوه السيد العالم محمد بن المحسن، فليعلم ذلك.

7. القاضي إبراهيم بن يحيى النجم

القاضي العلامة إبراهيم بن يحيى بن حسن النجم الصعدي اليمني.

ترجمه العلامة عبد الرحمن بن حسين بن سهيل صاحب بغية الأماني والأمل في تراجم أهل العلم والعمل فقال:

كان من أعلام زمانه، ونبلاء أوانه، عالماً فاضلاً، أخذ عن والده العلامة عماد الدين يحيى بن حسن النجم الآتية ترجمته، وتولى القضاء بصعدة. وهو وأبوه وأخوه حسن بن يحيى أحد قضاة صعدة، وهم أهل ذلك من قديم الزمن مع رئاسة كانت لأوائلهم وفضل وفواضل وجهاد مع أئمة الحق، وكانوا قضاة الأئمة وأنصارهم، وذلك ظاهر مشهور، توفي رحمه الله شهر القعدة سنة 1175 خمس وسبعين ومائة وألف، وقبره بالقرضين بصعدة انتهى.

(التعريف بآل أبي النجم)

فائدة في التعريف بالقضاة آل أبي النجم أسرة ورهط صاحب الترجمة فهم من أقدم وأعرق البيوت الصعدية، أثنى عليهم عدة من العلماء منهم القاضي المؤرخ ابن أبي الرجال في مطلع البدور فقال: ولم يمر بي في بيوت الزيدية بعد آل محمد صلوات الله عليه وعليهم أكثر مناقب من أهل هذا البيت انتهى. وفي أهل هذا البيت الكثير من العلماء والأدباء، وكانت إليهم رتبة القضاء وتولي الأحكام بمدينة صعدة منذ أوائل القرن السابع، وقد قيل: أن أول من ولاهم عمر بن الخطاب، وفي ذلك يقول أحد الأدباء يمدحهم بذلك:

هم نجوم القضاة قدما لعمري ... عمرٌ قد أقامهم بشهود
والحريري في المقامات أثنى ... فيهم في كتابه المشهود

واستمروا على ذلك إلى منتصف القرن الثامن الهجري، فصارت رتبة القضاء بعدهم إلى القضاة آل الدواري كما أسلفنا ذكر ذلك في القسم الأول من هذا المعجم. وناهيك بقول الإمام إبراهيم بن تاج الدين عليه السلام في مدح القضاة من أهل هذا البيت:

لآل أبي النجم الكرام مكارم ... تحل محل النيرات الثواقبِ
لهم عادةٌ بسط النوال إذا سطت ... يدُ الدهر وانّسدت وجوه المطالب
ونشرُ فنون العلم في كل مشهدٍ ... إليهم له تحدى قلاص الركائب
وإخلاصُ دين للإله وعفةٍ ... وفعلٍ وقول صادقٍ غير كاذب

وكان أعلام وعلماء هذا البيت من آل أبي النجم ممدحين بالشعر من قبل الشعراء والأدباء، ولو جمع ما مدحوا به لكان ديواناً حافلا، وقد أورد في مطلع البدور في شتيت التراجم من ذلك بغية شافية، منها المقامة البليغة التي حررها إليهم السيد العلامة الكبير صاحب الروضة والغدير الأمير محمد بن الهادي بن

تاج الدين المتوفى سنة 720هـ.

وأول من ذكر منهم في كتب التراجم:

هما القاضيان الأخوان عبد الله ومحمد ابنا حمزة بن إبراهيم بن حمزة بن أبي النجم، وهذان القاضيان عبدالله ومحمد: من أعلام القرن السادس الهجري مولدا ووفاةً، وهما من تلامذة الإمام أحمد بن سليمان عليه السلام، ومعدودان أيضا من جملة تلامذة القاضي عالم الزيدية شيخ الإسلام والمسلمين جعفر بن أحمد بن عبد السلام، ولكل منهما ترجمة في طبقات الزيدية ومطلع البدور وغيرهما، وقد أورد المؤرخ الكبير القاضي شهاب الدين أحمد بن صالح بن أبي الرجال في تاريخه رفع نسب القاضي عبدالله وصنوه محمد فقال: عبد الله بن حمزة ابن إبراهيم بن حمزة بن الحسن بن علي بن محمد بن علي بن حمزة بن علي بن إسحاق بن أبي النجم، ثم قال ما لفظه: وأبو النجم يمني يعربي من ولد الملك وليعة بن الملك مرثد بن الملك عبد كلال وهو ملك مؤمن صالح بن التبع عمرو ابن تبع بن حسان بن أسعد.

وقد ترجم القاضي ابن أبي الرجال في مطلعه لأعلام علماء هذا البيت، وكلهم من عقب وذرية هذين الأخوين القاضيين المذكورين. فمن مشاهير أعلام القضاة آل أبي النجم الصعديين:

القاضي الأجل العالم الورع ركن الدين محمد بن عبد الله بن حمزة بن إبراهيم ابن أبي النجم، الحاكم بصعدة في أيام الإمام المنصور بالله عبدالله بن حمزة المتوفى بصعدة في أيامه في شعبان سنة 613هـ، وولده هو القاضي العالم الفاضل افتخار الزيدية تقي الدين أبو محمد عبدالله بن محمد بن عبدالله بن حمزة بن إبراهيم بن أبي النجم الحميري الصعدي، مصنف كتاب (درر الأحاديث النبوية بالأسانيد

اليحيوية)، وكتاب (التبيان في الناسخ والمنسوخ)، وغيرها من التصانيف، ولي القضاء بعد أبيه بجهة صعدة، وكتب له الإمام المنصور بالله عهداً ثم استمر إلى زمان الإمام المهدي أحمد بن الحسين وكتب له عهداً بليغاً، وكان موئلاً للبلاد والعباد، توفي في نصف ربيع المعظم سنة 647هـ. وله شعر بليغ، من ذلك هذه الأبيات التي وقفت عليها في بعض المجاميع قال: هذه الأبيات للقاضي العلامة عز الدين محمد بن عبدالله بن أبي النجم رضوان الله عليه:

كل يرى أنه ناج بما اجتهدا ... فلا تنازع أخا رأي بما اعتقدا
ودعه يجري بما يهوى فغايته ... أن ليس يرجع عما قاله أبدا
ولا تعودنّ إلى ما أنت قائله ... ولو أتيت طريق الرشد مجتهدا
فالزم طريقك وارفض كل من ذهبت ... به المذاهب فيما خالف الرشدا
وما عليك بمن ضل الطريق به ... إذا اهتديت وعن غير الهدى قصدا
فالحق كالشمس لا يخفى على أحد ... فالزم ولا تسألن عن مذهب أحدا

ومنهم القاضي العلامة بدر الدين محمد بن عبدالله ابن حمزة بن محمد بن عبد الله بن حمزة بن إبراهيم بن أبي النجم مؤلف كتاب (الذريعة إلى لمع الشريعة) في الفقه. وهو من أعيان العلماء في القرن الثامن الهجري، أخذ في كتب الفروع عن إمام المذاكرين الفقيه بدر الدين محمد بن سليمان بن أبي الرجال بصعدة، وتتلمذ على يديه عدة من العلماء. ورأيت في وثائق الوقف وصفه بحاكم المسلمين، وكان موجودا سنة 749 تسع وأربعين وسبعمائة، تاريخ فراغه من تسويد كتابه الذريعة، وبعد وفاته رحمه الله خفَت ذكر أهل هذا البيت، فلم يسمع بعده من اشتهر بالعلم منهم أو عرف به حتى أوائل القرن الثاني عشر، فعاد لأهل هذا البيت البعض من ماضي مجدهم بالقاضي والد صاحب الترجمة العلامة يحيى بن حسن بن أبي النجم الآتية ترجمته بحرف الياء.

8ـ السيد أحمد بن إبراهيم الملقب الهاشمي

تقدمت ترجمته قريبا عند ترجمة والده بحرف الألف في هذا القسم.

9ـ القاضي أحمد بن عبد الله طشي

القاضي العلامة أحمد بن عبد الله بن علي بن قاسم طشي الصعدي، وقد سبق ضبط لقب هذا البيت، والتعريف بهم في القسم الأول من هـذا الكتـاب أثنـاء ترجمة جد صاحب الترجمة القاضي علي بن قاسم طشي.

وصاحب الترجمة مولده كما وقفت عليه في حوامي بعض الكتب بقلم والده يوم الاثنين ثامن شهر رجب سنة 1098 ثمان وتسعين وألـف. ونشـأ بصعدة وأخذ في البيان من كتب الفروع عن القاضي العلامة يحيى بن جـار الله مشحم ومن في طبقته من علماء المدينة الصعدية كالعلامة أحمد بن علي الحبشي، وعنه أخذ الفقيه زيد بن محمد القارح، والسيد عبد الله المحرابي. ومن أجل الآخذين عنه أيضاً القاضي العلامة الحافظ محمد بن أحمد مشحم الآتية ترجمته بحرف الميم من هذا القسم من الكتاب، قرأ عليـه شرح الأزهـار وفي بعض كتـاب البحر الزخار، وقد ذكر العلامة ابن مشحم شيخه المذكور في أرجوزته المسماه: (ثلـج الصدور بسلسال سلسـلة السـند المأثور) وهي مـا جعلهـا في ذكر مشايخه ومقروءاته بصعدة، فقال في ذكر شيخه صاحب الترجمة:

ومنهم أحمد القاضي الطشي	لازمتـه في الغـدوات والعشـي
أكرم به من شيخ علـم ألمعـي	مشتهر التقـوى شحيح الـورع
سمعت منه الشـرح للأزهـار	قـــراءة جنيـة الأثــمار
مع غاية التحقيق لابن حابس	شمس العلـوم بهجـة المجـالس
إلى تعـاليق بــه مفيـدة	قـد جمعـت فوائـدا عديـدة

والبعض من بحر الإمام المهدي ... إنسان عين الآل رب المجد
وما عليه من حواشي المقبلي ... منقح الأنظار بالنص الجلي

وقد ترجم لصاحب الترجمة في بغية الأماني والأمل فقال:

الفقيه العلامة الأفضل. كان عالماً فاضلاً، محققاً كاملاً، أحد أعيان وقته، مدرساً في فنون العلم، أخذ عن القاضي يحيى بن جار الله مشحم، وعنه أخذ كثير من أهل وقته، منهم السيد العلامة أحمد بن إبراهيم الهاشمي، وتوفي بمدينة صعدة رحمه الله يوم الأربعاء عشرين شهر جمادى الآخرة سنة 1168 ثمان وستين ومائة وألف، وقبره بأعلى القرضين انتهى.

(صنوه)

وصنوه هو القاضي العلامة علي بن عبد الله بن علي بن قاسم طشي.

وهو وصنوه أحمد رضيعا لبان في العلم والفضل، ولم أقف على كثير من أخباره. وهو من مشايخ القاضي محمد بن أحمد مشحم، وقد ذكره في أرجوزته تلو صنوه هذا بدون فصل، فقال بعد أبياته السابقة ما لفظه:

ومنهم أخوه شيخنا علي ... شيخ مفيد ماله من مثل
أخذت عنه المتن متن الكافية ... وشرحه يا حبذا من حاشية
وشرحه أيضا لملا جامي ... كذا حواشي متقن العصام
وكذا في شافية التصريف ... وشرحها المناهل المعروف
والشرح في قواعد الإعراب ... أعني المسمى موصل الطلاب
وفي البيان حصة يسيرة ... لكنها في نفعها خطيرة
كذاك لابن الجزري المقدمة ... فيما على قارئه أن يعلمه
وفي بيان الفقه أيضاً بعضا ... قراءة تشفي قلوب المرضى

فهو على هذا من العلماء المتصدرين للتدريس في النحو والصرف والفقه وعلوم القرآن، ولعل وفاته مقاربة لوفاة صنوه في التاريخ المتقدم سنة 1168 ثمان وستين ومائة وألف والله أعلم. قلت: ومن علماء أهل هذا البيت القاضي صلاح بن محمد طشي، وفي مواضع صلاح بن علي طشي، وهو من مشايخ السيد الحافظ الحسين بن أحمد زبارة الحسني الصنعاني المتوفى سنة 1141 ولم أقف في ترجمته على غير ما ذكرناه هنا، رحمهم الله جميعا وإيانا والمؤمنين.

10. القاضي أحمد بن علي شاور

القاضي العلامة الفاضل شيعي آل محمد شمس الدين أحمد بن علي بن أحمد شاور الصعدي الأصل والمسكن، الذماري الوفاة.

أخذ بصعدة عن علماءها من أجلهم السيد الإمام إبراهيم بن محمد حوريه المؤيدي، لازمه وقرأ عليه أغلب مؤلفاته، ومما رأيته في حامية كتاب (عقود الجوهر في أسانيد الأثر بطرق العترة الغرر) لشيخه المذكور وبخطه أيضا ما لفظه: استخرت الله وأجزت للولد السيد العلامة شمس الدين أحمد بن إبراهيم ابن محمد أسعده الله أن يروي عني جميع مؤلفاتي ومسموعاتي ومجازاتي، وأخذت عليه ما يأخذه أولو العلم على مثلهم في ذلك، وكذلك أجزت للفقيه العلامة شمس الدين أحمد بن علي بن أحمد الملقب شاور الزيدي مذهبا حفظه الله أن يروي عني ذلك جميعه، وهو ما انتظمه كتاب الإجازات الذي يلي هذا الخط، يعني بذلك عقود الجوهر، وختم تلك الإجازة فقال: حرر شهر رمضان سنة خمس وسبعين وألف انتهى. ولصاحب الترجمة تلامذة أجلاء، منهم المولى صفي الدين أحمد بن إبراهيم حوريه المؤيدي المشارك له في الإجازة السابقة، ومنهم الفقيه محمد بن قاسم الخباط، والسيد محمد بن إبراهيم حوريه وصنوه يحيى

وغيرهم. وقد ترجمه القاضي عبد الرحمن بن حسين سهيل في كتابه بغية الأماني والأمل بتراجم أهل العلم والعمل بعد الألف فقال:

كان رحمه الله عالماً عاملاً، تقياً ورعاً، فاضلاً زاهداً، وكان شبيه القاضي أحمد ابن سعد الدين المسوري في صفاته ومودته لأهل بيته نبيه، أخذ عن الإمام إبراهيم بن محمد المؤيدي الملقب بابن حوريه، وأجازه إجازة حافلة، وعنه أخذ ولده الإمام أحمد بن إبراهيم وإخوته، وله رحمه الله اليد الطولى في العلوم، ألف (جواهر الأخبار في رواية آل النبي الأطهار)، و(البدر المضي في ترجيح رواية آل النبي) بلغ في كتاب جواهر الأخبار إلى كتاب الزكاة فقط، كذا ذكره السيد العلامة محمد بن علي أبو علامة، ولم أعثر على شيء منهما، وله أسئلة وجوابات فائقة، وأبحاث رائقة، توفي في القرن الثاني عشر رحمه الله انتهى كلامه في هذه الترجمة. **قلت**: وكتاب المترجم جواهر الأخبار مما اطلعت عليه في مكتبة سيدي محمد بن عبد العظيم الهادي بضحيان، ولم أنقل ما أفيد عنه في هذه الترجمة فالله المستعان، وللقاضي ولد من العلماء سيأتي له ذكر بحرف الحاء.

ومما رأيت لصاحب الترجمة جواب على رسالة للسيد العلامة شرف الإسلام الحسن بن صلاح الداعي في إبطال الحيلة لتحليل الزكاة لمن حرم الله عليه من الأنام، قال المترجم بعد الاطلاع عليها ما لفظه:

وصلت الرسالة القاشعة لحناديس الظلم لو أن معها السيف الأدهم، والموت المنصرم، ولكن كتب الله لاغلبن أنا ورسلي. ذكر المفسرون: إما بالسيف والحجة أو أحدهما، وما على الرسول إلا البلاغ فاشعناها وقرئت في المحافل، وفيها إن شاء الله تذكير للعاقل وتعريف للجاهل وقمع للمائل. وهذا دأب أهل البيت التذكير والنصح للأئمة والأمة إلى آخر كلامه في أن زكاة الفاسق زكاة

حقيقة إلى أن قال: وكفى في كونها زكاة ودفع كلام من ذكرتم بقول صلى الله عليه وآله وسلم: أخذناها وشطراً من ماله ولم يقل وأخذنا ماله؛ دليل أنها زكاة، وأدلة الزكاة عامة لولا الإجماع في الكافر وهو أن حق الله الذي فرض عشر المال ونصف عشره وربع عشره من مؤمن وفاسق، وفي الجملة للهادي عليه السلام ما يتضمن ذلك انتهى كلامه، قال من نقل الرسالة المذكورة وجوابها لصاحب الترجمة ما لفظه:

هذه القصيدة نقلت من خط قديم لم يعرف قائلها، وأولها:

ليت الزكاة على الإطلاق لم تجب	ولم يكن حكمها المرسوم في الكتب
أو يـأذن الله بـالنيران تحرقهـا	وقت الحصاد فلـم تـزرع ولم تهب
قـد كـان أسـلم للـزراع ناحيـة	من صرفها في أمور الجهل واللعب
لكن مـن حكمـة الرحمن أوجبهـا	وعـدها قربـة مـن أقـرب القـرب

إلى آخر أبيات القصيدة وهي طويلة تركناها مراعاة للإختصار.

***

ووجد بقلم المولى العلامة صفي الدين أحمد بن يحيى العجري المتوفى سنة 1347هـ مؤرخا بذلك وفاة صاحب الترجمة ما لفظه:

وجدت في حامية الأحكام ما هذا لفظه: كان وفاة القاضي العلامة شيعي آل محمد صفي الإسلام أحمد بن علي ابن أحمد شاور رحمه الله يوم الخميس ثالث عشر شهر الحجة الحرام سنة 1105 خمس ومائة وألف، وقبر رحمه الله بمدينة ذمار عند قبر السيد العلامة محمد بن صلاح القطابري انتهى بلفظه رحمه الله وإيانا والمؤمنين.

11. السيد أحمد بن علي بن أحمد أبو طالب

السيد الأمير الصفي أحمد بن المولى علي بن أحمد أبو طالب بن الإمام المنصور بالله القاسم بن محمد الحسني القاسمي الصعدي.

كان أميرا جليلا في أهل وقته، ذكره في بغية المريد السيد عامر بن محمد، وأثنى عليه بما ذكرناه، وله أخبار في سيرة المهدي صاحب المواهب محمد بن أحمد بن الحسن بن الإمام القاسم، فإنه كان أحد أعيان دولته، ولم أضبط تاريخ وفاته، إلا أنه كان موجودا سنة 1126هـ وستأتي تراجم بقية إخوته في هذا المعجم.

12. الفقيه أحمد بن علي الحبشي

الفقيه العلامة المحقق صفي الدين أحمد بن علي بن عبد الله بن عبد القادر بن عبد الله بن أحمد بن مهدي بن الحسن بن يحيى الطاي المعروف بالحبشي- ضبطه صاحب الطبقات بفتح المهملة والموحدة التحتية وكسر المعجمة، اليمني الصعدي الأصل والنشأة والوفاة.

أخذ في علم المعقول عن الفقيه العلامة صديق بن رسام بحق قراءته على شيخه لطف الله بن محمد الغياث، وسمع شرح الغاية للحسين بن الإمام القاسم على العلامة يحيى بن جار الله مشحم، وقرأ أيضاً عليه في الفقه، وقرأ في النحو على الفقيه علي الطبري الوحش، وعلى القاضي العلامة الحسن بن يحيى سيلان فيه وفي المعاني والبيان، وقرأ في الصرف على الفقيه الطبري. وأخذ عنه أبناء عصره منهم القاضي يحيى بن حسن الشويلي، والسيد إسماعيل بن إبراهيم حطبة، والسيد إبراهيم بن الحسن بن الحسين بن المؤيد بالله، والسيد عبده الربيعي، والفقيه إبراهيم التهامي، وغيرهم.

قال معاصره السيد الإمام صارم الدين إبراهيم بن القاسم بن الإمام المؤيد

بالله مؤلف الطبقات الكبرى بعد سرده ما ذكرناه آنفا:

وصاحب الترجمة هو الفقيه العلامة الأصولي، الشيخ العالم الورع، بقية علماء الزمان، وعين إنسان الأوان، مقيم على التدريس بصعدة المحمية انتهى كلامه.
وترجم له صاحب بغية الأماني والأمل فقال:

كان عالماً عاملاً، فاضلاً، محققاً مدققاً، أخذ عن علماء أعلام، منهم الفقيه العلامة صديق بن رسام السوادي، وعن الفقيه العلامة يحيى بن حسن سيلان، وعن والده القاضي الحسن بن يحيى سيلان صاحب الحاشية على الغاية، وعن سيدنا العلامة علي بن صلاح الطبري، قال: وكان رحمه الله إنسان عين الزمان، والمجلي على الأقران، وممن أخذ عنه القاضي العلامة يحيى ين حسن النجم، وله الآراء الصائبة، والمباحث الوافية، وله (التقريب في المنطق) وشرحه، وهو كتاب غاية في بابه، وله (تيسير الوصول في علم الأصول)، وله غير ذلك. **قلت:** ومن مصنفاته أيضا (حاشية على المناهل)، وكتاب (السلاسل الذهبية شرح مسائل الحاجبية)، و(شرح تقريب المنطق) فرغ منه نصف محرم الحرام سنة 1124هـ، وله رسالة في التقليد والاجتهاد. وقد عرّفه البهكلي بإمام العربية في عصره، وكانت وفاته رحمه الله تعالى في شهر رجب سنة 1135 خمس وثلاثين ومائة وألف، وقبره بأعلى القرضين، وكتب على ضريحه هذه الأبيات:

ضريح لذي فضل مقاصده حسنا ... وأفعاله ترضي الإله الذي أغنى
عليم بأسرار البلاغة عامل ... وأثماره كانت بحضرته تجنى
ونقصده حيناً لتلخيص مشكل ... فيأتي بالايضاح واللفظ والمعنى
شمائله مرضية لا يشينها ... عبوس ولا يصغي لسب الأذى أذنا
تكاد الجبال الراسيات لموته ... تزول وتبكي هول مصرعه الدجنا
مضى عمره في طاعة الله راغبا ... ودرس علوم زاهدا في الذي يفنى

(بيت الحبشي)

من بيوت صعدة بعد الألف، وإنما لم يذكروا في مشجرة الأنساب، لرجوع نسبهم في الأصل إلى آل الطاي أقدم البيوت المعروفة بصعدة، فهم مذكورون بها في كتب التواريخ منذ القرن الرابع الهجري، وإليهم نسبة مسجد الطاي بصعدة الواقع في الجنوب من جامع الإمام الهادي عليه السلام. ولأهل هذا البيت أعني بيت الحبشي وصايا معروفة ومسودة خاصة بهم، وانضاف إليها أموال وأعيان وصية والدة صاحب الترجمة وهي الحرة الزكية الطاهرة زكية بنت علي بن محمد مشحم، فهي إحدى المحسنات الخيرات التي وقفت لها على وصايا عدة في أرشيف الوقف، جعلت مصرفها في القرب المقربة وصدقة للضعفاء والمساكين وفي قراءة قرآن، ولها حق الذكر في كتابنا هذا والترجمة، لولا الذهول عن ذلك، وقبرها وقفت عليه في المقبرة قبلي صعدة المقابلة لباب نجران، وذكر في شاهد الضريح أن وفاتها كان في شهر القعدة الحرام سنة 1080 رحمها الله رحمة واسعة، ووالد المترجم الفقيه علي بن عبد الله الحبشي توفي شوال سنة 1064 كما على شاهد قبره، وجده توفي شوال سنة 1045 وقبورهم متقاربة رحمهم الله جميعا.

13. السيد أحمد بن علي الجديري

السيد العلامة أحمد بن علي الجديري الحسني الهادوي، ونسب بيت الجديري ونسبتهم إلى قرية جديرة قد تقدم أثناء ترجمة السيد العلامة الشهيد علي بن محمد الجديري في القسم الأول من هذا الكتاب.

وصاحب الترجمة كان أحد علماء وقته، رأيت له ترجمة بقلم أحد معاصريه نعته فيها فقال: سيد صالح متفقه ورع، كان موجودا سنة 1172 اثنتين وسبعين ومائة وألف رحمه الله. قلت: ومن أهل هذا البيت من انتقل في السكنى إلى مدينة

صنعاء في أوائل القرن الثالث عشر فاستوطنها، وله ذرية بها إلى أيامنا، وفيهم في القرن الرابع عشر الهجري العلماء الأجلاء المذكورون في كتب التراجم، ولآل الجذري أيضا بقية بخولان مغارب صعدة نحو بيتين لا أكثر.

14. الفقيه أحمد بن محمد الخباط

الفقيه العلامة أحمد بن محمد بن قاسم الخباط الصعدي.

ترجمه صاحب بغية الأماني والأمل فقال: كان عالماً فاضلاً، ووالده العالم الفاضل أويس زمانه وبصري أوانه محمد بن قاسم الآتية ترجمته، ووفاة المترجم له بصعدة المحروسة عشية صباح الجمعة شهر الجمعة شهر جمادى الآخرة سنة 1149 تسع وأربعين ومائة وألف رحمه الله تعالى.

15. السيد أحمد بن الهادي حطبة

السيد العلامة صفي الدين أحمد بن الهادي بن عبد النبي بن داود الملقب حطبة، وباقي نسبه تقدم قريبا في ترجمة صنوه إبراهيم في هذا القسم.

مولده كما وقفت عليه بخط والده بمحروس شرف الأعنوق من أعمال خولان يوم الاثنين ثامن عشر صفر أحد شهور سنة 1049 تسع وأربعين وألف، وحسبما ظهر لي فهو أكبر إخوته سنا، وله قراءة في العلم على علماء مدينة صعدة، لم أتحقق مشايخه فيها يسر الله ذلك، وهو كإخوته في الفضل والملازمة للعلم، وقد نُقلت عن قلمه فوائد عديدة، ورأيت بخطه وهو خط حسن عدة من الكتب العلمية، من ذلك ما قام به من نساخة كتاب شرح الأثمار لابن بهران رحمه الله، ووافق الفراغ من ذلك كما افاد بمحروس صعدة في شهر رمضان المعظم سنة ثلاث وسبعين وألف، قال: برسم مالكها سيدنا وبركتنا وعمدتنا وقدوتنا القاضي العلامة العالم الفهامة عين أعيان الشيعة الكرام عز الدين

والإسلام محمد بن علي بن جعفر حفظ الله مهجته إلخ.

قلت: فلعل هذا العلامة أحد مشايخه، والله أعلم.

وقبر صاحب الترجمة رحمه الله وقفت عليه بمقبرة القرضين غربي مشهد آل الهاشمي بجوار إخوته رحمهم الله، ونقلت عن شاهد الضريح أن وفاته يوم الخميس تاسع عشر شهر ربيع الأول أحد شهور سنة 1131 إحدى وثلاثين ومائة وألف رحمه الله وإيانا والمؤمنين.

16. السيد أحمد بن هاشم الهدوي

السيد العلامة الرئيس صفي الدين أحمد بن هاشم الهدوي الصعدي بلدا ومنشأ، ترجم له أحد السادة المعاصرين له فقال ما لفظه:

هو السيد الجليل العلامة صفي الإسلام أحمد بن هاشم الهدوي.

من أولاد الإمام الهادي عليه السلام، وكانت نشأته في محروس صعدة، وكان من سادة أهل البيت الكرام، وممن يشار في أوانه بالنقض والإبرام، والإقدام والإحجام، جمع بين فضليتي العلم والرئاسة، وله الحظ الوافر في العلم والأدب، والورع الزاكي والحسب، وصنف كتبا جليلة، كشرح قصيدة ابن الوزير الشهيرة بالبسامة، فإنه بذل في إيضاحها الجد والإجتهاد، وأوضح في ذلك الشرح المراد، وسلك فيه طريقة الإنصاف، وعدل عن طريقة التعسف والإعتساف، وزاد بعد تمام شرح القصيدة ذكر نبذة من سيرة دولة بيت الإمام شرف الدين مفيدة، وعقب ذلك بذكر طرف من سيرة الدولة القاسمية انتهى فيها إلى خلافة المنصور الحسين بن القاسم بن الحسين، وله غير ذلك من التعليقات في العلوم، وصنف نسخة جليلة في معرفة النجوم، وصحب في أول المدة والدنا القاسم بن أمير المؤمنين المتوكل على الله علي بن أحمد، ثم وقعت بينهما منافرة، ثم صحب الإمام

المنصور بالله صاحب شهارة مدة، وجاهد معه جهادا باذلا فيه جهده، وتولى له بعض أعماله، وغدا من جملة أعوانه الكرام وعماله، وامتد عمره إلى دولة المنصور الحسين بن القاسم بن الحسين بن المهدي، وبقي عنده في صنعاء مدة، ثم ترجح له الإنتقال إلى صعدة، وبقي أياما، ثم عاد قافلا إلى حضرته، فلبث عنده أياما ثم حصل من الشريف أحمد بن محمد بعض التشويش، فأرسله لكشف أحوال أبي عريش، فلبث أياما ثم عاقته المنية والحمام، فتوفي يوم السبت شهر القعدة سنة 1144 وقبر في أبي عريش، وصار الآن مزارا في تلك البلاد، وله نذور على قواعد أهل تهامة في الاعتقاد، وله من الأولاد: عبدالله وعلي ومحمد ومحسن، توفي علي ولا عقب، وتوفي عبدالله وخلف أحمد وهو الآن في ذيبين، ومحمد ومحسن باقيان الآن في بيت الفقيه مستوطنين ولهم أولاد.

تمت الترجمة لراقمها عبد الله بن محمد أبو طالب شهر ربيع الآخر سنة 1189 بمحروس صعدة. قلت: وكاتب الترجمة المذكورة هو السيد الأديب فخر الدين عبد الله بن محمد بن الحسن بن علي بن عبد الله بن أحمد بن الإمام القاسم بن محمد، وجدتها منقولة عن قلمه في طرة مخطوطة شرح صاحب الترجمة على البسامة الذي بلغ فيه إلى حوادث شهر صفر سنة 1139 تسع وثلاثين ومائة وألف، وقال ناسخ هذه النسخة من الشرح المذكور في آخرها ما لفظه: وكان الفراغ من نقل هذه في شهر جمادى الأولى سنة 1189 بمحروس صعدة المحمية بالله، وذلك عن خط مصنفها رحمه الله، ولم نقف على تمامها إلى آخرها، ذكر سيدي الصنو عز الإسلام محمد بن الحسين بن الحسن حفظه الله أنه بلغ للتمام، وأن ما عاق ذلك إلا الضياع، فالله ييسر التمام انتهى. قلت: وستأتي بعض أخبار المترجم له في أثناء ترجمة السيد قاسم بن علي بن أحمد بن الإمام القاسم، وكتابه في معرفة النجوم اطلعت عليه.

17. القاضي أحمد بن يحيى مشحم

القاضي العلامة الصفي أحمد بن يحيى بن جار الله مشحم، بفتح الميم وسكون الشين المعجمة وبحاء مهملة ثم الميم، اليمني الصعدي.

كان عالماً عاملاً حاكماً بصعدة، أخذ عن والده الآتية ترجمته، وهو والد القاضي الحافظ محمد بن أحمد مشحم صاحب بلوغ الأماني في الأسانيد. استطرد ذكره صاحب الطبقات في ترجمة والده المذكور بحرف الياء فقال:

إنه حفاظة متقن، ذو فطنة وقادة، فقيه كامل، قرأ على أبيه انتهى.

واستطرد ذكره أيضا السيد إبراهيم بن عبد الله الحوثي في نفحات العنبر في أثناء ترجمة ولده بحرف الميم فقال:

ولوالده أحمد بن يحيى اليد الطولى في الفنون، والقدم الراسخ في التقوى والزهادة، والفضل والورع، قال القاضي قاطن في دمية القصر أنه وفد إلى صنعاء وبقي فيها أياما يسيرة، وعاد إلى صعدة قال: وعرفته أيام وفادته، من أهل الورع والتقوى، والتمسك فيهما بالحبل الأقوى انتهى كلامه. **قلت**: وفيما ذكره ولده القاضي محمد بن أحمد مشحم في إرجوزته التي عدد فيها ذكر مشايخه دلالة على ما لوالده صاحب الترجمة من المكانة الرفيعة في العلم، إذ أشار إليه وإلى جده القاضي يحيى بن جار الله بقوله:

وفي ربى صعدة من مشايخي ... جدي أب الأب أجل راسخ
محقق الفنون يحيى الفرد ... في عصره والعالم المعتمد
أخذت عنه حصة في الكافية ... ومتن أزهار الرياض الدانية
ونجله شيخي التقي وأبي ... أحمد سامي النفس عالي الرتب
من خص بالفهم بأوفى القسم ... والفتح في مستبهات العلم

قلت: ولم أضبط تاريخ وفاته، وكان موجودا أواخر سنة 1147 سبع وأربعين ومائة وألف حسبما وقفت عليه في أوراق الوقف. وقد ترجم له في بغية الأماني والأمل وبيض في تلك الترجمة لتاريخ وفاته ثم قال: وقبره شرقي قبر والده يحيى بن جار الله بالمقبرة الشامية بصعدة في المشهد المشهور، وكتب على ضريحه قصيدة باهرة، أولها:

| طف بقبر نوره يجلو الظلاما | واستلم أركانه الغر استلاما |
| وانتشق من تربه المسكي ما | عرفه أطيب من عرف الخزامى |

إلى أن قال:

حاكم الشرع بلا حيف به	غاية التحقيق هادي من تعامى
رحمة الله تغشى روحه	وسلام الله يأتيه دواما
في جمادى قد قضى تاريخه	أحمد في الخلد داناه مقاما

وحسبما يقضي به تاريخ البيت الأخير بإضافة مائة إلى التاريخ، فتكون وفاته سنة 1151 إحدى وخمسين ومائة وألف والله أعلم.

18. القاضي أحمد بن يحيى حابس

القاضي العلامة أحمد بن يحيى بن عبد الهادي حابس، ترجمه العلامة عبدالرحمن بن حسين سهيل صاحب بغية الأماني والأمل فقال:

كان عالما فاضلا، حاكما بصعدة، وأغلبهم تولوا القضاء، كذا والده العلامة الأفضل يحيى بن عبد الهادي حابس مشهور، وليس عبد الهادي هذا ولد القاضي أحمد بن يحيى حابس بل هو آخر، وستأتي لكل منهما ترجمة إن شاء الله، توفي المترجم له ليلة الخميس شهر ربيع آخر سنة أربع وستين ومائة وألف انتهى بلفظه وحروفه.

قلت: وقد نقلت في تاريخ وفاته خلاف ما تقدم عن شاهد ضريحه بمقبرة القرضين

وهذا لفظه: هذا ضريح سيدنا وبركتنا الفقيه الأكمل الأوحد كهف الضعفاء والمساكين أحمد بن يحيى بن عبدالهادي حابس، توفي ليلة الخميس سابع شهر جمادى الآخرة سنة أربع وسبعين ومائة وألف. وإلى جانبه قبر والده وهو القاضي يحيى بن عبدالهادي بن أحمد بن سليمان بن محمد حابس، ولم يتضح لي تاريخ وفاته لانطماسه.

19ـ السيد إسحاق بن علي بن أحمد أبو طالب

السيد الهمام الضياء إسحاق بن علي بن أحمد أبو طالب بن الإمام المنصور بالله القاسم بن محمد إلى آخر النسب المعروف الحسني القاسمي الصعدي.

وهو أحد أنجال والده متولي صعدة في أيامه، وبصعدة كانت نشأته في حجر والده المذكور، ولم أقف على كثير من أحواله وأخباره رحمه الله، وإليه نسبة السادة آل إسحاق الساكنين في أيامنا بوادي رحبان ونحوها، فهو جدهم ينسبون إليه وإلى حفيده السيد الهمام الماجد ضياء الإسلام إسحاق بن يحيى بن إسحاق المذكور، وقرأت في بصائر الوقف أن حفيده المذكور هو في الغالب أول من سكن قرية بير يعقوب من قرى رحبان، وأوقف عرصة مسجدها القديم المسمى الآن مسجد بير يعقوب، وذلك بتاريخ جمادى الأولى سنة 1231 إحدى وثلاثين ومائتين وألف، هذا كل ما بلغني من أخباره.

قلت: ثم إني وقفت على قبر صاحب الترجمة رحمه الله في حوطة الشهداء جهة الجنوب من مرقد ومشهد الإمام الهادي عليه السلام، ونقلت عنه تاريخ وفاته وهو في شوال عام 1160 ستين ومائة وألف.

20ـ القاضي إسحاق بن محمد العبدي

القاضي العلامة المحقق الأديب البليغ ضياء الدين إسحاق بن محمد بن قاسم العَبْدي الصعدي اليمني، مصنف الاحتراس من نار النبراس في أصول الدين

وغيرها من المؤلفات الباهرة الآتي التعريف بها.

مولده في نحو سنة 1050 خمسين وألف تقريبا، ونشأ في حجر والده الفقيه الفاضل عز الدين محمد بن قاسم العبدي، وطلب العلم بصعدة في أيام خلافة الإمام المتوكل على الله إسماعيل، وكانت في تلك الأيام عامرة بالعلم وحلقات التدريس، ومن مشايخه الفقيه إسماعيل بن علي بن صلاح الطبري، قرأ عليه في النحو، وله إليه وقد طال انتظاره له للقراءة:

لقد طال لبثي أيها الحبر راجياً وصولك حتى حان حين شخوصي
أريدك تقريبي فبي طول فاقة ولكني لا أرضى بغير خبيصي

والظاهر أنه قرأ أيضا على القاضي رئيس العلماء في وقته يحيى بن أحمد عواض الأسدي وعلى غيره، وقد تقدمت لوالده ترجمة مستوفاة في القسم الأول ذكر فيها أن وفاته كانت بصعدة سنة 1083هـ، وكان في إقامته بصعدة بعد وفاة والده في غاية من الشظف والمكابدة، وكان ينسخ الكتب بخطه الحسن الباهر، ومما قاله وقد أمره بعض الأكابر أن ينسخ له كتاب سلوان المطاع:

يا آمري بنسيخ سلوا ن المطاع وقال بادرْ
اعذر فديتك إن بي حمّى كحامية الهواجرْ
وانظر لنفسك ناسخاً غيري على السلوان قادرْ

ثم إنه في نحو نيف وثمانين وألف انتقل من صعدة إلى مقام السيد شرف الإسلام الحسن بن المتوكل على الله إسماعيل ببندر اللحية، وكان واليا عليه وعلى غيره من جهات تهامة من قبل أبيه المتوكل، وكان مقامه باللحية مجمع أعيان الفضلاء والأخيار والأمراء، فطابت لصاحب الترجمة الإقامة ولازمه مدة، ومن أدبياته التي وقفت عليها بقلمه في تلك الأيام ما كتبه مورياً وقد أرسل إليه مخدومه السيد شرف الإسلام المذكور بنعل أحمر:

لا زلت ما ماست الأغصان في الورق   تولي الوفود جزيل التبر والورق
صيرتني فوق هام النجم مرتفعاً   حقاً فالبستني نعلاً من الشفق

وكتب إليه أيضا وقد أخّر مخدومه مذاكرة المطول وجعلها في كتاب الشفاء، وقال: قد عزمنا على قلب مذاكرة المطول في وقت آخر ويكون الوقت لقراءة الشفاء فقال صاحب الترجمة:

ماتت مذاكرة المطول وانطوت   من بعد أن كانت تظن على شفا
فاستحكمت في القلب منها علة   فاعجب لقلب أصل علته الشفا

ثم ارتحل إلى مكة ولازم أميرها الشريف أحمد بن غالب بن مسعود بن أبي نمي، وقرأ هناك على العلامة صالح بن مهدي المقبلي، وكان في ذلك الوقت مجاورا بمكة، فقرأ عليه في الشرح الصغير قراءة بحث وتنقير.

ومما نقل عن قلم القاضي إسحاق قوله: بلغت قراءتنا في الفصول بحمد الله باب المطلق والمقيد إلى ليلة الأربعاء خامس عشر جمادى الآخرة عام مائة وألف، وهي على شيخنا ضياء الدين صالح بن المهدي المقبلي بمحروس مكة المشرفة والله يمن بالتمام. وفي بعض التواريخ أن سبب دخوله إلى مكة أنه لما وصل إلى صعدة المولى الكبير الحسين بن عبد القادر أمير بلاد كوكبان ومعه جماعة من أعيان آل القاسم هربا من صاحب المواهب وذلك في أحداث سنة 1098 ثمان وتسعين وألف اجتمع بالمترجم له، فوجده من العلماء المحققين، والنحارير المدققين، فكان ينوه بذكره في المجامع، ويطرب بأشعاره المسامع، ويكشف عما ستر من مخبأ كماله، فلما رأى القاضي إسحاق ما هو عليه من العلم والنباهة، وقدره عند أولي الوجاهة، ارتحل إلى مكة المشرفة، فلما وصل هناك نبه قدره، وارتفع صيته، وعظم أمره، ووزر للشريف أحمد بن غالب انتهى باختصار من كتاب المواهب السنية.

قلت: وصنف في أيام بقائه في مكة مؤلفه في أصول الدين المسمى (إبطال

العناد في أفعال العباد) كتاب مختصر جليل الفائدة، رأيت في آخر إحدى نسخه ما لفظه: بقلم منشيها إسحق بن محمد العبدي غفر الله لهما، وكان ابتداؤنا تأليفها بمكة حرسها الله بالمدعي فيها أول ليلة من ذي القعدة الحرام سنة سبع ومائة وألف، وتمامها بحمد الله يوم الأحد لاثنتي عشرة خلت من الشهر المذكور سنة سبع ومائة وألف، بمكة زادها الله شرفا انتهى.

وله وسيلة إلى الله نظمها في الحرم الشريف مطلعها:

يا مغيثي في حادث الأهوال ... ومعيني في كارث الأحوال

ومنها:

يا مغيثي أخشى الشماتة في الأ ... عداء والاشتعال بالاشتغال

صن محياي أن يزال بقصد ... أو قصيد لمعشر الأنذال

وقد ذكر بعض العلماء أن نظمه لهذه الوسيلة بالحرم الشريف كان سنة خمس ومائة وألف، وبعد هذين التاريخين المتقدمين رجع صاحب الترجمة إلى اليمن وقصد المهدي صاحب المواهب إلى محروس الخضراء ببلاد رداع، قال السيد إبراهيم بن عبد الله الحوثي صاحب نفحات العنبر: فحظي عند صاحب المواهب أتم حظوة، وكتب له واستوزره، هكذا جاءت عبارة صاحب النفحات. أما معاصره وقرينه السيد الحسن بن صلاح الداعي فذكر أن صاحب المواهب ولاه المخا، وأنه كان على ولايتها في سنة ثمان ومائة وألف، ثم نفاه سنة إحدى عشر ومائة إلى الهند، وفي ذلك يقول أخو صاحب الترجمة القاضي إسماعيل العبدي قصيدته التي استعطف فيها صاحب المواهب لأخيه المذكور ومطلعها:

يا صاح إن جئت الإمام المهدي ... كاسر أنياب الكماة الأسد

بحر الندى الفياض رب المجد ... وكعبة المحتاج والمستجدي

وفارس الخيل العتاق المردي

إلى آخرها وهي طويلة.

أما المولى إسحاق بن يوسف فقال عند ذكر صاحب الترجمة:

هو من العلماء الفصحاء، رأيت شيئا من مؤلفاته وأشعاره، ولم أعرف من حاله غير أنه كتب لصاحب المواهب أياما، وفر منه لأسباب لا أعلم تفاصيلها، ودخل الهند ورجع إلى اليمن، وهو ممن يحرص على النكت البديعية في شعره، ويجيد في سبك الألفاظ، وله مؤلف جليل رد فيه على صاحب النبراس، رأيته في مجلدين كبار، ولم يكتب لي النظر فيه، لكنني سمعت الثناء عليه من أحد العلماء، وله الخط الحسن انتهى كلامه. ورأيت أن السيد العلامة الأديب حسام الدين محسن بن الحسن بن القاسم الملقب أبو طالب المتوفى سنة 1170هـ قد ترجم للقاضي إسحاق في كتابه (ذوب الذهب بمحاسن من شاهدت من أهل الأدب) ترجمة قال فيها:

القاضي إسحاق بن محمد العبدي الصعدي. كان عالما مبرزا، وللبلاغة محرزا، وكان خطه في غاية الجودة، كتب للمهدي أياما، وله مؤلفات من أجلها (الاحتراس عن نار النبراس)، وكان يستعمل اللطائف في شعره، وله رد على المرجومي ضرير كان في المخا، ثم ذكر ما سيأتي نقله لاحقا عن نفحات العنبر إلى أن قال صاحب الذوب آخر تلك الترجمة: ولم يزل العبدي يعثر تارة ويقوم، وينتبه له الحظ أونة وحيناً ينوم، وولي القضاء بأبي عريش من أعمال تهامة، وتوفي هنالك وأحسب ذلك في سنة خمس عشرة ومائة وألف تقريبا والله سبحانه أعلم.

***

قلت: ومن مؤلفات القاضي إسحاق العبدي رحمه الله (سفينة أدبية) جمع فيها كثير من الآداب والفوائد، وترجم لكثير من علماء العدلية، فأجاد وأحسن، ذكر

ذلك القاضي إسماعيل بن أحمد القحيف رحمه الله، وللقاضي القحيف المذكور تقريظ لتلك السفينة لم أنقله مع اطلاعي عليه مراعاة للإختصار. وفي إحدى المجاميع والسفن الأدبية المطلع عليها أن القاضي إسحاق العبدي خلال اتصاله بحضرة صاحب المواهب اجتمع بالقاضي العلامة الحسين بن ناصر المهلا النيسائي الشرفي، وقرأ عليه في كتابه المواهب القدسية شرح المنظومة البوسية، وأن الاجتماع دام بهذا العالم مدة عشرة أشهر كاملة، وفي خلالها كتب صاحب الترجمة القاضي إسحاق إليه بهذه القصيدة يطلب منه أن يجيز له كل ما صح له روايته من العلوم، وأولها:

هو الدهر فيه الحاذق الحر حائر   تحكم فينا وهو في الحكم جائر
وإن نام نابت عنه فينا نوايب   تحاول من تفريقنا ما نحاذر
تراه إذا سألته الرفق جامدا   وكم شق للعشاق منه مرائر
فكم قد قضت فينا ببين مشتت   موارد أفعال له ومصادر
فيا أيها الدهر الخؤون ترفقاً   فقد خانني حجر وذابت محاجر
وقفت على سفح العقيق مدامعا   فما زال يجريها على الخد ناظر
وبعت كرى العين القريحة إذ شرت   بروق ففي غمض العيون أتاجر
حشاي بفن الاستعارات مولع   وللدمع نوع الانسجام مناظر
وما كنت لولا أعين الحور حايرا   ولا مدمعي لولا البدور تبادر
رضيت النوى قسرا فأصبحت نائيا   وكم قسرت عما تروم قساور
حجاي على فقد الحجون معذب   جري إذا وافى حِرا وهو طائر
ومن عجب أني أرى الشعر مسعدا   بغير شعور إذ جفتني المشاعر
فيا وطني هل ما مضى فيك راجع   وهل لفراقي عن مغانيك آخر
وهل درست تلك الربوع وأصبحت   رسوماً سموم الريح فيها غوابر
نواظرنا مشتاقة منك نظرة   تأج لها تلك الرياض النواضر

ويـا عــبراتي هكــذا الــدهر عــبرة دعينــي فكــل في الحقيقــة عــابر
ويـا نفـس شـكواك الزمـان سـفاهة إذا لم يكـن عنـد الحـوادث ناصـر
ومـا نـاصر إلا الحسـين بـن نـاصر فتـى كرمـت أعراقـه والعناصـر
ومـن جـده عبـد الحفـيظ وجـده حفـيظ لمـا تنسـى الجـدود العـواثر
إمــام لأنــواع العلــوم بصــدره بحـار سـفين الفهـم فيهـا مـواخر
وإن أبـاه كـان للـدين ناصـرا أبيــاً إذا ســام الصــغار المكـابر
لقـد كرمـت أعراضـهم غـير أنهـا ترى وهـي في بحـر الكـمال جـواهر
يكـاد يـرى عقبـى الأمـور كـأنما أوائـل كـل المشـكلات أواخـر
فلـو أن كـل العـالمين تقاسـموا حجاه لما أضحى على الأرض قـاصر
فيهـا أيهـا الحـبر الـذي صـار مفـردا وكـان كـما أثنـت عليـه المحـابر
أتـاك بطـي الطـرس نشـر ممسـك لمـدحك في كـل المحافـل ناشـر
تفـردت في بعـض العلـوم ولم تـزل لسـائرها منـك النجـوم السـوائر
وأحييت بالتدريس مـا صـار دارسـاً فمنـك سـعيد في العلـوم وعـامر
روت عنـك أبكـار المعـالي رسـائلا كـما ترجمـت عـما ابتكـرت البـواكر
وكنـت أرى دهـري بلقيـاك بـاخلا وفي وعـده منـك الزيـارة زايـر
فمذ شفيت نفسي بمراءك واشـتفت بحسن خطير الوصف منك الخواطر
تحاسد فيك الطـرف والسـمع مـثلما تحاسـد في الألفـاظ منـك الـدفاتر
وإن كنـت في دعـوى المحبـة صـادقاً فأنـت الـذي للعلـم لا شـك بـاقر
فكن منجدا لي إذ غدا الشـوق مـتهماً فــما أعربــت إلا لــديك الضــمائر
وخــذ ثمـرات المـدح منـي فإنهـا نجـوم عـلى مـر الزمـان زواهـر
وكــن لأمــير المــؤمنين موضــحاً جليـة أمـري فهـو عنـدك ظـاهر
فقد وثقت نفسي۔ بجدواك مثـل مـا قطعــت بــأن الحادثــات غــوادر
فكــن لي مجيـزا في الروايـة مشـعرا بهــا لا مجـازا بالــذي رام شــاعر

فـما أنـا ممـن يجعـل الشـعر حرفـة　　　وإني الـذي تهـوى خطـاه المنـابر
ودم ما بدا الإسفار في الفجـر رافعاً　　　لرايـة نـور ينتحيهـا المسـافر
ولا برحـت منـك العلـوم مواهبـاً　　　تسـير بهـا في كـل قطـر بشـائر

فأجابه شيخه المذكور رحمه الله بقصيدة على نفس الـوزن والقافيـة طويناهـا مراعاة للإختصار فالله المستعان، ومن أبياتها التـي ورد فيهـا الثنـاء علـى علـم صاحب الترجمة قوله فيها:

لقـد سـاد أربـاب العلـوم بهمـة　　　تحملهـا العبـدي والله ناصـر
وأبـرز في علـم الكـلام دقائقـا　　　يقـر بهـا عدليـة وأشـاعر

ومنها:

لقـد جـاءني منـه نظـم منقـح　　　يقصـر عنـه في الأوائـل شـاعر
فكافيـت عـن ذاك القـريض بدونـه　　　لعلمـي أن البحـر طـام وسـاتر
فيـا حبـذا فصـل الخطـاب ووصلـه　　　فاطنـب فقـد أوجـزت فـيما يكـاثر
وشـاهد قـولي في بيـان صـفاته　　　فرائـد للتشـبيه فيهـا سـوائر
معـاني الحـلى مـن عنـده مسـتعارة　　　عـلى بحرهـا تبنـى هنـاك القنـاطر
فيعـبر منهـا للكنايـة مـوردا　　　فيـا حبـذا المعبـور منهـا وعـابر
بـديع معـان مـن معانيـه قـد سـبى　　　قلـوب الأمـالي حسـنه وهـو زاهـر
وأعـداؤه في حسـرة مـن كمالـه　　　تـدور علـيهم بالنكـال الـدوائر

إلى أن يقول: 5

وهـاك الـذي أملتـه مـن إجـازة　　　تحـوز بهـا نحـو المحامـد سـائر
علا عنـدها إسـنادنا في مراتـب الـ　　　ـرواية، والإسـناد للحـق عـامر

قلت: ولم أقف على تاريخ تحرير تلك الإجازة التي سببت نظم هذه القصيدة وجوابها، وهي على القطع قبل رجب عام إحدى عشر ومائة، ففي هذا الشهر

والسنة كان مقتل القاضي الحسين بن ناصر المهلا مظلوما شهيدا ببلاده، قتله أصحاب الناجم المحطوري في فتنته التي عمت البلاد اليمنية، وقد ذكر كثير من المؤرخين أن فتنة المحطوري هي أيضا سبب نكبة المترجم ونفيه إلى الهند، فإنه لما تصرمت أحداث تلك الفتنة التي دامت مدة ثلاثة أشهر، وتم مقتل الناجم المحطوري شهر شوال من السنة المذكورة بصعدة على يد صاحبها المولى علي بن أحمد بن الإمام القاسم ورد كتاب من المذكور مخبرا بمقتل المحطوري إلى مقام المهدي صاحب المواهب، فأمر المهدي القاضي إسحاق العبدي بقراءة ذلك الكتاب، فقرأه كما هو، وفيها لقب صاحب صعدة وذكر المهدي باسمه دون لقبه، فغضب لذلك المهدي مع حضور الكثير من عوام الناس، وأمر بنفيه إلى الهند. ولما ارتحل إلى الهند حظي عند ملكها، ونالته دنيا عريضة، وأوقفه على خزائن كتب جليلة، فألف مصنفه الاحتراس هناك، قال بعد الفراغ منه في نسخة وقفت عليها: ارتفع عنه قلم التسويد بكرم الفعال المريد في أرض الهند التي سبيل العلم فيها بهذا الزمان مهجور، وذلك ببندر ديدار فور حول البحر المزجور في جمادى الأولى من شهور سنة أربعة عشر ومائة وألف عام، ختمه بالخير التام أحسن ختام.

قلت: وقد لقي كتابه الاحتراس شهرة بين كتب أهل هذا الفن، وأثنى عليه وعلى مؤلفه عدة من أكابر العلماء، ومما قاله القاضي العلامة إسماعيل بن أحمد القحيف في تقريظه له قصيدتين الأولى:

قضى الله أن الحق يقوى ويقهر ... وإن منار العدل يعلو ويظهر
تجرد من إسحاق سيفاً مهندا ... وأعمل منه عاملا ليس يكسر
وسدد من ألفاظه الغر أسهماً ... بأمثالها الدين الحنيفي ينصر
مضت في دروع الشك حتى تمزقت ... وأصمت قلوباً طيها الجهل يضمر

فذاك بساط الجبر يطوى مذمما ... وهذا لواء العدل بالحمد ينشر
فقل لفريق العدل حقاً يطاولوا ... بإسحاق كل العالمين ويفخروا
فقد ظفروا منه بغيظ عدوهم ... وحتف مناوي مجدهم حين يذكر
فتى لسماء العدل قد صار حارساً ... فقل لشياطين البرية تقْصر
حوى قصبات المجد عفوا وخلفه ... فوارس هذا الشأن تكبو وتعثر
خبى لهب النبراس من نور علمه ... وهل ثم مصباح لدى الشمس يزهر
وكيف بقى ماء الغدير وقد طما ... عليه عباب البحر ساعة يزخر
وكيف كشيش الضب حول وجاره ... يماثل زأر الليث إذ بات يزأر
فيا موقد النبراس قد ذهبت به ... عواصف ريح الحق لو كنت تشعر
وصار الذي قد كان يمشي بنوره ... أخا ظلمات حاير ليس يبصر
فلله در الحبر إسحاق إذ أتى ... بما يعجز النظار طرا ويبهر
وقد كان ركن العدل لولا احتراسه ... من الجبر يضحى صدعه ليس يجبر

والقصيدة الأخرى هي قوله:

لإسحاق حق في الرقاب مؤكد ... على كل موجود ومن سوف يوجد
يقر به من كان للحق قائلا ... ويجحد من كل للحق يجحد
ولا تحسبوا أني غلوت بمدحه ... فعندي برهان بما قلت يشهد
فما ظل ربع الجبر لولاه دارساً ... وراح أساس العدل وهو مشيد
وأصبح نبراس الضلالة طافيا ... ولولاه أمسى للجهالة يوقد
وكان رجال يهتدون بنوره ... بزعمهم فالآن ضلوا وما هدوا
فقل لي لأرباب المذاهب عن يد ... وخص أناسا بالمقال تزيدوا
أتنتحلوا حباً لآل محمد ... وتلك رماح القول فيهم تفصد
يضلهم قوم وقوم يكفروا ... وينكر قوم فضلهم حين يسرد
ويحسدهم قوم على فضل ربهم ... وفي تعب من للكواكب يحسد

ويجتهـد الأوغـاد في نقـض قـولهم   وسحقاً لشخص في الضـلالة يجهـد
فــما داخلــتكم عنــد ذاك حميــة   يــرد بهــا قــول الخنــا حــين يــورد
سوى الحبر إسحاق الذي حاز رتبـة   من المجـد أدناهـا مـن الـنجم أبعـد
فقد قام بالفرض الذي ضاع بيـنكم   وسل سيوفا في طلى الجهـل يغمـد
فقـل لأنــاس عـن مـداه تخلفـوا   رضيتم لعمـري بالتقاعـد فاقعـدوا

وهما قصيدتان عامرتان رحمهما الله جميعا.

***

والكتاب المذكور المسمى الاحتراس رد به القـاضي إسـحاق عـلى صـاحب النبراس وهو إبراهيم الكردي أحد الأشـاعرة الـذي زعـم أنـه نقضـا لكتـاب الأساس مؤلف الإمام الأعظم صاحب الجهاد والاجتهاد القاسم بن محمد عليه السلام، قال صاحب الترجمة في ديباجة كتابه الاحتراس: أما بعد، فإني لما وقفت على النبراس الطاعن في قواعد الأساس في مستهل شهر ربيع الأول مـن العـام المجمل لعشـرة أعوام بعد مائة وألف عام، وكنت بعد سماعي بوجوده أجيل في تطلبه سوائم نظري، وأحيل على ترقبه حـوائم فكـري، لأتصـفح كنـه مغـزاه، وأتفحص عما أراد مؤلفه بما اخترعه فيه وبما عزاه، وهو يومئـذ يخفـى في أيـدي جماعة يضنون به عن الابتذال، ويظنون أنه العلق النفيس الذي حقـه أن يصـان ولا يذال، حتى أفهمني أحد الواقعين عليه أنه مما لا يمد إلى حوله الاعـتراض، فزادني شغفا بالتطلع إلى أماكنه، وأورثني لهفا بالتطلـب إلى مكامنـه، وهـو مـع ذلك كالظل السائر يذهب هربا بالطلب، أو كلمـع السـراب لا يطفـو طالـب السـراب منه إلى مأرب، ثم إن يدي وقعت عليه، فوجهت النظر إليـه، فنـدمت على ما أفرطت في جنب البحث عنه، إذ رأيته في اختفائه شبيهاً بكسب الأشعري في خفائه، كما أنه يشابهه في الاضمحلال عند المناظرة والجدال الخ كلامه.

قلت: وقد ذكر بعض العلماء أن كتاب الاحتراس المذكور لم يحظ بمن يرويه عن مؤلفه بسند متصل وإنما طريق علمائنا فيه الوجادة الصحيحة، وقد قرر العلماء العمل بها، وقال بعض العلماء: لا معنى للإجازة في كتب الأصول إلا في مجرد سماع الألفاظ السمعية واللغوية وروايتها وضبطها، فأما ما اشتملت عليه من الأدلة فهي موكولة إلى العقل والنظر السديد. قال السيد العلامة نبراس الآل الكرام عبد الكريم بن عبد الله أبو طالب في كتابه العقد النضيد في الأسانيد يذكر الكتاب ما لفظه: الاحتراس من نار النبراس تأليف العلامة على التحقيق، وإمام أهل التدقيق، وسلطان أهل الكلام من كل فريق، القاضي إسحق بن محمد العبدي رحمه الله، أرويه وجادة بخط يده الكريمة الخ الكتاب، وأرويه أيضاً وجادة عن المولى العلامة أحمد بن يوسف زبارة إلى النصف الأول بخطه المعروف عندي إلى المؤلف انتهى.

وقد أجاد بعض المتأخرين فيما كتبه في تقريظ الكتاب فقال:

لله درك أيها المؤلف لقد غصت في جميع البحار، وأتيت بمسائل العدل والتوحيد والجنة والنار من العباب، وضيقت على الكردي الغوي، وفندت ما أراده من الضلال الوبي، فيا لها من مباحث تحقيق حررت، وسموط لآل أخرجت إلى عالم الوجود، فلقد أوضحت ما شاء لك الإيضاح، وغار لتحقيقك فلك الإصباح، فما يكون النبراس عنده أو المصباح. ولا غرو:

عـرف العـالمون فضلك بالعلــــــــم وقـال الجهـال بالتقليــد

وجدير بالكتاب لو طبع، وبمؤلفه لو سمع، ويكفيه إسناداً ما حظي به من التقاريظ من العلماء الأثبات، أما غفلة أن يرويه أهل الأسانيد بسند متصل إلى مؤلفه، فلأمر ما جدع قصير أنفه، فإن أحوال القاضي إسحاق لم تسمح بالاستقرار، وظروف حياته لم تبرح بين إدلاج وإسفار، ولله القائل حيث يقول:

جاء البيان فألقى بالأسانيد. ويعجبني في تقريظه والثناء على مؤلفه قول السيد العلامة إسماعيل بن المولى رئيس العلماء في عصره أحمد بن محمد الكبسي رحمه الله تعالى من قصيدة له في ذلك الشأن:

أيشجوك ربع بالحما أن تطالبه   وقد درست آثاره وملاعبه
وإذ سنحت غزلان رامة راجعت   فؤادك أشراك الهوى ومخالبه
إذا ما أدار الشيب كأس وقاره   وحطت على فود الخدود ركائبه
تذكرت أيام الصبا ومسارحاً   لشرخ شباب حين تصفو مشاربه
فكيف احتراس الصب عن مورد الهوى   إذا ما أساس الحب ترسو جوانبه
أجيبوا ليطفي نار نبراس وجده   محب رأى في الاحتراس مطالبه
حليف التقى والحلم والعلم والتقى   وربان فلك الآل إن خاف راكبه
وعنصر ذات الفضل إسحق من غدت   تعد إلى نهج الرشاد ثواقبه
هو الشمس في أفق الهدا واحتراسه   لها رصَداً يرمي بها من يغالبه
فكم من شواظ قد هوت عن يراعه   ففلت قلوب الحاسدين لواهبه
وسدد سهماً عن لسان فؤاده   فقامت على الكردي يوماً نوادبه

وقد طال الكلام بذلك فلنرجع إلى الترجمة.

قال العلامة الحوثي صاحب نفحات العنبر مترجما للقاضي إسحاق:

نشأ بصعدة وطلب العلم أيام صغره فأحرز فنونه وكتب بخطه الحسن وحصل الفوائد وصنف التصانيف المفيدة خصوصاً في علم العقيدة وأكبرها (الإحتراس من نار النبراس) في مجلدين ضخمين، وله رد على المرجومي وهو ضرير كان في المخا أيام ولاية صالح الحريبي، وألف في تحليل السماع رسالة، فرد عليه صاحب الترجمة بكتاب بناه على التسجيع، وكان يختم كل فصل منه بأبيات من شعره، فدبر عليه المرجومي بواسطة الحربي بأن جعل فتوى أرسلها

إلى صاحب الترجمة، وحاصلها السؤال عن رأي الإمام في نكاح الربيبة، وزعم أن صاحب الترجمة أباح ذلك وأفتى به، وهو كذب عليه، فانشأ الإمام رسالة أبان فيها دلالة التحريم، وكان ذلك أحد أسباب الغضب عليه كما قيل. وشعره جيد، وكثير ما يحرص على النكات البديعة فيه، ويجيد في سبك الألفاظ، أنشدنا المولى العلامة عبد القادر بن أحمد، قال: أنشدنا المولى العلامة محمد بن إسحق بن المهدي، قال أنشدنا القاضي إسحق العبدي لنفسه:

أمر بدارها فأطوف سبعا ... وألثم ركنها من بعد لمس
فسموني بعبد الدار جهلاً ... وما علموا بأني عبد شمس

وله أيضا:

ألا إنما العلم الذي قد أشدته ... كبيتك فانظر يا فتى من يحله
ولا تك ذا بخل بعلمك دائما ... فذلك مما شرعنا لا يحله
فإن خلت ثبتاً طالباً عقد مجلس ... لحلك عقدا كنت ممن يحله

وله رحمه الله:

يا من رأى عوجاً في شيخه فنأى ... عن التعلم واستغنى عن الطلب
الجهل أقبح منه لو علمت فكم ... قد نيل من ذي اعوجاج غاية الأرب
إن السهام وإن كانت مقومة ... لولا مصاحبة الأقواس لم تصب

وله رحمه الله:

قف بالرسوم العافيات نادبا ... وأد من حق البكاء واجبا
وناد وصل الغانيات نادماً ... يا آيباً أن لا يكون آيبا
فلا تلام إن وقفت شاكياً ... أو إن وقفت الدمع فيها ساكبا
معاهداً عهدتها ملاعباً ... فقد غدت برغمنا متاعبا

أذيـل دمعـي إن رأيـت دارسـاً ومـن ذيـول جـررت مسـاحبا
مـا زلـت في شرع الغـرام قاضـياً لكنـه غـدا عـليَّ قاضـبا
ولم تكـن عزائمـي نوابيـاً وكـم رفعـت في النـوى نوائبـا
فـما لمخضـوب البنـان معرضـاً عن وصل مسلوب الجنان جانبا
ويـا أمـيرا في الجـمال هـل تـرى بـأن تكـون للعميـد صـاحبا
إيـاك أعنـي يـا بثـين إنـما قد صار رشدي من نـواك عازبـا
غزالـة كـم رمتهـا مغـازلا مغازيـاً مـدارياً مـداعبا

وله رحمه الله:

قـف برسـم الصبوة المنـدرس باكيـاً فيـه بـأعلى نفَـس
ذاكـراً أيـام وصـلٍ عـبرت كـالمنى أو خِلْسـة المخـتلس
بـدموع للهـوى في سـبق وضـلوع للجـوى في قـبس
شـاكياً أيـام بـين قـد رمـت ما لهـا غـير قساها مـن قِسـي
فالثم الترب الذي كـم جـررت فيـه أذيـال المـلاح اللعـس
أي داعـي لي لـولا زينـب في طلـول ورسـوم دُرّس
إن في المغنـى لمـن يعرفـه أي معنـى لـيس بـالملتبس
لا تلمنـي في سـؤلي طلـلاً وخطـابي في الأصـم الأملـس
كـل مـن ذاق غرامـاً ونـوى كـاد أن يفهـم صـوت الجـرس
كـم غـزالٍ في ربـاه غوزلـت ومهـاة رفلـت في سـندس
فـدع الشـان(37) عليـه سـائلا سـائلا عـن شـأنه المـنعكس
سـدد الـدهر عليـه أسـهمًا مرسـلات فوِّقـت عـن عـبس
وغـدا الخطـب عليـه خاطبـاً واعظـا يـذكرنا مـا قـد نسـي

---

(37) الشان: عرق يجري الدمع منه.

عـــبراً تـــورث مـــن يعـــبره ... حـيرة الضـب وحـذق الكـيّس
كـم وصـال ظفـرت كفـي بـه ... بعـدما نامـت عيـون الحـرس
وحـديث آنسـت نفسـي لـه ... فهـو عنـدي مسـند عـن أنـس
وأنـا اليـوم كئيـب مفـرد ... بـين أطـماع وبـينٍ مـؤيس
ليت شعري هـل لأيـام اللقـا ... نفـس يـذهب حـر الأنفـس
فابـك حـالي أيهـا الطـرف فـما ... أحسـن الطيـب لمثـل العـرس
وانـدب الربـع بصـوت متعـب ... وبكـاء مـن زمـان متعـس
كـان فيـه للـدراري شـبه ... ولهـا الأطلـس شـبه الأطلـس
مـا لحظـي كلـما جاذبتـه ... في حضيض العـيش كـالمنتكس
يا حمام الأيـك صـف لي نائحـا ... فتؤسـيني فـراق المـؤنس
كـم أرى فيـك لحـالي شـبهاً ... ولنـوحي هـائما في الغلـس
غـير أن الـدمع منـي أبحـر ... فلك صبري حولـه في الكـيس
آه كـم ذبـت غـرام وجـوى ... سـلف الصـبر لـه في فلـس
عـل أن يرحمنـي ربي غـداً ... بالصـفاء والحجـر والملـتمس

وكان في أول أمره في شظف من العيش، واتفقت له محنة رحل منها إلى مكة، ثم رجع إلى اليمن وقصد الخضراء ببلاد رداع، فحظي عند صاحب المواهب أتم حظوة، وكتب له واستوزره، وكان في طبعه حدة، ثم جرت بينهما منافرة، رحل منها إلى الهند فحظي عند ملكها ونالته دنيا عريضة طويلة، ووافق على خزائن جليلة في كتب العلوم، فألف الأحتراس هنالك ثم رجع اليمن موفور المال والعرض، وتولى القضاء بأبي عريش من أعمال تهامة، وتوفي هناك في سنة 1115 خمس عشرة ومائة وألف رحمه الله تعالى.

قلت: وفي ذلك نظر أعني تاريخ وفاته فقد وقفت على أنه كان على قيد الحياة في أثناء السنة التي تليها وهي سنة 1116 ست عشرة ومائة وألف، إذ وجد

بخطه ما لفظه: ولدت الولد المباركة إن شاء الله خديجة بنت إسحق غفر الله له يوم الأربعاء وقت الضحى لعله لعشر بقين من شوال أحد شهور سنة خمس عشرة ومائة وألف، وذلك ببندر المخا عمره الله بالعدل والرخاء، ووالدة هذه البنت هي والدة الأولى المتوفاة والحمد لله أولا وآخرا وباطنا وظاهرا، ثم انتقلت هذه المذكورة من هذه الدار الفانية إلى الدار الباقية وذلك بعد مضي أربعة أشهر من ولادتها، والحمد لله على كل حال انتهى.

وأراد بقوله: هي والدة الأولى، الكلام السابق الذي نقلناه ولفظه:

لله الحمد على أن رزقنا الإيمان بأنه لم يلد ولم يولد والصلاة والسلام على سيدنا محمد وآل محمد وبعد: فإنها ولدت الولد المباركة الميمونة خديجة بنت إسحق بن محمد العبدي غفر الله لهما وقت الفجر من يوم الأربعاء لعله لأحدى عشرة بقيت من صفر أحد شهور سنة أربع عشرة ومائة وألف ختمها الله بخير وذلك في ..... (38) رازفوره من أعمال الكوكن من أرض الهند بعد العود من البحر عند تعذر الخروج إلى قطر العرب لعدم موافقة الريح، وتأخر السفر عن وقت الموسم، فإنه كان قد بلغ الوقت في اعتبارهم ماتين وخمسين في النيروز، وقد كان بلغ المركب حول مرباط من أعمال جهات ظفار، ولكن الهنود الذين في المركب من أهل العهدة بالغوا في أن يكون الإقامة مدة التواهي في بلاد الهند لا في العرب، فصرفونا عن مرادنا من ذلك، وقد رأينا رأس فرتك، وهو جبل هناك والحمد لله على كل حال. ثم قال: الحمد لله الحي الذي لا يموت، والصلاة والسلام على الخيرة من النوع الانساني بالدليل المثبوت، وبعد: فإن البنت المذكورة لما بلغت سبعا من الليلة المزبورة انتقلت إلى جوار الله وذلك وقت العصر من يوم السبت لعله لأربع بقين من الشهر المذكور من العام المسطور،

---

(38) كلمات لم تقرأ في المصدر المنقول عنه (مؤلف).

فالحمد لله على أن جعلها ذخرا وسلفا وفرطا وأجرا، ونسأله أن يرزقنا الاستعداد ليوم المعاد، ويزودنا التقوى إنه خير الزاد، والصلاة والسلام على خير العباد، وآله الكرام الأمجاد، وكان دفنها أعلى الجبل الثابت على هذه البلدة المذكورة، على ما جرت به عادتهم انتهى قال فيه قال وكتبه إسحق بن محمد غفر الله لهما. **فتأكد من ذلك** أن وفاته سنة 1116 أو السنة التي تليها رحمه الله تعالى وإيانا والمؤمنين. ومن شعره رحمه الله:

خذ في ادكار زمان وصلك بالحمى ... واسكب دماً من مقلتيك على الدمى
ما كنت أحسب أن أراك مصلياً ... قلباً بنيران النوى ومسلما
لو كان في التسليم راحة عاشق ... ما خلت صباً بالتلهف مؤلما
صال الفراق عليك صولة قادر ... فبقيت مسلوب الفؤاد متيما
فإلى متى طول اصطبارك غافلا ... عما مضى وكأن فيك تعظما
أنسيت حلك للخمار ورشف خمـ ... ـر الثغر محتريا تحل محرما
وبتكت لبات الجمان تعمدا ... ونثرت من تلك القلائد أنجما
حتى رحلت فصار وجهك ساهماً ... بالبين وهو مسدد لك أسهما
لا تعدو عن ذكر الغصون فإنها ... دنياك فاذهب منجدا أو متهما
ما بال حظي في التواصل كاندا ... يعطي النوى ما رام في وما وما
ما نلت من طيب التعانق لذة ... إلا غدت بلظى التفرق علقما
هذا زمان أبي عريش ما انثنت ... لذاته إلا جوى وتندما
ضحك السرور لنا به فاستروحت ... أرواحنا رَوَحاً فكان توهما
ما طاب خيم الوصل عندي برهة ... كلا ولا صار الفراق مخيما
هذا لعمر أبيك غبن فاحش ... عظمت مواقعه ودق الأعظما
قالت أرى في الشعر منك مداركاً ... عظمت وكان النظم منك منمما
فأجبت أن بهيم شعرك حل في ... فكري فصار الشعر مني مبهما

حسب الكواعب أن كوت قلب امرء   وغدى كمثل العجم ضحاً مفحما
إن شئت أن تلقى محباً مدنفاً   جعل الفؤاد على العيون مقسما
حمّال أثقال ينوء بحملها   رضوى ولم يك وانياً متجرما
وإذا رأى خطب النوى قد أبرمت   حلقاته ما خلت فيه تبرما
فانظر إليَّ ولا تسل متصفحاً   حالي تجد عما تروم مترجما
سمرت جفوني بالسهاد فسامرت   عيناي زهر النيرات تحتما
وإذا ذكرت عناق كل مليحة   بأبي عريش ذبت من حر الظما
ولرب ذي جهل ينال بجهله   ما ينبغي والحر مات مهيّما
أنا من جميع الناس أخسر صفقة   وترى فؤادي بالغرامة مغرما
عشرين عاما لا أزال معسياً   ومرجياً ما لا يكون متمما
يا سعد قف بالرقمتين وإنما   أعني الوسام بثغر طيبة اللما
واقر السلام ولا تكن متعرضاً   لحديثها فيظن فيك تجهما
وإذا رأيت الحق فاح لطيه   نشر فعد البعد عنه مغنما
إن كنت معتبرا فخذ من عثرتي   عبراً ومن كلمي الجريح مكلما
إني بحب الغانيات مخضرم   ولذا رأيت الدمع مني خضرما
قسمت قلبي للخدود وإن ترد   قسما فبالقسمات أصبح مقسما
لهفي على هيف الخصور رواجح الأ   كفال من لا يستطعن تكتما
ينثرن من عقص الغدائر عنبرا   ويعدن في غسق الدجى قمر السما
غازلنني كيما أرى متغزلاً   فرأيت أن بكل جفن صيلما
لا تلحني في حبهن سفاهة   واحلم على من لا يطيق تحلما
إني طلبت من التلاقي جنة   فلقيت من حر الغرام جهنما
فاستعذبت نفسي العذاب ولم يزل   طرفي لمنثور الدموع منظما
وعلمت أن لكل شيء غاية   فأنفت من جزع الجهول تكرما

وإذا نظـرت إلى الوصـال رأيتـه مستعصـيا في شـامخ مستعصـما
لـو سـالمتني الحادثـات لحلـت في بعـض الأمـور إلى التلاقـي سـلما
أو مـا تـرى نهـج التباعـد مهيعـاً وترى سبيل الوصـل ضـحاً مظلـما
صـبراً عـلى فقـد الأحبـة إنـه وأبي الـذي مـا زلـت فيـه معلـما

ولصاحب الترجمة تخميس قصيدة عبدالله بـن القاسـم الشـهرزوري المتـوفى بالموصل سنة 511 وهي إلى أربعة وأربعين بيتا مطلعها:

صاح طال الطريق وانقطع الحى ومطايـا العقـول تعثـر بـالفى
فارص بالنشـر إنها يا أخـا طـى لمعت نارهم وقد عسـعس الليـ
ـل ومل الحـادي وحـار الـدليل

وله مراسلات مع السيد الحسن بن صلاح الداعي ستأتي في ترجمته. وله غير ذلك رحمه الله وإيانا والمؤمنين. ومما لا ينبغي فواته وإغفاله عن هذه الترجمة مـا وقفت عليه مؤخرا من ترجمة للقاضي إسحاق في كتاب (طيب السمر في أوقات السحر) للقاضي العلامة الأديب النحرير أحمد بـن محمـد بـن الحسـن الحيمـي المتوفى سنة 1151 قال فيها:

القاضي إسحاق بن محمد العبدي. ماجد سقى رياضـه صـيّبا، فـاجتنى مـن فواكهها طيبا، رفعته همته قبل أن تلم به لمته، فتجرد للطلب وارتضع در العلـوم وحلب، حتى عافت التقليد شجرته المثمرة، وعافت ظلمة الجهل لياليه المقمرة، فأصبح من الكبراء معدودا، وأضـحى ظـل معارفـه ممـدودا، وانـتظم في جيـد الفخار عقده، وقال المجاهد: هذا العبدي سيدي وأنا عبده، كما قلت أنا فيه لمـا سمعت نفثات فيه:

قـد عجبنـا مـن التنـاقض لمـا صـار هـذا الفتـى يعيـد ويبـدي
حين قالت له العـلى قـول صـدق سـيدي أنـت في الأنـام وعبـدي

فهو ممن تناط بالأجياد تمائمه، وتغرد على أغصان المفاخر فرحا به حمائمه، فلم يزل في خدمة العلم على ساقه قائما، ولم يبرح في حب أبكاره وعونه هائما، على شظف من العيش، يوجب القلق والطيش، ولكنه استمر من الطلب في شوطه مرغما له بالصبر، منتظرا لكسره من الله تعالى أكمل الأجر، حتى ارتقى من التأليف إلى الربوه، وصار صارم تحقيقه فيه لا يخاف من النبوه، فألف وصنف، وأتى بما تتقاصر عنه الهمم، وتنتعش بطيب نفحاته الرمم.

قال: وله شعر يذوب على الحبر كما يذوب على الفحم المشتعل التبر، وساق ألفاظ هذه الترجمة مسجعا إلى أن يقول: فلما قصدته الأيام بخطوبها، وأذوت حدائقه صرصر الحوادث بهبوبها، رحل إلى البيت العتيق فزال روعه، وأمن حوادث دهره، وازداد إلى فوائده فوائد، واستمر من طلب العلم على أحسن العوائد، ثم خرج إلى اليمن ببضاعة فوائدٍ غالية الثمن، وحاله غير حسنة، وعيشه الضيّق قد طوّل رسنه، متأوها من دهرٍ قد عامله بغاية الميل والحيف، وجالده من حوادثه بأحد سيف، عادماً مع رجاحته الوقار، لما جرد له الإفتقار ذا الفقار، فقصد حضرة إمام اليمن والزمان، وأهدى له من كلماته أنفس الجمان، فبوأه من الوزارة مقعدا، وأمر السعد أن لا يبرح له مسعدا، فشرفت به دولته، وعظمت على الأمراء صولته، وبقي لديه بمعمور الخضراء يشد له بوزارته أزرا، ويعمل له في تدبير الأمر رأيا بكل رأي ثاقب أزرى، فانتظم عقد إمامته، واطرب تغريد حمامته، أقام له أوج الملك، وأجرى في بحر جوده من آمال العفاة الفلك، حتى أغضب الإمام برأي لم يكن به غشه، غير ملتفت إلى قول من قال: جانب السلطان وحاذر بطشه، ولما لم ينصفه الخليفة حق الإنصاف، أنف أنفة الأسد، وعرف أن الفضل في اليمن قد كسد، فأيقظ عزمه من نوم الكسل، وطرح أنامله من أقلامه وما طرح سوى الأسل، ثم قام مشمرا للرحيل ذيلا، مدرعا من الحوادث ليلا، وقصد ملك الهند، ولم يبط في الحركة بطاء فند،

فاستجار من الإعدام بحرمه، وحط أثقال احتياجه بفناء كرمه، فسقط عليه سقوط النداء على الحدائق، ونزل به نزول الحمام الساجعة على الغصون البواسق، وأكرمه وأعظمه وأنصفه، قال: ثم لما ثقل بالجود كاهله، ونقع من غلة آماله الناهلة، عاد إلى اليمن في أوسع ثروة، وقد كاد الجو أن يرمي له من السحاب فروه، فشق بطن تهامه، وقد سدد إليه الموت سهامه، فمات في أبي عريش، وعرّت المنية طائره عن كل ريش، قال: فقطع عليه لص الأجل طريقه، قبل أن ينيخ بوطنه ويتصل بأهله وجيرانه، فسقى الغيث من قبره مستودع المجد، وروّى من أجله كثبان تهامه وأعرض عارضه عن نجد انتهى ما أردنا نقله من كلام الحيمي في طيب السمر، وهو على عادته كلام مسجع.

21ـ السيد إسماعيل بن إبراهيم حطبة

السيد العلامة الكامل الضياء إسماعيل بن إبراهيم بن الهادي بن عبدالنبي بن داود الملقب حطبة اليحيوي الحسني الصعدي، وباقي النسب تقدم قريبا في ترجمة والده.

وصاحب الترجمة نشأ بصعدة، وأخذ عن علماء وقته بها، منهم القاضي يحيى ابن حسن سيلان، وهو من أكثر المشايخ أخذاً عليه، والعلامة أحمد بن علي الحبشي وبعض مقروءاته عليه في سنة 1122هـ، والفقيه العلامة محمد بن قاسم الخباط الصعدي، وله منه إجازة عامة قال فيها: فإن السيد الأجل الأكمل، العلم الأعلم، درة الآل الشادخة، وعين أعيان السادة القادة، العلامة الزكي، الولي التقي الرضي، ضياء الإسلام والدين والحبر المكين إسماعيل بن إبراهيم حطبة أسعدني الله وإياه بطاعته وعبادته، وجعلنا من حزبه المفلحين، وأهل ولايته الفائزين. طلب مني إجازة عامة في جميع مسموعاتي ومقروءاتي ومستجازاتي، وأن أسمي له ما أسمعت كل شيء بأصله، وعلى من لي سماعه،

فحينئذ أسعدته إلى ذلك وأجزت له ما كل ما رقمته في هذا المسطور لكونه أهلاً لذلك، ومن أهل السبق في ميدان تلك المسالك، وإني معترف بالتقصير خلا أن الله جل وعلا قال: لينفق ذو سعة من سعته. وهذا جهدي، والله حسبي وهو ثقتي. وكان زبرها أول يوم من شهر رجب الأصب سنة ثلاثين ومائة وألف.

قلت: وسيأتي ما انطوت عليه هذه الإجازة في ترجمة شيخه المذكور بحرف الميم. وقد ترجمه للسيد إسماعيل المذكور صاحب بغية الأماني والأمل القاضي عبد الرحمن بن حسين سهيل فقال: كان أحد أعيان العلماء العاملين، الكملاء المبرزين، سيداً تقياً زكياً، ورعاً رضياً باذلاً نفسه للتدريس غير متول لشيء من الأعمال حتى توفاه الله سعيداً في شهر رمضان سنة 1158 ثمان وخمسين ومائة وألف، وقبره قريب من مشهد آل الهاشمي بمقبرة القرضين رحمه الله تعالى.

قلت: ومن أجل الآخذين عن صاحب الترجمة القاضي الحافظ محمد بن أحمد مشحم المتوفى سنة 1181 وقد ذكره في منظومته التي عدد فيها مشايخه، ومنها في ذكر صاحب الترجمة وفيه دلالة على فضله وتحقيقه في العلوم:

وفي أصــول الــدين كالأســاس	أخذت عن شيخ الورى النبراس
الحبر إسماعيل أعني حطبة	مـن نـال في كـل الفنـون أربـه

ولصاحب الترجمة فوائد منقولة في علم الفروع، وقفت منها على مجلد متوسط الحجم حوى على شوارد وغرائب من مسائل هذا الفن، وهو بخطه، وذكر له السيد عبد السلام الوجيه في أعلام المؤلفين الزيدية نسبة كتاب (مباحث الإنصاف العاصمة بمعرفة الله من الاختلاف) كتبه حول مسألة السيد محمد بن إسماعيل الأمير التي دارت مع بعض الفقهاء من أهل صنعاء، قال فيها: لما اطلعت على جواب العلامة محمد بن إسماعيل الأمير حماه الله تعالى على رسالة من الشيعة الفخام الساكنين بمدينة صنعاء رأيت أن ألحق بتلك مباحث لطيفة،

لعلها تكون سبباً لائتلاف قلوب المؤمنين، وتـرك التبـاين الـخ الكلام. وسـتأتي ترجمة ولديه محمد وعلي في مواضعها من هذا القسم.

22ـ الفقيه إسماعيل بن أحمد العركاضي

الفقيه العلامة صفي الدين أحمد بن إسماعيل بن يحيى بن جـار الله بـن يحيـى العركاضي الصعدي. رأيت ذكره في تعزية كتبها أحد فضلاء وقته يعزي أهله في وفاته، فقال في صفته: الفقيه الطاهر الفاضل العالم الكامل، حميد الفعال، سديد المقال، صفي الدين عمدة الشيعة المطهرين انتهى بلفظه، ولا زلت أتطلب ترجمته حتى وافاني أحد أحفاد هذا البيت في أيامنا، واطلعنـي في حاميـة بعـض كتـب صاحب الترجمة أن مولده في شهر صفر سنة 1106 ست ومائة وألف، واطلعني أيضا على شاهد ضريحه وقد أرخ وفاته هناك في شهر رجب إحدى شهور سـنة 1138 ثمان وثلاثين ومائة وألف، يسر الله الإطلاع على مشايخه.

23ـ القاضي إسماعيل بن حسن حابس

القاضي العلامة إسماعيل بن الحسن بن يحيى حابس الصعدي.

ذكره المولى عبد الله بن علي الوزير في (نشـر العبير في سـيرة علامـة العصـر الأخير) يقصد بذلك القاضي العلامة المحقق علي بن يحيى بن مضمون البرطي الصنعاني المتوفى بها سنة 1119هـ أثناء ذكر تلامذة شيخه المذكور فقال: ومنهم أي ممن أخذ عن العلامة البرطي: القاضي العلامة إسماعيل بن الحسن حـابس، أخذ عنه شيئا في المنطق، لعله شـرح رسالة الكاتبي للقطب انتهى بلفظه. **قلت:** وقد تقدمت لوالده ترجمة في القسم الأول من هذا المعجم.

ورأيت في إحدى بصائر قسامات مخلف القاضي الحسن بن يحيى حابس الشرعية والد صاحب الترجمة أن وصيه فيها هو الإمام المتوكل على الله إسماعيل إمام زمانه، وأن عدة ورثته المتقاسمين لمخلفه هم أولاده: محمد وأحمد وإسماعيل وحسين وزيد، وبناته وهن: أم السعد وزهراء، وزوجته الحرة ليلى بنت محمد بن عطية زيد، هؤلاء فريق أول وهم الساكنون بصنعاء، وباقي الورثة الساكنين بصعدة هم: ولده القاضي عبدالله بن الحسن حابس وكرائمه اللآتي هن: حفصة وفاطمة وليلى، والقاصر حين القسمة عبدالرحمن بن القاضي الحسن حابس انتهى ولا يخلو ذلك من الفائدة إن شاء الله.

24. القاضي إسماعيل بن عبده حابس

القاضي العلامة إسماعيل بن عبده بن حسن بن حابس الصعدي. ترجم له العلامة عبد الرحمن بن سهيل في بغية الأماني والأمل فقال:

كان أحد أعيان زمانه، وفضلاء أوانه، عالماً فاضلاً، كاملاً اشتغل بطلب العلوم حتى أدرك منها خيراً واسعاً، آخذاً عن علماء وقته، وهو من أهل البيت المشهور بالعلم والفضل، وتولى القضاء بصعدة، فحمد فعله، ورضي حكمه وفصله، وعرف زهده وفضله، وبيض لتاريخ وفاته. **قلت**: وهي في أواخر القرن الثاني عشر رحمه الله.

25. السيد إسماعيل بن علي بن أحمد أبو طالب

السيد الضياء إسماعيل بن المولى علي بن أحمد أبو طالب بن الإمام المنصور بالله القاسم بن محمد الحسني القاسمي اليمني الصعدي.

وهو أحد أنجال متولي صعدة في أيامه، وفي أيام صنوه وشقيقه الحسين بن المولى علي بن أحمد الآتية ترجمته بحرف الحاء عند نزولهما إلى أبي عريش سنة

1125 خمس وعشرين ومائة وألف رمي برصاصة وقت رجوعهم، فوصلوا إلى رازح وتوفي من تلك الرصاصة حال وصولهم بمحروس قلعة غمار، وذلك أواخر شهر محرم من السنة المذكورة، وقُبر بصرح مسجد غمار رحمه الله.

قال السيد العلامة عامر بن محمد بن عبد الله المتوفى سنة 1135هـ في كتابه بغية المريد في أنساب أولاد علي بن الرشيد عند ذكر أولاد وذرية والده المولى جمال الدين علي بن أحمد أبو طالب ما لفظه: وأما إسماعيل بن علي له من الأولاد ولد درج وانقطع عقبه انتهى.

26ـ الفقيه إسماعيل بن علي الطبري

القاضي العلامة الأديب الضياء إسماعيل بن علي بن صلاح الطبري.

نشأ بمدينة صعدة، وأخذ في فنون العلوم عن والده العلامة الأصولي علي بن صلاح الطبري المتوفى سنة 1097 سبع وتسعين وألف، وعن غيره من علماء المدينة. وأخذ عنه جماعة منهم القاضي إسماعيل بن يحيى الحاج الأسدي، والقاضي إسحاق بن محمد العبدي، وقد تقدم ذكر ما كتب إليه وقد طال انتظاره له للقراءة في الخبيصي:

لقد طال لبثي أيها الحبر راجياً وصولك حتى حان حين شخوصي
أريدك تقريبي في طول فاقة ولكنني لا أرضى بغير خبيصي

ترجم له صاحب بغية الأماني والأمل فقال:

كان من العلماء الكبار والشيعة الأبرار، فصيحاً أديباً، شاعراً مجيداً، ذا فطنة وقادة، وذكاء باهر، ولعله أخذ عن والده ولم أتحقق وكان محققا مدققا انتهى.
وقد ذكر صاحب الترجمة أيضاً معاصره السيد الحسن بن صلاح الداعي في شرح الدامغة الكبرى في أثناء ترجمة والده المتقدمة في موضعها من هذا الكتاب

فقال: ولعمري أنه آية من أعيان الأدباء، وعليه من حلل التواضع والتقوى، لكن الدهر مولع بمعادة ذوي النهى، مغرى بمعاندة أهل العلم والوفاء، ومن شعره قوله في أمراء زمانه وعن خطه نقلت:

فتنتم فؤادي بكثر الوعود ... ووصل الوعود كوبل الرعود
ووصلكم لم أزل آملاً ... فعذبتموني بطول الصدود
وما لي صبر على مطلكم ... ولو أني من جلمد أو حديد
لعل لهذا الجفا غاية ... ففي القلب منه كذات الوقود
أراشي جفوني عسى أن تنام ... فتأبى فتهمى دماً في خدودي
وكم حسرة للفراق لدي ... أذابت من الدمع راقى الجمود
فيا حسرتا ما أمر الفراق ... وأغلس نيرانه بالكبود

ومنها:

فأما المطال فمستعذب ... وأن مر مطل الأمير الوحيد
وقد مر لا مرة فانثنى ... صدوري عن بابه كالورود
وكم قد وفدت إلى بابه ... فهل نلت فائدة في وفودي
على أنه في بنى المصطفى ... كجوهرة في النظام النضيد
أبا القاسم الفضل من همه ... لنيل العلى لم يزل في السعود
نسخت الملوك من الدولتين ... فأف لمروانها والرشيد

ومنها:

تكون الخليفة في عصرنا ... وأنت ترد مريد البريد
وتقصد منعى وما مقصدي ... لديك سوى تافه كالقصيد
أأنت تشك بحبى لكم ... وسبق أبي وجهاد جدودي

ومنها:

وكم ناصبي ينال السؤال ... ولو كان في الذنب أشقى ثمود
وقد صار مبتدأ مسندا ... إليه إذاً مع لام الجحود

وله رحمه الله:

لقد قبّح الله وجه الزما   ن، هذا كما قبّح أخلاقه
فقد صار برقعه غدرُه   والمحاقه صرن أطواقه
وصار العزيز ذليلاً به   تجرّع ما عاش أَمْحاقه
وصار الذليل عزيزاً به   يجنبه الدهر إملاقه
فما زلت في عينه هيناً   ومن للحيا إهراقه راقه

ومن شعره أيضاً المرثية التي قالها في حي والده ومطلعها:

شَرِقتُ بضرَّاء دهري الخؤون   فيا ليتها كانت القاضيه

وقد مضت بكمالها هناك في ترجمته، ومما كتب إلى والده رحمه الله في التجرم من سقوط حرفة الأدب عند أهل بلدته وكسادها هذه الأبيات:

أقمت بأرضٍ لا يعزّ أديبها   توفّر حظي إن ألمت خطوبُها
وينقصني حظي من الخير إن وفت   وفي أغلب الحالات يحجب طيبها
وتمنعني اللذات يوماً لأنَّ مَنْ   يجانب محذور الأمور معيبها
وقائلةٍ مالي أراك مؤخّراً   وقُدمَتكَ المعلوم فينا وجوبها
فقلت لأني من ذوي لِبّابها   وليس عزيزاً في البلاد لبيبها
إذا كنت في أرض مهاناً فإنه   لأضيق من سمِّ الخياط رحيبها
سأرحل أرضاً كي أُعَزّ لأنني   أقمت بأرضٍ لا يعز أديبها

ومن شعره ما قرظ به منظومة الدامغة للسيد الحسن الداعي فقال: 5

إرض الأئمة من أهل العلوم فقط   أما سواهم لدى أهل النهى فسقط
ولا ترم قط ذي جهل وذي سرف   فذاك جور إذا ما رمته وشطط
فإن تكن رمت عرفاناً لسابقهم   كفاك نظم حوى أعلامهم وضبط
لله ناظم عقدٍ هم جواهره   لقد تكلم في أبنائهم وبسط

ما قال مـا قـال حسـان ولا بلغـت ... يد امرىء القيس ما قد قال قط وخط

لـذاك أمسـى وأضـحى أيـما علـم ... أشم عال وفي سمط الكـرام وسـط

وفي ذلك أيضا يقول الأديب شيعي أهل البيت عبدالهادي بن علي الدميني:

الحمـــد لله عـــلى فضـــله ... إذ عمنـــا بـــالنعم الســـابغة

حمدا له عد الحصـى والثـرى ... فقد أتت من فضـله الدامغـة

لقــد أتــت غــراء ميمونــة ... مملــوءة مــن حكمــةٍ بالغــة

هامات أهل النصب مكلومة ... مــن سُــمْرِها الخطيــة الشــارغة

وإنما حاكي في ذلك ما جاء في تقريظ الفقيه العلامة إسماعيل بن محمد العبدي وقد وقفت عليه بخطه ولفظه: الحمد لله وحده، يقول العبد المعترف بالقصور: قد أسمت سرح لحظي في رياض هذه المنظومة الأنيقة، وفهمت أكثر ما انطوت عليه ألفاظها الجليلة من المعاني الدقيقة، ووجدتها قـد ألمـت مـن الفوائـد بـما لم يحصر، وضمت من الشوارد ما لم يضمه غيرها من السير:

منظومـة يعجـز عـن مثلهـا ... أبــو العــلى أحمــد والنابغــه

كم عبرة زاجـرة قـد حـوت ... وحكمـــة بـــاهرة بالغـــة

لا زال مـولاي أبـو عـذرها ... في حفظ مولى النعم السـابغة

وكانت وفاة صاحب الترجمة بمحروس صعدة في العشر الوسطى من شهر صفر سنة 1136 ست وثلاثين ومائة وألف، نقلته عن شاهد قـبره وهـو غـربي باب المنصورة في مشهد آل الطبري رحمه الله تعالى. أما في بغية الأمـاني والأمـل فأرخ ذلك في صفر سنة 1126هـ وهو من أغلاط النساخ.

27. السيد إسماعيل بن المهدي صاحب المواهب

السيد الضياء الرئيس إسماعيل بن الناصر محمد بن أحمد بن الحسن بن الإمام المنصور بالله القاسم بن محمد الحسني القاسمي الصنعاني.

وهو أحد أنجال خليفة عصره وأوانه صاحب الألقاب الثلاثة الناصر والهادي والمهدي المعروف بصاحب المواهب، وإنما جاء ترجمتي له هنا لأن مقتله ودفنه كان بمدينة صعدة حسبما سيأتي بيانه، وهذا داخل في جملة ما شرطته في تأليف هذا الكتاب، وأمه هي الشريفة الفاضلة فاطمة بنت سيدي الجد العلامة يحيى بن الحسين بن الإمام القاسم بن محمد، لا كما غلط بعض المؤرخين فذكر أن خاله هو السيد زيد بن يحيى بن الحسين بن المؤيد بن الإمام القاسم بن محمد، فالصحيح ما قدمناه. وهذه الشريفة فاطمة المذكورة كانت من عقائل النساء، ولها وصايا معروفة في صنعاء وشعوب اطلعت عليها ضمن وصايا الأجداد، ولها قراءة وتعلم وخطوط، وأحسب أنها أولى زوجات المهدي صاحب المواهب، لأنه ذكر في تاريخ طيب أهل الكسا أن تزوج الخليفة المهدي لها كان في أول شبابه بصنعاء سنة 1068 ثمان وستين وألف، وحسب اطلاعي فلم يحصل له من الجدة المذكورة إلا ولده إسماعيل بن الناصر صاحب الترجمة هنا، وقد تعمرت بعد أن فجعت بحادثة مقتل ولده صاحب الترجمة إلى سنة 1125هـ وتوفيت بصنعاء رحمهما الله تعالى، وقد كان مقتل المترجم له واستشهاده في أثناء تلقب والده بالناصر في حوادث سنة 1104هـ، فلذلك لا يرد ذكره في كتب التواريخ إلا بإسماعيل بن الناصر. وكان والده صاحب المواهب قد جعله سنة 1098 ثمان وتسعين وألف، متوليا وحاكما على مدينة صنعاء، واستمر بها إلى أن كان خروج المولى علي بن أحمد بن الإمام القاسم صاحب صعدة بجيوش عدة لمحاصرة صنعاء في أحد شهور سنة 1103 لمحاولة الاستيلاء عليها، كما سيأتي بيان ذلك باستيفاء.

وقد ترجم لصاحب الترجمة السيد العلامة المؤرخ محمد بن محمد زبارة في كتابه نشر العرف بنبلاء اليمن بعد الألف فقال:

السيد الرئيس القمقام الضيا إسماعيل بن الناصر المهدي صاحب المواهب، نشأ في حجر والده المهدي وولاه والده صنعاء وبلادها، ولما وصل ابن خليل في سنة 1102 اثنتين ومائة وألف في جموع من قبائل همدان وغيرهم لمحاصرة صنعاء حصلت بينهم وبين الأجناد المهدوية معركة شديدة، قتل فيها أحد مماليك صاحب الترجمة في باب السبحة من أبواب مدينة صنعاء، وفي سنة 1103 ثلاث ومائة وألف قصد صنعاء من بلاد صعدة المولى علي بن أحمد بن الإمام القاسم في جموع كثيرة، من القبائل فأحاط بها، وأجمع رأى صاحب الترجمة وعمه المحسن بن المهدي أحمد بن الحسن على تغليق أبواب صنعاء وانحصارهم فيها مع اشتغال المهدي صاحب المواهب بقتال قبائل يافع، ولبث المولى علي بن أحمد في جراف صنعاء نحو شهرين حتى عرف من أحوال بعض أعوانه من رؤساء حاشد وبكيل أنهم ربما انحرفوا عنه ومالوا إلى المهدي، فأسرع بالعودة من الجراف وجهات صنعاء إلى صعدة، ثم جهز المهدي عقيب ذلك صنوه المحسن وولده صاحب الترجمة في أجناد متكاثرة إلى صعدة. وكانت طريق صاحب الترجمة ثلا وبلاد عمران والسودة، ووصلوا إلى خارج صعدة فكانت معركة عظيمة انهزم فيها قبائل بلاد صعدة، وخرج المولى علي بن أحمد عن صعدة إلى حصن أم ليلى وترك أهله وأولاده وأمواله بصعدة، وذلت قبائل الشام.

وفي سنة 1104 أربع ومائة وألف اشتدت وطأة الجند الناصري المهدوي على أهل صعدة وبلادها وتغافل الأمراء عن الإنكار ظنا أن ذلك من التأديب والهوان والإصغار، فنفرت القبائل وتحزبت وعادت إلى محاصرة صعدة وجند المهدي من كل الجهات، وأقبل المولى علي بن أحمد في جموع من قبائل صعدة وتلك البلدان الشامية، وأحاطوا بصعدة وكانت معركة وهي فيها الجليد وذهل منها الشجاع الصنديد، وطاحت الهامات من نحو ألف قتيل كما يقول بعض المؤرخين، ولم يبق للحيلة والتدبير مجال، ولازم أهل بلاد صعدة حرب أولاد المهدي من خلف

وأمام ولما صار أصحاب المهدي بمحل يقال له العيون بالقرب من صعدة اشتعلت نار الحرب وحمل صاحب الترجمة بنفسه حملة الليث، وكان قد خرج من صعدة بأهله وولده، فهو دونهم يحامي، ويرمي بنفسه المرامي، وما زال يحمل على الأقوام ويقطع الهام حتى كمن له رجل في مضيق الطريق، ورماه فخر صريعا رحمه الله بذلك المكان، في ذلك العام سنة 1104 أربع ومائة وألف. وفي ذلك قال القاضي علي بن محمد العنسي موريا بالعيون:

| قضى قتيلا في العيون الضيا | وذاق فيها الموت ريب المنون |
| لهفي له من مغرم بالعلى | يا مغرما راح قتيل العيون |

وقال السيد زيد بن يحيى بن الحسين بن المؤيد بن الإمام القاسم أيضا:

| قيل إن الضياء أمسى قتيلا | ثاوياً بالعيون غير دفين |
| لم يكن فاتكاً ولكن عفيفا | فلماذا غدا قتيل العيون |

والعيون موضع من بلاد آل عمار جنوبي صعدة بنحو 12 ميل تقريبا.

قلت: وحسبما اطلعت عليه في أوراق الأجداد فقد خلف صاحب الترجمة ثلاث بنات وولد واحد فقط هو أحمد بن إسماعيل بن الناصر، وكان مختلا عقليا، وعاش على ما خلفته لهم جدتهم الشريفة فاطمة من الإرث إلى سنة 1153 ثلاث وخمسين ومائة وألف، وبموته انقطع نسل وذرية والده صاحب الترجمة من الذكور، فالله المستعان.

***

وقد تطرق لتفاصيل هذه الأحداث منها حادثة مقتل السيد إسماعيل بن الناصر رحمه الله عدة من المؤرخين المعاصرين، منهم السيد عامر بن محمد في كتابه بغية المريد، ومنهم السيد الحسن بن صلاح الداعي في شرح الدامغة الكبرى فقال ما موجزه:

وفي خلال ذلك ترجّح للمتوكل على الله علي بن أحمد بن الإمام الرجوع عن موالاة الناصر والدعاء إلى نفسه، وخرج من صعدة بجنود واسعة، وقصد الهَجَر وفيه طالب بن المهدي أحمد بن الحسن واليا من قبل أخيه الناصر، فحصل في الهجر وقعة هائلة ذهبت فيها نفوس جمة، ونهبت أموال من فيه من التجار، وقبضوا على طالب بن المهدي وأرسلوا به أسيراً إلى صعدة، فبقي في الحبس إلى أن دخلت جنود الناصر صعدة، كما سنذكره قريباً، فبقي المتوكل أياماً في الهجر وولى على شهارة ولده حسن بن علي، ثم نهض إلى خمر وبقي فيه مدة والكتب تفد عليه من كل جهة بالموالاة والمبايعة، حتى من صنعاء وغيرها، فتقدم إلى ذيفان، ثم تقدم إلى الروضة، وحط في الجراف أياماً وحط ولده شرف الدين الحسين بن علي بحده وحاول من بصنعاء إدخاله إلى صنعاء، إذ لم يبق في صنعاء إلا رتبة القصر، ثم بلغهم تجهيز الناصر عليهم المحاط مع ولده إسماعيل وغيره، مع غلا الأسعار وحاجتهم إلى الطعام، وانقباض الناس عن الجلوبة إليهم، فهرب المتوكل ومن معه ليلاً لا يلون على أحد ممن بعدهم، فتداعت عليهم القبائل من كل جهة، وأقبلوا عليهم من جهات عدة، فلم يزلوا يصيحون عليه بالأصوات من كل قرية، وينهبون من عسكره ويقتلون فيهم، وقبض هو بذيفان وسقط من على بغلته، فأغار عليه من حوله فقتلوا من أسقطه، وركّبوه على بغلته، وأمعنوا في الهرب به ليلاً ونهاراً حتى دخل صعدة. وكانت تلك الأيام أيام شدة في تلك الجهات اليمنية، وغلاء في الأسعار فاجعة، وعدم في الطعام وغيره.

قال: فبقي المتوكل في صعدة أياماً، وتعقب ذلك دخول المحاط الناصرية لقصد صعدة في شهر ربيع الأول من سنة ثلاث ومائة وألف، فأقبلوا إليها من كل جهة، ومع أمراء عدة منهم إسماعيل بن الناصر وعمه محسن بن المهدي، ومحسن بن الناصر، فترجح للمتوكل لقائهم بمن معه إلى العمشيَّة، فقتل من أصحابه قتلة هائلة وقبض منهم جماعة، وسيروهم مع رؤوس القتلى إلى الناصر،

وقد انكسرت المحاط الشامية ومن معهم من أولاد المتوكل إلى صعدة، والمحاط في أثرهم من كل جهة، فمن تهامة الشريف أحمد بن غالب، ومن اليمن أولاد الناصر وصنوه والسيد حسين بن المهدي الشامي وغيرهم، فهرب المتوكل من صعدة هو وأولاده، ودخل الجند الناصري صعدة، وفي يوم الخميس رابع عشر شهر جمادى الآخر من السنة المذكورة وصل المتوكل علي بن أحمد بن الإمام إلى قراض هارباً يريد مكة، فمنعه أهل الشام سنحان وشُرَيف من دخول بلادهم، لأنهم كانوا مع الناصر ويخافون منه، فبقي في قراض حول عشرة أيام، ثم رجع إلى يَسْنم، ونزل إلى حِنَبَه(39) واستقر بها، وولده السيد الجليل بدرالدين محمد بن الإمام طلع إلى بلاد وادعة والغيل.

قال: ولما دخلت أمراء الناصر صعدة أخرجوا طالب بن المهدي من الحبس وأبرزوا له ولاية من أخيه الناصر في صعدة والشام، وصادروا أهل صعدة مصادرة عظيمة، وأخذوا منهم أموالاً جمة، وسكنوا في بيوتهم، وعاملوهم معاملة لا تليق بأتباع الأئمة بل ولا بالسلاطين الظلمة، فلما ظهر ما جرى منهم بصعدة من العبث والفساد مع عدم تمكنهم من إصدار ولا إيراد، اجتمعت عليهم قبائل الشام مرة أخرى، وجرى بينهم وبينهم صلح أن الناصر يرجع مكلف المتوكل ويغرمون له ما فات عليه، وجعلوا لذلك ميعاداً، فكتبوا إلى الناصر بذلك فأباه، فلما عرفوا منعه من ذلك وقرب الميعاد خرجوا هاربين من صعدة ليلاً لعله في ليلة خامس من شهر صفر سنة أربع ومائة وألف، فتداعت عليهم القبائل من كل جهة، ولا زال القتل والنهب فيهم إلى كُدّاد ثم إلى العيون، فقتل منهم جميع عظيم، وسلبت أموال جمة وخيلهم وجواريهم وسلاحهم، وقتل حينئذ السيد الرئيس إسماعيل بن الناصر وحمل رأسه إلى صعدة إلى حضرة

---

(39) قرية من أعمال جماعة شمالي صعدة.

المتوكل، وقد أغار في تلك الليلة بمن معه من بلاد المعاريف حتى دخل صعدة، وولداه الحسين وقاسم من بلاد خولان، فدخلا صعدة صبح الربوع سادس شهر صفر، ودخل والدهم المتوكل إليها يوم الخميس سابع صفر، وجاءوا إليه برأس إسماعيل بن الناصر فقبره بمشهد أخيه عبد الله بن أحمد بن الإمام بمقبرة القرضين، وأما جثته فقبرت بكداد، وقد قيل: إن أهل كُدّاد سرقوا الرأس وصار بكداد مع جسمه والله أعلم. ثم صار اللحيق يتبع من نجا من عسكر أولاد الناصر فلم ينج إلا من طرد جواده، وذهب وجد في الهرب، فنجا طالب بن المهدي وأخوه محسن بن المهدي ومحسن بن الناصر، والسيد حسين بن المهدي الشامي، وجماعات ممن خرج في أول الليل من صعدة، ووصلوا إلى صنعاء

10 مقهورين مطرودين، ثم إلى حضرة الناصر إلى رداع، وقد أشرنا في أبيات الدامغة إلى هذه الجمل الواقعة نظماً.

قلت: وهي هذه يذكر خلافة الناصر المهدي صاحب المواهب فقال:

وناصر الدين ذي الفتح المبين ومن	قاد العساكر بين الخيل والخول
محمد بن أمير المؤمنين له	عزم يصول به ماض على عجل
لا يرهب الموت بالأسياف إن لمعت	ولا يكل عن العليا ولا يمل
تخافه الروم وهو الآن في يمن	يروم فتحاً لبيت الله بالرسل
أسمع به ثم مدّ الطرف فيه تجد	ملء المسامع والأفواه والمقل
حقاً هو الأسد العادي فعُدَّ به	فإنه سيد السادات عن كمل
لكن جرت منه صولات بها نفرت	عنه القلوب إلى نصر الإمام علي
فسار بالجند من شام يؤم به	صنعا وكل امرء يدعو بحي هل
وكانت الوقعة العظمى على (الهجر) الـ	ـمعروف جرّت إليه الحين بالعجل
وراح منه من الأموال ما عجزت	عن حصره فئة الحساب للجمل

وأزهقت أنفس فيه لصولتها ... وأنفس ما لها في الحرب من عمل
فاستأسروا طالباً منه وأسرته ... ووجّهوه يؤم الشام كالثعل
وبعد ذلك ساروا سير معتزم ... إلى قرى (خمر) كالسيل من جبل
ثم استفز إلى (صنعاء) مقانبه ... ولم يعارضه فيما رام ذو جدل
حتى أناخ على أقطارها وغدت ... تعج منه عجيج البكر من وجل
تهوى لقاه ولكن قد أحاط بها ... خوف من الناصر الفتّاك في الدول
فجاءت الجند من شرق ومن يمن ... بأمر معتزم بالفتك مشتمل
فكرَّ منهزماً يعدو على عجل ... كأنه لم يكن بالأمس في جمل
حتى أتى (صعدة) في زي منكسر ... والناس ما بين منهوب ومعتقل
فلاحقته جنود لا يطاق لها ... ففرَّ من صعدة كالهائم الوجل
ينحو (قراضاً) لينجو من عساكرهم ... وقد تفرق عنه الجمع من خجل
فأخرجوا طالباً من أسره وغدا ... بها الأمير بجور غير معتدل
ودمروا صعدة تدمير منتصر ... بفتكة الهَجَر العظمى وبالجبل
وكان ما كان من غدرٍ ومن زللٍ ... منهم ومن نقضِ عهد غير متصل
وقابلوا الناس بالعدوان فانتصروا ... منهم وناجوهم بالبيض والأسل
وحاصروا صعدة والحرب قائمة ... بين الفريقين في صبح وفي طَفَل
حتى جرت وقعة (الشّقات) فانكشفت ... عن وقعة ما لها في العصر من مثل
وانفك عنهم أياماً حصارهم ... لكنهم من نجوم النحس في زحل
وآخر الأمر فروا من معسكرهم ... ليلاً ورأيهم يدعو إلى الخطل
فلاحقتهم جنود الشام وانتهبوا ... منهم من الخيل والأموال والحلل
ففي (العيون) وفي (كُدّاد) معركة ... منها العيون تصب الدمع لم تزل
إذ انجلت عن أجل القوم منزلة ... السيد القرم إسماعيل حين خلي
ثوى بكدّاد مقتولاً فجثته ... فيه وفي صعدة رأس الأمير حُلِي

والله أعلم ما يأتي الزمان به	من بعده فانتظر إن عشت واحتفل
برقم ما سمعت أذناك أو نظرت	عيناك معتصماً بالواحد الأزل

28ـ الفقيه إسماعيل بن محمد العبدي

القاضي العلامة الأديب اللوذعي الضياء إسماعيل بن محمد بن قاسم العبدي اليمني الصعدي، وهو صنو القاضي إسحاق العبدي الماضي ذكره.

نشأ بصعدة في حجر والده وتوفي سنة 1083 وصاحب الترجمة في حال الصغر، فشب عوده وطلب العلم على عدة من العلماء منهم رئيس علماء صعدة في وقته القاضي يحيى بن الحاج أحمد بن عواض الأسدي وغيره، وقد ذكره معاصره السيد الحسن بن صلاح الداعي أثناء ترجمة والده في شرح الدامغة الكبرى فقال: ومات رحمه الله تعالى وأولاده صغارا، وهم الفقيه الأديب العالم إسماعيل بن محمد وصنوه الأديب إسحاق بن محمد وعبدالغفار. فأما إسماعيل فهو مقيم بصعدة مشتغل بخاصة نفسه، ترك بيت المال جملة، وأكل من كد يده في النسيخ وعمل الطب، وله شعر رائق فائق، وله فطنة وقادة، وذكاء يبهر العقول، وبيني وبينه مكاتبة عند البعاد، واتفاق في القلوب مع البعد، ولا نزال نتفق به على رأس الحول مرة، فيحصل من الأنس والمحاورة ما تطيب به النفوس.

قلت: ومن أحسن ما جرى بينهما في ذلك ما كتبه السيد الحسن بن صلاح الداعي إلى المترجم معاتبا له على عدم تسريح نظره في كتابه (الأنوار البالغة شرح أبيات الدامغة) فقال:

قل للضياء وبعض القول معتبة	مالي رأيتك لم تحفل بأنواري
ولم تسرّح طرفاً في محاسنه	وتلقط الدر من تيار زخار

وما أخالك تجفي ود ذي مقة   إذا ظفرت بقول غير مختار
ولو نظرت إليه كله لشفى   منك الفؤاد وزال العارض الطاري
وصرت تصلح ما أبصرت مبتدياً   من عيبه باحتمالات وأنظار
فليس يسلم من عيب ومن زلل   إلا كتاب لغفّار وستار
وطال ما فضلوا ما قد تقدم من   تأليف شخص على شخص بأسرار
وما المعاصر في الباقين معتبر   لو ثقب الدر في ليل بلا نار

وقد نظر السيد الحسن الداعي رحمه الله في البيت الأخير إلى قول الخادم الزركشي صاحب القول البديع في حل ضوابط التقطيع حين قال:

قل لمن لا يرى المعاصر شيئا   ويرى للأوائل التقديما
إن هذا القديم كان حديثاً   وسيبقى هذا الحديث قديما

فراجعه صاحب الترجمة بقوله:

لا تعتبن فلي عذر أعوذ به   من نار عتبك يا من زنده واري
يصدني عن وفاء بالحقوق لكم   كسب المعاش حلالا خشية النار
وحادثات زمان أنت تعلمها   ألهت محبك عن إمعان أنظار
وعن مثافنة(40) فيها منافثة   تشفي القلوب وترضي الخالق الباري
وعن تأمل ألفاظ تأمُّلها   يجلو غشاوة أبصار بأنوار
والوقت لم يتسع للغوص يا سندي   للؤلؤ الرطب من خلجان زخار
فمهدوا عذر إسماعيل دمت له   عوناً على زمن حربٍ لأخيار
يرمي بسهم الرزايا والنوائب عن   قوس الدوائر لولا لطف ستار

رجع إلى الترجمة المحررة في شرح الدامغة الكبرى قال: وله إلي كتب وأشعار، ولي إليه كذلك فمنها ما كتبه إليّ ملغزا في الفلك فقال:

---

(40) المثافنة: الجلوس عن قرب الركبة.

أي شيء يـا أهـل علـم البيـان　　وأولى العلـم في بيـان المعـاني
قلبه في السماء يجري ويسـري　　تـارة فـوق وجنـة الإنسـان
لا يداني ذراعـه القلـب والقلـ　　ـب يـرى في الـذراع في أحيان
عينـه لا تنـام مـن غـير سـهد　　وتراهـا مفتوحـة كـل آن
بطنـه فـارغ مـن الـزاد والمـا　　ء ومـا زال جاريـاً غـير وان
ظاهر في السـما عـلى قلبـه النو　　ر، وكـم أظلـما بـه الحـدان
فـانظروا فيـه يـا أولي العلـم　　ـم ومـا عـدّ قـط في الحيـوان
ثـم جـدوا في حـل رمـزٍ جـلي　　وخـذوا في بيـان هـذي المعـاني

فأجبته بعد التأمل الشديد مع أنه ذكر لي أنه لم يحصل له جواب مـن غـيري، فقلت:

عجبـاً منـك يـا وحيـد الزمـان　　وخبـيراً بكشـف سر المعـاني
كيـف ترتـاد مـن غبـي بيانـاً　　لمعـان لأهـل علـم البيـان
بيـد أني أخـال أنـك تعنـي　　فلك العقـرب السـحيق اليـماني
فهـو يعلـو عـلى الجبـين إذا مـا　　شـال طرفـاً إليـه قـاص وداني
وبـه القلـب حـل يعلـوه نـور　　مثل برق السـحاب في الخفقـان
وأرى قلبـه عـلى الخـد ضـراً　　سـيما في خـدود غيـد الغـواني
وكـذا عينـه لهـا الفـتح حتـى　　أنهـا لا تنـام طـول الزمـان
ثـم إن الـذراع لـيس يدانيـه　　مـثلما حـل في يـد الإنسـان
وهـو لا يسـتعد زاداً ومـاءً　　وهـو في الجري دائـماً غير وان
وبـذا تـم يـا ضـياء جـوابي　　فاسـتر العيـب راعيـاً لمكـاني

وكتب إليّ من الإلغازات العجيبة ما تركت التطويل بها مراعـاة للإختصـار، منها بيتان هما:

إلى مـن بنـى فـوق السـماكين منـزلاً   أحـل بـه المجـد الأثيـل وحَلَّـه
فأصـبح فينـا بعـد ذلـك مقصـداً   إذا جـاء معقـود مـن الأمـر حَلَّـه

فأجاب بقوله:

رقـيم ثـوى في كهـف قلبـي وحلَّـه   طوى الهم عن قلبي المشوق بنشـره
وسيمٌ كمثل اللؤلـؤ الرطـب رائـق   أتى من لدى شمس الفخـار وبـدره
قرين التقى والعلم والفضل والحجا   وبحر النـدى علامـة الوقـت حـبره
فصـيحٌ فـلا قـسٌّ يقـول كنثـره   ولا ابن سرايا ناظم مثل شـعره(41)
سـبا مهجتـي مـن نثـره ونظامـه   بسحر وهل تسبى العقول كسحره
جعلـت فـداه مـا أجـل كلامـه   وألطـف معنـى لفظـه عنـد سـبره
تملكنـي عبـداً هـواه وإننـي   لفـي أسره إذ حـار قلبـي بـأسره
أيحسـبني ذقـت السـلوَّ فلـم تَـدُر   رحى حبه في القلـب مني وذكـره
ووالله إني لسـت أنسـاه دائـماً   وإني محـبٌّ ذو غـرام بشـكره
عليـه سـلام الله مـا هـزّ ذكـره   فـؤادي ومـا دانـاه تـذكار بـرّه

وكتبت إليه كتاباً جعلت في أوله بيتي ابن الفارض وهما قوله:

وحيـاة أشـواقي إليـك   وحرمـة الصـبر الجميـل
ما استحسنت عيني سـواك   ولا صـبوت إلى خليـل

فأجاب بقوله رعاه الله تعالى:

أقسـمت بالأشـواق بـل   بـالله ربي والرسـول
مـا حـلَّ في قلبـي سـواك   ولا صـبوت إلى بـديل

ثم قال:

---

(41) يقصد بابن سرايا: الصفي الحلي.

مـــدرج فـــائق لذيـــذ الـــورود ... ورقـــيمٌ كـــاللؤلؤ المنضـــود
لـــيس يـــأتي الصـــابي لـــه بنظـــير ... لا ولا ذو الـــذكاء عبـــد الحميـــد
مِـــنْ لـــدى ســـيد كـــريم عظـــيم ... عـــالم عامـــل أديـــب وحيـــد
عاقـــل ماثـــل شريـــف نبيـــل ... فاضـــل كامـــل بليـــغ مجيـــد
عين هذا الوجود حقاً وذي الـنجـ ... ـــدة والجـــود عُصـــرة المنجـــود
هو مولاي والصديق مدى الدهـ ... ـر وعـوني عـلى الزمـان الشـديد
ليس يهوى قلبي سواه ولـو صـدّ ... وحاشـــاه مـــن فعـــال الصـــدود

وقال في كتاب إليَّ آخر صـدره: عـدم إسـعاد الـزمن، ووجـود مـواد الغـير والفتن، وتناوب عوامل الكوارث والمحن، وتعاقب لوامع الحـوادث المقتضـاه عن الإحن، ونوائب دهر قلب لقتال المؤمنين ظهر المجن، وشـحذ لاستئصـال المتقين مواضي مصائبه وسن، وطرد بعكس آمال الصالحين سـرح الكـرى عـن نواظرهم فلم يغشها وسن:

يقعـــد عزمـــي إن تســـنمته ... يومـــاً إلى نـــادي النبيـــه النبيـــلْ
وربـــع نـــدبٍ حبُّـــه واجـــبٌ ... مهـــذبٍ بحـــرٍ عظـــيم مُنيـــلْ
منجـــدٍ خـــيّر علـــيم بـــما ... دوّنه الأحبار مـن كـل جيـل
ثقـــفٍ خطيـــبٍ قلقـــلٍ بُلْبـــلٍ ... مجـــرسٍ زَوْلٍ ظريـــف جميـــل
لقـــفٍ ذليـــقٍ مصـــقع مـــدرةٍ ... مضـــرسٍ ندسٍ شريفٍ جليلْ
آسٍ جهبـــذٍ أروع كـــيّسٍ ... معـــطٍ كـــريم ألمعـــي مثيـــل

وإنما كتبت هذه الأبيات، وهي في مدحي ليعلم مكانة هـذا الفقيـه في العلـم واللغة والنحو، وقد أجبت عليه بما يشابهها، وغابت عني وهـي عنـده، ولكـن هيهات أين الثريا من الثرى انتهى كلامه.

***

قلت: وقد ترجم له العلامة عبد الرحمن بن حسين سهيل في بغية الأماني والأمل، والعلامة الحيمي في طيب السمر في أوقات السحر ضمن أدباء أهل عصره، وبالجملة فالفقيه إسماعيل بن محمد المذكور كان إلى علمه وفضله مثل أخيه أديبا ألمعيا، موصوفا بتوقد الذهن وجودة الخط، وقد أشار إلى ذلك معاصره المولى العلامة الأمير الحسين بن عبد القادر شرف الدين الكوكباني فقال مجيبا عن لغز لصاحب الترجمة في البرد:

ألا قل لإسماعيل من صار خطه　　وأقواله كالدر حال انتضاده
غدا ذهنه الوقاد في البرد جايلا　　فسخن ذهني فاهتدى لمراده

وقد تقدمت أحوال صنوه إسحاق وتوزره وارتحاله إلى الهند منافرة لصاحب المواهب في سنة 1111 ومطلع قصيدة صاحب الترجمة التي أرسلها إلى المهدي صاحب المواهب محمد بن الإمام أحمد بن الحسن بن الإمام القاسم بن محمد يستعطفه لأخيه التي أولها:

يا صاح إن جئت الإمام المهدي　　كاسر أنياب الكماة الأسد
بحر الندى الفياض رب المجد　　وكعبة المحتاج والمستجدي
وفارس الخيل العتاق المردي
فحيه من بعد لثم كفه　　تحية طيبة كعرفه
عن نازح عن فرشه وغرفه　　وذي عنا عن قرشه وحرفه
وهو أخو القاضي الوجيه العبدي

ومن مقطوعات صاحب الترجمة التي وقفت عليها في بعض المجاميع هذه الأبيات، وفيها التوجيه بأسماء عدة من كتب النحو المشهورة وهي قوله:

وجدت النحو نورا مستفيضا　　دياجي المعضلات به تجلا
فدونكه فمارسه بدرس　　تفز وأبيك بالقدح المعلى

ولا تكفيــك (كافيــة) وتشــفى ... إذا هــي بـــ(الخبيصي) لم تحــلى
فــلا تجــنح إلى (الجــامي) فــإني ... أرى هــذا لأهــل الــذوق أحــلى
ولا تحلــو لــذي فهــم بعيــد ... قليل الفكـر فيـه ولـو تخـلى[42]
ومـــن في وســـعه إدراك كـــل ... وسامر في الدياجي (النجم) جلا
ونـــال بغايـــة التحقيـــق علـــماً ... مـن (المغنـي) ومغفـرة وفضـلا

وله أيضا:

الظلـــــم لـــــيس ببـــــاق ... أصـــلا ولـــو قـــدر نملـــه
فـــإن رأيـــت ظلومـــاً ... ســـطا وجـــار فـــنم لـــه
فـــربما أهلكتـــــه ... وأنـــت تنظـــر نملـــه

انتهى ما وجدناه. وترجم لصاحب الترجمة أيضاً السيد المؤرخ محمد بن محمد زبارة في كتاب نشر العرف بنبلاء اليمن بعد الألف فقال:

القاضي العلامة الأديب إسماعيل بن محمد العبدي الصعدي اليمني، والعبدي نسبة إلى وادي العبدين بقرب مدينة صعدة قال السيد الإمام محمد بن إسماعيل الأمير: كان هذا القاضي إسماعيل من محاسن الناس ديانة وزهادة، وحسن خط ونباهة، ومعرفة في فنون عديدة، وله شعر حسن، اجتمعنا به في صعدة في سنة 1141 إحدى وأربعين ومائة وألف، وصادقنا مصادقة حقيقة ولم يزل منذ فارقناه يعاهدنا بكتبه ونظمه ونثره إلى أن دعاه مولاه انتهى. ولما اطلع صاحب الترجمة على قصيدة السيد محمد الأمير التي كتبها من شهارة سنة 1145 إلى والده وأولها:

منعت عن مقلـة الصـب كراهـا ... غربـــة لم أدر مـــاذا منتهاهـــا

---

(42) من التخلي فيعود إلى ذي الفهم ويصح عوده مع إرادة معنى الحلا إلى الخبيصي (من هامش الأبيات).

أجازها صاحب الترجمة بقوله:

عن قريب تبلغ النفس رضاها وترى عينك يا عين ضياها
وهو إسماعيل ذو الفضل الذي ما حواه أحد من آل طه
ويعود الحال حلوا فلقد مرّ حتى سلب العين كراها
وتفوزون بجمع سالم من خطوب شمل الكل دجاها
فلتطب نفسك يا عز الهدى ولتكن راضية نفسي فداها
شدة الأمر لها يا عضدي غاية أحسب هذا منتهاها
هكذا الدنيا سرور وأسى أي ندب لم تجرعه وباها
كم رفيع داسه منسمها ورضيع راكب فوق قطاها
وذليل قد كسته عزة وعزيز خلعت عنها رداها

فأجاب السيد محمد الأمير بأبيات أولها:

كلمات منكم طيب شذاها عطر عطّر من داري رباها
ليت شعري انظام رائق أم مدام كان من زق أتاها
أم هو الزَّهر أم الزُّهر أفِدْ أم رياض قد دنا وقت جناها
قسماً يا غاية السئول بها ما الفصول اللؤلؤيات سواها
قد أجازت بالدراري كلمي فأجادت أحسن الله جزاها
حبذاها كلمات بشرت بلقا أحباب قلبي حبذاها
وأتت صادقة في فالها باجتماع لا يفض الله فاها
كيف لا يصدق فالٌ من فتى صار في أفق العلى بدر سماها
بحر آداب وعلم فلقد حاز من عين المعاني منتهاها
وتقي زُيّن زهدا في الدنا وو داد كامل في آل طه

وله إلى السيد محمد بن إسماعيل الأمير قصيدة أولها:

يــا آخــذا بنــواصي العلــم والأدب ... يا من لـه رتبـة تسـمو عـلى الرتـب
ومــن لـــه همـــة قعســـاء ســـامية ... علت على قمة العلياء مـن الشـهب
ومــن تــورع عــن أكــل الحــرام فلــم ... يمــد منــه إلى شيء يــد الطلــب
وصان بالغربة العلـم الشـريف ولم ... يمـل إلى نشـب جـم ولا نشـب
هل ترتجي عود أيام حلت وخلـت ... أم عودها مستحيل يا ابن خير نبي

فأجاب السيد محمد بقصيدة أولها:

أهلا بهـا فهـي عنـدي غايـة الأرب ... يهتـز شـوقا إليهـا الكـل مـن أدبي
وافــت عــلى ظمــأ منــي فمازجهــا ... روحي كما مـازج المـاء ابنـة العنـب
كم بت سهران أشكو طول جفوة مـن ... جعلـت منزلـه في القلـب مثـل أبي
سـميه مـن سـما في المجـد مرتبـة ... تسمو على الفلك الأعلى من الشهب
عين الكمال الذي أنسى ابـن مقلتهـا ... يراعـه إن جـرى بـالخط في الكتـب
كـــما بآدابـــه أنســـى بأحمـــد مـــن ... لـه أقـرت جميـع العجـم والعـرب
يا رافلا في ثيـاب الزهـد مـن صـغر ... ما اغتر بالفضـة البيضـاء والـذهب
وافى النظـام ونـار الشـوق ملتهـب ... في القلب مثل التهاب النار بالحطب
وشخصكم في سواد العـين مرتسـم ... مشـــاهد لي في بُعْـــدٍ ومقـــترب
وذكـــركم في فـــؤادي كـــل أونـــة ... ذكر الشحيح لما يحـوي مـن النشـب
سـقى بصـعدة أيامـا لنـا سـلفت ... فيهـا نـدير كـؤوس العلـم والأدب
يا ليت شعري هل أحظـى بقـربكم ... يومـاً فقـربكم والله مـن قـربي
عسى عسى والترجي روح كل فتـى ... أن يجمع الله هذا الشمل عـن كثـب
وبالضـــياءين أرجـــو الله يجمعنـــي ... أبي ومـن كـأبي في الحـب والنسـب
وأن تباعـــدت الأقطـــار بيـــنهما ... بالشام شخص وفي صنعا مقام أبي
فهــو القــدير بتقريــب البعيــد وإن ... يخلـو النـوى بـتجلي هـذه النـوب
وحسـن ظنـي فيـه لا يخيـب وكـم ... طلبت منه الذي أهـوى فلـم أخـب

فابشر ضياء الهدى لا زلت في نعم	ما غنت الورق أسحارا على القضب
ثم السلام عليكم من أبي ومن	مَن عنه أكني بطيب الاسم واللقب

***

ولصاحب الترجمة إلى السيد محمد الأمير رحمه الله قصيدة أولها:

أهدي السموط بديعة الشكل	تيار علم العقل والنقل
عين الوجود برغم حاسده	وأمير أهل العقد والحل

انتهى كلام السيد محمد زبارة مع إضافات في أبيات القصائد التي للسيد محمد بن إسماعيل الأمير، منقولة من ديوانه المطبوع المسمى (در النظم المنير من فوائد البحر المنير)، وفي الديوان المذكور قرأت له هذه القصيدة الفائقة كتبها إلى صاحب الترجمة الفقيه إسماعيل العبدي من حصن شهارة أيام إقامته فيها في شهر المحرم سنة 1141 ومن أبياتها التي أشاد فيها بمناقب المترجم رحمه الله قوله فيها:

فليت شعري والمنى ضلة	هل بعدنا روض اللقا مخصب
ما للنوى عندي إلا يد	بها جزيل الشكر يستوجب
فكم به لاقيت من فاضلٍ	وناثر للدر إذ يكتب
ولا كإسماعيل من أصبحت	صفاته كالشمس لا تحجب
من خصني بالود إذ عمني	إحسانه المتصل الأطيب
يا مفردا أضحى لسان الثنا	في جامع الفضل له يخطب
تحسبني أنسى إخاك الذي	بالعلم والآداب يستجلب
وأنتسي الأيام في صعدة	سقى رباها مطر صيّب
إذ كنت أجني من ثمار اللقا	من روض آدابك ما يعجب
دونك نظماً في قصور غدت	أبياته ما مثلها يكتب
ما زانه غير ثنائي لكم	فهو به لا غير يستعذب

واعذر فتى صارت سهام النوى	ترميه ما عنها له مهرب
وادع له في كل حال عسى	بفضلكم يقضى له المأرب
لا برحت مرفوعة نحوكم	تحيتي وهي به تعرب
وابق ودم في نعمة سالماً	ينيلك الرحمن ما تطلب

ومن أخبار صاحب الترجمة التي اطلعت عليها المتضمنة حوادث الأعوام والسنين ما جاء في شرح الدامغة الكبرى وغيره وذلك في أثناء سنة 1104 وخلاصة ذلك: أنه لما استولى أولاد الناصر الملقب بصاحب المواهب على صعدة في السنة التي قبلها وهي سنة ثلاث ومائة وألف بسبب رجوع المتوكل علي بن أحمد أبو طالب إلى دعوته بعد مولاته لوالدهم، فلما وصلت العساكر الناصرية وخرج منها المتوكل علي بن أحمد إلى قطابر وجهة قراض والنواحي الشامية اشتدت وطأة الجند الناصري على أهل صعدة وبلادها وتغافل الأمراء عن الإنكار ظناً أن ذلك من التأديب فنفرت القبائل وتحزبت وعادت إلى محاصرة صعدة والجند الناصري من كل الجهات ولازم أهل بلاد صعدة حرب أولاد الناصر صاحب المواهب من خلف وأمام فخرجوا هاربين من صعدة ليلاً خامس شهر صفر سنة 1104 فتداعت عليهم القبائل من كل جهة لما علموا بخبر هروبهم، ولا زال القتل والنهب فيهم إلى كدّاد ثم إلى العيون جنوبي صعدة فقتل منهم جمع عظيم وطاحت الهامات وانكشفت واقعة العيون عن قتل السيد الرئيس إسماعيل بن صاحب المواهب قال السيد الحسن بن صلاح الداعي رحمه الله: ثم لما دخل المتوكل علي بن أحمد أبو طالب إلى صعدة لم يكن همه إلا معاتبة من فيها من العلماء حيث لم يهاجروا مع ما ظهر لهم فيها من الفساد وظلم ولاة الناصر وجعل في ذلك رسالة واحتج فيها بحجج قويمة، وذكر أن أقل أحوال من في المدينة المهاجرة، فتعذروا بأعذار لم يرها لهم عذراً ثم ترجح له بعد ذلك حبسهم، وكان زعيمهم حينئذ وعينهم المشار إليه شيخه

وشيخنا الأستاذ الكبير والعالم الشهير يحيى بن أحمد الحاج بن عواض الأسدي، فبقوا في الحبس حول سبعة عشر يوماً على ما بلغ، ثم أخرج القاضي يحيى بن أحمد الحاج والقاضي يحيى بن عبد الهادي حابس، والقاضي حسن بن يحيى سيلان، وأمر بفك قيود البقية من العلماء والفقهاء، وأبقاهم في الحبس أياماً. فتصدر لمراجعته ومعاتبته من الحبس الفقيه الأديب صاحب الترجمة بهذه الرسالة نظماً ونثرا؛ فقال:

الحمد الله العلي الكبير، الحكم العدل اللطيف الخبير، والصلاة والسلام على رسوله المبعوث رحمة للعالمين وعلى آله الكملاء الكرماء الحلماء العاملين. وبعد: فإن فيما عرض للدول من التحير في مسالكها، وأصابها من التعثر في مهالكها، ولُوي من أعلامها وطوي من خيامها وانتهب من جيادها، وسلب من أجنادها، وسفك من دمها، وانتهك من حرمها وكسر من أقلامها، ونثر من نظامها، وكشف من أستارها، ونسف من آثارها، وذوى من رياضها، وأقوى من أرياضها، لعظةً ناهية لأولي النهى عن سلوك مزالق المعاطب، وعبرة داعية لذوي الحجا إلى تصفح حقائق العواقب، وخاطباً يحض على مجانبة الجور ويا له من خاطب، ونادباً يحرض على مصاحبة العدل أكرم به من نادب، وأنت الخبير أيها المولى بعواقب الإلغاء لمواعظ الزمان، والجدير الأولى بالإصغاء إلى غرائب واعظ الحدثان؛ شعرا:

فهل آن أن تعفو وأن تتعطفا ... وتنصب ميزان الوفاء وتنصفا
أم اتبعت نفسٌ هواها فنكّرت ... فديتك من عهد الوفاء ما تعرّفا
أعيذك أن تصغي لقول منمقٍ ... على أن فيما قد جرى منك ما كفى
عهدناك ذا عفو ولطفٍ ورحمةٍ ... وهذا أوان العفو واللطف والوفا
وقد كان في ترك الذي كان منكم ... صلاح ولكن فاتك الصفو والصفا

وبعد فأقول: ألهمكم الله الصواب كما علمكم الحكمة وفصل الخطاب، ما نفعت الذكرى من آمن، ورفعت أعلام مجد من عفا وأحسن، والسلام.

وقال أيضاً مخاطباً له:

إن كنت تخشى الوقوف بعد غدٍ　　بين يدي مالك الملوك معا
وترتجي عفوه ورحمته　　في يوم لا خلة ولا شفعا
فلا تطع سيدي هواك ولا　　تكن لقول الوشاة مستمعا
ولا تردّن توبة صدرت　　في ذلك الموقف الذي وقعا

ثم كتب فوق هذا البيت: على تسليم الذنب ولا ذنب.

والعفو خلقٌ وأنت أكرم من　　عفا ومن صان حرمة ورعى
فامنن بحل القيود أجمعها　　يا خير من قال مرشداً ودعا

ثم قال أيضاً مخاطباً له:

أيا صاحب المجد الرفيع المؤسس　　ترفّق بنا واستبق منّا ونفِّسِ
عهدناك ذا حلم ولطفٍ ورحمةٍ　　وخالفت في تلميذنا والمدرسِ
وأعرضت عنا يا أخا العلم مقبلاً　　على كل حلافٍ مهين مُدَلّسِ
وأهملتُمُ حقاً ليحيى وحقه　　فديناك لا ينسى ولا أنت من نسي
وكم مسجد أوحشته بعقابنا　　وإن كنت قد أنشأت محراب بَرْدَسِ
فلِنْ واخش مولانا وأطلق وجُدْ لنا　　بعفوٍ وسامحنا وقرّب وأنّسِ
ولا تسمعن فينا حديثاً منمقاً　　أتاك من الواشي الكذوب الملبّسِ
ولا تأنسن يوماً إلى الجور إنه　　وأنت خبير موحشٌ غير مؤنسِ
ودم في رياض العلم والعدل لابساً　　من الحلم يا بحر الندى خير ملبسِ

وعنى بقوله: **وأهملتم حقاً ليحيى**.. البيت شيخ المتوكل علي بن أحمد القاضي يحيى بن الحاج أحمد بن عواض الأسدي. وبقوله: بردس بفتح الباء الموحدة

التحتية وسكون المهملة ثم الدال المهملة المفتوحة ثم السين وهو مسجد القصر المعروف بقصر مطهر وهو مسجد يصلي فيه أهل السجن. فكان أمر الاطلاق لصاحب الترجمة من قبل المتوكل علي بن أحمد أبو طالب وهو على أهبة الخروج إلى البلاد الخولانية، وطلب منه شرط الوصول إلى ساقين فخرج إليه وبقي عنده ثلاثة أيام، وقال مخاطباً يطلب الفسحة للعودة على أهله:

مولاي حالي رازح في صعدة   رأس البلاد فكيف في ساقين

فانظر إلى إسماعيل نظرة راغب   في الستر يوم الكشف عن ساقين

ففسح له ولم يطلب منه قليلاً ولا كثيراً، وعاد إلى صعدة.

قال بعد نقل هذه الرسالة في بغية الأماني والأمل: ولم يزل رحمة الله عليه ورضوانه مقيما بصعدة عاكفا على الطاعات راغبا في القرب المقربات حتى توفاه الله حميدا يوم السبت السابع والعشرين من شهر ربيع الآخر سنة 1150 خمسين ومائة وألف، وقبره بجنب والده بمسجد الناصر بدرب المام المنسوب إلى والده، فيقال مسجد العبدي قريب من باب سويدان إلى جهة الشرق رحمه الله تعالى وإيانا والمؤمنين.

29ـ القاضي إسماعيل بن يحيى الأسدي

القاضي العلامة إسماعيل بن يحيى بن أحمد الحاج بن عواض الأسدي نسباً الشاطبي بلداً ثم الصعدي، وقد تقدم الكلام على نسب بيتهم في ترجمة والده في أثناء القسم الأول من هذا المعجم.

وصاحب الترجمة أخذ في العلوم عن والده رئيس العلماء بصعدة في أيامه القاضي يحيى بن أحمد عواض الأسدي، وعن الفقيه إسماعيل بن علي بن صلاح الطبري وعن غيرهما، وقد ترجمه العلامة عبد الرحمن بن حسين سهيل صاحب

بغية الأماني والأمل فقال:

كان من أعيان وقته علماً وعملاً وبراعة ونبلاً، محققاً مدققاً أديباً شاعراً، وتوفي بذي السفال من اليمن الأسفل بعد المائة والألف، وله أولاد نجباء انتهى كلامه. **قلت**: ومن المكاتبات التي جرت بينه وبين السيد الحسن بن صلاح الداعي ما كتبه إلى صاحب الترجمة ملغزاً بقوله:

سل الفذ إسماعيل عن كل مشكل ... يجليه إيضاحا بأكمل حجتي
بلفظ بليغ واضح غير مبهم ... يحل به الإشكال عن كل لفظة
وألغز له إسماً وإن كان واضحاً ... منافسة في وصله بالتحية
وقل هات عن اسم إذا ما طردته ... ترى عينه مفتوحة كل لحظة
وفي جمعه تلقى السكون لعينه ... مع همز فاء منه غير فصيحة
وإن كسرت فالفتح للغير لازم ... وكل على الحالين مدل بسنتي
وفي قلبه للمرء أحسن حلية ... كذلك للميزان في كل رجحتي
فهات بيانا عن مرادي تفضلا ... وخذ في تجليه بأحسن فكرتي
ودم سالماً من كل شر وفتنة ... يصاحبك الرضوان في كل نفثة

فأجاب صاحب الترجمة:

ألفظ أم هو السحر ... ونظم أم هو الدر
وهذي أنجم الجوزاء ... بدت لي أم هي الزهر
أم الأبيات عامرة ... معانيها ولا فخر
أتت ممن زكا حسنا ... وطاب الخبر والخبر
وطاب نجاره ونمت ... به آباؤه الغر
علا بهرام ضربته ... وساد الناس إن فخروا
وهذا البحر من ذا البـ ... ـر يا عجبي وذا الدر

بمقطـــوع وصـــلت فتـــى   لـــه في حـــبكم ذكـــر
وألغـــزتم بـــما رجحـــت   بـــه الأوزان والشـــعر
بـــأمر دق في المعنـــى   ورق الـــنظم والنثـــر
.......................[43]   بـــه للعـــاهر الحجـــر
وعـــين الجمـــع إن فتحـــت   ســـلام طيـــب عطـــر
وقـــد قابلـــت بحـــركم الـــ   ـــطويل العـــذب يـــا بحـــر
ببحـــر مـــالح قربـــت   بـــه الأوزان فاصـــطبروا
فبـــاعي عـــن طويـــل عـــلا   كـــم الســـامي بـــه قصـــر
ولا زلـــتم لشـــيعتكم   أهيـــل البيـــت تغتفـــروا
فكـــن ممـــن يقيـــل ويقـــ   ـــبل الأعـــذار إذا اعتـــذروا
وإن عثـــروا عـــلى خلـــل   أقـــالوا الصـــحب إن عثـــروا
وإن ســـتروا فضـــائلهم   بـــلا نصـــب بهـــم ســـتروا

وقد تقدم أثناء ترجمة والده ما يفيد أنه كان موجودا سنة 1106 بصعدة، ولم أضبط تاريخ وفاته بذي السفال، يسر الله الوقوف على ذلك.

30ـ القاضي الحسن بن إبراهيم حابس

القاضي العلامة الحسن بن إبراهيم بن أحمد بن يحيى بن أحمد حابس الدواري الصعدي اليمني. ترجمه صاحب بغية الأماني والأمل فقال:

كان أحد أعيان وقته علماً وعملاً وفضلاً ونبلاً، وهو حفيد القاضي العلامة حافظ علوم الزيدية أحمد بن يحيى حابس، ولعله أخذ عن والده إبراهيم السابق ترجمته، وتوفي رحمه الله (ثالث وعشرين) شهر ربيع الأول سنة 1152 اثنتين

(43) صدر البيت لم يقرأ في المصدر المنقول عنه هذه الأبيات.

وخمسين ومائة وألف، وقبره بمشهدهم بالقرضين مقبرة صعدة المحمية انتهى بلفظه وحروفه.

31ـ السيد الحسن بن أحمد القراضي

السيد العلامة الحسن بن أحمد بن حسين بن جهلان بن حسين بن علي بن مهدي بن يحيى بن الحسن بن محمد بن القاسم بن أحمد بن إبراهيم بن القاسم ابن الأمير بهاء الدين الحسن بن الأمير شمس الدين يحيى بن أحمد بن يحيى بن يحيى الحسني اليحيوي اليمني الصعدي المعروف بالقراضي.

مولده بمحروس قراض سنة 1082 اثنتين وثمانين وألف، وهو أحد أفاضل النبلاء في أيامه، ترجم له السيد الحسن بن صلاح الداعي في شرح الدامغة الكبرى بعد أن خصه من أبيات منظومة الدامغة بقوله:

| وصاحبي شرف الإسلام بل ولدي | بل قرة العين مني بل ضياء مقلي |
| احفظه اصلح به وافتح عليه وزد | في علمه واحمه عن جملة العلل |

هو الولد السيد العلامة، الشامة في الآل والعلامة، الشاب في طاعة الملك العلي الزكي التقي الولي شرف الإسلام الحسن بن أحمد القراضي، وهو من أولاد الأمير بهاء الدين الحسن بن شمس الدين يحيى بن أحمد بن يحيى بن يحيى. ثم ذكر تاريخ مولده كما تقدم آنفاً وقال: نشأ بقراض إلى أن بلغ سن البلوغ، ثم رحل لطلب العلم، واستقر بصعدة، ودرس بها، فحاز من السيادة أعلاها وأسناها، ورقى من معالي التقوى أقصى علياها، مع زهد شحيح، وورع صحيح، وهو إلى الآن طالباً، وفي العلم راغباً، وله في الأدب اليد الطولى، وله في معرفة الأنساب اليد العليا، وألحق بكتابي هذا شرح أبيات الدامغة الكبرى (كتاب الأعلام)، وذكر فيه من الزوائد على كتابي ما يشفي الأوام، ويبلغ إلى

التمام، ويشفي من السقام، ويذهب من داء الجهل الدّاء العقام، وهو راوية ما عملت، ومذيع ما جمعت، ومشيد ما عمرت، ومنشد ما نظمت، وقد ترجح له الرحلة إلى الشام لزيارة سيد الأنام، فخرج من صعدة في أواخر ربيع الأول سنة 1110هـ ثم تفضل الله بعوده من هناك سالماً غانماً بعد أن أدرك ما رام وأحرز فضل الرحلة والمقام في شهر صفر سنة 1112 انتهى كلام صاحب الدامغة بلفظه. قال جامع هذا المعجم:

و(كتاب الأعلام) لصاحب الترجمة المشار إليه في صلب الترجمة غير موجود في أيامنا هذه، ولعل خزانة الضياع توقفنا عليه عند أحدهم، فنأخذ عنه بالنصيب الأوفى، فما مثله يغيب فالله المستعان.

ومما رأيت لصاحب الترجمة أنه كان كثير المراسلة والمكاتبة للسيد الحسن بن صلاح الداعي، يكاتبه بكل ما استجد من أدبيات وغيرها أثناء تنقلاته في البلدان، وقد وقفت من ذلك على بغية شافية. ولما اتفقت الوحشة بين السيد جمال الدين علي بن أحمد أبو طالب متولي صعدة وبين السيد الحسن بن صلاح الداعي في نحو سنة 1112 وكان من السيد الحسن نية الدعوة إلى الرضي، فحصل مع السيد جمال الدين تكدر خاطر وتوعد وتهدد، كذا في شرح الدامغة، فكتب إليه السيد الحسن الداعي رسالة، وختمها بالقصيدة التي أولها:

| وعيدك مثل وعدك يا علي | يخاف به ويرجوه الغبيُّ |
| أتوعدني كأنك لست تدري | بأني هادوي يحيويُّ |

إلى آخر الأبيات، فألح صاحب الترجمة على السيد الحسن بن صلاح الداعي بنقلها له فماطله أياما، فلم يعذره فنقلها له، وأصحبها هذه الأبيات:

| أيا شرف الهداية لا تلمني | فتأخيري جوابك لاشتغالي |

وهذا ما طلبت وكان قصدي	ضياع القول في ظلم الليالي
ولكن لا يردُّ السهم مهما	رماه القوس في يوم النضال
وقد علم المهيمن باقتصادي	وأني لا أميل عن المعالي
وشعري في المواعظ والمراثي	وليس الهجو يخطر لي ببالي
ولا آتي الملوك لنيل رفدٍ	بشعر مادحاً لرجا النوال
وسل عني بروج الشهب تلقى	مع النسرين في العليا حِلالي
ولست مزكياً نفسي ولكن	بليغ القول في شعري حلا لي
وما لي في التواضع من خصيم	فقد عرفوا جميعاً بابتذالي
ولي في كل مكرمة لسانٌ	تنزّه عن مشاتمة الرجال
ولي في القول عزم واحتراس	يصدقه على مهل فعالي
ودهري يحمل الأعذار عني	بما قد كان من زلل المقال
ولو أني صبرت لكان خيراً	ولكن قلَّ صبري واحتمالي
أبت لي همتي وأبى حيائي	ونفسي لا تميل إلى الضلال
وعفو الله أرجو عن ذنوب	على ظهري كأمثال الجبال
ودُمْ في العز يا ابن أبي حسين	وخذ بالجد في نيل الكمال
ولا تعدل بنيل العلم مالاً	فإن المال ينفد كالضِلال
ونور الذكر في الأحياء باقٍ	لمن قد صار تحت الترب بالي
وصلى الله خالقنا على من	بهم شرفي وفخري واشتغالي

***

ومما يستحسن نقله من أدبيات السيد الحسن بن صلاح الداعي التي اضطلع المترجم بنشرها وروايتها في أيامه، هذا التخميس الفاخر على قصيدة جده الإمام الداعي يحيى بن المحسن المتوفى سنة 636هـ المسماه (الموعظة المفيدة والكلمة الفريدة) وهذا أول التخميس:

قال الإمامُ وهذا القول حليته ونعمَ من ناصح عمت نصيحته
خليفة الله أولتنا قريحته: اسمع مقالة من صحت بصيرته
وعاين الحق بالتثبيت والنظر

مقَالُ شخص بنى من مجده رتبا إمام حق على أعدائه وثبا
تحار من وعظه في زجره الخُطَبا يحاسب النفس في الأوقات محتسبا
ولم يزل ناظرا للزاد في السفر

يا أيها المرء مهما كنتَ في سعةٍ فاذكر مصائب دنيا غير مسعدةٍ
كفى بموت رسول الله من عظةٍ أيقظ جفونك يا مسكين من سِنةٍ
وانظر بعينيك ما في الأرض من عِبر

بيناك في نعم تترى وفي طرب وفي نعيم وخيرات ومكتسب
رمتك دنياك بالتنغيص عن كثب بالأمس كنت مع الصبيان في لعب
غض الشباب قليل الهم والفِكر

تجر ثوب الصبا في سرة ونَعَمْ والموت يرصد منك الروح حين تنمْ
كأن عقلك مسلوبا وسمعك صَمْ وقد كبرت وحل الشيب فيك ولم
تنظر لنفسك يا مسكين في الكبر

الشيب قد حل فوداً منك قد بَلها وابّيض حتى غدا بعد السواد لُها
فانظر لنفسك ماذا تصطفيه لها أحببت ويحك دنيا لا بقاء لها
تمسي وتصبح مسرورا على خطر

قد آن أن يرعوي من كان عاذله عن البطالة شيبٌ صار نازله
والموت يقطع ما قد كان يأمله حان الرحيل حقيقاً فاستعد له
وقد أتاك نذير الشيب فازدجر

أفنيت في لعبٍ أيامك الأولى سبهللاً لست فيها داخرا عملا
وتتبع اليوم ما قد مر مرتحلا وأنت في كل يوم زائدٌ أملا

والموت يهدم منك العمر فاعتبري

يمر يومك لا تزداد في عمل وأنت عن طاعة الرحمن في شُغل
حتى كأنك في أمن من الأجل طوبى لعبد منيب خايف وجل

خاف المعاد فباع النوم بالسهر

وبات يذري على خديه منهملا من الدموع وفي حالاته وجلا
والنار في قلبه مقباسها اشتعلا وقام في الليل للرحمن مبتهلا

يتلو الكتاب ودمع العين كالمطر

لم تلهه زينة الدنيا ومسكنها ولم يزل يحقر الدنيا ويدفنها
وقال في وعظه يا من يريد نُهىا إن كنت ترجو جنان الخلد تسكنها

من كف غانية فاقت على القمر

وحولك الحور والولدان تسمعها تظل تسقيك كاسات طوالعها
كالزهر كالورد في الجامات مطلعها في قبة من لجين جل صانعها

قد حفها بضروب النخل والشجر

من تحتها لجة الأنهار جاريةٌ حصباها الدر والأشجار عاطرةٌ
وأهلها لهمُ فيها مفاكهةٌ والطير فيها على الأغصان عاكفة

أصواتها كحنين العود والوتر

يا راكبا خيل دنياه من الخبل أما علمت بما في الخلد من حلل
ومن نعيم ومن أمن ومن ظلل إن كنت راج لها فاعمل على مهل

قبل الممات وبادر فسحة العمر

أنهاك عن نومة تجني بها ندما انهاك عن غفلة في رفقة الندما
والمرء لا بد يحصى كل ما كتما فاعمل بجدٍ لهذا اليوم ملتزما

واتل الكتاب وقم في الليل واصطبر

وكن زمانك في الأعمال مقتصدا وأَفْن عمرك في إصلاح ما كسدا
ونق قلبك عما تقتضيه غدا واعكف على سنن العبّاد مجتهدا

31_ السيد الحسن بن أحمد القراضي - 531 -

واسلك طريقهم ماض على الأثر

فالنفس كالطفل لا تدري بصحتها ... فإن تذرها تدم في بحر شهوتها
وذاك فاحذر غوايتها وزلتها ... لا تطمئن إلى الدنيا وزهرتها

فإنها كسراب لاح للبصر

تعود بالغدر إن أبدت لمنشدها ... جميل حالٍ وتلقيه لاسْوُدها
تلونت للفتى كالغول مقعدها ... مهما تسر بها حينا وتحمدها

هبت عواصفها بالويل والكدر

انظر إلى فتية عن دهرهم رحلوا ... ملوك صدقٍ لهم عزم إذا ارتحلوا
ما دافعت عنهم خيل ولا خول ... أين الأحبة والجيران ما فعلوا

كانوا لنا خبرا من أشنع الخبر

ترى مآثرهم تندبهم حزنا ... من بعد أن عمروا منها لهم مدنا
فافقروها ففيها البوم قد سكنا ... أين الملوك الذي عاشرتهم زمنا

كمثل عاد مضى بالأمس في سقر

أين السلاطين هل عادت إِذ ارتحلت ... أين العشائر هل تدري بما ظلمت
اين الأكابر من في دهرنا حكمت ... أين الرجال التي للحرب قد نصبت

زرق الأسنة والهندية البتر

أين الأكارم إن حاولت مكرمة ... أين الأراذل إن حاذرت لائمة
ماتوا جميعا وذا يكفيك معلمة ... أين الوجوه التي كانت منعمة

حول القباب ذوات الحسن والخفر

الموت أكبر من أولاك صحبته ... يريك في كل يوم كيف صولته
فكيف يغتر من يخشى قضيته ... يا أيها الرجل الناسي منيته

لا تركنن لدار الهون والغرر

فإنها دار لهو غير مسعدتي ... فما أزيد وتدعوني لمنقصتي
عرفتها بغرور في محاورتي ... يا نفس إياك أعنى فاسمعى عظتى

وفكـري في حلـول القـبر وازدجـر

أنــا الــذي بـت في خــوف أغالبـه | أنــا الــرهين بــذنب بــت كاســبه
أدعــوك والليـل قـد زادت غياهبـه | أنـت الرجـا لمـن ضـاقت مذاهبـه

فـامنن عـلي بـما أنزلـت في السـور

هـو الـرحيم هـو الـرحمن فـاغتنموا | يـا قـوم توبـة ذي صـدق فـربكم
يتوب حقاً عـلى العاصـين إن نـدموا | يا معشر الصحب جدوا في شـبابكم

قبل المشيب فما في الشيب مـن وطـر

علمت نصحي إذا مـا كنـت منتبهـا | ولـيس قـولي بقـول الـزور مشـتبها
ولسـت أبغـي مـن الـدنيا ومطلبهـا | هــذه قصـيدة زهـدٍ مـا أردت بهـا

إلا الــدعاء فقــد أيقنــت بالســفر

جعلتهــا ناصــحا أرجــو مثوبتهــا | مــؤملا فيــه أن يمحــو بــدعوتها
مــا قــد حملــت مــن الأوزار جملتهــا | بــالله قولــوا إذا جئــتم لرؤيتهــا

اغفــر لقائلهــا يــا خــالق البشــر

والحمـد لله حمـدا غـير منحصـر | أقررت بالعجز والتقصير في وطـري
وطاب لي القول في الآصـال والبكـر | ثم الصلاة عـلى المختـار مـن مضـر

مـا اسـتغفر الله مخلـوق مـن البشـر

قــد انتهــى نظــم داعينــا ووالــدنا | وتمــم الحســن الــداعي لــه ســننا
فقــال بيتــاً لتمــيم الصــلاة هنــا | وآلــه ســادة الكــونين ســادتنا

أئمــة الــدين أهــل الــذكر والســور

انتهى ما أردنا نقله من هذا التخميس المذكور على اختصار، إذ يبلغ عدد أبيات أصل القصيدة 60 بيتا، ولم أضبط سنة وفاة صاحب الترجمة ولعلها تقريباً في نحو سنة 1150 خمسين ومائة وألف رحمه الله وإيانا والمؤمنين.

(وادي قراض)

والقراضي نسبة إلى وادي قراض من الناحية الجماعية في حدود آل يعيش وآل أبي الخطاب، وهو بضم الفوقية الموحدة وفتح الراء المهملة وبعد الألف ضاد معجمة. وفي إطلاق وادي قراض تسميةً على باقم محل اضطراب في كتب التاريخ، وما زال ذلك حتى وقفت على سيرة الإمام شرف الدين يحيى بن شمس الدين التي كتبها العلامة الحسن بن محمد الزريقي وهو من علماء صعدة المحروسة، وهو أقدم نص وقفت عليه بهذا الخصوص، فقد جعل من باقم هجرة من أعمال وادي قراض، وذكر العلامة الزريقي أيضا:

أن الإمام شرف الدين وجه إليهم السيد صلاح الدين صلاح بن محمد بن صلاح بن عيشان(44) للقيام في جهاتهم بالأمر بالمعروف والنهي عن المنكر وإقامة الحدود والجمعات وقبض الحقوق والواجبات، فوصل إلى يسنم وتلك الجهات، ولما حصل التأثير منه على الرعية وإرشادهم ضاق الخطابيون وآل الميسر ذرعا بذلك، وأعملوا الحيلة على تغيير القلوب على الإمام، وتظهروا بالخلاف، فلم علم الإمام بذلك وهو بصعدة مقيم، أرسل الفقيه عماد الدين يحيى بن إبراهيم النصيري للتقدم إلى تلك الجهات في شهر ربيع الأول سنة أربعين وتسعمائة، فكان ذلك سببا في فتح جهات يسنم، فلم علم الخطابيون بوصوله إلى يسنم تحيزوا إلى جبل قملا، وحصل بينهم وبين الفقيه عماد الدين مواجهة، فلم يكن بأسرع من انكسارهم، قال العلامة الزريقي: وولوا هاربين منهم من هرب إلى رأس جبل قملا، ومنهم من هرب إلى قراض، ومنهم من هرب إلى آل ثابت قال: فلحقهم الفقيه عماد الدين إلى قراض، وانتهى إلى بلاد آل

---

(44) هو جد السادة آل قفلة بباقم.

أبي الضحاك فتلقاه الضحاكيون بالقبول وسلموا له حصن ام حديدة[45]، فجعل فيه ولاة ورتبة، ثم طاف هجرة باقم وتسلم حصن العمريين، وولى فيه ولم يغير على أحد من أهل هجرة باقم أي حال أبدا انتهى من السيرة المذكورة.

قلت: وكنت قد حررت في دفاتري ترجمة لهذا الوادي في أيام ماضية، ولمزيد الفائدة ننقلها، وهذه صورة ما كتبت:

وادي قراض يعد من الهجر العلمية في العهود الماضية، وإليه ينسب السيد الحسن بن أحمد القراضي راوية أشعار السيد العلامة المؤرخ شرف الدين الحسن بن صلاح الداعي، وبهما كان اجتماع العلماء والأدباء في تلك الناحية. وممن اشتهر بالمهاجرة إلى الوادي المذكور في أوائل القرن الحادي عشر القاضي العلامة شمس الشريعة أحمد بن يحيى حابس، وأقام به في بعض أيامه السيد أحمد بن محمد بن صلاح القطابري، وبه توفي ربيع الآخر من عام 1069 تسع وستين وألف. وممن وصل إلى وادي قراض من الأعلام: الإمام الناصر إبراهيم بن محمد حوريه المؤيدي وذلك أيام دعوته الأولى سنة 1054هـ، وأيضا في أيام دعوته الثانية سنة 1061. ووصل إلى الوادي أيضا ولده السيد الإمام أحمد بن إبراهيم بن محمد المؤيدي المتوفى سنة 1099 وكان وصوله إليه بعد دعوته التي تعقبت موت الإمام المتوكل على الله إسماعيل، وكان قد تكنى بالهادي، فقال في ذلك السيد الحسن بن صلاح الداعي:

قالوا يزورك أحمد الهـــ ـــادي فقلت لهم أَجَلْ
إن زارني فتفضّـــلاً أو زرتـه فهـو الأَجَـلْ

وقد أحاط في ذلك بقول القائل:

---

(45) بلغة أهل تلك البلاد.

قالوا يزورك أحمدٌ وتزوره	قلت الفضائل لا تفارق منزله
إن زارني فبفضله أو زرته	فلفضله، فالفضل في الحالين له

وفي سنة 1102 التجأ إلى وادي قراض بعض الدعاة المعارضين لصاحب المواهب محمد بن المهدي أحمد بن الحسن منهم الأمير الكبير الحسين بن عبد القادر صاحب كوكبان، وخاله هو أمير صعدة المولى علي بن أحمد بن القاسم، وبقاؤهم فيه إلى شهر ربيع الثاني من السنة التي تليها. ونزل أيضاً من الأعلام إلى وادي قراض الإمام محمد بن علي الغرباني المتوفى سنة 1126 وجرت بينه وبين السيد الحسن بن صلاح الداعي مذاكرات ومشاعرات قد ذكرناها في موضعها من الكتاب، منها قول الأخير:

مرحباً بالإمام أهلاً وسهلاً	فقدوم الإمام أهدى المسرَّه
لو تمكنت من فراشي لخدي	تحت نعليه ما تأخرت مرَّه

وكتب إليه السيد الحسن بن صلاح عند وصوله أيضا:

يا أيها المولى الذي	شرفت بمقدمه قراضُ
عجّل إلينا بالوصول	لتشتفي المهج المراضُ

فأجاب الإمام الغرباني:

يا سيداً خجلت لما	أهدى من الشعر الرياضُ
ها قد أتينا ذروة	للواردين بها حياضُ

وكتب إليه أيضا وهو عند بعض الإخوان على الغداء:

أنعم علينا بالوصول	إذا فرغت من الغدا
لا زلت في حفظ الإله	عن المكائد والعِدا

فأجابه الإمام الغرباني:

أهلاً وسهلاً طائعاً	سأجيئكم بعد الغدا

لا زلتمُ في نعمةٍ ... ما راح سحب أو غدا

وممن أقام بوادي قراض أيضا في القرن الرابع عشر الهجري حي الإمام الهادي الحسن بن يحيى بن علي القاسمي المؤيدي، نزله بعد عودته من الحرجة هو وأولاده الأعلام عبدالله وأحمد وباقي إخوتهما الكرام، فنشروا فيها العلوم وأحيوها بالتدريس، قال ولده في الجواهر المضيئة أثناء ترجمة والده: ثم عاد إلى وادي قراض في شهر الحجة سنة 1333 ولم يزل به غوثاً للورى، ومنهلاً للفقراء آمراً بالمعروف ناهياً عن المنكر، متشدداً على الظلمة، دائبًا على التدريس إلى أن توفاه الله ليلة الاثنين خامس جمادى الأولى سنة 1343 انتهى. **قلت**: وفي هذا الشهر والعام كان فراغ ولده عبدالله بن الإمام من جمع وتأليف الجدوال الصغرى مختصر الطبقات الكبرى إذ قال في آخرها: وكان تمام رقمه بقلم التحصيل ضحى يوم الخميس خامس عشر جمادى الأولى سنة ثلاث وأربعين وثلاثمائة وألف مصلياً ومسلماً على سيدنا محمد وآله عدد ما علم وزنة ما علم وملء ما علم، بمحروس وادي قراض انتهى.

32. السيد الحسن حطبة

السيد العلامة الحسن حطبة اليحيوي الصعدي. وقد تقدم نسب أهل هذا البيت قريبا، وصاحب الترجمة هو أحد مشايخ القاضي محمد بن أحمد مشحم بصعدة، وإليه وإلى أولاد عمه أشار القاضي رحمه الله في منظومته التي ذكر فيها مشايخه المسماه (ثلج الصدور بسلسال سلسلة السند المأثور) فقال:

وفي أصول الدين كالأساس ... أخذت عن شيخ الورى النبراس
الحبر إسماعيل أعني حطبة ... من نال من كل الفنون أربه
ونجله محمد أخذت ... عنه بفن النحو واستفدت
والبعض في التلخيص للمفتاح ... قراءة فيها غذى الأرواح

كـذاك ابـن عمـه أعنـي الحسـن في النحـو قـد أخـذت فـاعلمن

وصاحب الترجمة هو المعني بالبيت الأخير، ويفهم من قوله ابن عمه أن المترجم والد السيد العلامة محمد بن الحسن بن أحمد بن الهادي حطبة. ومن المستحسن تحرير ترجمة ابنه المذكور في هذا الموضع، لكونه من أعيان هذا القرن الثاني عشر، وإن تأخرت وفاته.

(ولد صاحب الترجمة)

وهو السيد العلامة عين السادة محمد بن الحسن بن أحمد بن الهادي بن عبد النبي بن داود بن محمد الملقب حطبة، وباقي النسب تقدم في عدة مواضع من هذا المعجم. ترجم له الفقيه العلامة المؤرخ لطف الله بن أحمد جحاف في تاريخه المسمى (درر نحور الحور العين بسيرة الإمام المنصور علي وأعلام دولته الميامين) ترجمة مطولة نتقلها والعهدة عليه، قال فيها:

نشأ بصعدة وأخذ المعارف عن أهلها حتى برع في الفقه، واشتغل بالنحو فحصل ما شارف به على إقامة اللسان، وحدث أنه كتب الفوائد الضيائية للملا عبد الرحمن الجامي في صغره، وهو في نحو التسع السنين، وعانى في بادئ أمره أعمالا كالنجارة والخياطة والعمارة، وحدّث أنه عمر سور صعدة بيده. وارتحل عن صعدة قديما فدخل صنعاء ودرس بالمسجد الجامع في البحر الزخار، واتصل بحاكم الحضرة القاضي يحيى بن صالح السحولي، فأدناه وقربه من المهدي العباس ووصف له عنه كمالات ودهاء، فقلده القضاء بصنعاء، وأرسله إلى بندر عدن بفرس وكسوة لإصلاح بني العبدلي لما سكتوا عن الخطبة للإمام وأرادوا المباينة، فلما نزل عليهم أفضى بمراد الإمام وحذرهم السطوة وأقام عليهم الحجة، فجنحوا إلى الطاعة وإلى الرجوع في جملة الجماعة وأقاموا الخطبة، ووضع

بينهم وبين الإمام سجلا في الطاعة، فاستمدوا خطاً من الإمام لتقرير الولاية ثم راح عنهم، وطلع إلى حضرة الإمام المهدي العباس فرآها له. قال: ولما اضطربت أحوال السادة بمدينة صعدة وقامت الفتنة وانبثق الشر بعثه الإمام المهدي لضبطها وترميم أحوالها، وللسعي في إقامة أعمال الإمام بها، فسار إليها في شهر رجب عام ثمانية وسبعين وإحدى عشرة مائة، فجمع الناس وانضم إلى مقامه كبارها وعقالها، فأبدى لهم أن الإمام سيرسل لولايتها علي زبيبة، وطلب الذين برازح من آل أبي طالب، وأرسل إلى آل عمار وسحار يدعوهم للوصول إلى حضرته، فوصل إليه كثيرون فأفضى إليهم المراد، وأظهر لهم عزم الإمام على الجهاد، أو أذعنوا لخروج عامل عليهم من صنعاء ودخلوا تحت الحكم، فاضطربت الأقوال وتخالفت الآراء والأهواء، فرأى ضياع الأموال في تلك الطلبة كائن، فرفع إلى الإمام المهدي أن مشاق هذا التكليف ظاهر، وإنها لا تتم الولاية إلا بضياع أموال لا تجدي شيئا، فألزمه الرجوع وأن يقيم علي بن محمد ابن أبي طالب على رازح، وولده الحسين بن علي على صعدة، وأجرى لهما من إفضاله جراية في كل شهر، فعاد عنها، وقد أصلح شيئا منها، وصحبه الحسين بن علي فوصل حضرة الإمام، فاحتفل به وأكرمه وأعاده.

قال: وكان المترجم يرحل برحيل الإمام ويقيم بإقامته إلا أن تدعو الحاجة وقد صحب الإمام في خروجه إلى ذمار وصحبه في خروجه إلى خولان، وأمره على طائفة من قبائل همدان، وجرت له في تلك السفرة مكيدة من الوزير علي بن حسن الأكوع أوجبت القبض عليه، وتوجه بها اللوم إليه. وشرح القصة أن القاضي إسحاق بن محمد العبدي كان في سالف أيامه قد تولى أوقاف مساجد صعدة، وبها مقررات خارجة عن مقررات أهل الوظائف، منها ما يقبضه السيد صلاح بن عامر فأخّر عنه القاضي مقرره، فتحدث ابن عامر بأنه سيقتل

القاضي، وأنه وجد ابن عامر مقتولا، فزعم الناس أن القاضي إسحاق خافه، فبعث إليه من يقتله فطلبت البينة على ذلك فلم يستطع ولي الدم إقامتها، فصار القاضي بريئاً مما نسب إليه. وما زال في خاطر الإمام مصاب تلك القضية، وكان في صحبة الإمام إلى خولان القاضي إسحاق العبدي ناظرا لأمر جماعة من القبائل بين يديه، وكان الوزير علي بن حسن الأكوع قد زاحمه الحسد لمحمد بن حسن حطبة لما رأى من تدبيره لأمر القبائل وحسن معرفته معهم بالمخارج والمداخل، فسمع رجلا من الغوغاء والأوغاد يذكر أن المترجم له تحدث بأنه سيأخذ بثأر ابن عامر، فدخل الوزير على الإمام وهو بدار سلم جنوب صنعاء وقال: أخشى في سيرنا هذا فتنة تثور، فقال: ماذا؟ قال: تحدث محمد بن حسن حطبة بأن قاتل ابن عامر القاضي إسحاق، فانحرف قلب الإمام فقبض على المترجم له وأحضره فبكته، فطلب من الإمام الانصات له، فأنصت وقال: تحدثت بما تحدثت به الأوغاد تنزيه القاضي وتنزيها لجانبي، ثم إن أولاد عامر ليسوا لي بأولياء حتى أطلب الأخذ بالثأر، وطلب من الإمام إقامة البينة عليه، وشاحح فأغضى الإمام عن ذلك، وأمر أن يرد عليه سلاحه ومتاعه، وسار بمسير الإمام بجماعة من القبائل يتقدم بهم مرحلة مرحلة أمام الإمام، وانقبض خاطر الوزير منه، وما زال خائفاً يترقب مكره، فجنح إلى مخاللته بعد هذا ومسالمته على دخن. وللمترجم له مجريات لقي بها العناء، ولما قبض الإمام المهدي على حاكم حضرته ووزيره يحيى بن صالح السحولي أودع المترجم له السجن معه وصادره وفرض عليه مالا واسعا، فأدعى أنه لا يقدر على معشار ما فرض عليه الإمام، فبلغ بعض بناته ما صار إليه، فبعثت إلى الإمام بقواعد أملاكه، فكان جمهورا، فلم يعذر عن المفروض عليه ثم أطلقه، ولما مات الإمام المهدي بعثه الإمام المنصور بالله رحمه الله إلى بلاد أبي عريش ليأخذ البيعة من

أشرافها، وبعثه الإمام عام اثنين وتسعين ليلم شعث آل شمس الدين بحصن كوكبان بعد ربطهم لعبد القادر بن محمد، فقرر أحوالهم وأثبت الولاية في إبراهيم بن محمد، وقد خرج إليهم أيام الإمام المهدي العباس لمجريات وقعت بينهم وبين أرحب فحسمها. واستعمله الإمام على نظر الأوقاف، وله في الدهاء وخدع الأعداء أخبار وآثار. ولما ولي الوقف تقلبع الجدب فنقص أهل الوظائف، وشكاه الخاص والعام، وقد جعل من الأوقاف مرجوعاً لبيت المال فأضر بذلك، وتولى للإمام عمائره ببير العزب، وشرى له الأموال من الضياع والبيوت بدار الصافية، فاتهمه الناس. وقال محمد بن حسن دلامه ناقماً عليه بقصيدة طويلة أولها:

| لم يحمد الوقف بعد الشيخ من رجل | يا حسرة الوقف والعمال والطلبه |
| ولم يكــن مثمــراً حبــاً ولا عنبــاً | من بعد ما غرسوا في أرضــه حطبه |

وأراد بالشيخ العلامة عبد الله بن يحيى العراسي الناظر للأوقاف قبله، وكان وفاة صاحب الترجمة يوم الثلاثاء رابع وعشرين من ذي القعدة سنة 1205 خمس ومائتين وألف رحمه الله وإيانا والمؤمنين.

(فائدة عن عمارة سور مدينة صعدة)

وقد أخبر الفقيه المؤرخ لطف الله بن أحمد حجاف عن السيد محمد بن الحسن حطبة نجل صاحب الترجمة أنه حدث عن نفسه أنه عمر سور مدينة صعدة بيده، ولعل الذي حدث به السيد المذكور هو أنه جدد عمارة السور من باب التجديد والترميم والصيانة حيث كان أحد صناع المدينة في تلك المدة. أما عمارة سور مدينة صعدة فإنه متقدم على هذا التاريخ في منتصف القرن العاشر الهجري أيام الإمام المتوكل على الله يحيى شرف الدين بن شمس الدين، قال مؤلف سيرته

الفقيه العلامة الحسن بن محمد الزريقي في حوادث سنة إحدى وأربعين وتسعمائة ما لفظه: ووصل من محروس صنعاء قدر خمسمائة من العمار فإن الإمام أيده الله لما استقر بصعدة استرجح عمارة سور عظيم عليها، وأمر بطلب العمّار من كل جهة، فوصل هؤلاء المذكورون بعناية ولده السيد المقام العالي **شمس الدين بن أمير المؤمنين**، وفي هذا الشهر المذكور يعني ربيع الآخر وقع الشروع في عمارة السور المبارك وهو سور عظيم، ولما وقع الشروع فيه استبعد كثير ممن رآه تمامه في مدة ثلاثة أعوام، وقال كثير من الناس: هذا لا يمكن تمامه إلا في عشرة أعوام فما فوقها، وكان الشروع في ذلك من عند السلفة التي تخرج منها إلى مسجد الإمام **المنصور** عليه السلام، فأعان الله سبحانه على هذا العمل، وبلغ الإمام أيده الله والمسلمين في ذلك قصارى الأمل، ولم تمض ستة أشهر منذ شرع فيه إلا وقد بلغت العمارة إلى باب المنصورة من جهة المغرب، وإلى باب الدار من جهة المشرق وذلك أوائل شهر شوال من السنة المذكورة انتهى. قلت: وقد اطلعت في وثائق الوقف أن السور المذكور قد جدد ترميمه بعد بنائه الأول هذا أربع مرات، الأولى في أيام المتوكل على الله إسماعيل في نحو سنة 1078 تقريبا، والثانية في أيام المهدي عباس كما في رواية لطف الله جحاف، والثالثة في أيام الإمام المتوكل على الله يحيى بن محمد حميد الدين أثناء إقامة ولده سيف الإسلام أحمد بصعدة سنة 1353هـ، والرابعة جدد في أيامنا في نحو سنة 1418هـ.

33ـ القاضي الحسن بن شاور

القاضي العلامة الحسن بن شاور الصعدي. وهو من مشائخ القاضي محمد بن أحمد مشحم بصعدة، وقد ذكره في المنظومة التي خصها في ذكر مشائخه فقال:

والحسن بن شاور الفرائضي   أخذت عنه حل كل غامض

قواعداً منها شفاء الخاطـر   وقــرة لسـامع ونــاظر

ويعرف من هذا أنه كان محققا في الفرائض. والذي يظهر أن المترجم أحد أولاد القاضي العلامة أحمد بن علي شاور المتقدمة ترجمته بحرف الهمزة، فقد ذُكر له في مشجر روضة الألباب للسيد العلامة محمد بن عبد الله أبي علامة ثلاثة من الأولاد هم: حسن ويحيى وعلي، ورفع نسبه فقال: القاضي العلامة أحمد بن علي بن أحمد ابن مقبل بن سليمان بن يحيى بن علي بن أحمد بن حسن بن سليمان بن أحمد بن إبراهيم بن يوسف بن عبدالله بن شاور، وفي الكلام على شاور قال ما لفظه: ومن أولاده القضاة بنو شاور بيت من بيوت شيعة أهل البيت عليهم السلام، وكان بصعدة منهم علماء، ومن جملتهم رجل كان في زمن المنصور بالله ولاه صعدة، وله شعر وأدب انتهى بلفظه وحروفه.

34. القاضي الحسن بن صديق بن رسام

القاضي الحسن بن صديق بن ناصر بن رسام الصعدي الأصل ثم الذماري، وقد تقدمت في القسم الأول من هذا الكتاب ترجمة لوالده العلامة صديق بن ناصر بن رسام المتوفى بصعدة سنة 1079 تسع وسبعين وألف. وصاحب الترجمة ترجم له صاحب مطلع الأقمار في علماء ذمار فقال:

القاضي العلامة زينة الأفاضل، وبهاء الأماثل. كان عالماً فاضلاً، وحاكماً حازماً عاملاً، قرأ الفقه على شيوخ عصره، وحقق فيها ودرس، وتولى القضاء في أواخر أيامه للإمام المتوكل على الله القاسم بن الحسين في صهبان من ناحية ذي سفال قرب جبلة، وعاد إلى ذمار ولزم بيته، واشتغل بالقراءة إلى أن توفي وبيض لوفاته وهي بعد سنة 1128 ثمان وعشرين ومائة وألف رحمه الله تعالى.

وترجم صاحب مطلع الأقمار لولده القاضي يحيى فقال:

القاضي العلامة عماد الدين وخلاصة الشيعة المحبين يحيى بن حسن بن صديق بن رسام بن ناصر الصديق الصعدي الأصل ثم الذماري رحمه الله. كان من أهل العلم والورع الشحيح، وتولى القضاء للمنصور بالله الحسين بن القاسم ابن حسين، فكانت أحواله جميلة، وأحكامه سديدة، وهو أحد شيوخ القاضي العلامة محمد بن يحيى الشويطر صاحب إب وبيض لتاريخ وفاته قال: وأخواه حسين بن حسن ومحمد بن حسن من أهل العلم والورع؛ ولم أقف على شيء من أحوالهما حتى أثبته ولم يتوليا القضاء ولم يكن لهما عقب ذكوراً، وبيّض لتاريخ وفاتهما رحمهما الله تعالى.

وترجم أيضا صاحب مطلع الأقمار لحفيده إسماعيل بن يحيى صديق فقال:

القاضي العلامة الذي لبس برود الفضل، فصار بديع الزمان، وسبق إلى نيل المعالي فهو قريع الأوان، ضياء الدين وخلاصة الشيعة المحبين إسماعيل بن يحيى ابن حسن بن الصديق بن ناصر بن رسام رحمه الله. كان من العلماء الكبار والحكام ذوي الآراء والأنظار، مبرزاً متقناً في الفروع. أخذ الفقه عن سيدنا العلامة زيد بن عبد الله الأكوع، وسيدنا العلامة الحسن بن أحمد الشبيبي، وتولى القضاء في حبيش وذمار أياماً طائلة للإمام المهدي، ثم طُلب من ذمار وتولى القضاء في الحضرة الشريفة بصنعاء، فكان من جملة حكام الديوان، وكان القاضي يحيى بن صالح السحولي رحمه الله إذ ذاك هو المقدم أولاً بالذات ويقال في المثل: المفضل على أترابه محسود، فاعتذر صاحب الترجمة إلى المهدي من دخول الديوان فقبل عذره وحكم في بيته، وجعل المهدي بنظره أملاك أبيه المنصور بالله، فاستمر على ذلك الحال إلى أن توفي. وله رحمه الله بعض المؤلفات، وعمر مسجداً في أعلا الجراجيش في ذمار، وسماه مسجد الرضوان ويسمى الآن مسجد الحديد وعمارته أي تمام عمارته في سنة 1209 قبيل وفاته رحمه الله ورحمنا

جميعاً بين يديه. وكانت وفاته في شهر صفر سنة تسع ومـائتين وألـف، وأرخـه القاضي العلامة سعيد بن حسن العنسي بقوله:

مـا نعـى الناعيـان بـراً كإسـما   عيـل أنـى وهـو الوحيـد الأبـر
قـد قضـى نحبـه فلـو قبـل الـ   ـموت فـداء فـداه زيـد وعمـرو
أترى قـد ثـوى مـن العلـم طـود   تحت لحد أم في الثرى غاض بحـر
غيـب المـوت مـن محيـاه بـدرا   مسـتنيرا تاريخـه (غـاب بـدر)

سنة(1209هـ)

انتهى بتصرف واختصار. وقد تـرجم لهـذا الحفيـد صـاحب كتـاب (حلية البشـر في تاريخ القرن الثالث عشـر) فقال: قال في التاج ولد سنة ألـف ومائـة وثلاثين، وكان صدراً من الصدور عظيم الهمة، شـريف النفس، كبير القدر نافذ الكلمة، له دنيا واسعة وأملاك جليلة، وكان محدثاً من المحـدثين، ومجتهـداً مـن المجتهدين، يعمل بالأدلة القرآنية والأحاديث النبوية، مات رحمه الله تاسع صفر سنة ألف ومائتين وتسع انتهى بلفظه وحروفه.

35. القاضي الحسن بن صديق الكستبان

القاضي العلامة الحسن بن صديق بـن أحمـد الكسـتبان اليمنـي الصـعدي، وسيأتي الكلام على أهل هذا البيت في أثناء ترجمة القاضي الحافظ عبـد الوهـاب ابن صلاح الكستبان في القسم الثالث من هذا الكتاب.

وصاحب الترجمة ترجمه في بغية الأماني والأمل فقال:

كان رحمه الله أحد أعيان زمانه، وعلماء أوانه، عالماً عاملاً تقياً فاضـلاً، أخـذ عن علماء وقته، فحقق ماشاء، وكان كثير النقل للفوائد، متقنصاً للشـوارد، قـد رأيت من خطه من ذلك كثير، ولم يبلغني من أخباره مـا يشـفي إلا أن ذكـره في سلك أمثاله من العلماء يكفي، فإن مَنّ الله بشيء من أخباره فسوف أثبته إن شاء

الله، توفي رحمه الله بصعدة، وقبره بمشهدهم بأعلى القرضين من جهة الشام على يمين الداخل إلى صعدة من الطريق العليا، وكانت وفاته ليلة الجمعة شهر محرم سنة 1174 أربع وسبعين ومائة وألف انتهى بلفظه.

قلت: وفي كتاب (نشر العرف لنبلاء اليمن بعد الألف) للسيد العلامة المؤرخ محمد بن محمد زبارة الحسني الصنعاني: أن القضاة بيت الصديق بمدينة صنعاء وذمار من ذرية صاحب الترجمة. قال: وأفاد القاضي إسماعيل بن أحمد الصديق الصنعاني المتوفى في القرن الرابع عشر أن نسبهم لا ينتهي إلى الشيخ صديق بن رسام، وإنما ينتهى إلى العلامة صديق بن أحمد الكستبان الصعدي. وهو المنتقل من صعدة إلى صنعاء وبلادها، وأن ابنه الحسن بن صديق بن أحمد الكستبان الصعدي هو الجامع لمن بصنعاء وذمار منهم والله أعلم.

36ـ السيد الحسن بن صلاح الداعي

السيد العالم المحقق المؤرخ الأديب شرف الدين الحسن بن صلاح بن محمد ابن صلاح بن محمد بن صلاح بن الحسن بن حبريل بن يحيى بن محمد بن سليمان ابن أحمد بن الإمام الداعي يحيى بن المحسن بن محفوظ بن محمد بن يحيى بن يحيى الحسني اليحيوي اليمني الصعدي الملقب الداعي كسلفه. مولده كما وجدته بقلمه في شهر رمضان سنة 1051 إحدى وخمسين وألف.

ونشأ بحجر والده على الطهارة والعفة ومدارسة العلوم، فلم يزل من قبل أن يخضر إزاره، وينبت عذاره، ملازماً للمدارس، منادماً فيها لكل مدارس، لم تلهه في صغره الملاهي، ولا عرف بالعيان ما هي، حتى تعلق من علم آبائه بأقوى سبب، وتمسك بحبل العلم والأدب. فأخذ بمدينة صعدة عن مشايخ عدة في أنواع العلوم، منهم السيد العلامة علي بن محمد المنتصر، والقاضي العلامة الفروعي عبد القادر بن سعيد الهبل، والقاضي يحيى بن أحمد الحاج

عواض الأسدي، والقاضي يحيى بن صلاح الرتوه، والقاضي عبد الهادي بن أحمد بن يحيى حابس، وغيرهم. وتوقف مدة للطلب في مدينة صنعاء أيام المتوكل على الله إسماعيل بن القاسم أخذ فيها عن مشايخها. وقد ترجم له المولى عبد الله بن الإمام الحسن القاسمي في الجواهر المضيئة مختصر الطبقات، وترجم له أيضا صاحب بغية الأماني والأمل فقالا:

السيد العلامة الفاضل المدرة الكامل. كان عالماً عاملاً، ذا فكرة نقادة، وفطنة مشتعلة، مقبلاً على شأنه، زاهداً متعففاً، ورعاً مفوهاً، فصيحاً بليغاً، له اليد الطولى في العلوم والتواريخ، بلغ في ذلك مبالغ الكملاء، وعرف منها ما يعرفه فحول العلماء من ذوي التحقيق والتدقيق، مع فهم كامل، وذهن سائل، وحافظة، وصلابة في دينه، ومتانه في إيمانه ويقينه، واشتغال بالدرس والتدريس الخ ألفاظ تلك الترجمة. **قلت**: وهو مؤلف (الأنوار البالغة والحلل السابغة في شرح منظومة الدامغة) في مجلدين ضخمين، والدامغة منظومته وأبياتها تزيد على سبعمائة بيت من بحر البسيط، وطالع القصيدة افتتحها جاهراً بالشكوى إلى بحر الأمة عبد الله بن العباس يشكو إليه أولاده وما فعلوا في جانب أئمة أهل البيت على وشائج القرابة، وكان قد نادى بأول القصيدة في الطائف عند مشهده، وأكمل باقي أبياتها بعد رجوعه إلى قراض وصدرها بقوله:

نادِ الإلهَ لِدْفع الحادث الجَلَل ... وافزع إليه لجرح غير مندملِ
واجهر بشكواك للسادات من مضر ... في قبة البحر عبد الله خير ولي
مما جرى من بني العباس عترته ... على الأئمة أهل العلم والعمل
قل يا بن عم رسول الله سيدنا ... ويا ابن عم أمير المؤمنين علي:
أشكو إليك أموراً من بنِيك جرت ... أجرَتْ عيون ذوي الإيمان عن كمل
عساه يسمع من شكواك معظمها ... من كلِّ أَرْعنَ من أبنائه الأُوَل

ومن أميّة لا كانت ولا ذكرت فإنها أصل كل البغي والزلل
فاشفع لنا في زوال الهمِّ قاطبة إلى الذي خلق الإنسان من عجل

فشرحها صاحب الترجمة بهذا الشرح، وجمع فيه سير الأئمة وكثير من تراجم السادة المقتصدين وأعلام الشيعة الميامين من لدن الوصي كرم الله وجهه إلى عصره، وقد اضطلع كاتب الأحرف بالعناية بتحقيق هذا الشرح في سنوات ماضية، وجاء في أربعة أجزاء، ولصاحب الترجمة أيضا شرح مختصر على الدامغة فرغ منه في شهر صفر سنة اثنتين ومائة وألف، وقد وقفت على الشرحين بخطه، ونقلت عنهما في هذا المعجم الكثير الطيب، ومن مؤلفاته (التحفة الحسنة)، وكتاب (غرة وجه البيان في متشابه القرآن) وجدت على طرته بخطه رحمه الله هذين البيتين:

يا جاهلاً مذهب أهل التقى السادة الهادين في كل آن
إن شئت أن يكشف عنك العمى فانظر إلى غرة وجه البيان

وله أيضا رحمه الله (حاشية على التقريب مختصر تفسير التهذيب)، وله (الوسائل في نيل المسائل) جمع فيه أشعاره الإلهية والتوسلات النبوية، وله (التخميس الفاخر لقصيدة جده الإمام الداعي يحيى بن المحسن) التي طالعها:

اسمع مقالة من صحت بصيرته وعاين الحق بالتثبيت والنظر

وقد تقدم قريبا بعض أبيات ذلك التخميس في أثناء ترجمة السيد الحسن بن أحمد القراضي. وقد وقفت على كتبه ومؤلفاته المذكورة في هذه الترجمة كلها بخطه وقلمه. وعلى الجملة فلو أعتق الدهر صاحب الترجمة وأقاله، لأتى بما لذ وطاب، ولترجم لأعيان أهل عصره قاطبة والأصحاب، ومن نظر إلى كتابه شرح الأنوار البالغة الصغير وهو في أثناء ذكر الإمام المنصور بالله عبد الله بن حمزة عليه السلام، وتشكيه من عدم تحصيل البياض، ومعاندة الزمان، وقلة

الإخوان عرف صدق ما ذكرناه. وفي صفته ونعته يقول الأديب الفقيه العالم صلاح بن حفظ الله سهيل من قصيدة أرسلها إليه:

هو الحسن العام إحسانه وفيه خصوص السجايا الحسان
بعيد المنال قريب النوال فريد الزمان قرين القرآن
يدان بأن لا مدان له وأنى تنال السماك اليدان

وكان صاحب الترجمة في نشأته في حجر والده المتوفى بهجرة مدران في سنة 1065 خمس وستين وألف قد نشأ طاهر الذيل عفيف الجيب، وانتقل في مرحلة الطلب إلى مدينة صعدة، فأخذ عن مشايخه المتقدمين، ورحل إلى صنعاء في نحو سنة 1067 سبع وستين وألف أيام الدولة المتوكلية، ووصل شهارة وأخذ عن القاضي حفظ الله بن أحمد سهيل فهو من مشايخه المفيدين. وكان مسكنه بمحروس قراض من البلاد الجماعية شامي صعدة، عاكفا بها على النظر في كتب العلوم والتأليف والمطالعة، وقرض الشعر والمراسلة والمكاتبة مع العلماء والأدباء، وكان متمكناً في العلوم، متخلياً عن الوصول إلى أهل الولايات غير مستشرفاً للإطماع، صادعاً بالحق لا يخاف في الله لومة لائم، وله مواقف وأخبار دالة على كل ما ذكرناه، واقفاً في مواقف الصدق والثبات، وإليه كتب الإمام القاسم بن الإمام المؤيد محمد بن القاسم بن محمد الداعي بعد وفاة الإمام المتوكل في سنة سبع وثمانين وألف بهذه الرسالة، يوضح له فيها الدافع إلى دعوته واستحقاقه لمقامها، وكان فراغ تحريرها رابع وعشرين شهر رجب من السنة المذكورة، فكان صاحب الترجمة يعرف له حقه ويقول باستحقاقه. وهذا نص الرسالة بعد البسملة:

من المنصور بالله إن شاء الله، إلى الصنو السيد العلامة الأوحد الفهامة شرف الدين سليل الآل الطاهرين وقدوة الأفضلين الحسن بن صلاح الداعي

اليحيوي أصلح الله أحواله وبلغه في رضاه آماله وحفظه من غير الأيام، وحباه بأفضل السلام ورحمة الله وبركاته. **وبعد**: حمدا لله تعالى وسؤاله أن يصلي على سيدنا محمد وآله، فقد بلغكم والحمد لله ما أظهره الله من دعوتنا، وأعلى بفضله وطوله من كلمتنا، وبلوغها إلى أقصى البلاد من سهولها والنجاد، وما طوقه الله في رقاب المسلمين من الإجابة لدعوتنا والتلبية لنصرتنا، قال تعالى: {يا أيها الذين آمنوا استجيبوا لله ورسوله إذا دعاكم لما يحييكم}، وقوله صلى الله عليه وآله وسلم: من سمع واعيتنا أهل البيت الحديث بطوله. وأنتم ممن تفضل الله عليه بشرف النسب، والجمع بين العلم والأدب، وقد دعوناكم إلى الدخول مع الجماعة، وإحياء فريضة الأمر بالمعروف والنهي عن المنكر، وإحياء معالم الشريعة المطهرة، وأسالوا عن الجمع الذي بايعونا طائعين غير كارهين، لا لنقد حاضر، ولا لسلطان قاهر، وإنما نظروا لأنفسهم فاستبصروا. ولا يخفى على مثلكم حماكم الله تعالى ما يجب من البحث في دعوة معارضينا، وعدم استحقاقهم لمقصدنا: إن أريد إلا الصلاح ما استطعت وما توفيقي إلا بالله عليه توكلت وإليه أنيب. وإنه يبلغنا عنكم ما كنتم عليه من المعاونة، بتنفيذ أحكام الشريعة المطهرة، والاستقامة على قواعدها المقررة، فمع معرفتكم لحالنا، واعتقادكم لإمامتنا، فقد وليناكم ولاية على حذو ولايتكم من والدنا المتوكل على الله تحلون وتبرون وتقدمون وتحجمون لا نستثني إلا ما استثناه، ولا نطلق إلا ما أطلقه، ومع عدم استنادكم إلينا فقد ألزمناكم الحجة وأوضحنا لكم المحجة، من العزم على طلب اليقين، وما تلقونه به ربكم وما تقدمونه لأنفسكم، قل هذه سبيلي أدعوا إلى الله على بصيرة أنا ومن اتبعني وسبحان الله وما أنا من المشركين. حسبي الله لا إله إلا هو عليه توكلت وهو رب العرش العظيم. قل اللهم فاطر السماوات والأرض عالم الغيب والشهادة أنت تحكم بين عبادك فيما كانوا فيه يختلفون، والسلام عليكم

ورحمة الله وبركاته وصلى الله وسلم على سيدنا محمد وآله ولا حول ولا قوة إلا بالله العلي العظيم انتهى.

***

قلت: ولم يزل هذا دأبه في التخلي والاعتزال عن حياة المدن بمحروس قراض المتقدم التعريف بها حتى فارق الدار الفانية، وكان كثير التشكي من أهلها في أشعاره ومن جفوتهم، واحتكامهم إلى الطاغوت، وعدم تمسكهم بأمور الشريعة، وله أدبيات واسعة النطاق إخوانيات ومكاتبات وغيرها، من ذلك ما كتبه إلى السيد الإمام محمد بن علي الغرباني الآتية ترجمته يخطب في مكاتبته أبكار المعاني من إمامها وابن بجدتها بهذه الأبيات:

قلبٌ لبعدك عنه من تلهبه	قد أوقد النار في الأحشاء من لهبه
فليت معرفتي إيّاك ما كتبت	أو ليت جسمي يوارى عنك في حجبه
ما ذاك إلا لأني ما حظيت بما	أهواه منك لقلبٍ جدَّ في لعبه
يا خير داع دعا من آل فاطمةٍ	إلى الإله وفيه فرَّ عن غضبه
هَبْ من يحبك في ثوب الولا علماً	إذ أنت منه كضوء العين ينظر به
أعددت ودّك في الدنيا ليوم غدٍ	فقل نجا الحسن الداعي وذو نسبه
والله أرجو لجمع الشمل في عجلٍ	بسيدي ففؤادي تاه في سببه
وقلَّ ما طلب الإنسان حاجته	وجدَّ في الأمر إلا فاز في طلبه
وحق علمك يابن الشمّ من حسنٍ	إني لفقدك كالحيران في صخبه
وإن فقدك في قلبي يقلقلني	كأنني من بحار الهم في شعبه
وها محمد وإبراهيم قد ولعا	بقرب من يخجل الأنواء من قربه
صارا بذكرك عما يعنيان به	كهائم فاته من قد تولَّع به
ومن عجائب ما نالاه بعدكم	تأثر القاسم المحبوب من عصبه

والحمـد لله قـد أعطـاه عافيـةً بهـا رأينـا ابتسـام البـرق في شـنبه
فـادع الإلـه لنـا مـا قمـت منتصبـاً في مقبل الليـل أو في الختم مـن عقبـه
بـالعفو والخير في الـدنيا ويـوم غـدٍ ونيـل مـا يرتجيـه المـرء مـن أربـه
عليـك منـا سـلام طيـب غـدقٌ يغشاك ما افتر دمع السحب من حجبه

فأجابه الإمام الغرباني رحمه الله بقوله:

يـا مهـدي الـدر واليـاقوت في كتبـه وسـالباً لنفـوس النـاس مـن خطبـه
ومـن يُحَـيِّر غايـات العقـول إذا أبصـرت ما ابتـدع الرحمن من أدبـه
الأحسن الحسن الداعي الذي لـك أن تقول مـا شـئت فيها شـئت مـن رتبـه
مـن علمـه أو ذكـاه أو بلاغتـه أو زهـده أو تقـاه الله أو قُربـه
أهـلاً وسـهلاً بطـرس منـك أسـكرنا بها أحـلَّ لنـا الـرحمن مـن ضَرَبـه
قد أخجل الروض إذ حـاك الغمام لـه ثيـاب اسـتبرقٍ خضـرٍ عـلى قضـبه
وأضـحك الزهـر في أعطافـه فرحـاً فكـل كُـمٍّ بهـا يفـتر عـن سـببه
مـن أصـفرٍ فـاقع أو أبـيضٍ يقـقٍ أو أحمـرٍ مشـرقٍ كـالنقش في قببـه
يشـكو مـن البعـد مـا أوراه في كبـدٍ حـرّا وأشـعل في الأحشـاء مـن لهبـه
آح فللبُعـد بعـدٌ مـثلها بعـدت ثمـود حتـى يـذوق الأمـن مـن كربـه
فكـم أسـال عـلى الخدين مـن علـقٍ وكـم أمـال عـلى الجنبين مـن نصبه
وأسهر الطرف يرعـى الشـهب ليلتـه طـراً كـأنْ شـهبها عقّـدن في هدبـه
متـى تخيّـل أن الـنجم فارقـه غربـاً بنفثتـه يمسـي عـلى عقبـه
لكـنها لـذة الـدنيا تقلبهـا والمـرء يعـرف قـدر الـبرء في وصـبه
ولو أُدِيم اجتماع الشـمل مـا ابتهجـت نفـس المحـب بوصـل عنـد منقلبـه
فمن هنـا صـرت بالترحـال ذي مقـةٍ مـذ كنـت كـان بقلبـي منتهـى أربـه
وصار صـوت غـراب البـين يطربنـي كأنـه مِزْهـرٌ اهتـز مـن طربـه
ومـن يحـاول مـا حاولـت مـن أربٍ يرى الردى في البقا والخلد في عطبه

وأقحم النفس عمداً كل مهلكةٍ — إن كنت صبرتها دهري على نوبه
ولم يحنَّ إلى أهل ولا ولدٍ — ولا بلادٍ ولا مالٍ ولا نشبه
ولا إلى بضّةٍ بيضاء بهكنة — تشبيهها موقعٌ باغيه في تعبه
فالبدر تخسفه والشمس تكسفها — والظبي تخجله والغصن تهزأ به
فلا تخلّى بفكري ليل معضلة — ولا تحلى بقولي العلم في كتبه
ولا سمت هممٌ تربو إلى هممي — وأثرها كل طرفٍ خرَّ من لعبه
إن لم أرمّي بنفسي كل مهلكةٍ — فما من الموت لي بدٌ ومن سببه
إن لم أقدها كمثل الشم باذخة — صهيلها صادعٌ للقلب في حجبه
في فيلقٍ لجبٍ كالبحر ملتطماً — مثعنجراً يذهب الألباب من لجبه
وأوْرِدنها شعوباً وهي مارحة — ما إن تخاف شعوباً في احتفى
قد راكمت قسطلاً من تربه ومتى — ما أنفدت تربةً تبنيه من حصبه
وأنزلنَّ بأهل الغي قارعة — يجثو بها كل إنسانٍ على ركبه
وأترك الأرض في الزلزال تحسبها — أرجوحة لصبيّ جدَّ في لعبه
حتى أريهم وجوه الحق واضحةً — كالشمس لائحةً للطرف من كثبه
وأنفينَّ عن القرآن منتحلاً — لمبطل دسه للناس في كذبه
كذاك تأويل غالٍ في تعمقه — والسيف قد هتك الأجفان من ذربه
وليس ذا عجب من ضيغم ندسٍ — يسمو إلى خير خلق الله في نسبه

وله في مكاتبة القاضي إسحاق بن محمد العبدي هذه الأبيات:

علام إسحاق هجري بعد معرفتي — وقد رجوتك لي عوناً على زمني
حسبت قربك يحيى القلب جوهره — وأنت تتلو بلسن الحال لن ترني
فإن تماديت في هذا العناد أقُلْ: — يا ليت معرفتي إياك لم تكن

(46) شعوب الأولى: باب صنعاء، والثانية: من أسماء المنية.

36ـ السيد الحسن بن صلاح الداعي - 553 -

فأجابه القاضي إسحاق فقال:

أهــلاً بعقــد نظــام رائــقٍ حســن … يعــز أن يشــترى كالــدر بــالثمن
أنهــى إلي عتابــاً في مقــاطعتي … ومــا درى أنهــا مــن فتنــة الــزمن
والحـظ لي في ملاقـاة الـذي كملـت … أوصــافه وأراهــا أحســن المــنن
وكيــف لا وزمــاني كــل آونــة … يقــول مــن حســناتي إلفــة الحســن

وكاتبه أيضا فقال:

من معيني عـلى الوصـول إلى مـن … بهــر النــاس وجهــه وجمالــه
ففــؤادي لهجــره في جحــيم … لا يطفــي لظــاه إلا وصــاله
كلــما رمــت قربــه زاد بعــداً … ومــع بعــده تــدانى خيالــه
حســن القــد والتثنــي ولكــن … قــد تثنــى عــلى البعــاد كمالــه
لم يراقــب محبــه حــين ولى … لا ولا قــال عاشــقي كيــف حالــه
قــاسي القلــب لــين القــد بــدر … قــد محــى الليــلَ شمسُــه وهلالــه
آه مــن فعلــه وحســن صــنيعي … شــغل القلــب بعــده وانفصــاله
لست أشـكوه في القـريض ولا لي … منــه بــدٌّ ولــو تنــاءت جِمالــه
غــير أني أحــب أنهــي حــديثي … نحــو مــن طــاب فعلــه ومقالــه
نجل مـن كـان شـيخنا في المعـالي … وبهــا كــان برجــه وحِلالــه
نضَّــر الله وجهــه في جنــانٍ … كــان يســعى لهــا وفيهــا انتقالــه
فيــه إســحاق عنــد ذكــر فخــارٍ … فــايزٌ بالفخــار يعلــو مثالــه

فأجابه القاضي إسحاق بقوله:

حيّ خِـلاً راقـت وفاقـت خلالـه … شــادناً دلنــا الغــرام دلالــه
عــن محــب معــذب مســتهام … لم يــزل صــرف دهــره يغتالــه
ضاق مـن تركـه التواصـل ذرعـاً … مــثلما صــار ضــيقاً خلخالــه

أنــا رقٌّ لــه ومــا رقَّ يومــاً	ولقـد طــال هجــره ومطالــه
ذاب قلبــي لزفــرة وحنــين	وهـو لم يـدر في الهـوى مـا مآلـه
خلفتــه ركائــب الوصــل حتــى	طـال في فدفـد الغـرام ضـلالـه
مـا لأهـل النقـا لقـد أركبـوني	بحـر وجـدٍ عظيمــة أهوالــه
مـذ رأى عسكـر التسلـي وقـوفي	فيــه ولّى خميسـه ورعالــه
ليت خلي كـدمع عينـي سخي	بوصـال يشفـي الأوام زلالــه
لم يـزل معرضـاً ودمعـي هتـون	يفضـح الغيـث عارضـاً هطالـه
ذو انسجام يحكي انسجام قريض	لم يرقنـي في ذا الزمـان مثالـه
قـد أتـى عـن مثقـفٍ ألمعـي	لــوذعي قليلــة أشكالـه
خفَّ وزنـاً وزاد لفظـاً ومعنـى	وانسجامـاً يعيـي اللبيـب منالـه
طيب العنصـر الزكي رصين الـ	ـحلم والعلم والتقـى سربالـه
دام في روضــة النعيــم مقيــماً	ولــه السـعد دائمـاً إقبالــه
وعلى جـده الصـلاة دوامـاً	وعلـى آلــه فقـد طـاب آلـه
كلمـا صافـح النسـيم زهـوراً	بعـد وهـنٍ وجـرّرت أذيالـه

وقد تقدم بعض ما جرى بينه وبين الفقيه إسماعيل بن محمد العبدي من مكاتبات وأشعار، وقد ترجم للجميع العلامة أحمد بن محمد بن الحسن الحيمي في كتاب طيب السمر في أوقات السحر، وعدهم مـن جملـة أدبـاء عصـرهم، وأورد بعضا من أشعارهم.

5 ومن مقطوعات المترجم وفيها الجناس التام:

رأيتُ عـدوي مثقـلاً بحمولـةٍ	وقد كسرت والحمد لله ساقه
فقلت لعـل الله جـل جلالـه	لأجل الذي قد نـالني منـه ساقه

وله وقد وقف على قول ابن نباته:

سـألتها عنـد لقاهـا ضـمة   تشـفي مـن القلـب تلهبـه
فاعرضـت هازلـة قائلـة   وهل يجوز الضـم للمفعـول بـه

فقال رحمه الله:

يجـوز إن نـودي بـل واجـب   ضـم المبـادي مفـرداً فانتبـه
وذاك مفعـول بـه فاعتمـد   قـولي فـإن الحـق لا يشـتبه
الحسـن الـداعي بهـذا قضـى   وصـار هـذا الحـق في مذهبـه

وله في الاستخدام المستصعب من البديع:

كره القضاء كـل الأنـام وبعضـهم   في حبـه ذبحـوه بالسـكين
كالأصـبح الـنعمان فـاحكم أنـه   طلـب الرياسـة أحمـر العينـين

وقوله: أحمر العينين؛ استخدم به أحد الرجلين النعمان والنعمان بن المنذر وكان يقال له أحمر العينين قال ابن عبدون في بسامته:

وألحقـت بِعَـديّ بـالعراق عـلى   يـدا ابنـه أحمـر العينـين والشـعر

وأشار في البيت الأول إلى الحديث النبوي: من ولي القضاء فقد ذبح من غير سكين. وله عفا الله عنه في العلويات:

قلبـي بحـبِّ محمّـ   ـدٍ ووصـيُّه متعلِـقُ
نـوران مـن نـور الإ   لـه سـناهما لا يمحـقُ
هـذا النبـي وذا الخليـ   ـفة بعـده المتصـدِّقُ
والـنص مـن طـه عليـ   ـه مقـرر ومحقـقُ
أجـلى مـن الشـمس الجلـ   ـيّة والمخـالفُ أحمـقُ
والخصـم أحقـر حجـة   مـن أن يقـول ويصـدقُ
لكـن بحـب المرتضـى   بـين البريـة نفـرقُ
فمحبـه الـبر التقـي   إلى المفـاخر يسـبقُ

وبغيضه أشقى الورى — وهو الزنيم المُلْصقُ

وله أيضاً:

نفسي الفداء لحيدرٍ — كم حاز من شرفٍ عليّ
فهو الوصي لصنوه — وهو الرِّضا وهو الوليّ
وله الخلافة بعده — والإرث بالنص الجلي
نادى بأُحدٍ جبرئيـ — ـل الروح عن أمر العلي:
لا سيف إلا ذو الفقا — ر، ولا فتى إلا علي

وله في التضرع والتوسل:

إذا ما نابني أمر مهم — وقال عواذلي خطب دهاكا
قصدتك بالقوافي يا إلهي — ولم أقصد له أحداً سواكا
فأنت طبيب أسقامي وضري — فعجل بالشفاء لمن رجاكا
عليك توكلي في كل حال — ومنك إليك ألجأ من بلاكا

وله أيضاً:

إلى الذي عم بإحسانه — كل الورى وهو اللطيف الخبير
وجهت آمالي فما أرتجي — لنيلها إلا السميع البصير
ومن ذنوب قد تحملتها — استغفر الله العلي الكبير

وله معتذراً على ضعف خطه واعوجاج سطوره:

لا تنكرنَّ إذا رأيت صناعتي — في الخط والتسطير بينة العوج
فالدهر معوجٌ وكل صدوره — معوجة الأحوال بينة العرج
فقد انقضت أوقات أعلام الهدى — والعلم كالأرواح فارقت المهج
لا عالم يرجى لكشف مهمة — أبداً ولا علم إذا قصد ابتهج
والله أعلم ما يكون وما به — يأتي الزمان من المضائق والفرج

والحاصل أنه معدود في سادات أهل البيت المقتصدين، وقد سبق وألمحنا في أثناء ترجمة السيد الحسن بن أحمد القراضي إلى ما كان من عزمه على الدعوة إلى الرضى لما ضاق صدره بأحداث عصره. وفي معنى ذلك يقول من أبيات قصيدة طويلة له رحمه الله نظمها سنة 1108هـ، جاء منها:

لم يبق في الأرض شخصٌ يستعان به ... مات الأئمة والأعلام والعلما
وأصبح الجهل في أربابه ملكاً ... يستخدم السيف والأوراق والقلما
قد قلدوه بسيف لا نطاق له ... وتوّجوه بتاج يشبه العَلَما
فالناس من فتن الأهواء في هرج ... به عيون الورى قد ألبسوا عِمَمَا
وصورة الأمر بالمعروف مظلمة ... والنهي عن ضده قد أشبه الحُلُما
وكل ذي فطنةٍ قد صار ذا بلهٍ ... كأنَّ في عينه عما رآه عمى
قد صار مطعم أهل الأرض ملتبساً ... والسحت أصبح قوت السادة العلما
أكل الزكاة لأهل البيت معتمدٌ ... وصار منكره للكل مختصَما
وللمشائخ والفساق كلهم ... غصباً وإن كره الوالي وإن شتما
والأغنياء لهم قسم ينالهم ... وما لمصرفها إلا الشجى قسما
وذا الربا في جميع الأرض دان به ... حتى القضاة وقد أفتوا به الخصما
فقل لذي الدرس في الأزهار معتمدا ... على البيان وللأحكام قد علما
نقع كتابك وادرس ما علمت به ... من دولة العصر واجعل حكمهم حكما

وكانت وفاته رحمه الله بوادي قراض في سنة 1120 عشرين ومائة وألف عن سبعين سنة، وقبره شرقي مسجد آل يعيش.

وفي بغية الأماني والأمل للعلامة عبد الرحمن سهيل أن وفاته سنة 1128 والقول الأول عندي أصوب وأصح.

(شذرات من كتابه سلوة المحزون وقدوة المغبون)

ومن جملة تصانيف السيد الحسن بن صلاح صاحب الترجمة التي لم تذكر سابقا كتاب (سلوة المحزون وقدوة المغبون من لفظ المصاب المكلوم) وقد ذكر في الكتاب المذكور السبب الذي دعاه إلى جمعه. وذلك ما كان من صنوه السيد يحيى بن صلاح الداعي وابنه السيد إبراهيم بن الحسن الداعي من الخروج إلى نهر المعقة من أعمال وادي قراض للاغتسال بالصابون، وذلك يوم الأحد في العشرين من جمادى الأولى سنة 1094 أربعة وتسعين وألف، وقد وافق صبيحة ذلك الخروج عرس صاحب الترجمة السيد الحسن بن صلاح وتوق نفسه إلى التزوج بعد أن وصفت له المخطوبة وخطبها، فلما وصلا ولده إبراهيم وعمه يحيى إلى ذلك النهر واغتسلا، وأتما الصابون منتظرين لصلاة الظهر جرى القضاء عليهما بالشهادة في تلك الحياد من النهر مع معاودة السباحة والغوص، فصاح الصائح ووصل الناس إلى ذلك النهر وغاص الغواصون وأخرجوهما ميتين، فانقلب الحال بوالده من السرور إلى الحزن والغم، وصار العرس كالمأتم، وحق له التمثل بقول القائل:

نحن بنو المصطفى أولو محن … تجرعها في الحياة كاظمنا
عجيبة في الأيام محنتنا … أولنا مبتلى وآخرنا
يفرح هذا الورى بعيدهم … طرا وأعيادنا مآتمنا

وكان ابنه المذكور إبراهيم بن الحسن الداعي قد نشأ في حجر والده في وادي قراض، وأكمل القراءة في الكتّاب بتشديد التاء وفتحها، وبدأ في حفظ المتون والمختصرات وغيب متن الأزهار في وقت لايكاد يتفق لمثله مع حداثة سنه. فلما جرت هذه الحادثة المشجية، واتفقت تلك الفاجعة المؤلمة من غرقه واستشهاده هو

وعمه، جاشت قريحة السيد الحسن بن صلاح الداعي، واستلهمت مهجته القريحة أبيات المراثي المشجية. ومجموع ذلك كله قد ضمنه في كتابه المذكور (سلوة المحزون وقدوة المغبون)، ومما قاله في ديباجة الكتاب المذكور ما لفظه: وهذه المراثي التي نفثها اللسان عن فؤاد مكظوم، وقلب بنار الحرقة مكلوم، شاكياً على العليم الحكيم، وموعظة لكل ذي قلب سليم وعقل غير سقيم، مسلياً لنفسي، وموقظاً لغفلتي، ومذكراً بقضيتي حامداً لله ذي الجلال على كل حال من الأحوال، مصلياً على رسول الله صلى الله عليه وآله.

37_ الفقيه الحسن بن عبد الله الدواري

الفقيه شرف الدين الحسن بن عبد الله الهاجري الدواري الصعدي.

من أهل العلم، كتب بخطه الحسن الباهر مجموع الإمام زيد بن علي عليه السلام الفقهي والحديثي، وفرغ من نساخته تاسع عشر صفر سنة اثنتين وتسعين وألف، ثم كتب آخر النسخة بخطه ما لفظه: تم لي سماع هذا الكتاب الجليل والتحشية التي عليه بحمد الله ومنه في شهر ربيع الأول من شهور سنة 1092 على سيدي العلامة صلاح بن محمد العبالي في مسجد الوشلي المشهور بمحروس صنعاء المحمية، والمدرج سيدي صلاح بن حسين الأخفش، وكانت القراءة في قبة سيدي جمال الدين علي بن المؤيد بالله انتهى بلفظه.

38_ القاضي الحسن بن عقيل حابس

القاضي العلامة الحسن بن عقيل بن حسن بن أحمد بن علي بن أحمد حابس الصعدي الدواري اليمني، ترجمه صاحب بغية الأماني والأمل فقال:

كان أحد أعيان زمانه، وأجلاء أوانه، علماً وعملاً ونباهة ونبلاً، أخذ عن

علماء وقته كالسيد العلامة محمد بن علي أبو علامة الآتية ترجمته، وعن غيره، فحقق ودقق وبرع في ذلك، ودرس وحلق، وتوفي رحمه الله يوم الثلاثاء شهر القعدة سنة 1145 خمس وأربعين ومائة وألف، وقبره قريب من مشهدهم بالقرضين بصعدة انتهى.

39. السيد الحسن بن علي بن أحمد بن الإمام القاسم

السيد الهمام الرئيس الحسن بن علي بن أحمد أبو طالب بن الإمام القاسم بن محمد الحسني اليمني الصعدي.

وهو شقيق أخيه المولى العزي محمد بن علي بن أحمد أبو طالب الآتية ترجمته في هذا القسم بحرف الميم، وأمهما هي الشريفة الصالحة نفيسة بنت الإمام المؤيد بالله محمد بن الإمام القاسم. وكان صاحب الترجمة أحد أعيان رؤساء والده المتوكل علي بن أحمد بصعدة، وتولى له شهارة في خلال سنة 1103 لما أحرب والده الهجر من بلاد الأهنوم تلك السنة بعد أن ترجح له الرجوع عن موالاة الناصر صاحب المواهب، فبقي بها المترجم حتى وصلت جنود الناصر فقبضه أهل شهارة، ودخل في أسر الناصر وأرسل به إلى موضع حول المخا، فبقي به مدة ثم أطلقه ورده إلى صعدة مكرما معززا، ولم أضبط تاريخ وفاته رحمه الله وهي بعد سنة 1130 ثلاثين ومائة وألف تقريبا.

قلت: وإلى صاحب الترجمة يرجع نسب السادة آل الطالبي المعروفين في أيامنا بوادي رحبان ومن إليهم، ومن أفاضل النبلاء منهم في القرن الرابع عشر السيد العلامة الزاهد الناسك أحمد بن علي بن أحمد بن حسن بن محمد بن الحسين بن الحسن المذكور المتوفى سنة 1396 عن نيف وتسعين، وله ترجمة في القسم السادس من هذا الكتاب.

40ـ السيد الحسن بن علي بن شمس الدين

السيد العلامة الحسن بن علي بن شمس الدين.

أحد العلماء المدرسين بصعدة، ومن أجل الآخذين عنه العلامة محمد بن قاسم الخباط، ذكر في إجازته أنه قرأ عليه كتاب متن الجواهر والدرر، وكتاب المصباح في أصول الدين، ورأيت في بصائر الوقف أن بقاءه على قيد الحياة كان إلى بعد سنة 1110 عشرة ومائة وألف.

41ـ السيد الحسن بن علي الرازحي

السيد العلامة الحسن بن علي الرازحي الصعدي.

وهو من مشايخ العلماء في وقته بصعدة، رأيت ذكره في هذا النقل عن كتاب الزاد الأخروي للعلامة المهدي بن أحمد الجيوري المعروف بقاضي النبي. والكتاب المذكور شرح لأبيات قصيدته اللامية في الزهد والحكمة والآداب، في نحو مائة بيت، وهي من القصائد المتداولة على الألسن، وقد أوردها السيد محمد بن محمد زبارة في كتابه نشر العرف بكاملها، وأولها:

يا رب صلي على المختار من مضر　　　ما دام يسمع في الآذان حي على

وقد أورد العلامة الجيوري في كتابه المذكور في شرح قوله من قصيدته:

واغفر لناظمها قاضي النبي كذا　　　سُمِّي بهذا لرؤياء روى الفضلا

ثمانية وعشرين رؤيا في سبب تسميته بقاضي النبي. منها قوله في الرؤيا الثامنة: ورأى السيد العلامة محمد بن أحمد حبلة الحاكم في مدينة صعدة أن القاضي يتلو: لمثل هذا فليعمل العاملون.

ومنها قوله في الرؤيا التاسعة عشر ما لفظه: كنت مقيمًا لطلب العلم في مدينة

الهادي يحيى بن الحسين أعاد الله من بركاته نحو سبع سنين أنا وسيدي صنوي محمد بن أحمد مد الله مدته وحرسه عن الأسواء مهجته، فبلغ بحمد الله الغاية فإنه تغيب القرآن غيبا محكما، وصار إلى الآن يقري في النحو وفي الفقه وفي الفرائض، ثم إن الله موفق له برأس الأمور وهو التقوى، وكان ذلك في دولة المتوكل على الله علي بن أحمد بن المنصور قرر لنا زائد على كفايتنا، وأحسن إلينا بما نرجو من الله عز وجل أن يكافيه بما هو له أهل، فكل ذلك من فضل الله علينا وعلى الناس، فرأيت ذات ليلة هناك منارة أعني صومعة كبيرة بعمارة أنيقة مرتفعة إلى الجو، فخرج من باب لها مرتفع إليه درج مقضضة رجل لابس البياض، عليه سيما الصالحين لا أدري هو الهادي أو غيره، وفي راحته خافقية خضراء وقد طلعت إلى الباب الذي خرج منه، فناولني الخافقية وإذا فيها مشروب فشربته، وإذا هو أشهى من كل شيء يوجد، فقلت له: ما هذه المنارة قال: هذه اسطوانة الهادي عليه السلام لا تخرب إلى يوم القيامة وحولها صوافي ودار فيها معمورة، فقال: إن ترد هذه الصوافي التي هي مخلف الهادي فعليك بالسيد الحسن بن علي الرازحي هذا من أولاد الهادي من بني المؤيد أعاد الله من بركاته، فلما انتبهت فتحت عليه القراءة من صبح ذلك اليوم، تولى الله عنا مكأفاته، وجمع بيننا وبينه في دار كرامته، بحق محمد وآله انتهى بلفظه وحروفه.

42. السيد الحسن بن محسن بن أحمد

السيد الماجد الهمام التقي شرف الإسلام الحسن بن محسن بن أحمد بن محمد ابن أمير المؤمنين المؤيد بالله رب العالمين. هكذا نقلت صفته ونسبه من على صخرة وضعت فوق قبره بمقبرة القرضين، وأرخ وفاته يوم السبت خامس وعشرين شهر ربيع الأخر سنة 1186 ست وثمانين ومائة وألف.

43ـ السيد الحسن بن المهدي النوعة

السيد العلامة شرف الإسلام الحسن بن المهدي بن الهادي الملقب النوعة اليوسفي الهادوي، وبقية النسب تقدمت في ترجمة والده بالقسم الأول.

وصاحب الترجمة رأيت أنه أحد العلماء المدرسين بصعدة، ومن أجل الآخذين عنه الفقيه محمد بن قاسم الخباط وله منه إجازة، ولم أقف على كثير من أخباره، بل وقفت في بعض الخطوط أنه كان موجودا سنة 1090 تسعين وألف، فلعل وفاته رحمه الله بعد عشر المائة وألف. وقد اكتفيت بهذه العبارات في ترجمته لعدم الإطلاع على أحواله ومشايخه، ولصنوه السيد علي بن المهدي المتوفى سنة 1108 ترجمة ستأتي بحرف العين.

44ـ القاضي الحسن بن مؤيد الدواري

القاضي الأديب الحسن بن مؤيد القاضي الدواري الصعدي، ترجم له العلامة أحمد بن محمد بن الحسن الحيمي في كتابه طيب السمر فقال:

ذو زند واري، فاضل من ذرية القاضي عبد الله بن الحسن الدواري. فرع بسق، وعقد اتسق، همل من الآداب وابله، وثقفت من الأقلام ذوابله، تؤام الصبا لطفا، وشقيق الروض نضارة وعرفا، وشبيه الماء القراح شربا وغرفا، كم راق مورد أدبه وحلا، وكم قلد لفظه الدفاتر بجوهره وجلا، حظه حظ الأديب، وعيشه عيش الفاضل حل بوادي جديب، هذاك أسود وهذا صعب المقود، وطالما بعقوة والدي لاذ، فخلع عليه الدهر من التنويل منسوج لاذ، لما ذل له صعبه، وامتلأ من لبن المآرب قعبه، ولذا مدحه بما يبقى بقاء الدهر وأثنى عليه ثناء الروض على القطر، فقال في قصيدة بها يمدحه:

يا جيرة الحي الأولى ... جاروا ومالوا عن وصالي
أنتم مناي على الزمان ... وجل قصدي والسؤال
وجدي قديم في هوا ... كم لا تغيره الليالي
لا أنثني في حبكم ... أو يخطر السلوان بالي

ومنها في المدح:

رب البيان الندب سا ... مي الجد فياض النوال
الحازم اليقظ السري ... القرم سباق الرجال
جم الندى سم العدا ... غيث الجدى بدر الكمال
من فاق علما في الورى ... ناهيك في يوم الجدال
هو بحر جود في الندى ... يعطيك من قبل السؤال
إن مار أغرق لجه ... أو قال أزرى باللآلي
أنشاؤه كم جاد للأ ... سماع بالسحر الحلال
وأتى بكل خريدة ... يعنو لها جيد الغزال
كم دلنا ما قاله ... منه على سعة المجال
كم قام فينا خاطباً ... لا عن ملال أو كلال
فأمال أعواد المنا ... بر مثل غصن في ظلال
من وعظه قد أصبحت ... مصدوعة صم الجبال
وقع المواعظ منه في ... أكبادنا وقع النصال
يا أيها المولى لقد ... أهديت نحوك من مقالي
منظومة منها التليل ... بلؤلؤ الأمداح حالي
جاءتك نفثة وامق ... عذراء ترفل في دلال
فتهنّ عيد النحر في ... نعم وقلب منك سالي
ولك السلامة فاغتنم ... أجري بقيت بقاء الليالي

ولم يؤرخ لوفاته وهي في القرن الثاني عشر رحمه الله.

45ـ الفقيه الحسن بن يحيى المتميز

الفقيه العلامة الحسن بن يحيى بن إبراهيم المتميز اليمني الصعدي. وقد تقدم التعريف بأهل البيت في القسم الأول من هذا المعجم. وقد ترجم لصاحب الترجمة العلامة ابن سهيل في بغية الأماني والأمل فقال:

كان أحد العلماء العاملين، والنبلاء العارفين، أخذ عن علماء وقته فاستفاد كثيرا، وولده محمد بن الحسن أحد العلماء المحققين ستأتي ترجمته، وهذا هو حفيد الفقيه العلامة إبراهيم بن يحيى المتميز السابق ترجمته، توفي المترجم له رحمه الله يوم السادس من شهر شعبان سنة 1103 ثلاث ومائة وألف انتهى كلامه. وفي كتاب سيدي الجد العلامة يحيى بن الحسين بن القاسم المسمى بهجة الزمن في حوادث سنة 1089 جاء ما لفظه:

وفي هذه الأيام اطلَّع علي بن أحمد بن القاسم صاحب صعدة على كتاب بلاغة بخط الفقيه حسن المتميز، الذي كان وكيلاً للمتوكل على الله إسماعيل على مخازين بيت المال بصعدة، يذكر فيه إلى المتوكل أموراً كثيرة على علي بن أحمد، فطلب المتميز إلى حضرته وقال له: هذا خطك؟ فقال: نعم.، فقال له: ما حملك على هذا الذي نقلته إلى المتوكل وكشفته؟ فقال الفقيه: الغيرة عليكم يا أهل البيت، فأمر بحبسه في الحال ونهبه فنهبوه في الديوان، وخرج إلى الحبس، وهو عريان وكبله بالحديد، ثم أنه تشفع فيه من تشفع بإطلاقه، فأطلقه ولم يقر بالفقيه قرار، ووصل إلى صنعاء بقي فيها مدة من الزمان فوق السنة، ثم إنه عاد إلى بلاده، وكان المذكور من الذين أشاروا على المتوكل بعزل علي بن أحمد عن صعدة وتولية ولده الحسن، فلم يُقدر الله ذلك، وحال بينه موت الإمام المتوكل انتهى كلامه.

46. الفقيه الحسن بن يحيى سيلان

القاضي العلامة المحقق المدقق شرف الدين الحسن بن يحيى بن سيلان بن عبد الله السفياني الأصل الصعدي بلداً ومنشأ ووفاة، وقد تقدمت لوالده ترجمة في القسم الأول من هذا الكتاب.

وصاحب الترجمة رحمه الله هو أحد العلماء المشاهير. قرأ في العربية نحواً وصرفاً وفي العضد على شيخ هذه العلوم في وقته العلامة صديق بن رسام السوادي، وقرأ في كتب الفقه كشرح الأزهار والبحر الزخار وغيرهما على القاضي الفروعي عبد القادر بن سعيد الهبل، وصنوه يحيى بن سعيد الهبل، ومن مشايخه أيضا السيد الإمام إبراهيم بن محمد حوريه المؤيدي، ومما سمع عليه كتاب الكشاف للزمخشري، وغيره. وعنه أخذ جماعة من أهل عصره، من أجلهم الفقيه أحمد بن علي الحبشي، والفقيه أحمد بن محمد الأكوع قرأ عليه ما بين سنة 1086 وسنة تسع وثمانين وألف، والقاضي عبدالله بن حسين فنجل الذماري قرأ عليه في أصول الدين، ومنهم الفقيه إسماعيل بن محمد العبدي، والقاضي عبد الهادي بن أحمد حابس، والقاضي يحيى بن عبد الهادي حابس، وولده يحيى بن الحسن وغيرهم.

وقد انتهت إليه رحمه الله رئاسة التحقيق في الأصول بصعدة وغيرها، وله مصنفات نافعة: منها (حاشية على شرح الخمسمائة) للنجري، و(تعليقة على شرح القلائد)، وله على حاشية الشلبي تعليقة سماها (توضيح الخفي لعبارة الفاضل الشلبي)، ومن أشهر مؤلفاته الحاشية المعروفة على شرح غاية السؤل في أصول الفقه، وتسمى (ضياء من رام الوصول إلى توضيح خفيات هداية العقول) إلا أنها اشتهرت بحاشية سيلان، وقد طبعت مع غاية السؤل هامش النسخة المطبوعة.

وقد ترجمه الشوكاني في البدر الطالع وترجمه السيد صارم الدين إبراهيم بن القاسم الشهاري في الطبقات فقال:

العلامة شرف الدين كان عالماً محققاً مصنفاً. ثم سرد مؤلفاته المذكورة آنفاً ومشايخه والآخذين عليه ثم قال: ولم يزل حاكماً ومدرساً بصعدة ونواحيها حتى توفي في شهر القعدة سنة 1110 عشر ومائة وألف، وقبره بالقرضين. وترجم له العلامة ابن سهيل في بغية الأماني والأمل فقال:

العلامة المحقق والبدر الفهامة المدقق. كان أعلم أهل زمانه، والعين الناظرة في أوانه، فاتح المقفلات، ومبين المشكلات، بلغ في التحقيق الغاية، وصار مرجعاً للطلبة في جميع الفنون، مع فهم تام، وكمال إدارك، وقوة حافظة، محققاً متفنناً متقناً، كم أظهر بصحيح فكره الحسن مضمرات الدقائق، وسلسل غريب المعاني فكشف عن وجوه الحقائق، وكم جلى صفائح الصحائف، وشرح متون المعارف، ورمى شياطين الجهالة من سماء علومه بشهاب فكر صايب. فهو الكوكب النير والنجم الثاقب، ويشهد له بالتحقيق مصنفاته ورسائله وجواباته ومسائله، سل شرح غاية السؤل هل أتى فيه بمنتهى السؤل والمأمول، وكشف من معانيها ما كان خافيا مجهول، وله غيره كحاشيته على شرح الخمسمائة آية للنجري، وله مباحث وانتقادات على الشرح الصغير، وله مؤلفات غيرها مفيدة، ومباحث بجودة التحقيق سديدة، وكان فراغه من تأليف حاشيته على الغاية سنة عشر ومائة وألف كما أحرره آخرها رحمه الله قال: وكانت وفاته رحمه الله في شهر القعدة الحرام سنة إحدى عشرة ومائة وألف، وقبره بالقرضين انتهى.

قلت: فيحقق أي النقلين في تاريخ وفاته أصح، ما ذكر هنا، أو ما ذكره مؤلف الطبقات رحمه الله. وما زلت على التوقف، حتى اطلعت مؤخرا على قبره بمقبرة

القرضين، ونقلت عن شاهد ضريحه أن وفاته ثالث شهر ذي القعدة سنة 1111 فهو حسبما جاء في بغية الأماني والأمل، فليعلم ذلك.

(وولد صاحب الترجمة)

هو القاضي العلامة يحيى بن حسن بن يحيى سيلان الصعدي ثم الشهاري ثم الصنعاني. أخذ عن والده في أكثر الفنون في النحو والصرف، وكان سماعه عليه فيهما في سنة 1099 تسع وتسعين وألف، وقرأ عليه في كتب الفقه في شرح الأزهار والبيان والبحر الزخار وغير ذلك، وفي التفسير أسمع عليه الكشاف وحواشيه، وفي أصول الفقه شرح غاية السؤل والعضد وحواشيه، وفي أصول الدين وغيره. وتتلمذ له جماعة بصعدة كالسيد إسماعيل بن إبراهيم حطبة، وهو من أجل تلامذته، والسيد المحسن بن المؤيد بالله محمد بن المتوكل، والقاضي أحمد بن زيد الهبل أخذ عليه السيد المحسن بصنعاء والقاضي أحمد في الروضة. وقد ترجمه السيد الإمام إبراهيم بن القاسم صاحب الطبقات فقال:

القاضي العلامة المحقق عماد الدين. كان له ذكاء وفطنة وقادة، وألمعية وتحقيق، خصوصاً في الأصولين فهو المجلي فيهما. أقام بصعدة زماناً ثم بشهارة أياماً درس فيها حتى كان آخر سنة 1133 ورحل بأولاده إلى صنعاء اليمن وصار مدرساً فيها في الأصولين والصرف وغيرهما إلى الآن انتهى. قال السيد المؤرخ محمد بن محمد زبارة في نشر العرف بعد نقله ترجمته ما لفظه: وقد ذكرنا في ترجمة السيد محمد بن إسماعيل الأمير أنه أرسل معه ـ أي مع صاحب الترجمة ـ السيد عبد الله بن علي الوزير رسالته إلى الإمام المتوكل القاسم بن الحسين في شأن يهود صنعاء وكنائسهم وذلك في سنة 1138 فلعل وفاة صاحب الترجمة بعد ذلك في نحو سنة 1140 تقريباً. **قلت**: رأيت قراءة لأحد أولاده عليه في

شهر رمضان سنة 1142 والله أعلم.

ورأيت في بعض المجاميع الأدبية أن هذا القاضي يحيى بن حسن سيلان كان له ملاطفات مع أدباء أهل عصره وكان فريداً فلذلك قال السيد الحسن بن عبد الله الكبسي في ضمن ما جرى بينهما:

بــذنب ســيلان كــل العــالمين رأوا هجــو الــوزير بــأنواع مــن الســب
قــال الــوزير هجاني النــاس قاطبة فقل لسيلان عين الهر مــا ذنبي

47. السيد الحسين بن علي بن أحمد أبو طالب

السيد العلامة الرئيس شرف الدين الحسين بن علي بن أحمد بن الإمام المنصور بالله القاسم بن محمد الحسني القاسمي الصعدي، ترجم له معاصره السيد عامر بن محمد المتوفى سنة 1135 في بغية المريد فقال:

كان سيداً جليلاً نبيلاً له عرفان واطلاع وكرم خصال، ووفارة في العقل والرأي، وكان عاملاً لوالده على جهة رازح، ولما توفي والده في جمادى الأولى سنة 1121 إحدى وعشرين ومائة وألف دعا بمحروس صعدة، وتكنى بالمؤيد بالله، فبايعه الأعيان من السادة والقضاة وكبراء الناس، واجتمعت القبائل إليه معزيين مبايعين، فاستقام أمره، وبلغ مبلغ الكملة، وتولى وصية والده فيما أوصى به، وله حركات وحروب أيام والده وفي خلافته، وخرج مراراً إلى أبي عريش

ولما دعا الإمام المنصور بالله الحسين بن القاسم بن المؤيد بالله محمد بن الإمام القاسم في ذي الحجة سنة 1124 كان المترجم من أعوانه والقائمين بدعوته وداعياً إليها، وأعانه وأخذ البيعة له، وبالغ في تقوية جانبه مع ميل أكثر الناس عنه، سيما صنوه القاسم بن علي في ابتداء دعوة المنصور الحسين، ولما عرفت القبائل فضله وكمال قيامه، دخلت في طاعته أفواجاً، ولم تطل مدة صاحب

الترجمة رحمه الله بل حصل معه مرض عظيم بعد عوده من أبي عريش، فحمل من رازح إلى ساقين، ثم طلب المبادرة بعزمه إلى صعدة ولم يلبث إلا يسيراً وقيل: كان مرضه من السم بدليل أنها سقطت أسنانه دفعة واحدة وفاض دماً، واختار الله عز وجل له شهيداً بالسم، كما أخبرت به الثقات رحمه الله تعالى وأعاد من

5 بركاته، وأمه وأم صنوه القاسم الشريفة بنت الأمير ياسين بن الحسن بن ناصر الحمزي، له من الأولاد محمد ويحيى ولهم أولاد انتهى بلفظه.

وفي نفحات العنبر يقول السيد المؤرخ صارم الدين إبراهيم الحوثي رحمه الله أثناء ترجمته له أنه بعد أن دعا صاحب شهارة الإمام المنصور بالله الحسين بن القاسم خلع صاحب الترجمة نفسه عن الدعوة وبايع الإمام المنصور وأخذ البيعة

10 له من جميع أهل حضرته وبالغ في تقويته وإعانته وتجهز في طاعته إلى أبي عريش من تهامة ثم عاد وقد علق به مرض قيل أنه سم في الطريق لأنها سقطت أسنانه دفعة واحدة وفاض دماً فتوفى بصعدة سنة 1125 خمس وعشرين ومائة وألف رحمه الله انتهى كلامه.

✻✻✻

15 **قلت**: وسبب تجهز صاحب الترجمة إلى أبي عريش هو لنجدة الشريف الأمير عز الدين القطبي أمير أبي عريش الذي وصل إليه جيش من المهدي صاحب المواهب الذي اتهمه أنه منشأ قوة الإمام المنصور الحسين بن القاسم فلما حوصر الشريف القطبي في قلعته الدامغ كتب إلى صاحب الترجمة يستمد الغارة منه قال السيد محسن بن الحسن أبو طالب صاحب كتاب طيب أهل الكسا في حوادث

20 سنة 1125 ما خلاصته: فتحرك الحسين بن علي بن أحمد من صعدة، فعذله من لديه حتى يستبين الأمر، فلم يعمل بقولهم، وأمر صنوه القاسم بن علي ينهض معه في قبائل خولان، وثار للغارة على القطبي، وظن المحاط تتلاحق به وإن

صنوه لا يخل به، فلم يصدق معه إلا نفر قليل وخذله صنوه وشقيقه، وتحير بخولان في أطراف البلاد، فلما بلغ قريب الدامغ[47] رأى ما هاله من الجمع الوافر، فقامت الحرب بينه وبين أجناد صاحب المواهب على ساق وثبت هو وجمعه القليل أشد ثبات وكثر القتل من الجميع، وآل الأمر إلى انكسار أصحاب صاحب الترجمة، وقتل في هذا اليوم صنوه إسماعيل[48] بعد أن كر وصال وأبلى بلاء حسنا، ورجع المترجم إلى جبل رازح مغلوب، فلبث به يوميات واستخلف ولده فيما ينوب، ثم صار إلى صعدة وقد اشتد به الكمد، فمات ويقال أنه دس له السم بيد بعض الأشراف، وأوصى للإمام المنصور بمال واسع كان عند والده من أحمد بن القاسم لقائم حق من جملة الودائع، فتغلب عليه صنوه القاسم بن علي ولم يصر إلى المنصور منه إلا اليسير بعد القيام عليه من كل عالم، وبعد موت صاحب الترجمة دعا صنوه القاسم إلى نفسه ولم يتم له ما يريد. ذكر ما ذكرناه هنا السيد أحمد بن هاشم الهدوي في شرحه المختصر على البسامة.

***

قلت: وكانت وفاة صاحب الترجمة كما تقدم في سنة 1125 في شهر ربيع الأول منها، ودفن في المشهد اليحيوي بجامع جده الإمام الهادي بصعدة، وعليه تابوت حسن، نقب عليه أبيات هذه القصيدة وأولها:

هذا ضريح الإمام الأورع البطل ... بحر الندى العذب عين الآل عن كمل
شمس الوجود وأين الشمس منه سنى ... وهو الحسين إمام العصر نجل علي
وهو المجاهد ذو الغارات منذ نشا ... ورابط الجأش عند الجبن والفشل

---

(47) قلعة في وادي خلب الماتق.

(48) قد تقدم خلاف ذلك في أثناء ترجمته، فليراجع.

وصاحب العروة اللآئي كان بها حسم المفاسد والتأمين للسبل
وهو الذي كست الغاوين صولته ذلاً ودوخهم في السهل والجبل
ومن بهيبته الأقطار قد ملئت وذكره سار في الآفاق كالمثل
ومن به حصل الأمن العظيم لمن في صعدةٍ من جميع الخوف والوجل
ومن له همة قعساء سامية ومن له همة في المجد لم تنل
وهو الذي كان بعد الله عصمتنا إليه نفزع للجلى وللجلل
بنانه كم به أغنى عديم ثرى وكم أهان ليرضي الله من رجل
ورمحه كان يخشى الليث ثعلبه وقد عجبت لخوف الليث من ثعل
وبره كان بالأرحام متصلاً وبالرعية والأنصار والخول
كم يمموه فعادوا شاكرين له وأملوه فنالوا غاية الأمل
فليسبلوا الدمع من سحب الشجون دما على محاجرهم في الصبح والطفل
أكرم به من إمام لا شبيه له بالبشر متسم بالحسن مشتمل
حلو الفكاهة مسلاق له قلمٌ كالأيم نفثته تشفي من العلل
واري الزناد مصون العزم عن وهن سهل الشمائل خالي القلب عن وهل
مهذب ألمعيٌّ حاز كل علا ما شئت عنه من الوصف الجميل قل
أذاب مصرعه أكبادنا ونأى لهوله النوم والإغفاء في المقل
أجرى المدامع حتى من حواسده سك المسامع من حاف ومنتعل
وللأسى بعده نار لها لهب لا ينطفى عن حشا من كان ذا نبل
فليت أرواحنا من قبله قبضت أو أنَّه كان عنا غير مرتحل
أو المنية عنه بالعدا اشتغلت أو بالفدا رضيت منا أو البدل

وستأتي تراجم إخوته محمد وقاسم ويحيى في هذا المعجم.

وإلى صاحب الترجمة السيد شرف الإسلام الحسين بن علي بن أحمد المذكور ينسب السادة بيت آل أبو طالب وبيت الشرفي بجبل رازح والسادة آل الحامس

بمجز وبلد جماعة، ومن نبلاء ذريته في القرن الرابع عشر ـ الهجري ـ: السيد العلامة الأديب أحمد بن الحسن بن محمد بن قاسم بن المطهر بن محمد بن الحسين ابن علي بن أحمد أبو طالب المتوفى ببلده النضير شهر الحجة الحرام سنة 1380هـ، وستأتي له ترجمة في القسم السادس من هذا الكتاب، وترجمة لجده السيد العلامة الرئيس محمد بن قاسم بن المطهر في القسم الرابع.

48. السيد الحسين بن محمد القطابري

السيد الرئيس الجليل المقدام شرف الدين الحسين بن محمد القطابري لقبا ونسبا الصعدي اليمني. كان صاحب الترجمة من رؤساء وأعيان أهل وقته وزمانه، وله في ذلك أخبار تجدها في كتب التواريخ.

ورأيت في ترجمته أنه تولى للمهدي صاحب المواهب محمد بن أحمد بن الحسن ابن الإمام القاسم على تهامة، فضبطها وأمن من جبلها إلى برها، ثم حصل بينه وبين المهدي ما أوجب الخلاف، فرفعه من ولايتها، وقبل ذلك تولى له في حراز، وفي أيام المتوكل على الله القاسم بن الحسين جعل له ولاية في العدين، ثم جعل إليه عمالة قعطبة في نحو سنة 1139 والظاهر أنه استمر على ذلك إلى سنة 1141 فقد ذكر الفقيه الحسن بن الحسين الروسي في الجزء الثاني من السيرة المنصورية أن صاحب السيرة الإمام المنصور الحسين بن المتوكل عزله في هذا العام من قعطبة والله أعلم. ورأيت في بعض التواريخ ما لفظه: وفيها أي سنة أربع وخمسين ومائة وألف، توفي السيد الحسين بن محمد القطابري في الحضرة الشريفة، وفارق دنياه عن سن تعالت وحالة ضعيفة انتهى.

قلت: ولم أقف على باقي عمود نسبه، والأغلب أنه الحسين بن محمد بن صلاح بن عبدالله وهذا عبدالله هو أخو السيد العلامة أحمد بن محمد بن صلاح

القطابري المتقدمة ترجمته، وباقي نسب المذكور في القسم الأول من هذا الكتاب والله أعلم. ثم إني وقفت على ما يؤكد ذلك، فوالده هو السيد العلامة النجيب محمد بن صلاح القطابري كان من أعيان وقته أيام الإمام المؤيد بالله الصغير وأيام صاحب المواهب، ولعل وفاته في أوائل هذا القرن الثاني عشر، وموضع قبره بمدينة ذمار عند قبر الفقيه أحمد بن علي شاور المتقدمة قريبا ترجمته.

49. السيد الحسين بن الهادي حطبة

السيد العلامة شرف الإسلام الحسين بن الهادي بن عبد النبي بن داود حطبة، وباقي نسبه تقدم قريبا في ترجمة صنوه إبراهيم.

مولده كما وقفت عليه بخط والده يوم الاثنين أحد شهور سنة 1057 سبع وخمسين وألف، وله قراءة في العلم على علماء مدينة صعدة كسائر إخوته وهو أصغرهم سنا، وقد تقدم في ترجمة صنوه وشقيقه أحمد وصف العلامة عبد الرحمن سهيل له بالتحقيق في العلم، وهو كذلك، وتعرض لذكره وذكر صنوه إبراهيم معاصرهما السيد الحسن بن صلاح الداعي فقال في أثناء ذكر والدهما: وله الآن يعني سنة 1105 ولدان بصعدة، متعلقان بالعلم إبراهيم بن الهادي، وحسين بن الهادي، فحسين من المدرسين المحيين للتدريس في المدينة انتهى بحروفه.

قلت: ومن الآخذين عنه القاضي عقيل بن الحسن حابس، والفقيه أحمد بن مفتاح العشي، قرأ عليه الأخير في كتاب الأحكام للإمام الهادي وكتاب تثبيت الإمامة، ما بين شهري محرم وربيع الثاني من سنة إحدى عشر ومائة وألف. وقد وقفت على قبره غربي مشهد آل الهاشمي بالقرضين، وفي شاهد ضريحه أنه توفي ليلة الاثنين عاشر جمادى الآخرة سنة 1136 ست وثلاثين ومائة وألف رحمه الله وإيانا والمؤمنين.

50. الفقيه زيد بن محمد القارح

الفقيه العلامة ضياء الدين زيد بن محمد بن هادي بن نجم الدين القارح.

من علماء مدينة صعدة المحمية في أيامه، وله قراءة في العلوم قوية، ومن مشايخه القاضي العلامة أحمد بن عبد الله طشي، ومن مقروءاته عليه كتاب البيان لابن المظفر من كتب الفروع، ذكره العلامة ابن سهيل، وذكر أيضا أن من تلامذته الآخذين عنه السيد العلامة أحمد بن إبراهيم الملقب الهاشمي، وكان موجودا كما اطلعت عليه في وثائق الوقف شهر رجب عام 1153هـ، والظاهر أنه ممن تولى القضاء والله أعلم. ثم إني وقفت مؤخرا على قبره في المقبرة التي شامي باب نجران، وأرخ وفاته هناك يوم الثلاثاء الثالث عشر من صفر سنة 1166 ست وستين ومائة وألف، والذي يظهر من خلال شواهد مقبرة القرضين أن بيت القارح يرجعون في الحقيقة بنسبهم إلى آل قدايد، وستأتي للفقيه العلامة الولي قاسم بن علي القارح ترجمة في القسم السادس.

51. الفقيه سعد النجراني

الفقيه العلامة فخر الدين سعد النجراني لقبا الصعدي بلدا.

وهو أحد مشايخ الفقيه محمد بن قاسم الخباط، قرأ عليه الثلاثين المسألة في أصول الدين قال: وكان فنه أصول الدين انتهى. ولم أضبط تاريخ وفاته لعدم اطلاعي على شاهد قبره رحمه الله وإيانا والمؤمنين.

52. الفاضل صالح بن محمد المصقري

الفقيه الفاضل العابد الزاهد العالم الصالح صالح بن محمد المصقري.

ترجم له السيد الحسن بن صلاح الداعي صاحب شرح الدامغة الكبرى،

وقدم في نعوته وأوصافه الألفاظ التي صدرنا بها هذه الترجمة ثم قال:

كان بصعدة ملازماً للدرس والتدريس، ورعاً ديناً، عالماً عاملاً، يحبه الناس على العموم، ولما توفي خرج في جنازته عالم من الناس، وحزن عليه الخاص والعام، انتهى كلام السيد الحسن بن صلاح الداعي وبيض لتاريخ وفاته.

قلت: وحسبما وقفت عليه في وثائق الوقف، فكان موجودا على قيد الحياة شهر القعدة سنة 1101 وورد اسمه هناك صالح بن محمد بن سعيد الليث المصقري رحمه الله تعالى وإيانا والمؤمنين.

53. السيد صلاح بن أحمد الرازحي

السيد العلامة التقي صلاح بن أحمد بن فارع بن صلاح بن إبراهيم الرازحي الأصل العلوي اليمني الصنعاني الدار والوفاة.

أخذ عن القاضي صديق بن رسام السوادي، وأخذ عن القاضي يحيى بن أحمد الحاج الأسدي مشاركاً للإمام المؤيد بالله محمد بن إسماعيل، وعن القاضي علي ابن يحيى البرطي، وغيرهم. وعنه السيد زيد بن محمد بن الحسن بن القاسم، وشيخه القاضي علي بن يحيى البرطي، والسيد الحسين بن أحمد زبارة. وقد ترجم له السيد الإمام إبراهيم بن القاسم صاحب الطبقات فقال:

كان عالماً محققاً أديباً ظريفاً، سريع الجواب حسن المجون، وهو من محاسن السادة سكن صنعاء وبذل نفسه للعلم، ولم يزل مقيماً على التدريس والإفادة، وقد استفاد عليه خلق كثير في عامة الفنون، مع قصده الصالح، وله مع جلالة قدره تواضع مع الطلبة، فكثيراً ما يسأل من هو دونه على طريق المفاكهة، ومحبة الخوض في العمليات، وقد يظن ذو البلة أن سؤاله لقصوره في المسألة، وما هي

إلا خلة شريفة ومنقبة منيفة، ورزقه الله الكفاف فلا يرى إلا في أحسن أحواله وأجملها مع القناعة، وكان بركة للطالبين، ورحلة للمسترشدين، ومات بعد سنة 1115 خمس عشرة ومائة وألف.

وترجمه صاحب نفحات العنبر فقال:

ذكره صاحب نشر العبير فقال: هو من محاسن السادة، وممن بذل نفسه للتدريس والإفادة، وساق ما ساقه صاحب الطبقات من أوصافه، وقال أيضاً صاحب نشر العبير إن صاحب الترجمة قرأ على القاضي علي بن يحيى البرطي شرح الآيات للنجري، وقطعة من جامع البيان، وهو من أجل الآخذين عنه وأعظمهم شأناً، وكان القاضي علي البرطي قد أخذ عنه لتقدم صاحب الترجمة في الفنون وعلو سنه رحمه الله تعالى وإيانا والمؤمنين.

54. الفقيه صلاح بن حفظ الله سهيل

تقدمت ترجمته في القسم الأول من هذا الكتاب أثناء ترجمة والده حفظ الله بن أحمد سهيل الصعدي ثم الشهاري الأهنومي.

55. السيد صلاح بن الخضر اليحيوي

السيد النبيل صلاح بن الخضر بن علي بن يحيى بن محمد بن الحسن بن علي ابن يحيى بن محمد بن علي بن إبراهيم بن داود بن الإمام الحسن بن بدر الدين محمد بن أحمد بن يحيى بن يحيى الحسني اليحيوي اليمني.

وهو من أعيان السادة في وقته، ذكره صاحب الدامغة، وأفاد أن مسكنه وإخوته وأولادهم الجلة من بلاد آل أبي الخطاب بيسنم، وتوفي ليلة عيد الإفطار سنة 1102 اثنتين ومائة بعد الألف رحمه الله تعالى.

56_ السيد عبد الله بن أحمد بن الإمام القاسم

السيد الرئيس النبيل عبد الله بن أحمد بن الإمام المنصور بالله القاسم بن محمد الحسني الهادوي القاسمي الصعدي اليمني.

ترجم له صاحب بغية المريد فقال: وأما الثالث من أولاد أحمد بن الإمام القاسم رحمه الله فعبد الله بن أحمد، كان سيداً صالحاً شجاعاً مشهوراً يفوق على صنوه علي بن أحمد في الشجاعة، وكان ديّناً صالح الطوية، مجاملاً للأئمة جميعاً، توفي رحمه الله في أيام الناصر ثم الهادي ثم المهدي الملقب بصاحب المواهب، وكان من مقادمته وذوي الرأي فيهم، وأخباره كثيرة ذكرناها في سيرة صاحب المواهب، له من الأولاد: علي ومحمد، ولهم أولاد محمد بن عبد الله له أحمد وعلي وعبد الله. وأما علي فله الحسن ويوسف ومحمد بمحروس صنعاء والروضة انتهى بلفظه.

وذكره صاحب شرح الدامغة الكبرى فقال:

كان سيدا رئيسا سريا نبيلا، كان قد تولى بلاد بني جماعة والعر، وكان يخرج إلى العر كل سنة بمحطة، ولما توفي الإمام المتوكل على الله إسماعيل بطلت ولايته على تلك الجهات، فخرج إلى اليمن، فبقي هناك مدة، ولما عاد إلى صعدة عاد عليلاً فبقي بها أياماً ثم توفاه الله، وقبره بالقرضين مقابل باب المنصورة إلى جهة الشام انتهى. **قلت**: ولم أضبط تاريخ وفاته وقد ذكر في ترجمة السيد الرئيس إسماعيل بن صاحب المواهب بحرف الألف أنه لما تمت وقعة الشقات التي انجلت عن مقتل السيد إسماعيل المذكور واحتزاز رأسه أنه دفن الرأس إلى جنب قبر صاحب الترجمة، فلعل تاريخ وفاته قبل سنة 1104 أربع ومائة وألف، نحو سنة الألف ومائة والله أعلم.

57. القاضي عبد الله بن علي طشي

القاضي العلامة عبد الله بن علي بن قاسم طشي الغرازي اليمني الصعدي. مولده حسبما ظهر لي في نيف وخمسين وألف.

ونشأ بصعدة في حجر والده المتوفى بها سنة 1069 تسع وستين وألف، وطلب العلم على مشايخها الأجلاء، فأخذ في الأغلب عن القاضي عبد القادر بن سعيد الهبل، والقاضي يحيى بن أحمد عواض الأسدي، والعلامة علي بن صلاح الطبري الوحش، وغيرهم من مشايخ العلم في تلك الأيام الغراء. وله أولاد علماء أجلاء تقدم ذكرهم في حرف الألف، وهم أحمد بن عبد الله، وصنوه علي ابن عبد الله طشي، والظاهر أنهما ممن أخذا عنه والله أعلم.

أقول: والمترجم رحمه الله هو أحد الحكام المعتبرين في أيامه، وكان موصوفا بالفقه والعلم والعمل، وتوليه على القضاء بصعدة كان في أيام المتوكل على بن أحمد بن الإمام القاسم، ونعت بحاكم المسلمين في المدينة حسبما تفيده أوراق الوقف، آخرها مؤرخة في عام 1115 خمس عشرة ومائة وألف، وانقطعت أخباره بعد هذا التاريخ، فلعل وفاته في عشر العشرين ومائة وألف رحمه الله تعالى وإيانا والمؤمنين.

58. الفقيه عبده بن أحمد الصعدي

الفقيه التقي عبده بن أحمد الصعدي الأصل ثم الشبامي، ترجمه المؤرخ الكبير السيد محمد بن محمد زبارة في نشر العرف فقال:

ترجمه القاضي العلامة أحمد قاطن في دمية القصر فقال:

الفقيه الفاضل عمدة الأماثل، سكن من ابتداء طلبه العلم إلى أن توفي بمنازل

شبام، وكان محط رحال الفضلاء والنبلاء لا يأنس إلا بمن له فضيلة أو خصلة من خصال الخير، وله اليد الطولى في الفقه مع الديانة والأمانة، وإليه الفتوى في مدينة شبام، وكان يقصد من كل محلة ويكتب أوراق البيع والشراء بين الناس. وذكر لي أنه من بني شطير أهل مدينة صعدة، وكان لا يسير عند أحد أصلاً بل إذا أراد أحد أن يضيفه حمل الطعام إلى منزلته من منازل جامع شبام، ولا يمكنه الخروج في الليل وحده، لأنه كان يستوحش من الظلمة، وكان فقيراً إلى الله غنياً عن الناس ليس له مال، وهو في أرغد عيش وملبوسه وفراشه لا يساوي خمسة عشر قرشاً، وتوفي بعد وفاة والده في شهر ربيع الأول سنة 1149 تسع وأربعين ومائة وألف بأيام رحمهما الله وإيانا.

قلت: وآل شطير من بيوت صعدة كما ذكر في أصل الترجمة ويرجع نسبهم إلى آل الطاهر تجار مدينة صعدة قبل الألف، كما وقفت على ذلك في وثائق الوقف، وشواهد الأضرحة، ومنهم الفقيه علي بن أحمد شطير أحد ولاة الوقف بصعدة في عشر المائة وألف، ومنهم الأديب الفقيه هادي شطير، له نظم وأدب، وقد اكتفيت بذكرهما في هذا الموضع لعدم الاطلاع على أحوالهما.

59- السيد عبده بن عبد الرحيم الربيعي

السيد العلامة عبده بن عبد الرحيم بن صلاح الربيعي الهادوي.

من أعيان السادة النبلاء في أيامه، وله قراءة على العلامة المحقق أحمد بن علي الحبشي بصعدة، وهو الذي ذكره مؤلف الطبقات في تلامذته حسبما تقدم في ترجمته بحرف الألف، ولم أقف في ترجمته على أكثر مما أفدته هنا فالله المستعان.

وأقول في التعريف بأهله وأسرته السادة المعروفين بآل الربيعي:

السادة آل الربيعي هم إحدى بيوتات بني الهادي اليوسفيين. يرجع نسبهم

هم والسادة بيت المنتصر وبيت الصبغي بربيع ونحوها إلى الأمير يحيى بن أحمد ابن علي بن سليمان بن يحيى بن عبد الله بن يوسف بن أحمد بن الإمام يوسف الداعي بن المنصور يحيى بن الناصر بن الإمام الهادي إلى الحق، ويقال لهم أولاد يحيى بن أحمد، ومسكنهم في أعمال المخلاف شمالي صعدة، ويلحق بهم في هذا النسب بيت حبلة بخولان ينسبون إلى السيد محمد بن الحسن بن المهدي بن محمد ابن يحيى بن أحمد، وأيضا بيت القحم ينسبون إلى السيد صلاح بن علي بن صلاح بن المهدي بن محمد بن يحيى بن أحمد. وهذه فائدة في الأنساب جليلة، حبذنا تقيدها في هذا الموضع.

ورأيت في كتاب الأغصان في مشجرات عدنان وقحطان الذي ألفه في عصرنا السيد العلامة علي بن عبد الكريم الفضيل ما يفيد أن الملقب بالربيعي هو السيد أحمد بن علي بن سليمان بن الأمير يحيى بن أحمد المذكور، ورفع عمود نسب صاحب الترجمة إليه، فقال: عبده بن عبد الرحيم بن صلاح بن يحيى بن هادي بن هادي بن أحمد الملقب الربيعي إلى آخر النسب والله أعلم.

60ـ الفقيه عبده بن يحيى العفيف

الفقيه العلامة عبده بن يحيى العفيف الصعدي.

أحد علماء صعدة، أخذ عنه الفقيه إسماعيل بن محمد بن إسماعيل العبدي، ذكر ذلك العلامة عبد الرحمن بن حسين بن سهيل استطرادا في ترجمة التلميذ المذكور الآتية ترجمته، ومما يظهر من بصائر الوقف أن صاحب الترجمة أحد العلماء المرجوع إليهم، وأنه ربما تولى القضاء، وفي بيوت صعدة من يلقب ببيت العفيف، فلعله من أهل هذا البيت. وكان موجودا في سنة 1199 فذلك ذكرناه في هذا القسم، والله أعلم.

61. المولى علي بن أحمد بن الإمام القاسم

السيد الإمام المولى جمال الدين علي بن أحمد بن الإمام المنصور بالله القاسم ابن محمد بن علي بن محمد بن الرشيد الحسني الهادوي اليمني، وباقي النسب تقدم في ترجمة والده في القسم الأول من هذا الكتاب.

مولده سنة 1040 أربعين وألف، وقيل تسع وأربعين. وأمه هي الحرة الفاضلة حليمة بنت حسن بن مهدي الشقري المتوفاة شهر القعدة سنة خمس وستين وألف، وكانت نشأته في حجر والده، وطلب العلم بمدينة صعدة على مشائخها الأعلام، فأخذ في النحو والصرف والمعاني والبيان وأصول الفقه على الفقيه العلامة صديق بن رسام السوادي، وقرأ عليه أيضاً تفسير الزهراوين من الكشاف، وأجازه باقي الكتاب، وقرأ في الفقه على القاضي العلامة المحقق يحيى ابن الحاج أحمد عواض الأسدي، وقرأ في أصول الدين على القاضي شمس الشريعة أحمد بن يحيى حابس، وأخذ عن والده المولى أحمد بن القاسم، قال في الطبقات: وأظن وأجازه إجازة عامة فيما لأبيه القاسم بن محمد عليه السلام فيه طريق، وأخذ عنه علماء أعلام: منهم ولده محمد بن علي الآتية ترجمته، والفقيه أحمد الحبشي، ويحيى بن حسن سيلان، والقاضي محمد بن سعيد، وغيرهم ممن سكن صعدة. قال معاصره السيد الإمام إبراهيم بن القاسم بن الإمام المؤيد بالله وقد ترجم له في طبقات الزيدية الكبرى القسم الثالث بعد ذكر ما تقدم نقله صدر هذه الترجمة من قراءته وذكر مشايخه:

وكان متولياً لها ـ يعني صعدة ـ بعد والده رحمه الله، فأحسن السياسة، وكان أحد العلماء المبرزين، بارعاً متقناً، آمراً بالمعروف ناهياً عن المنكر، مواظباً على التدريس، له (شرح على الأزهار) مفيد، حذف فيه الخلافات، وقرر القواعد الفقهية للمتأخرين، ودعا بعد موت الإمام المتوكل على الله، ثم سالم المهدي أحمد

ابن الحسن، وكذلك بعد موت المهدي سالم المؤيد محمد بن المتوكل، ثم أقام في صعدة وجهز عليه الخليفة محمد بن أحمد فدخل الشام إلى أم ليلى، ثم رجع ولبث فيه أياما، وكان قبل ذلك قد دعا وتكنى بالمتوكل، وخرج إلى حول صنعاء ولما خشي من القبائل وأحس بالعيب عاد إلى صعدة، ثم إلى أم ليلى، ثم لما رجع الجند المهدوي من صعدة رجع إليها، ولم يزل مقيما بها أياما آمراً ناهيا حتى توفي في سابع شهر جمادى الأولى سنة إحدى وعشرين ومائة وألف انتهى.

***

قلت: وقد حرر له معاصره السيد العلامة عامر بن محمد الحسني في كتابه المسمى (بغية المريد وأنس الفريد) ترجمة في التعريف به وذكر علمه ورئاسته وهي ترجمة حافلة مطولة، لخصها عنه قلم السيد العلامة المؤرخ صارم الدين إبراهيم بن عبد الله الحوثي في كتابه نفحات العنبر في تراجم أعيان وفضلاء القرن الثاني عشر فقال:

هو الإمام العلامة حسنة الأيام، ومفخر آل محمد الكرام، جامع الفضائل العميمة، والمناقب الجليلة، والخصال الكريمة، جمع بين العلم والرئاسة، والشجاعة والفراسة، والفضل والنفاسة، وكان له أدب وبراعة، وقلم وإحسان، وثبات وتحقيق في العلوم أصولها وفروعها وآلاتها. أخبر السيد عامر في تاريخه عن القاضي جمال الدين علي بن أحمد السماوي أنه تراجع هو وجماعة من أعيان العلماء في المفاضلة بين صاحب الترجمة والمولى يحيى بن الحسين بن المؤيد، فسألوا شيخهم القاضي عبد الرحمن بن محمد الحيمي، فأشار إلى اختبار الرجلين بمسألة أصولية متعلقة بعلم البيان، فحررها القاضي وأنفذها إليهما، وقال: من كان جوابه مطابقاً للقواعد كان هو الأعلم، فأجاب صاحب الترجمة بجواب شاف مختصر مبني على القواعد، واف بالغرض، وأجاب المولى يحيى بن الحسين

بجواب بسيط كثير المعاني، متردد الأقوال حاكياً ما قيل في المسألة من طرق كثيرة، ولكنه لم يفد الغرض المطلوب، فحكم القاضي ومن معه بكون صاحب الترجمة أكمل في العلوم. قال: وله (شرح على البحر الزخار)، ومباحث جليلة، ومسائل وجوابات شافية. وكان مولده في سنة أربعين وألف، ولما توفي والده في سنة 1066 ستين وألف أقامه عمه الإمام المتوكل على الله إسماعيل مقام أبيه، فتولى صعدة وجهاتها، وساس الشام وضبطه، وله أخبار ومغازٍ في الشام، تدل على كماله وإقدامه، مع مهابة في الصدور، وجلالة في النفوس.

وكان يختلف من صعدة إلى عند عمه الإمام المتوكل إسماعيل للزيارة، فيجله ويعظمه كثيراً، ولم يزل على حاله حتى رفع جماعة إلى الإمام المتوكل منه مخالفة لإرادته، فرفع يده من بعض الأعمال، قال: ولم يبق له في صعدة أمر ولا نهي، فحالف القبائل والعقال، وكانوا يحبونه ونبذ طاعة عمه، ودعا إلى الرضا، فلما بلغ الإمام المتوكل ما صنع أقامه وأقعده، فأمر المهدي أحمد بن الحسن وكان بالغراس للتقدم عليه، ولما عزم على التقدم بلغه وفاة الإمام المتوكل وذلك شهر جمادى الآخرة سنة 1087هـ، فرجع إلى الغراس ودعا المهدي إلى الرضا، ثم حصل الاتفاق على إمامته، وبايعه صاحب الترجمة على شروط وفى له بها.

ولما مات المهدي أحمد بن الحسن ثالث وعشرين جمادى الآخرة سنة 1092 دعا صاحب الترجمة إلى نفسه دعوة ثانية، وتكنى بالمنصور، ثم حصل الاتفاق على إقامة المؤيد بالله محمد بن المتوكل فبايعه، واستمر على حاله في بلاد صعدة آمراً ناهياً، وبقي في أحسن حال وأنعم بال مدة خلافة المهدي والمؤيد، ثم لما مات المؤيد شهر جمادى الآخرة سنة 1097هـ دعا إلى نفسه وتكنى هذه المرة بالمتوكل على الله، وبقي على دعوته قدر سنة حتى توسط بينه وبين الناصر صاحب المنصورة محمد بن أحمد بن الحسن بن الإمام القاسم مَنْ توسط، فبايع

للناصر وأمر بالخطبة له على جميع المنابر، فبقي على ذلك سنة وما حولها ثم جرى ما غيّر خاطره منه، واعترضه في أشياء، فجدد الدعوة المتوكلية.

ففي إحدى شهور سنة 1103 ثلاث ومائة وألف ترجح لصاحب الترجمة فدعا إلى نفسه وخطب له وضرب السكة بإسمه وتلقب بالداعي، واستبد على بلاد الشام، وخرج قاصداً صنعاء بجيوش جرارة، وتقدم حتى انتهى إلى الروضة وحط في بير العزب على صنعاء، وواجهت له جميع البلاد القبلية والغربية، وخطب له في منابرها جميعاً، فكان الناصر محمد بن المهدي في رداع، مثاغراً لأهل المشرق وولده إسماعيل عاملاً على صنعاء، فأرسل الجيوش إلى ولده وأمده بالأموال. وكان صاحب الترجمة قد فرق كثيراً من أجناده مع الأمراء في البلاد إلى حجة والشرفين وعفار وكحلان وكوكبان والحيمتين، ولم يبق عنده إلا جند يسير نحو الألف، وقليل من أهل الظاهر، فاستمال الناصر بعضهم بالأموال وخادعهم وزيره القاضي حسين الحيمي، ولما عرف صاحب الترجمة ذلك خشي على نفسه من القبض عليه، فأجمع رأيه هو وخاصته من أهل الشام على الرجوع إلى صعدة في خفية، لئلا يشعر بهم فرجع إليها في جند يسير، ولما بلغ أمراؤه ما صنع، اعتورهم الفشل، فمنهم من هرب ومنهم من أخذته أهل البلاد إلى أولاد الناصر، وكان الخطب جسيماً على أكثر البلاد، وقبضوا على كافة من شايعه من الأعيان، فأمر الناصر أولاده باللحوق إلى صعدة وأمدهم بالجيوش، فكان قدرهم اثني عشر ألفاً، ودخلوا صعدة عنوة، فهرب منهم صاحب الترجمة إلى بلاد الشام بجهات صعدة، وكانوا له حلفاء وعلى عهده، ولما استولوا على صعدة عاثوا فيها، وشاطروا التجار وأساءوا السيرة حتى نفرت منهم القلوب، فاجتمع رأيهم على حرب أولاد الناصر واجتمعت كافة القبائل من وادعة وخولان وسحار وآل عمار وجماعة، وأحاطوا بصعدة من جميع الجهات حتى ضاقت بمن فيها. ولما اشتد الحال دبر أولاد الناصر الحيلة

بالخروج من صعدة خفية، فلما خرجوا حصل فيهم الفشل وخرجوا أفراداً هاربين، فلحقهم أهل الشام وأمسكوا عليهم المضايق، وقتلوا المولى إسماعيل بن الناصر، واستولوا على ما معه بمحل يقال له (العيون)، فهو الذي أراده القاضي علي العنسي بقوله:

قضى شهيداً في العيون الضيا وخان فيه المجد ريب المنون
لهفي له من مغرم بالعلى يا مغرما راح قتيل العيون

وبعد ذلك استقل المترجم له ببلاده، واستمر على دعوته بصعدة والشام جميعاً، وتابعه أهلها وسلموا إليه الواجبات، وكانوا معه يداً واحدة سامعين مطيعين، حتى توفي رحمه الله. وكان ملجأ الوافد، وغوثاً للقاصدين، تطمح إليه الآمال، وتقصده الأعيان، مكرماً للضيوف، متوجهاً إلى فعل المعروف، مشتغلاً بالدرس والتدريس انتهى بتصرف غير مخل وإضافات محققة رأينا من باب الإفادة ضمها إلى الترجمة المذكورة، فليعلم ذلك موفقا.

***

وبالجملة فقد كان صاحب الترجمة من أكابر أعيان رؤساء آل القاسم في وقته، وأحد العلماء فيهم، ولم تطل لأحد ولاية على صعدة مثل ولاية هذا السيد عليها، فقد دامت ولايته فيها أكثر من خمسة وخمسين عاماً، ومن أهم الحوادث الحاصلة في أيامه ما كان من القبض على الساحر المحطوري وقتله في شوال سنة 1111 بمدينة صعدة، وكانت قد استفحلت في بلاد الشرف من أعمال حجة فتنته، بل قال السيد المؤرخ إبراهيم بن عبد الله الحوثي في نفحات العنبر وغيره من المؤرخين: أنها كانت فتنة عظيمة لم تتم في اليمن أشدا منها على قصر أيامها، فقد حصرت القتلى من قيامها في رجب سنة إحدى عشرة ومائة وألف إلى سلخ شهر رمضان، وذلك ثلاثة أشهر، فكانت عشرين ألفا، وقتل من اليهود والبانيان ما

لا يحصى عده، وقتل من العلماء جما، ثم ذكر أحداث هذه الفتنة وقيامه المهدي صاحب المواهب بوأدها في مهدها، وتسيير الأجناد العظيمة والخيل، إلى أن تم لأجناده محاصرة المحطوري في حصن مدوم وقد تحصن فيه:

في رجب داع دعا — إلى فساد وتلف
يا بئس ما قدمه — من القبيح واقترف
في فتكه بالعلما — وكل من له شرف
ووصفه قد جاء في — تاريخه: شر الشرف(**1111**)

قال في نفحات العنبر: ولما ضاق الخناق بالمحطوري هرب من الحصن، وحجب بسحره نفسه عن أن يراه أحد، مع إحاطة الجيوش بالحصن إحاطة الهالة بالقمر، وذلك في آخر شهر رمضان من السنة المذكورة، وقصد بلاد الشام، فوصل إلى بلاد سحار وآل عمار، وقد كانوا توجهوا قاصدين إليه فسحرهم وأخبرهم أنه صلح له اليمن، وأنه داخل إلى الشام لصلاحه فظنوا صدقه، فتلطف أمير صعدة المولى علي بن أحمد بن الإمام القاسم، وكان داعياً بها إلى نفسه، واستقنصه إليه، وقد كاد أهل جهته أن يسلموه إلى المحطوري لما خامرهم من شدة العقيدة، ولما حصل عنده، طلب العلماء والأعيان ومشائخ البلاد، وسأله عن سبب إزهاقه للنفوس وقتل العلماء واستحلال المحرمات، فلم يجد عنده سوى أنه جاهل، وأجاب بأنه لم يقم إلا لأجل التتن والبانيان، ثم وكل بحفظه وأمر به إلى السجن، وصبر حتى دخل أهل اليمن للحج في شهر شوال وقتله ذبحاً وصلبه، وأرسل إلى صاحب المواهب بغدارته، وأعلمه بقتله فلم يعجبه تولي صاحب صعدة لذلك، فقطع دابر القوم الذين ظلموا والحمد لله رب العالمين، وفي ذلك يقول السيد أحمد بن أحمد الآنسي الشاعر الملقب الزنمة من قصيدة له طويلة جداً، جاء منها قوله:

أيظنهـا تنجيـه عنـا صعـدة	وسنانها بوريـده مسموم
كيف النجـاة لهـارب مـن ذنبـه	ولـه أميـر المؤمنين خصيـم
مـن كـان داء البغـي فيـه فإنما	بالسيف يشفى وهو منه أليم

وقال المولى العلامة عبد الله بن علي الوزير المتوفى سنة 1147 في تلك الحادثة قصيدة فاخرة عظيمة قال في آخرها يذكر هروب المحطوري إلى صعدة:

تنحـل عنـا صعـدة الشـام لائـذا	فكـان لبـرق الشـؤم أمثـل شـايم
مضى ليقص الحادثـات لمـن بهـا	وقد قص من علياه ريش القوادم
وكـان لشـدق الهنـدواني طعمـة	فللـه سيف طاعـم أي طـاعم
كذا من عصى في مذهب البغي ربه	فليس لـه إلا المـواضي القواصـم

ومن محاسن صاحب الترجمة الزاهية وأعماله المعمارية الباقية ما قام بـه أيام ولايته بمحروس مدينة صعدة المحروسة من عمارة وتشييد قبة ومشهد جده الإمام الهادي إلى الحق المبين يحيى بـن الحسـين صلوات الله عليه وذلك عـام 1108 ثمان ومائة وألف بعد اختلال القبة في السنة التي قبلها، كما سيأتي بيانه في موضع من الكتاب، فأشاد المترجم بنيان هذا المشهد الهادوي على الكمـال والتمـام، وجدد عمارته ليبقى زاهيا على مرور الليالي والأيام، فهو على ما هو عليه اليـوم، وفي أثناء تلك العمارة جهز المولى علي بن أحمد قبرا له في حياتـه ليدفن فيـه بعـد وفاته، وذلك قرب قبر الإمام المختار بن الناصر بن الإمام الهادي، فكـان ذلـك على ما أراده، فقبره هناك مشهور مزور.

وقد اطلعت لصاحب الترجمة على ترجمة لطيفة بقلم بعض العلمـاء محـررة في آخر مجلدة الجزء الثالث من نسخة كتاب اللآلي المضيئة كذيل على الكتاب، وهذه النسخة هي تابعة لخزانة القضاة آل الغالبي، جاء فيها ما لفظه:

الإمام المتوكل علي بن أحمد بن القاسم. كـان مـن السيادة والعلـم والحلـم

بالمحل الأعلى ونال من كمال الخصال الشريفة القدح المعلى، ساعده المقدور أن صار في جهات الشام علماً، وقلمه من فوق كل قلم أسمى، منذ شبيبته إلى أن ثوى في تربته، إذ بسط يده على الشام وجهاته منذ أيام صباه في مدة المتوكل إسماعيل بولاية منه، لم يخرج إلا بلاد رازح وفندق الحديد، فإنه كان للإمام

5 ومقررات لأهل الحقوق. وأما صعدة وجميع البلاد فكانت تحت يده، غورها والأنجاد، وكان عنده رتبة في صعدة من حاشد وبكيل، وخيول وأجناد تغزي المغازي الهائلة إلى أطراف البلاد، ثم إن المتوكل على الله إسماعيل عليه السلام أرسل ولاة إلى بلاد خولان(49)، أحدهم من آل حنش، والسيد علي بن مهدي النوعة، وصنوه عبد الله بن أحمد بن القاسم والياً لبلاد بني جماعة، ولم يتم لهم

10 أمر. ثم في آخر مدة المتوكل أرسل ولده الحسن بن المتوكل إلى جهة الشام والياً(50)، ما خلا مدينة صعدة فأبقاها تحت يد علي بن أحمد، فدخل الحسن بن المتوكل صعدة، ثم خرج إلى رازح وبلاد خولان، ثم أراد الدخول إلى صعدة للخريف(51)، فأرسل بنوبة تقدم قبله، فأمر علي بن أحمد بغلق أبواب صعدة ومنعهم عن الدخول إليها، **فتشفع لهم صنوه عبد الله بن أحمد بالدخول فدخلوا**

15 **وبقوا في دار الدواميم**، وصل الحسن بن المتوكل إلى مجز ومُنع عن الدخول، فبقي فيه ثلاثة أيام ثم رجع إلى ساقين، وعلي بن أحمد قد جعل دسائساً عليه، فلما بلغه عزم الحسن بن المتوكل من مجز خرج علي بن أحمد من صعدة ذلك اليوم، وقد أرسل الشيخ مسعود بن فلحان العروي أن يتقدم على عَرْو(52)، ويخلف عساكر

---

(49) ذكر صاحب بهجة الزمن أن ذلك في حوادث سنة 1084هـ.
(50) كان ذلك في حوادث سنة 1085هـ.
(51) وكان ذلك الدخول في شهر ربيع الثاني سنة 1086 كما جاء في طبق الحلوى.
(52) عَرْو: من أعمال خولان غربي مدينة صعدة.

الحسن بن الإمام، ويذبح بقراً ليثبطه تلك الليلة حتى يدخل ساقين، ففعل ذلك وأمسى في عرو. وأمَّا علي بن أحمد فكان إلى وقت ظهر ذلك اليوم وصل إلى خارج ساقين، وفي دار الزباري رتبة من قبل حسن بن الإمام قدر ثلاثين نفراً، عاقلهم فلاناً يسمى النقيب الحمزي فأحربوه، وكذلك مشائخ خولان الشيخ هادي بن خطاب، والشيخ علي بن روكان وجماعة معهم رموا عليه من الجبل الذي شامي ساقين يسمى الفجم، وصحبة علي بن أحمد محطة من سحار وغيرهم، فقُتل من أصحابه قدر خمسة أنفار، ومن أصحاب حسن بن المتوكل مثلهم، فدخل إلى بيته دار جاوان، وكان في دار السدس بساقين السيد صلاح حبله، في الظاهر أنه من أصحاب حسن بن الإمام، فكان إلى تلك الليلة ومال إلى علي بن أحمد، فأدخل محطة إلى الدار المذكور، وكتب علي بن أحمد إلى حسن بن المتوكل إلى عَرو كتابا، ويذكر فيه وفاة والده الإمام المتوكل **ليزيد عليه**، وإلا فهو حيٌّ، وجعل العلامة في الوجه المنصور بالله، فلما وصل الكتاب إليه نكس البيارق وهرب إلى رازح وبقي فيه، ثم نفذ إلى (اللحية) لأنها تحت يده، ولم يمض إلا دون الشهر إلا ووصل خبر وفاة المتوكل على الله إسماعيل بن القاسم عليه السلام، فدعا وتكنى بالمنصور بالله عليه السلام.

وذلك أنه لما مات المتوكل أعاد الله من فضله دعا بعده عدة من الدعاة، كان علي بن أحمد أحدهم، وتكنى بالمنصور، ثم بايع المهدي أحمد بن الحسن وولاه جميع الشام وناصره. ولما دخل المهدي صعدة قرأ عليه في (البحر) وذاكره(53). ثم لما مات الإمام المهدي دعا وتكنى بالمنصور، ودعا غيره من آل الإمام، واجتمعوا جميعاً في خمر، وأجمعوا على المؤيد بالله محمد بن المتوكل، فبايعه وولاه

---

(53) كان دخول الإمام المهدي إلى صعدة شهر ربيع الأول سنة 1088هـ.

الشام جميعاً، ثم لما مات الإمام المؤيد بالله دعا وتكنى بالمتوكل على الله، ودعا غيره من آل الإمام، أحدهم الناصر محمد بن المهدي، فبقي المتوكل على دعوته نحو سنة، فتوسط بينه وبين الإمام الناصر القاضي العلامة يحيى بن أحمد الحاج الأسدي، فبايع له وخطب له على المنابر. وكان في تلك الأيام وعنده في صعدة عبد الله بن يحيى بن محمد بن الحسن بن القاسم، وحسين بن المتوكل وجماعة من آل عبد القادر من كوكبان من الهاربين من الإمام الناصر، ووصولهم إلى صعدة في ظنهم أن المتوكل سينصرهم، وبيتوا على الخروج على الناصر، ولما عرفوا اتحاد الحال عزموا إلى مكة. وهو بقي تحت ولاية الناصر قدر سنة فما حولها، فأحس منه ما غير خاطره، وخاف منه، فما كان منه إلا أن جدد الدعوة المتوكلية. ثم ذكر صاحب هذه النبذة ما جرى بينه وبين الناصر صاحب المواهب من حروب أثناء قصده إلى صنعاء ثم دخول أولاد الناصر صعدة وخروجهم منهزين وقد تقدم كل ذلك في أثناء ترجمة إسماعيل بن الناصر إلى أن قال:

وبعدما وقع بينهما ما وقع، وتم رجوعه من حنبه وبلاد جماعة إلى صعدة، ورجوع أولاده من تهامة، بقي في صعدة على إمامته، وأهل الشام يسوقون الواجبات إليه، قال: وولده شرف الدين الحسين بن علي أثبت اليد على جبل رازح، وبقي فيه ضابطاً لأهله، مالكا عقده وحله، وولده علم الدين القاسم بن علي ولاه بلاد خولان، فبقي الإمام المتوكل علي بن أحمد في أحسن حال، وأنعم بال، حتى حصل له إمتحان وهو أنه مرض من الفالج، وبقي فوق السنة حتى قبضه الله، وكان وفاته وقت العصر يوم الربوع لعله سابع عشر[54] جمادى الأولى سنة 1121 إحدى وعشرين ومائة بعد الألف، وقُبر في قبرٍ كان قد جهزه

(54) تقدم عن الطبقات أن ذلك يوم سابع جمادى الأولى، فتأمل.

في حياته أيام تجديد عمارة قبة الهادي عليه السلام بجنب المختار بن الناصر، وقد كان كذلك وحصّل تابوت له وللمختار، فركب عليهما، وصار جامعاً لهما رحمة الله عليهما انتهى ما نقلناه من الترجمة المذكورة.

(وقفية المولى علي بن أحمد على أهالي مدينة صعدة)

قلت: ومن محاسن صاحب الترجمة وآثاره الباقية إلى يومنا هذا:

ما جعله صدقة لله تعالى جارية على فقراء أهالي مدينة صعدة، عوضا لهم عما نالهم أيام ولايته التي طالت كما أسلفنا نحو خمس وخمسين سنة، وهذه الوقفية هي المعروفة في منطقة محضة، وهي واسعة الحدود بعيدة الأطراف، وتقع في محضة وسفيان والتقرار بالقرب من مدينة صعدة جهة الغرب بنحو خمسة أميال، وقد توسع منذ أواخر القرن الثالث عشر الهجري إحياؤها، وفي سنة 1353 ثلاث وخمسين وثلاثمائة وألف أمر الإمام الناصر لدين الله أحمد بن يحيى حميد الدين أيام سيادته رضوان الله عليه وسلامه ودخوله صعدة بحصر أموال الأوقاف والوصايا في عموم لواء الشام وتحرير مسودة بذلك لصيانتها من الضياع، وكان من جملة ما ذرع وحصر وحرر في هذه المسودة العامة أموال هذه الوصية المذكورة التي أوقفها صاحب الترجمة، قائلا في عنونتها في المسودة المذكورة ما صورته: (وصية علي بن أحمد بن الإمام القاسم بن محمد عليه السلام في محضة والتقرار مصرفها الفقراء)، ثم أخذ في سرد أموال تلك الوصية بأسمائها وذرعتها وحدودها. قلت: وقد اطلعتها عليها في تلك المسودة، وأحصيت عدد حبل ومساحتها حسبما جاء في المسودة المذكورة، فبلغت جميعا خمسة عشر ألف حبلة وتسعمائة، في محضة منها قدر 9500 حبلة، وفي التقرار قدر 6400 حبلة إلى غير ذلك مما ذكره من حصر الأشجار والعلوب ومباقل

الأثل في سواقي تلك الأموال الأصلية وعلى جنباتها، مع ما يلحق تلك الأموال من حقوق شرعية من سيل وغيل وصب وصلب ومراهق وغيرها من الحقوق اللاحقة بها. وإنما تعرضت لذكر هذه الوقفية على جهة التفصيل ليعرف الناظر عظم التفريط من القائمين على الأوقاف، وإلا فمثل هذه الوصية كفيلة بإحياء مدينة صعدة وكفاف أهلها وبالأخص في هذه الأيام التي توسعت فيها حدود الوصية أضعافا مضاعفة على ما كانت عليه في السابق، فالله المستعان.

62. السيد علي بن إسماعيل حطبة

السيد العلامة جمال الدين علي بن إسماعيل بن إبراهيم بن الهادي بن عبد النبي بن داود حطبة الحسني اليحيوي الصعدي، وقد تقدمت في هذا القسم ترجمة لوالده وجده في حرف الألف.

مولد صاحب الترجمة كما وقفت عليه بخط والده يوم الاثنين 24 شهر رجب سنة ثلاث وعشرين ومائة وألف. ونشأ بصعدة وقرأ على والده وعلى غيره من علماء البلاد الصعدية في شتى المقروءات، وقد ترجمه السيد المؤرخ محمد بن محمد زبارة الحسني الصنعاني في المجلد الثاني من نشر العرف فقال:

كان سيدا عالماً نشأ بصعدة، ثم وصل منها إلى صنعاء لطلب علم السنة النبوية، فأخذ بها عن السيد الحافظ محمد بن إسماعيل الأمير الصنعاني في صحيح البخاري ومسلم وإيثار الحق على الخلق، وأراد البقاء بصنعاء للقراءة فأعجلته والدته بالتحريج عليه أن لا يبقى في صنعاء، فخرج منها مريضا في ذي القعدة سنة 1172 ولما وصل إلى قرية غولة عجيب من بلاد حاشد على مسافة يومين شمالا من صنعاء توفي هنالك رحمه الله.

قال شيخه السيد محمد الأمير: وكان داعياً إلى الخير ناهيا عن المنكر متبوعاً في

وطنه رحمه الله وتلقاه برضوانه انتهى.

63ـ القاضي علي بن إسماعيل العبدي

القاضي العلامة الأديب جمال الدين علي بن إسماعيل بن محمد بن قاسم العبدي وقد تقدمت ترجمة والده وعمه القاضي إسحاق بن محمد العبدي صاحب الاحتراس في هذا الكتاب بحرف الألف.

وصاحب الترجمة كان عالما فاضلا أديبا، وكانت إليه وإلى صنوه محمد بن إسماعيل الآتية ترجمته تولي وظيفة الأوقاف بصعدة، وله قراءة على والده كما يظهر، وفيه يقول السيد محمد بن إسماعيل الأمير الصنعاني وقد وصل إليه إلى مدينة شهارة في سنة 1141 إحدى وأربعين ومائة وألف:

جمــال الــدين ودك في فــؤادي	وود أبيـك حــل محــل نفســي
حـويتم كــل مكرمــة ولطـف	وسـدتم في العــوالم خـير جـنس
فــنظمكم وخطكــم عقــود	تــزين بالمجالـس كــل طـرس
نظـام قــد عــرى عنــه المعــري	وخـط لابــن مقلــة صـار ينســي

يشير إلى ما لصاحب الترجمة ووالده من حسن واتقان للخط وإجادة، كأنه لحسن ذلك خط ابن مقلة، طبع بالطابعة، وهي موهبة في أهل هذا البيت وهبها الله، فقد وقفت من خطوطهم في عدة مجاميع على ما يعجب ويطرب.

وفي كتاب نشر العرف بنبلاء اليمن بعد الألف للسيد المؤرخ محمد بن محمد زبارة الحسني الصنعاني ما لفظه:

القاضي العلامة جمال الدين علي بن إسماعيل بن محمد العبدي الصعدي، كان عالما فاضلا، ذكره السيد محمد بن إسماعيل الأمير فقال: أنه أنشد المترجم له في مجلس تدريسه في شرح التلخيص بيتين نظمهما وهما:

جربت كل البرايا	وذقت أبناء جنسي
فما رأيت وفياً	وما أبرىء نفسي

فكتب إليه المترجم له في اليوم الثاني:

يا بدر تفديك نفسي	لا زلت في الأنس أنسي
سمعت منك نظاماً	حررته فوق طرس
كالدر بل هو سحر	من غير شك ولبس
تقول فيه مقالا	أضنى فؤادي ونفسي
جربت كل البرايا	وذقت أبناء جنسي
فما رأيت وفياً	وما أبرىء نفسي
عليك ألف سلام	يغدو إليك ويمسي
لا زلت في خفض عيش	مسلماً كل نحس

فأجابه البدر الأمير:

بالله هل نور شمس	اطلعت في أفق طرس
أم جئت بالسحر شعرا	لقد تحير حدسي
فيا علي أفدني	يا خير أبناء جنسي
ذكرتني بنظام	قد كان عندي منسي
قد كان يأتي يراعي	بكل نوع وجنس
إذ كان للدهر عقل	وسن فكر وحس
وها هو اليوم عارٍ	عن عقله غير مكسي
قد عاد جني دهري	من بعد ما كان إنسي
فغار بحر نظامي	وفلك فكري أرسي
هذه طلائع سعد	قد أذهبت كل نحس
تلوح من نور نظم	مبشرات لنفسي

وأبيات البدر الأمير قد سبقه إليهما في الاقتباس القاضي العلامة الأديب أحمد بن ناصر بن عبد الحق المخلافي المتوفى ببندر عدن سنة 1116 فقال:

في حب بدر منيرٍ　　هواه أذهل حسي
أتلفت قلبي وجدا　　وما أبرىء نفسي

ولم أضبط تأريخ وفاة المترجم له رحمه الله.

وتفيد وثائق الوقف أنه كان موجودا على قيد الحياة سنة 1174 أربع وسبعين ومائة وألف. قلت: وستأتي ترجمة لولده إسحاق بن علي العبدي رحمه الله في القسم الثالث من هذا الكتاب.

64. السيد علي بن صلاح الجلال

السيد الجليل جمال الدين علي بن صلاح الجلال اليحيوي.

كان من أعيان سادة وقته وأحد ولاة الوقف بمدينة صعدة المحروسة بالله، وبعنايته وعناية القاضي يحيى بن عبد الهادي حابس كان عمارة وتشييد قبة ومشهد الإمام الهادي عليه السلام في سنة ثمان ومائة وألف، وذلك بأمر متولي مدينة صعدة حينها المولى علي بن أحمد بن الإمام القاسم، وهي العمارة الحالية في أيامنا هذه، وسيأتي تفصيل لذلك بحرف الميم في أثناء ترجمة مشاركهما في ذلك السيد محمد بن عبد الله الكربي، وقد أرخ بعض الأدباء الفراغ من تلك العمارة بهذه الأبيات المنقوبة في حزام القبة وهي:

قبة قد شيد بنيانها　　ولم تزل أنوارها لا تغور
صلاة ربي وتسليمه　　تبقى على الهادي وتفنى العصور
زيادة جاء تاريخها:　　(ألا إلى الله تصير الأمور)

65. الفقيه علي بن صلاح سهيل

الفقيه العلامة علي بن صلاح سهيل اليمني الصعدي.

أحد علماء وفقهاء وقته بصعدة، رأيت له قراءة على القاضي العلامة الفروعي يحيى بن جار الله مشحم في كتاب التذكرة في الفقه سنة 1100 مائة بعد الألف في شهر شوال منها، ولم أضبط تاريخ وفاته رحمه الله وإيانا والمؤمنين.

66. الفقيه علي بن عبد الله طشي

تقدمت ترجمته في حرف الهمزة عند ترجمة صنوه أحمد بن عبدالله طشي.

67. السيد علي بن القاسم بن الإمام

السيد الرئيس الفاضل الهمام جمال الإسلام علي بن القاسم بن علي بن أحمد أبو طالب بن الإمام القاسم بن محمد الحسني القاسمي الصعدي اليمني.

نشأ في حجر والده متولي صعدة في أيامه السيد علم الدين القاسم بن علي المتوفى سنة 1147 الآتية ترجمته قريبا، وهو من أهل الصلاح والعلم والرئاسة، وانتقلت الرئاسة في صعدة بعد وفاة والده إليه، واستمر عليها مدة من الزمان، وله ولوالده الوصية المشهورة في مزارع البقلات في بير زهير، ووفاته رحمه الله سنة 1175 خمس وسبعين ومائة وألف بعد أن قضى الحج المفروض إلى بيت الله العتيق وبعد الزيارة لقبر رسول الله صلى الله عليه وآله، ودفن في محل يسمى الكضائم بينه وبين المدينة المشرفة مسافة ثلاثة أيام، وله من الأولاد أحمد وهو الذي نقلت عنه تاريخ وفاة والده، والحسين، وإسماعيل، ومحمد، وقد امتدت لأولاده بعده الإمارة في صعدة إلى أواخر القرن الثالث عشر الهجري، وهو الجد الجامع لجميع السادة آل الدولة برحبان وساقين وآل عمار ووادي علاف وغيرها من البلاد الصعدية، وسيأتي في موضعه التعريف بأول من تلقب بهذا

اللقب من ذرية صاحب الترجمة.

ومما رأيت بخط صاحب الترجمة السيد جمال الإسلام علي بن القاسم المذكور يتأسف على عدم استفياء طلب العلوم لتحمله الرئاسة والتصدر للأمر والنهي، ويذكر معاذيره في ذلك وخلو الزمان من قائم حق أو محتسب، فيقول ما لفظه: فلم يصدني عن طلب العلم الشريف إهمال ولا تواني، بل وقعت إلي حثالة زمان رماني، من الحوادث والبلوى بما يذوب منه الصخور، وتعجز عن حمله الظهور، ولو عرفت أن لي مخلص فيما بيني وبين خالقي تخلصت مما ولجت فيه من أمور العامة وتوليها، وجنحت عن تحمل مشاقها وبلائها، ولكني عرفت تضيّق الوجوب علي بالقيام بقدر الاستطاعة، وتقليل المفاسد مع معرفتي وعقيدتي في نفسي أني من أهل الصلاحية في هذا الأمر، مع عدم من يقم مقامي فيه، وعدم الإمام الكامل والمحتسب، وعلمي أني لو تركت القيام بهذا الأمر بقيت الأمور في هذه الجهة فوضى، وبسطت أيدي القبائل الطغام الظلمة على المؤمنين، سيما في هذه المدينة المحمية، وتصرفوا فيهم كل منهم كيف شاء، وتقسموهم كما تقسم الشاء إلا أن يأتي الله بالفتح أو أمر من عنده، وأرجو في الله سبحانه أن لا يميتني إلا قد أقام إمام عادل كامل الشروط، يطبق الأرض بالعدل كما قد ملأت بالجور، ويرزقني طاعته والجهاد بين يديه، فهو القادر على ما يشاء والمتصرف في عباده كيف يشاء إلخ الكلام. أقول: وهذه العبارات نقلتها عن وصيته، وهي بخطه مؤرخة بتاريخ شهر رجب سنة 1174 أي قبل وفاته بسنة واحدة، وستأتي ترجمة لولده السيد محمد بن علي في القسم الثالث فهو على منوال أبيه، بل أعظم رتبة منه في العلم رحمهما الله تعالى.

68. السيد علي بن قاسم العادل

السيد الأديب علي بن قاسم بن محمد العادل الحسني الهادوي الصعدي.

ذكره القاضي أحمد بن محمد بن الحسن الحيمي المتوفى سنة 1151هـ في كتابه طيب السمر في أوقات السحر فقال:

روضة غناء على أغصانها طير الفصاحة غنى، له على غيره زيادة في خصال المعالي والسيادة، فهو جمانة بحرها، والمنسق من عقد نحرها، كَرُم عنصره، وتزين بخاتم المجد خنصره، لبس برد الطرافة بعد ما طرّز أطرافه، فمشى به يتهادى في مشيه، ويمرح في المرقوم من وشيه، سما في الرتب وساد، وأغاض الأعداء وقهر الحساد، كما قلت فيه إذ ظفرت من خصاله بما اصطفيه:

العادل الفاضل في دهره　　　دهر شبابي منه قد عاد لي
يجور بالفضل على حاسد　　　فاعجب له من جائر عادل

بإخلاقٍ كأنما خلقت بعد شروط واقتراح، فدع عنك ما يقال في وجنات الغيد عند وقت راح، كان ذا مال وثروة، متفيأ فيها في أبرد ظلال، جانيا ثمرات الترفية بلا كلال، فما زال ينفق إنفاق من أسرف، حتى أطل من تلاع الوفر على وادي الإفتقار وأشرف، أضاع بالبيع ضياعه، وخلع ثياب الوقار ولبس خلع الخلاعة، فإذا هو اصفر الكف عديم، بعد أن عمل بقول الشاعر القديم:

أورث نفسي مالها قبل وارثي　　　وأنفقه فيما تحب وتشتهي

فنفد ماله وأساء ذوي التميز حاله، وكفله بعض ذوي الأسباب بعد أن جفاه الأخلاء والأحباب، قال: ولما قدمت صنعاء العامرة أخبرت بآدابه وصفاته، وحقق لي ظرفه فقصدته إلى داره مشتاقا، فرأيته في زاوية خموله يدير على نفسه من آدابه كأس شموله، فسقطت عليه سقوط الطل على الورق، ونزلت به نزول النوم في العيون بعد الأرق، وحادثته من الأداب أطرافا، وأحطت بما طاب منه أعراقا وأعرافا. وأملاني من أشعاره، وله مجموع يستلطف، وتأليف يانع المقطف سماه: (دمع العين على قتلاء البين). ولما انفصلت عنه وفارقته عاش بعد ذلك

يسيرا، وانتقل إلى دار الغربة فأصبح بها أسيرا، شمله من الله تعالى الرضوان والعفو، فمن رقيق شفوفه، ومذهبات شنوفه قوله رحمه الله:

غنـى الحمـام بروضـة غنـاء	وبكى لفرط صبابتي وشجائي
أتـراه رق للـوعتي لمـا غـدا	مثلي معنـى مـن هـوى وتنـائي
هيهـات أيــن دموعـه وطالمـا	مـزج الشـراب لـه بـدمع بكـائي
وبمهجتـي رشـأ أغـن إذا رنـا	يـدمي القلوب بمقلة كحـلاء
في ثغـره خمـر بحمـر خدوده	مطبوخـة مـالي وللصـهباء
لو ذقتهـا لرميت شيطـان النـوى	بشهابها وحظيت بالسـراء
هل خفت إلا جور سلطان الهـوى	وشكـوت إلا الحـب في أعضـاء
لم يـدر مـا فعـل السـهاد بناظـر	يبكي علـى مـا ذاب مـن أحشـائي
لـو أن للعشـاق قاض خاض في	بحر العلـوم وحازهـا بـذكـاء
لقضت شريعتـه بحسـن تواصـل	شـافٍ للـوعـة مهجتـي وضـنائي

وقوله أيضا:

كحـل العيـون بمـرود السـهد	وكـوى الفـؤاد بحمـرة الوجد
وأبـاد جيـش تصبـري ورمـى	حصـن النهـى بمـدافع البعـد
وأراق دمعـي حيـن ودّعنـي	كـاللؤلؤ المنثـور في خـدّي
وغـدى يقابلـه علـى قُبَـل	مـن ثغـره بـالجوهر الفرد
وبلحظـه سـحرٌ أبـان لنـا	سلبَ العقول بصارم هندي
فالقلب عـانٍ فيـه نـار هـوىً	شربـت دمي وربـت بـه جلدي
قـدِمــتّ والقمـري ينـدبني	بالنوح فـوق منابر الرند
وكأنما جفـن السحاب أسـىً	يبكـي علـيّ بأنـةٍ الرعـد
هيهـات لا يشـفي الغليـل بكـاً	من بعـد مـا ظعنـوا ولا يجـدي
ولـع الأحبـة بـالنوى ورمـوا	قلبـي المشـوق بأسـهم الفقد

ولطالما طار السرور بهم مرحاً بأجنحة من الود
في روضةٍ قد جاد ناضرها قطر جرى في وجنة الورد
والطل في أحداق نرجسها كمدامع سالت من الصد
وإذا شدى فيه الهزار غدا يسبي العقول بحسن ما يبدي
والوُرْق في حلل مفوفةٍ ولها بديع الطوق كالعقد
وملاعب مر النسيم على كثب العبير بها إلى عندي

وقوله من قصيدة أخرى:

صدح الهزار وغرد القمري في روضة غناء من الزهر
أغصانها كالغيد قد رقصت نشوى لرشف زلالة النهر
وكأنها قلبي الخفوق هوىً لبلابل الأشواق في صدري
وكأن مصفر البهار بها لوني من الإعراض والهجر
وكأن ما أجفان نرجسها تبكي علي بلؤلؤ القطر
وكأنها مقل مسهدة تشكو الهوى بمدامع تجري
وكأنها الشحرو حين شدا صب ينوح أسى على بدر
وحياة من أهوى وطرته هل فيهما قسم لذي حجر
لقد أدّكرت بما أرى زمناً منه انقضى في غفلة الدهر
فبكيت حتى ابتل ذيل صَبَا بين الخمائل في الربا تسري

وقوله:

بقيام وقعود كركوع وسجود
وخشوع وخضوع ودموع في خدود
واشتياق لتلاقٍ واحتراق من صدود
لا تؤاخذني بنيسا ني وما يمضى العهود

وقوله:

كـأنما صـوت هـزار الغضـا   في عــوده لحــن لإســحاق
وقد رفـا أغصـان بـان النقـا   يـا ليـت دمعـي مثلـه راقـي

وقوله:

وهــزارٍ أذهــب الســوداء وقــد   صـاح في الغصـن بألحـان بديعـه
قــد شــفا مــا بي وعنــدي أنــه   صاحب القـانون في علـم الطبيعـه

وقوله:

بســاتين الجــراف تــروق حســناً   ويجلـو الطـرف فيهـا مــن تنـزه
وغصــن البــان فيهــا مــذ تثنــى   حكــى ألفــاً عليــه الطــير همــزه

انتهى ولم يؤرخ لوفاته رحمه الله وهي في القرن الثاني عشر.

(السادة آل العادل)

ينسبون إلى جدهم السيد الفاضل الهادي بن العادل المتوفى تقريبا في القرن الثامن الهجري الراجع بنسبه إلى ذرية السادة آل جميل الهادويين، وهو السيد جميل بن حسين بن زيد بن الأمير إبراهيم المليح بن الإمام المنتصر محمد بن المختار القاسم بن الإمام الناصر أحمد بن الإمام الهادي إلى الحق يحيى بن الحسين. قلت: وكان في أيام الإمام المهدي علي بن محمد المتوفى سنة 774هـ أناس من آل العادل بمنطقة الطلح بصعيد قاع صعدة، أفاده السيد النسابة صلاح بن الجلال في المشجر، وقال السيد علي بن داود بن الهادي معلقا على ذلك الكلام بما لفظه: وانتقلوا إلى جبل بني عوير وصاروا هنالك وفي صنعاء سنة 1063هـ انتهى بلفظه. ومنهم أيضا في القرن الحادي عشر من كان يسكن في ضيعة الإمام الهادي بالصحن غربي صعدة، وقد انقرضوا في أيامنا هذه أو انقرضت تسمية لقبهم والله أعلم.

69. القاضي علي بن محمد القطيبي

القاضي العلامة علي بن محمد بن سعيد القطيبي أو بالنون القطيني.

مما رأيت في ترجمته أنه نعت بحاكم المسلمين بمدينة صعدة، ومثل ذلك وقفت عليه في بصائر الوقف وكان موجودا بصعدة سنة خمسين ومائة وألف، وفي نشر العرف للسيد المؤرخ محمد بن محمد زبارة أنه من مشايخ الإمام المهدي العباس بن المنصور الحسين المنتصب في أيامه للأمر. فلعله المترجم قال:

وكان هذا القطيبي شاعرا أديبا أريبا لطيفا ومن شعره قصيدة أولها:

ضاع قلبي بساحة المفتون بين تلك الربا وتلك العيون

وأنه أنفذه المهدي عباس سنة الدعوة عام 1161 بكتاب إلى عمه أحمد بن القاسم بن الحسين بن المهدي أحمد بن الحسن يدعوه فيه إلى الطاعة، فنفذ المترجم وصادف في طريقه عسكر الشيخ العكام البرطي فنهبوا جميع ما مع القطيبي انتهى. ولم أضبط تأريخ وفاته، ووالده محمد بن سعيد من أهل العلم والفضل، ولم أقف على كثير من أخبارهما يسر الله ذلك بعونه وتوفيقه.

70. السيد علي بن المهدي النوعة

السيد العلامة الرئيس جمال الدين علي بن المهدي بن الهادي بن علي الحسني الهادوي اليوسفي الملقب كأبيه بالنوعة نسبة إلى جبل النوعة في جهات ساقين وأعمال خولان صعدة، وبقية النسب تقدمت في ترجمة والده في القسم الأول من هذا الكتاب. والظاهر أن له قراءة على والده، وأنه الذي روى عنه تلك الأخبار في كتاب التاريخ الذي أشرنا إليه في ترجمة والده رحمه الله.

وقد ترجم لصاحب الترجمة السيد المؤرخ النسابة محمد بن محمد زبارة الحسني في نشر العرف لنبلاء اليمن بعد الألف فقال ما لفظه:

كان صاحب الترجمة سيدا عارفا وأميرا ماجدا، قال السيد عبدالله بن علي الوزير في كتابه طبق الحلوى بعد أن ذكر في حوادث سنة 1083 حصول المواحشة بين الأمير جمال الدين علي بن أحمد بن الإمام القاسم وبين الأمير شرف الإسلام الحسن بن الإمام المتوكل على الله إسماعيل بن القاسم في جهات صعدة وبلادها التي كانت تحت نظر الأمير جمال الإسلام:

وفي ربيع الثاني سنة 1084 أربع وثمانين وألف وصل حضرة الإمام المتوكل على الله إسماعيل جماعة من بلاد خولان صعدة شكاة بجمال الإسلام علي بن أحمد بن الإمام القاسم، فأمر الإمام على بلادهم السيد العارف جمال الدين علي ابن مهدي النوعة، فساس وساد، وبلغوا من إمارته المراد، وسقوا بنميرها رياض بواطن الأحقاد، وهكذا الرعايا لا يستقر لها حال إلخ.

قلت: وتولى بعد ذلك صاحب الترجمة غيرها من البلاد، وله شهرة وذرية في ناحية ذي السفال من اليمن الأسفل. ولما مات في سنة 1108 رثاه صديقه الشيخ الأديب محمد بن حسين المرهبي بهذه القصيدة، المتضمن عجز آخر بيت فيها تاريخ وفاة المترجم له، إلى ما فيها من مزايا صاحب الترجمة ومكانته في العلم وهي:

لا تلمني على البكا في الرسوم	ما أنا في مبادئ التعليم
لست بالصادق النصيحة عندي	في حديث يا عاذلي أو قديم
أنت خلي ما لم أكن في حميد	وعدوي ما لم أكن في ذميم
أنت خصمي إذا وصلت خليلي	وحميمي إذا قطعت حميمي
إن شخص الوفا جميل المحيا	وأرى الغدر في المحيا الذميم
إن حزني على جمال المعالي	لعظيم وزان ذاك العظيم
بر بي الدهر منه خير ظهير	كنت أعددته شحاك الخصوم

عـالم بالبيـان والنحـو والصـر ف وفـن المنثـور والمنظـوم

لا تقـل فيـه بحـر علـم ولكـن قـل جمـال الأنـام بحـر العلـوم

ما أنـا الصـاحب الصـديق إذا مـا ارثـه بـالتفخيم والتعظـيم

مـا بكـائي لضـيق لحـد حـواه فهـو في القـبر في أجـل نعـيم

مـا عـلى نفسـه الزكيـة بعـد الـ يوم كرب لدى الرؤوف الـرحيم

بل لفقدي تلك السجايا ومكثي بعـده في معـرس للهمـوم

كنـت أهـوى تـأخيره فكـأني لعـليّ لم أرض بالتقـديم

قيـل لي أن سـألت في أي عـام فقـدت فيـه مهجـة المرحـوم

ما الـذي أنـت قائـل ضـمن فـأل مـثلج الصـدر مـذهب للكلـوم

قلـت تاريخـه: عـليّ بوسـع نـازل في جـوار رب كـريم

248 388 472

قال: ومن أشهر ذريته بمدينـة ذي السـفال في سـنة 1344 للهجـرة الوالـد عبد الرحمن بن أحمد بن عبدالرحمن بن حسين بن محمد بن علي بن مهدي النوعة، وعنه ضبطت نسبه ونسب جده صاحب الترجمة رحمه الله انتهى كلام مؤلف نشر العرف. ورأيت صاحب طيب السمر للحيمي ترجم له هناك فقال:

ماجد أبان من الفخار جنسه ونوعه، وعظيم بقلب المعالي إليه أي غرام ولوعـة، يقظ العزائم، وافر المكارم، قال: ولـه في علـم التـاريخ تضـلع، وإلى كتبـه المزبـورة تطلع، حتى ألف فيه كتابا لم يحضـرني الآن اسمه، إلى أن يقول: ولي صنعاء فزهى به قصـرها، وسكن سفحها فتاه به مصـرها، واخضـرت كـروم روضـتها فحسـن عصـرها، لأنه عدل وما جار، وقطف فواكه علم تحت ظـلال أشـجار، فنـال مـن العلم أشـرفه، وامتنع من النقائص للعدل والمعرفة، مع ثروة ووفر نشـأ فيـه. قـال: وكنت أرجو أن أراه وأطرقه ضيفا فيوسع لي من الأدب قراه، فما أسعد الزمـان ولا

فعل، وذهب الرجا بين ليت ولعل، حتىٰ طرقني نعيه، طالب في الجنان رعيه، ولـه شعر منظوم، ووشي قريض مرقوم، ومن نظمه قوله في مليح بيطار:

هـام قلبـي بحـب بيطـار خيـلٍ ... قـد بـرى سـهم مقلتيـه فراشـه
كلـما رمـت مـن هـواه خلاصـا ... جـرّ مـن قـوس حاجبيـه كواشـه

وقوله من الجناس:

لا يحسـن العبـد الصـنيع ... ولـو فرشـت لـه نـمارق
فـدع العبيـد وملكهـا ... فلقـد بلـوت فـما نـمارق

وقوله في المناهل الصافية لابن الغياث:

مـن يُـخْبر ابـن غيـاثٍ ... عنـي بـما صـح عنـدي
أن المناهـل لـما ... وردتهـا جـار بـردي

قلت: وقد ذكر الحيمي في عبارات الترجمة الآنفة أن لصاحب الترجمة كتابا في التاريخ، فهو علىٰ هذا جامع ومؤلف الكتاب الذي استطردنا ذكره ونبهنا عليه كفائدة تاريخية أثناء ترجمة والده السيد المهدي بن الهادي النوعة بحرف الميم في القسم الأول من كتابنا هذا، فليراجع ما حررناه هناك.

(وصنوه محمد بن المهدي النوعة)

ذكره أيضا العلامة أحمد الحيمي في طيب السمر فقال:

لما ارتحلت إلىٰ الغِراس وبالغت في معرفة رؤوس القوم ولم ألغ رأس، رأيته به نازلا، ولخرائد الرئاسة مغازلا، تحت لواء بعض الملوك، الذين ما لشمس مجدهم من دلوك، فرأيت سيدا طويل باع، شرىٰ المعالي بنقد أيامه وغيره باع، قد لـبس من الشرف مغفره، وركب من العلا فرساً ذافرة، وقد خلط المسك بالكـافور في عارضه، وشيب الجميم من شعره ببارضه، فلحيته شمطا، وكلماته مع ذلك تنظم

سمطا، فله من القريض، ألحان يضيع عندها معبد والغريض، فمن نظمه الذي هو بحر لا ثماد، قوله مقرضا لنظم من يلقب بالعماد:

أبرق شرى بالرقمتين مع الفجر	أم ابتسمت معسولة الثغر عن در
أعين مهاة أذهلتني وإنما	عيون المها بين الرصافة والجسر
أم الخمر لا والله ما قد عرفتها	أهل هكذا تسري المدامة بالسكر
أنسمة صبح عن شذا الروض باكرت	فاذكرت الولهان ماض من العمر
أم السحر أم نظم العماد وشعره	فذاك هو القسم الحلال من السحر

واكتفى في ترجمته بهذه الألفاظ المسجعة وتلك الأبيات، ولعله قصد بنظم العماد منظومة (نفخ الصور في ذكر آل الإمام القاسم المنصور للسيد عماد الدين يحيى بن أحمد العباسي التي نظمها سنة 1090هـ، وقد تقدمت له ترجمة في القسم الأول من هذا المعجم بحرف الياء فليرجع إليها.

71. الشيخ علي بن يحيى قلعس

الشيخ العلامة جوهرة الدهر والعلامة جمال الدين علي بن يحيى قلعس.

هكذا وقفت عليه في بعض الأوراق في التعريف به، وكان موجودا على قيد الحياة عام 1095 خمس وتسعين وألف، ويظهر من النقولات التي اطلعت عليها أن المترجم كان له عناية بالعلم وأهله بمدينة صعدة، وولده هو الشيخ حسين بن علي قلعس، حسبانا مني أنه ولده، وكان أحد التجار ومن أهل اليسار بالمدينة الصعدية، وهو المذكور في مذكرات الإمام المؤيد بالله الصغير محمد بن المتوكل على الله إسماعيل المتوفى سنة 1097 فقد ذكر هناك ما يفيد أنه كان يجلب البضائع إلى صنعاء وأن الإمام المذكور كان يأخذ منه بعض المال على سبيل الاقتراض، وذلك أثناء ولايته على مدينة صنعاء. وللشيخ حسين بن علي قلعس وفقيات

عدة، اطلعت عليها في درج الوقف، منها ما أوقفه على السيد إبراهيم بن الهادي حطبة وولده السيد إسماعيل بن إبراهيم تصرف غلول الأموال إلى المذكورين وأولادهم وأولاد أولادهم ما تناسلوا، وإحدى تلك الوقفيات مؤرخة في شهر جمادى الآخرة سنة 1104 أربع ومائة وألف.

72. السيد القاسم بن علي بن أحمد أبو طالب

السيد الهمام الرئيس علم الدين القاسم بن علي بن أحمد أبو طالب بن الإمام المنصور بالله القاسم بن محمد الحسني اليمني الصعدي النشأة والوفاة.

وصاحب الترجمة هو أحد رؤساء وقته الأمراء الأعيان، وكان متوليا لوالده المتوكل علي بن أحمد على بلاد خولان مدة من الأعوام، ولما توفي كان ظهيرا لصنوه وشقيقه شرف الدين الحسين بن علي، ولما توفي صنوه المذكور شهر ربيع الأول سنة 1125 دعا المترجم إلى نفسه، وقيل دعا إلى الرضا، وطلب البيعة من العلماء فأجابوا أن الرضا الإمام المنصور صاحب شهارة، فتم القول بينهم وبينه أن يبايع ويبايعوا للمنصور، ثم حصلت منه منافرة ومكاتبة إلى المهدي صاحب المواهب، وجرت أمور أثارت حفائظ مشايخ سحار عليه، فشاعت كلمة أهل الشام في سنة 1127 مع قيام ابن أخيه محمد بن الحسين بن علي مجيباً للإمام المنصور الحسين بن القاسم صاحب شهارة ومتبعاً وصية والده الحسين على الموالاة للمنصور، ولم يبق لصاحب الترجمة كلمة مجابة بل دخل في الطاعة، وخطب للمنصور على منبر جامع الإمام الهادي بعد دخول أعيان أصحاب الإمام المنصور إلى صعدة عاشر شهر صفر سنة ثمان وعشرين، وهم السيد محمد بن إبراهيم بن الحسين بن المؤيد بالله محمد بن الإمام القاسم بن محمد، والسيد أحمد بن هاشم الهدوي، ثم بعد وفاة المنصور ذكر بعض المؤرخين أن

المترجم وابن أخيه محمد بن الحسين بايعا للإمام المتوكل القاسم بن الحسين بن المهدي أحمد بن الحسن، واستمرت له الخطبة بصعدة مدة.

هذا كل ما بلغني في ترجمته. ولم أضبط تاريخ وفاته إلى أن وقفت على شاهد ضريح في المشاهد المقدسة بجامع الإمام الهادي بصعدة ملاصق لمرقد السيد العالم الكبير عبد الله بن الحسين صنو الإمام الهادي إلى الحق عليه السلام يؤذن أن قبر المترجم بجانب مرقد السيد المذكور، وأن تاريخ وفاته في شهر ربيع الأول أحد شهور سنة 1147 سبع وأربعين ومائة وألف، وليس له من الأولاد إلا ولده علي بن القاسم المتقدمة ترجمته قريبا.

وفي الذيل الملحق على كتاب اللآلي المضيئة نسخة القاضيين الأخوين العالمين محمد وإبراهيم ابني شيخ الإسلام القاضي عبدالله بن علي الغالبي (والذي اتضح لاحقا أنه منقول من كتاب مختصر شرح البسامة للسيد أحمد بن هاشم الهدوي المتقدم ترجمته بحرف الألف) جاء فيه ذكر الحوادث الحاصلة أيام صاحب الترجمة متولي صعدة في أيامه بما موجزه:

وأمّا قاسم بن علي فإنه بعد أن توفي صنوه المؤيد رحمه الله وقد كان أوصى بخزانة لبيت المال دراهم نقداً تُسلم إلى المنصور، فدعا للرضا من آل محمد وطلب البيعة من العلماء، فأجابوا إن الرضا المنصور ولم يمكنهم مبايعته، فتم القول بينهم وبينه أن يبايع ويبايعوا للمنصور، فبايع وخطب، وأمر بإستمرار الرواتب في المساجد، وكاتبه وأرسل له ببعض الدراهم الموصى بها من حي أخيه المؤيد، واستمر على ذلك أياماً، ثم ترجح له أن قلب ظهر المجن وأمر بقطع الرواتب، وكتب إلى المهدي صاحب المواهب أن يمده بمال وأنه سوف يبايعه ويخطب له، ويتجهز بأهل الشام على المنصور، وكذلك كتب إلى المنصور وتوعده بما يقصر عنه، فلما وصلت كتبه إلى المهدي طلب صنوه يحيى بن علي بن

أحمد وأرسله إليه بدراهم واسعة جلها له وللشيخ محمد بن جعفر وللشيخ حليس بن جعران، وكذلك جهز صنوه صفي الدين أحمد بن علي بن أحمد بمحطة كبيرة خيلاً ورجلاً جلها عبيده، وأمره أن يتقدم إلى مور ثم إلى الشرفين ثم يتقدم على المنصور. ولما وصل يحيى بن علي إلى صعدة واجتمع بصنوه قاسم والشيخ محمد بن جعفر والشيخ حليس بن جعران ثارت حفائظ مشائخ سحار جميعاً، وأظهروا الخلاف على قاسم بن علي، وانتموا إلى المنصور وكذلك بنو جماعة، وتضامنوا أن لا يسلموا إليه شيء من الواجبات. إلى خامس عشر من شهر جمادى الآخرة سنة 1226 ست وعشرين ومائة وألف وخرج مشائخ سحار إلى عند المنصور، فرحب بهم، وقام بهم القيام التام وبايعوا وتعهدوا، وزلجهم وجعل صحبتهم كتباً، وطلب من قاسم بن علي الشريعة فوصلوا إلى صعدة واجتمعوا بالسادات والعلماء، وكتبوا إلى المنصور أن يرسل رسولاً لأخذ الشريعة، فأرسل القاضي حسين بن محمد البشاري، ولما وصل إلى صعدة لم يحصل امتثال من قاسم بن علي فرجع إلى حضرة المنصور.

قال: وفي شهر صفر من السنة المذكورة سنة 1127 سبع وعشرين ومائة وألف وصلت إلى المنصور رسل وكتب من السيد عبد الرحمن بن أحمد بن هارون، ومن مشائخ شعب حي وزبيد، واستدعوا عاملاً لبلاد خولان، فأرسل صحبتهم السيد عز الدين محمد بن إبراهيم بن الحسين بن المؤيد والياً لتلك الجهة، وأرسل صحبته السيد أحمد بن هاشم الهدوي والياً لبني جماعة ومنبه ووادعة الشام وقحطان، شرط أن يعاونه أولاً في بلاد خولان كونه مختبراً بها، وبعد صلاحها ينفذ بلاده المذكورة، فتقدم السيدان وصحبتهما الرسل المذكورين، والسيد العلامة شرف الدين الحسن بن أحمد الشرفي منصوباً للقضاء في الجهة الخولانية، فوصلوا إلى حيدان ثالث وعشرين من الشهر المذكور بعد أن لقيتهم محطة من الأحلاف، وكانت دخلة كبيرة، فكاتبا إلى أهل

تلك الجهة ورغبا، فانثال الناس إليهما أفواجاً، ودخلوا في الطاعة أفراداً وأزواجا، وبايع محمد بن الحسين بن علي بن أحمد، وخطب في رازح وأُشعلت النيران، وكان لها موقع عظيم، ولما استتمت الجهة الخولانية لم يبق إلا الجهوز تقدم السيد أحمد بن هاشم إلى الجهة الشامية لعله ثامن وعشرين شهر ربيع الآخر وفي صحبته جماعة من بني جماعة مشائخ، فوصل إلى الدربين وقد كتب إلى السادة الأعيان من آل يحيى بن يحيى أهل هجرة ضحيان وإلى كافة القبائل أن يلقوه، فكان جمعاً كبيراً من السادات وألت الربيع والمعاريف والدربين، فأقرأهم السيد أحمد خطوط المنصور، وعرفهم أحواله وصفاته، وطلب منهم البيعة فأجابوا بالسمع والطاعة وبايعوا وتعهدوا وصاروا من أنصاره، وسار في صحبة السيد أحمد عُقّال السادة، ثم تقدم إلى بوصان ويماني بني عباد حتى انتهى إلى مدينة جاوي، وطلب المشائخ جميعاً وطلب منهم البيعة والعهد، ثم نفذ إلى بني شنيف وشامي بني عباد وخاشر ووادي آل جابر، وكل ما مضى من محل طلب البيعة وبايعوا وتعهدوا، ثم نفذ إلى جهة رغافة ويسنم وقملا وقطابر وطلب مشائخ جِنَبه فوصلوا إليه وعهدهم وكذلك آل يحيى وآل ثابت، ثم وصلوا إلى رغافة إلى عنده، فجميع تلك القبائل قائلة بالسمع والطاعة والضيافات والإكرام، ثم عاد إلى هجرة رغافة وأقام بها واستقر فيها، ووصل إليها يوم الخميس ثاني عشر شهر جمادى الأولى سنة 1127 وفي يوم ثاني خطب للمنصور في جامعها المبارك وهي أول خطبة أُقيمت له في جهات الشام، وأُقيمت الجمعة والجماعات، وأحييت مآثر الطاعات، ووصل الوفود من جميع الجهات بنو حذيفة وآل راشد والقطينات والشيخ يحيى بن مُقيت وأهل الهجر من العرب والسادات، وبايعوا جميعاً وساقوا ما عندهم من الواجبات، وكذلك آل عبد الله من سحار الشام ووادعة وأهل قتام إلى حدود شاكر ويام، ولم يبق من أهل تلك الجهات جميعاً من السادات والمشائخ وممن ينفع ويضر إلا قد طوق

عنقه بالبيعة والعهود المنصورة. ثم إن قاسم بن علي لما رأى استتمام الشام جميعاً جعل عمله التمحيق في البلاد الشامية وأرسل ولاة من سادة هجرة فللة إلى بني جماعة ومنبه، فلما بلغ السيد أحمد بن هاشم خروجهم كتب إلى جميع أهل البلاد أن يرجعوهم فأرجعوهم إلى بيوتهم على أسوأ حال، ثم بعد ذلك وصلوا إلى عنده إلى رغافة فاستتابهم وطلب منهم البيعة، فبايعوا ودخلوا في الطاعة.

ثم قال في موضع آخر: عدنا إلى ذكر تمام خبر دولة الشام فأعلم أنه لما دخل جميع أهل الشام في طاعة المنصور، ولم يبق إلا قاسم بن علي بن أحمد والجهوز من خولان فإنهم كانوا قائمين مجتهدين في الخلاف معه، ولم يرضوا الدخول بما دخلوا فيه أهل الشام، فكتب عليهم عاملهم السيد محمد بن إبراهيم بن الحسين ابن المؤيد بالله إلى عند المنصور بحقيقة ما هم عليه من التعصي، فأجاب عليهم أن يتقدم عليهم بالأحلاف والمنصوريين من سحار، وكتب إلى السيد محمد بن الحسين بن علي بن أحمد أن يتقدم عليهم كذلك بأهل رازح ومن معه، وكتب إلى السيد أحمد بن هاشم الهدوي أن يتقدم عليهم كذلك ببني جماعة ومنبه ومن إليه، ولما وصلت هذه الكتب وحصل الطلاب والتحشيد من هذه الثلاث الجهات خافوا فوصلوا إلى حضرة عاملهم السيد محمد بن إبراهيم إلى حيدان مواجهين سامعين مطيعين، وبايعوا واستتموا وسلموا ما عندهم من الواجبات. ولما بايع المهدي سقط في يد قاسم بن علي فبايع للمنصور، ودخل في الطاعة والجمعة والجماعة، وخطب له بجامع الإمام الهادي عليه السلام، وأظهر للناس التوبة والاستغفار في حق المنصور، ولما تمت بحمد الله الأمور، وصلح حال الجمهور دخل السيد محمد بن إبراهيم من الجهة الخولانية إلى صعدة يوم الاثنين عاشر شهر صفر سنة ثمان وعشرين ومائة وألف دخلة كبيرة، وكذلك دخل السيد أحمد بن هاشم من الجهة الجماعية إلى صعدة ثالث دخوله بمحطة من بني جماعة والسادات دخلة كبيرة، وبعد أيام أظهر قاسم بن علي الخلاف على

المنصور ورتّب دار مطهر(55) وجمع محمد بن إبراهيم أصحابه ورتب دار الدواميم(56) وما حوله، وحصل الحرب بينهما واستمر سبعة عشر يوماً فقتل من أصحاب قاسم بن علي: السيد ابن قفلة وعبدالله بن سيلان، ومن أصحاب السيد محمد بن إبراهيم: حسن بن جمعان الطلحي، وكذلك الفقيه عبد الله المتميز

5 أرسل عليه قاسم بن علي رتبة إلى بيته فرماه رجل من آل مشلي وهو في طاقة بيته شهيداً رحمه الله، ثم حصل صلح وركت يد المنصور فخرج السيد محمد بن إبراهيم بلاد خولان وبقي فيها إلى أن توفى المنصور عادت بركاته (شعبان سنة 1130) فخرج إلى شهارة. ولما توفي ودعا المتوكل القاسم بن الحسين بن المهدي أحمد بن الحسن بايعه قاسم بن علي وابن أخيه محمد بن الحسين وعلماء صعدة،

10 واستمرت له الخطبة هنالك انتهى ما أردناه نقله من هذا الذيل والله أعلم.

(استطراد عن دولة صعدة في هذا القرن والذي يليه)

قال الفقيه حسن بن حسين الروسي مؤلف السيرة المنصورية ما لفظه: وكان الدولة في صعدة مستقيمة في الغاية حتى مات سيدي أحمد بن القاسم رضوان الله عليه (سنة 1066هـ)، فولّى الإمام يعني المتوكل على الله إسماعيل ولده من

15 بعده علي بن أحمد، فأقام على ذلك النظام، واستقام أمره في الشام حتى أدبر وخرج على صاحب المواهب، وحصل عليه تلك العجائب والدهايات والنوائب، ورجع من باب صنعاء خايب، فلما وصل الشام ركت يده وضعفت شوكته، وتحكم المشايخ في البلاد ولم يسلموا له إلا الحقير من المواد، وهم الآن

---

(55) دار مطهر: من العمائر التي بناها المطهر بن الإمام شرف الدين في منتصف القرن العاشر الهجري بصعدة، وكان يقع بالغرب من مسجد القصر.

(56) دار الدواميم: من العمائر التي بناها السيد عز الدين بن الإمام شرف الدين أيام ولايته على صعدة منذ سنة 941 إلى أن توفي سنة 953هـ.

على ذلك الطراد، وأما أولاد علي بن أحمد فما بقي لهم فيها مجال، ولا يملكون فيها ضرا ولا نفعا، وصاروا لديهم مثل الجأر فما تفضلوا به من الواجبات جعلوا مصرفه إليهم، مع أن البلاد واسعة ولها مواد نافعة، ولكن اليد ركيكة، ولم يكن من أهل هذا البيت شديد العزيمة والعريكة، ومن شرط الملك:

ما الملك إلا الرجال المحصرون له   بالمشرفية والصم المداعيس

في الخافقين لهم ضرب تطير له   أيدي الكماة وهامات القناعيس

وقال في موضع آخر: والحكم في هذه الجهات جميعا للمشايخ وإنما يسلموا لأولاد سيدي علي بن أحمد الشيئ الحقير على صفة المروءة انتهى كلامه.

قلت: واعلم أن الدولة في صعدة وبلادها بعد وفاة المولى علي بن أحمد بن الإمام القاسم سنة 1121هـ، ووفاة ولده شرف الإسلام الحسين بن علي سنة 1125هـ صارت إلى صاحب الترجمة السيد القاسم بن علي بن أحمد حسبما حكيناه في ترجمته إلى أن توفي في التاريخ المتقدم سنة 1147هـ، ثم صارت إلى يد ولده السيد جمال الدين علي بن القاسم إلى أن توفي سنة 1175 وله ترجمة تقدمت آنفاً، ثم تولى بعده ولده الحسين بن علي وكان موجودا سنة 1220 بالاشتراك مع صنوه محمد بن علي المتوفى سنة 1229، ثم تولى بعدهما ابن أخيهما السيد عباس بن إسماعيل بن علي بن القاسم المذكور وهو الملقب بالدولة، أو دولة صعدة حسبما أخبرني بعض أحفاده، وولداه هما المدفونان في قبة جدهما أحمد بن الإمام القاسم في المشاهد المقدسة بجامع الإمام الهادي عليه السلام: علي بن عباس المتوفى جمادى أول سنة 1282 وصنوه إسحاق بن عباس المتوفى جمادى الآخرة سنة 1299، ولهما أخ ثالث هو المعروف بدولة صعدة بعد والده وهو السيد المقام محسن بن عباس بن إسماعيل بن علي بن القاسم كانت إليه الرئاسة في أيامه بصعدة، وكان موجودا على قيد الحياة سنة 1274هـ، ومن بعده تولى دولة صعدة ولده السيد الرئيس جمال الدين علي بن محسن بن عباس المتوفى

مقتولا على يد بعض أقاربه سنة 1290 تسعين ومائتين وألف. فالمدة التي تولى أهل هذا البيت فيها على صعدة هي ما يقارب المئة عام وستين سنة، كان النفوذ فيها أغلبه للقبائل المتغلبة، وإذا بلغ نفوذ إليها من قبل الحكام في صنعاء فهو مقتصر على الخطبة والموالاة فقط، وقد حاول الإمام المهدي عباس في أيامه إرجاع صعدة إلى حضيرة الدولة بصنعاء في سنة 1178 بإنفاذ حملة عسكرية، فرأى أنها لا تتم الولاية له إلا بضياع أموال لا تجدي شيئا، لذلك تركت صعدة للسادة آل القاسم والقبائل، وتضعضعت أحوال المدينة الصعدية وهجرها العلماء وقل طلبة العلم فيها والدرسة، وساد فيها العمل بالأحكام العرفية، وتحكمت السطوة فيها للقبائل، وتحاكموا إلى الطاغوت في شجارهم وقضاياهم وخصوماتهم. وبالجملة وحسبما اطلعت عليه من وثائق تخص هذه الفترة فقد كان قصارى أواخر المتولين منهم في إدارتهم للأمر والنهي وتأمين الرعية والأسواق هو ما يجعلونه من قواعد محررة مع شيوخ القبائل من سحار وجماعة، وغاية ما تحتوي هذه القواعد بين الطرفين هو تأمين بعض المنافع والمصالح العامة، كالأسواق والطرق منها وإليها داخل المدينة في مساحة لا تتجاوز حدودها الكيلو من الأمتار، فلذلك ساءت الأوضاع في المدينة الصعدية، واختل نظام الدولة القاسمية فيها باكرا قبل نصف قرن من رثاء السيد الأديب محسن بن عبد الكريم لها في عموم اليمن في أبياته المشهورة التي منها:

عظم الله يا حبيبي لك الأجـــــــر ولي في الخلافة القاسميه
دولة أشرقت بطلعتها الأرض وكانت بكل فضل حريه
فعلى مثلها ينـــاح ويبكى وعليكم مني جزيل التحيه

وقد حكى طرفا من تلك الأوضاع التي ذكرناها القاضي العلامة الحافظ محمد بن أحمد بن يحيى مشحم بقلمه الديباج وأدبه الثر العجاج، فيما حرره في أيامه من (المقامة الصعدية) الآتية بكاملها في أثناء ترجمته قريبا، وأنشد فيها:

رحــم الله صــعدة فلقــد أضــــــحت مثــالا مــن جملــة الأمثــال

وستأتي في القسم الثالث من كتابنا هـذا أثنـاء ترجمـة القاضـي العلامـة عبـد الوهاب بن صلاح الكستبان المتوفى سنة 1260 شواهد على ما ذكرناه في هـذا الاستطراد، والله الموفق.

73. السيد محمد بن إبراهيم حوريه المؤيدي

السيد العلامة الرئيس بدر الدين محمد بن الإمام إبراهيم بن محمد بن أحمد بن عز الدين بن علي بن الحسين بن الإمام عز الدين بن الحسن المؤيدي الحسني، وقد تقدمت ترجمة والده وصنوه أحمد بن إبراهيم المؤيدي في القسم الأول مـن هذا الكتاب.

وصاحب الترجمة كان من أعيان السادة الرؤساء في أيامه، وهو تلـو صنـوه صفي الدين أحمد بن إبراهيم، وله في العلم والأدب معرفة حسنة، وله قراءة في مقروءات أهـل زمانـه علـى صنـوه المذكـور، وعلـى القاضـي العلامـة أحمـد بـن علـي شاور، وعلى غيرهما، وقد ذكره صاحب الدامغة السيد الحسن بن صلاح الداعي أثناء ترجمته لصنوه فقال: هو العين الناظرة والأذن السامعة، وإليه مرجع الرأي، وهو المقدم في آل يحيى بن يحيى والمرجوع إليه، وله علم بـالأمور وفراسـة فيمـا تكنه الصدور، وحلم وافر، وعقل باهر، وله في العلم يد مليحـة، ولا يـزال في قراءة وإقراء وتعلق بـالعلم وأهلـه، وصنـوه يحيـى كـذلك لـه في العلـم قسـم ومشاركة وطلب وفائـدة، وإسماعيـل وحسـن وعبـد الله أولاد السيد الإمـام إبراهيم المشار إليهم في ترثية صنوهم أحمد بهذه الأبيات:

| والصبر أفضل مـا اقتنيـت لفقـده | لكـن صـبري للفـؤاد يمـزع |
| وبـه أوصـي إخـوتي بـدر الهـدى | صنـو الإمـام فإنــه لي يسـمع |

وهـو المؤمــل بعــده والمجتبـى	وإليـه عنـد المشكـلات سنرجــع
يـا بـدر ديـن الله صبـراً إننـي	أوصيك للصبر الجميـل تـدرع
فلئن صبرت فأنت قدوة من نرى	مـن سـادة لفراق أحمد زعزعـوا
شربـوا بكـأس للمـرارة مترع	حتـى رَوُوْا ولمـا أمـرَّ تجرعـوا
فارفع لهم ذكـراً وقل لجميعهم	إني لرايتــه الشــريفة أرفــع
لا بـد أقفـو إثـر أحمد جاهـداً	في كـل مكرمـة تُقـال وتُسمـع
حتى تـرون الخيـر في عرصـاتكم	لا تهضمون ولا بسوءٍ توجعـوا
وعمـاد ديـن الله يحيـى بغيتـي	نرجـوه للجُلـى وعنـا يـدفـع
وكذا ضياء الدين والفخري فهم	عند النوائـب والحـوادث مفزع
واحمـل إلى الحسـن المكـرم فيهم	عنـي العـزاء وقل لـه لا يجـزع
وتعـزّ يـا سبـط الإمـام فـإنني	بـك في المكـارم يـا محمد أسمع
دامت لك العليا ودام لـك العـلا	إذ أنـت من ثدي الإمامـة ترضع
واقصد إلى العلم الشريف تنل بـه	عـزاً يـدوم وسطوة لا تقـرع
وتأس يا ولدي فكم لـك أسـوة	تـدرأ بهـا مـا يعتليـك وتدفـع
فلخطبك الخطب العظيم وإنـما	بالصبر يعصمك الإلـه ويرفـع
ولنـا جميعـاً بـالنبي وآلـه	أولى التـأسي والأسـى لا ينفـع

وقد أثبتنا مطلع أبيات القصيدة في ترجمة صنوهم في القسم الأول، وهؤلاء الخمسة الأخوة هم غرة في جبين أيـامهم إلا أن صنوهم السيد صفي الـدين وصاحب الترجمة هما الموصوفان بالعلم، قال في بغيـة المريد مستطردا إياهما:

وللسيد إبراهيم بن محمد أولاد نجباء، منهم السيد الإمام العلامـة مفخـر آل الرسول صفي الإسلام شمس الهدى والدين أحمد بن إبراهيم، وله دعوة في بلاد الشام عند موت المتوكل عـلى الله إسماعيـل، ثـم رجـح لـه التـأخر عـن ذلك لأسباب، وكان عالما عاملا مجابا، وكذلك صنوه محمد بن إبراهيم كامل في

المعقول متكلم في الأصول انتهى.

قلت: وكان صاحب الترجمة من أعيان مقادمة المتوكل علي بن أحمد بن الإمام القاسم، ودخل معه إلى صنعاء لما حط عليها في سنة ثلاث ومائة وألف، وولاه بلاد الحيمة فنزل إليها هو وإخوته وجماعتهم في محطة، فبقيوا هنالك قدر عشرة أيام ولما انكسر المتوكل وهرب من الروضة خوفا من جنود الناصر صاحب المواهب وظهر خبر هروبه عزم صاحب الترجمة وإخوته إلى عمران، فقبضوا قبل دخولهم إليه ونهبت خيولهم وسلاحهم وجميع ما بأيديهم، وأوصلوهم إلى الناصر فبقيوا مدة في قاهرة تعز، ثم أطلقهم وأعطاهم وأعاضهم عما فات عليهم. وكان بين صاحب الترجمة وبين السيد الحسن بن صلاح الداعي مكاتبات وملاطفات، فإنه كان من أهل النظم حسبما ظهر لي والله أعلم.

وكانت وفاته كما نقلته عن قلم ولده يحيى بن محمد رحمهما الله تعالى صباح الأربعاء الخامس والعشرين من شهر رجب سنة 1110 عشرة ومائة وألف، ودفن قريبا من والده غربي المسجد الأعلى بهجرة فلله. وأما وفيات إخوته المتبقين يحيى وإسماعيل وعبد الله فلم أضبط ذلك، ولم أفردهم بالترجمة، فهم ذكر نعمان إن توفر ما أفيده عنهم.

74. السيد محمد بن إبراهيم الحسني

السيد العلامة محمد بن إبراهيم الحسني الصعدي.

وهو أحد مشايخ العلم بصعدة الذين أخذ عنهم القاضي الحافظ محمد بن أحمد بن يحيى مشحم، وعناه في أرجوزته الآتي التعريف بها بقوله:

ومن شيوخي نجل إبراهيما محمد أجاز لي عموما
بكل مسموعاته عن والده وما له أجاز من فوائده

مــن كتــب العــترة والأشيــاع	اتبـاعهم لله مــن أتبــاع
وقــد جمعتهــا عــلى الحــروف	بنحــو مــا أورد في التــأليف

ولم أقف على ما أفيد في ترجمته بغير ما تقدم يسر الله ذلك.

75. السيد محمد بن أحمد حبلة الهدوي

السيد العلامة الجليل محمد بن أحمد حبلة الهدوي.

كان سيدا جليلا، وهو ممن تولى القضاء بصعدة في أيامه، إذ جاء في بصائر الوقف نعته بحاكم المسلمين، وكان موجودا سنة 1130هـ. وقد تقدم نسب أهل هذا البيت قريبا، في ترجمة السيد عبده الربيعي بحرف العين، ثم إني وقفت على قبره في حوطة داخل حائط الشهداء جنوبي مشهد الإمام الهادي إلى الحق، وأرخ وفاته على شاهد ضريحه المذكور ليلة الاثنين سادس شهر صفر سنة 1158 ثمان وخمسين ومائة وألف رحمه الله.

76. القاضي الحافظ محمد بن أحمد مشحم

القاضي العلامة الحافظ الضابط المقري المسند بدر الدين محمد بن أحمد بن يحيى بن جار الله مشحم الصعدي ثم الصنعاني.

وهو أحد مشاهير علماء المدينة الصعدية، بل عد من مفاخر علماء اليمن، مولده في نحو سنة 1100 مائة وألف تقريبا. وأخذ في العلوم بصعدة عن جده القاضي يحيى بن جار الله مشحم، وعن أبيه أحمد بن يحيى مشحم، وعن القاضي أحمد بن عبد الله طشي، وصنوه العلامة علي طشي، وعن السيد إسماعيل بن إبراهيم حطبة، ونجله محمد بن إسماعيل، وعن ابن عمه الحسن حطبة، وعن الحسن بن شاور، وقد ذكر مشايخه المذكورين في منظومته التي عدد فيها جميع

مشايخه بصنعاء وصعدة، وسماها (ثلج الصدور بسلسال سلسلة السند المـأثور) فقال في ذكر مشايخه بصعدة:

وفي ربى صعدة من مشايخي ... جدي أب الأب أجل راسخ
محقق الفنون يحيى الفرد ... في عصره والعالم المعتمد
أخذت عنه حصة في الكافية ... ومتن أزهار الرياض الدانية
ونجله شيخي التقي وأبي ... أحمد سامي النفس عالي الرتب
من خص بالفهم بأوفى القسم ... والفتح في مستبهمات العلم
ومنهم أحمد القاضي الطشي ... لازمته في الغدوات والعشي
أكرم به من شيخ علم ألمعي ... مشتهر التقوى شحيح الورع
سمعت منه الشرح للأزهار ... قراءة جنية الأثمار
مع غاية التحقيق لابن حابس ... شمس العلوم بهجة المجالس
إلى تعاليق به مفيدة ... قد جمعت فوائدا عديدة
والبعض من بحر الإمام المهدي ... إنسان عين الآل رب المجد
وما عليه من حواشي المقبلي ... منقح الأنظار بالنص الجلي
ومنهم أخوه شيخنا علي ... شيخ مفيد ماله من مثل
أخذت عنه المتن متن الكافية ... وشرحه يا حبذا من حاشية
وشرحه أيضا لملا جامي ... كذا حواشي متقن العصام
كذا شافية التصريف ... كشرحها المناهل المعروف
والشرح في قواعد الاعراب ... أعني المسمى موصل الطلاب
وفي البيان حصة يسيرة ... لكنها في نفعها خطيرة
كذاك لابن الجزري المقدمة ... فيما على قارئه أن يعلمه
وفي بيان الفقه أيضاً بعضا ... قراءة تشفي قلوب المرضى
وفي أصول الدين كالأساس ... أخذت عن شيخ الورى النبراس

الحبر إسماعيل أعني حطبة ... من نال من كل الفنون أربه
ونجله محمد أخذت ... عنه بفن النحو واستفدت
والبعض في التلخيص للمفتاح ... قراءة فيها غذى الأرواح
كذاك ابن عمه أعني الحسن ... في النحو قد أخذت فاعلمن
والحسن بن شاور الفرائضي ... أخذت عنه جل كل غامض
قواعداً منها شفاء الخاطر ... وقرة لسامع وناظر
ومنهم السيد أعني يوسفا ... أخذت عنه في الفنون ما صفا
قراءة لبعض شرح العضد ... كذا حواشيه بلا تردد
والشرح للتلخيص قد أخذت ... عنه وناهيك بها استفدت
والبعض في القطب على الشمسية ... كالشرح للرسالة الوضعية
ومن شيوخي نجل إبراهيما ... محمد أجاز لي عموما
بكل مسموعاته عن والده ... وما له أجاز من فوائده
من كتب العترة والأشياع ... اتباعهم لله من أتباع
وقد جمعتها على الحروف ... بنحو ما أورد في التأليف

قلت: وقد ترجمنا لجميع مشايخه المذكورين في أبيات هذه المنظومة في هذا القسم الثاني من كتابنا، بحسب الإطلاع على أخبارهم رحمهم الله. وفي كتاب نفحات العنبر في تراجم أعيان القرن الثاني عشر للسيد الكبير المؤرخ إبراهيم بن عبدالله الحوثي أثناء ترجمته للقاضي محمد صاحب الترجمة وقد ذكر في مقدمة تلك الترجمة والده أحمد بن يحيى مشحم المتقدم بحرف الهمزة، وجده العلامة يحيى بن جار الله الآتية ترجمته بحرف الميم، ثم قال ما لفظه:

أما صاحب الترجمة فهو العالم المحقق المتقن النبيل البليغ، ذو الكرم الذي يستمد منه البحر الزاخر، والأخلاق الذي تعلم من لطفها الروض الناضر، والفصاحة التي تبهر الألباب، والاقتدار على الإنشاء وتأليف الخطب، وسرعة

البادرة في ذلك الذي يعجز عنه جميع الكتاب. نشأ بصعدة، وقرأ بها العلم فأتقن وتفنن، وأخذ بها عن والده وجده وغيرهما، وقد ذكرهم صاحب الترجمة في منظومته التي عدد فيها جميع مشايخه وسماها (ثلج الصدور بسلسال سلسلة المأثور)، وسأورد منها ما ذكره في مشايخه بصعدة لأني لم أترجم لهم لعدم اطلاعي على حقيقة أحوالهم، وفيما وصفهم به صاحب الترجمة دلالة على فضلهم وشاهد على مقدار حالهم، ثم أورد الأبيات المتقدمة في ذكر مشايخه الصعديين. قال: ثم رحل صاحب الترجمة إلى صنعاء، وقرأ فيها العلوم، وأحرز قصبات السبق في مضمار الفضائل، وقعد في ذروة الكمالات، وأخذ عن أعلام الشيوخ، فأخذ عن المولى أحمد بن عبد الرحمن الشامي جميع الهدي النبوي لابن القيم، وشطراً من صحيح البخاري والكشاف وشرح الهداية، وأخذ عن البدر السيد محمد بن إسماعيل الأمير في صحيح البخاري، والاعتبار للحازمي والزواجر لابن حجر المكي، وإيثار الحق والتنقيح في علوم الحديث والمطول، وأجاز له إجازة عامة، وأخذ عن المولى محمد بن إسحاق في البخاري وحاشيته للزركشي والسيوطي وفي مقدمة الفتح وفي المجتبى للنسائي، وفي علوم الحديث لابن الصَلاّح وشرح نخبة الفكر لابن حجر وفي علم الأصول، وأخذ عن ولده المولى إسماعيل بن محمد بن إسحاق في أصول الدين، وعن المولى القاسم بن الحسين بن إسحاق في شرح العمدة وفي العروض والقوافي، وأخذ عن المولى محمد بن زيد بن محمد في شرح الغاية وحاشيتها، وأخذ عن جدنا السيد المجتهد العلامة الزاهد يحيى بن محمد الحوثي المعروف بعروبا، وأخذ صاحب الترجمة عن السيد العلامة أحمد بن محمد الكبسي في صحيح البخاري، وأخذ في المنطق عن المولى عبد الله بن أحمد بن إسحاق بن إبراهيم بن المهدي، وأخذ في علم الأثر على السيد العلامة عبد الله بن لطف الباري الكبسي، وعن المولى أحمد بن يوسف بن الحسين بن الحسن بن الإمام

في المجموع وفي أمالي أحمد بن عيسى وأجاز له، وأخذ في زبيد عن الشيخ عبد الخالق الزجاجي وعن أخيه محمد في الحديث والطريقة النقشبندية، وعن السيد العلامة عبد الله بن علي شريف، وعن السيد العلامة سليمان بن يحيى بن عمر مقبول الأهدل، وأخذ في مكة المشرفة عن الشيخ محمد حيوة السندي، وعن الشيخ عطا الأزهري في الجبر والمقابلة والحساب.

قال: وألف صاحب الترجمة المؤلفات الحسنة، والرسائل النفيسة، والجوابات على أسئلة متنوعة، فمن ذلك:

(إرشاد السالك إلى أوضح المسالك) جواب على سؤالات وردت عليه، و(العذب الزلال في الصلاة على الآل)، وشرح منظومة له سماه (النسيم الساري على صفحات نهر الزلال الجاري في آداب المقري والقاري)، و(القول المعلم بما يجب للمسلم على المسلم)، و(الشواهد الجلية في فوائد الهدية)، وشرح منظومة له سماه (العوائد الجميلة في مواضع الصلاة على صاحب الوسيلة وفوائدها الجليلة) صلى الله عليه وآله وسلم، ونظم نخبة الفكر في علم الأثر وشرحها، ونظم أسماء الله الحسنى في قصيدة ميمية وشرحها بـ(الروضة الغناء)، و(أقراط الشنوف في الحث على صنائع المعروف) أورد فيها أربعين حديثاً، و(جمع الفرائد الغزيرة في فضل لا إله إلا الله وحده لا شريك له له الملك وله الحمد وهو على كل شيء قدير) ذكر فيه أيضاً أربعين حديثاً، و(الدواء النافع فيما في الفصد والحجامة من المنافع)، و(الإذكار بمضاعفات الأذكار)، و(تحفة الخواص في فضائل سورة الإخلاص)، و(شكر المنة وبشرى السنة لمن يبنى له بيت في الجنة)، ومنظومة سماها (حلية الزمان في نظم أحكام صنوف الجان) أورد فيها ما تضمنه كتاب آكام المرجان للجمال الحنفي، و(تحفة المقام بفضائل صِلات الأرحام)، وكتاب (العقيلة المستودعة من مكنون أسرار الرحلية)، و(النوافح

العطرة في الأحاديث المشتهرة)، و(تيسير فقه المرام في شرح شمائل خير الأنام)، و(الفرات المعين في أحكام الدين والداين والمستدين)، و(بلوغ الوطر من آداب السفر)، و(الصحيفة بذكر عوالي الأسانيد الشريفة)، و(فتح الجليل في الصلاة الممزوجة بالتهليل)، و(جبر النقائص في الصلاة المشتملة على الأسماء والخصائص)، و(الزهر المنضود في أخبار الحوض المورود)، و(حرز الأمان من نزعات الشيطان وتنبيه العمال على أن الجزاء من جنس الأعمال)، و(فتح العليم في فضائل بسم الله الرحمن الرحيم)، و(تحذير الرفاق من مساوئ الأخلاق)، و(بلوغ الأماني في أسانيد كتب الآل المطهرين بالنص القرآني)، و(تحفة الأخبار المنقى من حلية الأسرار)، و(بلوغ الأمل في الأدلة بالأذان بحي على خير العمل)، و(كشف البؤس في تنقيح سنن الملبوس)، و(الإيذان بحسن تلاوة الفاتحة بعد الأذان)، و(الفتح العميم في الصلاة والسلام على النبي الكريم)، و(الإعلان بفضائل الأذان)، و(إتحاف أهل الطاعة بفضيلة صلاة الجماعة)، و(تحفة السامعين بأوصاف المتواضعين)، و(تبصرة المنيب بأحوال المجاذيب)، و(الروض الندي في شرح الحديث المسلسل بعدهن في يدي)، و(تحذير الظلوم من دعوات المظلوم)، و(المنهل في آداب المنزل)، و(تذكير العباد بإرسال آية الجراد)، و(جنة المراقب الواقية من السهم الصائب) ويسمى (جنة الغافل من مزالق النهر الغاسل)، و(تبشير الرفاق بتيسير الأرزاق)، و(العقود اللؤلؤية في منشور الحكم العلوية)، و(بلوغ الأرب في فضائل شهر رجب)، و(بغية المطلوب في أحوال القلوب)، و(سبوغ النعمة في سعة الرحمة)، و(الثمرات المستطابة في الدعوات المجابة)، و(بلوغ الأوطار في الصلاة الممزوجة بالدعاء والأذكار)، و(الرسالة في خصائص اسم الجلالة)، و(اللؤلؤ المنظوم في أسرار اسمه تعالى يا حي يا قيوم)، و(اجتلاء الأوزار بقوالع الإستغفار)، و(اللآلئ

المنظوم في أسرار اسمه تعالى الحي القيوم)، و(اللألئ الثمينة في فضائل العترة الأمينة)، و(الزبدة في نظم العدة) وهي نظم عدة الحصن الحصين.

قال: وله خطب عظيمة كثيرة جداً لو جمعت لكانت مجلداً كبيراً في غاية البلاغة، أنشأها أيام خطابته في أيام المنصور بن المتوكل وأيام ولده، وكان يخطب لهما إذا كانا في غير صنعاء، وله أشعار كثيرة في فنون متعددة. قال: وولي صاحب الترجمة القضاء في محلات كثيرة كالعدين وأصاب، وكان كثير الإنفاق كريماً مطلقاً، وأكثر إنفاقه لمن يرد عليه من أهل صعدة وغيرهم، واضطر إلى بيع داره في ذلك، وكان حسن الحديث حلو العبارة لطيف الإشارة، شريف الأخلاق، واسع الصدر، ولم يكن حظه عند المهدي على مقدار جلالته وكماله، وما هو عليه من الفضل، قال ومن شعره يمدح المهدي ويستعطفه:

زارت وقد جن دامس الغلس … ولم تخف أعيناً من الحرس
تخطر في تيهها فنمّ بها … طيب شذاها ومنطق الجرس
فيا لها خلسة نعمت بها … ألذ وصل الحبيب في الخلس
عقيلة حجبت بسمر قنا … وبيض هند وأسهم وقِسي
ترمي بسهم الرنا فكم قتلت … من دارع في الورى ومترس
سحارة المقلتين كم قنصت … من أسدٍ بالفتور والنعس
وكم أرتنا بسحرها عجباً … في الخد ماء يسيل في قبس
شمس على جيد دمية بزغت … على قضيب من الجمال كُسي
قل للذي قاسها بشمس ضحى … أخطأت تشبيهها فلا تقِس
من أين للشمس مثلها مقلٌ … دعج وثغر محبب اللعس
ومنطق يسحر العقول وقا … مة تغير الغصون بالميس
وريقه كالرحيق مازجها … شهد شهي المذاق والنفس

ولائـــم في الغــــرام عنفنــــي   ومن يلم في هوى الحبيب مُسِـي
هيهــات أسـلو مـن الحبيبـة أو   يسلو عن المجد كوكب الغلـس
بـــدر المعـــالي وشمســـها فبـــه   يستكشـف النـاس كـل ملتـبس
إمـــام آل الرســـول قاطبـــة   أكـرم مـن طهـروا مـن الـدنس
مـــولىً ســـما رتبـــة فقصـــر عـــن   إدراك علياه كـل ملـتمس
غيـــث نـــوال وليـــث معركـــة   لمـــن يناويـــه أي مفـــترس
لله منـــه مناقـــب زهـــرت   كالشـهب تزهـو لكـل مقتبس
هيهـات أحصـي أقلهـا عـدداً   ولـو نقشـت الصـباح بـالغلس
فيـا إمـام الهـدى وأكـرم مـن   يعلو بـلا ريـب صـهوة الفـرس
إليـك جـور الزمـان أشـكو إذ   باعـــدني منـــك غـــير مبتـــئس
قـــدم غـــيري جفـــاً وأخـــرني   فعلاً عـلى الطـرد غـير منعكس
واعجبـاً منـه لـيس يفـرق مـا   بـين بليـغ وبـين ذي خـرس
لا يعـرف الفضـل في بنيـه ولا   يميـز بـين الجنـون والكـيّس
فأنـــت بينـــي وبينـــه حكـــمٌ   فـــانظر مقـــالي وأولـــه وقِـــس
وأنـــت ظـــل الإلـــه عائـــذه   في مـــأمن دائـــما ومحـــترس
وهـــاك نظـــماً كأنـــه دررٌ   حـــلا بـــه جيـــد فـــاتن اللعـــس
فـــدم بعـــيش حـــديث بهجتـــه   يرويـه سـعد الزمـان عـن أنـس

ثم أورد من نظمه ونثره ما أرسله مادحا به أيضا الإمام المهدي العباس، وهي رسالته التي سماها (خمرة الدن المعتصرة من كل فن)، وكان أرسلها من دن وصاب وكان حاكما فيها سنة 1177 انتهى ما أردنا نقله من النفحات. وقد ترجمه العلامة أحمد بن محمد قاطن في اتحاف الأحباب بدمية القصر، والشوكاني في البدر الطالع فقال:

محمد بن أحمد بن جار الله مشحم الصعدي ثم الصنعاني، لـه شيوخ منهم

السيد العلامة أحمد بن عبد الرحمن الشامي، وأجاز له جماعة من أهل الحرمين كالشيخ محمد حيوه السندي، وكان له اطلاع على عدة علوم مع بلاغة فائقة وعبارة رائقة، وله مؤلفات مجموعة في مجلدة، وفيها رسائل نفيسة، وكان خطيبا للإمام المنصور بالله الحسين بن القاسم، ثم ولاه القضاء بمحلات من المدائن اليمنية، وفيه كرم مفرط، وله شعر متوسط. وبالجملة فهو من محاسن القضاة وكذلك ولاه الإمام المهدي القضاء بمواضع من مدائن اليمن، وله قصائد في مدحه فمنها هذه القصيدة:

زارت وقد جن دامس الغلس   ولم تخف أعيناً من الحرس
تخطر في تيهها فنمّ بها   طيب شذاها ومنطق الجرس

قال: وهي طويلة، ولعل مجموع أشعاره موجودة عند ولده القاضي العلامة أحمد بن محمد، وموته في أيام المهدي العباس بن الحسين سنة 1181 إحدى وثمانين ومائة وألف انتهى. وفي نشر العرف أن وفاته سنة 1182 على ما ذكره الفقيه عي بن محمد العابد الصنعاني.

قلت: ومن شعره وهو حسن فائق يرثي بعض زوجاته:

يا قبر كيف قوامه الرطب   كيف الشنيب البارد العذب
كيف المحيا كيف رونقه   هل ضره هل شانه الترب
كيف العيون النجل هل بقيت   حسناء على ما يعهد الصب
كيف الخدود وكيف بهجتها   هل هي كروض جاده السحب
كيف الثنايا في تناسقها   أم كيف لؤلؤ عقدها الرطب
كيف الشفاة اللعس كيف لماً   ما زال يشتفي به الصب
أم كيف جيد منه منتصب   كم حار في تشبيه اللب
بالله كيف شمائل لطفت   منه بها كم ينجلي الكرب

كيـف الفكاهــة منــه وا أسـفاً | منهــا لمــا يشــتاقه القلــب
كيف اللطافـة لهـف نفسـي مـا | أحـلى فنـار الحـزن لا تخبـو
لهفـي عـلى نـاء مضـى فخلا | منــه اللــوا والبـان والشـعب
لهفـــي عليــه لـــيس يبلغـــه | عــن صبه شـكوى ولا عتب
لهفـــي عليــه كــم أحــن إلى | أخلاقــه الغـراء وكـم أصبو
ومحجـب عنـا وكـم سـترت | من قبـل شـمس جمالـه الحجب
يــا قــبره بــراً بمضــجعه | وبجنبــه يــا حبــذا الجنــب
وافسح لـه بوركـت مـن جـدث | وســقاك وابـل عفـوه الـرب
فلقــد خبانــا فيــك جــوهرة | عــزت وإن خباءهــا القلــب
حوريــة في الخلــد طــاب لهــا | مثـــوى وراق لهـــا بـــه شِرْب
رحلـت فنـار الحـزن مسـعرة | لم تطفهـا مـن أدمعـي السـحب
حتـى الكـرى مـن بعـد رحلتهـا | بــين الجفــون وبينــه حــرب
فأبيـت مـن أرق ومـن قلـق | وســميري التــذكار والشــهب
وحمـــائم بـــالنوح تســـعدني | فيزيـد مـا في ذلـك النـدب
آه ومـــــا آه بنـــــافعتي | ممـا أحـل بسـاحتي الخطـب
لكنــــه حكـــم الإلـــه ولا | رداً لمـــا يقضـــي بـــه الــرب

وله رحمه الله نظم واسع ونتف ومقاطيع منها كتابه (الشذور في نظم الضوابط والحصور)، ومن مقطوعاته قوله رحمه الله:

نجاتــك فاطلبهــا في الخمــول | وبـــالله ثـــق وتوكـــل عليـــه
فطــوبى لمــن ذكــره خامــل | ويـــا رحمتـــا لمشـــارٍ إليـــه

وله أيضا مضمنا:

مررت على الوفـا يبكـي بـدمع | لــه مــن ســحب عينيــه انهــماع
فقلت علام تبكي، فقلت: مهلا | ففــي طــرفي المعــاذير اتســاع

76ـ القاضي الحافظ محمد بن أحمد مشحم - 629 -

سـأبكي أخـوتي والأهـل لمـا (أضاعوني وأي فتـى أضـاعوا)

وله أيضا وفيها الاكتفاء:

جعلـت في الاعتـزال أنسـي لا محســنا في الزمــان ظنــا
وقــال لي في أهلــه إلهــي ومــا وجــدنا وإن وجــدنا

وله:

فـوض أمـورك للـذي بجلالـه كل القلوب من الخلائق تخبت
فاذهب إليه إذا ذهبـت بحـادث فـالله يمحـو مـا يشـاء ويثبـت

وله:

لا يمنـع النـاس مـن ثـلاث المــاء والنــار والكــلاء
فــإن كــل الأنــام فيهــا قــال نبــي الهــدى ســواء

وله:

كن بالعباد رحيما ما حييت تـرى من رحمة الله يـوم الحشـر إيناسـا
فعـن جريـر بـن عبـد الله يرفعـه لا يرحم الله من لا يـرحم الناسـا

***

وقد رأيت الشيخ عبدالرزاق البيطار الدمشـقي تـرجم لـه في كتابـه (حلية البشـر في تاريخ القرن الثالث عشـر) بناء على أن وفاته فيه، فقال:

القاضي محمد بن أحمد مشحم، ممن تزينت الحديقة بطلعتـه، وتحلـت بصـفته وحسن ترجمته، قال منشيها وبطراز البراعة موشيها: عدل عن الجور وفيما حكم عدل، وأتقن فن البلاغة بصائب رأيه الأكمل، فمن لطائفه قوله مجاوباً الفاضـل الأديب محمد ابن خليل السمرجي الجداوي:

أزهـر الربـا أهـديت أم لؤلـؤ العقـد أم الزهر جاءت في بديع من السـرد

أم الروض لا، فالروض ماء وتربة ... وعشب وذا شيء يجل عن الحد
أم النسمات العاطرات تأرجت ... بأعبق من مسك فتيق ومن ند
أم الخمر في كأس الطروس أدرتها ... أم الشهد أم أحلى من الخمر والشهد
أم الريق من فتانة الثغر والرنا ... بعيدة مهوى القرط مياسة القد
أم الطرس وافى أم بدا قمر الدجى ... أم الشمس قد لاحت على شرف السعد
أم الغادة الهيفاء في الحلي أقبلت ... تميس بأزهى من مرنحة الملد
وجاءت بخل لا يخل بوده ... ولا يرتضي- إلا الثبوت على العهد
بثغر كما يزهو الأقاح ملاحة ... وخد كما التف الشقيق على الورد
وجيد كما تزهو ظبا السفح لفتة ... وطرف كما تبدو الظباء من الغمد
أم السحر لا استغفر الله إنه ... حرام وذا حل فيا طيب ما أهدي
وما هي إلا بنت فكر فريدة ... تبختر من وشي البلاغة في برد
نفائس أفكار أتت لم أجد لها ... جزاء سوى الشكر المكلل بالحمد
ودر قريض رمت إدراك شأوه ... فقصر عنه في تطلبه كدي
حليٍّ صاغها من حاز كل فضيلة ... بها قد حلا جيد المكارم والمجد
أخو الأدب الغض الذي جمعت به ... المحاسن حتى صار يعرف بالفرد
أديب أريب ألمعي مهذب ... ذكي سجاياه تجل عن الحد
له خلق أزهى من الروض باسماً ... وذهن دقيق الفكر أمضى من الحد
أعيذ سجاياه التي طاب ذكرها ... بآي المثاني السبع من سورة الحمد
لأنفاسه في الطرس أي تضوع ... تصعد منه دائماً عبق الند
فلله ما أهديت يا بدر من يدٍ ... وكم لك أيضا قبلها من يد عندي
أياد توالت منك عجلى كأنها ... شرار أطارته الأكف على الزند
وإني في عجزي عن الشكر سائل ... مسامحتي فيما أعيد وما أبدي
بمالك في سمعي وطرفي وخاطري ... من الصيت والمرأى المعظم والود

فـودك في قلبـي ألـذ مـن المنـى وذكرك أحلى في لساني مـن الشـهد
فـدم زينـة الآداب بـدر كمالهـا ودرة تـاج العصـر واسـطة العقـد

انتهى كلامه، قلت: وقد يخلط البعض بين صاحب الترجمة وبين حفيده القاضي العلامة محمد بن أحمد بن محمد بن أحمد مشحم المتوفى سنة 1223 فحسن التنبيه على ذلك رحمهما الله تعالى. ومن تلامذة القاضي صاحب الترجمة العلامة علي بن أحسن جميل المعروف بالداعي، والقاضي يحيى بن صالح السحولي وغيرهما، ومن مشايخه الذي يروي عنهم كتب علوم أهل البيت وشيعتهم السيد الإمام صارم الدين إبراهيم بن القاسم بن المؤيد بالله مؤلف طبقات الزيدية الكبرى المتوفى بعد سنة 1153هـ. كما ذلك ثابت في كتابه (بلوغ الأماني في الأسانيد) فالمعروف أنه صنف بلوغ الأماني استدراكا لما فات شيخه مؤلف الطبقات من تحرير الفصل الأخير من القسم الثالث من كتاب الطبقات الكبرى، ويقول القاضي رحمه الله في مقدمة الكتاب المذكور ما لفظه:

فلما كان الإسناد هو الحبل المتين، والطريق الموصل إلى الرسول الأمين، فهو أصل عظيم من أصول الدين، وخطر جسيم يحق فيه تنافس المتنافسين، ولهذا بذل فيه الوسع الأكابر من العلماء والأصاغر، واعتنى بشأنه أفاضل السلف والخلف في الموارد والمصادر، وكان شيخنا السيد المسند الحافظ الأوحد صارم الدين إبراهيم بن القاسم بن المؤيد قد انتهت إليه أسانيد أهل البيت في عصره، فهو في هذا الشأن نسيج وحده وفريد دهره، وكنت والحمد لله ممن استند إلى مرفوع سنده، وأخذ عنه إجازة ووجادة، أردت أن جمع عوالي إسناده، وأوضح طرقه في كتب آبائه الأئمة وأجداده، وسميته (بلوغ الأماني في طرق كتب آل من نزلت عليه المثاني) وكان الاسم تاريخا لعام ابتداء تأليفه، وأوان ترصيعه، وباسم آخر وهو (مبشرة المستفيد بتصحيح الأسانيد) وكان هذا تاريخ عام تمامه، وسميته أيضا (معارج الكمال إلى مدارج كتب الآل) إلخ كلامه.

(المقامة الصعدية)

ولصاحب الترجمة مقامات أديبة عن صعدة المحروسة أولى تلك المقامات: وصف فيها أحوال المساجد، وشكى على لسانها ما هي عليه من الأحوال وضياع مستحقاتها من الأوقاف، وقد نشرناها في كتابنا (تاريخ المساجد الصعدية) طبع، والمقامة الثانية: حكى فيها على لسان مدينة صعدة ما وصلت إليه من الأوضاع المتردية، وضعف أسواقها، وتسلط الأطراف على أهلها، وهوان قضاتها وحكامها، وخراب العمران والدور والقصور، وهي مقامة أدبية فاخرة، أصاب فيه المرمى، وأشار على مقتضى الأحوال وأومى. ولجامع التراجم على عراضها مقامة، جعلها كالذيل عليها، سوف تنشر في بعض كتبه إن شاء الله. وهذا أول المقامة الصعدية، يقول فيها بعد البسملة:

الحمد لله الذي يخلق ما يشاء ويختار، المتصرف الحكيم وكل شيء عنده بمقدار، فضّل بعض البقاع على بعض ليعتبر أولو الأبصار، وأشهد أن لا إله إلا هو له ما سكن في الليل والنهار، وأشهد أن محمدا عبده ورسوله المختار، صلى الله عليه وعلى آله الذين لا يشق لهم غبار. أخبرني أبو العجباء، وكان ممن أثق به وممن أعول عليه في الأدباء، قال:

كنتُ كثيرا ما اتنقل في البلاد، وأطوِّف الأغوار منها والأنجاد، فحدا بي ذات يوم المسير إلى صعدة المحروسة، وزيارة مشاهدها المشهورة المأنوسة، فسألت عن طريقها، وتطلعت إلى تحقيقها، فقيل لي: إنها ذات مخافة شديدة، ومشاق عديدة، لا تسلكها إلا القوافل، مع الخفير[57] من إحدى القبائل. فطفقت[58]

(57) الخفير: هو المجير والحارس.

(58) طفقت: في معنى جعل يفعل ذاك وظل يفعله (المحيط في اللغة).

أقدِّم رجلا وأُخِّر أخرى وحوْلَقت واسترجعت وقلت شعرا:

إذا لم يكــن إلا الأســنة مركــب فــلا رأي للمضطــرب إلا ركوبهــا

فلا بد لي من وصول تلك البلاد، ولـو علـى خـرْط القتـاد(59) بمشـيئة رب العباد، فارتقيت القافلة ومشيت، وتوكلـت علـى رب البيت. فما زلنا نطوي الفيافيَ والقِفار، حتى أشرفنا على بلاد قبائل تسمى سحار(60)، وهـي المحيطـة بصعدة من جميع الجهات، فقلت في نفسي: الحمد لله على الوصول والسلامة من الآفات. ثم استأذنت الرفقاء فقالوا: إلى أين؟ فقلت: أريد المدينة فهي هذه رأي العين، فضحكوا عجبا من حالي، واستغربوا ما خطر ببالي، ثم قالوا: رويدك فاحذر، وإياك والشر، فخذ من الحزم بنصيب، فمثلك لا يـؤمن عليـه في بابهـا القريب، فحولقت وقلت: أعقوبة ذنب قدم، أو أمر جرى به القلم، شعرا:

أمــرٌ عظيــم وقعــتُ فيــه لم ألــق مــن شره ملاذا
قــد مــرَّ حــالي وضــاق بــالي يا ليتنــي مــت قبــل هــذا

فلم انفك عنهم حتى دخلنا بابها، واخترقنا حجابها، وإذا هي مدينـة محكمـة السور، عالية المباني والقصور، فتعوذت عند دخولها بالخالق الباعث، مـن شر الخبث والخبائث، وقلت: رب أدخلني مدخل صدق، وأخرجني مخرج صـدق، واجعل لي من لدنك سلطانا نصيرا. ومشيت من بابها ساعة لم أجـد حسـا، ولا رأيت نفسا فلا تسمع إلا همسا، فقلت:

وبلــدة لــيس بهــا أنــيس إلا اليعــافير وإلا العــيْس(61)

ـــ

(59) القتاد: شجر له شوط صلب، ومنه المثل: دونه خرط القتاد.

(60) قبيلة سحار: ترجع إلى خولان بن عامر وهي قبيلة معروفة، وتحيط بمدينة صعدة من جميع الجهات، كما في المقامة.

(61) اليعافير: جمع يعفور وهو ولد البقرة الوحشية، وقيل تيس الظباء، والعيس: الإبل البيض.

ومضيت أنا ورفيقي في بعض السكك، فإذا بقصور عالية، ودور سامية، غير أن طاقاتها محرقة، وأبوابها الجامعة محرقة، فقلت لرفيقي: ما هذا الشين الذي رأته العين؟، قال: ذلك من مكائد أهل هذه الديار، وغوائلهم[62] لبعضهم بعض عند الخصومات والشِّجَار. فتعوّذت بالله من هذه الديار وشرها، واستجرت بالله من النار وحرها، وقلت:

مكائد لم أسمع لها بمشابه ولم أر فيها قد رأيت نظير

ثم نظرت إلى بيوتٍ أبوابها مقفلة مغلقة، قد حفرت من تحتها ومن جوانبها فإذا هي في الهوى معلقه، فقلت: وما هذا الخراب؟ قال: سارق أراد أن يدخل من غير الباب، فقلت: والله لعيش في ذل وهون، أيسر منه تجرع كأس المنون. ومشيت إلى السوق وإذا به أطلال، وسكك بوال خوال، ودكاكين تداعت إلى الخراب، وفنادق قد شارفت على الذهاب:

فيها أناس قد استراحوا رؤية أحوالهم عبادة
تقنعوا بالجراف حتى صفا لهم مشرب الزهادة

فبينا أنا مفكر في ضعف تلك الأسواق الواسعة، إذ سمعت هيعة فاجعة[63]، وزجلَ أصواتٍ متتابعة، فقلت في نفسي: قد أزفت الآزفة، ليس لها من دون الله كاشفة، وإذا بالتجار قد ولوا على أدبارهم نفورا، وحملوا بضاعتهم على الأكتاف ودعوا هنالك ثبورا، وقد غلقوا أبواب الخانات نهارا، لو اطلعت عليهم لوليت منهم فرارا. فوقفتُ ساكتا، وتحيرت باهتا، وإذا بشخص على الأكتاف محمول، والناس يقولون: مقتول مقتول[64]، وتفرق أهل السوق أيدي سبا، فقلت في

(62) الغوائل: جمع غائلة، وهو الشر والفساد على حين غفلة من الناس.

(63) الهيعة: الفاجعة.

(64) في هامش النسخ: المقتول هو مغير الأبقوري في شارع السكتين.

نفسي: ما عشت أراك الدهر عجبا. وكان ذلك اليوم يوم الجمعة، فظننت أنهم قد دخلوا للصلاة، وسعوا إلى ذكر الله، فدخلت الجامع الأكبر، وقعدت قريبا من المنبر، والتفت يمنة ويسرة، فلم أر إلا فترة تورث حسرة، جمع قلة، وشعار ضعف وذلة. فبينما أنا كذلك إذا طلع الخطيب، ونادى المنادي من مكان قريب، فخطب الخطيب وطول، وقامت الصلاة وليس إلا الصف الأول. فعجبت من تقاعدهم عن هذه الفريضة، وإهمالهم لحقوقها المستفيضة، وقلت: هذه بلدة جمعت من المساوئ جما، ومن كان في هذه أعمى فهو في الآخرة أعمى. فلما قضيت الصلاة قمت لزيارة القاموس الخضم، والناموس الأعظم، مولانا أمير المؤمنين الهادي إلى الحق المبين:

من خص بالجفر من أبناء فاطمة   وذي الفقار ومن أروى ظما الفقر

فدخلت ساحته الشريفة، ووقفت بإزاء قبته العالية المنيفة، فتمثلت:

من غمر الناس بإحسانه   وعم بالفضل جميع الأنام
إزدحم الناس على بابه   والمورد العذب كثير الزحام

ثم نظرت فإذا بفروع الكرم(65) معلقة لديها، والزوار ينظرون إليها ويقفون عليها، فقلت لبعض الزوار: ما هذه الفروع، والأمر الذي يفجع ويروع، فقال: هذه من مكايد الأطراف(66)، وتعليقها في هذا المقام توسلا بصاحبه إلى الإنصاف، حتى قضيت حق الزيارة المسنونة، والتمست من بركات الإمام المعونة، وتوسلت به في تفريج همي، وكشف غمي. ثم خرجت ارتاد مكانا للمبيت، وقلت: رب حيث شئت لا حيث شئت، وأنا أعوذ بالله من شر ما لقيت. فدللت على مكان بالأجرة، وأنا حائر الفكرة، ثم وقفت فيه بقية نهاري،

(65) الكرم، يعني العنب، وهذه العادة إن صحت فهي غريبة على المجتمع الصعدي والله أعلم.
(66) يريد بالأطراف القبائل التي في أطراف مدينة صعدة.

حتى أخذت الشمس في التواري، وتأهبت للقاء أول المغرب، وأنا عن حقيقة الأحوال مغرب، فقال رب المكان: أما الخروج فلا، حتى تكون أنت مع هذا الملا(67). فوقفت قليلا حتى خرجوا، ودرجت معهم من حيث درجوا، فسمعتهم يتخافتون في الحديث، ويقولون: هذا ليل خبيث، وأن أناسا من الأعراب قد كمنوا للسرق والانتهاب، فمشينا إلى المسجد نرمل على خوف عظيم ووجل، وقضينا صلاتنا على عجل، ثم عدنا إلى المكان فارحين بالسلامة، منادمين للحسرة والندامة. فدخلت مكاني، وتعوذت من شيطاني، فقال أحد جيراني: أغلق الباب وسد الطياق(68)، وكن على حذر من السرّاق، واجعل زادك وسادك، وشد رباط مركوبك إلى عرقوبك، فقلت: الله أكبر، نعوذ بالله مما نخاف ونحذر، فما كان إلا بعض الليل، إلا وقد علت الأصوات بالصراخ والويل، فقلت: لا شك هذا خطب جليل، ونازل عظيم فصبر جميل. فجاءنا الخبر اليقين، أن الواقع من ذلك الكمين، وأنهم يرمون أبواب البيوت بالحجارة، فقلت للقوم: الغارة الغارة، فقالوا: صه يا غريب، فالفرج من الله قريب، فقلت: إن هذا لشيء عجيب، كأنه لا يجب الدفاع، فنعوذ بالله من فشل النزاع وعدم الاجتماع، وقلت شعرا:

أناس ترى زي الرجال عليهم   وإما إذا حققتهم فنساء

وعزمت على المسير، معتمدا على من هو على كل شيء قدير.

فلما ذر شارق النهار، خرجت أرتاد الرفقاء في الأسفار، فلم أجد إلى ذلك سبيلا، ولم أر بدا من الإقامة شيئا قليلا، فأقمت أجوس من خلال الديار، وأتعرف إلى شرار أهلها والخيار، وكثير منهم يقفون عليّ، ويأتون في كثير من

----
(67) الملا: الجماعة من الناس.
(68) الطياق: النوافذ.

الأحوال إلي، فيسألون عن أبي وأمي، ومن خالي ومن عمي، وعن حالي واسمي، وعن منشأي وبلدي، وعن مالي وولدي[69].

فبينما أنا عند رجل من التجار يسألني عن حالي، وإذا برجل كالشن البالي، أغبر اللون، كأنه أحد السعالي[70]، فقلت شعرا:

ودائي من قبيلي براني ... بطلعته وبالطرف العليل
فقالوا من قبيل الوجد دائي ... صدقتم ليس من هذا القبيلي[71]

فوقف على التاجر ليشتري منه حيسا[72]، ولاح لي من حاله أنه لا يحوي من النقد فلسا، فطالت المماكسة بينهما حتى اتفقا على الثمن، وقبض على التاجر سلعته ثم قلب له ظهر المجن[73]، فحاول التاجر لسلعته الاسترجاع، فلم يجد إلا الحولقة والاسترجاع، وأمهله السارق بسوط القهر إلى نصف الشهر. ثم لاح لي أن أسأل التاجر عن هذه الأسواق واختلافها، وأذكر ما أرى من أحوالها وأسمع من أعرافها، فقال لي: إن هذه بلدة هانت فيها الأشراف، وعزت بها الأطراف، وإن رجلا من الأذلة، الذين يؤتون من قلة، مقعد لا يلتفت إليه، وليس له معقل يأوي إليه، يقف على باب كل واحد من التجار، يطلبه شيئا هو في غاية الاحتقار، فإن أعطاه التاجر مراده، وإلا انثنى لأذيته وثنيت له الوسادة، فيعبث بمكانه، ويكسر باب دكانه، وقد يقلعه إن استطاع، ويبتاعه في عدة مما يبتاع، وربما كان مالكه هو المشتري بلا استنكار ولا نزاع، ألم تر إلى هذه الدكاكين بعضها نصف بابه موجود ونصفه مفقود، وبعضها قد أخذ بابه فهو بالحجارة

---

(69) في هامش النسخ: إشارة إلى كثر الفضول في جهات صعدة حتى الآن.

(70) السعالي: أنثى الجن.

(71) في ديوان الهبل: صدقتم ذاك من هذا القبيلي.

(72) الحيس: من أوعية الطعام.

(73) يقال قلبت له ظهر المجن، إذا كنت معه فصرت عليه.

مسدود، وشيء من جدرانه ساقطة، وأخشابه إلى الأرض هابطة. فبينما هو يتكلم إذ أقبل شخص، مشتمل على جميع صفات النقص، فقلت: مثل هذا يصول ويفعل، وما أراده من متاعكم شل، شعرا:

لقد هزلت حتى بدا من هزالها   كلاها وحتى سامها كل مفلس

فيا لها من عبرة وحسرة، لا توازيها حسرة. فاقبل ذلك الشخص قاصدا إلينا
5 حتى وقف لدينا، فقال لمن أنا عنده: هات، قبل أن تندم على ما فات، فأعطاه مبادرا مسؤوله، وهو يرتعد كالسبولة، وكذلك يفعل في قضاء ماله من الأعراض، ويعامل من يقابله بالاستخفاف والإعراض، فلم أدر لما أعجب أمن حاله الضعيف وبطشه وقلة رجاله، أم لجرأته على قبيح أفعاله، أم لضعف أهل المدينة عن دفعه، مع قدرتهم على زجره ومنعه، بل على ضربه وصفعه، فتنهدت
10 متفكرا وقلت متحيرا متحسرا:

رحم الله صعدة فلقد أضـــ   حت مثالا من جملة الأمثال

وعنّ لي أن أدخل الجامع الكبير، والمسجد العظيم الشهير، فدخلته وإذا بحلقة واسعة الأطراف، وفي بهرتها شيخ يلوح عليه مخائل الإنصاف، فسألت عنه، فقيل لي: هذا حاكم الشرع، وعنده من المتخاصمين ما ترى من الجمع. فبقيت انظر إليه، وأفكر في حاله مع من لديه، وإذا بشخصين من البدو يختصمان بين يديه، وكل منهما
15 يغلظ على الحاكم القول، ويقابلاه من العنف بأعظم هول، ويخاطبانه بالرفث، ولم يوقرا مقامه عن العبث، وهو بينهما لا يستطيع إقداما ولا إحجاما، ولا نقضا ولا إبراما، فقلت: هذا هو العجب العجيب، والأمر الذي يحار له اللبيب، أهكذا حاكم الشرع له يقال، لو لم تر عيني لعددته من المحال، شعرا:

وحاكم الشرع في صعدة   قد وطن النفس على ذلها
وأصبح محكوما عليه وكم   من عقدة يعجز عن حلها

ثم قاما من بين يديه، وإذا بخصمين قد سلما عليه، أحدهما يلوح عليه سيماء اليسار، والآخر قد ظهر عليه أمارة الإفتقار، فأعلماه بالقضية، وغلبت على القاضي العصبية، فاغلظ على الفقير مقاله، وحكم لغريمه الموسر في تلك الحالة، فلام الفقير القاضي، ولم يستعمل عن فعله التغاضي، وأظهر بيده شيمة(74)

5 قاضية على القاضي بالغلط، مبرهنة على الحيف منه والشطط. فخجل القاضي ووجل، وندم على ما قضي به وعجل، وأراد أن يتلافى حكه في المؤسر فأبى، وقال: لا حبا لما قلت ولا مرحبا، فوقع للفقير بالغلط رسمه، وكتب عليه حكمه واسمه، فعجبت من خبطه في الحكومات، وضعفه عند الخصومات، وتناقض أمره عند الأشياء المعلومات، شعرا:

وزادني عجبا ما قد رأيت به   وهكذا الدهر لا تفنى عجائبه

10 ثم صليت العصرين، وخرجت وأنا شاخص العينين، فسألت عن اسمه ولقبه ونسبه، فقيل: هو فقيه من آل أبي النجم(75) القضاة، غير أن أحواله ليست كأحوالهم مرتضاة، ثم مضيت فإذا بحلقة صغيرة، من طلبة العلم يسيرة، يتذاكرون في الفروع، وهو لديهم سيد الفنون، وفي ذلك فليتنافس المتنافسون، فسألتهم عن النحو، فقالوا: قد اضمحل أمره، وفقد زيد وعمره، قلت:
15 فالصرف، قالوا، درست أصوله، وانتثرت فصوله، فقلت: فالبديع، قالوا: قد توارت أجناسه، والتبس طباقه وجناسه، قلت: فأصول الفقه، قالوا: قد قطع عضده، وذهبت عدده، قلت: فأصول الدين، قالوا: قد ذهب أساسه(76)، وأهملت عدة أكياسه، قلت: فعلم الكتاب والسنة، قالوا: إن القلوب عنهما في

---

(74) أي ورقة شرعية تدل على أحقية مطالبته.
(75) في نسخة من المقامة: أن المقصود بذلك القاضي يحيى بن حسن بن أبي النجم.
(76) أراد بذلك كتاب الأساس، وشرحه عدة الأكياس.

أكنة، فقلت: هذا والله هو النقص العام، وهو منشأ اختلاط الحلال بالحرام، وذكرت قول النبي صلى الله عليه وآله: إن الله لا ينزع العلم انتزاعا، لكن يقبض العلماء حتى إذا لم يبق في الأرض عالما الحديث. فليت شعري أنقص هذا من أشراط الساعة، أم ضعف في الهمم وتفريط وإضاعة، فمن قبل كانت مدينة صعدة بالمعارف موصوفة، وبالعلماء المبرزين مألوفة.

ثم خرجت بفكر حائر، وقلب خائف كالطائر، فرأيت جمعا من الفقراء يهرعون، وإلى شرقي المدينة يفزعون، فقلت في نفسي: إما هدية تهدى، أو صلة تسدى، فقال بعض من يراني: إلحق بهم لتفوز، وتظفر بالبلاغ والمراد وتحوز. فتبعتهم غير طامع في فتيل ولا نقير، وإذا هم في خان كبير ينزلون إلى حوش واسع في حفير قعير، وقد اجتمع منهم الجمع الغفير، ما بين شيخ وطفل صغير، وعجوز من ظهرها القوس يستغير، وإذا برجل يتلقاهم بخلق شكس(77)، وطبع منعكس، يقسم بينهم الشعير من صاع إلى نصف صاع، وينهر من يسأله الزيادة إن استطاع. فقلت لرجل: هذا في الشهر أم في الأسبوع، فإنه لا يسمن ولا يغني من جوع، فضحك متعجبا وقال: بل في الشهر، وكذلك استمر الدهر.

فقلت: صدقة من الرجل نافلة، قال: بل صدقة الأجبار الحافلة، وغلات الموقوفات الكافلة، فقلت: قليل يسير، ولو كانت في حواصل طير، فسبحان من بيده كل خير. وبينما هو كذلك إذ وصل رجل شاعث، يراه خادمه من الحوادث، شعرا:

جــاء شــقيق عارضــا رمحــه إن بنـي عمــك فيهم رمـاح

فولج الخان وسلم، ووقف قليلا وتكلم، والشيخ قاعد على الكرسي، تارة

_____
(77) الشكس: صاحب الخلق السيء.

يتعوذ وتارة يقرأ آية الكرسي، وقد حل به من الوجل شيء عجيب وما أبرئ نفسي، فاغلظ على الشيخ كلامه، وكاد أن يخطف عليه العمامة، لولا أن من الله عليه بالسلامة، بعد أن بلغ سؤله ونال مرامه، فقلت شعرا:

توق يا صاح شر الناس عن كمل　　　فإنما أنت في دار المدارات

وتحقق لي أن هذه المدينة بلدة لا يطيب بها عيش الأحرار، ولا يقر بها لذي همة عالية قرار، فخرجت إلى مكاني وأنا في حرج وضيق، فبينما أنا في بعض الطريق، وإذا بذمي قد دفع مسلما في مضيق، جاعلا للمسلم عن يساره، ماضيا عن يمينه وهو كاره، وظهر لي عجز المسلم عن زجره واستنكاره، فقلت للمسلم: كيف، إن هذا أمر في غاية الحيف، فقال لي: كأنك لم تعرف أن أهل الذمة في هذه المدينة أعظم من المسلمين حرمة، وأكبر نفوسا وأصدق همة، ألم تر إلى بيوتهم تتمثل بقول القائل:

وأين الثريا من يد المتناول

وإن دوارهم[78] الخبيث قد تعدى الطور، واهتضم شوارع أهل الجربة فما بقي لها معه شور[79]، حتى بلغ بهم الحال أنهم عمروا في طريق المسلمين دار إقامة، ولم يعرجوا في ذلك على عذل عاذل ولا ملامه. فقلت: واعجبا أيعز اليهود وهم أهل الذمة، ويعود الصغار على أكرم ملة، والله لن يؤتى المسلمون من قلة، فإن الإسلام يعلو ولا يعلى عليه، والله غالب على أمره والنظر في كشف ذلك إليه. فما كانت إلا أياما قليلة وحان الرحيل، فقلت: والله ما إلى البقاء من سبيل، وخرجت من المدينة خائفا أترقب، أتحسر حينا وحيانا أتعجب، وتبت عن العود إليها بإقلاع وندم، وسألت الله أن يعطف عليها بمنه فهو أهل الكرم،

(78) أراد بذلك حارة الدوار: من حارات صعدة، وكان يسكن بها أهل الذمة، والجربة شرقيها.

(79) الشور: الرأي.

وصلى الله على محمد وآله وسلم.

77. السيد محمد بن إسماعيل حطبة

السيد العلامة الفاضل محمد بن إسماعيل بن إبراهيم بن الهادي بن عبد النبي ابن داود حطبة الحسني اليحيوي الصعدي، وقد تقدم لوالده وجده ترجمة بحرف الهمزة ولصنوه علي بن إسماعيل في حرف العين المهملة قريبا. وصاحب الترجمة مولده كما وقفت عليه بخط والده يوم الأحد لنحو خمسة أيام مضت من شهر جمادى الأولى سنة 1120 عشرين ومائة وألف، وله قراءة على والده وعلى غيره، وكان سيدا عالما فاضلا، من عيون أهل وقته، تتلمذ عليه القاضي الحافظ محمد بن أحمد مشحم وذكره في أرجوزة مشايخه عند ذكر أبيه فقال:

وفي أصــول الــدين كالأســاس	أخــذت عن شيخ الورى النــبراس
الحــبر إســماعيل أعني حطبة	مــن نــال في كــل الفنون أربه
ونجلــه محمـــد أخـــذت	عنه بفن النحو واستفدت
والبعض في التلخــيص للمفتــاح	قـــراءة فيهـــا غـــذى الأرواح

وهو صاحب الأسئلة الصعدي التي أجاب عنها السيد البدر محمد بن إسماعيل الأمير الصنعاني بالأجوبة المرضية على الأسئلة الصعدية، ولم أضبط تاريخ وفاته ولعلها في نحو سنة 1175 رحمه الله.

78. الفقيه محمد بن إسماعيل العبدي

الفقيه العلامة بدر الدين محمد بن إسماعيل بن محمد بن قاسم العبدي، وقد تقدمت ترجمة صنوه في حرف العين وترجمة والده وعمه القاضي إسحاق العبدي مؤلف الاحتراس في حرف الألف.

وصاحب الترجمة من أهل هذا البيت الذي اشتهر بالعلم والتدين وجودة

الخط وحسن الأدب، وكان متوليا للوقف بصعدة، وقد أثنى عليه بعض حكماء صعدة في تولي ذلك العمل ثناء فاخرا، وينسب إليه درج للوقف، يقال له درج العبدي، رأيت أوراقا منه بخطه الحسن الجميل، وقال السيد المؤرخ محمد بن محمد زبارة الصنعاني الحسني في كتابه نشر العرف مترجما له:

ذكره السيد محمد بن إسماعيل الأمير فقال:

شاب نقي عن العيوب تقي نشأ في طلب العلم والأدب، ودرج إلى رحمة الله شهيدا قتله بعض السادة الحمزات الذين بجهات صعدة جهارا نهارا في قبة الإمام الهادي يحيى بن الحسين بصعدة رحمه الله تعالى، وكان قد كتب هذا الشاب النقي التقي إلى السيد محمد الأمير من صعدة إلى شهارة في سنة 1144 أربع وأربعين ومائة وألف قصيدة أولها:

سرى نوم جفني والأحبة ودعوا ... فلم أدر أي الظاعنين أودع
جفوني ودمعي من جفوني لبينهم ... غزير وقلبي بالفراق مروع
سلوني ولم يرعوا عهودا قديمة ... وخانوا وما خنت العهود وضيعوا
أحبتنا لا تنسوا الفضل بيننا ... فصاب التصافي طال ما أتجرع
أحبتنا والله لم أنس ذكركم ... وعهدكم ما هب في الأفق زعزع
أحبتنا لا تنسوا العهد واذكروا ... ودادي فالذكرى كما قيل تنفع
فلله هاتيك العهود التي خلت ... وما خلت ما يمضي من الدهر يرجع
حلت لي ولكن عاكس الدهر قصدنا ... فمرت كلمح البرق بل هي أسرع
ودمعي ربيع والوصال محرم ... وليلي طويل والفؤاد مقطع
ووجدي يحيى والتشوق خالد ... ومفرد وجدي إن مشى يتجمع

فأجاب السيد الإمام محمد بن إسماعيل الأمير بقصيدة أولها:

أشمس اللقا قد راقني منك مطلع ... فإني إلى إشراقه متطلع

فهذا النوى للقلب أعظم مفزع ... ولم يبق من فقد الأحبة مفزع
فإن نطاق الصبر ضاق عن النوى ... وعهدي بصبري وهو من قبل أوسع
وقد كان دمع العين عوناً على النوى ... ولكنه لم يبق للعين مدمع
تقضى عليه الحول والحول بعده ... وغرب النوى من مقلة الصب ينزع
ففارقني دمعي وصبري وودعا ... فلم أدر أي الظاعنين أودع
أقاتلتي ظلماً بعادل قدها ... وأصل الهوى من فرعها يتفرع
فريدة حسن إن تثنت بقدها ... تنادي ألا هذي المحاسن أجمع
يريك نهارا وجهها وهو مسفر ... وليلاً إذا ما الشعر للوجه برقع

إلى أن قال:

فيا بدر قد وافى النظام وإنه ... لبدر بلى هذا من الدر أرفع
يضيع لديه المسك إن ضاع في الربا ... فأضوع منه النظم والمسك أضيع
يقود حبيباً عنده وهو مبغض ... ويعجب منه البحتري ويفزع
وأطول باعاً من نظام ذوي النهى ... فقس الإيادي قد غدا وهو أصيع
شكرتم به أيام وصل تصرمت ... وهجرا شكوتم للقلوب يقطع
صدقتم سقى عصر اللقا كل ديمة ... لقد كان لي منه مصيف ومربع
تقضت وما قضيت منها لبانة ... وولت فأولني جوى يتنوع
فهل عائد ذاك الزمان الذي مضى ... وهل صلة من غادة الحي تنفع
عسى زمن يا بدر يجمع شملنا ... وشمس اللقا من بعد ذا البعد تطلع
فينشر ما يطوي البعاد من الجوى ... ويطوي من الأوراق هذا الترجع
بقيت لجيد الدهر أفخر زينة ... كأنك عقدا بالمعالي مرصع
مفاد مفيد سابق كل سابق ... تنال من الأيام ما فيه مطمع
وصلى على المختار طه وآله ... صلاة وتسليماً إلى الحشر ترفع

وللسيد محمد بن إسماعيل الأمير في ديوانه المطبوع مجيبا على صاحب الترجمة

بقصيدة أولها:

بشرى فقد عطف الغاني على العاني وكان بالبين قد ألغاني الغاني
فكم جنى بتجنيه الجفا وإلى ما كنت أكره قد ألجاني الجاني
يبيت في نومه الهاني وأمسي في أسر السهاد وقد ألهاني الهاني
ويلاه من خده القاني وفتنته ففي تلهبه ألقاني القاني
لئن أطال النوى عني وأعرض عن وصلي بلا مرية ألفاني الفاني
يا حبذا ليلة وافى على حذر بغير وعد فحياني فحياني
وجاد لي بمدام من لماه ومن خمر بخديه أدناني وأدناني
وقال اكتم شاني من مواصلتي عن الرقيب وكل الشأن في الشاني
سقى مغاني الغواني كل آونة إذا جفت سوحها الأعيان أعياني
إن لم تجد مقلتي بعد البعاد فما أشد بخلي بأجفاني وأجفاني
إذا سرى البرق من صنعا بعث كرى عيني وذكر أشجاني وأشجاني
في سوحها جيرة جاروا وما عدلوا ولا رعوا عهد أيماني وإيماني
خانوا وما خنت لا والله عهدهم حاشاي لست لإخواني بخوان
رحلت عنهم وفي قلبي منازلهم فقد غدا كل إنسان بإنسان
واعتضت بالبدر من في القلب منزله فاعجب له إذ غدا القاصي هو الداني
نجل الضيا من علا قدر السماك علاً وحل في المجد برجاً فوق كيوان
يا بدر نظمك وافاني فأسكرني أظنه خمرة من كرم رحبان
حاشاه حاشاه عن خمر محرمة هذا حلال بدرّ المدح حلاني
وصفت شوقاً إلى من أنت بغيته صدقت قلبي على ما قلت برهاني
والقلب شاهد عدل قد حكمت به ما فيه قدح سوى قدح بهجران
يا عين أهل الذكا بل نور مقلته ويا ابن مقلة في خط وتبيان
فتحت للنظم بابا كان منغلقا ذكرتنا أدب الفتح بن خاقان

ورمــت منــي جوابــاً والفــؤاد بــه جــوى لفقــدي أوطــاري وأوطــاني
فخذ جواباً أتـى عفـوا وجـدْ كرمـاً عفـواً لمـا فيـه مـن عيـب ونقصـان
واحرص على العلم لا تملل دراسته إن شـئت تصـبح فـرداً مـا لـه ثـاني
واتبع أباك وخذ عنـه العلـوم وقـل هـــذا أبي هـــو ربـــاني ورُبـــاني
وأبلغــه عنــا ســلاما واسـتمد لنــا منــه الــدعاء بتوفيــق وغفــران
بقيـــتما في نعـــيم لا نفـــاد لـــه مــا غنــت الــورق أفنانــا بأفنــان

قلت: ولم أضبط تاريخ حادثة استشهاد صاحب الترجمة إلا أنه كان على قيد الحياة كما اطلعت عليه في أوراق الوقف في شهر القعدة سنة 1165 خمس وستين ومائة وألف رحمه الله.

79. الفقيه محمد بن الحسن المتميز

الفقيه العلامة جمال الدين محمد بن الحسن بن يحيى بن إبراهيم بن يحيى بن محمد بن إبراهيم بن أبي القاسم المتميز اليمني الصعدي.

قرأ بصعدة على علمائها، من أجلهم العلامة يحيى بن جار الله مشحم، رأيت بخط المترجم وهو حسن جميل على ظهر نسخة من كتاب أصول الأحكام للإمام أحمد بن سليمان عليه السلام أن شروعه في سماعه على شيخه المذكور كان يوم الاثنين غرة شهر رمضان سنة 1113هـ، وختمه عليه في العام الذي يليه شهر ربيع الأول، ورأيت له ترجمة بقلم بعض أهل عصره قال فيها:

هو الفقيه الطاهر الكامل الفاضل، نشأ في طاعة الله وما يرتضيه، وأخذ في العلوم بنصيب ورمى في الأعمال الصالحات بسهم مصيب، وانزوى في عبادة الحي القيوم عن البعيد والقريب، وقد تقدم في أثناء ترجمة والده بحرف الحاء المتوفى سنة 1103 قول العلامة عبد الرحمن بن حسين سهيل مؤلف بغية الأماني

والأمل أن المترجم أحد العلماء المحققين، وكانت وفاته يوم الجمعة ثالث وعشرين شعبان سنة 1125 خمس وعشرين ومائة وألف، وقبره بالقرضين بمشهد أهله رحمه الله تعالى وإيانا والمؤمنين.

80. السيد محمد بن الحسين بن علي بن أحمد أبو طالب

السيد المقام عز الإسلام محمد بن الحسين بن علي بن أحمد أبو طالب بن الإمام المنصور بالله القاسم بن محمد الحسني القاسمي الصعدي اليمني.

وهو من عيون السادة الرؤساء في وقته، نشأ بحجر والده السيد الرئيس الحسين بن علي بن أحمد المتوفى سنة 1125هـ المتقدمة ترجمته بحرف الحاء، وتولى لوالده على جبل رازح في الأعوام التي ترأس فيها والده في عموم البلاد الصعدية، وصارت ولاية هذا الصقع من جبل رازح إلى صاحب الترجمة بعد وفاة والده في التاريخ المتقدم، وإلى أولاده وذريته إلى أواخر القرن الثالث عشر الهجري، فالمترجم هو جد السادة بيت أبو طالب هناك وبيت الشرفي أيضا، وإلى صنوه السيد يحيى بن الحسين بن علي بن أحمد ينسب السادة آل حامس الساكنين ببلاد جماعة. وقد تقدمت بعض أخبار صاحب الترجمة بحرف القاف في ترجمة عمه القاسم بن علي، منها قول صاحب بغية المريد ما لفظه: ولما كان شهر جمادى الآخرة سنة 1137 شاعت كلمة أهل الشام مع قيام محمد بن الحسين بن علي مجيباً للمنصور بالله عليه السلام ومتبعاً وصية والده الحسين قدس الله روحه على الموالاة للمنصور، ولم يبق لعمه القاسم بن علي كلمة مجابة، بل دخل في الطاعة رغبة ورهبة، ثم ما كان من مبايعته للمتوكل القاسم بن الحسين في سنة 1128هـ انتهى.

قلت: وقد أرخ العلامة البهكلي وفاته في اليوم الخامس عشر من شهر ذي الحجة سنة 1157 سبع وخمسين ومائة وألف، في أثناء وصول الشريف محمد بن

أحمد بن خيرات الحسني إليه إلى جبل رازح، وإقامته في ضيافته، لغرض الصلح بينه وبين الإمام المنصور الحسين بن القاسم، ذكر ذلك في خلاصة العسجد في حوادث السنة المذكورة، وقام بعده ولده السيد الماجد الحسين بن محمد بن الحسين الملقب الشرفي، وكان موجودا في سنة 1179 وفي هذا العام يذكر العلامة البهكلي أنها وقعت الحركة من القاضي حسن العكام ورؤساء بكيل، فقصدوا خولان، فلم يقفوا منهم على قصد ولا مرام، لصعوبة جبالها، وكثرة الذابين عن أنفسهم من أهلها، فانعطفوا إلى جبل رازح، ودخلوه وقتلوا جماعة من أهله، وانتهبوا جميع ما فيه، وقال البهكلي مترجما لولد صاحب الترجمة الحسين بن محمد بما لفظه: وهذا السيد هو من أعيان السادة، بل هو زهرة المجد وكوكب السعادة، صاحب طهارة وعبادة، وأخلاق حسنة، وسمات مستحسنة، فهو في عشيرته يوسف إخوته، وسيد جلدته ورئيس بلدته، فلا غرو إن عانده الدهر الخؤون بما هو من شأنه في حق عظماء الشؤون، ممن يشار إليه بالبنان وترمقه العيون، ولله بعض الأفاضل إذ يقول:

عتبت على الدنيا بتقديم جاهل ... وتأخير ذي فضل فقالت خذ العذرا
ذوو الجهل أبنائي فصرت أحبهم ... وذو الفضل من أبناء ضرتي الأخرى

انتهى كلامه.

81. السيد محمد بن صلاح الداعي

السيد العلامة الورع الزكي بدر الدين محمد بن صلاح بن محمد الداعي اليحيوي الصعدي، وقد تقدم رفع النسب في ترجمة صنوه الحسن بن صلاح الداعي صاحب الدامغة الكبرى في حرف الحاء من هذا القسم.

وصاحب الترجمة مولده تقريبا نحو سنة 1055 خمس وخمسين وألف وهاجر

إلى مدينة صعدة لطلب العلم فقرأ بها على مشايخ عصره في الفقه والحديث وغيرهما، ورأيت له نقولات من الفوائد منقولة عن قلمه، وقد تعرض لذكره صنوه السيد الحسن بن صلاح الداعي في كتابه سلوة المحزون فقال:

ولما توفي أخي لأمي وأبي السيد العلامة الشامة في آل محمد والعلامة المهاجر إلى الله ورسوله بمدينة صعدة طالبا للعلم معلما له، عاملا بعلمه، زاهدا في الدنيا لحلمه، في سلخ ربيع الأول قبيل فجر يوم الثلاثاء تاسع وعشرين من الشهر المذكور سنة 1101 إحدى ومائة وألف قلت مرثيا له:

أفي الركب ذو علم بما قال قائل ... فإني بذاك القول حيران ذاهل
يسرون عني القول في ذات بينهم ... ويخفونه عني وما كنت غافل
فقلت لهم هاتوا الحديث فإنني ... بقلبي أرى ما قد حوته الرسائل
سهرت ولا علم لدي بعلمهم ... ولكن قلبي للرزايا منازل
يقولون مات الألمعي محمد ... أخوك وقد ناحت عليه الثواكل
فقلت لهم ما مات من كان مثله ... ولكنه في جنة الخلد نازل
مضى عمره في طاعة الله وانقضت ... لييلاته فيها اقتضته المسائل
وهاجر حتى حان أمر انتقاله ... إلى الله في الطاعات بالعلم عامل
تخير خير الحالتين لعلمه ... بأن الرضى من هجر من لم يواصل
فقد فاز بالحسنى وأدرك ما رجا ... من الله إن الله للخير فاعل
سقى جدثا في روض صعدة نيراً ... وجاد عليه من رضى الله هاطل
ولا زال محفوفا بخير ورحمة ... ومنهل رضوان على القبر هاطل

إلخ الأبيات، وستأتي في القسم الثالث من هذا الكتاب ترجمة حفيده الشاعر المفلق المعروف بأبي الطحاطح مطهر بن حسن بن مهدي بن محمد بن صلاح الداعي المتوفى سنة 1223 رحمهم الله جميعا وإيانا والمؤمنين.

82. السيد محمد بن عبد الله الكربي

السيد الجليل عز الدين محمد بن عبدالله الحسني الهادوي الملقب الكربي.

ونسبة الكربي بفتح الكاف والراء المهملة وكسر الباء وياء النسبة إلى الكرب منطقة بخولان عامر مغارب صعدة. وصاحب الترجمة هو أحد ولاة الوقف في أيامه، وهو الذي قصده السيد العلامة الحسن بن صلاح الداعي في أبياته التي نظمها لما تصدعت قبة الإمام الهادي يحيى بن الحسين عليه السلام أواخر سنة 1107 سبع ومائة وألف، وهي قوله:

قالوا هوت قبة الهادي فقلت لهم   لا تنكروا إن هوَتْ من بعدها القُبَبُ
ولايـة الكُـرَبي للوقـف قـد هـدمت   وقلـب مصـرفه حلّـت بـه الكُـرَبُ

إلى أبيات أخرى اقتصرنا على ما تقدم منها، والمترجم له هو المراد في البيت الثاني. وأصل الخبر في تصدع قبة الإمام الهادي إلى الحق هو ما جاء في شرح الدامغة الكبرى ولفظه:

وفي شهر ذي الحجة من سنة سبع ومائة وألف اختلت قبة الإمام الهادي إلى الحق يحيى بن الحسين عليه السلام، واخترب جانبها اليماني فنقضت جميعاً، وحصل مع الناس من ذلك وحشة عظيمة وهجيمة، وصار ولاة الوقف في عمل إعادتها إن شاء الله تعالى بأمر الإمام المتوكل على الله تعالى (علي بن أحمد بن الإمام القاسم) وحضوره وعنايته، فقلت: قالوا هوت قبة الهادي البيتين. قال: وكان في خرابها خير كبير فإنه حصل من ذلك فوائد، منها زوال التشكيك في قبر الهادي عليه السلام كما قدمنا في ترجمته، ومنها إعادتها أحسن مما كانت وأكبر وأوسع وإدخال ولده الناصر في القبة من الجانب الغربي وعليه قبة مكوبة المحراب فيها، ومنها دخول ولده المختار لدين الله القاسم بن الناصر في قبة

جده الهادي بقبة مكوبة على قبره من جهة الشرق بعقد محكم. ومنها ظهور قبر الحسن بن القاسم عمَّ الهادي عليه السلام، وولده المرتضى وخروج تابوته من تحت الأرض، فعمرت عليه قبة عظيمة داخلة في قبة الهادي عليه السلام من جهة اليمن، فصارت قبة الهادي عليه السلام محفوفة بالثلاث القبب، وكوفية قبة الهادي بين الثلاث، فهي واسطة العقد، والحمد لله الذي بنعمته تتم الصالحات، وتنال البركات. قال: ولما بلغت الأبيات السابقة إلى صعدة وشاعت وذاعت، وكانت النفوس غير طيبة بولاية الوالي رأساً، إلا أنه جعل لها أساساً وأرضا من ولاة الوقف، وأخرب المساجد باستغراق ما حصل من غلته، وضعّف الطلبة للعلم ولم يبق من المتغربين (المهاجرين) له إلا ثلاثة أو أربعة لعدم القَوَام، بعد أن كانت منازل الدَّرَسة ملآنة من جميع الآفاق، فصارت المنازل في جميع المساجد مغلقة، وأبوابها في جميع الأوقات موثقة، ولم يبق إلا في منازل جامع الهادي ثلاثة أو أربعة من أهل الطلب، أقواتهم من بيوتهم لا يرتجون منه خيراً، ولا يأمنون منه ضرا، فقال الفقيه العلامة ضياء الدين إسماعيل بن محمد بن العَبْدي أبياتاً أجاب بها أبياتي الأربعة، ودفع بها الباطل وقمعه، فقال:

يا من له رتبةٌ تعنو لها الرتب ... وهمّة دونها في الرفعة الشهبُ
يا أيها الحسن الداعي المجيب إذا ... نُودِي وقد دهت الأحداث والنوبُ
وافى نظامك يحكي الدر منتظماً ... سمطاً تخلله الياقوت والذهبُ
يهدي المواعظ لكن لا مصيخ يعي ... بل من تعيب إذا أديت ما يجبُ
قومٌ عن الأمر بالمعروف في شغلٍ ... بزهرةٍ غاية المغرى بها العطبُ
قلوبهم يا خطيب الآل لاهية ... في غمرة طلب الدنيا لها سببُ
إن قلت ما العذر عند الله قيل لنا ... مندوحة يتنحّى عندها الشجبُ
مالوا إلى رخص لا للنجاة بها ... وإنما عرض الدنيا بها طلبوا

فــألغهم وادّرع صــبراً فإنـــك في　　دهــر تغــير منــه الــرأس والــذنبُ
وصاحب الفضل فيهم عين جاهلهم　　وذو الحجـا والمعـالي مـن لـه نشـبُ
والكامـل المتنــاهي في الكــمال فتــى　　داجَــى وصــدقهم غشــاً إذا كــذبوا
وذو الســخافة مـــن يــأتي بزاجــرةٍ　　عــن الولــوغ بــدار جــدّها لعــبُ
أنكــرت يــا شرف الإســلام واحــدة　　مــن حــالهم ولــديّ الجــم والعجــبُ
فاحمل وذرهم يخوضـوا في زخارفهـا　　ويلعبــوا وغــداً يغشــاهم اللهــبُ
واستنزل الدمع من سحب الشئون وقل　　إن قيل مالـك مـات العلـم والأدبُ

وكان صاحب الترجمة موجوداً على ولاية الوقف شهر القعـدة سـنة 1108 ثمان ومائة وألف، وهو أحد المعتنين بإعادة تشيد وعمارة القبة الهادويـة كـما هـو مذكور اسمه في جدارن القبة.

83. السيد محمد بن علي بن أحمد أبو طالب

السيد العلامة التقي محمد بن علي بن أحمد أبو طالب بن الإمـام القاسـم بـن محمد الحسني القاسمي الأملحي الصعدي وهو الملقب بالعزي.

ترجم له تلميذه السيد إبراهيم بن القاسم بن المؤيد مؤلف طبقـات الزيديـة الكبرى فقال: ولد بصعدة وسكن بلاد أملح من مخاليف صعدة، وكـان يـدخل للقراءة في صعدة ويسكن فيها أياماً ويعود إلى محله، وقرأ على أبيه علي بـن أحمـد مما سمع عليه الأسانيد اليحيوية عن أبيه عـن عمـه عـن أبيـه، وسـمع أصـول الأحكام على الفقيه يحيى بن سعيد الهبل وعلى الفقيه يحيى بن جار الله مشـحم، كلاهما سمعا على القاضي عبد القادر بن سعيد الهبل عن القاضي عامر، وسـمع أمالي المؤيد بالله على السيد علي بن محمد الحوثي بسماعه لها على القاضي أحمد بن سعد الدين، وعلى الإمام المتوكل على الله إسماعيل بن أمير المؤمنين كلاهما عـن المؤيد بالله محمد بن القاسم، عن أبيه. وأخذ عليه جماعة، فممن أخذ عليه مؤلف

الترجمة أمالي المؤيد بالله وأجازه الأسانيد اليحيوية في شهر صفر سنة إحدى عشرة ومائة وألف بصعدة بدرب الجديد[80] بالجيم.

وكان سيداً فاضلاً ناسكاً يؤهل للإمامة بعد أبيه، وكان له أخلاق سمحة سهلة، من بله الجنة على صفة الأوائل، وكان في الفضل بمحل يستشفى به للأوجاع والأسقام حتى كان آخر سنة من عمره ودعا في حياة والده علي بن أحمد في بلاد أملح ولم يقف إلا أياماً يسيرة حتى سقط من أعلى جدار في بيت في أملح من مخاليف الشام في تلك السنة، ثم توفي وذلك في سنة عشرين ومائة وألف، وقبر هنالك انتهى كلام صاحب الطبقات بلفظه وحروفه.

قلت: وقول مؤلف الطبقات أنه دعا في حياة والده، فالظاهر أن ذلك كان منه في حال مرض والده بالفالج أواخر سنة 1119 ومكوثه فوق السنة حسبما تقدم في ترجمته بحرف العين، أقول: وينسب إلى صاحب الترجمة السادة الأماجد آل العزي في صعدة وخولان وآل عمار وكتاف ووادي أملح وتلك النواحي، وهم من أكثر البطون من ذرية الإمام القاسم بن محمد انتشارا وكثرة، ومن أعاظم الفضلاء منهم في القرن الرابع عشر السيد العلامة الفاضل فخر الإسلام عبدالله بن سليمان بن أحمد بن محمد بن أحمد بن محمد بن أحمد بن محمد الملقب العزي المتوفى سنة 1369 تسع وستين وثلاثمائة وألف بمجز غربي ضحيان وولده السيد العلامة الولي محمد بن عبد الله بن سليمان العزي المتوفى سنة 1428 رحمهما الله تعالى ولكل منهما ترجمة ستأتي في موضعها من هذا الكتاب.

(80) هو المعروف اليوم بحارة الدرب.

84. السيد الإمام محمد بن علي الغرباني

السيد الإمام المهدي لدين الله محمد بن علي بن الحسين بن يحيى بن عبدالله الغرباني بن عطيفة بن علي بن أحمد بن سليمان بن علي بن مُكَنَّى بن القاسم بن علي بن مُكَنَّى بن حمزة بن عبدالله بن محمد بن جعفر بن الإمام المنصور بالله القاسم بن علي العياني وباقي النسب معروف.

هكذا ورد نسبه في كتاب التحف شرح الزلف للمولى العلامة مجد الدين بن محمد المؤيدي قدس الله روحه وقال مترجما له: وكان لهذا الإمام من رسوخ القدم في مجال العلوم، وتمكن الوطأة في ذروة المنثور والمنظوم، ما يقصر عنه أرباب المنطوق والمفهوم، وهو في عصر السيد العلامة شرف الدين الحسن بن صلاح الداعي صاحب الدامغة، وقد حكى طرفاً مما دار بينهما من المكاتبة المشتملة على المفاكهة بدرر النظم البليغ البديع، وذلك أيام إقامة الإمام بجبل برط المنيع، وقد أشار إليه في دامغته بقوله:

والقاسمي تبوأ منزلا برطا مهاجرا وهو داع غير منتقل

وقال السيد الحسن بن صلاح في شرح الدامغة في شرح هذا البيت:

هو الإمام السيد العلامة المهدي لدين الله محمد بن علي الغرباني، وهو من المفلقين في الشعر والرسائل، وله شعر رائق، وكان أول طلوعه إلى برط في مدة الإمام المتوكل على الله، ثم أظهر دعوته بعد موته ولم تساعده الأيام قال: وخرج إلى الجهات الشامية وبقي عندنا أياما في قراض، وحصل بيننا وبينه مراجعة في العلم ومحبة وأنس، ثم ارتحل إلى الشام وحج ورجع في مدة الإمام المؤيد بالله محمد بن المتوكل على الله، وصالحه، وبقي في صنعاء مدة ثم دخل إلى بلاد يافع فرأى هناك من المنكرات ما شق عليه، فرجع إلى برط، وهو الآن فيه يعني سنة 1102 قال: ولنا منه إجازة مليحة مرقومة بخطه.

قلت: وسكن صاحب الترجمة في أواخر أيامه بمدينة صعدة، وبها كانت وفاته رحمه الله شهر رمضان عام 1126 ست وعشرين ومائة وألف، ودفن في المشاهد اليحيوية في القبة التي على يسار الداخل من الباب الشرقي للجامع المقدس، وتسمى قبة الغرباني، وكان عمارة هذه القبة بعناية النقيب ناصر بن هادي جزيلان من مشايخ بلاد برط وكان تمام عمارتها شهر صفر سنة 1127 وقد ترجم لصاحب الترجمة عدة من المؤرخين، وأوردوا أخباره منهم السيد عامر بن محمد الحسني في بغية المريد، ومؤلف بهجة الزمن وغيرهما، وترجم له العلامة المؤرخ السيد محمد بن محمد زبارة في كتابه نشر العرف بنبلاء اليمن بعد الألف قال فيها:

وصاحب الترجمة نشأ بصنعاء وبلادها، وأخذ عن علماء عصره، وبلغ في العلم إلى درجة عالية، ثم سار عن صنعاء في شعبان سنة 1075 إلى برط ناقما على الإمام المتوكل على الله إسماعيل بن القاسم وداعيا لقبائل برط إلى إجابته، واستمر على ذلك الأعوام العديدة، وتردد إلى بلاد الجوف وغيرها، ثم سار إلى مكة، وعاد إلى صنعاء، ثم استقر آخر أعوامه بصعدة إلى أن توفي في 16 شهر رمضان الكريم سنة 1126 ودفن هنالك، وقبره مشهور مزور بها في حمى جامعها، وله شهرة كبيرة، ورسائل عديدة، وأشعار بليغة، ومن رسائله نظما قصيدته لعله نظمها قبل وفاة المولى ملك اليمن محمد بن الحسن بن القاسم سنة 1079 ومطلعها:

باسم الحكيم العدل ذي الاحسان	منزل الكتاب والميزان
لكي يقوم الناس بالإيمان	والقسط بالعدل عظيم الشأن
مؤيد الأعوان والسلطان	

ثم أورد أغلب أبيات القصيدة وهي طويلة قال: ومنها قصيدته التي أرسلها إلىٰ سيف الإسلام أحمد بن الحسن بن الإمام القاسم ومن وصل معه من آل الإمام القاسم ورؤساء الأجناد إلىٰ عنان برط لضبط المترجم له في سنة 1081 فلم يتم لهم ذلك وهي إلىٰ مائة وخمسة وعشرين بيتا أولها:

ألا أيها الرجل المدلج … ونور الضحى في الدجى مولج

قلت: وقد أورد أبياتها كاملة تلميذه السيد الحسن بن صلاح الداعي في شرح الدامغة الكبرىٰ فقال:

ألا أيها الرجل المدلج … ونور الضحى في الدجى مولجُ
وشهب السماء بأرجائها … لآلٍ لها سفط دهنجُ[81]
يخوض البحار ويطوي القفار … ويرمي الجمار بهٍ أهوجُ
نجيب تلقاه من شدقم … شداقمةٌ بُزّلٌ هُنّجُ
طويل القوام جليل العظام … نبيل السنام قراً مدمجُ[82]
كأن السنام على ظهره … وما فوقه قتبٌ هودجُ
كمثل الأساطين أرباعه … على ظهره قبة مفرجُ
عديم المعايب لا أهتعٌ … ولا صكك لا ولا أفحجُ
فقل في نجيب هِجَانٍ كما الرخام أو القطن إذ يحلجُ[83]
أو اللبن التفق المحض لم … يكدر بماء به يمزجُ
يُرى من خلال المعاني كما … هلال يمرُّ به زبرجُ[84]

(81) دهنج: جوهر كالزمرد، والسفط: المتساقط من اللآلي ونحوها.

(82) القرا: صلب الظهر.

(83) الهجان: الإبل البيض الكرام، يحلج القطن: يندفه حتىٰ يخلص الحب منه.

(84) الزبرج: السحاب الرقيق فيه حمرة.

يفـوت الريـاح إذا مـا مشـى برفـقٍ فـما الفـرس المسرجُ
ومـا الرعـد أيضـاً ومـا لاحـقٌ ومـا الـراد أيضـاً ومـا أعـوجُ

***

فيـا أيهـا الرجـل المشـمعل بـه الجمـل الأهـوج المـزعجُ
سـألتك بـالله إلا وقفـت عـلي قلـيلاً ولا تـزعجُ
لتحمـل منـي كلامـاً لـه ذُكـاً يفضـح المسك مـا اللنحجُ
سـميناً قـوياً وهـل يـأتي مـن فتـى مـثلي الغـث والأعـوجُ
وإن الفتـى مـثلما قـد أتـى عـلى ذاتـه فمـه مـرتجُ
توكـل عـلى الله سـبحانه وسِرْ في حمايتـه تعسـجُ
وعـرّج بصنعاء والروضـة والـ ـتي ظلهـا أبـداً سجسـجُ
سـقى الله ربعـيهما وابـلاً بـه ثمـراتهما يخـرجُ
فـأيـاً يكـون بـه والـدي التقـي النقـي القمـر الأبلـجُ
ومن إن دجـى الليـل واغطوطشت دجـاه تـلا الأفـوجَ الأفـوجُ
تهجّـد للهّ سـبحانه وأمـواج عبرتـه مـوَّجُ
يرتـل آي الكتـاب العزيـز بصـوتٍ لـه مسـمع منشـجُ
وحينـاً صـلاة وحينـاً دُعـا مكـين لـدى الله مسـتبهجُ
ومـن هـو أغنـى الـورى عـزةً وزهـداً وهـذا الغنـا الأثـبجُ
فلـيس بـماشٍ إلى مطمـع إليـه ذوو الزهـد قـد هملجـوا
صـلاة الإلـه وتسـليمه عليـه نوافجهـا تـنفجُ
فقبِّـل ثـرى سـوحه خاضـعاً ويهنيـك منظـره المـبهجُ
وسـلم عليـه ومـن عنـده سـلاماً بـه كـربهم يفـرجُ
وقـل رفّ بَـرُّك في نعمـةٍ ملاليـةٍ عَرْفهـا عـرفجُ
لـدى فتيـة قـد غـذوا بـالتقى أسـود جحاجحـة فلجـوا

معيدو الزحوف بصرع الحتوف ورغم الأنوف وقد شجحوا
لطاف النفوس شراف الرؤوس تضاهي الشموس لهم موهجُ
عزيزو الجوار مضيئو الفخار كضوء النهار لدى يوهجُ
لي الله سخرهم منة له الحمد ما فلق يبلجُ
وقل هو في نعمة غضة كعذراء أنوارها وهّجُ
خلا ما اصطلى من لظى بعدكم فلاعجُه في الحشا يلعجُ
يبات كأن بأجفانه من الحزن والقلق العوسجُ
أسال الدموع وأفنى الضلوع بنار النزوع التي تنضجُ
فإن تره ضاحكاً يومه فليلته طولها ينشجُ
ولكنَّ ذا ديدن الدهر لا يدوم على حالة تبهجُ
يزيح العتيد ويدني البعيد ويبلي الجديد الذي يبرجُ
يسير الحفاء كثير الجفاء قليل الصفاء لظٍ منضجُ
مضى من تقدم من أهله وكل لذا النهج مستنهجُ
يمرُّ بهم فيه من حاله أجبٌّ قريح المطا أعرجُ
ولكنما الصبر دأب الذي إلى غرفات العُلى يعرجُ
يحب السهاد وينسى الرقاد ويهوى البعاد الذي يمهجُ
فبيض الصفاح وسمر الرماح وشقر الوقاح له ملهجُ
فليس بشائقه شادنٌ تلالا سوالفه عوهجُ
أغرّ أغن زهٍ ألعسٌ أغض أبض بهٍ أبرجُ
حوى كل حسنٍ فحسن الورى لديه إذا قيس أنموذجُ
كقنديل در سما نوره وما فيه نار ولا شيرجُ
إذا ما تجرّد قلت اللجين ذاب أو الزئبق الرجرجُ
وإن زار نَمَّ به حجلُه وأغرى الوشاة به الدملجُ

ومـا زيـن بـالحلي بـل زانـه كـما زيـن بـالتبر فـيروزجُ
لـه كـالجمان ثنايـا حسـان وكـالأقحوان فـمٌ أفلـجُ
وخـد أسـيل بـذاتي يسـيل كـوردٍ عسـيل جنًـى يـدلجُ
ومثـل المـواضي عيـون مـراض كسـود الحيـاض التي تحلـجُ(85)
ومثـل الكـروم دواجـي الحسـو م عقـاصٌ فحـومٌ لـه دولـجُ
بهـا كـم تمخلـع مـن راهـبٍ وأسـد قسـاورة ضرجـوا
وزاكـي حجـا قـد بـراه الضـنا وحاكـاه في لونـه الأتـرجُ
فـلما شـاقه ذا ولا غـير ذا إذا ذو نهـى شـفّه أدعـجُ
ويـا عجبـاً هـل يليـق الهـوى بمـن أصـله في العـلى الأوشـجُ
ومـن صـار في حبهـا هـائماً لديـه الـردى فيـه فـالُوذجُ
وإن الهـوى ديـدن الأرذلـين وإن الهـوى في الهـوى ملحِـجُ
ومـن ذا يبيـع الهـدى بـالغوى ويعطـي بنـاظره صيصـجُ

***

وعـج ببنـي قاسـم الأكـرمين ومـن لهـم في العـلا أوّجُ
وأتحفهـم بشـريف السـلام وعـاتبهم إنهـم حرّجـوا
وقـل مـا لكـم يـا بحـور الحجـا أتيـتم بشيء بكـم يسـمجُ؟
جنـودكم مـن جميـع القـرى إلى رجـلٍ واحـد تـزعجُ
ولـيس لـه ثـروة لا ولا خـلا الله أوسٌ ولا خـزرجُ
ولم يـأتكم منـه مـا تكرهـون خـلا أنـه قـال ذا المـدرجُ
ومـا قـال إني إمـام ولا الإمامـة عـنكم لهـا مخـرجُ
ولكنـه قـال إن كـان مـا ذكـرت هـو المنهج الأوهـجُ

(85) في نشر العرف: كورق الحياض التي تحلج، والمعنى لا زال غامضا.

فجيئــوا إليــه إذا شــئتم وإلا فــما شــئتم فــانجهوا
وردّوا عـــليَّ إذا شـــئتم مقـــالي إن كـــان مستســمجُ
بقــول المهــيمن أو ســنة ثقــات الــرواة لهــا خرجــوا
أو اجمــاع أمــة خــير الــورى أو الآل أو شـــبهة تعــنجُ
فــبعض الجوابــات مثــل الصــدا وبعــض القياســات لا تنــتجُ
وإن مــن القــول مثــل الجهــام كــما أن في النــوق مــا يخــدجُ
فــإن كــان هــذا كلامــي الــذي صــدعت بــه إن هــم لجلجــوا
فــما بــالكم حــرجين الصــدو ر والأمــر مــا منــه مســتخرجُ
أخوفــاً عــلى الملــك جهــلاً فــما لمـــا الله فاتحـــه مـــرتجُ
ولـــيس لمـــا يـــرتج الله فـــا تحُ جهِد النـاس فيـه أو حشرـجوا
فرفقـــاً بأنفســـكم إن فعلكـــم بي ذا في التـــوى يلحـــجُ
أغـــركم أننـــي صرت في التخفـــي كـــما ســـلفي أنهـــجُ
وأنكــم نــاهجو نهــج مــن علــيهم بســلطانهم حرّجــوا
فيــا ربــح مــن ذلكــم نهجــه ويــا ويــح مــن ذا لــه مــنهجُ
وبشـــراي إذ صرت في نهجهـــم لقــد حــق لي الفــرج المــبهجُ
وعــمَّا قليــل يحــل الــردى بســاحتكم مرحــاً يهــزجُ
بجنــدٍ تــرى الأرض مغتصــة بــه والهــوى عمــه مــرهجُ
ببــيض المــواضي وســمر القنــا وخيـــل مطهمـــة تمعـــجُ
إلـــيكم ذوابلهـــا أشرعـــت بأيــدي فــوارس قــد دُججــوا
فتســـقيكم مـــن زجاجاتـــه شرابـــاً مرارتـــه تـــبعجُ
وقيــل مــن الــراق واســتعمل الســنا والبلــيلج والأملــجُ
وأخــرجتم مــن عــوالي القصــور وكـــل بأكفانـــه مـــدرجُ
وغـــودرتم في لحـــود القبـــور إلى أن إلى العــرض تســتخرجوا

فـلا تـأمنوا دهـركم لمحـة فكـم ضـاحك كفنـه ينسـجُ
وإني وكـل الـورى هكـذا لـو أني حُجيت وهـمْ لـو حُجوا
فيـا أيهـا النـاس حييـتم علـى سلسـبيل الهدى عرّجـوا
ولا تكتمـوا الحـق مـا بيننـا سـواء شـجيت بـه أو شـجوا
فـما يبتغـون سـوى أننـي أحـور بـلا حجـةٍ تفلـجُ
ويبغـون ذلي ولا صـبر لي ويـأبى المهـيمن مـا استروجوا
لقـد صرت في حصـن أسـمائه عزيـزاً منيعـاً فـلا تشـهجوا
وهيهـات يلمسـني كـارث وقلبـي بتكرارهـا يسرجُ
ولِسـني مـا زال رطبـاً بهـا عشـاء وصـبحاً بهـا يلهـجُ
بهـا كلهـا عـذت مـن بأسـه ومـن كـل مـا هـو لي محـرجُ
ومـن شر مـا قـد حـوى عرشـه المجيـد وكرسـيه الأبهـجُ
ومـن شر مـا مـولج في الـدجى ومـن شر مـا في الضـياء يـولجُ
ومـن شركـم أن تنـالونني بـما أنـا مـن نيلـه أحـنجُ
فقـل للـذين يرجـون لي أذىً لكـمُ الويـل لا ترتجـوا
أترجـون هتـك جـوار الـذي بـرا النـاس مـن حمـأ يلـزجُ
لقـد رمـتمُ سـفهاً بـاطلاً تكـاد السـماء بـه تـرتجُ
فيـا مـن يجـير ومـا أن يجـار عليـه ولا عنـه مسـتولجُ
ويـا جـاعلاً بـين بحريـه بـر زخ مـاء وماؤهمـا يمـرجُ
ويـا مـن لعزتـه العـالمون في بحـر ذلـتهم لججـوا
أجـرني أجـرني أجـرني أجـرْ أنـا عبـدك المـذنب الأحـوجُ
وإمـا يكونـون في قـوةٍ بجنـدٍ وخـرج لهـم يخـرجُ
فـإني قـوي بـذي الكبريـا ء جـلَّ هـو المهـبط المعـرجُ
عليـه توكلـت لا أبتغـي سـواه وإني بـه الأفلـجُ

رجع قال المؤرخ زبارة: ومنها رسالته إلى الإمام المؤيد بالله **محمد** بن المتوكل على الله إسماعيل في نحو سنة 1095 قال: وقد أجاب عليه الإمام الأواه المؤيد بالله عليه السلام في باطن قصيدته بما فيه كل الإنصاف والتواضع وإقامة الحجة البالغة كما أثبتنا جميع قصيدة السيد محمد الغرباني وجواب الإمام المؤيد بالله عليها في القسم الأول من نشر العرف قال: وغربان بضم الغين المعجمة وسكون الراء وبعد الألف نون قرية شهيرة على مسافة ثلاثة أيام شمالا إلى الغرب من صنعاء انتهى كلامه باختصار.

قلت: ورأيت في بعض الفهارس أن من مؤلفاته رحمه الله تعالى كتاب (سلاسل الذهب المضئية في مسائل المذهب الفرضية)، وله أيضا رسالة إلى الإمام المهدي أحمد بن الحسن بن الإمام القاسم وغيره من الدعاة الذين دعوا بعد وفاة الإمام المتوكل على الله إسماعيل حررها شوال سنة 1088 ثم أعقبها بقصيدة طويلة منها قوله:

أحمد ربي المهيمن القاهر ذي النعم الغر والسنا الزاهر
أيها الناس فاستمعوا ثنائي سماع خاش لربه حاذر
ها قد دعا خمسة وكلهم قد ادعى سهمه الغامر

يريد بالخمسة: الإمام المهدي أحمد بن الحسن، والمنصور القاسم بن المؤيد بالله دعا بشهارة، والمولى الحسين بن الحسن بن الإمام القاسم دعا برداع، والمولى جمال الدين علي بن أحمد بن الإمام القاسم دعا بصعدة، والمولى العلامة أحمد بن إبراهيم حوريه المؤيدي كل هؤلاء الأعلام الخمسة دعوا بعد وفاة الإمام المتوكل على الله إسماعيل سنة 1087 وتم التسليم من قبل الجميع للإمام أحمد بن الحسن سلام الله عليهم أجمعين.

85ـ السيد محمد بن علي أبو علامة

السيد العلامة محمد بن علي بن صلاح بن عبد الله بن محمد بن الإمام عبد الله ابن علي بن الحسين بن الإمام عز الدين بن الحسن بن الإمام علي بن المؤيد الحسني اليحيوي المؤيدي الشهير بأبي علامة.

وقد تقدم في القسم الأول من هذا المعجم أن أول من تلقب بأبي علامة هو جده الرابع مصنف المشجر في الأنساب والتحفة العنبرية في التاريخ السيد النسابة المؤرخ محمد بن الإمام عبد الله بن علي بن الحسين المتوفى سنة 1044هـ. وصاحب الترجمة هو أحد أحفاده، وكان عالما فاضلا من عيون أهل بيته، وله رواية عن السيد الإمام أحمد بن إبراهيم حوريه المؤيدي وعن القاضي أحمد بن علي شاور، ورأيت له فوائد منقولة في حوامي الكتب وتراجم لبعض علماء عصره، ووجدت في بعض المجاميع أيضا بخط أحد السادة ما لفظه: هذه الأبيات للسيد العلامة محمد بن علي أبو علامة جعلها في آخر الرسالة المسماة (شفاء الغليل) في سياق الرد على من انتقص البيت المؤيدي اليحيوي:

لله آبائي هم ما هم ... أفضل من يشرب صوب الغمام
ما فيهم إلا فتى ابنه ... إمام حق أو أبوه إمام
أو لاحق مجتهد ماجد ... محاول في الله شد الأنام
يهدي إلى الحق أو ينفي الـ ... ـضلالة أو يهدي دار السلام
فقل لمن رام انتقاصاً لهم ... اسكت بفيك الترب ماذا المرام
كالكلب إذ ينبح بدر السما ... إن نوره الصادع جلى الظلام

ومن نظمه ما وقفت عليه على ظهر كتاب (لطف الغفار الموصل إلى هداية الأفكار) للسيد الصلاحي صلاح الدين صلاح بن أحمد بن المهدي مادحا ومقرظا للكتاب المذكور بقوله:

إن نيـــل الســـؤل والأوطـــار   وأقـــاصي المـــرام للأحبـــار
ونهايـــات مـــا المحقـــق يبغـــي   مـــن عـــوان العلـــوم والأبكـــار
أصبحت وهي قـد حواهـا كتـاب   صـــاغه فكـــر درة التقصـــار
فخـــر آل النبـــي والعـــالم الحبـــ   ـــر صلاح الهـدى وزاكـي النجـار
من حوى العلم يافعاً وامتطـى الــ   ـــمجد في ســنين قليلـــة المقـــدار
وغـــدا في العلـــوم شـــيخاً إمامـــاً   قبـــل حلـــم أو اخضـــرار الازار
أظهـــر الحـــق بالأدلـــة فيـــه   كظهـــور الشـــموس والأقـــمار
مـــن كتـــاب وســـنة قـــد روتهـــا   حجـــج الله عـــترة المختـــار
وثقـــاة جحـــاجح أثبتوهـــا   عـــن ثبـــات لمســـلم والبخـــاري
آه لـــو أنـــه حظـــي بـــتمام   ولمنشـــيه مـــدّ في الأعـــمار
لمحـــي نـــوره المشـــاهير مـــن الكتـــ   ـــب وأرضى هدايـــة الأفكـــار
رحمـــة الله والســـلام عليـــه   في عشـــايا العصـــور والأبكـــار

واطلعت له على قصيدة طويلة رائية من بحر الكامل يتجرم فيها مـن أعـداء أهل البيت، وهي عندي بخط السيد العلامة فخر الدين عبد الله بن أحمد بن علي حوريه المؤيدي المتوفى سنة 1361 صدّرها بقوله:

هذه القصيدة الفريدة المشتملة على الحكم العديدة المفيدة لمحبة أهـل بيـت رسول الله صلى الله عليه وآله لسيدي الفهامة، العلم العلامـة، عـز الملـة وبـدر الأهلة، وترجمان الأدلة، من صار للآل الأكرمين بدرا يبقى تمامه، وفي الطيبين الطاهرين طويل النجاد والشامة، محمـد بـن عـلي بـن صـلاح أبي علامـة بيانـا لفضائل الآل، وتوجعا من الباغض الشاني، وعتابا لشيعة زمنـه ووقتـه، وحثـاً للآل على الذب عن الدين بنعته، فلله دره، من نقاد نحرير، وعالم بصـير، فلقـد أجاد وطابق، وفي كل ما أشار إليه وافق، لكن لا غرو هو كامل من كملاء ومن أولئك الملأ خير ملأ ذرية بعضها من بعض وهي:

مـا للأنـام لنـا الشـقاق أثـاروا لمـا اصـطفانا ربنـا الجبـار
صدفوا عن النهج السـوي تعسـفا وتنكبوا طـرق الصـواب وجـاروا
ما ضرنا مـن كـان جاحـد فضـلنا لكـن يكـون لنفسـه الإضرار

وهي طويلة طويناها مراعاة للاختصار.

قلت: ووفاة المترجم في شعبان سنة 1139 تسع وثلاثين ومائة وألف، نقل ذلك أحد السادة من أهل هجرة فلله نقلا عن شاهد قبره هناك رحمه الله.

86ـ السيد محمد بن علي فايع

السيد محمد بن علي بن محمد الملقب فايع بن صلاح بن أحمد بن صلاح بن يحيى بن أحمد بن الهادي بن صلاح بن الحسن بن الإمام الهادي علي بن المؤيد الحسني اليحيوي المؤيدي الصعدي ثم الصنعاني. استطرد ذكره في نفحات العنبر السيد إبراهيم بن عبدالله الحوثي رحمه الله أثناء ترجمة ولده السيد الرئيس إسماعيل بحرف الألف فقال:

وكان أجداده يعني السيد إسماعيل فايع ساكنون في جهات صعدة ثم تعلق جده بخدمة المولى وبيض لاسمه قال: وانتقل إلى صنعاء مع مخدومه المذكور ثم جعله وكيلاً ولما توفي مخدومه تزوج بحظية من جواريه، فحصل منها على أموال واسعة جداً وهي أم ولده؛ وكانت له معرفة في الخيل والجِمال وعلم بمقدار أثمانها، فجعل الخليفة شراؤها بنظره، واستمرت هذه العهدة معه ومع ولده وولد ولده مع النظر فيها نحو مائة سنة. وكان السيد محمد بن علي فايع كثير الإنفاق والصدقات مع حسن نية، وكرم وخلق وسجية، وتوفي بصنعاء سنة 1143 ثلاث وأربعين ومائة وألف انتهى بلفظه. وذكر في طيب الكسا أن ولده إسماعيل بن محمد عمر عليه قبة عظيمة بمسجد الحيمي بصنعاء، واستطرد ذكره أيضا الفقيه لطف الله جحاف في ترجمته لابنه الثاني السيد الأديب محسن بن محمد

فايع في حوادث سنة 1195 خمس وتسعين ومائة وألف في كتابه المسمى درر نحور الحور العين فقال:

وكان والد المترجم له من أهل الحجاز مما يلي نجد نزل بأهله على قارعة الطريق وعلى نسائه وترقى به الحال حتى كان يجلب الخيل أيام الإمام المهدي صاحب المواهب محمد بن الإمام المهدي أحمد بن الحسن، فأحبه وأبقاه لديه حتى أفضت الخلافة إلى المتوكل القاسم بن الحسين، فعلقه بالنظر في أمور الخيل والجمال وما تحتاجه من الأقوات والتفقد لملبوسها وعددها، وجمع أموالا واكتسب شيئا كثيرا من المحلات، وكان له أولاد أكبرهم إسماعيل، ثم محسن. وأقيم إسماعيل بعد موت والده في وظيفته، وكان إسماعيل عند المهدي العباس وجيها، ومات وقد بلغ عشر التسعين، وبنى له قبة للقبر غربي مسجد القاضي حسين الحيمي بأعلا صنعاء، وجعل له وقفا وجعل على القبر رجلا يتلو فوقه كتاب الله دائما وكان محبا للصدقات وأفعال الخير.

قلت: ولا أصل لما ذكره الفقيه لطف الله جحاف من أن صاحب الترجمة من أهل الحجاز مما يلي ديار نجد، بل من السادة آل يحيى بن يحيى الساكنين ببلاد جماعة شمالي صعدة، وعم صاحب الترجمة السيد أحمد بن محمد الملقب فايع هو جد السادة بيت فايع الساكنين في أيامنا بضحيان وجد الجميع هو السيد صلاح بن أحمد الملقب بالصعدي، وهو الجد الجامع لبيت فايع وبيت الصعدي بضحيان وغيرهم، وسيأتي تراجم الأعلام منهم في القسم الرابع والخامس من هذا الكتاب. ونأتي على ذكر أولاد صاحب الترجمة فنقول:

(ولد صاحب الترجمة)

وهو السيد الماجد الأديب ضياء الدين إسماعيل بن محمد بن علي فايع الحسني اليحيوي المؤيدي. مولده بصنعاء في سنة 1106 ست ومائة وألف، ذكر ذلك

السيد العلامة المؤرخ صارم الدين إبراهيم بن عبدالله الحوثي في نفحات العنبر أثناء ترجمته له بحرف الألف وقال مترجما له:

السيد ضياء الدين القاسمي الصنعاني الدار والنشأة والولادة. نشأ نشأة حسنة، وله جمال ونجابة ونزوع إلى الفضائل، فصحب المولى المحسن بن الحسين ابن المهدي أيام إمارته بصنعاء وذلك في حدود العشرين بعد المائة والألف، ولم يفارق حضرته، فبدت أهلة الكفاءة من غرته، وبزغ قمر الكمال من أسرته، ثم حظي في الدولة المتوكلية وكان من أعيانها يستخص للجلوس ويدخر لليوم العبوس، وما زال ملحوظاً من المتوكل بعين التعظيم، مقدماً في ديوان النعيم مفاضاً عليه أنواع التكريم حتى جاءت الدولة المنصورية فعلت مرتبته وزادت رفعته، وانتظم في سلك وزرائه، وفوض إليه الكثير من الأعمال، وتوسط في بعض البلاد كاليمن الأسفل، وكان المنصور الحسين يرى له حق الإخلاص، ويركن عليه في المشورة والنصح، ويحتمل له احتمالاً كثيراً لأنه كان حاد المزاج، سريع البادرة؛ وكان صاحب الترجمة محباً للفضل وأهله مبالغاً في فعل الخير والمعروف كثير الصدقات قريب الجناب سهل الحجاب ديناً خيراً صالحاً كثير العبادة والاشتغال بالأوراد ومقبلاً على الجناب الإلهي بقلبه وقالبه، محباً لأهل العلم مغرماً بشراء الكتب حتى جمع خزانة واسعة، قال: ولم يزل صاحب الترجمة من أعيان الدولة وأركان الخلافة حتى توفاه الله تعالى. وله ديوان شعر صغير فمن شعره مضمناً:

في لام عارضه ورمح قوامه ... وافى وقد فضح الغزالة بالسنا
فخشيت من فتك الرقيب فقال لي ... لا تخش وانظر بالحقيقة ما هنا
أترى الرقيب يحوم حولك بعدما ... زرناك في زرد الحديد وفي القنا

ولما اطلع عليها المولى عبد الله بن علي الوزير نسج على منوالها فقال:

وافى الحبيــب بعارضيـه وقـده	ورنـاه وهـو على جـواد أشهب
فخشيت من عين الرقيب فقـال لي	لا تخـش إنـا مـانعوه بموكب
زرنــاك في زرد الحديــد وفي القنـا	والمشــرفية والخيــول الشــزب

إلى آخر تلك الترجمة. **قلت**: وللسيد المذكور ذيل على البسامة وقد شرح هذا الذيل السيد محسن بن الحسن أبو طالب بكتابه الموسوم بكتابه (العسجد في شرح بسامة السيد إسماعيل بن محمد)، وترجم له أيضا السيد محسن بن الحسن أبو طالب في كتابه ذوب الذهب فيمن شاهد بعصـره مـن أهل الأدب ترجمـة طويلة أورد فيها جملة من أشعاره، منها قوله وفيه الجناس التام:

قلـت لـه عاتبـا عليــه	ودك عنــي قـد اسـتحالا
فـاحمر خـداه مــن عتـابي	وقـال ممـا قـد استحى لا

قال السيد محمد زبارة في نشر العرف: ولعل وفاة صاحب الترجمـة في سـنة 1188 ثمان وثمانين ومائة وألف تقريبا عن نيف وثمانين سنة، وكان قـد وقـف على ذريته جملة نافعة من الأشجار والمزارع والأطيان والبيوت ومما ينسب إليه من المحاسن الخالدة الكوة التي يغترف الناس منها الماء من حوض بئر الباشا بأعلا صنعاء بقرب مسجد الحيمي المشهور.

(وصنوه)

هو السيد الماجد التقي حسام الدين محسن بن محمد بن علي فايع الحسني الصنعاني. ترجمه صاحب نفحات العنبر فقال: كان حسـن الأخـلاق واسـع المروءة، رفيع السيادة والفتوة، كريم الطباع، جواداً مفضالاً بذل نفسه في معاونة الفقراء والمساكين والوافدين عند الخلفاء وأرباب الـدول، وأتعب خـاطره في الطلب لهم وتفقد أحـوالهم والسعي في قضاء حـوائجهم وعـلاج مرضـاهم

والقيام بمؤنتهم. وجعلت بنظره صدقات وصلات من أيام المنصور الحسين بن المتوكل، فبالغ في التحري والإنفاق، وعمر المساجد العجيبة وزاد في بعضها زيادات محتاج إليها، واعتنى بدرسة القرآن وأهل المنازل وجعل لهم راتباً معلوماً خصوصاً في شهر رمضان، وقرر خلقاً لا يحصى كثرة من أبناء الناس وأهل البيوت والفقراء من دفاتر ورسم لهم أقدار معلومة تجري لهم من بيت المال في كل سنة قيمة ضحايا، واستمر ذلك بحميد سعيه إلى الآن. وبالجملة فمحاسنه كثيرة، وتعلق بأعمال دولية ولكنه مال إلى التعلق بباب الخير. وكان في بادىء أمره يحب الرفاهية ومجالس الأنس، ونظم الشعر الملحون المسمى بالحميني وهو مجيد فيه مكثر وهو مما يتغنى به ويتمثل الناس به وكثيراً ما يستعمل فيه الأمثال، وله شغله بمجالسة الظرفاء وأهل الأدب. قال: وتوفي صاحب الترجمة في نصف شهر شعبان سنة خمس وتسعين ومائة وألف بصنعاء رحمه الله تعالى.

قلت: وهو الذي عمر الزيادة في مسجد الفليحي بصنعاء، وإليه ينسب مسجد فايع من مساجد صنعاء العامرة في القرن الرابع عشر، ذكره القاضي المؤرخ محمد بن أحمد الحجري قال السيد محمد بن محمد زبارة: والمسجد الذي عمره بصنعاء هو المسجد المعروف بمسجد فايع غربي ساحة معمر وشرقي مسجد الحرقان وشمالي مسجد النهرين من مساجد صنعاء وهو وصرحه ومطاهره العديدة وما إليها في غاية الضخامة وقوة البناء رحمه الله، والشعر الذي أثبته له القاضي أحمد محمد قاطن في دمية القصر هي قصيدته الملحونة الحميني، وهي قصيدة لطيفة، وفيها مناصحة بعض الذوات عن الأمور الساقطة، وأولها قوله رحمه الله:

يا من عليك التوكل والخلف ... ومن لك ألطاف فينا سارية
ومن إذا تاب عبدك واعترف ... تمحي جميع الذنوب الماضية
نسيم بلغ إلى الروضة شرف ... سلام يزري بعرف الكاذية

إلى قضـــيب الرشـــاقة والهيـــف   الخشـف مـولى العيـون السـاجية
من سهمها للمهج يرمـي نصـف   تحمـــي ورود الخـــدود الزاكيـــة
مكمل الحسن معجز مـن وصـف   مـن حـاز في الحسـن رتبـة عاليـة
فإن هز لك رمـح قـده وانعطـف   وصـــافحك بالصـــفاح الماضـــية
فقبلـــة قبلتـــين في كـــل كـــف   وأربــع قُبَــل في القــدم متواليــة

وهي طويلة ووفاته يوم السبت رابـع عشـر شـعبان سـنة 1195 وقـبره في جربة الروض جنوبي مدينة صنعاء رحمه الله تعالى.

قلت: وقد ترقى الحال بأهل هذا البيت المستوطنين صنعاء في القـرن الثـاني عشـر والذي يليه ولم يكتفوا بفضلية العلم بل زادوا إليهـا بلـوغ رتبـة الـوزارة والمناصب العالية، مما لعله يصدق المقولة القائلـة: صـعدة مقـبرة الأفـذاذ مـن الرجال من خرج منها ترقى به الحال ومن خنس إليها ضاقت به عيلـة العيـال. ومثل هذا الكلام سبق في أثناء ترجمة القاضي العلامة إسحاق بن محمد العبـدي رحمه الله تعالى.

(ومن أشهر نبلاء ذريته)

الوزير السيد أحمد بن إسماعيل بن محمد بن علي بن محمد الملقب فايع المترجم له في كتاب نيل الوطر للسيد المؤرخ محمد بن محمد زبارة الحسني الصنعاني وهي ترجمة جاء منها: كان سيداً ماجداً كريماً مطلقاً، طيب العيش، باراً بأهلـه، مـنعماً عليهم، استوزره المنصور علي بن المهدي عبـاس وحظـي عنـده حظـوة زائـدة وامتدحه القاضي عبد الرحمن بن يحيى الآنسي بعد أن نصب في الوزارة بقصيدة بليغة مطلعها:

لقد صدحت في دوحة الغصن قينة   ومــا هـــي إلا الراغبـــي المطـــوق

ومنها:

ألا إنما هـذي الـوزراة للـورى | مخـيم لطـف بـالفلاة موطـق
حبيت بها يا ابـن الرسـول كرامـة | مـن الله إن الله مـن شـاء يـرزق
وسار مسير الشمس ذكرك في الملا | فـما جاهـل إلا وفيـه محقـق
ونـوه في الأقطـار باسـمك ربنـا | فكـادت بـه صـم الحجـارة تنطـق
أصـاب أمـير المـؤمنين برأيـه | ومـا كـل رأي للصـواب يوفـق
بـلاك اختبـارا فاصـطفاك لنفسـه | يمينا وعينـا حـين يسـطو ويرمـق
فقمـت بأعبـاء الخلافـة ناهضـا | نصاحة حب خالص لـيس يمـذق
زها بك ملك الفاطميين واغتـدت | تنافس صنعاء فيك مصـر وجلـق

وتوفي بصنعاء ليلة السبت تاسع عشر صفر سنة 1219 رحمه الله تعالى.

(ومنهم أيضاً) السيد الأديب الماجد حسن بن صلاح بن قاسم بن صلاح بن إسماعيل بن محمد بن علي بن محمد الملقب فايع الحسني الصنعاني، ترجمه المؤرخ زبارة في كتابه أئمة اليمن في القرن الرابع عشر فقال: مولده ثاني عشر شهر شعبان سنة 1233 ثلاث وثلاثين ومائتين وألف، وكان المترجم له سيداً ماجداً أديباً متصدقاً صدوقاً محباً للخير جميل الهيئة كثير المروءة من أعيان الذوات بصنعاء وأهل الكمال والثبات، وتولى الكتابة في أيام الأتراك في مجلس البلدية بصنعاء إلى أن مات في سنة 1302 اثنتين وثلاثمائة وألف عن سن عالية رحمه الله تعالى. ومن الطرائف الأدبية التي قيلت في ترجمته أنه لما نزل بمفرج بستانه في وادي ضهر من أعمال صنعاء القاضي العلامة الأديب علي بن صالح العنسي المتوفى 1337 ورأى حسن الشِرْعة على بركة الماء ونحوها قال:

لقـد نزلـت مفرجـا | فـرج عـن قلبـي الحـزن
شِرْعتـه قـد نصـبت | بغـير نصـب أن ولـن

ورفعهــا بالابتــدا	ء ظــاهر لمـــن ســكن
والمــاء يجـري ذاهبـا	مـن تحتهـا نحـو العـدن
وطيرهـا يشـجي بتغـر	يـدٍ بهـا ذوي الشــجن
غنــى لنــا هزارهـا	كأنــه الرشــا الأغــن
يقــول في تغريــده	مفــرج سيدي الحسـن

فأجاب عليه السيد الحسن بقوله:

يــا قاضيــا في شعـره	قــد فــاق أبنــاء الــزمن
أتــى لنــا فيــه بــما	أسرّ سرا وعلــــن

ولما اطلع على الأصل والجواب القاضي محمد بن عبد الملك الآنسي- قال يعترض الحكم لوادي ضهر بقصيدة من أبياتها:

لله نظــم رائـــق	يدهش عقل ذي الفطن
قــد أبــدع المنشـي لــه	ثـم المجيـب ذو اللسـن
وإننــي معتـــرض	للحكـم مـن قاضي اليمن
مـا ازدان مفرج سيدي	إلا بمــن فيــه ســكن
فالنـاس هـم روح المحـل	بنـص حكـام الــزمن
فــانظر فكــم مـن مفـرج	قــد شيـد في ذاك الــوطن
تــرى بــه كآبــة	والهـم فيـه قـد كمـن
متى تـرى السحـاب جمعـت	والرعـد في الآفـاق حـن
فــانظر لنفسـك مخرجـا	أو لا فأهــب للكفــن

وهي طويلــة وقد استروحـت في استطراد تـراجم السـادة الأربعـة لانحـدار أصلهم إلى مدينة صعدة ولأنهم ممن تتزين بهم الأوراق، وهذا لا يخلو من الفائدة ومزيد الإحاطة، وإن كانت مجرد نقولات، لم نأت في تراجمهم بجديد. ورحم الله

سيدي العلامة الأديب إسحاق بن يوسف بن المتوكل على الله إسماعيل المتوفى سنة 1173 حيث يقول:

لا يعظم التأليف ممن نقل ... إلا إذا جاء بما لم يُقَل
أما الذي قد قيل من قبله ... فإنما للنسخ ما قد حصل

87ـ الفقيه محمد بن علي العدار

الفقيه العلامة محمد بن علي العدار اليمني الصعدي. وقد تقدم التعريف بهذا البيت وضبط العدار لقبهم بكسر العين وتخفيف الدال المهملة.

هو أحد العلماء المتصدرين للتدريس في أيامه بصعدة، وقد عده صاحب الطبقات من تلامذة العلامة عماد الدين يحيى بن جار الله مشحم حسبما يأتي النقل لذلك في ترجمة شيخه، وحسبما وقفت عليه في وثائق الوقف فهو ممن تولي القضاء بصعدة، وتشير خطوطه أنه كان متوليا لذلك سنة 1134 أربع وثلاثين ومائة والف، فلعل وفاته بعد وفاة شيخه ابن مشحم رحمه الله في عشر الأربعين ومائة وألف والله أعلم.

88ـ الفقيه محمد بن قاسم الخباط

الفقيه العلامة الفاضل الخلاصة عز الدين محمد بن قاسم بن سليمان بن محمد الخباط بفتح الخاء المعجمة وتثقيل الموحدة التحتية وآخره طاء مهملة الحميري اليمني الصعدي.

كان صاحب الترجمة أحد علماء مدينة صعدة في وقته الفضلاء أهل الزهد والورع، وله مشيخة أعلام، قرأ عليهم بصعدة في أنواع العلوم، وقد عدد مسموعاته ومقروءاته في الإجازة التي حررها للسيد العلامة إسماعيل بن

إبراهيم حطبة المؤرخة غرة شهر رجب الأصب سنة 1130 ثلاثين وألف، فقال ما لفظه: فأول ذلك الأزهار الذي عليه المدار فقراءتي فيه على السيد عبد الله بن المهدي الكبسي، وعلى السيد العلامة الحسن بن المهدي النوعة، وعلى سيدنا إبراهيم بن محمد الذماري، وعلى سيدنا إبراهيم بن عمر بن محمد البجيلي، وعلى سيدنا علي بن ناصر الآنسي، وعلى السيد شمس الدين أحمد بن صلاح سند، وغير هؤلاء، وفي شرح الأزهار على القاضي العلامة عبد الله بن يحيى الفهد، وعلى الفقيه العلامة يحيى بن صلاح الرتوة، وعلى سيدنا إبراهيم بن محمد الذماري، وعلى القاضي يحيى بن عبد الهادي حابس، وعلى سيدنا يحيى بن جار الله مشحم بما عليه من الحواشي والفوائد الجليلة، وفي البيان لابن مظفر على سيدنا العلامة صارم الدين المكين إبراهيم بن محمد الذماري، وعلى سيدنا عماد الدين يحيى بن جار الله مشحم، والبحر الزخار على سيدنا يحيى بن جار الله مشحم من أوله إلى آخره مع إجازة لي من السيد العلامة الحسن بن المهدي النوعة، وفي غيره أيضا، وشفاء الأوام وأصول الأحكام قرأتهما على سيدنا العلامة يحيى بن أحمد بن عواض الأسدي.

قال: ومما قرأته وسمعته عليه أيضا العقيدة الصحيحة للإمام المتوكل على الله إسماعيل والأربعين الحديث له عليه السلام والفضائل التي اختص بها أمير المؤمنين علي بن أبي طالب، وهذه الثلاثة المذكورة للإمام المتوكل، وقرأها سيدنا المذكور على الإمام المتوكل على الله إسماعيل. قال: ومما أسمعته وقرأته وأتقنت سماعه شرح الناظري في الفرائض على سيدنا فخر الدين عبد الله بن سعيد الشهاري، والثلاثين المسألة في أصول الدين على سيدنا فخر الدين سعد النجراني، وكان فنه أصول الدين. ومما لي فيه قراءة وإجازة الإرشاد للعنسي من القاضي صلاح بن أحمد النعمان بسماعه على السيد الإمام إبراهيم بن محمد بن

أحمد بن عز الدين اليحيوي المؤيدي، ومما لي فيه السماع المحكم المتقن على مولانا أمير المؤمنين المتوكل على الله رب العالمين علي بن أحمد بن أمير المؤمنين تيسير المطالب وطريق سماعه على ما ذكر على مولانا أمير المؤمنين المتوكل على الله إسماعيل، وكتاب تجريد شرح العمدة للعلامة محمد بن علي الحاشدي الشظبي والأحاديث النبوية بالأسانيد اليحيوية لابن أبي النجم، وسماع مولانا له بسنده إلى والده شمس الدين وصفيه أحمد بن الإمام القاسم. ومما قرأته وأسمعته رسالة الدامغاني في المذاهب على مولانا صارم الدين إبراهيم بن الهادي حطبة، وكذلك الرسالة الناصحة في الحقوق الواضحة للإمام زيد بن علي، وكتاب الكواكب الدرية في النصوص على إمامة خير البرية للسيد صلاح ابن إبراهيم بن تاج الدين، وكذلك كتاب حياة القلوب للإمام المهدي، وكذلك صحيفة الإمام علي بن موسى الرضا، وكتاب المسائل المرتضاه، والرسالة المنقذة من الضلالة والغواية الفاتحة لأبواب الهداية للقاضي أحمد بن سعد الدين المسوري. ومما لي فيه السماع على سيدنا العلامة علي بن صلاح الطبري تحفة الرقيمي وخطبة الوداع وكتاب بداية المهتدي للعلامة محمد بن يحيى بهران، ومما قرأته على سيدنا يحيى بن علي بن جبران الجذينة كتاب الأربعين السيلقية، ومما قرأته على السيد العلامة الحسن بن علي بن شمس الدين متن الجواهر والدرر وكتاب المصباح في أصول الدين.

ومما لي فيه السماع المحقق المتقن نهج البلاغة على سيدنا القاضي يحيى بن عبد الهادي حابس ولي فيه إجازة مع السماع أيضا من القاضي صفي الدين أحمد بن ناصر بن محمد بن عبد الحق المخلافي، وطريقه فيه السماع على مولانا السيد الإمام الحافظ يحيى بن الحسين بن أمير المؤمنين المؤيد بالله. نعم ومما أجازه لي شرح القاضي أحمد بن يحيى حابس على الثلاثين المسألة وكتاب المراتب للبستي

وتيسير الوصول إلى جامع الأصول والهداية للسيد صارم الدين الوزير وكتاب المنهاج الجلي في فقه الإمام زيد بن علي. قال: ومما أسمعته أيضا ولي فيه إجازة من القاضي شمس الدين أحمد بن علي شاور كتاب كنز الرشاد للإمام عز الدين عليه السلام، وشرح آيات الأحكام أيضا لي فيها القراءة المتقنة، وإجازة أيضا من سيدنا القاضي أحمد بن ناصر المخلافي الحيمي. وكذلك لي بحمد الله ومنه السماع على سيدنا أحمد بن ناصر المذكور مجموع الإمام زيد بن علي الحديثي والفقهي وتثبيت الإمامة للإمام الهادي وكتاب جملة التوحيد وجوابات الهادي عليه السلام على الحسن بن علي الطبري، وكذلك الرسالة الكافية ومصباح المشكاة في تثبيت الولاة كلاهما للإمام المنصور بالله عبد الله بن حمزة، وكذلك وسيلة العمال إلى صالح الأعمال للإمام عز الدين بن الحسن وكتاب بهجة الجمال لسيدنا محمد بن يحيى بهران.

قلت: هذه جملة مقروءاته على مشايخه كما أوردها في الإجازة المذكورة.

وكان صاحب الترجمة من العلماء الأخيار والفضلاء الكملاء، تصدر للتدريس في العلوم بصعدة ورحبان، وله فوائد منقولة وأبحاث محررة عن مسائل في الفقه واللغة والمنطق والأصولين، وكان واسع الإطلاع على الكتب كثير النقل فيها والتعليق على هوامشها والنسخ لها، وله خط معروف، وأكثر مؤلفات شيخه القاضي العلامة يحيى بن أحمد بن عواض الأسدي وقفت عليها بخطه، وكان محبا للعترة الزكية شيعا يذهب مذهب شيخه القاضي أحمد المخلافي المتوفى ببندر عدن في شهر محرم سنة 1117 سبع عشرة ومائة وألف، ولم أضبط تاريخ وفاة صاحب الترجمة رحمه الله.

قلت: ثم إني وقفت على قبره بمقبرة القرضين وفي شاهد الضريح أن وفاته

رحمه الله يوم الثلاثاء ثالث وعشرين شهر شعبان سنة 1130 ثلاثين ومائة وألف، وقبره بجوار قبر الإمام الكينعي إلى جهة الشرق.

89. السيد محمد بن مهدي النوعة

تقدمت ترجمته أثناء ذكر صنوه علي بن المهدي بحرف العين.

90. السيد محمد بن يحيى القطابري

السيد العلامة محمد بن يحيى القطابري.

رأيت في ترجمته أنه أحد العلماء الآخذين عن القاضي العلامة المحقق علي بن يحيى البرطي، أخذ عليه هو والسيد صلاح بن أحمد الرازحي والقاضي إسماعيل ابن حسن بن يحيى حابس المتقدم ترجمتهما سابقا، ذكر ذلك المولى السيد فخر الآل عبدالله بن علي الوزير في كتابه الذي أفرده في ترجمة شيخهم المذكور العلامة علي بن يحيى البرطي، ومثله جاء في الطبقات.

91. القاضي هادي بن جار الله بشير

القاضي العلامة هادي بن جار الله بشير الصعدي الدواري.

أحد العلماء الأفاضل منعوت بالورع والديانة والعلم والفضل، ولم أقف في ترجمته على ما أفيد فيها مع أنه جدير بأن تطول الترجمة بما يشفي عن هذا العالم الذي وصف في بعض الخطوط بأوراق الوقف أنه كان بقية العلماء الراشدين في وقته، فالله المستعان. وله وصية في أرشيف الوقف وقفت عليها وهي بخطه مؤرخة بتاريخ ربيع الثاني سنة 1178 ولم يعش طويلا بعد تحريره إياها رحمه الله، إذ توفي يوم الجمعة شهر شعبان سنة 1179 تسع وسبعين ومائة وألف، حسبما نقلته عن شاهد قبره بالقرضين رحمه الله وإيانا والمؤمنين.

92ـ السيد يحيى بن إبراهيم حوريه المؤيدي

السيد العلامة العماد يحيى بن الإمام إبراهيم بن محمد بن أحمد بن عز الدين ابن علي بن الحسين بن الإمام عز الدين بن الحسن اليحيوي المؤيدي الصعدي الملقب كسلفه بابن حوريه.

قرأ على صنوه المولى أحمد بن إبراهيم وعلى القاضي أحمد بن علي شاور وغيرهما، وقد تقدم قريبا في ترجمة صنوه محمد بن إبراهيم بحرف الميم ما حكاه السيد الحسن بن صلاح الداعي في صفته، وأن له في العلم قسم ومشاركة وطلب وفائدة، قلت: ووقفت بخط صاحب الترجمة في طرة كتاب والده الموسوم بـ(المسائل المهمة والمعمول عليه من أقوال الأئمة) أنه شرع في قراءته على شيخه سيدنا أحمد بن علي شاور في جمادى الأولى سنة 1101 وختمه عليه في شهر رمضان من تلك السنة، ولم أضبط تاريخ وفاته رحمه الله، وله ذرية واسعة من ولده أحمد بن يحيى المتوفى بالعشة شوال سنة 1138هـ.

93ـ القاضي يحيى بن جار الله مشحم

الفقيه العلامة إمام الفروع بصعدة في وقته عماد الدين يحيى بن جار الله بن محمد بن سليمان مشحم الصعدي اليمني، وقد تقدمت في هذا القسم ترجمة لولده أحمد في حرف الهمزة، ولحفيده القاضي محمد بن أحمد بن جار الله مشحم مؤلف بلوغ الأماني في طرق الأسانيد ترجمة قريبا في حرف الميم.

وصاحب الترجمة كان عالما كبيرا متفننا متصدرا للتدريس في الفروع بمدينة صعدة في أيامه، وله حاشية على شرح الأزهار، وحاشية شرح الخمسمائة للنجري، ومن تلامذته الفقيه أحمد بن علي الحبشي، والفقيه محمد بن قاسم الخباط، والقاضي أحمد بن عبد الله طشي، والسيد الحسين بن أحمد زبارة ذكر في

الطبقات أن من مقروءاته عليه في شرح الأزهار والكافية لابن الحاجب. ويذكر العلامة عبد الرحمن بن حسين سهيل مؤلف بغية الأماني والأمل استطرادا أن المترجم أخذ عن القاضي عبد الله بن يحيى الفهد، وعن السيد عبد الله الكبسي، قال: ومعظم قراءة سيدنا عماد الدين يحيى بن جار الله مشحم على الإمام المتوكل على الله إسماعيل وعلى سيدنا يحيى بن سعيد الهبل انتهى. وإليه أشار حفيده القاضي محمد بن أحمد مشحم في أرجوزته بقوله:

وفي ربى صعدة من مشايخي — جدي أب الأب أجل راسخ
محقق الفنون يحيى الفرد — في عصره والعالم المعتمد
أخذت عنه حصة في الكافية — ومتن أزهار الرياض الدانية

وفي طبقات الزيدية الكبرى للسيد الإمام صارم الدين إبراهيم بن القاسم الشهاري وقد ترجم له هناك ما لفظه:

يحيى بن جار الله مشحم بفتح الميم وسكون المعجمة ثم مهملة ثم ميم القاضي العلامة الصعدي، له مشايخ أجلاء في الفقه والحديث، منهم الإمام المتوكل على الله إسماعيل بن القاسم، والقاضي عبد القادر بن سعيد بن صلاح الهبل، ومنهم في صنعاء القاضي محمد بن علي قيس، والقاضي حسين بن محمد المغربي، قرأ عليه حصة نافعة من شرح الغاية للحسين بن القاسم. وأخذ عنه جماعة كمحمد بن علي بن أحمد بن الإمام، والفقيه الفاضل أحمد بن علي الحبشي، ومحمد بن علي العدار، والفقيه محمد الخباط وغيرهم. وكان هذا القاضي عماد الدين عالماً محققاً مذاكراً، له يد قوية في كثير من الفنون، واستفاد عنه جماعة من المتأخرين بصعدة، وهو الآن بصعدة عمره خمس وثمانين سنة يقرئ في الفقه وغيره غيباً من حفظه، وقرأ عليه ولده أحمد بن يحيى انتهى بلفظه.

قلت: ولم أضبط تاريخ وفاته، إلا أن قول مؤلف الطبقات:

وهو الآن بصعدة عمره خمس وثمانين سنة، يمكن قراءتها على وجهين، الأول إن كان مراده بلفظة الآن هو أثناء جمعه للطبقات، فقد صرح في بعض التراجم أن تأليفه لها كان في سنة 1134 بصنعاء، وهذا يفيد أن مولد المترجم له في نيف أربعين وألف، ووفاته في عشر الثلاثين ومائة وألف، والوجه الثاني: إن كان أراد السيد إبراهيم بن القاسم بلفظة الآن هو أثناء دخوله إلى مدينة صعدة، فقد صرح أن ذلك في سنة 1111هـ، وهذا يفيد أن مولد صاحب الترجمة في نحو سنة 1027هـ، ووفاته في نحو عشر العشرين ومائة وألف. ثم إني بعد تحرير هذا الكلام وقفت على قبر صاحب الترجمة بالمقبرة الشامية التي مقابل باب نجران من أبواب مدينة صعدة، وعلى شاهد القبر أن وفاته عصر يوم الأربعاء خامس وعشرين شهر القعدة أحد شهور سنة 1141 إحدى وأربعين ومائة وألف رحمه الله وإيانا والمؤمنين.

94ـ القاضي يحيى بن حسن النجم

القاضي العلامة الفاضل الشهير عماد الدين يحيى بن حسن بن محمد بن أحمد ابن يوسف بن داود بن يوسف بن أحمد بن أبي النجم اليمني الصعدي، وقد تقدم التعريف بآل أبي النجم في ترجمة ولده إبراهيم بحرف الألف.

وصاحب الترجمة هو من أحيا هذا البيت بالعلم بعد خفوته قرونا عدة، وكان أخذه للعلم بمدينة صعدة على علمائها الأفاضل، منهم الفقيه العلامة المحقق أحمد بن علي الحبشي، والقاضي العلامة يحيى بن حسن سيلان، وقرأ على غيرهما، وأخذ عنه طلبة العلم من أهل وقته، إذ كان متصدرا للتدريس بالمدينة في جامعها المقدس، ونقلت عن أوراق الوقف في ترجمته عن قلم بعض الأفاضل أن صاحب الترجمة كان كبير علماء وقته في مدينة صعدة، وحاكم المسلمين فيها، وكان له من كمال القيام بمصالح المسلمين والتصدر للحكم والقيام به أحسن القيام، والفتيا والتدريس الغاية القصوى، وكان ذلك منه مع ركة في زمانه

وأحوال مضطربة انتهى كلامه، وللمترجم رحمه الله تصانيف في العلوم، قد عرف منها تفسيره لكتاب الله العزيز المسمى (تنقيح تفسير الكتاب المنير المنزل على البشير النذير) في جزءين، وقفت على الجزء الثاني منه بخطه، ذكر أنه فرغ من تسويده يوم الأربعاء لعله الثامن عشر شهر صفر سنة 1170هـ.

قلت: ولم يحضرني في ترجمة هذا العالم الخطير والحاكم الشهير ما كنت أتمنى وإذا تحصل ذلك فهو ذكر نعمان. ثم إني وقفت على ذكر له في خلاصة العسجد للعلامة القاضي عبد الرحمن بن الحسن البهكلي فقد ذكر في حوادث سنة 1159 من الكتاب المذكور عن وصول القاضي يحيى بن أبي النجم صاحب الترجمة إلى مقام الشريف الكبير محمد بن أحمد بن خيرات الحسني بأبي عريش كشافا للإمام المنصور الحسين بن القاسم في افتقاد الأمور الجارية بينه وبين أهل صبيا في ذلك العام، وفي صحبته القاضي الأوحد علي بن إسماعيل العبدي قال: وهما من أعيان الجبال، اختارهما الإمام لما كانا من الجهات الصعدية، وهي بمعزل عن مخالطة الوزراء ممن له علاقة بأحد الجانبين، فوصلا إلى مدينة أبي عريش، تم توجها إلى صبيا، ورقما كلاما لم يقف أحد منه على طائل، قال: ثم أقام القاضي يحيى بحضرة الشريف، وانفصل القاضي علي بما ترجح لهما من الخوض إلى المقام العالي المنيف يقصد إمام صنعاء، قال: وكان القاضي يحيى له نباهة وجلالة بجهات صعدة المحمية، يتولى الحكم بها بين البرية، وكان مسموع الكلمة عند القبائل جاريا على الطريق السنية، ومما فاه به أيام بقائه بحضرة الشريف أبياتا أرسلها إليه يتشوق فيها إلى وطنه وبعض أطفاله وهي:

مولاي عز الدين لي طفل بكم متبركا أدعوه عز الدين
قد عيل صبري في مفارقتي له لا للرباب ولا لفقد خدين
منوا بإسماعي نعم يا سيدي كيما أعود به قرير العين

وهو مأخوذ من أبيات القاضي محمد بن إبراهيم السحولي المشهورة، مع ما في البيت الثالث من السناد وهو عيب من عيوب القافية انتهى ملخصا من خلاصة العسجد للبهكلي. ورأيت في إجازات القاضي العلامة شيخ الإسلام عبدالله بن علي الغالبي المتوفى سنة 1276 الآتية ترجمته في القسم الرابع ما لفظه: وحاشية سيلان على الغاية وسائر مؤلفاته بالسند المتقدم عن سيدي عبدالقادر بن أحمد، عن يحيى بن حسن النجم، عن ولد المؤلف انتهى بلفظه وحروفه.

قلت: وسند العلامة الغالبي إلى السيد عبدالقادر بن أحمد هو أنه يروي عنه بواسطة شيخه السيد الإمام محمد بن عبد الرب، عن السيد علي بن عبد الله الجلال، فهذا سند في الرواية متصل إلى صاحب الترجمة. ولم أضبط تاريخ وفاة المترجم له رحمه الله، إلا أنني اطلعت على وصيته في أرشيف الوقف وهي بخطه مؤرخها شهر ربيع الأول سنة 1171 إحدى وسبعين ومائة وألف، فيكون وفاته في هذا العام أو الذي يليه.

قلت: وهنا فائدة يحسن إثباتها في هذا الموضع وهي في ذكر أشهر من دخل في هذه المئة الثانية عشر بعد الألف مدينة صعدة من أكابر علماء اليمن: أولهم السيد الإمام إبراهيم بن القاسم بن المؤيد بالله مؤلف الطبقات الكبرى، دخل صعدة وقرأ بها على عدة من العلماء واستجاز منهم، وكان بها سنة 1111هـ. ومنهم القاضي العلامة علي بن إبراهيم بن علي بن إبراهيم بن يحيى بن أحمد المجاهد المتوفى سنة 1177هـ قال في مطلع الأقمار في علماء ذمار: ابتدأ طلبه للعلم في صعدة على مشائخ عدة، ومنهم السيد العلامة ناظم التحفة العلوية محمد بن إسماعيل الأمير الصنعاني المتوفى سنة 1182هـ دخل صعدة ومكث فيها أياما في سنة 1141هـ، ومنهم المذكور في أصل الترجمة السيد العلامة شيخ المشايخ إمام المحققين عبد القادر بن أحمد بن عبد القادر بن الناصر بن عبد الرب بن علي بن

شمس الدين بن الإمام يحيى شرف الدين المتوفى سنة 1207هـ ذكر مترجموه أنه استقر في مدينة صعدة ما بين الأعوام 1169 و1171 وفي نفحات العنبر: أنه استقر بها نحو سنتين يفيد الطالبين وينشر العلوم وينصر الحق وأهله انتهى.

(مشجرة أنساب بيوت صعدة)

و جد بخط القاضي العالم بدر الدين محمد بن أحمد بن علي بن موسى الدواري[86] في بعض كتب القضاة آل أبي النجم ما لفظه: في ذكر نسب أهل صعدة الذي تذكره كتب الأنساب والله الموفق للصواب؛ فنقول: أن همدان العريضة جميعها من ذرية كهلان بن سبأ، وكذلك مَذْحج في شام ويمن، فمنها بنو الحارث الذين بضهر حول صنعاء، وجنب. والأزد من أولاد كهلان حيث ما كانت، ومنها غسَّان، وشهران، وبنو شهر، وخثعم وبجيلة. وكندة، وخزاعة، ولخم، وجذام، وأنمار.

***

فآل الطاهر من كهلان، وآل الدواري وآل الفهد من بني الحارث ملاعب الأسنة. ومنهم آل أبي غبار؛ وآل محي الدين والكل من مذحج.

وآل العوس من أمير شاكر أخو وايلة ودهمة.

وآل النجار وآل النجري وآل الهر من بني الخزرج. وآل البدري من وايلة، وآل الزوام وآل الطاي من الأوس، وآل زيدان من طي. وآل الذويد من عبيدة وهم من كهلان. وآل الطبري وآل الحداد من كهلان وأصلهم من سفيان بن

---

(86) هو من علماء القرن العاشر الهجري، وقد نشر هذه الرسالة (مشجرة أنساب بيوتات صعدة) الدكتور مصطفى بن عبد الله شيحه في مجلة المؤرخ المصري.

أرحب وهم من كهلان، وآل الشقري من الأزد.

وآل السخي من وسخة، وآل صبرة من الأبقور من سحار، وآل حنظلة والخياقرة صنعانيون وهم حميريون. وآل حمزة من حمير، وآل قدايد من حكم سعد العشيرة، وآل أبي طويلة من نهد قضاعة.

والقضاة آل أبي النجم، وآل الشمري من حمير يرجعون إلى رجل واحد.

وآل الطحم وآل الوشلي من الفرس. وآل الخباط وآل أبي اللحم من حمير، وآل أبي الفحم وآل الخراط وآل أبي الشحم وآل أبي القحم كلهم حميريون. والمساورة من حمير، والقاضي نشوان من حمير، والزوابعة من سلاطين حجة من حمير. والحدادون من الأبناء الذين خرجوا مع سيف ذي يزن، وأكثر أهل السِّر من الأبناء من الفرس، وآل المتميز من الفرس جدهم وَهْرز الذي خرج مع سيف ذي يزن، ومن أولاده بنو بهلول حول صنعاء؛ قاله السيد صارم الدين بن محمد بن عبد الله من أولاد الهادي عليلم.

وآل الهبي والفنود وآل عليان من ربيعة بن نزار، وآل سهيل من بني شهاب حضور من بيت رَدَم.

وآل بهران وآل حجّاج وآل قرضة من تميم بن عدنان. وآل قرة، وآل الجميلي، وآل النويري، وآل القلوة، وآل الوراق، وآل اليابس، وآل الجذينة، وآل المبتدع ينسبون إلى بني أمية. وآل الحطروم من نزار الظاهر وقيل من هران، وآل عزيو من بني سريح، وآل معتق من نهم، وآل سوادة وآل (الصعيدي من)[87] تغلب، وآل الرقيمي من مذحج. وآل العقيلي من بني عوير من سحار.

---

(87) إضافة من نسخة أخرى للمشجرة المذكورة.

وآل الحكيمة وآل النور وآل حقيرة وآل قشيع من الزيود من مازن عدنان. وآل محرم وآل الشنبقة من صعدة القديم. وآل حامد وآل ربيع وآل المذاهبي من ذرية (النبي) إسحاق. وآل العليي الخطابين من همدان، وآل القصار بن هادي يقال أنهم من بني الحارث، وآل الخباط من صعدة القديم.

وآل فليته من بني عبد المدان من مذحج، وآل الزايدي من بني سريح.

وآل داود الحوك من القد من رازح. وآل المطري وآل الفقيه من ظفار، وآل عمران وآل الظفاري من ظفار. وآل قلاعة من ثلا، وآل مسعود الحوَك من بني مطرف من ثلا، وآل الأحوس عتقاء. وآل البهوم ينسبون إلىٰ سيدهم وهو من آل أبي طويلة. وآل صعيرانة ينتسبون إلىٰ آل أبي طويلة.

وآل حرمل ينسبون إلىٰ شرية بن مالك من سحار. وآل مريم من نهم، وآل جعمل من الحصين مالكيون، وآل عبيد من يرسم. وآل عناش من صحن بني حي، وآل الطاهري من العروس، وآل سيلان من بني سويد، وآل زوبرة وآل عبيط من كشر من قرب شظب. وآل العفيف من العرين، وآل الحراشي من صنعاء، وآل العريمي من بني سعد خولان، والعياني وأصحابه من موالي عيان، وآل عاطف من بحر بني وهب من مذحج. وآل الغزي المصبين من شُريف من الحرجة. وآل موحمة من آل سحبان لكنهم أنكروا النسبة إلىٰ سحبان.

وآل ناجي الفقهاء من حملان من همدان، وآل تريك من تميم.

وآل عتفه من سنحان. وآل النحوي وآل حمدين من آل يعيش أولاد يعيش العالم شارح المفصل من مذحج، وآل الصنعاني .... (88) الخرازين حسينين فاطميين من بني هاشم، وآل مرغم صنعاء (منهم) إلا أنهم أنكروا النسبة. وآل

(88) كلمة لم تفهم في الأصل.

غازي من وادعة الظاهر، وآل شجرة من وادعة الظاهر. وآل زنبور من بني الحارث من نجران. وآل طبير من بني عوير، وآل الحميدي وآل قعيل وآل مقبل وآل حلبان حميديون. وآل شهوان ينسبون إلى يَرْسم، وأهل يرسم منهم بيتان أو ثلاثة من الأبناء. وآل ذيبان من موالي الهادي عليلم.

وآل شيبان من تميم، وآل مداعس من وايلة الشاكري. وآل حطير[89] من موالي نجران. وآل قعيش وآل شويل من احما بني مالك. وآل الشوابي من شوابة من همدان. والقضاة آل شاور من بني شاور من مغرب صنعاء. وآل طرامة من همدان وهم نقيلة من بلاد صنعاء. وآل الروم الموالي أصلهم من الروم. وآل الكبش من الظاهر من السود. وآل الرميلي موالي يقربون إلى آل مُهنّا. وآل قرمان من آل المحمل مِنْ بوادي فلله. وآل ناجي النصف موالي للجهادعة؛ والجهادعة من همدان. وآل الهجري من بني عوير. وآل الزيدي ينسبون إلى قشير وهم من عدنان، وآل زريق من الظاهر.

قال في آخر هذه الرسالة: هذا الموجود المنقول من خط القاضي المذكور:

بخط أفقر عباد الله وأحوجهم إليه، الغني بالله يحيى بن حسن بن أبي النجم نسبا، والزيدي مذهبا، والصعدي بلدا، والعدلي اعتقادا، غفر الله له ولوالديه ولجميع المؤمنين؛ وهو مستوصي لمن اطلع على هذا الخط: أن يدعو له بالمغفرة، غفر الله له ولمن دعا له آمين آمين.

95. القاضي يحيى بن حسن شويل

القاضي العلامة عماد الدين يحيى بن حسن بن محمد شويل الصعدي.

---

(89) الكلمة غير منقوطة في الأصل المنقول عنه.

أحد علماء مدينة صعدة في القرن الثاني عشر، وله مشايخ وتلامذة غاب عني ذكرهم، فمن مشايخه الأجلاء شيخ أهل وقته الفقيه العلامة المحقق أحمد بن علي الحبشي المتوفى سنة 1135هـ، وله ذكر متكرر في وثائق الوقف فكأنه تولى القضاء أو ما شابه ذلك، وكان موجودا على قيد الحياة سنة 1133 ثلاث وثلاثين ومائة وألف رحمه الله. وستأتي تراجم العلماء من آل شويل في بقية أقسام هذا المعجم إن شاء الله.

96ـ القاضي يحيى بن حسن سيلان

تقدمت ترجمته في هذا القسم بحرف الحاء عند ترجمة والده القاضي حسن بن يحيى سيلان.

97. السيد يحيى بن الحسين الجوهرتين

السيد الجليل الكريم عماد الدين يحيى بن الحسين الملقب بالجوهرتين.

كان صاحب الترجمة من ولاة الوقف في مدينة صعدة، وقفت على ذكره في بصائر الوقف، وكانت ولايته بعد القاضي محمد بن إسماعيل العبدي وصنوه علي رحمهما الله جميعا، وكان المترجم على نيابة الوقف تاريخ سنة 1181 وبعدها انقطعت أخباره فزبرنا ترجمته هنا عل أن تكون وفاته رحمه الله في القرن الثاني عشر. ثم إني وقفت مؤخرا على قبره في مقبرة القرضين ونقلت عن ضريحه أن وفاته شهر القعدة سنة 1206 ست ومائتين وألف وأن نسبه كالتالي: يحيى بن الحسين بن صلاح بن محمد بن الناصر بن عبد الله بن محمد الحاجري بن صلاح ابن يوسف بن صلاح بن المرتضى بن علي بن منصور بن يحيى بن منصور بن المفضل بن الحجاج بن علي بن يحيى بن القاسم بن الإمام يوسف الداعي بن الإمام المنصور بالله يحيى بن الإمام الناصر أحمد بن الإمام الهادي إلى الحق

الحسني المفضلي الملقب بالجوهرتين. **قلت**: وقد ذكرنا نسب السادة آل الجوهرتين في أثناء ترجمة عم صاحب الترجمة السيد العلامة محمد بن صلاح الجوهرتين في أثناء القسم الأول من هذا الكتاب.

98. القاضي يحيى بن سالم الذويد

القاضي عماد الدين يحيى بن سالم سكيك الذويد الصعدي اليمني.

وهو أحد متولي الوقف في أيامه، وقرأت في وثائق وبصاير الأوقاف ما يدل على أنه أحد النبلاء العارفين، ولم أقف على كثير من أحواله وقراءته، وكان موجودا سنة 1144 أربع وأربعين ومائة وألف.

ومن آل الذويد في القرن الثاني عشر الحاج الصالح محمد الذويد، المذكور في كتاب مطلع الأقمار ومجمع الأنهار في ذكر المشاهير من علماء مدينة ذمار أثناء ترجمة مؤلفه للفقيه العلامة عبدالرحمن بن حسن الأكوع المتوفى بصنعاء سنة 1207 وهذا لفظ ما ورد هناك:

ورأى له الحاج الصالح محمد الذويد صاحب رؤيا ليلة السبت في شهر رجب سنة إحدى وثمانين ومائة وألف أنه -يعني الحاج محمد - في جامع صنعاء وإذا الناس يقولون: هذا الإمام الهادي عليه السلام فخرج يلقاه إلى الصرح وشاهد الحسن بن علي بن أبي طالب عليه السلام عن يمينه والحسين عليه السلام عن يساره وهما أمردان، فسلم على الهادي وجعل يقول له هذا إمام اليمن وتبعناه، فقال له الهادي عليه السلام: لا بأس عليك أنت من شيعتنا وأنت جارنا فلا عليك شيء، ثم قال له: أنت تعرف عبد الرحمن الأكوع؟ قال: نعم، قال: سلّم عليه وعَرّفه أن الصلة التي فعلها والصلاة على النبي وآله صلى الله عليه وآله وسلم وصلت، وعرّفه أن الصلة من قِبل والده قد هُوْ عندنا، ورأى بعد الإمام

رجلاً طويلاً أخضر، وقال لي: عرِّفه أن والله من هو شيعي لآل محمد أنه من أهل الجنّة؛ وما زال يحرضه بأن يحرض القاضي عبد الرحمن على ملازمة القراءة في كتب أهل البيت عليهم السلام ولا يترك القراءة العِشَاء في الجامع، وينظر حلقة الولد محمد حطبة على نورانية فيها وقد معه جائزة في عمارة المنزلة التي في الصرح. قال السيد محمد حطبة: هذا الحاج محمد الذويد رجل من الصلحاء، يتَّجر في البزّ في سمسرة محمد بن حسن كثير الرؤيا الصالحة انتهى.

99. القاضي يحيى بن عبد الهادي حابس

القاضي العلامة يحيى بن عبد الهادي حابس الدواري الصعدي.

وهو أحد قضاة صعدة وعلمائها في هذه المئة، ومن مشايخه الفقيه العلامة الحسن بن يحيى سيلان، وأخذ عنه الفقيه محمد بن قاسم الخباط حسبما جاء في إجازته المتقدمة، ولم أقف على كثير من أخباره وأحواله أو خطوط تعرفني بمكانته العلمية، إلا أن صاحب بغية الأماني والأمل قال في ترجمة القاضي أحمد ابن يحيى بن عبد الهادي حابس المتوفى سنة 1174 ما لفظه: كذا والده العلامة الأفضل يحيى بن عبد الهادي حابس مشهور وليس عبد الهادي هذا ولد القاضي أحمد بن يحيى حابس بل هو آخر، وستأتي لكل منهما ترجمة انتهى بلفظه.

قلت: وكان المترجم له موجوداً على قيد الحياة سنة 1122هـ، ورأيت في دفاتري تقييد تاريخ وفاته في سنة 1149 تسع وأربعين ومائة وألف، فليحقق ذلك أكثر إن شاء الله.

100. الفقيه يحيى بن علي الجذينة

الفقيه العلامة يحيى بن علي بن جبران الجذينة اليمني الصعدي.

أحد علماء صعدة في أيامه، ومن أجل تلامذته الفقيه العلامة محمد بن قاسم

الخباط، ولم أضبط تأريخ وفاته. وآل الجذينة بالجيم المكسورة وفتح المعجمة وسكون الياء وفتح النون ثم تاء مربوطة من بيوت صعدة ويقال حسبما في مشجرة أنساب صعدة أن نسبهم يرجع إلى البيت الأموي، وسيأتي في القسم السادس من هذا الكتاب ترجمة الفقيه العلامة المقري أحمد بن علي الجذينة المتوفى برازح سنة 1380 وحكي أن بعض علمائهم كان ينشد متمثلا بقول من هو على شاكلتهم في لحوق النسب واختلاف المذهب:

أدين بما دان الوصي ولا أرى سواه وإن كانت أمية محتدي

الأبيات المعروفة إلى آخرها.

101. السيد يحيى بن علي بن أحمد بن الإما م القاسم

السيد الأمير عماد الدين يحيى بن علي بن أحمد بن الإمام القاسم بن محمد الحسني الهادوي اليمني.

وهو أحد أولاد السيد جمال الدين علي بن أحمد المتقدمة ترجمته في حرف العين، وكان سيدا جليلا، وقد مر أنه كان أحد أعيان مقادمة المهدي صاحب المواهب، وما كان من حادثة إرسال صاحب المواهب له إلى صعدة إلى صنوه القاسم بن علي في أثناء سنة 1126هـ، ثم صار بعد وفاة المهدي أحد أمراء المنصور الحسين بن المتوكل القاسم بن الحسين بن المهدي أحمد بن الحسن، وتولى له على قعطبة، واستمر فيها عاملا نحو ثلاث سنوات حصل خلالها بينه وبين أهل تلك البلاد حرب شديدة وخرج عليه أهل يافع مرتين فكان في سنة 1143 عزله. وفي تاريخ السيد محسن بن الحسن أبو طالب المسمى طيب أهل الكسا في حوادث سنة 1154 أربع وخمسين ومائة وألف ما لفظه:

وبيوم الاثنين ثامن شهر القعدة صار يحيى بن علي بن أحمد صاحب صعدة في الهوالك واختلف في سبب وفاته فقيل تردى من الدرج أو من الدوار وادعى

صنوه اغتياله وقيل غير ذلك انتهى. وفي موضع آخر من التاريخ المذكور: أن صاحب الترجمة وصنوه أحمد ممن لازم مقام المهدي صاحب المواهب وفارقوا والدهما إليه انتهى.

قال جامع هذه التراجم: ومن باب الفائدة والاستطراد ننقل في آخر هذه الترجمة ما ذكره السيد العلامة عامر بن محمد في كتابه بغية المريد في ذكر أنساب أولاد علي بن الرشيد عند ذكر أولاد المولى السيد الإمام جمال الدين علي بن أحمد أبو طالب بن الإمام القاسم، إذ قال يذكرهم ما لفظه:

خلف علي بن أحمد رحمه الله من الأولاد: محمداً والحسين والحسن وقاسماً وأحمد ويحيى ويوسف وإسماعيل وإسحاق.

فأما محمد بن علي فكان سيداً طاهراً فاضلاً عالماً، لأهل تلك الجهات به اعتقاد وله أولاد، منهم ولد طاهر النشأة فقيهاً عارفاً اسمه أحمد، والحسن وقاسم، ولقاسم ولد نجيب اسمه عبد الله. ولما توفي والده رحمه الله خرج محمد بن علي من صعدة وسكن في قرية من جهة أملح (كذا والصحيح ما تقدم في أثناء ترجمته) على أرض لهم هنالك، فكان مرجع تلك الجهات، ولا سيما أهل برط، وبقي هنالك مهاجراً حتى اختار الله عزوجل له، وأمه وأم صنوه الحسن بن علي الشريفة الطاهرة نفيسة بنت أمير المؤمنين المؤيد بالله محمد بن القاسم، وكانت من الصالحات.

وأما الحسين بن علي رحمه الله فكان سيداً جليلاً نبيلاً، له عرفان واطلاع وكرم خصال، ووفارة في العقل والرأي، وكان عاملاً لوالده رحمه الله على جهة رازح، ولما توفي والده الإمام الداعي علي بن أحمد: دعا بمحروس صعدة، وتكنى بالمؤيد بالله إلى آخر ما أوردناه عن البغية في ترجمته بحرف الحاء.

قال: وأما صنوه القاسم بن علي فدعا إلى الرضا وحال تحرير هذه الأحرف

وهو داعٍ إلى الرضا وأحوال صعدة وبلادها مربوشة، فمنهم المائل إلى المنصور بالله وهم الأكثر من خولان وآل عمار وكافة برط ودهم وآل سليمان مع سفيان، وداعي بكيل. ولما كان شهر جمادى الآخرة سنة 1127 شاعت كلمة أهل الشام مع قيام محمد بن الحسين بن علي مجيباً للمنصور بن القاسم ومتبعاً وصية والده الحسين قدس الله روحه على الموالاة للمنصور، ولم يبق للقاسم بن علي كلمة مجابة بل دخل في الطاعة رغبة ورهبة والحمد لله، وحال تحرير هذه الأحرف وله أولاد درجوا صغاراً. قلت: يقصد السيد عامر بن محمد بذلك سنة 1125 أو السنة التي تليها، ففي هذا الوقت كان جمعه لكتابه بغية المريد، وقد حصل للسيد القاسم بن علي بعد هذا التاريخ ولده علي بن القاسم المتقدمة ترجمته بحرف العين، حيث وقد تأخرت وفاته القاسم حسبما تقدم في أثناء ترجمته إلى سنة 1149هـ فليعلم ذلك.

قال: ومن أولاده الحسن بن علي بن أحمد، له من الأولاد: محمد بن الحسن والحسين وأحمد، ولهم أولاد بمحروس صعدة. وأما أحمد بن علي وصنوه يحيى فسيدان جليلان، كانا ملازمين لحضرة الإمام الناصر يقصد صاحب المواهب، ولهما معه حروب وعمالات وأخبار مستوفاة في سيرة الناصر، أحمد له بنات حال التأريخ، ويحيى كذلك أيضاً. وأما إسماعيل بن علي له من الأولاد ولد درج وانقطع عقبه، كذلك يوسف جاء له ولد وتوفي وانقطع عقبه أيضاً، والجميع من أولاد علي بن أحمد في صعدة وصنعاء.

قلت: انتهى المنقول عن البغية بلفظه وحروفه، ولم يذكر السيد عامر بن محمد عن الولد التاسع إسحاق بن علي أي شيء، وله ذرية معروفة بصعدة، وقد تقدمت له في هذا القسم ترجمة بحرف الهمزة.

102. السيد يوسف الحسني

السيد يوسف الحسني الصعدي.

أحد مشايخ القاضي الحافظ محمد بن أحمد مشحم الذين أخذ عنهم بمدينة صعدة المحروسة، قرأ عليه في بعض كتاب العضد في أصول الفقه وفي حواشيه وفي التلخيص وفي الرسالة الشمسية وشرحها، وإياه عنى في إرجوزته الماضي التعريف بها، فقال في ذكر شيخه المذكور:

ومنهم السيد أعني يوسفا　　أخذت عنه في الفنون ما صفا
قراءة لبعض شرح العضد　　كذا حواشيه بلا تردد
والشرح للتلخيص قد أخذت　　عنه وناهيك بها استفدت
والبعض في القطب على الشمسية　　كالشرح للرسالة الوضعية

وهو من علماء أوائل هذه المئة بمحروس مدينة صعدة، وما قرأه عليه تلميذه القاضي ابن مشحم من الكتب يدل على تحقيقه وعلمه، رحمه الله تعالى وإيانا والمؤمنين، وليعلم المطلع اللبيب أن الذي غاب عن الترجمة من فضلاء وأعيان أهل هذه المئة، هم الجم الغفير من علماء المدينة الصعدية، لعدم التدوين، فقد عاش الناس وماتوا، فالله المستعان.

وبهذا نفرغ من جمع هذا القسم الثاني من أقسام كتاب
(عقد الجواهر في تراجم فضلاء وأعيان صعدة بعد القرن العاشر)
من مجاميع الفقير إلى ربه الراجي عفوه ومغفرته عبد الرقيب بن مطهر بن محمد بن
محمد بن إبراهيم بن الحسين بن يحيى بن المطهر بن إسماعيل بن يحيى بن
المولى سلطان العلوم الحسين بن الإمام القاسم بن محمد الحسني
الصعدي، ويليه القسم الثالث من سنة 1200 إلى سنة
1262هـ، وكان الفراغ من جمعه وتهذيبه

ونقله عن أمه في شهر رجب الأصب سنة أربع وثلاثين وأربعمائة وألف، وصلى الله على سيدنا محمد وآله وآله وسلم تسليما كثيرا.